鹿城年鉴

2017

鹿城区地方志编纂委员会
鹿 城 区 档 案 局 编
《鹿城年鉴》编辑部

《鹿城年鉴》获

第七届全国年鉴编校质量检查评比三等奖

第五届全国年鉴编纂出版质量评比综合三等奖

2015年—2016年度全国年鉴编校质量评比三等奖

方志出版社
Publishing House of Local Records

图书在版编目（C I P）数据

鹿城年鉴. 2017 / 鹿城区地方志编纂委员会， 鹿城区档案局，《鹿城年鉴》编辑部编. --北京 ：方志出版社，2017.11
ISBN 978-7-5144-2704-2

Ⅰ.①鹿… Ⅱ. ①鹿… ②鹿… Ⅲ. ①区（城市）—温州—2017—年鉴 Ⅳ. ①Z525.53

中国版本图书馆CIP数据核字（2017）第287537号

鹿城年鉴（2017）

编　　者：鹿城区地方志编纂委员会
　　　　　鹿城区档案局
　　　　　《鹿城年鉴》编辑部
责任编辑：刘方圆
出 版 人：冀祥德
出 版 者：方志出版社
　　　　　地址　北京市朝阳区潘家园东里9号（国家方志馆4层）
　　　　　邮编　100021
　　　　　网址　http://www.fzph.org
发　　行：方志出版社图书经销中心
　　　　　电话（010）67110500
经　　销：各地新华书店
印　　刷：温州市北大方印务有限公司
开　　本：889×1194　　1/16
印　　张：25.75
字　　数：748千字
版　　次：2017年11月第1版　　2017年11月第1次印刷
印　　数：0001～1000册

ISBN　978-7-5144-2704-2　　定价：160.00元

鹿城区地方志编纂委员会

2017年

《鹿城年鉴》编辑部

编辑说明

一、《鹿城年鉴（2017）》坚持以马克思列宁主义、毛泽东思想、邓小平理论、“三个代表”重要思想、科学发展观、习近平新时代中国特色社会主义思想为指导，坚持辩证唯物主义和历史唯物主义的立场、观点和方法，全面、客观、系统地记述2016年鹿城区自然环境、政治经济、社会文化的年度发展情况。

二、《鹿城年鉴（2017）》正文设类目36个、分目266个、条目1270条。卷首设《特载》《专辑》《大事纪要》《鹿城总述》，卷末设《统计公报与分析》《鹿城报道》《附录》与《索引》；并安排特定版面，登载企事业单位（部门、街镇）的形象宣传资料。全书收图9张、表21张、随文彩照76幅。

三、《鹿城年鉴（2017）》所采用的文字稿，包括数据、人名和随文图表，均由各供稿单位提供，文后署名，各单位负责人审核；《鹿城年鉴》编辑部负责全书的编辑、统筹工作。凡涉及全局性的数据，以鹿城统计局提供数据为准。

四、收录范围以鹿城区现有行政区划为界，以2016年1月1日—12月31日为限，采用年鉴通行纪年法。

五、《鹿城年鉴（2017）》对各单位使用通行规范简称，其他简称、简述一般另有释读；个别采取通行缩略语，不再另行解释。量词的使用一般采取国际通行用法；个别的采取习惯用法，比如公里、亩等。

鹿城概览

2016年

全区土地总面积290.47平方公里

全区户籍25.18万户

全区户籍人口75.77万人

暂住人口66万人

全区实现地区生产总值（GDP）877.05亿元

全区实现财政总收入44.08亿元，其中公共财政预算收入28.53亿元，公共财政预算支出38.25亿元

全区实现工业企业总产值474.41亿元，其中规模以上工业总产值317.28亿元

全区完成固定资产投资372.73亿元

全区实现消费品零售总额862.76亿元

全区金融机构各项有款余额3947.34亿元，贷款余额2600.85亿元

全区外贸进出口额217.37亿元，其中出口总额199.30亿元，进口总额18.07亿元

全区实际利用外资2007万美元，累计招商引资到位资金154.37亿元

全区城镇常住居民人均可支配收入53535元

全区农村常住居民人均可支配收入27747元

全区参加职工基本养老保险35.83万人

全区优抚对象2116户，低保对象5211户8052人

全区慈善总会共募集资金1866.05万元

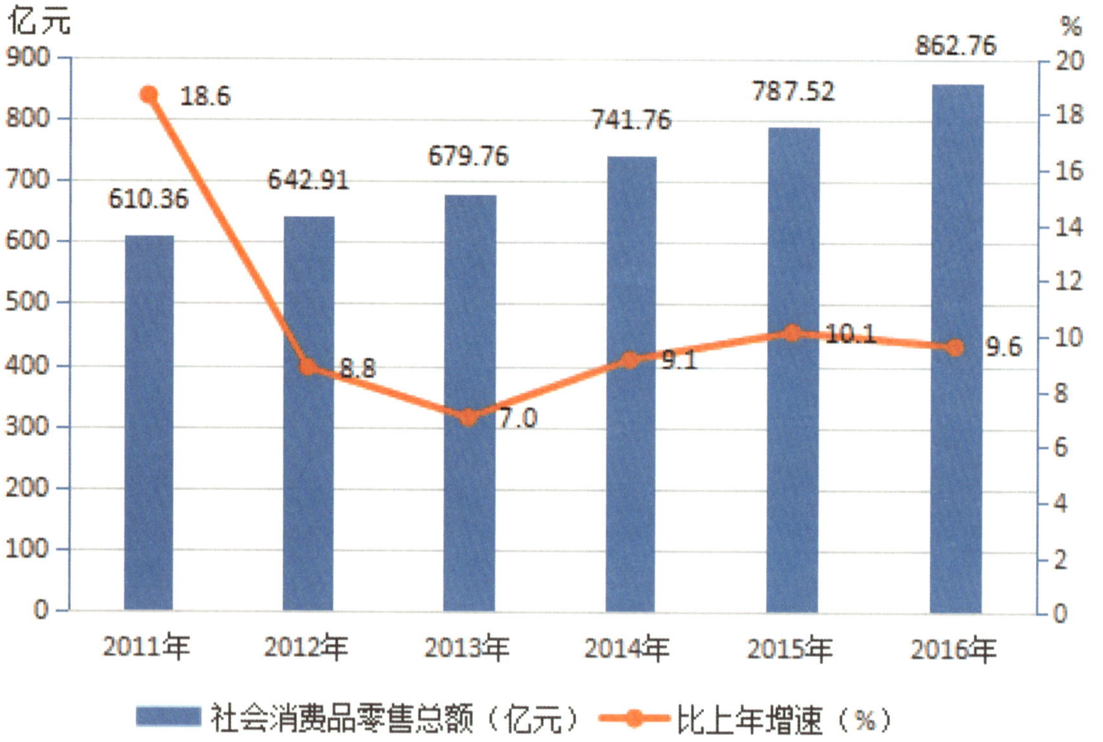

2011—2016年社会消费零售总额及其增速

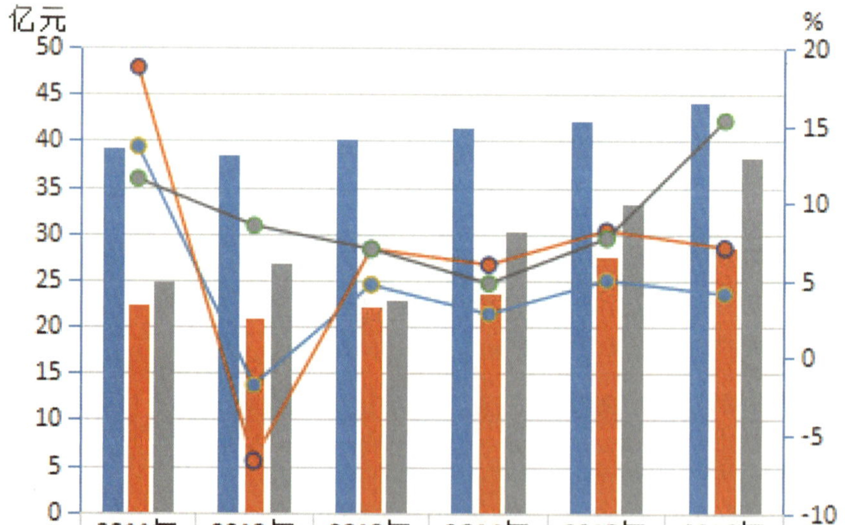

	2011年	2012年	2013年	2014年	2015年	2016年
财政总收入	39.17	38.47	40.27	41.39	42.31	44.08
一般公共预算收入	22.25	20.76	22.21	23.55	27.58	28.53
一般公共预算支出	24.83	26.95	22.82	30.21	33.19	38.25
财政总收入增速	13.6	-1.8	4.7	2.8	5.0	4.1
一般公共预算收入增速	18.7	-6.7	7.0	6.0	8.2	7.1
一般公共预算支出增速	11.5	8.5	7.0	4.8	7.7	15.3

2011—2016年财政收支及其增速

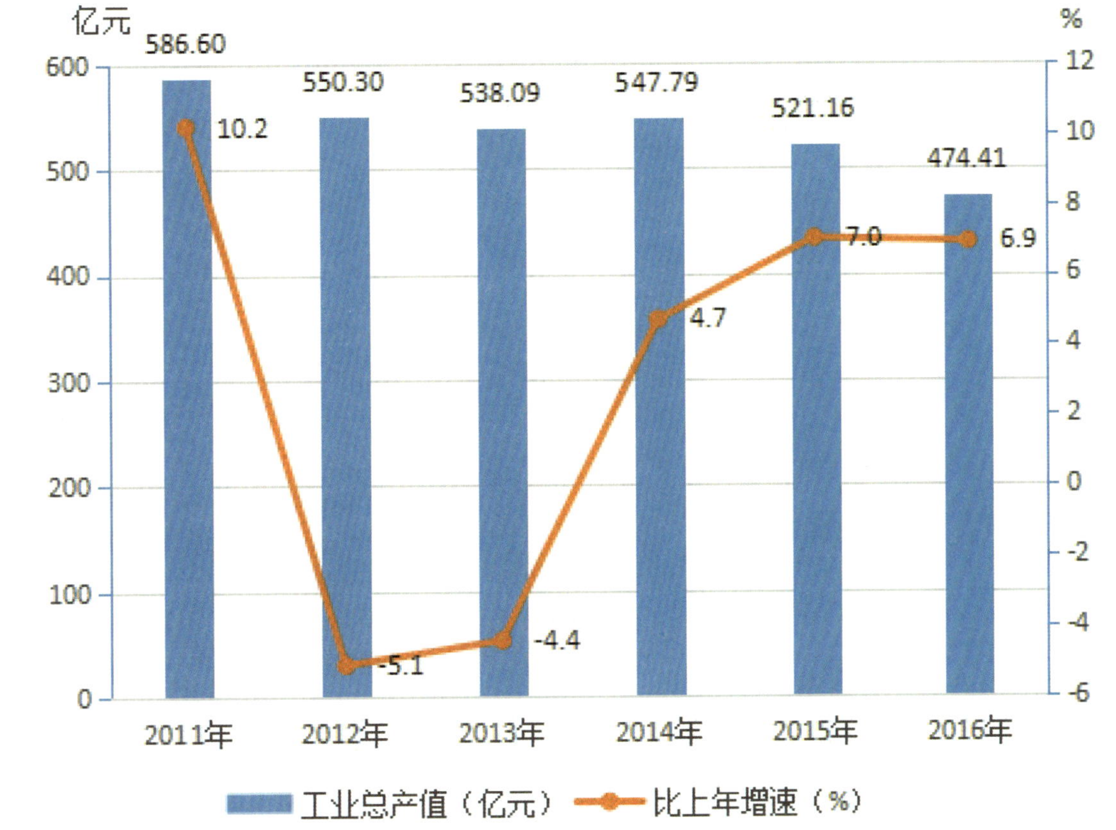

2011—2016年工业总产值及其增速

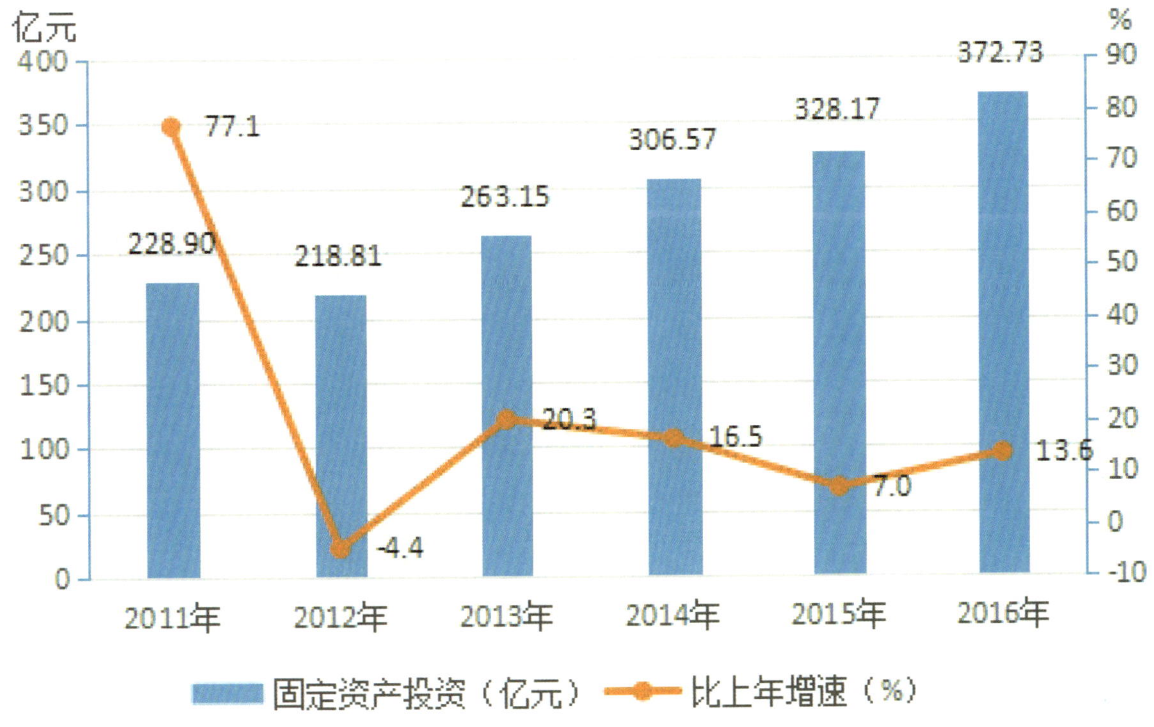

2011—2016年固定资产投资及其增速

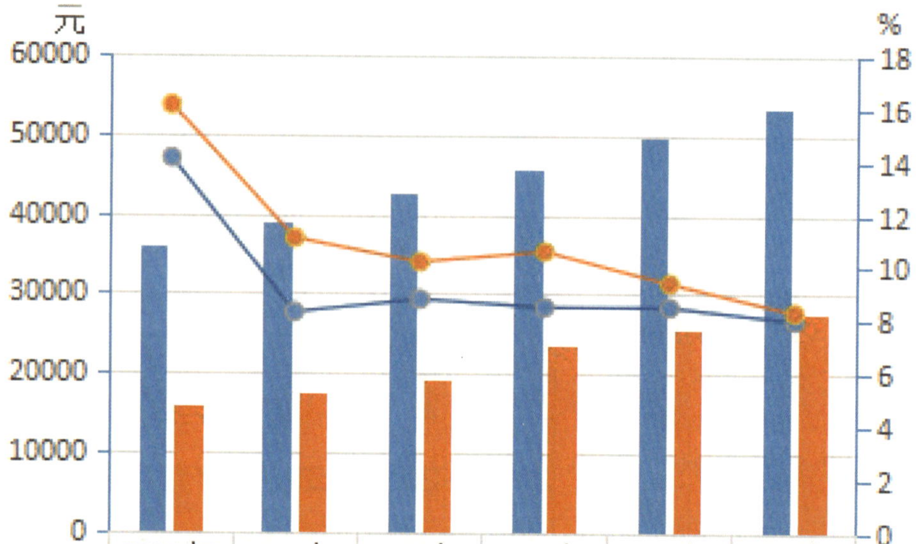

	2011年	2012年	2013年	2014年	2015年	2016年
城镇居民人均可支配收入	36123	39126	42569	45698	49592	53535
农村居民人均可支配收入	15895	17596	19391	23434	25632	27747
城镇居民人均收入增速	14.1	8.3	8.8	8.5	8.5	8.0
农村居民人均收入增速	16.1	11.1	10.2	10.6	9.4	8.3

2011—2016年地区生产总值及其增速

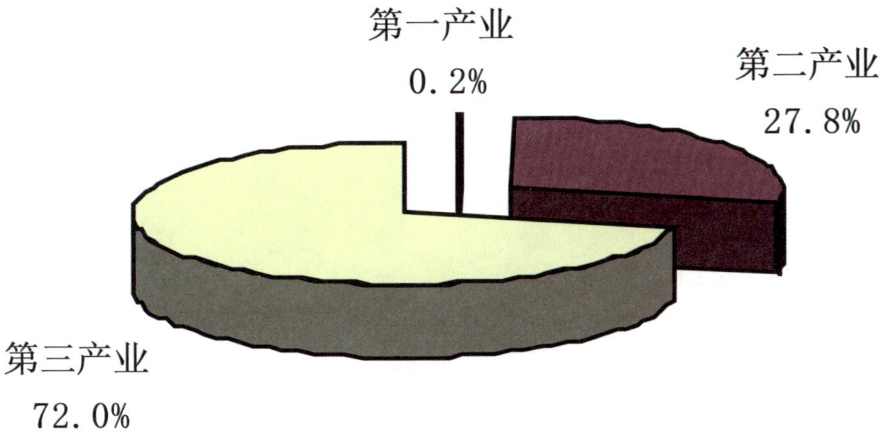

生产总值构成

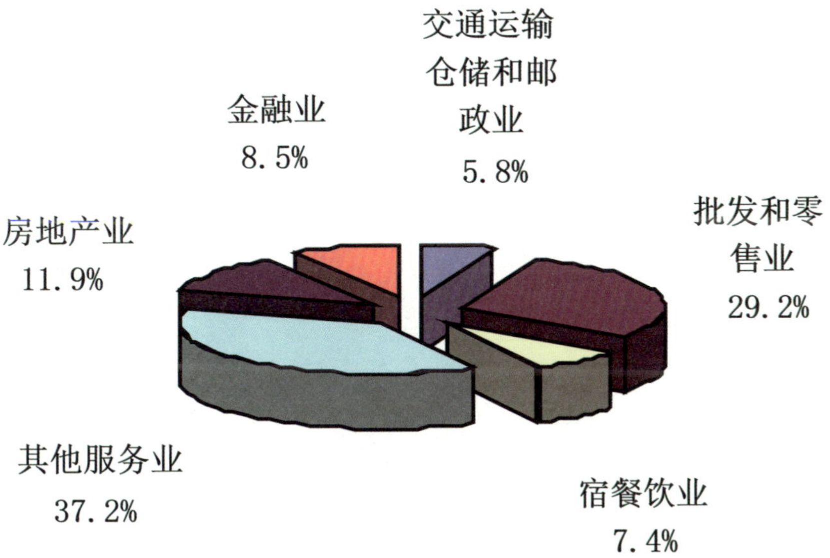

第三产业增加值构成

2011—2016年地区生产总值及第三产业增加值构成

2016年11月8日，省委副书记、代省长车俊（左二）检查鹿城区双屿街道中央涂村危旧房拆除工作　双屿街道 供稿

2016年5月24日，中国文联党组副书记、副主席李屹（左二），省文联党组书记、副主席、书记处常务书记田宇原（左一）等领导莅临鹿城区考察　区文联 供稿

2016年8月17日，温州市委书记徐立毅（左一）听取交警一大队长陈秀忠介绍锦花社区交通微循环工作情况

交警一大队 供稿

2016年6月13日，鹿城区书记陈浩（左三）督查前京制革基地旧片区改造　　仰义街道 供稿

2016年9月4—5日在杭州G20杭州峰会上，由中国工艺美术大师、温州市工艺美术研究院院长叶萌春率20人团队设计制作的《西湖十景》彩石镶嵌屏风，陈设在杭州西湖国宾馆双边会议主会场内　　市工艺美术行业协会 供稿

2016年10月10日，鹿城区双屿街道中央涂村中央街159号4间民房倒塌后救援现场　　双屿街道 供稿

瓯江晨影 胡明金/摄

古城新貌 黄兴龙/摄

鹿城区民政局

2016年，鹿城区民政局围绕“聚焦民政使命、夯实基层建设、秉持廉洁思想、培育特色亮点”的宗旨，有条不紊地推进各项民政工作。全年，鹿城民政工作被浙江省民政厅评为“优秀单位”，被温州市民政局评为“先进单位”；联合温州市民政局经过努力，共同创成了“全国双拥模范城”；鹿城区五马街道成为温州市唯一一个入围“省级城乡社区治理和服务创新实验区”；G20杭州峰会期间，鹿城区民政局积极承担护航G20杭州峰会工作责任，通过建立领导分片工作制、无缝隙监督机制，发挥街镇部门协作联动和机构主体责任，切实落实“全国保浙江、浙江保杭州”的各项措施，并被评为“鹿城区在服务保障G20杭州峰会工作中先进集体”以及“维稳工作先进集体”。

1

2

4

5

6

3

1. 2月23日，浙江省民政厅一行参观松台街道庆年坊社区爱心驿站
2. 3月12日，浙江省民政厅厅长尚清、温州市民政局局长白楠生等领导到红景天老年公寓参观调研
3. 3 月22日，团中央统战部副部长王阳一行到区民政局调研青年社会组织工作，考察鹿城区社会组织发展服务中心
4. 5月8日，由鹿城区社工委、鹿城区民政局、鹿城区慈善总会等部门联合举办的鹿城区第三届公益节在白鹿洲公园举行
5. 鹿城区庆年坊爱心驿站被评为全市首站志愿者义工服务基地
6. 山福镇选呑村呑底潭骨灰楼开工

鹿城区人力社保局

区人力社保局以保障和改善民生为出发点和落脚点，将最大限度地服务大局、服务部门、服务基层、服务企业和服务群众作为工作的标准和要求，着力推动改革创新，促进流程再造，提升管理水平，优化便民服务，社会各界对人力社保系统公共服务的满意度不断提高，为推动人力社保事业发展作出积极贡献。区人力社保局获评2015年度鹿城区满意单位，下属事业单位——鹿城区社会保险管理中心先后获评2011—2013年度全省人力社保系统优质服务窗口、2014—2016年度全国人力社保系统优质服务窗口、2016年度鹿城区满意审批窗口。

1. 2016年2月26日，区人力社保局局长吴晓贵在全局作风效能建设大会上讲话
2. 2016年5月25日，“两学一做”学习教育活动主题演讲比赛
3. 2016年8月10日，省人力社保厅副厅长仉贻泓督查调研鹿城区人力社保工作
4. 2016年12月16日，区人力社保综合服务中心正式对外办公

鹿城轻工产业园区

鹿城轻工产业园区原总规划面积18.3平方公里，其中一期规划面积6.65平方公里，2003年正式启动建设，2006年经国家发改委审批确定为省级经济开发区。先后获得省生态工业示范园区、省劳动关系和谐先进园区、装备制造省级特色产业科技园基地和温州市低碳工业园区等称号，连续多年被评为温州工业园区创新考核先进单位。

截至2016年底，园区累计入园企业71家，其中规上工业企业41家，亿元以上工业企业12家，国家级高新技术企业18家，拥有省级研发中心6家，博士后科研工作站1家，院士专家工作站1家，已初步形成装备制造及高端传统产业集聚。2016年，园区重点工程项目计划数为1.37亿元。园区中央大道下坦河桥梁工程、纵八路戍浦江桥梁工程、横一西路上沈河桥梁工程等3个项目实现竣工。

2016年，园区严格落实G20杭州峰会和“大拆大整”专项行动各项任务，扎实推进涉尘企业专项整治、“四无”生产经营单位集中整治、安全生产隐患专项整治。

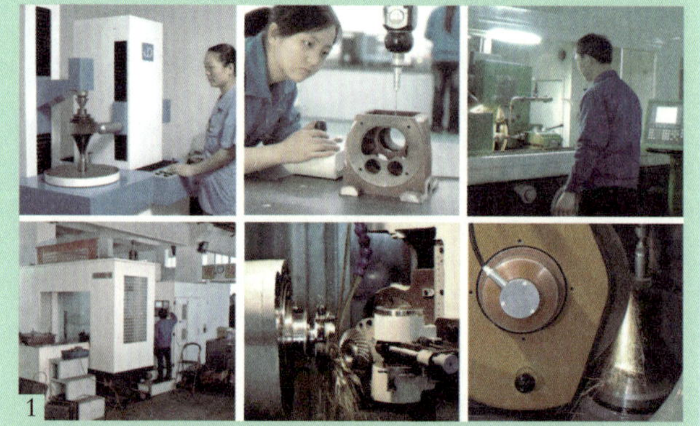

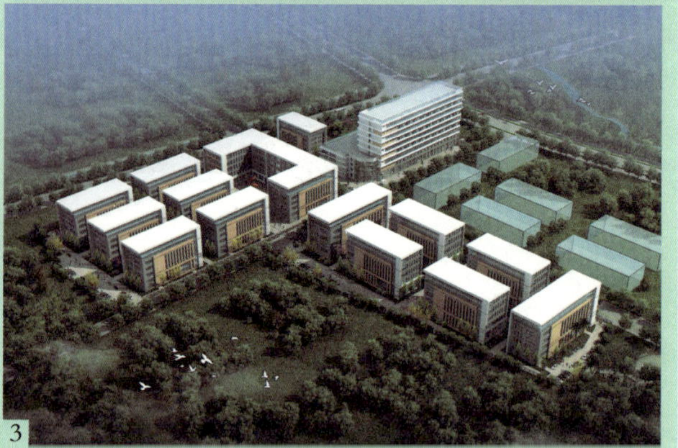

1. 浙江午马减速机有限公司车间
2. 浙江长城搅拌设备股份有限公司车间
3. 装备小微园鸟瞰（效果图）

1. 2016年5月14日，鹿城区法治文化流动微舞台开启“护航G20　普法在行动”专题文艺巡演
2. 2016年度全区司法行政工作会议
3. 现场服务法律援助群众

鹿城区司法局

温州市鹿城区司法局是区政府主管司法行政工作的职能部门，主要职责包括：编制全区司法行政工作的中长期规划、年度计划并组织实施；制定全区法制宣传与普法教育规划并组织实施；指导全区社区矫正、人民调解、法律服务工作；管理基层司法行政及刑释解教人员安置帮教工作等。

2016年，全区司法行政工作年度综合考评名列全市第一，区司法局先后获省“六五”普法先进单位、市人民调解工作先进单位、市信访工作先进单位、市司法行政系统年度考评优胜单位、区服务保障G20杭州峰会先进单位、区年度综合考绩一等奖等集体荣誉11项，并获得各级先进个人41项。2016年8月1日，时任区委书记陈浩在《扬旌沙场打头阵，吹角连营勇拔钉——鹿城区司法行政干部驻村“破难攻坚”工作纪实》中批示：“区司法局派骨干力量助推城中村改造，成效明显，予以肯定。”2016年10月25日，省司法厅厅长马柏伟在《鹿城区司法局主动介入双屿“10·10”农房倒塌事件快速有效做好善后调处工作》中批示：“温州市和鹿城区两级司法局在突发事故处置中，积极主动作为，很好地发挥了司法行政部门的职能作用，向参与处置工作的所有干警、人民调解员和司法所工作人员表示感谢和慰问。”

2016年，鹿城区司法局本着“创新、稳定、服务、为民、发展”的工作理念，务实创新，真抓实干，法治护航党委政府中心工作，建立健全人民调解多元融合机制，着力强化司法所规范化建设，全面落实社区矫正信息化建设，扎实推进“名所名品名律师”培育工程，探索创新“互联网+”法治宣传模式，全力构筑便民化公共法律服务体系，各项工作取得明显成效。2016年，受理调处矛盾纠纷16999件，办理法律援助案件1753件，法律服务“大拆大整”案件142件，举办各类法治宣传活动710余场，真正展示了忠诚、干净、担当的司法行政铁军的良好风范。

温州市鹿城区市场监督管理局

温州市鹿城区市场监督管理局由工商鹿城分局、区食品药品监管局、区食品安全委员会办公室整合而成，下设13个内设机构，14个市场监管所，现有在编干部职工 372人，主要承担食品药品监管和市场监督职责。截至2016年底，全区在册市场主体97979户，注册资本486.7488亿元。全年立案查处各类经济违法案件245件，罚没款入库362.64万元，大要案123件。

2016年是实施“十三五”规划的起步之年，全年，面对复杂的宏观形势和繁重的市场监管任务，区市监局全系统干部职工紧紧围绕区委区政府的中心工作，以五大发展理念为引领，以持续走在前列为目标，深化改革，优化服务，强化监管，各项工作有序推进、成效显现，农贸市场化改造升级、小微企业三年成长计划等多项工作全市第一，连续第五年被评为鹿城区考核一等优秀单位，实现“十三五”时期市场监管工作的良好开局。同时，2016年，市场监管部门展现出了勇于担当、奋力作为的良好形象，特别是保障G20杭州峰会、“大拆大整”期间所表现出的甘于奉献、守土尽责的实干作风和忘我精神，得到了群众和社会的认可和好评。

1

2

3

4

5

6

7

8

1. 2016年8月17日，时任市委书记徐立毅专题督查城市管理“治乱”工作
2. 2016年1月22日，温州市委常委胡剑谨指导“年味温州”食品安全
3. 2016年2月4日上午，副市长苗伟伦等领导莅临蒲鞋市农贸进行节前视察
4. 2016年2月6日下午，时任市委副书记代市长张耕莅临沃尔玛超市进行节前检查
5. 2016年2月6日上午，市委常委、鹿城区委书记陈浩开展节前食品安全检查
6. 2016年2月18日上午，市局鲍小瓯局长实地调研大南门农贸改造提升工作
7. 2016年3月15日，鹿城区积极开展"新消费我做主”“3·15”维权活动
8. 2016年12月7日上午，首届区市场监督管理系统妇女联合会顺利成立

温州市公安局鹿城区分局

2016年，鹿城区公安分局围绕“平安鹿城、清静治安、满意公安”总目标，紧扣护峰会、护平安、护发展中心工作，打造“高效、民生、智慧、规范”四大警务，构建中心城区治安管理“首善模式”，为全区政治大局、社会治安稳定和经济发展保驾护航。

该局大情报应用、刑事侦查、金融维稳、打击侵财、缉枪治爆、窗口服务等工作走在全市、全省乃至全国前列，被公安部授予全国情报信息“应用开发基地、培训基地”和“重点建设专业、侦查学科研教学基地”。G20杭州峰会安保、清障护航等工作先后得到厅长徐加爱、市委书记徐立毅等省市领导10余次批示肯定；“G20安保工作组”立集体二等功。南郊派出所被省委评为“法治浙江建设十周年工作先进集体”；莲池派出所被省厅评为“全省公安机关G20杭州峰会安保工作先进集体”；情报信息大队、治安二大队被市局评为“全市公安机关G20杭州峰会安保工作先进集体”；出入境管理大队获“浙江省温暖警营”等省、市、区近10项荣誉，立集体二等功1次。

全局共有2个单位立集体二等功，3个单位立集体三等功，12个单位获集体嘉奖；2名民警立个人二等功，24名民警立个人三等功，67名民警获嘉奖。

1

2

3

4

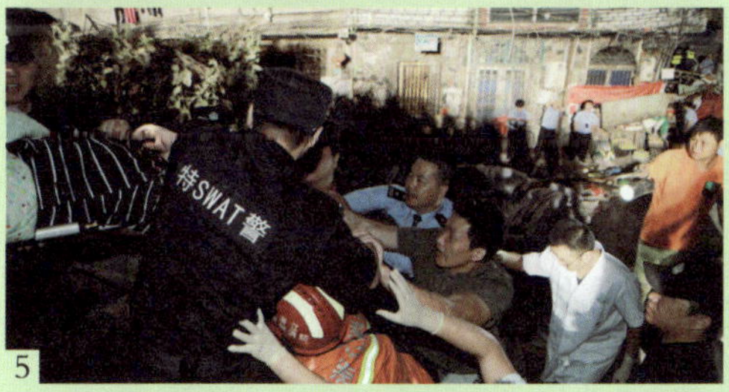

5

1. 2016年8月22日，市委书记徐立毅莅临鹿城公安分局视察南郊派出所“四维一体”建设和“美丽窗口、花园警队、文化警营”建设情况，并看望慰问一线民警
2. 2016年12月3日，市委常委、市公安局局长罗杰在市公安局副局长胡松权，鹿城公安分局党委副书记、政委刘国珍等人的陪同下，督导检查2016温州马拉松比赛安保工作。
3. 2016年6月23日，鹿城区“青春护航G20”平安志愿者誓师大会在松台广场举行。市局党委委员、区委常委、分局局长金国平出席大会并讲话。鹿城公安分局志愿者队伍参加誓师大会及现场活动
4. 2016年12月18日，市公安局副局长、鹿城区委常委、区公安分局局长林振江实地督导检查“千警巡逻·百卡护城”工作，并就冬季大巡防行动提出具体工作要求
5. 2016年10月10日，鹿城区双屿街道中央涂村中央街159号发生农民自建房突然倒塌事故。鹿城公安分局立即启动重大警情和社会应急联动处置预案，赶赴民房倒塌现场开展救援工作

鹿城区检察院

2016年，鹿城区人民检察院深入贯彻中共十八大及历次全会精神，忠实履行法律监督职能，积极践行绿色司法理念，开展“自侦突破年”“品牌创新年”“骨干培养年”“正风肃纪年”“公信提升年”等五大活动，为鹿城打造迈入全面小康社会示范城区提供了有力的司法保障，共批准逮捕1294件1528人，提起公诉1953件2574人；立案查处贪污贿赂案件12件15人、渎职犯罪案件1件1人；监督公安机关立案28件（其中1名被判处死刑缓刑二年执行，2名被判处有期徒刑十五年），纠正漏捕5人，纠正漏犯24人，纠正遗漏罪行15件，不批捕184人，不起诉126人，刑事抗诉14件，对侦查活动中的违法情况提出监督意见30件，监督民事行政案件69件，移送虚假诉讼犯罪线索4件7人，对刑罚执行和监管活动中的违法情况提出监督意见14件，获得市级以上集体荣誉11项（如全国检察宣传先进单位、全国检委会规范化建设示范单位）、个人荣誉38项。

1. 2016年3月7日，市委常委、区委书记陈浩视察检察工作，看望检察干警
2. 2016年4月21日，省检察院党组书记、检察长汪瀚莅临鹿城区人民检察院调研指导工作
3. 2016年6月29日，鹿城区人民检察院与区文明办、温州星际控股集团有限公司正式签约，建立委托合作机制，在星际集团设立未成年人观护帮教基地
4. 2016年8月15日，鹿城区检察院联合区司法局在院控申接待中心设立法律援助工作站，服务弱势群体，化解信访矛盾
5. 2016年9月27日，鹿城区人民检察院在康奈集团设立检察联络点，服务非公企业
6. 2016年12月20日，区委书记李无文一行到鹿城区检察院调研工作，并与院班子成员进行座谈交流

鹿城区人民法院

2016年，鹿城法院共受理各类案件34755件，办结35881件，同比分别上升了14.7%和19.02%，收、结案数均居全市法院第1位，分别居全省法院第5位和第2位，一线法官人均结案数588.27件，居全省法院第3位。荣立集体二等功，获全省法院行政审判、审判监督、司法行政装备管理、司法网拍等工作先进集体。该院金融审判、破产审判、轻刑速裁、民商事简案快审及司法网拍等司法品牌得到上级领导和广大群众的关注和认可，在全省法院推广。

1. 2016年1月6日，鹿城法院与温州大学挂牌成立教学实验基地
2. 2016年7月1日，鹿城法院举行新提任干警向宪法宣誓仪式
3. 2016年9月22日，鹿城法院在市第七人民医院挂牌成立婚姻家庭心理辅导中心
4. 2016年10月9日，鹿城法院正式启动“法庭义工”大服务机制
5. 2016年10月24日，鹿城法院开展员额法官遴选助审员面试
6. 2016年10月26日上午，鹿城法院举行与银行业协会建立诉调对接工作机制新闻发布会
7. 2016年11月9日，鹿城法院开展涉特殊主体专项执行行动。执行干警行动前部署执行计划

1

2

3

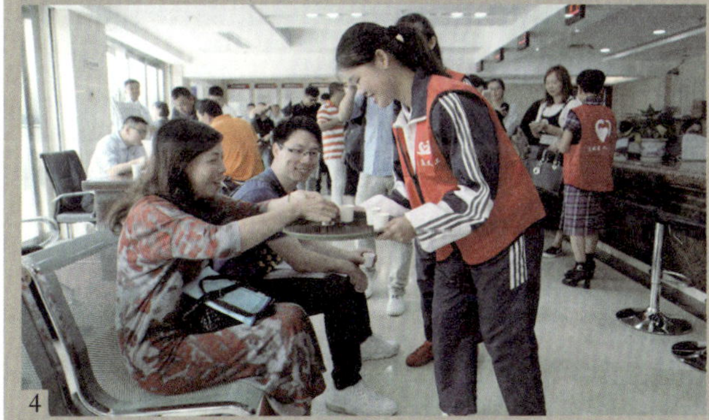
4

5

6

7

仰义街道

仰义街道位于鹿城区中部，东濒瓯江，南连丰门街道，西靠藤桥镇。辖区总面积28.09平方公里。境内有104国道、330国道、金丽温高速公路、金温铁路、温州绕城高速以仰义为枢纽，与金丽温高速相接。仰义街道辖区由12个行政村、1个居民社区联合组建成渔京、里河、澄龙、仰新、西山5大网格。其中，渔京网格下辖渔渡、后京、前京等3个行政村；里河网格下辖河岙、十里等2个行政村；澄龙网格下辖澄沙桥、龙川、陈村等3个行政村和仰新网格下辖仰新社区，西山网格下辖垟山、林里、钟山、馒头驻等4个行政村。2016年，仰义街道居民户籍数5942户，户籍人口数19950人，暂住人口52916人。

2016年，街道农业总产值3019万元，实现工业总产值50.577亿元，全社会固定资产投资30.48亿元，完成全社会消费品零售总额36.30亿元，全社会消费品销售总额69.79亿元，招商引资总到位资金22.5991亿元，其中市外房地产项目累计到位资金11.1601亿元，省外回归到位资金11.4390亿元。街道曾获浙江省群众体育先进单位、浙江省“全民健身与奥运同行”片区“种文化”活动暨全省职工迎奥运健身活动二等奖、省级社会治安综合治理先进集体、浙江省体育强镇（乡）、省第二次全国R&D资源清查先进集体、全省“811”环境污染整治工作先进集体、第二次全国农业普查先进集体、第三届全国食品安全知识竞赛“集体组织奖”、第六次全国人口普查先进集体、档案工作目标管理省一级认定单位等省级荣誉称号。

1

2

3

4

1. 2016年6月14日，温州市委副书记市长张耕调研瓯江绕城高速至卧旗山海塘工程及瓯江西延道路工程
2. 2016年，参加第九次鹿城区党代会的代表
3. 2016年2月23日，区长朱崇明督查林里片区低丘缓坡利用项目
4. 2016年5月18日，温州市重点工程巡查组调研乐清湾铁路支线工程

七都街道

七都与主城区仅一江之隔，辖区面积23平方公里，其中陆地面积12.7平方公里，四周江岸线17.8公里，户籍人口13000人，是著名的侨乡，至今已有2.6万名海外华侨、华人、港澳同胞，分布在美国、法国等28个国家和地区，几乎家家是华侨、人人是侨眷。街道内设七个科室，包括党政办、党建办、综治办、城管办、城建办、经济办、社管办；三个网格，包括汇侨网格、老涂网格、吟川网格；下辖六个村，包括上沙村、樟里村、板桥村、老涂村、吟州村、前沙村。在编人员50人，临聘人员46人。

近年来，七都以“三高之区”（高档商务休闲区、高品质居住区、高端人士集聚区）为定位，以“两业”（金融业、旅游业）为导向，开发建设成效显著。基础设施不断完善。“两纵、三横”交通路网已搭建，七都大道成为城市东进口的主要景观大道；高品街、飞虹街贯通南北，带动沿线核心产业、高品质居住等项目建设，助推万国财富小镇快速创建。防洪标准全面升级，百年一遇标准堤塘全长14.8公里，全线闭合，为群众筑起了一道生命线。现代服务业逐步提升。万国财富小镇核心产业项目快速推进，温州金融科技文化中心是市级重点项目和鹿城区三大亮点工程之一，该PPP项目历时四个半月时间完成，为温州市推进速度最快。温州中心进展顺利，项目总投资约60亿元，总用地面积7.27公顷，超高层主体建筑高度290米，项目建成后必将成为瓯江新地标。樟里文化村以优良的水乡环境招引金融机构和文化创意企业入驻，打造温青回归创投服务中心。生态环境绿色崛起。岛内水系网发达，河道面积占8%，水质良好，规划绿化植被总覆盖率达45%，为宜居、宜商提供优质生态环境；七都岛拥有66.67公顷规模大，档次高的别墅群及多个高档住宅区，成为打造七都高品质居住区的引领示范。

下一步，街道将继续围绕打造迈入全面小康社会标杆城市这个目标，着力推进开发建设提速、区域产业结构提质、城市新区品质提升，努力把七都打造成档次高、设施完善、环境优美的岛屿，成为镶嵌在瓯江和温州中心城区里的一颗璀璨的明珠。

1

2

3

4

1. 鹿城区区长胡晓东现场调研项目建设
2. 开展七都“花之岛　梦之旅”金秋旅游文化节、向日葵旅游文化节，累计共吸引游客超过15万人次
3. 七都街道樟里村整治提升后的水乡风貌
4. 温州金融科技文化中心PPP项目历时仅四个半月完成，40天完成展示区建设并投入使用

双屿街道

双屿街道位于鹿城区西部，2015年9月区行政区划调整后，街道东至翠微山、黄龙山、翠微大道，南至景山、瓯海区郭溪街道，西至下岭山、嵇师新街（山后路）、卧旗大河（西排河道），北至瓯江。辖区面积13.13平方公里，办事处驻温金路138号。

2016年，市委市政府全面实施“大拆大整”八大行动，双屿街道作为唯一一个街道级项目，被纳入八大行动之一，行动要求双屿要在2017年底之前全面完成辖区所有旧村征收改造，计划打造温州城市西部新亮点。至2016年底，双屿“大拆大整”取得显著成效，相继完成垟田一期、瓯浦垟村、牛岭一期、中央涂、104国道（双屿段）等5个项目的100%征收和拆除工作；外来人口由11.45万人减少至9.09万人；刑事治安接警数8056起、“两抢”数78起、盗窃数3181起，分别同比下降18.1%、24.4%、14.19%。在“大拆大整”环境下，重点经济指标保持平稳发展，2016年工业总产值66.6亿元，其中规模以上工业产值33.03亿元；全社会销售额148.29亿元，同比增长18.1%；批发零售住宿餐饮业全社会零售额70.09亿元，同比增长15.7%。

1

2

3

4

1. 2016年2月14日，副省长梁黎明到双屿开展新春慰问
2. 2016年6月25日，位于双屿的全市规模最大进口商品直销中心与市民见面
3. 2016年12月22日，双屿街道召开工商业联合会（商会）第二次会员代表大会合影
4. 2016年8月，康奈集团工业园区获评国家AAA级旅游景区。这也是温州市首家获评AAA级旅游景区的工业园区

松台街道

松台街道位于鹿城区中西部，辖区东至信河街，南临会昌河，西接勤奋河，北濒瓯江北水道（含江心屿）。辖区面积10.11平方公里，户籍人口辖区户籍人口92980人，暂住人口25200人。下辖11个大网格（社区）、2个行政村（水心村、松台村）和九山股份经济合作社。辖区集鹿城山水灵秀于一身，纳千年古迹文化于一池。山有郭公、松台，绿树成荫；水有汇昌、九山，钟灵毓秀。千年古刹妙果寺、江心寺、文化古迹庆年坊、八角亭游人不绝。

1. 温州市委书记徐立毅莅临松台街道视察九山工地
2. 松台街道举办纪念红军长征胜利80周年文艺演出
3. 松台街道在桂柑社区举报慈孝文化节活动
4. 温州市委常委、宣传部部长胡剑谨莅临松台街道视察桂柑社区

五马街道

五马街道位于温州市核心区域，是鹿城区政府驻地，定位为“中心商贸区、历史文化街区、都市品质生活区”。辖区东至灰桥浦、蒲鞋市河，西至信河街，南至小南门河、大南路、人民东路、飞霞南路、学院西路，北至瓯江，区域面积4.65平方公里，户籍户数5.8万，户籍人口17.3万，下辖14个大网格（社区）。街道2016年实现全社会消费品零售总额146.08亿元，有效投资20.88亿元，公共财预政算收入1.95亿元。

2016年，五马街道领导班子在区委、区政府的坚强领导下，深入贯彻落实“十三五”规划战略部署，以“大拆大整”为重点，以“创先争优、赶超发展”为目标，加速推进“五个五马”建设。荣获全国商旅文产业先进集体、省示范基层党校、市精神文明建设先进集体、市创建国家历史文化名城工作先进集体、市百日维稳攻坚大会战先进集体、市禁毒工作先进集体、市老年体育先进集体、市规范化街道食安办等先进荣誉，成功提升五马街为全市首条“中华民居示范街”“中国著名商业街”，各项工作得到稳步推进。

1

2

3

1. 2016年4月7日，团中央宣传部副部长张健为参观朔门鹿城青年之家
2. 2016年8月11日，举行中国著名商业街（五马街）授牌仪式
3. 2016年12月9日，市文明办主任吕朝晖一行实地察看全市首个交通微循环示范社区（八仙楼）

蒲鞋市街道

2016年，街道创成全区首个省级“文化强镇”，建成全区首个家风家训基地，学院中路创成市级“美丽街区”，并荣获国家园林城市工作先进集体、温州市消防安全“双月”攻坚行动先进单位、全市2016年度老干部工作先进集体、2016年度创建法治乡镇（街道）工作示范单位等称号。

全年，街道深入实施城市精细化管理八大行动，在全区率先实行路长制，率先清理趴窝僵尸车，率先开展校园门口车辆即停即走管理；打造前庄路背街小巷治理示范路段，实施沿街住宅墙体美化工程，惠民路、府东路、车站大道综合整治工程基本完工；农贸市场、附二医周边等一批乱点乱象得到进一步整治。以大拆大整为主线，全面提升城中村改造速度。重启搁浅14年之久的龟湖水乡项目，仅用三个半月全面完成64亩集体土地征收、11个历史遗留问题化解和35000平方米旧房拆除工作，提前完成“清零”任务。主动认领南汇街道山根旧村改造项目，完成118.2亩集体土地报征、意愿率调查、715户旧房入户丈量、评估等前期工作。新增市级重点项目温瑞大道二期道路拓宽工程，完成道路征迁红线划定、房屋征收补偿政策初稿拟定工作，启动道路范围内房屋入户调查及扩拆范围控规编制前期工作。

1. 2016年5月17日，蒲鞋市街道联合交警部门、行政执法中队、车辆回收公司先行在芳园社区开展清理“僵尸车”行动，共有14辆“僵尸车”得到妥善处理，社区环境得到了明显改善
2. 2016年6月，在政府及各有关部门共同努力下，11个历史遗留问题得以全部化解；7月20日，龟湖水乡67亩集体土地征地村民代表大会顺利通过征地决议；11月中旬，完成拆除房屋294户，面积约35000平方米
3. 2016年12月21日，托老服务中心运行剪彩仪式在锦园社区举行。蒲鞋市街道率全市之先全面升级居家养老日间照料服务中心，试点建设全市第一家示范型托老 服务中心，以“公建民营”模式运行，开展养老服务
4. 2016年9月23日，在青园社区举行“新家庭计划”文化节。青园社区被市、区卫计部门确定为首批“新家庭计划——家庭发展能力建设”项目试点单位，推进新形势下基层计划生育工作的转型发展
5. 2016年，蒲鞋市街道总工会努力打造救助、维权、服务三位一体的基层职工服务站，服务职工的基础设施和能力水平得到明显的改善和提高，荣获示范单位称号

1. 2016年6月13日，温州市委副书记、市长张耕专题调研滨江商务区建设工作
2. 2016年8月15日，时任市委书记徐立毅专题调研滨江商务区开发建设
3. 2016年11月28日，浙江省首届生态运动会温州鹿城站滨江街道生态健步走活动在瓯江路举行
4. 2016年11月3日—5日，滨江街道黎二村2#3#4#地块旧房拆除（拆除前/拆除后）

滨江街道

滨江街道辖区总面积约12.17平方公里，下辖9个社区和5个城中村，总人口19万人，其中常住人口15.5万人，户籍人口54403人。滨江街道是全市三大亮点区块之一——滨江商务区的主阵地，街道5个行政村均涉及该区块的拆征工作。滨江商务区规划总用地面积11.5平方公里，涉及鹿城“五村一社”，需要征用集体土地6520亩，需拆迁面积209.5万平方米，涉及拆迁总户数8321户。2016年，街道以“大拆大整”为契机，加快推进滨江商务区建设，全年完成连片签约3058户（任务数2035户），完成率达150%，拆除2833户，拆除旧房面积61.4万平方米，提供净地2118亩，经济运行总体平稳，城市管理水平全面提升，平安形势稳定可控，民生事业进一步发展，基层组织战斗力增强，全街道经济社会发展再上台阶。

广化街道

广化街道位于鹿城城区西部，东沿勤奋河，南至瓯海区景山街道、景山，西接翠微山、黄龙山、翠微大道，北抵瓯江，下辖月湖、教场、翠微、双榕、集善、特陶、双乐、集新8个社区、双桥村1个行政村及1个广化股份经济合作社，辖区面积4.1平方公里；水域5条，共计7.78公里。街道办事处驻新桥头美组团美16幢。辖区共有户籍11792户，户籍人口34190人，常住人口67729。2016年，街道共有企业单位1198家，个体工商户4502家。全年完成固定资产投资14.03亿元，完成率101.65%；实现限上社会消费品销售总额29.51亿元，同比增长5.2%，限上批零、住宿餐饮销售额2.61亿元，同比增长8.0%；实现规上其他营利性服务业营业收入4456万元，同比增长16.0%；完成招商引资3.18亿元，总完成率159%。进出口完成额3.07亿元，同比增长5.86%，完成率102.06%。2016年，街道突破性地完成了全年各项工作任务，在全区14个街镇的年度考核中成绩突出，获得“一等街道”荣誉，其中城市管理"治乱"专项行动获得全市考核第一名佳绩，街道被评为优胜单位。

1

2

3

4

5

6

1. 2016年4月22日，市委常委、区委书记陈浩一行考察调研望江乐园文化综旅项目进展。街道党工委书记陈辉、主任董晓来陪同调研并汇报项目情况
2. 2016年10月25日，鹿城区副区长章月影一行视察广化街道鞋用化工市场
3. 2016年10月31日，下桥城中村完成最后一户腾空拆除
4. 2016年10月26日，鹿城区委常委、区公安局局长金国平督查城中村改造工作
5. 2016年5月，鹿城区广化街道商会成立
6. 2016年5月5日，广化街道召开第二季度党建例会暨第一期书记论坛

1

2

3

4

5

丰门街道

2015年，丰门街道经区划调整后成立，区域面积12.37平方公里，东至瓯江，南至卧旗大河（西排河道）、嵇师新街（山后路）、下岭山，西至瓯海区郭溪街道，北至仰义街道。街道下辖金竹、鞋都、丁桥3个大网格，其中金竹网格下辖嵇师行政村，鞋都网格下辖前陈、屿头、岩门3个行政村，丁桥网格下辖正岙、潘岙、上伊3个行政村。办事处目前驻鞋都三期总部经济园A12幢。

丰门街道有工业企业1579家，其中规上企业86家、功勋企业8家，税收强企10家、工业强企20家。2016年工业总产值达180亿元，规下工业产值达64亿元，并完成有效投资23.7亿元，是鹿城区重要的工业街道。在2015年被评为鹿城区金融工作先进集体、鹿城区城建工作先进单位，在2016年被评为鹿城区企业金融风险处置工作先进单位及温州市工会财会工作先进集体。

1. 丰门街道大合照
2. 2016年1月，对居住出租房进行断电
3. 2016年5月，发放出租房整改通知书
4. 2016年11月，丰门红港开业
5. 2016年12月，察看辖区地质灾害点

1

2

3

4

5

6

南郊街道

南郊街道位于鹿城区南部，辖区范围东至南塘河，南至瓯海区梧田街道，西至瓯海区新桥街道，北至会昌河、温瑞塘河，下辖龙方、东屿、里垟、葡萄、德政5个大网格，总面积10平方公里。2016年，南郊街道辖区共有户籍人数17505人，暂住人口27908人。工业总产值36.67亿元，规模以上企业41家。全社会销售额242.18亿元，其中限额以上企业117家。规上服务业企业26家，完成退二进三企业6家。

2016年，南郊街道获市级计生优质服务街道、市级统计先进集体、市级防范处理邪教工作先进集体、区级优秀单位、区级社会治安综合治理工作先进集体、区级平安集体、区级创建法治建设工作示范单位。

1. 2016年7月18日，温州市委副书记、市长张耕调研南郊街道辖区企业浙江大虎打火机有限公司
2. 2016年4月12日，鹿城区副区长黄定恩督查牛桥底及锦华城安全建设情况，南郊街道主任吴旭东陪同
3. 2016年5月12日，鹿城区副区长杨德听率区塘办等部门对南郊街道进行平安建设明察暗访
4. 2016年4月11日，南郊街道在金银岛大酒店召开龙方村、灯塔村城中村改造动员大会
5. 2016年9月，葡萄村9—1、6—3、10—1 、13—1工程主体基本完工并已开展专项验收
6. 2016年5月24日，南郊街道成立文学艺术界联合会

南汇街道

南汇街道地处浙江省温州市鹿城区南部，是市委市政府所在地，全市政治文化中心，温州未来的城市新地标“城市中央绿轴区块”南北贯穿街道。辖区面积8.9平方公里，下辖11个社区、9个城中村。常住人口14.2万。

近年来，南汇街道严格落实区委、区政府工作部署，狠抓各项工作落实，实现了经济社会健康快速发展。自2013年起，已连续四年荣获鹿城区年度考绩（街道类）一等奖。2016年度，荣获“瓯江先锋基层党组织”荣誉称号，市级G20杭州峰会维稳安保先进集体、市级“六五”普法先进单位等荣誉称号。

1

2

3

4

1. 2016年度全市的两次“比学树”现场会分别在南汇街道绿轴区块、横渎区块召开
2. 横渎村位于市政府西首，距离市政府不到500米，为城市中心区块，城中村改造15年来未能有效推进。自2016年1月21日启动横渎村动迁会议以来，历时57天基本完成整村签约、18天完成21万平方米旧房拆除，创造出了“横渎速度”，实现了“当年启动、当年签约、当年腾空、当年拆除”目标
3. 2016年2月，上田张宅自然村完成整村100%拆除，得到了时任市委书记徐立毅的充分肯定
4. 2016年11月8日，时任浙江省委副书记、代省长车俊调研温州，其间先后到南汇街道横渎村、前网村视察“大拆大整”工作

大南街道

2016年6月5日上午，由温州市委宣传部、市文明办主办鹿城区委宣传部、区文明办、大南街道共同承办的“全民共欢乐 端午‘粽’文明”——我们的节日·端午主题活动在大南商圈银泰广场举行。温州市委常委、宣传部部长胡剑谨，市委宣传部副部长、市文明办主任吕朝晖，鹿城区委常委、宣传部部长胡慧雷，区委宣传部副部长、区文明办主任朱克等出席活动，与市民一同欢度佳节。

2016年9月8日教师节，温州市委副书记、市长张耕，副市长郑朝阳，温州市委常委、鹿城区委书记陈浩，鹿城区委副书记、区长朱崇敏等领导调研大南街道，适逢慰问辖区学校教师，市教育局、区委办、区府办、区教育局、大南街道等主要负责人陪同参与。

2016年11月23日上午，鹿城区委书记李无文带队调研大南街道。一行人先后调研了荷花网格、世贸时尚中心，了解网格与企业运行情况。

2016年12月12日晚7时，省文化厅副厅长刁玉泉、市人民政府副市长苗伟伦、省文化厅副巡视员任群、省文化厅公共文化处倪巍、市文化广电新闻出版局局长张纯芳、鹿城区人民政府副区长夏军等，以及省内各地市、区、县文广新局局长等人与数百名市民一起见证2016大南城市书房点亮崭新的“阅读之灯”。

1. 温州市委常委、宣传部部长胡剑谨与市民一同包粽子
2. 温州市委副书记市长张耕市长走访慰问马鞍池小学
3. 鹿城区委书记李无文调研世贸中心
4. 大南城市书房亮灯仪式

1

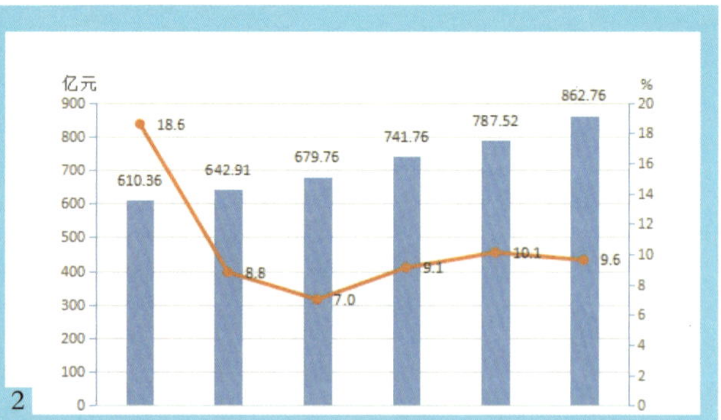

2

3

4

5

藤桥镇

藤桥镇群山环抱，环境优美，紧临瓯江。戍浦江穿境而过，哺育世代勤劳、纯朴的藤桥人。

藤桥镇在上级党委、政府的指导下，紧紧依靠全镇人民，经济、社会持续发展，陆续荣获全国重点镇、全国标准化气象服务镇、省级文明镇、生态镇等称号。藤桥镇坚持发展第一要务，不断引导农业转型，投资1.1亿元的温州市种子种苗科技园落户我镇，浙农生态农庄游客云集。辖区内浙江温州鹿城轻工产业园区，经国家发改委审批确定为省级经济开发区。

藤桥镇城镇面貌焕然一新。农房集聚项目拔地而起并投入使用，物流小微园、科技小微园陆续完工并投入使用，500千伏温西变、天然气管道、三十一中、三十二中等重点工程进展顺利。“大拆大整”如火如荼地进行，危旧房、四无企业、“低小散”企业、出租房强力整治提升，南街卡口应势拆除，“三改一拆”累计拆除违章建筑365件共15万平方米，15家“50头以上规模养殖户”集中整治。戍浦南路路面修复、联网公路建设和民生交通工程使镇区内部交通更加便捷。“五水共治”镇区截污纳管、污水处理厂接管及提升泵站等污水处理工程实现全镇农村生活污水处理工程全覆盖，瓯江治理、戍浦江整治等环境整治工程建设有序推进，“两河”整治成效显著，滨水公园和小游园建设惠及广大群众。

藤桥立足生态定位，努力打造鹿城西部后花园和幸福家园。结合旖旎山水、丰富古迹，突出岩雅山、老鼠山遗址、田塘头爱国教育基地、小岙民宿等旅游资源，编制藤桥旅游总体规划，发展休闲观光旅游。

1. 戍浦江“河长制度”督查
2. 藤桥镇人代会
3. 浙江长城搅拌设备有限公司
4. 藤桥镇第十四届第二次党代会
5. 乐清港铁路支线拆迁

山福镇

山福镇隶属地处浙江省东南部的温州市鹿城区，镇政府驻地在临江东路208号，下辖32个行政村。该地处瓯江南岸，区域面积达60.42平方公里，东与藤桥镇接壤，北面与永嘉县桥下、桥头隔江相望，西邻丽水市青田县，金温铁路与330国道贯穿整个镇区，全年平均气温18℃，极端气温最高41.3℃，最低-4.5℃。无霜期约280天，年降水量1100—2200毫米。温和湿润的气候，十分适宜农作物生长。在商品贸易与农业发展上拥有着丰富的区位优势。

在改革开放初期，山福乡归属于永嘉永临，是永临区横山乡（临江）与林福乡（双潮与桥头西部林福白沙一带）合并各取一字的结果。后因历史变迁，山福改称过公社，归属过瓯海建立临江镇，又辗转撤镇归并入藤桥。2015年下半年建镇工作着手筹备后，全镇上下围绕着镇名的敲定展开了多次讨论，最终定下了“山福镇”这个颇具历史渊源的名字，这也让老一辈有了更多的亲切感。

1. 中心公园（效果图）
2. 山福风光一览（叶玉峰/摄）
3. 西州岛风光（叶玉峰/摄）
4. 荫溪（叶玉峰/摄）
5. 瓯江（叶玉峰/摄）
6. 双溪一景（叶玉峰/摄）

（以上图片由各单位提供）供稿：贾海丹

总　目

特　载

专　辑

大事纪要

鹿城总述

机构及其负责人名录

中国共产党温州市鹿城区委员会

温州市鹿城区人民代表大会及其常委会

温州市鹿城区人民政府

政协温州市鹿城区委员会

纪检·监察

鹿城区民主党派

区工商联·社会团体

法　治

军　事

城乡发展

农　业

水　利

工　业

交通运输

信息产业

建筑业

特色经济

旅游业

金　融

经济管理

教　育

科　技

文　化

体　育

卫生和计划生育

社会事务

街道·镇

先进集体·个人

统计公报与分析

鹿城报道

附　录

索　引

目 录

特 载

中共温州市鹿城区委工作报告
中共温州市鹿城区委关于制定鹿城区国民经济和社会发展第十三个五年规划的建议（摘要）……1
趁势大拆大整 加快转型发展奋力打造全面小康社会示范城区（摘要）……9
温州市鹿城区人民代表大会常务委员会工作报告
在温州市鹿城区第八届人民代表大会第五次会议上（摘要）……15
温州市鹿城区人民政府工作报告
在温州市鹿城区第八届人民代表大会第五次会议上（摘要）……19
政协温州市鹿城区常委会工作报告
在政协第八届温州市鹿城区委员会第五次会议上（摘要）……26

专 辑

鹿城区“五水共治”……31
关于统筹推进鹿城区“五水共治”的提案……34

大事纪要

1月……36
2月……36
3月……37
4月……38
5月……39
6月……40
7月……40
8月……41
9月……42
10月……43
11月……44
12月……45

鹿城总述

自然地理……47
地理位置……47
地形地貌……47
自然资源……47
气候特征……47
建置与人口……48
建置沿革……48
表1 2016年鹿城区行政区划情况表……48
人口……49
表2 2016年鹿城区户籍人口情况表……49
历史文化……50
文物古迹……50
表3 鹿城文物古迹情况表……50
风景名胜……51
表4 鹿城风景名声古迹情况表……52

历代名人……56
表5 鹿城历代名人情况表……56
经济社会发展……58
概况……58
固定资产投资……58
产业转型……58
重点领域改革……59
用能结构优化……59
精神文明建设……59
概况……59
“乱象”整治……59
创新实施“路长制”……59
“交通微循环”推广……59
“幸福社区”创建……59
“美丽乡村”工程……59
“美丽街区”创建……60
文明出行宣传教育……60
城市公共文明指数测评……60

机构及其负责人名录

中共温州市鹿城区第八届委员会……61
中共温州市鹿城区第九届委员会……61
中共温州市鹿城区纪律检查委员会……61
中共温州市鹿城区委工作部门……61
鹿城区第八届人民代表大会常务委员会……63
人大常委会工作部门办公室……63
鹿城区人民政府……63
政协第八届鹿城区委员会……63
政协工作部门办公室……63
鹿城区人民法院……64
鹿城区人民检察院……64
区人民政府工作部门……64
鹿城区人民武装部……67
鹿城区各民主党派·工商联……68
鹿城区社会团体……68
街道·镇……69

中国共产党温州市鹿城区委员会

综　述……73
“十三五”良好开局……73
创新驱动战略实施……73
城中村改造……73
改革项目创新……73
法治创建……74
干部人事制度改革……74
生态环保……74
重要会议……74
区委八届十次全体（扩大）会议……74
区委第九次代表大会……74
区委九届一次全会……74
表6 2016年中共温州市鹿城区委员会文件目录……74
区委办工作……75
概况……75
以文辅政……76
机要保密工作……76
创新机制与督查落实……76
组织工作……76
概况……76
基层中共党建……76
开展“两学一做”学习教育……76
“四清”行动……76
“示范、达标、整转”三大行动……77
志愿服务……77
“两新”党建工作……77
宣传工作……77
概况……77
理论宣教……77
文化礼堂建设……77
对外宣传……77
网络管理……77
文创产业……77
文化品牌塑造……78
文艺精品建设……78

文明创建……78
典型树立……78
统战工作……78
概况……78
统战助推经济发展……78
非公经济“两个健康”获突破……78
民族宗教工作……79
港澳台与海外统战工作……79
基层统战工作……79
机构编委工作……79
概况……79
权责清单工作……80
“还政予政”工作……80
事业单位统一登记管理……80
推进综合执法体制改革……80
街镇“四个平台”基层治理体系建设……80
统一政务咨询投诉举报平台建设……80
完成纪检派驻机构设置和编制划转……80
公立医院备案制管理……80
机关党建工作……80
概况……80
“两学一做”学习教育……81
组织建设……81
作风建设……81
“党建引领审批服务提能效”活动……81
“百个支部结对千名党员牵手”活动……81
助推“大拆大整”专项行动……81
党建主要宣传……81
群团组织建设……81
信访工作……81
概况……81
增加工作职能……82
维稳工作……82
重点人员管控……82
信访督查“百千万”专项行动……82
党史研究工作……82
概况……82
《鹿城党史》第三卷编写……82
《中共鹿城区委文件选编》第五辑出版……82
《鹿之鸣》总第43、44期合刊出版……82
党史研究成果发表……82
采访拍摄农村老党员活动……83
下乡慰问演出……83
作者档案资料库建立……83
“七一”纪念活动……83
老干部工作……83
概况……84
政治待遇……84
生活待遇……84
“坚定信仰，永跟党走”系列活动……84
“白鹿银辉·百老争鸣”活动……84
助推中心工作……84
离退休干部党建工作……84
离休干部医疗待遇提高……85
档案工作……85
概况……85
开发利用和开放鉴定……85
打造多方位服务体系……85
业务知识培训……85
国家级数字档案馆创建……85
智慧档案建设……85
档案实体和档案信息安全建设……85
区档案馆新馆完成立项……86
省档案局领导调研档案工作……86

温州市鹿城区人民代表大会及其常委会

区人民代表大会及其常委会会议……87
区八届人大五次会议……87
区八届人大常委会第二十七次会议……87
区八届人大常委会第二十八次会议……87
区八届人大常委会第二十九次会议……88
区八届人大常委会第三十次会议……88
区八届人大常委会第三十一次会议……88
区八届人大常委会第三十二次会议……88
区八届人大常委会第三十三次会议……88
监督工作……88
法律监督……88

财经与预算监督……89
教科文卫监督……89
民宗侨外监督……89
城建环保监督……89
农资监督……89
代表工作……89
代表活动……89
代表议案建议办理……90
表7 2016年鹿城区政府区长、副区长领办的建议目录……90
人事任免及常委会日常工作……90
人事任免……90
表8 2016年区人大常委会重要文件目录……90

温州市鹿城区人民政府

综　述……93
增速首超全省发展水平……93
“大拆大整”……93
亮点区块建设……93
科技创新……93
现代农业发展……93
产业平台建设……93
行政体制改革……94
重点领域改革……94
招商机制创新……94
城市环境建设……94
教育、文体事业建设……94
民生实事落地……94
社会治安形势好转……94
区政府常务会议……94
八届区政府第三十八次常务会议……94
八届区政府第三十九次常务会议……95
八届区政府第四十次常务会议……95
八届区政府第四十一次常务会议……95
八届区政府第四十二次常务会议……95
八届区政府第四十三次常务会议……95
八届区政府第四十四次常务会议……95
八届区政府第四十五次常务会议……95
八届区政府第四十六次常务会议……95
八届区政府第四十七次常务会议……95
表9 2016年鹿城区人民政府重要文件目录……96
区政府办公室工作……98
概况……98
电子政务和信息公开……99
应急管理……99
制度保障……99
财　政……99
概况……99
财政体制改革……99
收入分析机制……99
非税收入征管……99
“三公”经费管理……99
扶持企业发展……100
促进转型升级……100
支持科技创新……100
社会事业发展经费……100
社会保障……100
支持“三农”建设……100
公款竞争性存放管理……100
财政监督……100
财政风险防范……100
重点项目建设……100
概况……100
表10 鹿城区2016年重点项目进展情况（一）……101
表11 鹿城区2016年重点项目进展情况（二）……102
表12 鹿城区2016年重点项目进展情况（三）……103
表13 鹿城区2016年重点项目进展情况（四）……104
表14 鹿城区2016年重点项目进展情况（五）……108
国内经济合作……113
概况……113
招商引资……113
内外互动……113
省山海协作工程……113

双对口支援……113
项目服务……113
行政审批管理（公共资源交易管理）……113
概况……113
企业投资项目承诺制改革……114
建设项目全流程审批管理……114
“规划环评+环境标准”市级改革试点……114
规划许可批前公示整合改革……114
中介服务市场化改革……114
商事登记制度改革……114
网络平台构建……114
创新“微信审批”办事模式……114
街镇大网格审批便民服务……115
华侨回国定居证办理快速通道……115
权力清单规范化……115
网上并联审批流程和规则……115
审批代办服务……115
事中事后审批督查……115
全流程电子招投标……115
政府采购现场管理……115
交易平台综合监管……116
推进招投标专项整治……116
审　计……116
概况……116
预算执行审计……116
政府投资审计……116
专项审计……116
经济责任审计……116
统　计……117
概况……117
统计法制建设……117
统计业务培训……117
街镇统计机构和队伍建设……117
统计工作网格化管理……117
查补短板工作……117
规范化创建验收……117
统计普查和各项调查工作……117
统计重点领域创新……117
机关事务管理……118
概况……118
公车制度改革……118
办公用房管理……118
固定资产清查……118

政协温州市鹿城区委员会

区政协全体会议及常委会议……119
区政协八届五次会议……119
区政协八届二十一次常委会议……119
区政协八届二十二次常委会议……119
区政协八届二十三次常委会议……119
区政协八届二十四次常委会议……119
区政协八届二十五次常委会议……119
常委会日常工作……119
政治协商……119
民主监督……119
参政议政……120
提案工作……120
文史书画……120
表15　2016年区政协重要文件目录……120
表16　2016年区政协重点提案目录……120
表17　八届区政协履职优秀委员名单……121

纪检·监察

重要会议……122
区纪委八届六次全体（扩大）会议……122
党外人士党风廉政建设情况通报会……122
全区纪检监察系统“树新形象、做好榜样”主题教育实践活动部署会……122
街镇党（工）委履行党风廉政建设主体责任情况集中报告会……122
区直部门作风巡察动员部署会……122
农村基层作风巡察动员部署会……122
区半年度有效投资暨重点项目建设巡察推进会……122
区直单位科室、基层站所负责人党风廉政教育专题讲座……122

反腐败协调小组（扩大）会议……………………122
区招投标市场专项整治工作推进会…………122
党风廉政建设…………………………………123
“两个责任”落实………………………………123
源头治理防控…………………………………123
纪检队伍建设…………………………………123
执纪与纠风……………………………………124
“大拆大整大巡察”……………………………124
换届纪律督查…………………………………124
“平安护航G20杭州峰会大会战”十大专项行动任务专题巡察……………………………124
区直部门作风巡察……………………………124
农村基层作风巡察……………………………124
执纪审查………………………………………124
正风肃纪………………………………………124
深化评议活动…………………………………125

鹿城区民主党派

综　述…………………………………………126
中国国民党革命委员会鹿城区基层委员会……126
概况……………………………………………126
建言献策………………………………………126
调研文章评选获奖……………………………126
双岗建功………………………………………127
服务社会………………………………………127
中国民主同盟温州市鹿城区基层委员会………127
概况……………………………………………127
参政议政………………………………………128
服务社会………………………………………128
中国民主建国会温州市鹿城区基层委员会……129
概况……………………………………………129
参政议政………………………………………129
双岗建功………………………………………129
服务社会………………………………………129
中国民主促进会温州市鹿城区基层委员会……129
概况……………………………………………129
参政议政………………………………………130
调研文章获奖…………………………………130
服务社会………………………………………130
中国农工民主党温州市鹿城区基层委员会……131
概况……………………………………………131
参政议政………………………………………131
服务社会………………………………………131
双岗建功………………………………………132
中国致公党温州市鹿城区总支部委员会………132
概况……………………………………………132
参政议政………………………………………132
调研工作………………………………………132
云平台建设……………………………………133
对口联系………………………………………133
联谊活动………………………………………133
双岗建功………………………………………133
服务社会………………………………………133
九三学社温州鹿城区基层委员会………………133
概况……………………………………………133
参政议政………………………………………133
民主监督………………………………………134
双岗建功………………………………………134
助医扶贫………………………………………134
服务社会………………………………………134
鹿城区党外知识分子联谊会……………………135
概况……………………………………………135
双岗建功………………………………………135
参政议政………………………………………135
服务社会………………………………………135
鹿城区新的社会阶层人士联谊会………………135
概况……………………………………………135
参政议政………………………………………136
服务社会………………………………………136
双岗建功………………………………………136
鹿城区网络界人士联谊会………………………137
概况……………………………………………137
参政议政………………………………………137
思想建设………………………………………137
对外交流活动…………………………………137
服务社会………………………………………138

区工商联·社会团体

区总工会……………………………………………138
概况……………………………………………138
重点项目立功竞赛活动…………………………138
"争先树标杆建功十三五"群众性劳动竞赛……………………………………………138
"三送安全进企业"活动…………………………139
平安护航G20杭州峰会…………………………139
劳动争议大排查…………………………………139
和谐劳动关系创建………………………………139
依法维护职工合法权益…………………………139
法治工会建设……………………………………139
职工文体活动……………………………………139
女职工服务品牌…………………………………140
"三化"帮扶……………………………………140
工会组建…………………………………………140
区工商联(总商会)……………………………140
概况……………………………………………140
组织建设…………………………………………140
回报社会…………………………………………140
创新服务…………………………………………141
和谐劳动…………………………………………141
合作共促…………………………………………141
团区委……………………………………………141
概况……………………………………………141
助力城中村改造志愿行动………………………141
助力城市管理志愿行动…………………………141
"青春护航G20杭州峰会"志愿行动………141
服务青年创业创新………………………………142
"新青年下乡"…………………………………142
青少年马克思主义宗教观教育…………………142
"青年之声"平台建设…………………………142
优化青少年权益维护环境………………………142
基层组织格局创新………………………………142
共青团鹿城区第十次代表大会…………………143
区志愿者协会……………………………………143
区少工委工作……………………………………143
区妇联……………………………………………143
概况……………………………………………143
巾帼志愿助力中心工作…………………………143
妇联基层组织建设………………………………143
女性社会组织联合会成立………………………143
妇女儿童权益维护………………………………144
家庭文明工程建设………………………………144
巾帼慈善关爱……………………………………144
巾帼创业创新……………………………………144
区侨联……………………………………………144
概况……………………………………………144
区侨联七届六次全委(扩大)会议召开……144
区侨联常委会召开………………………………145
招商引资、招贤引智工作………………………145
"传承与创新——我们如何担当"主题论坛……………………………………………145
"大拆大整促转型发展"活动…………………145
为侨服务工作……………………………………145
区留创会换届……………………………………145
侨界慈善工作……………………………………145
区台联……………………………………………145
概况……………………………………………145
鹿城·台湾青年文化节…………………………145
夯实基层交流基础………………………………145
日常服务保障工作………………………………145
基层走访慰问活动………………………………146
完善基层台联会组织鹿城区行政区划………146
区文联……………………………………………146
概况……………………………………………146
"红色足迹——寻访老党员、助推新发展"主题活动……………………………………146
鹿城工艺美术精品闪耀G20杭州峰会………146
文艺园地建设……………………………………147
文艺活动…………………………………………147
区文联四届二次全委(扩大)会议召开……147
领导调研工作……………………………………147
区美术家协会换届………………………………147
区残联……………………………………………147
概况……………………………………………147
康复服务…………………………………………147

教育就业及生活保障……147
表18 2016年鹿城区残疾人性别、文化程度等情况……148
省调研组莅临调研……148
公益活动……148
区社科联……148
概况……148
社科基地……149
学习平台……149
社科成果……149
社科普及……149
区红十字会……149
概况……149
学生救护培训……150
红十字博爱送万家……150
应急救护培训基地……150
救灾备灾能力建设……150
温州市首家社区红十字博爱服务点……150
志愿者服务活动……150
鹿城区首家建立非公企业红十字会组织成立……150
全市技能师资大赛获佳绩……150
助力马拉松活动……150
区慈善总会……151
概况……151
鹿城十大杰出慈善义工颁奖典礼……151
心灵馨艺术团"爱心助残·共享温暖"活动……151
爱心鹿城·迎春慈善宴……151
慈善义工组织建设……151
关爱肿瘤病友系列活动……152
爱肝日公益普查活动……152
慈善助残系列活动……152
义工工作会议……152
鹿城区第三届公益节……152
飞友慈善捐赠仪式……152
慈善总会换届大会召开……153
市慈善总会黄德康会长一行赴鹿城调研……153
慈善一条街活动……153
酷暑送清凉活动……153
组织培训《中华人民共和国慈善法》……153
慰问抗战老兵活动……153
温州市首届"互联网+公益"慈善项目助力大赛启动仪式……153
赈灾事故募捐活动……154
首届"温州公益彩色跑"活动……154

法 治

政法委及综治工作……155
概况……155
"平安鹿城"工作……155
维护稳定工作……155
社会治理工作……155
司法改革……156
执法监督及队伍建设……156
法治政府建设……156
概况……156
规范性文件审核与制定……156
重大行政决策法律保障……156
行政复议与应诉……156
行政执法监督……157
公 安……157
概况……157
命案侦破……157
应急处突……157
G20杭州峰会安保……157
互联网大会安保……157
安全保卫……157
护航发展……158
平安建设……158
"大网格"警务……158
"物联网"治安管控……158
窗口服务……158
治安管理……158
情报专业体系建设……158
治安防控体系建设……159
执法规范化……159
队伍精细化建设……159

检　察……159
概况……159
金融检察工作……159
重大项目攻坚……159
G20杭州峰会维稳安保……160
规范职务犯罪侦查程序……160
职务犯罪侦查……160
规范职务犯罪预防……160
刑事诉讼监督……160
民事行政检察工作……161
司法体制改革……161
司法规范化建设……161
法　院……161
概况……161
服务与保障……161
刑事审判……161
民商事审判……161
行政审判……162
执行工作……162
改革与创新……162
司法服务……162
司法行政……162
概况……162
人民调解……162
司法所规范化建设……163
社区矫正……163
服务经济建设……163
普法宣传……164
公共法律服务体系建设……164
公安消防……164
概况……164
火灾隐患整治……165
“大拆大整”消防安全整治专项行动……165
消防宣传与培训……165
交警一大队……165
概况……165
“乱停车”整治……165
交通违法查处……165
交通警情处置……166
平安创建……166
交通隐患源头监管……166
交通安保及应急处置……166
交通微循环建设……166
交通安全宣传……166
交警二大队……166
概况……166
平安创建……167
交通治堵……167
安全保卫……167
机制创新……167
队伍建设……167

军事

人武部……168
概况……168
专武干部集训……168
开展“条令学习月”活动……168
民兵整组工作……168
民兵分队携装拉动式集中点验……168
民兵连长和社区武装联络员集训……168
教授军事训练科目……168
征兵政治考核业务工作会议召开……168
鹿城区国防教育基地揭牌仪式举行……169
民兵军事训练……169
基层规范化建设试点观摩……169
推进国防教育进文化礼堂工作……169
人民防空……169
概况……169
“国际民防日”活动……169
人防宣教工作……169
人民防空救援队伍建设……169
通信警报设施管理……170
“防灾减灾日”活动……170
人防演习与训练……170
人防工程日常安全普查……170
指挥平台建设……170
武装警察……170
概况……170

中心工作完成出色……170
军事训练成绩突出……170
支援地方工作……171

城乡发展

城乡规划……172
概况……172
科学编制规划……172
城中村改造规划……172
危房改造规划……172
规范规划管理……172
规划法制建设……172
规划志愿服务……173
国土资源管理……173
概况……173
土地供给……173
耕地保护和永久基本农田划定……173
规划计划管控……173
集约节约用地……174
省级“坡地村镇”建设用地试点……174
卫片执法检查……174
土地执法监察……174
矿政监测管理……174
地质灾害防治……174
国土审批服务……175
环境保护……175
概况……175
水污染整治……176
重污染整治……176
固体废物……176
生态创模……176
监察执法……176
城市建设项目运作……176
概况……176
项目建设……177
融资工作……177
担保工作……177
城中村建设……177
概况……177
城中村改造……177
城中村改建和旧住宅区整治……177
房屋征收与征地房屋补偿……177
安置提速……178
疑难化解……178
房屋征收与补偿业务培训……178
联合执法……178
房产管理……178
概况……178
“大拆大整”专项行动……178
平安护航任务……178
C、D级危房监管……178
住房保障……178
房产市场监管……179
审批服务提速提效……179
物业管理……179
概况……179
物业区域安全管理……179
物业服务项目申报……179
检查整改……179
培训工作……179
创卫工作……179
安全生产……180
智慧城管工作……180
住房公积金管理……180
概况……180
业务办理……180
新农村建设……180
现代农业园区建设……180
美丽乡村建设……180
“低收入农户收入倍增计划工程”实施……181
农家乐休闲观光业……181
江滨路（鹿城段）建设……181
概况……181
温瑞塘河（鹿城段）建设……181
概况……181
安置房工程……181
市政道路工程……181

沿河地块改建扫障……181
河面保洁全覆盖……182
活水畅流工程……182
沿岸环境整治……182
塘河精品工程……182
河长制……182
城市管理与行政执法……182
概况……182
“无违建”创建……182
园林绿化与彩化……182
环境卫生整治……183
市政公用建设……183
执法工作……183
创新工作……183
土地储备……184
概况……184
做地、储备……184
土地整理……184
电力供应……184
概况……184
规模……184
供电服务……184
公路管理……184
概况……184
公路建设……184
“四边三化”工作……184
路政管理……185
公路安全管理……185

农 业

综 述……186
种植业……186
概况……186
基础设施建设……187
秸秆综合利用率提高……187
农业科技推广……187
农业综合服务中心建设……187
定向培养基层农技人员入职工作……187
农业机械化……187
农机安全生产……187
林 业……187
概况……187
林业产业化……188
林业有害生物防治检疫……188
资源林政管理……188
公益林管理……188
森林消防基础设施建设……188
森博会参展……188
森林消防宣传月活动……188
森林消防队伍参保……188
畜牧业……188
概况……188
畜牧产业发展……188
重大动物疫病防控……189
畜产品安全监管……189
动物屠宰检疫……189
动物疫病监测……189
无害化处理……189
动物防疫宣传教育……189
渔 业……189
概况……189
增值放流……189
渔业执法……189
安全监督……190
农林牧渔服务业……190
招商选资……190
农业产销平台拓宽……190
信息化建设……190
农产品质量安全监管……190

水 利

综 述……191
防汛防旱……191
概况……191
宣传演练……191
山洪灾害群测群防示范方案……191

项目建设……191
概况……191
重点水利工程建设……192
农田水利建设……192
管理与监督……192
概况……192
水资源管理……192
水政执法……192

工 业

温州中国鞋都产业园区……193
概况……193
制鞋产业知名品牌示范区创建……193
总部人才公寓……193
基建项目建设……193
温州（鹿城）总部经济园……194
概况……194
服 装……194
概况……194
优化服务……194
企业参展……194
制 革……194
概况……194
制革基地……194
化 工……195
概况……195
参评“最美安监人”……195
党建活动……195
印 刷……195
概况……195
百日攻坚……195
解决企业厂房困难……195
企业参展……195
组织技术职称申报……195
落实“五项制度”和商标登记制度……195
个人护理电器……196
概况……196
飞科上市……196
协会五届一次会员大会……196
五 金……196
概况……196
企业外迁……196
机 械……196
概况……196
智能制造……197
G20杭州峰会保障……197
品牌打造……197
股改上市……197
服务企业……197

交通运输

综 述……198
公路建设……198
概况……198
铁路建设……199
概况……199

信息产业

电子信息……200
概况……200
进军仓储物流与物联网市场……200
蓝天能源和帝杰曼新三板挂牌上市……200
星际控股集团有限公司……200
申瓯、星际平安护航G20杭州峰会……200
电 信……201
概况……201
“智慧城市·信息化城市”建设……201
参加慈善一日捐活动……201
结对帮扶工作……201
移 动……201
概况……201
春运关爱行动……201
高考期间网络和现场服务工作……201
“蓝色梦想帮帮团”公益活动……202

参加仰义“七色花公益学堂”兴趣班
活动……202
三乐亭党员义工活动……202
“星火计划”移动云行动……202
联 通……202
概况……202
基础设施大建设……202
邮 政……203
概况……203
邮路……203
邮件运输与分拣业务量……203
金融业务……203
包裹业务……203

建筑业

综 述……204
表19 2016年鹿城区建筑行业突出贡献单位
贡献单位……204
建筑工程……205
道路综合整治……205
架空线路“上改下”工程建设……206
交通治堵工程……206
五水共治项目……206
省级美丽宜居示范村建设……206
住房保障……206
危旧房排查治理……207
建筑管理……207
概况……207
智慧工地“互联网+”信息化监管平台……207
工程质量检测机构信息化管理平台……207
质量安全检查……207
“平安工地”创建……208
安全生产月活动……208
质量月活动……208
安置房工程质量回访……208
检测机构专项检查……208
工程质量监督管理……209
质量安全拉网式检查……209
质量安全网格化管理……209
打击违法违规行为……209
建筑工业化推进……209
绿色建筑产业发展……209
融资建设项目管理……209

特色经济

金属材料流通……210
概况……210
服务企业……210
奉献爱心……210
文体用品……210
概况……210
“顺发文具”2016年夏季订货会……211
“晨光文具”新品展销会……211
商会党支部换届……211
工艺美术……211
概况……211
助力G20杭州峰会……211
参展参赛……211
入选首届“中国工美行业艺术大师”……211
香港参展……211
新增亚太大师……211
职称评审……212
仓 储……212
概况……212
餐 饮……212
概况……212
协会活动……212
旅 馆……213
概况……213
王朝大酒店……213
温州国际大酒店……213
温州香格里拉大酒店……213
温州市金球国豪大酒店有限公司……213
温州喜来登酒店……213
美发美容……213
概况……213

合作联盟签约……214
参与“最美温州女性”评选……214
会　展……214
概况……214
第十四届迎春福年货商品博览会……214
2016中国（温州）国际工业博览会……214
第十四届温州国际汽车展览会……214
第十四届中国（温州）国际眼镜业展览会……214
第二十一届中国（温州）国际皮革、鞋材、鞋机展……214
第十二届浙江（温州）轻工产品暨2016国际时尚消费博览会……215
家　电……215
概况……215
协会活动……215
行业交流……215
服务社会……216

旅游业

综　述……217
城市公园建设……217
白鹿洲公园……217
九山公园……217
马鞍池公园……217
墨池公园……217
杨府山公园……217
世纪广场……217
旅游规划和项目建设……217
旅游发展规划……217
旅游项目打造……218
景区建设……218
景区基础设施建设……218
智慧旅游国家级标准化项目……218
行业建设和管理……218
概况……218
酒店管理……218
旅行社管理……218
旅游市场监管……218
旅游安全……218
概况……218
安全生产大检查……219
安全生产宣传与教育……219
宣传促销……219
概况……219
区域合作宣传……219
节庆活动亮点打造……219
媒体平台宣传……219
旅游资源摸底……219

金　融

综　述……220
监管与服务……220
概况……220
企业金融风险处置……220
万国财富小镇创建……221
新三板挂牌工作……221
业绩考评表彰会……221
鹿城区P2P网络借贷企业专项联合整治……221
新型社会信用信息应用平台建设……221
金融知识“四进”活动……221
商业银行……222
鹿城农商银行……222
工行鹿城支行……222
农行鹿城支行……222
建行鹿城支行……222
温州银行鹿城分行……222
兴业银行鹿城支行……223
浦发银行鹿城支行……223
邮储银行鹿城支行……223
台州银行温州分行……223
保险业……223
概况……223
理赔工作……223
保险公众宣传日系列活动……223
志愿者活动……224

人寿财险鹿城支公司……224
太平洋产险鹿城支公司……224
证券期货业……224
概况……224

经济管理

经济和信息化……225
概况……225
信息经济……225
小微园建设……225
“四无”专项整治……225
风险企业帮扶……225
商 贸……225
概况……225
招商引资……226
外贸转型……226
创建特色街区……226
国 税……226
概况……226
服务地方经济……226
推进“营改增”扩围……227
征管体制改革……227
“金税三期”上线……227
提升税收征管质效……227
提升纳税服务质效……228
地 税……228
概况……228
依法聚税增收……228
攻坚改革……228
创新征管……228
优化服务……228
队伍建设……228
市场监督……229
概况……229
“大拆大整”专项整治……229
小微企业三年成长计划……229
区农贸市场改造升级计划启动……229
市场准入门槛降低……229
简化市场主体退出机制……229
基层食安办规范化建设……229
食药民生工程……229
“四品一械”监管……229
打击违法行为……230
社会共治……230
护航G20杭州峰会……230
物价管理……230
概况……230
行政收费管理……230
价格认证服务……230
粮 食……230
概况……230
粮食产业……231
订单粮食……231
应急网络体系……231
供销合作……231
概况……231
“三位一体”体系建设……231
新网工程建设……231
农资经营服务网络……231
农产品流通服务……231
基层服务体系建设……232
创新农村金融服务……232
构建再生资源回收利用体系……232
落实农村结对帮扶……232
质量技术监督……232
概况……232
标准强区建设……232
质量强区建设……232
品牌强区建设……232
特种设备隐患排查整治……233
重点产品质量安全监管……233
优化质监公共服务……233
安全生产监督……233
概况……233
粉尘防爆专项整治……233
整治安全生产隐患……233
重点行业专项整治……234
职业安全健康监察……234

安全生产监督执法……234

教 育

综　述……235
义务教育……235
概况……235
第二十八届中小学生艺术节……235
第二十四届小学生乒乓球比赛举行……235
鹿城中小学班主任基本功比赛……235
2016年鹿城区小学生体育节篮球比赛……236
"一球定情谊　两岸根不移"足球结对仪式……236
纪念中国工农长征胜利80周年暨少先队建队67周年主题队会……236
鹿城区第十九届青少年科技节……236
中小学生"逐梦路上"主题读书活动演讲比赛……236
鹿城区第三十三届中小学生田径运动会……236
义务教育标准化学校创建……236
第二批新优质学校培育项目启动……237
浙江省深化义务教育课程改革第三次专题研讨会……237
学前教育……237
概况……237
园本特色课程建设……237
民办普惠性幼儿园认定……237
等级幼儿园创建……237
配合学前教育先进街道创建……237
意大利足球专业代表团访问温州市第八幼儿园南塘园区……237
社区教育……238
概况……238
区"全民终身学习"活动周启动……238
职业教育与民办教育……238
概况……238
教师队伍建设……239
概况……239
教师资格认定与职称评审……239
课程与课堂教学改革……239
女教师合唱团展风采……239
首届幼儿园男教师课堂教学评比……239
组建教职工文体俱乐部……239
教育装备与信息化……240
概况……240
技术队伍建设……240
示范创建工作……240

科 技

综　述……241
知识产权……241
概况……241
知识产权服务……241
知识产权保护……241
知识产权宣传与培训……241
科技创新……241
概况……241
众创社区建设……241
引进博士团队……241
科技平台服务……242
推进创新创业工作……242
科　普……242
概况……242
科普品牌活动……242
科技创新大赛……242
名医名师进社区活动……242
科普进校园……242
科普农村行……242
三级农函大培训网络……242
科普阵地建设……242
科普示范单位与基地……243

文 化

综　述……244
社会文化……244

概况……244
“十二五”文艺精品回顾展演……245
温州莲花《不愿出院》获金奖……245
欢乐端午“粽”享关爱活动……245
庆祝中国共产党成立95周年大型越剧演唱会举行……245
2016年江心屿金秋文化节……245
村歌创作演唱大赛获奖……245
非物质文化遗产……245
概况……245
文化市场管理……246
概况……246
鹿城区图书馆……246
概况……246
“闹元宵，猜灯谜”活动……246
表20　2016年出版鹿城部分作者新著……247
鹿城区广播电视新闻中心……249
概况……249
对外宣传……249
都市新闻……250
鹿城新闻网……250
“温州鹿城发布”微信公众平台……250
“鹿城新闻”APP移动客户端……250
微网站“掌上鹿城”……250
“浙江新闻”APP鹿城端……250
“大拆大整”宣传片获省领导好评……250
“鹿行天下”采访活动……250
《今日鹿城》……250

体　育

综　述……251
竞技体育……251
概况……251
游泳比赛……251
羽毛球比赛……251
艺术体操比赛……251
网球比赛……252
体操比赛……252
技巧比赛……252
赛艇比赛……252
射击比赛……252
群众体育……252
概况……252
协办龙舟比赛……252
体育市场……252
概况……252

卫生和计划生育

综　述……253
基层卫生……253
概况……253
全科医师签约服务……253
社会资本办医改革……254
中医药事业……254
卫生应急……254
概况……254
医疗保障……254
疾病控制……254
概况……254
传染病防控……254
结核病防控……254
艾滋病防控……254
免疫规划……254
农村饮用水监测……254
碘缺乏病监测……255
死因、慢性病监测……255
健康监测……255
食品安全风险监测……255
表21　2016年鹿城区甲、乙类传染病发病、死亡情况统计分析……255
表22　2016年鹿城区丙类传染病发病、死亡情况统计分析……257
卫生监督……257
概况……257
互联网+卫生监督……257
医疗机构监管……257

公共场所卫生监管……258
学校卫生监管……258
放射卫生监管……258
餐饮具集中消毒监管……258
饮用水卫生监管……258
妇幼保健……258
概况……258
孕产妇管理……258
儿童保健……258
婚前医学检查……258
重大公共卫生服务妇幼项目……258
出生医学证明……258
托幼机构保健管理……258
精神卫生……258
概况……258
计划生育……258
概况……258
计生家庭发展……259
“三优”服务……259
优生优育……259
计生药具管理……259
爱国卫生……259
概况……259
基础创建……259
健康教育……259
除“四害”……259
表23 2016年鹿城区户籍人口情况……259

社会事务

民　政……261
概况……261
夯实基层治理……261
社会组织培育……261
社工队伍建设……261
社会救助……261
“救急难”专项基金……261
防灾救灾……261
居家养老服务……262
养老机构整治……262
儿童福利……262
福利企业管理模式探索……262
双拥优抚……262
政府购买服务……262
老年优待……262
养老机构整治……262
宣教维稳……262
生态文明建设……262
地名整顿……263
婚姻、收养登记……263
福彩公益事业……263
移　民……263
移民扶持……263
化解难题……263
人事劳动……263
概况……263
人才队伍建设……264
公务员管理……264
事业单位人事管理……264
工资福利和退休管理……264
劳动监察……264
劳动仲裁……264
工伤认定……265
技能培训……265
培训基地挂牌成立……265
社会保险……265
概况……265
养老保险……265
医疗保险……265
创业就业……265
综合服务中心成立启动……265
新居民服务管理……266
概况……266
表24 2016年鹿城区暂住（新居民）人口情况……266
积分管理效果初显……266
新居民居住意外险推广……266
信息平台利用……266
协管员队伍建设……266
鹿城区新居民服务信息网优化……266

新居民微信公众号建设…………………………267
鹿城服务品牌深化……………………………267
新居民素质教育提升…………………………267
民族宗教事务……………………………267
概况……………………………………………267
民族工作………………………………………267
典型经验交流…………………………………267
维稳安保工作…………………………………267
拆除工作………………………………………267
宣传、教育活动………………………………267
民族团结进步示范单位授牌…………………268
外　事……………………………………268
概况……………………………………………268
经贸合作………………………………………268
涉外事务管理…………………………………268
助力翻译大赛…………………………………268
侨　务……………………………………268
概况……………………………………………268
传承中华文化…………………………………269
联谊交流………………………………………269
捐助台风灾区…………………………………269
港澳事务…………………………………269
概况……………………………………………269
访问活动………………………………………269
老龄工作…………………………………270
概况……………………………………………270
开展老龄事业“十三五”规划编撰工作………270
养老服务体系建设……………………………270
第二届“敬老文明号”创建…………………270
关爱失智老人…………………………………270
关爱慰问活动…………………………………270
表25　2016年鹿城区百岁以上老人名单………270
老协规范化培训………………………………271
文艺庆祝活动…………………………………271
关心下一代工作…………………………271
概况……………………………………………271
主题教育活动…………………………………272
绿网工程………………………………………272
“童梦守望”公益活动………………………272
儿童保护………………………………………273
关爱帮扶青少年………………………………273
青少年法制教育………………………………273
传承文化………………………………………273
地方志工作………………………………273
概况……………………………………………273
《鹿城年鉴（2016）》编纂…………………273
资政育人系列活动……………………………273
史志宣传阵地拓展……………………………273
地情及方志理论研究…………………………274

街道·镇

七都街道…………………………………275
概况……………………………………………275
经济社会发展…………………………………275
城市建设………………………………………275
综合治理………………………………………275
基层党建………………………………………276
科教文卫………………………………………276
滨江街道…………………………………276
概况……………………………………………276
滨江商务区……………………………………276
工业……………………………………………276
招商引资………………………………………276
商贸……………………………………………277
第三产业………………………………………277
城市管理………………………………………277
社会管理………………………………………277
综合治理………………………………………277
基层党建………………………………………277
党风廉政………………………………………277
科教文卫………………………………………278
南汇街道…………………………………278
概况……………………………………………278
经济发展………………………………………278
大拆大整………………………………………278
基层治理………………………………………278
城市建设………………………………………278
党建……………………………………………279

社会事务……279
蒲鞋市街道……279
概况……279
工业……280
商贸……280
第三产业……280
固定资产投资……280
城乡建设……280
计划生育……281
综合治理……281
基层党建……281
科教文卫……282
南郊街道……282
概况……282
工业……282
商贸……282
服务业……282
经济发展……282
城乡建设……282
综合治理……283
平安建设……283
基层党建……283
计划生育……283
大南街道……283
概况……283
经济发展……284
商圈建设……284
城市管理……284
综合治理……284
民生事业……284
基层党建……284
五马街道……285
概况……285
工业……285
商贸……285
大拆大整……285
城乡建设……285
综合治理……285
基层党建……286
社科文卫……286
五马街获两项“国字号”……286
松台街道……286
概况……286
经济发展……287
城乡建设……287
民生服务……287
综合治理……287
基层党建……287
广化街道……288
概况……288
城市建设……288
综合治理……288
民生服务……288
基层党建……289
摩的专项整治行动……289
农村基层党风廉政建设……289
双屿街道……289
概况……289
城乡建设……289
民生事业……290
综合治理……290
基层党建……290
双屿农民自建房倒塌10·10事件……290
丰门街道……291
概况……291
工业……291
商贸……291
固定资产投资……291
平安建设……291
民生事业……291
妇联工作……291
综合治理……291
基层党建……292
仰义街道……292
概况……292
农业……292
工业……292
商贸……292
第三产业……293
城乡建设……293

综合治理……293
基层党建……293
计划生育……293
社科文卫……293
藤桥镇……294
概况……294
农业……294
工业……294
商贸……294
第三产业……294
城乡建设……294
计划生育……295
综合治理……295
基层党建……295
社科文卫……295
山福镇……295
概况……295
经济……295
城乡建设……296
民生与社会事业……296
基层党建……296
综合治理……297
防台抗台……297

先进集体·个人名录

2016年度鹿城区“五水共治”建设美丽浙南水乡工作先进集体和先进个人名单……298
先进集体……298
先进个人……298
2016年度全区“三改一拆”工作先进单位和先进个人名单……298
先进单位……298
先进个人……298
实施鹿城区“十二五”妇女儿童发展规划先进单位和先进个人名单……299
先进单位……299
先进个人……299
《鹿城年鉴》编纂工作先进个人的通知……299
2016年度街镇、产业园区和区直单位工作优秀领导者名单……299
2016年度街镇工作优秀领导者……299
2016年度产业园区工作优秀领导者……299
2016年度区直单位工作优秀领导者……299
2016年度鹿城区有效投资、重点项目建设先进单位和先进个人名单……299
有效投资先进名单……299
重点项目建设先进名单……300
2016 年度鹿城区创业就业工作先进集体和先进个人名单……300
创业就业工作先进集体……300
创业就业工作先进个人……300
2016年度鹿城区信访工作先进集体和先进个人名单……300
先进集体……300
先进个人……301
2016年度“平安鹿城”建设先进集体和先进个人名单……301
平安街道（镇）……301
先进集体……301
先进个人……301
2016年度社会治安综合治理先进集体和先进个人名单……301
先进集体……301
先进个人……301
2016年度全区禁毒工作先进集体和先进个人名单……302
先进集体……302
先进个人……302
2016年度消防工作先进单位和先进个人名单……302
2016年度消防工作先进单位……302
2016年度消防工作先进个人……302
2016年度鹿城区城市管理“治乱”工作先进集体和先进个人名单……302
先进集体……302
先进个人……302
2016年度鹿城区城中村改造、房屋征收、安置提速工作先进单位和先进个人名单……303
城中村改革工作先进名单……303

房屋征收工作先进名单……303
安置提速工作先进名单……303
2016年度鹿城区功勋企业名单……304
2016年度鹿城区功勋企业家名单……304
2016年度鹿城区工业50强企业名单……305
2016年度鹿城区商贸业50强企业名单……305
2016年度鹿城区服务业50强企业名单……306
2016年度鹿城区税收50强企业名单……306
2016年度鹿城区招商引资先进人物名单……306
2016年度鹿城区首次获得品牌荣誉企业名单……307
商标荣誉……307
品牌荣誉……307
2016年度鹿城区建筑行业突出贡献单位名单……307
2016年度国家AAA级安全文明标准化工地……307
2016年度浙江省建筑安全文明施工标准化工地……307
2016年度浙江省建设工程“钱江杯”奖（优质工程）……307
2016年度温州市建设工程瓯江杯奖（优质工程）……307
资质晋升企业……307
鹿城区建筑业龙头骨干企业……307
鹿城区建筑业强企……307
鹿城区建筑业成长型企业……307
2016年度鹿城区科技工作先进单位名单……307
新增国家高新技术企业……307
新增市级以上研发机构……308
新增国家知识产权管理体系认证企业……308
新增市级以上专利示范企业……308
浙江省专利优秀奖……308
获市级以上科学技术奖励项目……308
新增市级科技企业孵化器……308
获国家级备案众创空间……308
获省级备案众创空间……308
新增市级众创空间……308
2016年度鹿城区开放型经济工作先进单位名单……308
2016年度鹿城区生产企业出口10强……308
2016年度鹿城区外贸流通企业出口10强……308
2016年度鹿城区进口企业5强……309
2016年度金融机构支持鹿城区经济发展业绩考评先进单位名单……309
银行业先进单位……309
小额贷款公司先进单位……309
第四届鹿城区信用管理示范企业、先进企业……309
第四届鹿城区信用管理示范企业名单（19家）……309
第四届鹿城区信用管理先进企业名单（5家）……309

统计公报与分析

统计公报……310
2016年鹿城区国民经济和社会发展统计公报……310
图1 2016年地区生产总值及第三产业增加值构成……310
图2 2011—2016年工业总产值及其增速……311
表26 2016年重点关注行业规模以上企业工业增加值……311
图3 2011—2016年固定资产投资及其增速……312
图4 2011—2016年社会消费零售总额及其增速……312
图5 2011—2016年财政收支及其增速……313
图6 2011—2016年城乡居民人均收入及其增速……315
统计分析……315
2016年鹿城区GDP增长情况的分析……315
2016年鹿城区经济运行分析……316
图7 2011—2016年鹿城区与全省全市经济增速比较……316
图8 2016年鹿城区规上工业增加值增速与全市比较……316
表27 2016年鹿城区商贸业主要指标增长情况……317

图9 2016年鹿城区出口和进口同比增速趋势……317
表28 2016年鹿城区限上商贸业内部行业结构同比增速情况……319
2016年鹿城民营医院继续快速发展……320
2016年鹿城区农业生产形势分析……320
表29 2016年分街镇规模以上（限额以上）文化产业增加值……322
2016年鹿城区城镇常住居民收支情况分析……323
2016年鹿城区农村常住居民收支情况分析……324

鹿城报道

媒体选辑……326
鹿城社会治理模式入选“首批全国社会治理创新优秀案例”……326
纱帽河、南塘街入选省第三批 特色商业示范街……326
让“学雷锋”志愿服务花开街巷……326
领头雁效应争创文体强区……328
九三学社一提案 入选全国两会重点提案……328
外向型经济鹿城“拔得头筹”……329
鹿城西部极客村 打造温州物联网产业孵化基地……329
街镇干部专职下沉 基层问题基层化解……330
五马、南门、九山、南塘，将整合重塑温州核心商圈……330
交通微循环，让“乱巷”消失了……332
鹿城建成全市首个农贸市场智慧管理指挥中心……332
专题采撷……334
李岳松家庭入选第二届全国“书香之家”……334
藤桥熏鸡品牌的传承……334

附 录

鹿城区人大常委会议案选录……336
关于大力推进旧小区拆改的议案……336
鹿城区政协提案建议选录……337
关于加强垃圾收集运输体系的基础设施建设，全面提升城市管理水平的提案……337
优化旅游产业结构加快推进我区旅游业转型升级的建议……339

索 引

主题索引……342
数字索引……351
图表索引……352

特　载

中共温州市鹿城区委工作报告

中共温州市鹿城区委关于制定鹿城区国民经济和社会发展第十三个五年规划的建议（摘要）

（2016年1月19日中国共产党温州市鹿城区第八届委员会第十次全体会议通过）

中国共产党温州市鹿城区第八届委员会第十次全体会议，根据党的十八届五中全会和省委十三届八次全会、市委十一届十次全会精神，结合鹿城实际，就科学制定温州市鹿城区国民经济和社会发展第十三个五年规划（2016—2020年），提出如下建议。

一、以“五大发展理念”为指引，努力开创鹿城发展新局面

（一）“十二五”时期发展的主要成就。“十二五”既是我区综合实力持续提升、城乡面貌持续变化、人民群众获得感持续提升的五年，又是全区上下沉着应对挑战、凝心聚力抓改革促发展的五年。五年来，面对宏观环境趋紧、金融风波冲击和自身转型发展的困难局面，区委团结带领全区人民，认真贯彻落实中央和省市委的决策部署，克难攻坚，拼搏奋进，扎实推进赶超发展各项工作，在困难重重的情况下经济社会发展取得了来之不易的成绩。通过五年努力，全区经济综合实力不断增强，2015年全区生产总值达到807.8亿元，人均地区生产总值达到10.8万元，公共财政预算收入27.6亿元。产业结构调整迈出新步伐，经济质量和效益逐步提升。统筹城乡发展取得新成效，城市有机更新稳步推进，基础配套设施更加完善。城乡生态环境得到新改善，圆满完成节能减排目标，生态环境质量公众满意度持续提升。深化改革开放实现新突破，发展活力得到增强。社会事业发展取得新进步，基本创成省级各类社会事业强区（示范区）。人民生活质量有了新提高，城乡居民收入水平稳定提高。基层治理体系建设迈出新步伐，平安鹿城和法治鹿城建设取得明显成效。全面从严治党开创新局面，民主政治建设不断加强，党员干部精气神明显提振，形成了协力干事、争创一流的浓厚氛围。这些成绩的取得，为“十三五”全面建成小康社会打下了坚实基础。

（二）“十三五”时期面临的发展形势。纵观大势，当前和今后一个时期，国内外宏观形势仍将发生深刻变化。世界经济在深度调整中曲折复苏，新一轮科技革命和产业变革蓄势待发，“互联网+”“工业4.0”正蓬勃兴起，但全球经济贸易增长乏力，贸易保护依然盛行，国际金融局势很不稳定。我国经济发展进入新常态，经济发展方式加快转变，新的增长动力正在孕育形成，经济长期向好基本面没有改变，但发展不平衡、不协调、不可持续问题也比较突出。总的来看，外部发展环境充满变数，机遇和挑战相互交织，但机遇还是大于挑战，宏观形势总体于我有利。审视自身，经济社会发展中也存在不少矛盾和问题，新常态下经济发展提速尤为迫切，经济转型升级任重道远，城市首位度和集聚辐射能力亟待提升，资源环境约束趋紧，公共服务和民生事业离群众要求还有差距，城市管理、公共安全等社会治理领域薄弱环节较多，不少深层次体制机制障碍亟待破除。我们必须准确把握国际国内发展基本趋势和自身发展阶段特征，始终保持清醒头脑，坚定信心，砥砺前行，不断开创鹿城发展新局面。

（三）“十三五”时期发展的指导思想。高举中国特色社会主义伟大旗帜，以马克思列宁主义、毛泽东思想、邓小平理论、“三个代表”重要思想、科学发展观为指导，深入贯彻习近平总书记系列重要讲话精神，以“四个全面”战略布局为统领，以“五大发展理念”为指引，以“八八战略”为总纲，以“干在实处永无止境，走在前列要谋新篇”为新使命，以提高发展质量和效益为中心，深化实施“五化战略”，联动推进经济转型、城市转型、社会转型，努力建设温州大都市区核心区、城市经济集聚区、美丽水乡精品区、改革开放先行区、基层治理样板区，打造迈入全面小康社会示范城区，为率先基本实现现代化奠定更加坚实的基础。

打造迈入全面小康社会示范城区，是鹿城夺取决胜阶段胜利的全面要求。建设五大城区，是贯彻“五大发展理念”的具体实践，是打造迈入全面小康社会示范城区的核心要义和战略支撑。

建设大都市区核心区，是鹿城打造迈入全面小康社会示范城区的战略平台。必须着眼于大都市区建设，统筹空间、规模、产业三大结构，着力增强城市核心功能，加快提升中心城区的首位度和集聚辐射能力，使功能建设、产业发展与城市定位相适应、相协调，在服务大都市区建设中提高发展水平，在提高发展水平中提升大都市区龙头地位。

建设城市经济集聚区，是鹿城打造迈入全面小康社会示范城区的经济基础。必须突出转型发展工作主线，将转型升级作为适应新常态、引领新常态的根本途径，转换发展动力，转变发展方式，加快形成与新型城市化相适应的发展方式和产业布局，努力走出一条更高质量、更有效率、更加公平、更可持续的发展新路。

建设美丽水乡精品区，是鹿城打造迈入全面小康社会示范城区的品质要求。必须坚守生态环境这条底线和红线不逾越，把环境作为最重要的公共品来打造，充分发掘丰富的山水资源和厚重的历史文化积淀，不断提升环境竞争力，全力彰显城市山水特色和人文风貌，坚决不把违法建筑、不把污泥浊水、不把脏乱差的环境带入全面小康社会。

建设改革开放先行区，是鹿城打造迈入全面小康社会示范城区的根本动力。必须坚持和完善“温州模式”，重燃改革激情，大胆先行先试，再创体制机制新优势。激发全民创业创新活力，以大众创业培育经济新动力，用万众创新撑起发展新未来。坚持以开放促改革，推动“引进来”和“走出去”更好结合，为经济社会发展注入强大动力。

建设基层治理样板区，是鹿城打造迈入全面小康社会示范城区的重要保障。必须充分发挥中国梦和社会主义核心价值观凝魂聚气、固本强基的作用，坚持法治、德治、自治相结合，改进社会治理方式，推进基层治理能力和治理体系现代化。加强以保障和改善民生为重点的社会建设，使改革发展成果更多更公平惠及全体人民，不断增强人民群众的获得感和幸福感。

（四）“十三五”时期发展的主要目标。“十三五”时期，要围绕打造迈入全面小康社会示范城区，努力实现以下目标：

——经济综合实力明显增强。全区地区生产总值年均增长7%以上，到2020年地区生产总值、人均生产总值、城乡居民收入比2010年翻一番，经济综合实力和区域竞争力走在全省同类城区前列。产业加快迈向中高端水平，传统产业竞争优势得到增强，现代服务业比重明显提高，优势特色产业进一步壮大，开放型经济不断提升，创成创新型城区、服务经济强区和外贸强区。

——城市综合功能显著提升。现代基础设施体系不断完善，城市亮点区块取得突破性进展，主城区城中村改造和片区有机更新取得明显成效，中心城区的区位优势、集聚辐射能力和综合承载功能大大增强，县域经济加快向都市经济转型，人口城市化率达到93%以上，温州大都市区核心区的地位更加巩固。

——城乡环境质量明显提升。全面完成上级下达的节能减排任务，基本完成瓯江沿岸、塘河两岸等五大水系综合整治，基本消除地表水劣五类水质，城市污水处理率、生活垃圾无害化处理率实现100%，空气质量进一步提升，城乡生态环境和人居环境得到根本性改观，鹿城的天更蓝、地更净、水更清、山更绿。

——社会治理体系更加完善。重点领域和关键环节改革取得重大突破，各领域法治化水平明显提高。建立健全基层大网格现代化治理体系，实现“基层治理无空隙、服务群众零距离”，基层社会治理水平明显提升。人民民主更加健全，法治政府基本建成，基层组织和基层政权建设不断巩固。

——人民生活水平加快提高。中国梦和社会主义核心价值观更加深入人心，公民文化素质和社会文明程度显著提高。大众创业蓬勃发展，社会就业更加充分，人民生活更加殷实。教育、科技、文化、卫生、体育事业加快发展，公共服务体系更加完善，基本公共服务均等化程度进一步提高。

二、坚持创新发展，建设城市经济集聚区

坚持以创新为引领和支撑，顺应信息化和工业化、制造业和服务业深度融合发展趋势，做大做强商贸业和鞋类制造业，重点培育发展现代金融、楼宇经济、信息经济、文化创意、旅游休闲、健康养生六大优势特色产业，加快构建起以时尚产业引领、服务经济主导、新兴产业驱动、产业优势互补的现代城市经济体系。

（一）增强区域创新能力。深入实施创新驱动发展战略，推动新技术、新产业、新业态蓬勃发展，创成省级自主创新示范区。

发挥企业创新主体作用。实施创新型企业培育行动计划，大力培育创新型领军企业、高新技术企业和科创型中小企业。引导企业加强自主研发机构建设，组织实施重大科技专项和科技创新工程。引导企业不断加大科技创新投入，鼓励创业投资机构和社会资本投资创新型中小企业，提高全区研究与实验发展经费（R&D）占地区生产总值比重。落实企业研发费用加计扣除、扩大固定资产加速折旧等政策，推动设备更新和新技术应用。大力推进科技市场和科技中介机构建设，壮大技术经纪人队伍。深入实施知识产权战略，强化知识产权法律保护。

拓展创业创新空间。全面推进大众创业、万众创新，培育包括大学生、新生代在内的各类青年创新人才和创新团队，掀起“精英创业”“大众创业”“草根创业”的新热潮。集中精力推进特色小镇培育和建设，打造一批定位清晰、功能集聚、个性鲜明的省市级特色小镇。推广新型孵化模式，大力发展众创、众包、众扶、众筹空间，启动建设一批创客社区。加快小微企业创业园建设，集聚一批有条件的小微企业围绕优势主导产业和战略新兴产业，开展配套技术和产品开发，培育一批“科技小巨人”企业。发挥高校和科研院所的创新源头作用，继续大力引进大院名校共建创新载体。支持中津先进科技研究院等创新平台做大做强，大力推进科技合作基地和项目建设，加快建设一批特色鲜明的高能级科创平台，为中心城区转型发展注入澎湃动力。

提升智慧应用水平。制定实施“互联网+”行动计划，推动移动互联网、云计算、大数据、物联网等信息技术在各领域的深度应用，构建网络化、智能化、服务化、协同化的新产业新业态新模式。依托省级电子商务大数据研究基地平台优势，加快建成温州云计算产业中心、大数据产业中心、两化融合示范区，争创全国大数据综合试验区。积极做强做大电商经济，培育发展微商经济，促进线下与线上融合、实体与网络联动，建设网络经济示范区、信息经济强区。

强化创新人才支撑。推进人才强区建设，完善和创新人才激励政策，建立多元化、社会化人才评价体系，营造吸引人、留住人、成就人的良好环境。深入实施“白鹿引才”计划，加大“招才引智”力度，大力引进“国千”“省千”人才，加大研发人才、高技能人才培育引进力度，实施领军型创新团队引进培育计划和院士智力集聚工程，加强“人才社区”建设，努力培养造就一支数量充足、素质优良、结构合理、支撑发展的创业创新人才队伍。

（二）发展壮大优势产业。坚持把发展现代服务业作为城市经济的重要支撑，落实省七大重点产业和市“510”产业培育提升工程等政策，重点推进现代金融、楼宇经济、文化创意、旅游休闲、健康养生等优势特色产业发展，形成若干个产值超300亿元的特色产业集群。加快滨江金融集聚区、七都万国财富小镇等金融集聚平台建设，大力发展总部金融和区域资本市场，培育壮大现代金融产业。整合中心城区楼宇资源，积极引进总部机构，加快建设一批总部楼宇集聚群。准确把握国家房地产政策走势，推动房地产市场平稳健康发展；支持建筑业做大做强，争取创成省级建筑强区。依托省市级文创园平台，布局建设一批低成本、便利化、全要素、开放式的创意综合服务平台，建设文化创意集聚区。整合历史文化街区、传统商业街区和城区西部旅游资源，壮大休闲旅游产业，打造都市旅游目的地。培育壮大健康服务业，积极推进健康产业园等重大项目建设，打造养老产业示范基地。加大省市级现代服务业集聚区创新提升力度，培育一批现代服务业龙头企业，促进优势产业规模化、品牌化发展。同时，加快物流、会展等生产性服务业发展，推动生产性服务业与生产制造的深度融合。加快教育文化、社区服务等生活性服务业发展，推动生活性服务业向精细化高品质转变。

（三）做大做强现代商圈。主动顺应消费结构升级趋势，承接温州时尚名城建设试点，将整个鹿城主城区作为时尚消费核心区来建设，努力建成浙南时尚消费中心和国际时尚消费品集散地。优化调整环五马商圈的功能定位、空间布局和产业业态，推进区域内资源整合融合发展，实施商圈形态和时尚业态的更新改造，加快打造以五马—大南街区为核心的千亿级时尚商圈。建设滨江商务区和城市中央绿轴时尚标志性窗口，努力打造成集商务会展、商业金融、都市休闲等各种高端功能为一体的中央商务区，使其成为引领“时尚之都”建设的新龙头。优化瓯江沿岸、塘河两岸时尚产业带和现代商圈片区级中心布局，着力打造特色时尚产业板块。谋划并推进一批重大时尚产业项目建设，培育壮大商贸龙头企业和时尚集聚品牌，着力打造“时尚之都”示范区。

（四）改造提升传统产业。依托中国鞋都和省级轻工产业园区两大平台，编制实施工业区整合提升方案，改善配套服务功能，增强产业园区的承载力和集聚力，争取建设国家级鞋类产业集聚区和高新技术产业基地。按照建设“时尚城区”的要求，推进鞋类等特色轻工产业时尚化，加快推动“鹿城制造”向“时尚智造”转型，再创鹿城传统制造新优势。深化减员增效综合整治，坚决淘汰落后产能，加大企业技术改造力度，创成省级鞋业产业“机器换人”示范区，推动传统块状经济整治提升。扶持优质企业做大做强，支持企业整合重组，鼓励支持龙头企业上市，切实发挥好重点企业、骨干企业在保增长促转型中的主体作用。按照推进供给侧结构性改革要求，大力实施标准强区、质量强区、品牌强区战略，创成全国鞋类知名品牌示范区，重构中国鞋都品牌影响力。在加快传统产业改造的同时，大力推进战略性新兴产业规模化，发挥产业政策导向和促进竞争功能，发展壮大专用设备、仪器仪表、电子设备等装备制造业，培育发展新材料、新能源、节能环保、生物医药等一批战略性新兴产业。

三、坚持协调发展，建设大都市区核心区

围绕温州建设东南沿海重要中心城市的功能定位和“一主两副三极多点”都市区结构，推进全域同城发展，加强城市功能优势培育，不断提高中心城区首位度和集聚辐射力。

（一）建设都市标志区域。把亮点区块建设摆在今后五年城市建设发展的战略高度，坚持高起点规划、高标准建设、高强度投入，加快建成滨江商务区和城市中央绿轴，全面展示现代都市新形象。加快滨江商务区建设，完成征地、拆迁、安置工作，基本建成滨江商务区楼宇群，成为温州沿江发展的标志性区域，引领提升温州大都市形象和品位。加快城市中央绿轴建设，完成旧村土地房屋征迁，重大基础配套设施基本建成，使之成为温州城市新地标。以重大基础设施和重大功能平台建设为突破口，加快七都全岛开发建设，努力把七都建设成为滨江商务区的功能拓展区。统筹亮点区块项目布局、基础配套建设，整体提升区块之间的组团功能。

（二）提升中心城区品质。把城中村改造作为推进城市化现代化的一项突破性工作，按照统一规划、突出重点、集中发力、连片实施、快出形象的要求，全面实施新一轮城中村改造计划，完成核心片区24个和双屿3个城中村改造工作，努力从根本上解决“半城市化”问题。完善“退二进三”“优二强三”机制，联动推进旧城区、旧街区、旧厂区、旧市场综合改造，加大危房改造力度，整合提升五马、大南、南汇等现代商贸商服组团功能，推动中心城区高端要素更加集聚，打造现代商贸城市功能中心。结合历史文化名城创建，对五马、松台等旧街区实行功能置换和连片更新，着力建设斗城历史风貌区，让旧城区留住城市记忆、焕发生机活力。

（三）加速城乡统筹发展。积极推动城市功能延伸，加快建设城区西片城市功能新中心，培育壮大城市新的增长极。全面延伸双屿城市功能配套，推进城市功能新区和都市工业园区产城融合发展，全力把双屿建设成为温州产城联动的新区块、城市有机更新的新样板、产业转型升级的新标杆、社会管理创新的新示范。加快仰义林里生态新城开发和低丘缓坡资源利用，全面铺开重大交通项目施工建设。积极推动城市服务功能延伸和城市基础配套建设，加速打造以戍浦江流域综合开发为中心的城市西部中心镇和都市后花园。因地制宜推进新农村建设，统筹推进现代农业发展、生态综合开发、乡村精品旅游打造和农村基础设施建设，打造美丽乡村升级版。

（四）提升城区整体功能。以构建现代综合交通体系为龙头，实施重大基础设施和公共设施升级工程，加快构建互联互通、供给高端、系统有效、安全生态的基础设施网络，增强城市功能支撑。全力承接市级重大交通项目建设，建成一批铁路、高速、国省道路项目，加快实现大都市区通勤一体化。加快推进西部交通等基础设施建设，以“交通西进”带动“城市西进”。推进城市快速路网建设，规划建设城市东西、南北走向快速路，逐步形成以快速路网为骨架、主次干路网为主体、支路网为补充的城市快速路网系统，尽快实现中心城区内外交通网的顺畅对接。加快市政路网建设，实施“建环线、打卡口、接断路”行动，加快城市主次干道建设，完善城市道路路网结构。优化公交线路和设施布局。统筹推进电力能源、环保设施、水利工程、通讯信息等重大基础设施建设，加快城市地下空间的开发利用，提升城市抵御各种灾害的综合能力。

四、坚持绿色发展，建设美丽水乡精品区

坚持以“绿水青山就是金山银山”重要思想为指引，贯彻实施新一轮“811”美丽浙江建设行动，扎实打好“五水共治”“三改一拆”持久战，加快建设富有都市花园、清洁家园、美丽田园特色的美丽鹿城。

（一）打造都市美丽水乡。大力推进“水岸同治”，深入实施系统治水“六大工程”，建成温瑞平原西排工程、瓯江治理工程、瓯江干堤海塘工程和戍浦江治理工程等重大水利设施项目。全域推进瓯江沿岸、塘河两岸的城中村、旧厂房、旧市场、旧小区、旧桥梁改造，实施水体生态保护和修复工程，统筹推进城市公园、滨水公园和绿道绿网建设，形成瓯江杨府山到渔渡沿线、塘河、丰门河、戍浦江等百里水生态走廊。加快推进温瑞塘河“一环三线”美丽水乡核心区建设，基本完成水体治理修复，建成“塘河十景”等一批沿河两岸景观，争取将整个塘河沿线打造成AAAA级的都市生态公园。完善河长制等常态化长效化机制，大力实施“十百千万治水大行动”，深化重点流域、污染河段整治，实现全区污水全收集全处理全达标、农村生活污水处理全覆盖。加大环保重点行业整治和垃圾治理力度。深入实施大气污染防治计划，全面开展机动车污染防治等六大专项行动。全面实施土壤污染防治行动计划，确保耕地土壤环境质量保持稳定。强化环境噪声防控，加强固定源噪声治理和监管。促进资源节约集约高效利用，落实能源和水资源消耗、建设用地等总量和强度双控行动，倡导绿色低碳生活，大力发展循环经济，全面完成节能减耗和主要污染物减排任务。到2020年平原河网水体基本消除劣五类，黑臭水体全部消除，创成水生态文明城区和省级生态文明示范区。

（二）提升精致管理水平。推进多规合一，加强规划实施和管理，发挥规划在城市建设中的引领作用。按照责权利相统一的原则，整合优化城市管理部门职能，完善有机衔接、运转高效的城市管理体系。加强城市管理信息化建设，推行数字化城市管理信息化建设，推行数字化城市管理模式，完善统一高效的监管、智慧、处置平台，提高城市管理的效率和水平。加强信息化与城市发展深度融合，发展智慧交通、智慧卫生、智慧教育、智慧食药，争取列入智慧城市、海绵城市、立体城市建设试点。巩固提升“六城联创”成果，结合“三改一拆”“四边三化”等行动，在27个城中村改造中同步启动“显山露水、建绿拓路”综合改造，改善人居环境、提高绿色福利。科学编制村庄规划，合理引导农村居民点布局，深入开展农村环境综合整治，切实提升村庄建设管理水平。

（三）健全生态环境制度。探索编制自然资源资产负债表，建立领导干部自然资源资产离任审计制度和环境损害责任终身追究制度，完善反映生态文明建设要求的区域发展绩效评价体系。健全有利于节约资源和保护环境的资源价格形成机制，建立健全用能权、用水权、排污权、碳排放权交易制度。完善生态保护补偿机制，探索采用多元化补偿模式，探索建立环境损害赔偿制度。完善“三位一体”环境准入制度，实施排污许可证制度，深化污染源一证式管理制度。完善环境承载能力监测预警机制，对水土环境、环境容量超载区域实行限制性措施。强化环境执法监管，建立健全环境执法协作联动机制，加强生态保护司法建设。落实环保监测监察执法制度改革。

五、坚持开放发展，建设改革开放先行区

坚持深化改革与扩大开放并举，以改革激活力，以开放增动力，加快构筑体制机制新优势。

（一）构建充满活力的制度体系。以深化目标管理机制为龙头，深入实施“50项重点改革举措”，力争在重要领域和关键环节改革上取得更大突破。

推进经济领域改革。坚持以“亩产效益”为导向，全面推进资源要素差别化配置改革，建立公开公正的亩产效益综合评价排序机制、差异化的资源要素价格机制、腾笼换鸟激励倒逼机制，建立健全金融、人才、要素支撑保障机制和便捷高效的要素交易机制，着力提高各类资源配置效率和水平。创新城中村改造拆征、融资、建设、安置机制，推行先安置后拆征、带安置条件出让、市场化建设安置模式，拓展多种形式的城市建设融资渠道。深入贯彻温州金融改革新十二条，全面推进地方金融改革创新。推进社会信用体系建设，完善守法诚信褒奖机制和违法失信惩戒机制。深化国资国企改革。开展降低实体经济企业成本行动，继续清理和规范涉企行政事业性收费，实质性减轻企业负担。

推进政府领域改革。加快政府职能转变，深入推进简政放权，完善和推行“五张清单一张网”。拓展提升政务服务网功能，推进部门审批系统并网。深化商事制度改革，加强事中事后监管。建立公平公开的中介市场竞争机制，规范中介机构市场行为和市场秩序。加快推进政府职能向社会组织转移，加大政府向社会力量购买服务力度。完善公开透明规范的预算管理制度，健全政府债务风险管控机制。规范招投标、土地使用权和国有产权交易、政府采购等公共资源交易。统筹推进政府机构改革、事业单位分类改革、综合执法体制改革，推动资源力量向发展任务重的单位倾斜。

推进社会领域改革。推进文化体制机制改革创新，完善国有文化资产管理体制，深化国有经营性文化单位改革。深化教育改革，承接理顺市、区两级教育管理体制，深入推进民办教育综合改革试点，探索教育管办评分离机制。深化民办社会事业领域改革，积极引进高端资源，大力发展优质民办教育、文化、卫生、养老等产业，着力打造民办社会事业高地。同时，落实户籍制度改革，统筹推进“三权到户、权跟人户走”、农村集体资产股份制、农村宅基地制度等领域改革，进一步完善城乡发展一体化体制机制。

（二）构建内外互动的开放格局。充分利用两个市场、两种资源，主动对接和融入国家“一带一路”和长三角经济一体化战略，全方位深化对外开放，加快形成全面开放新格局。

打造世界温商家园。发挥世界温商网络优势，深化大统战大招商机制，不断掀起温商回归、总部回迁、项目回投、人才回流新高潮。整合中心城区平台，依托七都侨乡优势，加快温商总部家园、温州中心等项目载体建设，打造鹿城国际化发展的重要平台和窗口。调整优化招商结构，以滨江商务区为主平台，加大总部招商力度，积极吸引世界温商、跨国公司设立地区总部、采购中心、财务管理中心等分支机构，努力打造浙南闽北地区的“陆家嘴”。顺应在外温商教育、医疗、养老服务等生活服务需求，整合中心城区资源优势，大力发展华侨、温商服务项目，增强服务温商能力。创新利用外资方式，优化利用外资结构，鼓励民营企业与外资良性嫁接，推动内外资企业融合发展。

加快建设外贸强区。积极争取中国鞋都列入全国市场采购贸易试点，加快建设温州进口商品直销市场、进口商品贸易总部（中心），努力将鹿城建成全国重要的进口商品交易集散中心和价格形成中心之一，逐步形成“买世界、卖世界”的贸易格局。依托鹿城轻工制造基础，加快市级跨境电子商务产业园建设，引导大型外贸企业、第三方物流企业在境外建立公共海外仓、仓储物流基地，培育跨境电商新优势。鼓励企业参与“一带一路”沿线国家境外产业园建设，推动进出口市场结构从传统欧美市场为主向多元化全面发展转变。深化国家级出口鞋类质量安全区建设，优化出口商品结构，加快形成以渠道、品牌、技术、质量为核心的外贸竞争优势。加快推进服务贸易提质扩量，依托省市现代服务业集聚区平台优势，积极发展特色服务贸易。瞄准国内市场热销的国际产品，加大模仿创新力度，努力实现进口替代并开拓国际市场，建设省级外贸转型升级示范区。

提升交流合作水平。依托海峡两岸（温州）民营经济创新发展示范区建设，在坚持深化民间交流活动和“东引台资”的同时，借鉴台湾经济转型升级经验，着力破解民营经济发展难题。扩大与韩国在美容医疗、时尚服饰、文化影视等领域的合作。发挥中心城区在文化、教育、艺术等领域优势，鼓励在鹿举办各类国际文化交流活动。全面推进国内区域合作与发展，积极参与长江经济带建设，融入长三角区域一体化，对接海西区发展。加强与能源资源富集地区合作交流，做好对口支援和对口帮扶工作。

六、坚持共享发展，建设基层治理样板区

把保障和改善民生作为改革发展的根本出发点和落脚点，更加注重社会建设，完善各类公共服务，促进社会公平正义。

（一）全面推进法治鹿城建设。加强党对法治工作的领导，提升经济、政治、文化、社会、生态文明以及党的建设法治化水平，努力创成全国法治工作示范区。推进法治政府建设，健全行政决策程序和机制，强化对行政权力的制约和监督。改革和完善行政执法体制，严格规范公正文明执法。积极落实司法体制改革任务，提升司法公信力。以创新完善法治、德治、自治相结合的基层社会治理机制为抓手，切实抓好村规民约、社区公约实施，鼓励和引导群众实行自我管理、自我教育、自我监督、自我服务的管理模式，构建多向互惠、协调发展的城乡社区服务管理新机制。加强法治队伍建设，建立完备的公共法律服务体系。健全利益表达、利益协调、利益保护机制，引导群众依法行使权利、表达诉求、解决纠纷。强化源头治理、积案化解、非访治理，规范信访秩序，提高信访工作的法治化水平。积极推进特殊人群帮教管理工作创新，健全社区矫正制度。健全普法宣传教育机制，领导干部带头学法守法，推动全社会增强法治观念。

（二）加强基层社会治理创新。把大网格作为社会治理的最基本单元和公共服务的最直接平台，优化配置行政资源，深化简政放权，完善综合执法、上门代办等机制，做到“基层治理无空隙、群众服务零距离”。整合全区各类政府信息平台资源，搭建社会治理数字化服务平台，将民生诉求、政府服务、社会治埋二者融为一体，推进服务平台向大网格延伸覆盖，实现区级一门管理、部门互联互通、网格全域覆盖、民情直接上传、审批一站办结。加快构建网格治理大协商机制，探索与社区组织、社会组织、居民群众间的对话机制和社区商户间自律机制、驻社区单位共驻共建机制，建设具有鹿城特色的“党建引领、扁平管理、智慧服务、多元共建”的基层社会治理格局，努力创出全国基层治理示范样板。

（三）全面深化平安大区建设。全面抓好平安综治维稳各项工作，全力创建高水平的平安大区。完善社会治安综合防控体系，创新社会治理物联网管控模式，形成党委领导、政府主导、综治协调、各部门齐抓共管、社会力量积极参与的工作格局。依法严密防范和严厉打击敌对势力渗透颠覆破坏活动、暴力恐怖活动、民族分裂活动、极端宗教活动。完善和落实安全生产责任和管理制度，加强重点领域、重点行业、重点企业、重点部位安全防范和隐患整治。推进食品和餐饮安全治理创新，强化从农田到餐桌的全过程监管。强化药品监管。健全社会应急联动机制，积极探索多元主体参与治理模式。健全实有流动人口和出租房动态管理机制，推广“以证管人、以业管人、以房管人”模式。健全重大决策社会稳定风险评估机制，落实社会稳定风险评估责任监督、倒查和追究。

（四）全面推进文化繁荣发展。加强社会主义核心价值体系建设，健全“最美人物”的选树关爱机制，弘扬和提升“红日亭”等崇善向上文化，健全网络治理绿色疏导机制和社会舆情引导机制，努力打造鹿城特色精神家园。构律现代公共文化服务体系，健全公共文化服务财政保障机制，健全文化礼堂建设机制，推进文化惠民工程建设，完善公共文化设施网络，创建省级公共文化服务示范区。深入实施文化精品创作工程，扶持优秀文化产品创作生产。加强新型智库建设。加快文化产业园区、文化与科技融合示范基地等平台建设，鼓励社会资本投资文化产业，努力构建现代文化产业体系。实施文化传承工程，充分挖掘瓯越文化形态及内涵，重视非物质文化遗产的保护和利用。

（五）全力提升公共服务水平。编制实施新一轮社会事业发展规划，优化配置各类优质资源，让发展成果更多地惠及人民。

着力促进就业创业。支持创业带动高质量就业，完善创业扶持政策，加强创业教育和培训。做好以高校毕业生为重点的青年就业和农村转移劳动力、就业困难人员、退役军人就业。加快就业服务体系建设，加强职业技能培训。增强失业保险促进就业功能。创新劳动关系协调机制，以构建和谐劳动关系实现更高质量就业。完善收入分配制度和劳动报酬增长机制，确保居民收入增长和经济增长同步、劳动报酬提高和劳动生产率提高同步。健全工资决定和正常增长机制。健全资本、知识、技术、管理等要素市场决定的报酬制度。多渠道增加居民财产性收入。

办好人民满意的教育。坚持教育优先发展，落实立德树人根本任务，促进教育优质均衡发展，建成省级教育现代化基本达标区。落实教育发展规划，优化校网布局和教育基础设施，不断扩大优质教育资源覆盖面。提升城市新区、城中村改造片区和农村学校办学条件与水平，促进城乡义务教育一体化均衡化发展。推进学前教育普惠化，构建公办保基本、民办供选择的学前教育体系。加强公办学校标准化建设，努力打造“家门口的好学校”。重视继续教育发展，依托学校、科研院校和企业施教机构，建设继续教育基地。发展社区教育，办好特殊教育。

加快医疗卫生事业发展。推进

“健康鹿城”建设，实施公共卫生优先战略，强化公共卫生服务体系建设，创成全国艾滋病综合防控示范区、国家级慢性病综合防控示范区、国家级卫生应急示范区。广泛开展爱国卫生运动，巩固提升国家卫生城市创建成果。深入推进“双下沉、两提升”工程，建立健全分级诊疗制度。以基层全科医生建设为重点，统筹推进全区基层医疗人才队伍建设。加强“智慧医疗”体系建设，推动健康服务业发展。坚持计划生育基本国策，落实中央关于计划生育政策的重大调整，推动计生工作从重人口数量控制向重人口数量调控、素质提升、结构优化转变。落实全民健身国家战略，积极发展体育事业和体育产业，着力提升竞技体育综合实力。坚持男女平等基本国策，更加重视妇女、儿童和青少年身心健康，切实保障妇女儿童合法权益。

健全完善社会保障体系。以“全覆盖、保基本”为优先目标，不断扩大社会保障覆盖范围，稳步提高社会保障待遇标准，加快构建多层次社会保障体系。完善社会保险体系，大力推进全民参保计划，依法加强和规范社会保险费征缴，加快推进各类养老保险制度并轨，基本实现法定人员全覆盖。完善城乡居民医疗保障制度，推进各类医疗保险制度统筹整合，逐步提高大病保险统筹层次和最高补偿限额、支付比例。完善城乡社会救助体系，以城乡居民最低生活保障制度为核心，统筹各类社会救助资源，健全多层次城镇住房保障体系、多元化社会福利服务供给体系和特殊群体服务保障体系，大力发展老龄服务事业和养老服务产业。重视老龄工作，加强老年人权益保护。健全特殊群体的服务保障制度，积极发展残疾人事业。全面加强档案工作，完善配套设施建设。全面加强地方志工作。

七、切实加强和改善党的领导，夺取“十三五”发展新胜利

发挥党总揽全局、协调各方的领导核心作用，凝聚改革发展合力，全面完成“十三五”规划各项目标任务。

（一）完善党委领导经济社会发展工作体制机制。各级党委（党组）必须深化对发展规律的认识，加强制度化建设，完善工作体制机制，改进工作方式方法，强化全委会决策和监督作用。提升党委研究经济社会发展战略、定期分析经济形势、研究重大政策举措的能力，健全决策咨询机制，提高科学决策水平。推进中国特色社会主义理论体系和习近平总书记系列重要讲话精神武装工作，始终用党的创新理论武装头脑、指导实践、推动工作。深化干部人事制度改革，完善目标管理考核机制，健全人员能进能出、职务能上能下、待遇能升能降的选人用人机制，完善覆盖整个干部队伍的“末位要问责、有错要问责、低效要问责、无为也要问责”的问责体系。全面加强基层党组织和基层政权建设，高标准落实农村基层党建“二十条”。落实党风廉政建设主体责任和监督责任，强化权力运行制约和监督，扎实推进改进作风常态化长效化建设，巩固深化正风反腐成果，构建不敢腐、不能腐、不想腐的有效机制，努力实现干部清正、政府清廉、政治清明。

（二）切实形成社会合力。完善政府、企业、社会联动工作机制，最大限度凝聚全社会推进改革发展、维护社会和谐稳定的共识和力量，把“十三五”目标任务和政策举措转化为广大干部群众的生动实践。支持和保障人大及其常委会依法履行职权，健全人大讨论、决定重大事项制度，完善专题询问、质询、满意度测评、工作评议、代表约见等制度。推进协商民主广泛多层制度化发展，支持人民政协发挥政治协商、民主监督、参政议政作用，加强经济社会发展重大问题和涉及群众切实利益问题的协商。巩固和发展最广泛的爱国统一战线，充分发挥民主党派、工商联和无党派人士作用，贯彻落实党的民族、宗教、对台、侨务和外事政策，促进政党关系、民族关系、宗教关系、阶层关系、海内外同胞关系和谐。坚持党管武装，巩固发展军政军民团结，推动军民深度融合发展。支持工会、共青团、妇联等人民团体和各类群众团体开展工作，凝聚各方面智慧和力量。

（三）强化规划实施保障。充分发挥规划领导小组作用，加强宏观指导、综合协调、投资安排、政策落实等工作，强化规划实施的约束性和实效性。加强土地要素保障，大力推进低效土地利用再开发，实行批而未供、供而未用、已征未供土地挖潜消化专项行动，全力拓展发展空间。加强资金要素保障，创新棚改、水利等产业基金的融资模式，推广政府和社会资本合作模式，支持社会资本参与重大项目建设，激发民间投资新活力。强化重大项目支撑，全力推动市区两级重大项目破难攻坚，深入挖掘重大项目，积极争取更多项目纳入上级各类重大项目库，强化政策和土地指标等资源支持。

（四）确保各项目标任务落到实处。制定“十三五”规划纲要和专项规划，要坚决贯彻落实中央和省市委决策部署，落实本建议确定的基本要求、主要目标、重点任务、重大举措。各街镇各部门要从实际出发，制定本区域本领域“十三五”规划。各级各类规划要增加明确反映创新、协调、绿色、开放、共享发展理念的指标，增加政府履行职责的约束性指标，把区委全会确定的各项决策部署落到实处。

趁势大拆大整　加快转型发展
奋力打造全面小康社会示范城区
（摘要）

——在区委八届九次代表大会上的报告

（2016年12月26日）

中共温州市鹿城区委书记

李无文

这次大会的主题是：高举中国特色社会主义伟大旗帜，深入学习贯彻习近平总书记系列重要讲话精神，全面总结过去五年工作，确定今后五年的奋斗目标和主要任务，动员全区广大党员和干部群众，以“大拆大整”为主线，加快转型发展，奋力打造全面小康社会示范城区！

一、认真总结区第八次党代会以来取得的新成就

区第八次党代会以来，区委全面贯彻党的十八大和十八届三中、四中、五中、六中全会精神，深入学习贯彻习近平总书记系列重要讲话精神，认真落实中央和省市委重大决策部署，团结带领全区广大党员和干部群众，积极应对各种挑战，加快转型发展步伐，较好完成了区第八次党代会确定的目标任务。

五年来，综合实力、转型升级迈出新步伐。面对宏观环境趋紧、金融风波冲击和自身转型发展等因素叠加影响，坚持以供给侧结构性改革为强大动力，稳增长与调结构一起抓，2016年预计全区实现地区生产总值872亿元、公共财政预算收入28.5亿元、全社会消费品零售总额813.7亿元，分别为2011年的1.4倍、1.3倍和1.3倍；累计完成固定资产投资1485.8亿元，年均增长10.6%。坚持服务业发展总量扩大与质量提升并重，楼宇经济、网络经济销售额、文化产业增加值、旅游总收入稳居全市首位，现代服务业发展态势良好。传统产业改造取得实效。都市型农业较快发展。综合实力升至“全国科学发展百强区”43位、跃居“全国最具投资潜力百强区”23位。

五年来，城乡一体、城市面貌取得新突破。持续开展破难攻坚，城中村改造强势推进，滨江商务区、城市中央绿轴形象初步展现，环五马文化商圈有序推进，双屿综合整治取得实效，主城区城市有机更新成效明显。基础设施不断完善，金温铁路扩能改造工程鹿城段、330国道仰义至双屿段改建工程、七都大桥等建成通车，一批重大水利工程建成投用，有效带动了七都和城区西部发展。“五水共治”成效显著，“三改一拆”力度空前，“大拆大整”掀起热潮，五年拆除违法建筑922.3万平方米、城中村旧房260万平方米；全区公园绿地面积、人均绿地面积分别比2011年提高了96%和58.6%。节能减排等生态环保任务全面完成。创成省级示范文明城区，“六城联创”任务圆满收官。

五年来，改革创新、扩大开放增添新活力。落实上级全面深化改革要求，狠抓“50条改革举措”落地攻坚，重点领域改革先试先行。简政放权持续推进，非行政许可审批事项全面取消，审批效能明显提速。行政体制、建设管理、投融资等领域改革不断深化，地方金融创新发展，民办教育、医疗、养老和农村综合改革取得实效。深入实施创新驱动战略，全省科技综合评价排名大幅提升，创成“国家知识产权强县工程示范区”。创新大统战大招商机制，实际到位内资从2011年的3.9亿元增长到162亿元，实际利用外资全市领先，被评为全省“浙商回归”示范区。

五年来，民生改善、社会和谐呈现新气象。全区财政用于民生的投入累计超过30亿元，占财政支出增量的77.6%。2016年，预计城乡常住居民人均可支配收入分别达到53600元和27900元，是2011年的1.5倍和1.8倍，农村常住居民人均收入增幅连续5年超过城镇居民，城乡收入比差距缩小0.36，家庭人均年收入4600元以下现象全面消除。社会事业发展水平总体走在全市前列，群众文化生活更加丰富，社会保障体系不断健全，“双拥”工作扎实推进。档案、地方志、残疾人、红十字、慈善等工作切实加强。平安鹿城和法治鹿城建设水平大幅提升，历史遗留和重点疑难信访积案逐步化解，基层社会治理不断创新，被评为全省法治建设示范单位，平安大区实现“七连创”。

五年来，党要管党、从严治党得到新加强。精心组织党的群众路线教育实践活动、“三严三实”专题教育、“两学一做”学习教育，广大党员干部政治意识、大局意识、核心意识、看齐意识显著增强。高度重视意识形态工作，主流思想舆论不断壮大。干部人事制度改革取得成效，干部绩效考评制度更加完善，干部精气神有了明显提振。认真落实基层党建工作责任制，基层党组织的战斗堡垒作用和党员的先锋模范作用得到增强。严格落实中央八项规定、省委“28条办法”和市委“1+8”文件精神，全面推行农村基层作风巡查和区直机关作风巡查，“四风”积弊得到有效整治，党员干部作风持续好转。落实党风廉政建设“两个责任”，查处了一批违纪违法案件。同时，支持人大、政府、政协和审判机关、检察机关依法依章程履行职权。加强爱国统一战线工作。强化党管武装工作。重视做好老干部、关心下一代工作，充分发挥工青妇等群团组织作用，形成了加快发展的强大合力。

五年的成绩来之不易。这是省、市委正确领导，历届区委班子传承接力，全区各级党组织带领广大干部群众团结奋斗、克难攻坚的结果。在此，我谨代表中共温州市鹿城区第八届委员会，向全区党员和干部群众，向全区广大老干部、各民主党派、工商联、无党派人士、新社会阶层和各界人士，向驻鹿部队官兵和武警官兵，向所有关心支持鹿城发展的同志们和各界朋友，表示衷心的感谢，并致以崇高的敬意！

回顾五年的发展实践，我们深刻体会到推动鹿城发展、办好鹿城事情，必须党要管党、从严治党，坚决落实全面从严治党主体责任，牢固树立“四种意识”特别是核心意识、看齐意识，在思想上政治上行动上始终同以习近平同志为核心的党中央保持高度一致。必须解放思想、开拓创新，清醒认识鹿城最大优势是中心城区资源要素富集、最主要矛盾是转型滞后，不断更新理念、开拓思路，厚植优势、转化劣势，增强发展的内生动力。必须以人为本、共建共享，把保障和改善民生放在突出位置，把解决群众反映强烈、普遍关心的矛盾问题作为一切工作的出发点和落脚点，努力在改善民生中赢得民心、汇聚民力。必须锲而不舍、奋勇争先，始终用“创首善、争一流”的标准谋划发展，以抓铁有痕、踏石留印的决心务求实效，努力推动各项工作争创标杆、走在前列。必须上下同心、目标一致，积极调动集体智慧和各方力量，全面激发广大干部工作热情和创新活力，团结带领全区人民群众，以功成不必在我的境界为鹿城发展打基础、利长远。这些经验需要我们倍加珍惜，在今后工作中继承好、坚持好、发展好。

同时，我们也要清醒地看到，当前鹿城发展中还有不少矛盾和问题。尤其是五个方面的不协调问题比较突出：一是经济质量与经济总量不协调，尽管多年来经济总量有了很大增长，但30多年形成的粗放型增长模式已难以适应当前形势变化，经济发展后劲不足，先发优势逐步丧失，产业转型升级迫在眉睫。二是城市形态与城区地位不协调，尽管向温州大都市区核心区迈进的步伐愈加坚定，但是城市建设“碎片化”“半城市化”问题没有很好解决，老旧片区还量大面广，不仅城市形态和功能离支撑和引领温州大都市区发展的要求还有很大差距，而且安全隐患也是触目惊心、防不胜防。三是民生改善与发展水平不协调，尽管鹿城物质生活水平大幅提升，但受城市形态、经济形态的制约，公共配套设施欠账较多，公共服务发展整体水平与经济社会发展还不相称。四是资源低效配置与要素瓶颈制约不协调，体制机制改革亟须深化，行政效能还需提升。五是一些干部精神状态与主动作为的要求也很不协调，部分干部还习惯于上面布置、被动干事，个别基层组织战斗力不强，党要管党、从严治党仍需进一步向前推进。所有这些问题，必须在今后的工作中切实予以解决。

二、明确新历史方位下工作的总体要求和奋斗目标

鹿城是一座生态环境优美、文化底蕴深厚、充满创新活力的城市。改革开放以来，鹿城伴随温州率先进行市场化取向改革的东风，取得了令人瞩目的发展成就。现在鹿城发展又进入了新时期、新阶段。我们必须校准历史方位。省委明确提出“十三五”时期要把“浙江的今天”建设得更好，为“中国的明天”提供更多的浙江素材、浙江实践；市委确定了建设“三个城市”的奋斗目标，并对鹿城寄予厚望，要求鹿城发挥“排头兵”和“顶梁柱”作用。深刻领会省市委要求，需要我们登高望远、审时度势，找准坐标、拉高标杆，努力在学赶杭州下城、比追宁波海曙中提升实力、挺立潮头。我们必须应对重大挑战。当前鹿城处在一个重整山河、凤凰涅槃的重大关口。环顾四周，标杆城区发展日新月异，周边县市区也是千帆竞发。如果鹿城再不奋起直追，就会地位不保、掉队落伍。审视自身，产业转型升级任务非常艰巨，中心城区首位度提升任重道远。我们要想不拖后腿、走在前列，必须快马加鞭、加倍努力。我们必须把握重大机遇。省委、省政府作出“大拆大整”科学决策为我们量身定制了推动转型升级的作战方案，市委、市政府倾力建设中心城区，“大拆大整”打开了城市经济社会转型想象空间，当前各种要素供给宽松，为我们改变城市落后面貌提供了前所未有的机遇。像鹿城这样的基础状况，更要“大拆大整”，实现大平安、大发展。机遇不等人，我们必须担起责任，趁势而为、迎难而上，走好新方位下鹿城发展的关键一程，完成历史赋予我们的使命。

今后五年工作的总体要求是：高举中国特色社会主义伟大旗帜，以马克思列宁主义、毛泽东思想、邓小平理论、“三个代表”重要思想、科学发展观为指导，深入贯彻习近平总书记系列重要讲话精神，以“四个全面”战略布局为统领，以“五大发展理念”为指引，以“八八战略”为总纲，按照“秉持浙江精神，干在实处、走在前列、勇立潮头”的要求，全面贯彻省委、市委的系列决策部署，以“大拆大整”为主线，加快城市转型、经济转型、社会转型，努力建设温州大都市区核心区、城市经济集聚区、美丽水乡精品区、改革开放先行区、基层治理样板区，打造全面小康社会示范城区，为率先基本实现现代化奠定更加坚实的基础。

建设“五个区”、打造全面小康社会示范城区，是对我区“十三五”发展规划目标定位和战略任务的深化推进，体现了新一届区委一任接着一任干的发展定力。“大拆大整”，是打造全面小康社会示范城区的必由之路，是贯穿今后五年各项工作的主线。

根据上述总体要求，今后五年工作的奋斗目标是：地区生产总值年均增长7%以上，公共财政预算收入年均增长7%以上。全社会固定资产投资累计超过2400亿元，全社会消费品零售总额超过1390亿元，外贸出口总额超过45亿美元。城乡常住居民人均可支配收入年均增长8%和9%以上。通过五年奋斗：

建设大都市区核心区。统筹空间、规模、产业三大结构，基本完成主城区城中村、旧小区、旧厂区、旧市场改造和亮点区块建设任务，重点区块形象基本展现，现代基础设施体系更加完善，常住人口城镇化率达到93%以上，中心城区的首位度和集聚辐射能力大幅提升，城市能级和品质跻身全省先进城区行列。

建设城市经济集聚区。以提高经济质量和效益为中心，R&D经费支出占GDP比重2%以上，高新技术产业产值占规上工业总产值比重超过50%，服务业增加值占GDP比重超过76%，基本形成现代产业体系，基本形成与新型城市化相适应的发展方式和产业布局，综合实力和区域竞争力走在全省同类城区前列。

建设美丽水乡精品区。发掘好丰富的山水资源和厚重的历史文化积淀，全面完成上级下达的节能减排任务，基本完成五大水系治理，消除地表水劣V类水质，消除违法建筑、污泥浊水、环境“脏乱差”，建成温瑞塘河“一环三线”核心区，充分彰显城市山水特色和人文风貌，城市环境品质走在前列。

建设改革开放先行区。坚持和完善“温州模式”，持续扩大对外开放，激发全民创业创新活力，土地、人才等关键领域改革取得突破，争取创成网络经济强区、信息经济强区、科教人才强区、外贸强区和创新型城区。

建设基层治理样板区。加强以保障和改善民生为重点的社会建设，创成文化强区，形成优质均衡的公共服务体系；健全基层网格现代化治理体系，消除城乡危旧房屋，平安鹿城、法治鹿城建设水平大幅提升，使改革发展成果更多更公平惠及全体人民。

三、把握实现奋斗目标的路径和主要举措

实现上述奋斗目标，在路径上要突出“一条主线”，聚焦“五个发力点”，着力打造“五个升级版”：

（一）聚焦中心城区首位度，打造城市平台升级版

城市是现代经济社会发展的重要平台和载体。要认真贯彻中央城市工作会议精神，深刻领会“一尊重五统筹”，积极对接温州大都市区功能布局，坚持以“大拆大整”开路，推进空间优化、功能重构、形象再造、品质提升。老城区，要以人口疏解为主，通过城市有机更新、拓展南郊城市功能、加快完善基础设施，着力解决“城市病”问题。东片区块，要立足滨江商务区、南汇市行政中心区域和七都空间潜力，完善各类城市服务功能，导入现代都市产业，打造城市标志性区域和精品区块。西片区块，双屿重点通过空间和产业重构，打造温州城市西部发展的新亮点；丰门、仰义、藤桥、山福重点依托产业基础、生态优势，加速产城融合、城乡融合，打造城市发展新的增长极。

一要全域谋划拆迁，重构城市形态。按照“政府主导、市场主体、整体改造、滚动推进”的思

路，全域谋划资地平衡，集中配置要素、资源和项目推进仰义以东主城区全域拆迁，做强做优主城区。实施统征统拆，将城中村、旧小区、旧厂区、旧市场纳入大区块统一拆迁、统一规划、统一建设，实现群众利益、土地规模效应和城市价值的最大化。改变就地安置模式，建立利益导向机制，大力探索房票制和期房回购制，鼓励推行市场化、货币化和异地安置，确保区块货币化安置率达到70%以上。注重拆迁时序，以意愿率为标准，稳步推进旧小区改造。逐个制定实施三年行动计划，在2017年完成16个行政村改造基础上，力争用3年时间基本完成计划外城中村和旧小区改造，力争用5年时间基本完成旧厂区和旧市场搬迁改造，从根本上解决主城区城乡、工业高度混合形态。

二要区块推进建设，提升城市品质。坚持以重大区块开发带动城市整体品质提升，杜绝城市发展“摊大饼”。加快市区亮点区块建设，确保滨江商务区2017年完成政策处理，2020年建成温州沿江发展标志性区域；城市中央绿轴2018年基本建成重大基础配套设施，成为文化、生态、行政相融合的标志性区域。全域规划南汇市行政中心区域、南郊、广化黄龙、双屿、丰门等重点区块开发建设，最大限度发挥大区块的规模效应、集聚效应、辐射效应和联动效应。招引知名品牌代建商，建设一批中高档安置区，解决部分拆迁安置、周转房、解困房等群众需求。优化制度设计，积极引进央企、上市公司参与城市、产业谋划和规划建设，让专业的人做专业的事，确保一流建设品质。

三要强化规划引领，促进产城融合。根据区块特点，整体规划各个重点区块产业布局、产业定位、发展目标、推进策略，促进各类资源要素在新的区域空间科学配置。其中，滨江商务区、南汇市行政中心区域、南郊、七都等区块，重点布局建设标志性建筑、现代城市综合体、高端楼宇群；双屿重点规划布局现代物流、工业设计、商务楼宇等2.5产业；丰门、仰义重点立足轻工制造基础，着力打造时尚智造中心；藤桥、山福要立足农村产业特色，发展乡村旅游，打造“都市西部后花园”。

四要优先建设配套，增强功能支撑。强化系统思维，坚持宁缺毋滥的理念和定力，优先布局城市功能和基础设施，提高城市建设的系统性、协调性、持续性。推行公建配套设施与项目开发企业合作等方式，优先建设医疗、教育、文化、体育等城市公共设施，完善菜篮子、养老等配套服务设施，增强城市服务功能。以改造区块为重点，统筹推进地下综合管廊和路网、电网、光网、气网、水网“五网”建设，争取列入智慧城市、海绵城市建设试点。建设东西向快速路，完成民航路拓宽工程，打通“断头路”、理顺“微循环”，建设地下停车场、停车楼等设施，改善出行条件。全力承接乐清湾港区铁路支线、市域铁路S1线等工程建设，建成S10绕城高速西南线鹿城段、双屿至藤桥公路工程，启动缙云至苍南公路鹿城段，全面改善藤桥、山福等城市西片区域交通面貌，以“交通西进”带动“城市西优”。

五要开展城市双修，促进内涵发展。保护和利用好鹿城“山水林田湖”一应俱全的生态本底，推进生态修复、城市修补，走城市内涵式发展道路。借助“大拆大整”强劲东风，联动推进“五水共治”“四边三化”，统筹抓好治气治土治噪，做到“大拆大整”推进到哪里，河网水质、生态环境就修复到哪里，建设美丽乡村，创成省级生态文明示范区。抓好城市文脉修补和文化延续，统筹做好地上地下两篇文章，有序推进五马、松台等历史街区保护和复兴，注重文物保护和非物质文化遗产传承，保护利用好古村落，留住城市记忆、保持旧城肌理、让乡村更有乡味。提升城市精细化管理水平，提高市民文明素质，创新城管方式，推动重心下移，建立长效机制，持续提升序化、洁化、美化、亮化、绿化水平，努力让城市生活更方便、更舒心、更美好。

（二）聚焦城市经济竞争力，打造产业体系升级版

把握“稳中求进”总基调，全面落实供给侧结构性改革要求，以“大拆大整”为突破口，把城市有机更新、经济业态升级有机结合起来，发展更具竞争力的城市经济。编制实施产业培育提升三年行动计划，重点做优做强商贸、制鞋等传统支柱产业，发展壮大以生产性服务业为重点的现代服务业、都市工业和都市观光农业，形成若干个特色鲜明的支柱产业，提升供给体系质量。

一要突出土地经营，优化产业布局。把经营土地作为经济社会发展的重要抓手，强化土地先期开发建设，以设施优化、功能完善、环境改善提升土地价值。实施节约集约用地战略，坚持“亩产论英雄”，通过优地优用，引导现代服务业向核心城区集聚发展，做强主城区服务、商务功能。全面推进主城区工业企业搬迁，引导优质企业向对应平台转移，提升产业集聚度

和辐射力。

二要打造新型平台，培育税源经济。产业平台是经济转型的主战场，关键要通过政府建好平台，让企业登台唱戏。编制实施产业平台建设三年行动计划，按照功能定制的思路抓规划、基础设施和物业，加大政府率先投入和自持物业资产力度，在拆改区块建设一批符合三代标准的产业平台。严格执行“税收贡献度、项目先进性、地区影响力”选资标准，建立华侨、温商和以本地重点学校为载体的人才目录库，从本土和外地引进一批行业领军企业、与鹿城发展紧密相关的重点企业、影响力大的重大项目落地，形成新的产业链，让大企业、好项目成为结构优化、经济提质的强力引擎。编制实施总部楼宇培育提升三年行动计划，完善总部经济、税源经济优惠政策，以更大力度引进优质总部型企业、总部经济和楼宇经济，推动城市经济向“微笑曲线”两端延伸。

三要创优发展环境，加速产业转型。强化经济发展环境决定经济生态的意识，着力构建“亲”“清”的新型政商关系。深入推进“三去一降一补”，铁腕整治“四无”生产经营单位，坚决淘汰高污染、高能耗、低产出的企业，加快处置“僵尸企业”，严防偷税漏税行为，营造公平的市场竞争环境。实施“能耗论英雄”，解决“劣币驱逐良币”问题。落实惠企助企政策，减少审批事项，强化领军企业、高成长型企业培育，转变企业供地方式，鼓励企业轻资产运作，为企业“轻装上阵”解决实际困难。开展“打霸治闹、拔钉清障”破难攻坚专项行动，打击各类阻碍发展的违法行为，营造让投资者更放心、创业者更省心的发展环境。

（三）聚焦群众更多获得感，打造公共服务升级版

着眼于促进人的全面发展，抓住“大拆大整”契机，破解城市公共服务瓶颈制约，构建更加完备的公共服务体系和社会保障体系，让群众在城市建设发展中有更多获得感。坚持教育优先发展，发挥教育资源对区块开发带动和增值效应，实施基础教育提升三年行动计划，新建、扩建一批优质学校、幼儿园，引进民办高端教育资源，促进基础教育优质均衡发展，大幅提升教育质量，创成浙江省教育现代化区。树立“大健康”理念，全面提升基层医疗卫生服务水平，大力发展健康产业，广泛开展全民健身运动，建设健康鹿城。积极探索养老新模式，构建多元化多层次养老服务体系，主动应对人口老龄化。落实国家计划生育政策。重视关心下一代工作。保障妇女儿童合法权益。做好档案、地方志等工作。支持慈善事业发展，关心关注残疾人群体，突出因病致贫、因病返贫人员帮扶，让身处困境者感受到更多温暖和关爱。

（四）聚焦治理能力现代化，打造治理体系升级版

基础不牢，地动山摇。把“大拆大整”作为消除安全隐患量大面广的治本之策，以危旧房、群租房为重点，全面推进出租房、合用场所、沿街店面整治和危旧房屋解危处置、专业市场整治提升、流动人口减员增效，守住安全底线。着力创新基层治理，按照“党委领导、政府主导、社会协同、公众参与、法制保障”的要求，持续深化大网格实体化运行模式，建设基础更牢、水平更高、人民群众更加满意的平安鹿城。探索社会化征收机制，改善社区工作人员待遇，确保基层有人干事、有钱办事。整合提升村民中心、村活动场所、文化礼堂、老人公寓，打造一批有吸引力、引导力、服务力的“红色综合体”。探索小区物业管理新模式，强化无物业小区管理，全面提升正规化水平。着力建设法治鹿城，深入开展“七五”普法，健全社会矛盾调处体系，大力化解信访积案，依法整治非访秩序，营造良好法治环境。

（五）聚焦“大拆大整”新要求，打造体制机制升级版

思路决定出路，理念转换就会满盘皆活。要适应城市建设、经济发展的新趋势和新要求，加快破除不合时宜的思想禁锢和思维定式，以观念更新推进改革创新，以改革创新破解发展难题。

一要创新政策引导。高度重视政策工具的引导作用，坚持上级精神与鹿城实际相结合、依法依规与突破常规相统一，灵活运用拆迁改造具体实施办法，认真研究政府可承受、百姓可接受的利益平衡点，切实提高拆征政策的针对性和实效性。针对藤桥、山福等区域发展不协调问题，从政策层面研究城区西片可持续性的建设管理机制，以小城镇环境综合整治为切入点、以农村土地整治为突破口，优化产业布局，着力解决西部群众生产生活实际困难。认真研究上级政策，积极争取要素配置市场化、“四旧”改造、干部人事制度等有含金量的试点政策。

二要破解要素制约。要素供应是城市经济发展的核心支撑。深化资源要素市场化改革，大力推进低效土地利用再开发，抓好土地综合整治，全面盘活城乡存量土地，为城市经济发展提供土地要素支撑。抓住当前国家的货币政策总体宽松

的“窗口期”，争取国开行等政策性银行的资金支持，拓宽银行融资、央企直接融资新渠道，筹集全域拆改资金。把人才作为创新驱动的首要环节来抓，推进人才发展体制改革和政策创新，清理阻滞人才跨区域流入的不合理规定，落地一批能够突破关键技术、发展高新技术产业的高层次创新创业人才和团队，打造更有活力的人才创业创新生态系统。

三要推进重点改革。抓住重点领域和关键环节，推进行政管理、城市建设、财税体制等改革，建立市区街三级税收分成机制，推进镇街拆建职能分离，建立重点区块开发建设区级封闭运行、亮点区块开发建设市区协同机制。充分发挥市场“无形之手”的决定性作用，深化放开市场准入、用好民间资本、地方金融、中介服务等领域改革，最大限度激发市场和民间活力。更好发挥政府“有形之手”的作用，以简政放权为重点，深化行政审批、社区治理、流动人口管理等领域改革，加快政府职能转变。

四、推动全面从严治党迈上新台阶

实现各项目标任务，关键在党，关键在人。要始终把抓党建作为最大政绩，严格落实管党治党政治责任，全面加强党的思想、组织、作风、反腐倡廉和制度建设，为打造全面小康社会示范城区提供坚强保证。

（一）凝聚干事创业的精神力量。把思想政治建设摆在首位，认真学习党的重大理论路线方针政策，学习习近平总书记系列重要讲话精神，强化“四个意识”“四个自信”。完善中心组学习等制度，尤其要把学会经营城市作为必备本领，学习城市规划、建设、管理等知识，善于当家理财，提升城市工作能力。严肃党内政治生活，严格落实“三会一课”等制度，全面规范基层组织生活。严格落实党委（党组）意识形态工作责任制，大力弘扬社会主义核心价值观，突出抓好网络舆情管理，探索推行购买服务等方式，传播党和政府的“好声音”，凝聚社会各界的“正能量”，展示“大拆大整”的新面貌。

（二）打造勇立潮头的鹿城铁军。发挥考绩指挥棒作用，严督重考、奖勤罚懒，运用考绩结果，盘活干部资源、激发干部潜能。建立精准考核机制，进一步拉开镇街和部门绩效奖励差距，引导人财物倾斜一线。强化考绩结果运用，坚持好干部标准，改进干部评价、选拔方法，注重培养选拔优秀年轻干部、党外干部、女干部，注重在克难攻坚的主战场培养锻炼“狮子型”干部和发现“老黄牛型”干部。建立科级干部综合评价机制和领导干部“反向提名”、强制交流制度，开展中层干部跨单位交流和一般干部末位淘汰工作，倒逼干部主动作为。推行干部“上派下挂”机制，拓宽干部视野。探索年轻干部“递进式”培养模式，推行“先锻炼培养、再择优任用”方式，全面激发各层级干部的干事创业活力。

（三）构筑坚强有力的战斗堡垒。牢固树立政权意识、阵地意识，严格落实党建主体责任，强化基层党组织在基层各类组织中的领导核心地位。按照“整乡推进、整县提升”的要求，深入实施“示范、达标、整转”三大行动，全面提升基层党建水平。加强村居、学校、机关、“两新”等各战线各领域党组织建设，推动党的工作在各领域各方面有效发挥作用。全面消除年收入10万元以下集体经济薄弱村。加强党员管理，健全党员干部直接联系服务群众长效机制，强化党组织的政治属性和服务功能。

（四）营造风清气正的政治生态。严格落实《中国共产党问责条例》等党内法规，完善“一案双查”制度，建立分级问责机制，压紧压实“两个责任”，推动主体责任向基层延伸。严格落实中央八项规定，深化农村基层、区直机关作风巡查，开展“为官不为”专项整治，坚决防止“四风”问题反弹。加大预防教育力度，坚持抓早抓小，综合运用监督执纪“四种形态”，始终把纪律和规矩挺在前面。建立健全惩治和预防腐败体系，推进监察体制改革试点，实现对行使公权力的公职人员监察全面覆盖，始终高举反腐利剑，从严查处各类违纪案件。同时，研究制定关心关爱基层干部相关政策措施，鼓励和保护在一线敢闯敢试、攻坚破难的干部，进一步让干部大胆地开拓创新、担当有为。

（五）汇聚同心同行的强大合力。坚持和完善人民代表大会制度，支持人大及其常委会依法加强工作监督和法律监督，更好地发挥人大在推进社会主义民主法治建设、促进经济社会发展中的重要作用。充分发挥政协作为协商民主重要渠道和专门机构作用，支持人民政协更好地协调关系、汇聚力量、建言献策、服务大局。不断巩固和壮大最广泛的爱国统一战线，充分发挥各民主党派、工商联和无党派人士的参政议政作用，发挥工会、共青团、妇联等群团组织的桥梁纽带作用，做好民族、宗教、对台、侨务等工作，巩固军政军民团结局面，发挥老干部积极作用。调动各方积极力量，为推进改革发展、维护和谐稳定，凝聚最广泛共识，汇聚最强大力量。

温州市鹿城区人民代表大会常务委员会工作报告（摘要）

在温州市鹿城区第八届人民代表大会第五次会议上
（2016年3月23日）
温州市鹿城区人大常委会主任
吴海燕

过去一年的主要工作

2015年，是全面推进依法治国的开局之年，也是全面完成“十二五”规划的收官之年。一年来，区人大常委会紧扣区委中心工作，聚焦社会民生热点，贯彻依法治国理念，突出代表主体地位，切实履行法定职责，顺利完成了区八届人大四次会议确定的目标任务。共召开常委会会议8次、主任会议18次，听取审议工作报告35个，组织开展检查、视察、调研活动67次，作出决定决议18个，审议意见7项。

一、紧扣区委中心工作，促进发展提质增效

常委会围绕区委决策部署，主动服务改革发展大局，依法监督，力求实效，助推经济转型、城市转型和财政绩效提升。

（一）助推经济转型提升。一是密切关注全区经济运行，提前介入“十三五”规划编制，听取和审议了半年度经济运行、计划执行和“十三五”规划编制情况等报告，针对经济转型和城市转型步伐不快、投资驱动和创新驱动能力不强等问题，要求区政府优化空间布局、增强城市功能，激发民资活力、扩大有效投资，强化科技创新、促进产业升级，加快打造与大都市区核心区相适应的城市形态和经济业态，增强发展新动能。二是根据区委“重振优势传统产业、加快发展新兴产业”的部署开展调研，听取职能部门、行业协会、重点企业意见，就改造提升鞋服、眼镜、装备制造等传统产业，发展生物制造、节能环保、现代金融等新兴产业，提出做精做强、智能创新、产城融合等建设性的意见。三是督办鹿城建设时尚之都示范区议案，加强调查和沟通协商，切实凝聚共识，形成办理合力。坚持以问题为导向，向区政府提出科学规划布局、理顺体制关系、建立产业基金、优化帮扶政策、完善服务体系、建立配套平台的审议意见，强调要加快时尚项目、时尚平台、时尚街区和城市综合体建设，发展现代商圈，壮大城市经济。四是听取旅游业发展情况报告，督促区政府出台鼓励民资参与的政策，提高旅游业对经济社会发展的贡献度。

（二）助推城市转型提升。一是加强对城市有机更新和重点工程建设的监督，视察城中村改造、旧住宅区综合整治和滨江商务区、百亿工程、330国道仰义至双屿段公路改建工程、小微园等建设情况，向区政府及相关单位提出意见，督促整改落实。二是围绕建设美丽水乡精品区的目标，监督“五水共治”工作，督促区政府进一步加大宣传、形成共识，明确任务、狠抓落实，治管并举、源头防控，全面提升治理成效。区政府扎实推进水岸同治，加快截污纳管和重点河段治理，加强执法监管，健全维养机制，取得积极进展。与省、市人大联动，监督大气污染防治工作，督促区政府加强建筑扬尘、餐饮油烟治理，优化大气环境质量。三是参与破难攻坚、历史遗留问题化解、“三改一拆”、“四边三化”等中心工作，协助党委政府成功化解市行政中心区5个城建重大历史遗留问题。积极助推国家森林城市、环保模范城市等创建工作。

（三）助推财政绩效提升。一是认真贯彻预算法，按照提前介入预算谋划、扩大预算监督范围、加强预算执行监督的思路，着力深化预算监督。听取和审议预算草案、预算执行、决算、审计等报告，要求区政府及职能部门完善预算管理体系，细化编制一般公共预算、政府性基金预算和国有资本经营预算，严格预算执行，抓好审计发现问题的整改，加强绩效管理。审查批准了2014年度财政决算、2015年度部分预算调整方案。二是加强全口径预算审查监督，调研国有资本经营与国有资产管理工作，督促将区属国有企业纳入国有资本经营预算管理范围。加大政府性债务监督力度，推动政府强化债务计划管理，严格控制政府债务风险。三是深化部门预算审查监督，成立9个预算审查小组，对全区70个部门2016年度预算编制草案进行调查，提出具体整改意见交财政部门和预算单位落实。首次组织对区司法局、人力社保局、市场监管局、体育局4个重点审查部门的听证会。四是探索扩大公众参与预算监督途径，聘请15名从事财政、审计、税务、工程造价等方面的专家，建立人大预算审查监督咨询专家库。

二、聚焦社会民生热点，促进发展成果共享

常委会始终坚持民生导向，着眼公共服务供需矛盾、均衡享有和提质提效，发挥监督作用，推进共享发展。

（一）督促解决民生难题。一是认真督办推进征收安置提速提效议案，结合征收安置工作专题询问审议意见的跟踪落实，先后7次对11个重点督查项目进行追踪检查，推动区政府加大破难攻坚力度，积极创新安置机制，加快实现百姓“安居梦”。二是对宗教团体、宗教场所、教职人员、宗教财务管理以及宗教活动开展情况进行调查，督促区政府强化依法管理，科学规划布局，深化“同心同行·共建和谐”活动，推进宗教发展与社会主义社会相适应。三是跟踪监督食品安全专项工作审议意见落实情况，重点视察农贸市场、酒店餐饮的废弃物处理及阳光厨房运作情况，强调要进一步健全食品安全监管体系和责任机制，完善食品质量监控体系，在推进专项整顿、解决突出问题的同时，努力开创公众参与、企业自律、法制保障、齐抓共管的局面。

（二）督促发展社会事业。一是专项监督义务教育均衡工作，针对区域发展不平衡、管理机制不完善、教育资源布局不合理等问题，提出完善区域教育均衡发展保障机制、建立完善“以区为主”的教师管理体制和义务教育均衡发展评价机制、充分调动农村和薄弱学校教师积极性、努力构建义务教育课程新体系等意见交区政府研究落实。二是调研卫生和计划生育机构改革情况，针对基层卫生专业技术人员缺乏和工作积极性难以发挥等问题，要求区政府抓住医改机遇，突出重点，统筹安排，鼓励和引导民间资本投资医疗卫生事业，发挥政府和市场“两个作用”，更好地满足百姓不同层次医疗卫生需求。三是关注养老事业、慈善事业发展和弱势群体保障问题，视察调研居家养老服务工作、自闭症儿童康复现状，提出意见建议。

（三）督促推进城乡统筹。一是审查批准街镇区划调整方案和《鹿城区土地利用总体规划（2006—2020年）》（2014调整完善版），就优化资源配置、统筹城乡发展，强化规划实施、严格“三线”管控等方面提出具体要求。审查批准城中村改造项目融资建设方案，督促区政府加强对城中村改造项目的监管，提高资金使用绩效，确保城中村改造项目规范运作。二是视察调查农村“三资”管理情况，督促落实监管主体责任，完善考核监督机制，推进街镇“三资”管理服务中心规范化建设，健全组织机构，强化人员队伍，完善制度程序，从源头上防范和化解农村“三资”管理问题，切实保障农村社会稳定和集体经济健康发展。三是调查农村产权制度改革基础工作进展情况，督促区政府加强政策研究与指导，做好农村土地承包经营权确权和未完成改制村的股改工作，全面推进各项农村事业改革，激发农业农村发展活力，打造城乡一体化发展新格局。

三、贯彻依法治国理念，促进依法治区工作

常委会深入践行依法治国方略，围绕依法治区目标，加强法律监督和司法监督，促进法律法规贯彻实施，推动“一府两院”依法行政、公正司法。

（一）推进法律法规实施。一是跟踪监督出入境管理法执法检查审议意见落实情况，推动区政府健全工作机制，加强法律宣传，增强执法合力。区政府针对法律实施过程中存在的突出问题，积极研究出台和落实对策措施，规范对外国人就业、外国留学生勤工俭学的管理，加强和改进华侨回国定居审批服务工作。二是配合市人大开展安全生产相关法律法规执法检查，督促区政府抓好安全生产突出问题的监管和整改。协助市人大开展立法课题的征集和调研，征求各级人大代表和社会各界对《温州市制定地方性法规条例（草案）》、《温州市市容和环境卫生管理条例（草案）》等法规草案的意见。向“一府两院”征集有关促进鹿城建设发展的立法项目建议并上报市人大。三是认真开展规范性文件备案审查，共受理区政府报送备案的规范性文件34件。

（二）推进公正司法执法。一是开展公检法司机关工作人员依法履职公正司执法情况专项监督，通过集中视察、巡查基层庭所、随机抽查案卷、走访听取相关当事人意见等方式，深入了解全区司执法情况，就推进规范、严格、廉洁、便民司执法提出整改意见，并督促有关单位限期抓好具体问题的整改，提升司法公信力。二是开展法官履职评议工作，随机抽取5名法官，通过阅卷评查、旁听庭审、个别谈话、听取履职报告、满意度测评等方式，全方位评价法官履职情况，就存在的问题提出整改意见。区法院认真落实，针对评议反映出来的共性问题，完善工作机制，提高了严格执法、公正司法的水平。三是专题监督法院执行工作，要求法院健全公开化的管理流程，构建高效联动机制，加强执行能力建设，切实维护司法权威。四是跟踪监督区检察院查处和预防职务犯罪工作，肯定区检察院在宣教工作、队伍和机制建设方面取得的新进展，督促进一步强化预防主体责任意识，注重源头治理。

（三）推进依法治理工作。一是加强法治宣传教育，开展“12·4”国家宪法日活动，推动宪法教育，弘扬宪法精神。监督“六五”普法工作，督促区政府宣传推广普法成果，营造良好法治环境。开展依法治国理论宣讲，推动领导干部尊法学法守法用法。二是坚持党管干部和依法任免的有机统一，任免国家机关工作人员98人次，组织任前法律知识考试62人次。出台《鹿城区组织实施宪法宣誓制度办法》，组织宪法宣誓仪式3次，共38名人大任命干部向宪法宣誓。贯彻人民陪审员制度改革精神，加强对人民陪审员选拔程序和履职情况的监督。三是积极运用法治思维做好信访工作，受理群众来信55件，接待群众来访73批次，加强跟踪督办，促进解决了一批事关群众切身利益的问题。

四、突出代表主体地位，促进代表作用发挥

常委会努力强化服务保障，创新工作机制，密切与代表的联系，更好地支持和保障代表依法履职、有效履职。

（一）加大建议督办力度。一是加强重点督办，将其中涉及全区中心工作、民生问题的8件建议确定为区政府领导领办的重点督办件，全程督办并听取专题报告。二是深化全面督查，组织专题督查组对建议办理情况开展视察，对不满意件进行重点跟踪，推动建议办理落到实处。三是组织召开代表建议办理情况评议会，对区农林水利局等8个承办单位进行评议测评，促进建议所涉问题的解决。区八届人大四次会议及闭会期间代表提出的232件建议，都在规定时限内答复代表，其中已解决或列入解决计划的192件，受条件限制暂时不能解决或留作参考的40件。

（二）丰富代表履职活动。一是组织代表开展转型升级十大组合拳落实情况主题监督活动，专题视察小微企业创业园建设、企业科技创新、滨河绿道建设等情况。组织代表开展查找“短板”专项活动，梳理上报涉及经济发展、生态环境、民生事业、社会治理等七个领域存在的“短板”及补“短板”的建议。二是组织代表开展“监督已治理的河”主题活动，深入上百条河溪开展视察暗访，共查找问题86个，并提出针对性意见建议。三是组织代表成立55个视察核查组，对全区2089户年收入4600元以下贫困人口脱贫情况开展全面核查，助力精准扶贫、精准脱贫。四是邀请代表列席常委会会议，参加视察、检查、督查，旁听法院庭审，进审批中心开展效能监督，提高了代表参与度。组织省人大代表温州中心组第一小组、市人大代表鹿城代表团视察督查城市北片防洪排涝调蓄工程、仰义林里片区、七都万国财富小镇、江滨异域风情带、广化路改建区安置提速等建设项目和交通治堵、城市精细化管理等工作。

（三）加快履职平台建设。一是建成代表联络站17个，已有226名人大代表进站接待选民群众，帮助解决问题124个，有关工作得到省人大常委会领导的肯定。市委书记徐立毅以省人大代表身份到五马街道代表联络站开展联系接待活动，与代表、群众亲切交谈，倾听群众心声，回应群众关切。市人大常委会葛益平主任到松台街道桂柑代表联络站调研，肯定我区联络站建设取得的成效并提出指导意见。二是做好网上代表联络站建设试点工作，在松台街道建立全区首个网上代表联络站。三是做好全省人大代表履职服务平台的应用推广，加强宣传指导，提升了知晓度和使用率。

五、适应新常态新要求，促进工作能力提升

常委会以开展“三严三实”专题教育为契机，贯彻落实有关人大工作的新要求，努力提升新常态下做好人大工作的能力。

（一）开展专题教育活动。一是组织开展“三严三实”专题教育，上好专题党课，抓好整改落实，着力解决不严不实问题，提升常委会履职和机关管理规范化水平。开展党章党规党纪专题教育和定期学法活动，提升拒腐防变、遵纪守法的自觉性。二是加强理论武装，学习贯彻习近平总书记系列重要讲话精神，深刻领会对人大工作提出的新要求，切实增强责任感和使命感。三是践行群众路线，常委会领导带头深入一线，到联系的街镇、村居、企业调研，对基层网格化管理、重点项目建设推进、闭会期间代表活动、街镇人大规范履职等方面提出指导意见。

（二）加强交流宣传工作。一是开展宪法学习“五个一”主题活动，与省人大常委会机关开展“依宪治国和人民代表大会制度”主题交流活动，增强宪法意识和制度自信。二是参加市人大组织的专题会、培训会和全市各县市区人大联席会议，学习借鉴他山之石，提升履职能力和业务水平。三是健全人大宣传信息员网络，加强对常委会工作和代表履职的宣传，努力提高宣传质量，被上级人大信息平台录用92条。

（三）推进街镇人大建设。一是根据区划调整后的布局，增设5个街道人大工委，调整配齐街道人大工委委员，指导新成立的山福镇做好人大机构筹建工作。街镇人大机构和队伍建设逐步加强。二是定期召开街镇人大工作例会，加强对基层人大的业务指导。常委会办公室和各工委发挥各自职能优势，加强与街镇人大的互联互学，推动常委会各项工作落到实处。三是街镇人大积极发挥职能作用，组织代表听取街道办事处、镇政府和辖区站所（庭）专项报告，开展集中视察、专项督查、工作评议，有力助推安置房建设、温商回归重点项目建设、“五水共治”、基层服务创新和平安建设等中心工作。

我们也清醒地看到，工作中还存在一些不足之处，主要是：对部分审议意见落实情况跟踪不够到位，监督的实效性还需要增强；重大事项决定权行使还不够规范，工作机制有待健全；发挥代表主体作用还需强化，代表议案建议的落实解决率有待提高；面对新形势新任务，常委会及基层人大建设需进一步加强。这些都要求我们在今后的履职中认真研究改进。

2016年的主要任务

2016年是“十三五”规划的开局之年，也是人大工作继往开来、奋发有为的重要一年，做好今年工作意义重大。今年常委会工作的总体要求是：深入贯彻党的十八大和十八届三中、四中、五中全会精神和习近平总书记系列重要讲话精神，以“四个全面”战略布局为统领，以“五大发展理念”为引领，以“八八战略”为总纲，深化实施“五化战略”，按照区委加快建设“五大城区”的决策部署，强化依法履职，夯实基层基础，着力助推鹿城转型发展，着力推进法治鹿城建设，着力增强代表工作实效，充分发挥人大各项职能作用，为实现我区“十三五”发展良好开局、打造迈入全面小康社会示范城区提供有力保障。

根据上述总体要求，今年常委会工作的主要任务是：

一、认真贯彻区委决策部署，着力助推鹿城转型发展。坚持以创新、协调、绿色、开放、共享“五大发展理念”为引领，按照党委的决策部署，服务转型发展大局，依法开展有效监督。一是适时就城中村改造和历史街区、重大投资项目、美丽乡村等建设情况开展视察督查，加强对“三农”工作、城乡基础配套建设的跟踪，助推城市转型和城乡统筹协调发展，提升中心城区首位度。听取和审议区政府关于温瑞塘河治理、防洪排涝设施工程建设、农村生活污水治理、城市垃圾分类等工作报告，深化“五水共治”成果，改善城乡生态环境，推动城市精细化管理和美丽水乡精品区建设，促进绿色发展。二是听取和审议区政府关于1—8月计划执行、上半年经济运行、温商回归招商引资工作、科技经费使用等情况报告，跟踪监督鹿城建设时尚之都示范区议案的办理落实，推进经济转型升级和创新发展。三是跟踪监督征收安置提速提效议案的办理和教育均衡发展、宗教事务管理等工作，专题听取区政府关于扶贫帮困工作情况报告，督促加大力度破解民生难题，增进民生福祉，促进社会转型和共享发展。四是听取和审议区政府关于信息化建设、档案管理等专项工作报告，继续关注网格化管理运行情况，督促政府加强服务创新，推进“互联网+政务服务”，实现部门间数据共享。五是深化预算审查监督，听取和审议2015年度决算、审计，2016年度区级与区级部门预算执行情况等报告，加强对政府实施财政绩效评价的专项监督。听取和审议2017年度区级与区级部门预算编制情况报告，审议表决重点审查的部门预算草案，推进部门预算编制科学化精细化。出台街道财政预算监督办法，推动预算审查监督向基层延伸。

二、深入践行依法治国理念，着力推进法治鹿城建设。围绕区委打造基层治理样板区的部署，进一步深化法律监督和司法监督，助推法治工作示范区创建。一是与上级人大联动开展大气污染防治“一法一条例”、旅游法执行情况检查，督促区政府加强《温州市市容和环境卫生管理条例》的宣传，进一步做好规范性文件备案审查工作，保证法律法规在我区的正确实施。作出加强法制宣传教育决议，推动法制宣传教育“七五”规划实施，加快依法治区进程。二是深化对司法工作的监督，开展检察官履职评议工作，加强对公检法司机关依法履职公正司执法、法院执行工作和法官履职评议工作审议意见落实情况的跟踪督查，督促抓好具体问题的整改，切实维护司法公正。三是主动服务和融入全市立法工作大局，配合市人大开展《温州市物业管理条例（草案）》等法规草案意见征求及立法调研活动，加强有关鹿城发展和城市管理立法课题的调研和申报，助推科学立法、民主立法。

三、持续优化履职服务保障，着力增强代表工作实效。坚持依靠代表、服务代表，进一步激发代表履职活力。一是突出抓好区、镇两级人大代表换届工作，按照党委部署和法律规定，加强对换届选举中新情况新问题的研究，认真谋划，扎实推进，确保换届选举风清气正。二是完善代表履职保障机制，进一步拓展代表参与监督的途径和方式，继续邀请代表列席常委会、参加执法检查和视察调研等活动，支持代表约见部门负责人。督促“一府两院”加强保障代表知情知政和参政议政的机制建设。创新代表活动主题和载体，提升代表活动实效。完善代表履职激励约束机制，加强对代表履职情况的评价运用，推荐履职优秀的代表参加连选。加强为在鹿的省、市人大代表服务工作。三是密切常委会组成人员与代表、代表与选民的联系，深化各级人大代表联动履职，进一步提升代表联络站工作水平，推进网上联络站扩面提质。四是完善代表建议督办机制，开展建议办理“回头看”，提高问题解决率和代表满意度。

四、强基固本推进自身建设，着力提升依法履职水平。准确把握新阶段人大工作的新要求，努力夯实基层基础，加强自身建设，形成工作新合力。一是加强政治理论和法律学习，深化对“四个全面”战略布局、“五大发展理念”、供给侧结构性改革精神实质的认识把握，进一步强化政治意识、大局意识与法治思维。开展“学党章党规、学系列讲话，做合格党员”学习教育活动，巩固发展“三严三实”专题教育成果。加大对全区人大干部的培训力度，提升工作能力和业务水平。深化作风和机关制度建设，做好人大信访、联系帮扶、廉政教育等工作，树立人大机关良好形象。二是贯彻中央18号文件和省、市、区委关于加强和改进人大工作的意见，推动街镇人大加强组织机构、干部队伍和工作制度建设。加强对街镇人大的联系指导，支持和促进街镇人大依法履职、规范履职、高效履职。三是依法行使重大事项决定权和人事任免权，进一步完善机制、规范程序，加强对决定决议执行的跟踪督查。完善宪法宣誓制度，增强人大任命干部的宪法意识。四是落实全省人大宣传工作会议精神，进一步拓展人大宣传广度深度，提高宣传质效。加强与上级人大和兄弟县市区人大的交流联系，推进人大工作创新发展。

温州市鹿城区人民政府工作报告（摘要）

在温州市鹿城区第八届
人民代表大会
第五次会议上
（2016年3月22日）
鹿城区人民政府区长　朱崇敏

一、2015年政府工作和“十二五”发展回顾

过去的一年，区政府认真贯彻落实市委、市政府和区委重大决策部署，深入实施“五化战略”“十大举措”，坚定不移地打好转型升级组合拳，完成了区八届人大四次会议确定的目标任务。全区实现地区生产总值807.8亿元，增长7.5%；财政总收入42.3亿元，增长5%，其中公共财政预算收入27.6亿元，增长8.2%；社会消费品零售总额787.5亿元，增长10.1%；城镇常住居民人均可支配收入49592元，增长8.5%，农村常住居民人均可支配收入25632元，增长9.4%。一年来，全区上下以昂扬的斗志和坚定的决心奋力开启赶超发展新局面，市对区56项考绩项目，有26项进入全市前三、有21项位列三区第一，GDP增速更创四年来新高，新增了8项国家级荣誉、32项省级荣誉、79项市级荣誉，创成三个百强区，被市委、市政府评为主要经济指标考核进步显著单位。

（一）多措并举稳增长调结构。大力发展楼宇经济，牛山国际、滨江广场一期等综合体结顶，置信广场、世贸中心等重点楼宇全面招商，累计创成税收“亿元楼”7幢、“千万元楼”31幢。全域化推动时尚产业发展，闻宅步行街、米房创意园、真好度假酒店等项目建成营业，“康奈集团”“金牛工贸”被列入浙江省时尚产业第一批重点培育企业，浙江创意园被评为省级特色工业设计示范基地，印象南塘被评为AAAA级旅游景区和全国首批“信得过景区”，创成省市级服务业集聚区8个，总数全市第一。加大城市有机更新力度，实施“三转三”等政策，完成旧厂房改造项目285个、改造面积全市第一；重点文创园和重点文化企业数量全市第一，被评为全省文化产业十强县（市、区）。大力推进“四换三名”，规上工业总产值增速8.9%、居全市第一，被列入省级皮鞋行业“机器换人”和全国制鞋产业知名品牌示范区创建名单，创成国家级出口鞋类质量安全示范区。加大科技创新力度，“国千”人才引入实现零突破，“双屿实业”获国家科技进步二等奖，“浙江电器开关”获市长质量奖，科技进步统计监测排名上升到全省第20位。加快网络经济发展，建成跨境电子商务园等大型电商平台和全省首个电商大数据研究基地，中国鞋都被列入省级电子商务创新试点，实现网络零售额近150亿元。梯次推进“三转一市”，“个转企”“下转上”“小升规”“企转股”完成率分别达到120%、233%、117%、333%，新增产值亿元企业12家，4家企业在新三板挂牌、80家企业在地方股交中心挂牌，康宁医院在香港联交所挂牌上市，主板上市企业实现零突破。深化农业“两区”建设，引导农业集约化、规模化发展，新增市级专业合作社、示范家庭农场、“三位一体”农村合作组织和农业精品园各1家，温州种子种苗科技园一期完工，初步建成高田生态农场、浙农生态农庄、雅西休闲农庄。

（二）集中力量破难题拓空间。成立重大项目联合攻坚组，依法处置了42个重大项目中的501个“疑难户”，全市20个重点“清零”项目我区承担10个，全部如期完成。滨江商务区政策处理取得历史性突破，杨府山垄村安置区、浦东片区350亩集体土地通过征地决议，鲍洲工业区、涂田工业区等6个区块和沿江片区3500亩国有围垦滩涂完成政策处理。市行政中心区内5个重大历史遗留问题全部化解，城市中央绿轴200米范围内政策处理全面完成，200米范围外301亩集体土地完成报征，中央绿轴公园一期试开园、二期无障碍施工。两大亮点区块清出净地1230亩，鹿城区域内出让土地48宗1186.6亩。启动新一轮城中村改造，完成整村签约7个，整村拆迁4个，一类目标1630户、完成率251%，二类目标111万平方米、完成率124%；完成旧住宅区改造71.5万平方米、完成率204%。

（三）立足长远建平台强基础。以有效投资推动城乡建设，两批百亿重大项目集体开工，超额完成省市区重点项目建设任务，实现限上固定资产投资328.2亿元、完成率历年最高，民间投资增速全市第一。全省首个水利PPP项目瓯江绕城高速至卧旗山段海塘工程开工建设，黄龙北排工程、丰门河（康城段）整治工程完工；市域铁路S1线一期工程鹿城段完成政策处理，绕城高速西南线、104国道温州西过境公路瓯江特大桥等鹿城段工程顺利推进，金温铁路扩能改造工程、330国道仰义至双屿段公路改建工程主车道实现通车；改造提升农村公路5条，新增自行车专用道8公里，建成城市道路6条、专用停车位8740个，农村生活污水治理工程全面开工，城区截污纳管工程全部建成。创新“大招商”机制，深化“资本鹿城、回家发展”，引进重大产业项目19个、50亿元以上项目2个，实际利用外资1.5亿美元、到位内资178亿元，均居全市第一。强化土地要素支撑，完成土地利用总体规划中期修改，实施城镇低效用地再开发2982亩，盘活存量土地872亩，清理批而未供、供而未用土地3000亩。

（四）解放思想抓改革增动力。以简政放权、放管结合为重点，细化落实50项改革举措，新增国家和省级改革试点各3项。加快“五单一网”建设，全面推行“五证合一、一照一码”，权责清单实现区级部门全覆盖。创新审批转备案制度，首批58项许可事项实现即办制。大力推进金融综合改革，加大企业金融风险处置力度，率先开展网络借贷行为联合整治，建成全国首个集金融信息、政府信息、民间信息为一体的信用信息查询平台，民间财富管理中心正式挂牌，民间借贷备案金额全市第一，鹿城农商银行被评为全国农村商业银行标杆银行。大力推进社会领域综合改革，成立3所民办教育机构，社会力量参与街镇文化中心管理被列入浙江省公共文化服务体系示范项目创建名单；开展社区卫生服务中心改革试点，推行基层医疗机构与省市区医院双向转诊，区管医疗机构民办医院床位占比达52.1%。探索基层治理绿色疏导模式，建立“隔壁邻舍”网上社区和580多个微信互动群，该做法被评为首批全国社会治理创新优秀案例。

（五）坚定不移强整治美环境。加大“五水共治”工作力度，完成4个沿河旧市场搬迁改造，省市各项治水任务超额完成，温瑞塘河（南塘大桥—三板桥段）生态建设工程被评为省级优秀示范工程，会昌河水上公园被评为市级美丽浙南水乡示范项目，“水岸同治”攻坚年度考核全市第一，平原河网水质考核“三区”第一。新增城市绿地105.2公顷，新（改）建滨水公园15个、省级绿道19公里，完成公园、小游园“三化改造”24个，“美丽街区”创成数全市第一，创成省级生态区。全力推进“联创攻坚”，助推温州市创成国家园林城市，通过国家历史文化名城、国家环保模范城市评估验收。超额完成“三改一拆”“两路两侧”整治任务，拆除违建93.9万平方米，创成无违建村（社区）40个、无违建河道51条，五马、大南创成无违建街道。落实大气污染防治各项举措，空气环境质量不断提升、优良率86.8%。

（六）千方百计惠民生促和谐。着力发展教育事业，少艺校教学楼扩建工程和南浦小学西校区工程等项目完工，新田园一小、蒲鞋市小学桥儿头校区正式投用。加快文体事业发展，建成2个文化驿站和4个城市书房，蒲鞋市街道创成省级文化强镇（街道），成功承办中华龙舟大赛和首届温州马拉松赛。推行“医养结合”模式，新增村级居家养老服务照料中心26家，区人民医院土建工程、区精神卫生和残疾人托安养中心主楼工程基本完工，区康复中心投入使用，创成省级卫生应急工作示范区，菱藕社区被评为全国最美志愿服务社区。加快保障房建设，新开工项目12个、竣工验收11个、认购1285套、交钥匙954户。深化“同心同行·共建和谐”活动，有序加强民间信仰场所规范管理。推进消防安全、食品药品安全、城中村安全等综合整治，安全生产三项主要指标连续八年下降，火灾等安全事故防控综合治理体系建设通过省安委会验收。社会治安形势持续好转，治安、“两抢”、入室盗窃发案数分别下降14.6%、41.5%、16%，信访总量、进京非访批次、人次分别下降18.4%、67.3%、77.5%，平安大区实现“二次夺鼎”。工青妇、老龄、残疾人、红十字、慈善、新居民、关心下一代等事业进一步发展，科协、工商联、文联、社科联等人民团体作用有效发挥，国防、双拥、供销、外事侨务、统计、对台、档案、地方志、新阶层等工作稳步推进。

（七）持之以恒强作风提效能。学习贯彻党内“两部法规”，扎实开展“三严三实”专题教育和“破两难、纠四不”作风效能整治，严格落实省委巡视组反馈问题和农村基层作风巡查交办问题整改。自觉执行中央八项规定，加强楼堂馆所管理，巩固办公用房清理成果，“三公”经费支出持续下降。落实“无会旬”要求，公文总数和大型会议数进一步减少。主动接受人大、政协监督，办理市区两级人大代表建议意见270件、政协提案224件、市（区）长专线7971件、网络问政637件。创新实施目标管理和大网格实体化运作机制，完成新一轮街镇区划和体制调整。全面优化整合事业机构，首批76家事业单位调整为58家。“六五”普法圆满收官，荣获全省法治县（市、区）创建工作先进单位。

2015年各项目标任务的顺利完成，为“十二五”画上了圆满的句号。五年来，历经多重重大考验，逆势发展的能力和信心不断提升。面对金融风波引发的经济断崖式下滑压力和持续影响、“7·23”甬温线特别重大铁路交通事故的意外冲击、市区体制调整带来建设管理任务的急剧增加，我们立足全局、沉着应对、有序化解，有力维护了社会稳定，推动经济发展走出低谷，进入恢复增长期，GDP增速从2012年的3.8%增长到2013年的4.5%、2014年的5.0%、2015年的7.5%。更难能可贵的是，广大干部在逆境中锤炼了谋划全局、驾驭复杂局面的能力；基层组织在应对挑战中增强了凝聚力、提升了战斗力，为保一方平安、促一方发展积累了宝贵经验、储备了干部资源、增强了攻坚后劲。五年来，综合实力显著提升，强三优二持续深化。我们坚持把经济增长建立在结构优化、消耗降低、质量提升的基础之上，服务业增加值居全省同类城区第二，人均生产总值突破十万元大关，主要经济指标在全市位次明显前移。先后获得全国首批知识产权强县工程示范区等23项国家级荣誉称号和“十大民生决策奖”等76项省级荣誉称号。五年来，发展平台提质增效，城市空间加快拓展。我们紧盯亮点区块和特色区块建设，持续打好有效投资、招商引资等攻坚战，累计利用外资4亿美元、到位内资327.7亿元、完成固定资产投资1350.7亿元，分别是“十一五”时期的1.5倍、9.6倍、3.2倍，清理土地1.5万亩，七都大桥南汊桥、诸永高速公路温州段延伸工程鹿城段等一批重大项目建成投用。五年来，统筹发展扎实有效，城乡面貌明显改善。我们加强城乡基础设施建设，投入水利和交通建设资金97亿元，戍浦江河道整治、瓯江治理一期等工程加快推进，总投资170亿元的林里项目开工建设，西部山地新城初具雏形。城乡居民生活水平持续提高，收入差距由2010年的2.31：1缩小为1.93：1，农村“五保户”全部实现集中供养，家庭人均年收入4600元以下贫困现象全面消除，实现了不把绝对贫困带入“十三五”的目标。五年来，社会事业协调共进，群众获得感进一步增强。我们坚持把有限的财力向民生事业倾斜，投入资金112.7亿元，是“十一五”时期的2.2倍，拆除违建839万平方米、建成绿道142公里、新增绿地479公顷，建成山地公园10个，滨水公园、小游园129个，打通断头路6条、治理交通卡口5个，新增停车泊位近1.7万个，投放公共自行车1.1万辆，创成美丽乡村精品线5条、精品村15个，“六城联创”有望圆满收官，城市品质进一步提升，群众安全满意度全市第一。

在肯定成绩的同时，我们也清醒地认识到，全区经济社会发展还面临不少困难和挑战，主要是“半城市化”问题仍然突出，中心城区首位度不高，城市能级不强，精细化管理不够，对周边区域的辐射带动和综合服务功能有待加强；产业转型步伐不快，创新驱动能力不够，现代服务业发展层次、规模有待提升；基础设施历史欠账较多，保障和改善民生的任务依然繁重，公共服务还难以满足群众需求；部分干部克难担当和赶超发展的能力水平有待进一步提高，作风效能建设还要持续深化。对此，我们一定高度重视，采取有力措施，认真加以解决。

二、“十三五”时期的奋斗目标和主要任务

按照区委八届十次全会部署，我区“十三五”发展的指导思想是：深入贯彻落实习近平总书记系列重要讲话精神，以“四个全面”战略布局为统领，以“五大发展理念”为指引，按照省委“干好一三五、实现四翻番”要求和市委市政府、区委的系列决策部署，深入实施“五化战略”，坚持发展第一要务不动摇，着力加强供给侧结构性改革，以打造服务全市群众生产生活的时尚商贸休闲之城、服务温州产业转型升级的辐射示范之城为主要抓手，联动推进“三个转型”，全力建“三城”抓“五区”强核心，打造迈入全面小康社会示范城区。

“十三五”发展的主要目标是：地区生产总值达到1130亿元，年均增长7%以上；城镇常住居民人均可支配收入达到70527元，年均增长8.4%；农村常住居民人均可支配收入达到39438元，年均增长9%。到2020年，地区生产总值、人均生产总值、城乡居民收入比2010年翻一番，经济综合实力和区域竞争力走在全省同类城区前列，温州大都市核心城区的地位更加巩固。

（一）主动承接市区一体化，大力提升中心城区首位度。深入推进城市功能的内提、外连、拓新，增强城市能级，提升辐射力和向心力。内提，就是整合提升历史文化街区业态，精心编织文化休闲旅游“彩带”，展示斗城风貌；突出“四旧”改造，紧盯“不把城中村带入全面小康”的目标，加快核心片区27个城中村改造，通过空间重构、功能提升、形象再造，全面推进城市转型。外连，就是以交通圈拓展经济圈，谋划城区立体交通网络建设，实现对外交通互相联通、高速互通，内部交通便捷高效、快捷有序。拓新，就是在提升旧城区内涵的同时，加快城市外延的拓展，同步推进七都和仰义、藤桥、山福东西两翼齐飞，提升城市容量，开辟新的发展空间。

（二）加快推进重点区块开发，大力提升中心城区美誉度。重点推进电力能源、交通水利、信息技术等基础设施建设，强化亮点区块开发，统筹抓好核心片区商贸组团和西部工业区特色发展，建成一批服务全市生产生活、辐射浙南闽北的配套设施，打造一批承载城市转型功能、代表城市活力形象的区块和平台，展现大都市区的空间美、形态美、精致美。力争“十三五”期间滨江商务区、城市中央绿轴、五马大南千亿级商圈、七都AAAAA级景区岛基本建成，核心片区内旧厂区有机更新基本完成。推进城市西部综合开发，积极发展生态休闲旅游、健康养老、高端民宿等产业，推动“三纵两横、两环一绕”农村路网建设，打通城市功能西进瓶颈，城乡一体发展的格局基本形成。

（三）做强做精城市经济，大力提升中心城区时尚度。突出发展时尚产业和生产性服务业，培育金融服务、文化创意、体育健康等产业，打造置信广场、世贸中心等10个时尚地标，建成城市综合体5个，税收“亿元楼”“千万元楼”分别达到10幢、40幢，旅游接待人数和旅游总收入翻一番。对接“中国制造2025”，落实“510”产业培育提升工程，推进产业技术、商业模式、融资机制创新，三次产业结构优化为0.2∶24.8∶75。深入实施创新驱动发展战略，壮大轻工创客空间等创新平台，提升发展信息经济、网络经济、商贸物流等新兴业态，力争全区网络零售额突破300亿元。持续打好转型升级组合拳，加快传统产业两化融合发展，创成国家级鞋业产业集聚区和全国制鞋产业知名品牌示范区。大力推进农业全产业链建设，引导农业和旅游文化融合发展，着力打造区域性农业品牌、现代农业产业集聚区、农业全产业链集群。

（四）不断优化公共服务，大力提升中心城区集聚度。秉承环境决定生态的理念，持续推进“三改一拆”“五水共治”，美化人居环境，提升公共服务水平，以城市的品质集聚更多的要素资源，打造区域性的服务环境最优区和创新要素集聚最强区。集中财力谋划民生事业，把建设重心放在各项基本公共服务的保障上，基本建成城乡一体、区域均衡的现代公共服务体系。以序化为重点，巩固提升“六城联创”成果，同步推进拆违建绿和街区彩化，全域建设“花园里的主城区”；推广新建住宅街区制，力争建成10个开放便捷、尺度适宜、配套完善、邻里和谐的生活街区。深入推进环境综合整治，抓好城市污水和生活垃圾无害化处理，全面完成上级下达的节能减排任务，基本完成瓯江和塘河等五大水系综合整治，力争消除地表水劣V类水质，确保不把违法建筑、污泥浊水、脏乱差的环境带入全面小康。

（五）持续深化基层治理，大力提升中心城区和谐度。全面推进五大领域综合改革，做好供给侧结构性改革“加减乘除”法，让一切激发发展活力的源泉充分涌流，力争到2020年前土地、人才等关键领域改革取得突破。深化政府自身改革，把工作重点放在简政放权、政策扶持、制定规划、完善监督和搭建平台上，基本建成执法严明、公开公正、廉洁高效、守法诚信的法治政府。以大网格治理体系为抓手，加快构建“四大治理体系”，提升基层“六大治理能力”，实现政府治理和社会调节、居民自治良性互动。深化平安鹿城建设，健全公共安全和社会治安立体防控体系，加强防灾减灾能力建设，持续创成“平安大区”。

三、2016年主要目标和重点任务

今年是全面建成小康社会决胜阶段的开局之年，也是推进结构性改革的攻坚之年。全区经济社会发展主要预期目标是：地区生产总值增长7.2%以上；社会消费品零售总额增长10%以上；公共财政预算收入增长7%以上；城镇常住居民人均可支配收入增长8.5%以上；农村常住居民人均可支配收入增长9.5%以上；完成上级下达的节能减排任务。

重点做好以下八方面工作：

（一）全力抓转型升级，推动经济提质增效。坚持存量提升和增量扩大并举，加快推进产业由中低端向中高端发展。

着力推进产业引领时尚化。实施城市商圈提升三年行动计划，重点推进“三圈四带”上的52个项目，突出五马大南千亿级商圈建设，实施人民广场地下空间开发、白鹿洲至世贸中心空中走廊等项目，力争五马、南塘等街区创成国家级特色街区和省级特色服务业示范区。加快推进七都万国财富小镇、仰义时尚体育小镇等特色小镇建设，争取创成2个市级特色小镇。深度挖掘本土文化资源，鼓励影视精品创作，构建国际足球合作新平台，拓展文化体育产业链，力争文创产业增加值增长8%以上。大力发展楼宇、总部经济，推进世贸中心、置信广场等重点楼宇全面运营，鼓励支持会计师事务所、律师事务所等机构集聚办公。积极适应正在兴起的大众旅游时代，实施旅游发展三年行动计划，稳步推进“一江三岛”、塘河休闲带等特色精品旅游项目建设，建成七都环岛自行车道和体育休闲公园，打造3个旅游休闲亮点区块，实现旅游收入增长8%以上。

着力推进新型工业智能化。整合提升中国鞋都、轻工产业园区配套资源，强化工业经济发展的承载力。实施“温州制造质量提升计划”“工业技改五年倍增计划”，提升装备制造业智造水平，创成省级皮鞋“机器换人”示范区。积极引导轻工企业培育精益求精的工匠精神，加强个性化设计、柔性化制造，推动传统产品全生命周期的再造。大力发展战略性新兴产业和“互联网+”经济，着力提升六大电商平台，培育发展电商街区和微商经济，打造省市级两化融合示范试点项目3个以上，新增省级工业设计中心2家，实现高新技术产值94.5亿元。积极推进建筑工业化，发展钢结构和装配式建筑，促进建筑业和房地产业健康发展。

着力推进传统农业现代化。严格执行粮食安全责任制和耕地保护制度，加快推进农业信息化和“三位一体”合作体系建设，落实点状供地、乡村旅游发展等政策，完成标准农田地力提升1022亩。加快新农村和农业特色强镇建设步伐，建成时尚休闲农业园1个、美丽乡村精品线1条、精品村3个，温州种子种苗科技园主体工程基本完工。探索运用物联网等新技术助力传统农业精细化，建成农业电子商务示范村1个。认真做好第三次全国农业普查工作。

着力推进小微企业减负普惠化。把降低实体企业成本作为一项紧迫任务，实施企业减负三年行动计划，落实税费减免政策，降低制度性交易成本、融资成本和工业用地成本，切实减轻企业负担。设立产业引导基金，加大对众创、众包、众扶、众筹平台的培育力度，降低创业成本。深入实施“小微企业三年成长计划”，完成“个转企”300家、“小升规”30家。加大“两链”风险化解力度，协调金融机构提升服务实体经济效率，严厉打击“逃废债”行为，确保不良贷款余额、不良贷款率持续下降。坚决淘汰落后产能，推进企业兼并重组等工作，积极稳妥处置“僵尸企业”。

（二）全力抓破难攻坚，补齐城市转型短板。把补短板作为打造迈入全面小康社会示范城区的发力点，持续打好三大攻坚战，为城市转型奠定基础。

打好城中村改造攻坚战。紧盯“三年内完成核心片区27个城中村改造”目标，加快新一轮改造步伐，改善物理空间，提升城市形象。按照“整村改造、滚动推进”的原则，围绕“七个率”工作要求，突出重点、集中发力，完成整村（区块）签约13个，改造面积119万平方米，改造户数3000户以上、力争5200户。加大安置提速力度，完成住宅（营业房）认购4193户，交钥匙862户。充分发挥破难攻坚组作用，综合运用法律和行政等手段，加大历史遗留问题化解力度，拓宽安置渠道，努力推行先安置后拆征、带安置条件出让、市场化建设安置等模式，在条件成熟的行政村通过整村打包的形式进行一次性报批、一次性公布拆迁方案、一次性拆迁安置。

打好亮点区块建设攻坚战。集中力量抓征地拆迁促开发建设，加快推进滨江商务区“点、线、面”联动攻坚，完成老港区、会展二期等6个区块土地报征，其中4个片区完成政策处理，3个片区完成旧房拆除，清出净地2000亩以上，同步推动瓯江沿线市政道路和重点项目建设，为打造瓯江南岸温州“小外滩”扫清障碍。加快城市中央绿轴拆征步伐，完成200米范围外旧村拆迁，推动城市中央绿轴公园早出形象。高标准推进五马商圈、大南商圈、欧洲城商圈联动发展，全面提升核心片区城市功能。持续推进双屿丰门综合整治，扩大减员增效成果，打造产业转型新样板。

打好特色区块开发攻坚战。把历史文化街区改造提升作为丰富城市内涵的主阵地，坚持改造更新和保护修复并重，加大庆年坊、城西街、朔门街等历史文化街区改造提升力度，保护街巷肌理、留住城市记忆。加快整合街区资源，实行统一规划、统一招商、统一运营，建设“最温州”的特色街区，打造现代服务业与历史文化相融合的高品质核心区。加快七都城市新区开发建设步伐，谋划推进万国财富小镇金融集聚区项目，建设低密度、庭院式、街区化的“商务花园”，打造高产出的产业集聚区；实施“彩化乡村”行动，展现七都新区城市田园风光。加快仰义、藤桥、山福生态资源开发，实施精品民宿培育工程，打造西部都市后花园。

（三）全力抓平台支撑，夯实统筹发展基础。强化精准投资理念，统筹推进产业平台、基础设施建设等工作，增强转型发展的后劲。

强化产业平台支撑。坚决打好扩大有效投资持久战，实施重大项目建设三年行动计划，加快推进23个省市重点工程、97个区级重点工程建设，实现固定资产投资增长13%以上。集中梳理一批投资5000万元以上的重点产业项目，倾斜空间、资源、力量到这些项目上来，以大项目建设促进有效投资、发展税源经济、推动产业升级。加快鹿城装备制造等5个市级示范小微园建设步伐，力争渔渡小微园一期、科技创新小微园、丽龙小微园竣工。大力推进城市有机更新，加快吴桥健康产业园、1956文创园、学院路文化创意街等示范项目建设和差异化发展。

强化交通基础支撑。深入谋划城市交通建设，构建贯通城市东西南北的快速交通骨架工程，实施市区城市道路建设三年行动计划，开工建设温迪路东延段等8条道路和中西医结合医院过街天桥，完成广化路南延等一批道路建设，提高城市道路的通达性，降低通行的时间成本和经济成本。加快西部交通路网建设，推动104国道温州西过境工程全线开工，完成330国道仰义至双屿段公路改建工程和沿线两侧综合整治，新建农村联网公路7.3公里、改造提升12.3公里。

强化要素保障支撑。优化政府融资平台管理，盘活土地资源和国有资产，推广PPP模式，综合运用企业债和专项债等融资模式，缓解城市基础建设资金压力。抓好项目前期、征地拆迁“清零”等关键环节，依法打击影响项目建设的违法行为，完成10个项目“清零”，化解疑难户184户。加大土地要素保障力度，统筹做好做地、储备和出让工作，清理批而未供、供而未用土地4000亩，垦造水田350亩以上，开发城镇低效用地2500亩，最大限度地发挥土地开发建设的撬动效果和溢出效应。加强财政资金、机关事业单位办公用房及相关资产的使用管理，增加政府自持物业数量，加快形态和价值提升，助推产业提质。

（四）全力抓改革开放，激发创业创新活力。坚持供给侧结构性改革，着力破解影响经济增长的关键性问题，提升经济社会发展的质量和竞争力。

深化改革、激活潜力。以贯之抓好各项改革试点，探索形成一批具有自主创新特色的制度设计。全面推行正向激励和反向倒逼相结合的产业结构调整机制，大力推进以“亩产效益”为导向的资源要素差别化配置改革，把有限的资源向带动性强的重点企业倾斜，提高资源配置效率和水平。实施市区工业企业搬迁改造三年行动计划，落实工业企业跨行政区域转移的政策措施和区域间利益共享的合作机制，为企业自由流动创造有利条件。深化金融综合改革，支持地方法人金融机构做大做强，建设多层次资本市场。深化民生综合改革，创成民办社会事业改革示范区。深化行政审批制度改革和“五单一网”建设，实施“互联网+”政务服务，推广在线服务、网上办理，推进部门审批系统同步并网，建立重点区域、企业投资项目高效审批机制。

创新驱动、增添动力。加快科技创新大厦建设，依托鹿城科技与文化融合示范基地、中津先进科技研究院等平台，建设众创社区和高校毕业生创业基地，促进科研成果市场化应用，争创全省创新型城区。深入实施“白鹿引才”计划，完善引进和留住人才的支撑体系，培养领军型创新人才10人、创新团队10个。大力发展人力资源服务业，精准培育高技能人才，培育、引进全国和省级人力资源服务企业各1家。推进“智慧鹿城”和“光网城市”建设，加快构建布局合理、功能完善、城乡共享的集成网络，推动公共服务智慧化。

扩大开放、提升竞争力。主动融入“一带一路”和长江经济带等国家战略，充分发挥跨境电商、海外温商等优势，加快推进进口商品直销市场和贸易总部（中心）建设，争创省级服务外包业务示范区和省级外贸转型升级示范区，打造全国重要的进口商品交易集散中心。加强对台对韩合作交流，开工建设台湾特色街等项目。深化国家级出口鞋类质量安全区建设，全力争取中国鞋都列入全国市场采购贸易方式试点。量质并举推进“资本鹿城、回家发展”，重点瞄准新兴产业、行业龙头企业点对点招商，实现到位内资120亿元。

（五）全力抓生态环境，推动“两美”鹿城建设。牢固树立“两山”理念，打好环境整治建设持久战，努力建成宜居、宜业、宜游的美丽鹿城。

持之以恒抓治水拆违。深化“五水共治”，启动温瑞平原西片排涝工程鹿城段等项目建设，完成戍浦江河道藤桥至河口段整治工程Ⅰ、Ⅱ标段，丰门河西段河道治理主体工程等项目，打造水乡文化示范区5个、“水岸同治”精品区10个，建成水文化主题公园。实施城镇污水处理厂提标改造三年行动计划，实现截污纳管、农村生活污水治理设施全覆盖。突出抓好河道污泥清运，推进温瑞塘河“水岸同治”活水畅流工程建设，坚决遏制垃圾河、黑臭河反弹回潮。持续推进“三改一拆”，加大“两路两侧”“四边三化”专项整治力度，保持控违拆违高压态势，创成无违建街道7个、无违建社区（村）113个。

持之以恒抓精细管理。以更严的标准、更高的要求追求城市空间和品质的塑造，倾斜人财物资源全力保障城市经营管理的专业化、智能化、精细化、常态化。以城市序化为重点，大力开展背街小巷和进城口整治，加大示范街（路）、美丽街区创建力度。实施市政架空线路“上改下”三年行动计划，推进停车场建设运营市场化、产业化，建成专用停车位8000个以上。加强停车秩序管理，实施路面泊位、地下车库、立体车库差别化收费，引导停车入库，减轻道路通行压力。实施城区“增绿添彩”，新建绿地92公顷、美化彩化精品示范路6条，景观化改造过街天桥7座，精品化提升城市公园1个、滨水公园13个，引入市场机制亮化塘河夜景，整体提升城市景观的品位和档次，促进街景、建筑的造型和色彩协调美观。落实农业土壤污染防治三年行动计划，加快实施大气污染防治“六大行动”，统筹推进工业废气、餐饮油烟和废弃物燃烧治理，严肃查处环境违法行为。

（六）全力抓民生投入，实现公共服务均等化。顺应人民群众对美好生活的新期盼，全力抓好各项社会事业发展，增加公共服务供给，保障群众共享改革发展成果。

繁荣社会事业。把教育作为最大的公共品来打造，全力推进教育现代化区创建，实施第二轮学前教育三年行动计划和第二批“新优质学校”培育计划，新建续建小学2所、幼儿园5所，学校标准化功能室实现全覆盖，通过“全国义务教育发展基本均衡区”复查。鼓励发展高端民办教育，加快七都教育园项目招商。全面落实“两孩政策”，强化生育关怀和优质服务。大力发展文体事业，探索建立市区公共设施共享机制，加快建设非物质文化遗产展示馆，建成“城市社区15分钟文化圈”；加快城市西部配套建设，打造新居民体育项目服务网，新增体育健身场所45处。支持工会、共青团、妇联等人民团体建设，继续做好外事侨务、对台、国防、档案等工作。

完善保障体系。坚持医疗、医保、医药联动，深化分级诊疗工作，支持区人民医院实行合作办医，实现优质医疗资源“双下沉、双提升”。加快建设西部社保分中心，落实大病保险政策，实现符合参保条件的本区户籍人员应保尽保。按照“精准扶贫”理念，实施低收入农户收入倍增计划，建成低收入农户扶贫创业就业中心。完善农村（社区）居家养老服务照料中心建设，新建村级中心27个。大力推进石鼓山水厂一期工程、瓯江翻水站改造工程、330国道仰义至山福段路灯和美丽公路工程等项目建设，着力解决西部公路照明和饮水困难。

（七）全力抓治理创新，保障社会和谐稳定。按照基层治理体系和治理能力现代化的要求，强化机制创新，努力把鹿城打造成为“社会活力最强、社会秩序最优、社会风气最正”的城区。

创新基层治理方式。把大网格作为社会治理的最基本单元和公共服务的最直接平台，加大资金和待遇等方面的倾斜力度，完善综合执法、上门代办等机制，努力实现“基层治理无空隙、服务群众零距离”。组建专门机构，整合各类政府信息平台资源，搭建民生诉求、政府服务、社会治理“三位一体”数字化服务平台，建立社区公共服务事项清单制度，推动政府购买社会服务工作常态化。全面推进“信用鹿城”建设，扩大信用记录、信用产品在行政管理和公共服务领域运用范围。加强村（居）民自治机制建设，保障村级组织换届选举圆满完成。落实国家居住证暂行条例，推进新居民积分制管理扩面扩容。

深化平安大区建设。扎实做好G20杭州峰会等重大活动安保工作，加快推进“一三五”应急处置体系和区街（镇）两级综治指挥中心建设，完善维稳处突机制，全面提高维护公共安全能力水平。深化安全生产“两化一网”建设和消防安全等工作，强化危旧房、出租房等领域隐患排查整治，坚决防止重特大安全事故发生。深化食品药品安全监管，创建省级放心农贸市场3家、食品安全快速免费检测室3家，全力保障群众饮食用药安全。深入开展打黑除恶行动，依法管理宗教事务及宗教场所，加大信访积案化解力度，全面提升群众安全感和满意度，创成高水平的平安大区。

（八）全力抓政府自身建设，提升赶超发展的能力水平。始终保持积极有为的工作状态和“严”与“实”的工作作风，朝夕勤勉，永不懈怠，以虎口夺食的魄力和勇气推动赶超发展。

强化依法履职。充分发挥领导干部这一“关键少数”作用，带头尊法学法守法用法，引导树立办事依法、遇事找法、解决问题用法、化解矛盾靠法的价值导向。完善规范性文件、重大决策合法性审查机制，不断提高政府决策能力和水平。加大政务公开力度，推行决策、执行、管理、结果向社会公开，让权力在阳光下运行。自觉接受人大法律监督和政协民主监督，广泛接受社会公众和新闻舆论监督。

强化能力提升。大兴学习之风，引导广大干部勤于学、敏于思，以学益智，以学修身，以学增才。通过专家讲座、区长讲坛、干部交流等形式，组织开展讲理论、讲政策、讲业务、讲体会，为基层干部加快知识更新，优化知识结构，拓宽眼界和视野搭建平台。强化需求导向，突出征地拆迁、项目包装、投资融资、规划设计等专业知识的培训和实践，切实增强谋发展、抓落实的能力水平。

强化责任担当。坚定正确的政治方向，自觉强化规矩意识、看齐意识、对标意识，既要办事守规矩、工作按程序、行动讲章法，更要解放思想、敢于担当、勇于破难。只要是有利于鹿城发展、民生改善的事，无论任务多重、困难多大，都做到善始善终、善作善成。对今年已经确定的任务，明确路线图和时间表，特别是对城中村改造、城市道路综合整治、亮点区块建设、历史文化街区改造提升、重大民生工程等重点难点工作，排出三年行动计划，确保年年有突破、有进展、有实效。深化目标管理，完善容错纠错机制，最大限度激发干事创业活力。

强化廉洁从政。加强行政权力制约监督，落实中央八项规定，推动“三公”经费持续下降。巩固扩大“三严三实”专题教育成果，组织开展“两学一做”学习教育和“敢担当、树标杆”作风建设五大行动，坚持不懈纠“四风”提效能。全面落实党风廉政建设责任制，发挥政府内部层级监督、行政监察和审计监督作用，以零容忍态度严肃查处各类违法违纪案件。

政协温州市鹿城区常委会工作报告（摘要）

在政协第八届温州市鹿城区委员会第五次会议上

（2016年3月21日）

鹿城区政协主席　郑锦春

2015年工作回顾

2015年是全面深化改革的关键之年，是全面推进依法治国的开局之年，也是全面完成“十二五”规划的收官之年。一年来，区政协常委会在中共鹿城区委的坚强领导下，全面贯彻落实中央、省、市和区委一系列重大决策部署，紧紧围绕全区工作大局，牢牢把握团结和民主两大主题，以“一线”的状态和作风，认真履行政治协商、民主监督、参政议政职能，顺利完成了区政协八届四次会议确定的各项任务，为全区经济社会发展作出了积极贡献。

（一）多层次协商议政，助推鹿城发展有新贡献

整体协商注重广泛性。八届四次全会期间，区委、区政府领导积极参加各小组讨论，零距离倾听委员的意见建议；到主会场听取大会发言，面对面与委员共商鹿城改革发展大计。广大委员认真履职，围绕政府工作报告和其他报告进行广泛协商讨论，提出许多富有建设性的意见和建议，为区委、区政府科学决策提供了有益参考。尤其是10位委员代表各自委员小组，分别就打造塘河亲水文化、推动家庭教育创新发展、缓解群众就医困难、推进平安鹿城创建、构建政府购买法律服务新常态、抢留华侨文化印迹、加快发展楼宇经济、规范管理民间借贷、加快“E邮柜”建设、促进建筑业健康发展等议题，进行了大会发言，发表的真知灼见得到了与会领导的积极评价和充分肯定，提出的许多建议措施转化为了党政决策。

专题协商注重针对性。一年来，区政协常委会议分别以法治政府建设、国家园林城市创建、党风廉政建设、政协提案办理、“十三五”规划编制等为主要议题，会前组织视察调研，会中听取情况通报和开展专题协商，会后将协商意见以调研报告或社情民意信息的形式报送区委、区政府，得到了党政领导的高度重视和积极采纳。各专委会、界别小组结合各自特点和优势，分别就“四单一网”改革建设、时尚文创产业发展、学前教育发展、分级诊疗工作进展、居家养老服务建设、小微企业园建设、网络经济发展、快递包裹自取公共平台建设、农村生活污水治理、“吕浦人家—怀乡水台”项目建设等方面工作，同有关部门单位进行对口协商，取得了较好的成效。

提案办理协商注重实效性。进一步增强提案办理协商意识，完善办前、办中、办后“三沟通”的提案办理工作制度，形成了提案者、提案承办单位和政协提案委多方沟通协商机制。绝大多数承办单位都能把落实提案问题与推进本单位日常工作紧密结合起来，在办理提案、解决问题的同时，进一步规范和促进了业务工作。一年来，有关界别的200多位委员，通过与提案办理单位的沟通协商，就有关提案办理工作提出建设性意见，有力地促进了许多民生问题的解决与落实。

（二）多形式民主监督，助力克难攻坚有新成效

持续开展“五水共治”专项民主监督。在2014年专项民主监督的基础上，区政协于2015年初召开专题会议，学习贯彻省、市政协关于“五水共治”专项监督会议精神，研究制定了《2015年“五水共治”专项民主监督方案》。全面落实河长制，建立主席副主席带队、专委会负责、委员参与的监督工作机制，每月至少开展一次监督活动。一年来，分别组织委员就农村污水治理工作情况开展了4次专项视察监督，就吕浦河、葡萄棚河、丰门河、戍浦江等河流治理和城乡生活污水治理、截污纳管、防洪排涝、企业节水等工作情况开展了23次明察暗访活动，发现问题49个，提出整改意见措施58条。

深入开展“四张清单一张网”专项集体民主监督。根据省政协关于实行三级政协联动、开展专项集体民主监督的要求，深入组织开展“四单一网”专项集体民主监督活动。2015年3月下旬，专门组织召开“四单一网”专项集体民主监督座谈会，就该项工作进行动员和部署；4月份以来，分别抽调委员组成5个监督小组，多次就该项工作进行了视察监督和明察暗访活动；6月，区政协常委会专门听取监督情况汇报，并进行专题协商，提出整改意见措施15条；10月下旬，再次召开跟踪监督座谈会，听取有关部门“四单一网”整改落实情况通报，并提出意见、建议。

继续开展重点工作民主监督。紧盯“六城九市”“三改一拆”“四边三化”“破难攻坚大行动”等区委、区政府的重大部署和330国道、104国道改建等重点民生工程，经常性地开展民主监督。派驻16个部门单位的民主监督小组，定期到有关部门开展监督活动，就提案办理、重点工作进展等提出监督意见，为助推区委、区政府决策的落实和年度目标任务的完成发挥了积极作用。

（三）多渠道咨政建言，反映民意诉求有新突破

增强政协提案“助推器”功能。进一步提高质量意识和实效意识，通过组织学习培训、发放参考目录等方式，努力提高委员自身素质，拓宽知情明政渠道，切实增强提案选题的前瞻性、针对性和可操作性，提高意见建议的被采纳率。八届四次会议以来，收到委员以提案形式提出的意见、建议222件，立案201件，其中党委系统承办18件，政府部门承办183件，4月底通过区“两办”向党委、政府有关部门进行交办。通过党政领导带头领办、

政协领导重点督办、专委会联系督办、责任单位认真承办，所有提案于9月底全部办结，其中问题得到解决或基本解决的A类提案达到近一半，委员满意率高。

发挥调研视察“信息源”作用。紧紧围绕党政关注和群众关心的热点难点，精心选择农村生活污水治理、加快法治政府建设、农业产业发展、推进义务教育均衡发展、深化对台民间交流、加强食品安全检测体系建设、优化公共自行车管理系统、推进江心屿风景名胜区整合提升、促进产业行业协会健康发展、保护古村落打造精品民宿等课题，坚持既看“示范点”，又看“原生态”；既听部门怎么讲，也听群众如何说；既听肯定意见，也听不同声音，脚踏实地深入开展调研视察，集聚真知灼见，贡献智慧力量。对形成的10份有情况、有分析、有建议的调研报告，区委、区政府主要领导认真审阅，并要求相关部门研究采纳，调研成果得到有效转化。

突出社情民意“直通车”优势。反映社情民意信息工作取得较大突破，质量和排名都有大幅提升，2015年度全市排名第二。通过会议座谈、调研视察、开设信箱、主动约稿等方式，广泛收集社情民意信息，全年共收集社情民意信息 110条，向区委、区政府和上级政协报送社情民意信息70篇，4篇被全国政协采用，9篇被省政协采用，50篇被市政协采用。其中：《利用国际油价大跌机遇 加快完善我国石油战略储备体系》获得国务院副总理张高丽批示，《实施海上丝绸之路战略应重视我国65万名涉外海员被迫双重体检困境》获国务委员王勇批示。在各级领导和有关部门的高度重视下，信息反映的问题得到不同程度的落实和解决。

（四）多层面团结联谊，凝聚发展合力有新作为

加强党派合作共事。高度重视与各民主党派、工商联的合作共事，主动邀请各民主党派、工商联和无党派人士参加政协的各种会议和调研、座谈、视察、民主监督等活动，积极推荐党外委员参加党委、政府部门的各种政情交流会和监督、评议活动，优先安排各民主党派、工商联和无党派人士在政协会议上发表意见，重点报送各民主党派、工商联和无党派人士反映的社情民意信息，较好地发挥了各界人士在协商监督、参政议政、反映民意中的重要作用。

密切各界交往联系。充分发挥联系广泛的优势，进一步密切与海外人士、港澳台侨、民族宗教界人士和在外温商的联系联络。积极做好台资和侨资企业走访活动，主动协调解决他们在当前转型发展中遇到的问题。认真贯彻党的宗教政策，加强与宗教界代表人士的经常性沟通，主动关心、及时反映信教群众的困难和要求。

深化服务基层群众。一年来，区政协领导班子成员多次赴街镇、下网格、进企业，深入基层走访调研，经常带队开展走访联系、调查研究、节日慰问、督导防灾等。区政协委员通过开设“委员接待日”“委员工作室”等，积极协助党委政府做好协调关系、化解矛盾、理顺情绪、汇聚力量的工作。继续深化“委员六下乡”活动，全年共组织委员开展慈善捐赠、捐资助学、走访慰问、扶贫帮困、送医送药、法律服务、爱心施粥等活动20多次，捐款捐物价值达200余万元，受到基层群众和社会各界的广泛好评。如春节期间，广大政协委员积极响应区委、区政府的号召，多次自发组织开展“鹿城情 温暖年”爱心接力活动。

大力弘扬优秀文化。为纪念中国人民抗战胜利暨世界反法西斯战争胜利70周年，编辑出版史料专辑《铭记烽火岁月》（鹿城文史资料27辑），全书共收录文稿70篇25万余字、珍贵历史照片214帧，真实再现了鹿城人民英勇抵抗日本侵略者的光辉历史。精心组织“兰亭奖”中小学生书法比赛活动，并取得佳绩，选送20名选手参加全市现场赛，其中8人获一等奖、6人获二等奖。政协书画院经常开展书画创作交流和联展活动，大力弘扬优秀传统文化艺术，展示鹿城人文底蕴和时代风采。切实做好《鹿城政协》杂志和鹿城政协网站的编辑刊发和维护更新工作，及时全面地反映政协重要会议、重大活动和履职成效，全年共刊发《鹿城政协》杂志4期、收录稿件103篇12万余字，鹿城政协网站共发布信息557篇。

（五）多方位学习教育，履职能力建设有新提升

扎实开展专题教育。区政协党组深入扎实地开展“三严三实”专题教育，区政协党组书记结合专题教育动员部署工作，紧扣“三严三实”要求，联系本单位实际，联系党员干部思想、工作、生活和作风实际，带头上“三严三实”专题党课；组织机关党员采取集中学习、个人自学、交流讨论等形式，深入学习习近平总书记系列重要讲话精神，学习党章和《中国共产党廉洁自律准则》《中国共产党纪律处分条例》；每位党员主席自觉深化“四风”整改，坚持个性问题立即改、共性问题专项改，列出问题清单，一项

一项整改。政协机关全体党员、干部通过读原著、学原文、悟原理，以党的最新理论成果武装思想、指导实践，切实增强践行“三严三实”要求的思想自觉和行动自觉。

不断增强委员主体意识。在各种会议和活动中经常强调，政协委员是一种荣誉，更是一份沉甸甸的社会责任。坚持常委会议、主席会议、调研视察、专题座谈、民主监督、提案办理等活动邀请相关委员参加，将政协的重大活动、重要会议、领导重要讲话及时向委员传递，拓宽委员知情明政渠道，为委员履职创造良好的条件。加强委员走访联系，主席会议成员和专委会主任经常走访联系委员，听取委员意见建议，帮助委员解决履职中遇到的问题和困难。切实加强委员履职管理，充分发挥委员的主体作用。积极组织委员参加省政协举办的“政协委员履职尽责大家谈”征文活动，其中《履职勿忘三颗“心”》被省政协《联谊报》采用。

切实加强政协机关自身建设。高度重视专委会建设，强化专委会基础作用。各专委会充分发挥自身的专业优势，在配合完成常委会议、主席会议调研任务的同时，组织界别委员深入开展调研视察和为民服务活动，积极开展对口协商，主动提出意见建议，有力推动了相关事业的发展；认真做好对所联系界别小组的工作指导，积极发挥界别优势，探索界别协商的新形式。大力加强制度建设，严格贯彻落实中央“八项规定”和省市区要求，完善机关内部规范化管理系列制度。大力倡导讲政治、勇担当、善协作、守纪律的好风气，切实增强机关活力，形成了风清、气正、和谐、高效的工作氛围。

各位委员！在肯定成绩的同时，我们非常清醒地认识到工作中还存在一些不足。比如，有的课题调研深度不够；部分提案质量不高；委员履职积极性主动性不够均衡；委员服务管理机制不够完善等等。这些问题，都需要引起高度重视并努力加以改进。真诚地希望各位委员和列席同志提出宝贵意见，共同推进人民政协事业新发展。

2016年工作意见

2016年是“十三五”开局之年，也是本届政协最后一年，做好2016年工作意义重大。在新的一年里，我们要深入贯彻中共十八大，十八届三中、四中、五中全会和习近平总书记系列重要讲话精神，以及市委十一届十次全会和区委八届十次全会精神，切实拉高工作标杆，以更高的要求、更严的标准、更实的举措来谋划推进“十三五”开局之年各项工作，为助推鹿城加快建设温州大都市区核心区、城市经济集聚区、美丽水乡精品区、改革开放先行区、基层治理样板区，努力构建新常态下社会经济发展新优势而努力奋斗。

（一）学习新理论，努力为政协履职和开展工作提供保障

继续多形式、多层次深入学习习近平总书记系列重要讲话精神，特别是在浙江考察时的重要讲话精神，始终不渝坚定中国特色社会主义道路自信、理论自信、制度自信，切实增强同中共中央保持高度一致的思想自觉和行动自觉。始终保持政治上清醒坚定、纪律上严明严守、工作上同心同行，更加坚定不移地走中国特色社会主义发展道路，积极投身全面深化改革和推进依法治国伟大实践。

政协机关和广大政协委员，要以助推鹿城“打造迈入全面小康社会示范城区”为新使命，主动把握和适应新常态下政协工作新要求，深刻认识和准确把握“十二五”时期发展取得的重大成就，进一步坚定发展信心；深刻认识和准确把握中央对“十三五”形势的科学判断，始终保持战略定力；深刻认识和准确把握全面建成小康社会新的目标要求，更加明确我区“十三五”发展目标；深刻认识和准确把握“五大发展理念”，更好用以引领发展新实践。要坚持学以致用，深刻认识和准确把握中央新的发展要求和重大举措，紧密联系我区改革发展实际，紧密结合政协工作实践，在政协履职和工作中深入学习和研究，把学习的过程变成汇聚智慧、增进团结的过程，变成凝聚力量、共谋发展的过程。

（二）聚焦新目标，努力为转型升级和社会发展建言献策

要以“一线”状态和作风增强责任感，找准坐标系，提振精气神，全面把握我区“十三五”提出的发展理念、战略目标、主要任务和重大举措，始终紧扣改革发展的大局大势，始终聚焦经济社会发展重大问题和涉及群众切身利益问题，勇于协商、敢于监督、善于参政，众筹务实之策，广集睿智之言。

政协机关和广大政协委员要高度关注经济质量，紧紧围绕经济平稳健康增长，着眼增加有效投入、优化进出口结构、培育消费市场等关键环节，组织对外贸企业、小微企业、现代服务业进行专题研究，提出对策建议。要高度关注深化改革，紧紧围绕《鹿城区国民经济和社会发展第十三个五年规划纲要》提出的目标任务，选择行政体制改革、经济体制改革、金融体制改革

中的关键和重要环节，组织开展调查研究和视察监督活动，推动各项改革措施的顺利落地。要高度关注转型升级，着重加强对现代产业新体系构建、“多规合一”、“退二进三、优二强三”、大数据发展、加快发展现代服务业等问题的研究，努力促进经济转型提升。要高度关注统筹协调，围绕城乡一体化、城市公共服务延伸、壮大村级集体经济等问题，选择城中村改造、重大基础配套设施建设等问题，深入进行调研，提出对策建议，促进城乡统筹协调发展。要高度关注生态保护，紧紧围绕“六城九市”、节能减排、生态环境修复、发展循环经济等问题进行调研，继续开展“五水共治”集体民主监督，为浙南美丽水乡建设贡献力量。

（三）顺应新期盼，努力为社会和谐和民生改善真诚服务

在新的一年里，要坚持“亲民协政，为民履职”宗旨，把维护人民群众的根本利益作为工作的出发点和落脚点，更好地让人民群众在共建共享中有更多获得感。要积极建言立论，重点关注精准扶贫、民生实事办理、优质教育资源共享、城乡环境治理、全民健身、智慧养老等与群众利益密切相关的热点、难点问题，深入开展调查研究，积极提出意见建议，推动各项民生事业健康发展。要深化民主监督，把重点放在重大发展举措的贯彻落实上。重点围绕“五水共治”“三改一拆”“两路两侧”“四边三化”，美丽鹿城建设、城中村改造、土地集约开发利用、温商回归、对台交流、基层党组织和基层政权建设等方面加强民主监督、助推落实。要重视提案落实，在提高提案质量的基础上，改进督办方式，加强督办力度，强化协调配合，提高服务质量，推动提案所提建议的更好落实。要畅通社情民意，经常深入基层，深入群众，调查研究，听取群众意见，了解群众的真实愿望，感受群众的喜怒哀乐，反映群众的呼声要求，切实维护好广大群众的合法权益。要突出为民造福，积极组织委员开展扶贫义诊、帮困济弱、捐资助学等“六下乡”活动，真心诚意帮助困难群众解决实际问题，努力使改革发展的成果惠及更多的市民百姓，不断提高广大群众的幸福感和满意度。

（四）营造新环境，努力为深化改革和加快发展凝心聚力。

在新的一年里，要突出团结民主，推进公平正义，凝聚智慧力量，共同为现代化建设而奋斗。要弘扬法治理念，加大立法前的民主协商，突出司法、执法环节的民主监督，努力维护社会的和谐稳定与公平正义，积极为全区改革发展创造良好的环境。要加强与各民主党派、工商联、人民团体和无党派人士的团结合作，支持他们在政协会议上踊跃发表意见。加大对重大课题开展联合调研的力度，积极协调解决履行职能中遇到的困难和问题，更好地发挥民主党派、工商联、人民团体在政协中的重要作用。加强同港澳台侨各界人士的联系，广泛开展海内外联络，进一步推动交流与合作。加强同宗教界代表人士的联系，认真听取并及时反映他们的意见和呼声，发挥宗教界人士在构建和谐社会中的积极作用，努力促进宗教和睦。加强特邀人士工作，积极吸纳新的社会阶层代表人士参加政协的活动，不断创新活动方式、完善活动方法，鼓励和引导各个阶层为鹿城现代化建设作出更大贡献。加强文史资料的征集编辑出版工作，切实发挥文史工作“存史、资政、团结、育人”的作用。

（五）落实新要求，努力为提升能力和优化保障奠定基础

中共中央《关于加强社会主义协商民主建设的意见》和中央办公厅《关于加强人民政协协商民主的实施意见》对社会主义协商民主和人民政协协商民主作出了全面部署，这对政协工作提出了新要求。政协机关和广大政协委员要认真学习、深刻认识人民政协面临的新形势和新任务，及时对全区协商民主开展情况进行全面调研，提出加强协商民主建设的意见，推动我区协商民主制度化、规范化发展；要积极探索、大胆创新，不断创造专题协商、对口协商、界别协商和提案办理协商的有效形式，推动各种形式的协商活动更加富有成效。要进一步加强专委会建设，继续深入探索开展专委会活动的内容和方式，加强与对口部门和各方面的交流与协作，切实发挥专委会在政协工作中的基础作用。要进一步加强委员队伍建设，改进委员学习方式，拓宽委员知情渠道，帮助委员把握国情、省情、市情，了解区情，提高委员整体素质；创新委员活动方式，加强委员履职考核，关心委员工作生活，激发委员的积极性、主动性、创造性，发挥委员主体作用。要进一步加强政协机关建设，切实巩固党的群众路线教育实践活动整改成果，以更高的标准推进作风建设，更好地发挥政协机关的参谋助手、综合协调、服务保障作用；要提高机关干部的学习力、执行力、创新力，提高各项活动的组织化程度，以一流的精神状态和工作效能保障政协履行职能。

责任编辑　王剑峰

专 辑

鹿城区“五水共治”

五水共治”完成情况

2016年，“五水共治”工作取得明显成效。承接市里任务7大项36个小项、投资11.7201亿元，截至12月底，完成投资16.95亿元，年度完成率144.6%。

全力提升水环境质量。完成清淤河道17条、清淤量37.04万方，完成率103.75%；启动入河排污（水）口标识专项行动，共排查出水管口8005个，其中有污水口2526个，完成封堵排污口303个；开展日常水陆同步的保洁巡查等工作；8月底“清三河”达标区通过市级验收、并做好迎接省级验收。在2015年完成主城区24个片区截污纳管的基础上，延伸区域七都街道、藤桥镇、仰义街道截污纳管基本完工；50个农村生活污水治理工程基本完工，实现全区污水管网全覆盖。市属在鹿项目西片污水处理厂一期提标和二期扩建工程完成进度60%；中心片污水处理厂迁建工程管桩、钻孔灌注桩施工全部完成；七都岛污水处理厂投入试运行，轻工园区污水处理厂一期和藤桥临江污水处理厂均处于试运行阶段。中央独流入海项目戍浦江河道整治工程Ⅰ标基本完工、Ⅱ标已进场施工，瓯江治理一期主体工程完工，温瑞平原西片排涝工程处于前期阶段，瓯江绕城高速至卧旗山段海塘工程和瓯江路西延（江滨路A线西段）二期道路工程等进展顺利。全年累计完成水利投资9.8亿元，年度完成率118.8%。完成新建雨水管网19.6公里、完成率245%，提标改造管网15公里、完成率300%，管网疏浚265公里、完成率548%；雨污分流改造17.5公里、完成率350%，新建供水管网7公里、完成率350%，改造供水管网9.6公里、完成率320%。

鹿城区主要有瓯江水系、温瑞塘河水系、戍浦江水系、丰门河水系和七都水系等五大水系，其中1条省级河道（瓯江）、14条市级河道、16条区级河道和141条街镇级河道，共有13位市领导担任14条市级河道“河长”（占全市38.89%）。全区各级河道均已按“河长制”工作要求设立河长、督查长、警长，并在河岸显要位置设置“河长”公示牌，成立百支义务护河队，率全市之先建立起“三网治水”（记录网、投诉网、监测网）工作机制。在全市率先完成“河长制”APP材料收集工作，APP试用版于2016年11月2日上线测试，实现河长工作的智能化和无纸化办公。通过沿河排放口整治、生态调水、截污纳管、水质提升工程等综合措施，九山、外垟站位水质为Ⅲ类达到水功能区标准，东水厂、勤奋、灰桥、光明4个站位水质基本消除劣Ⅴ类。

全面倒逼产业转型升级。完成6个滨水公园建设任务；同时有机结合“美丽鹿城”“三改一拆”“四边三化”等城乡环境综合整治提升行动，开展山福镇和藤桥镇国家级生态乡镇创建，新建绿化174.54公顷、立体绿化1.03万平方米。开展“铁拳”“绿箭”“亮剑”等环保专项执法行动。全区列入淘汰关停25家重污染企业全部停产，其中21家移膜革企业排污许可证已依法注销，生产设备正在拆除；列入规范提升的7家企业有6家编制完成“一厂一案”并通过环境监理单位的评估。同时，加强对涉水重点工业企业执法监管全年出动执法人员1.2万人次，检查企业4355家次，立案查处案件149件，比2015年同期增长171%，处罚金额305.42万元，比2015年同期增长92%，案件数和处罚金额实现“双增长”，移送污染犯罪刑事案件6起，采取刑事强制措施6人，形成强力震慑。年内全面完成规模养殖场治理扫尾工作，完成率100%，共计治理生猪规模养殖场29家，拆除（关停）猪舍面积1万平方米，搬迁生猪8520头。全区种植业化肥减量工程、农药减量工程全部完成。全区10个小微园实现新增竣工面积33.8万平方米，实现结顶但未竣工验收面积17万平方米，入驻企业246家，新增产值14.31亿元。

全心践行治水新理念。截至2016年底，“五水共治”累计出台涉及长效机制建设文件50余个，2016年，在《美丽浙南水乡建设实施方案》和《进一步推进“河长制”工作常态化通知》施行的基础上，按照《“河长制”实施方案》和《区级“河长”工作制度》等制度，相继又制定《年度街镇工作目标考核办法》《年度“五水共治”考核细则》《入河排污（水）口标识专项行动方案》等文件。积极资金筹措，为五水项目提供资金保障，2016年第一批治水资金4905.26万元，第二批资金2421.5万元都已落实。同时下达《鹿城区2016年“五水共治”项目清单指导计划》，为年度“五水共治”项目的超额完成奠定基础。继续完善并实施“一河一策”整治计划，积极做好对接服务。全区的各级河道均按照规定建立联络群，涉及河道的主要河长制相关人员、职能部门联系人全部加入联络群，实时监督、解决河道治理问题。

此外，鹿城区的供水节水能力、水乡文化提升、全民治水宣传等在各成员单位的共同努力下也取得全面进展。2016年，汇昌河（龙舟基地至吴滨巷段）河道被评为省河道生态建设示范工程；全省首批PPP水利试点项目，瓯江绕城高速至卧旗山段海塘工程顺利开工；戍浦江河道入选全市“比学树”亮点工程；被列入“樟里水乡”全市第二届“五水共治”新闻大赛，系城区唯一入选点。

（区水建办、区农林水利局）

世纪广场前的晨光

蒲州横河水貌

九山河

夜幕下的南塘河

水心河

庄头滨水公园一角

（图片均由鹿城区温瑞塘河保护管理委员会 供稿）

南塘河重现水乡风貌

《浙江日报》2016年2月13日（李知政）报道：2月11日，正月初四晚上，一曲温州鼓词《陈十四收妖》荡漾空中。京剧、木偶、电影等各呈风采。这几天，“印象南塘”新春会演让游客享受到了地道的温州文化。“印象南塘”位于温州市鹿城区南塘河畔。虽然从2008年起，“印象南塘”就被定位为“温州城市客厅”，但是往前推几年，鹿城区经济迅猛发展带来的种种污染，却让这里成为市民经过时要掩鼻逃离的地方。沿河长达1800

米的南塘风貌街也因此冷冷清清、门可罗雀。

“三改一拆”“五水共治”改变了南塘的命运。截至目前，鹿城区共拆除沿河旧村面积35万平方米，新建安置房44万平方米；完成温瑞塘河水系48条河道的清淤疏浚，清淤127万立方米，组织实施活水畅流工程，提高水系整体生态调水成效；在“清三河”基础上，开展17条河道生态修复，逐步恢复河道自净能力。南塘终于重现“水清可渔、岸河可憩”的水乡风貌。长达1800米的南塘风貌街则成为温州市民非常热衷的时尚消费地，吃喝玩乐一应俱全。日益飙升的人气也让这里的店面租金相比于周边店面高出50%左右。“环境好，生意也越来越好。租金贵点也值！”经营白兰度酒吧的潘俊羽认为，新春这几天，他的酒吧每天都是宾客满座，1000平方米的酒吧每天要招待近300名消费者，日营业额3万元左右。

（区委宣传部、区广电新闻中心）

关于统筹推进鹿城区“五水共治”的提案

鹿城区“五水共治”存在的主要问题

（一）缺乏联动性和互动性

从区级层面来看，目前通过组建区治水办及联合办公的形式在一定程度上使部门联动问题得到解决，基本形成可持续发展的长效机制；但从其他联动方式来说，还不尽如人意，像村企联动、党群联动、全民动员还是比较欠缺：特别企业作为经济发展的主体，同时也应该是治水的重要责任主体和示范带动者。但从目前掌握的情况看，我区企业参与治水无论是从活跃度还是热情度都与他们的知名度不相符，主动投身治水各项工作更是凤毛麟角。如在2016年年初鹿城区就启动的“五水共治”捐款，全区30家区级“双重管理”非公企业和产值超亿元的企业参与治水的环保责任意识和社会责任感不强，示范带动性较差。据统计，目前已捐献治水资金的企业数就十几家，捐款资金最高的也仅1万元，企业认领河道治理的方式更是无从谈起。这与政府部门深入了解企业生产经营状况、服务企业转型形成了鲜明的对比；组建的各类志愿者队伍、“护河队”等对重点河道沿河开展日常巡查和河道长效保洁等治水工作宣传等做得比较踏实，但教育引导公众摒弃各种生产、生活陋习，自觉保护水环境、主动参与治水行动仍显不够；群众优水劣用、劣水弃用的情况普遍存在，参加和制止各类污染行动、形成“全民护水、全员治水”的良好局面尚待加强。

（二）部分项目治理进度缓慢

鹿城区水域总面积44.15平方公里，点多、线长、面广，“五水共治”工作任务十分繁重，部分项目进度滞后。1.“治污水”工作较为滞后。截至目前，鹿城区已在前几月超额完成省、市级投资任务。其中“防洪水”工程成效明显，“排涝水”“抓节水”“保供水”以及水乡文化建设、水岸同治各项目进度超前。但是鹿城区在“治污水”方面整体相对滞后，当前，基层群众反响最强烈、要求最迫切的是截污纳管工程。比如市区九山河外河，最严重的问题也是截污纳管不到位造成的水体污染问题，可职权在市里，屡次反映仍无法得到解决落实，导致存在一方面污水厂“吃不饱”，另一方面部分区域污水进不了网的窘境。2、市政配套滞后和管网缺失。市属项目西片污水处理厂承接项目完成率仅为25%、城镇生活垃圾处理工程（厨余垃圾处理厂）年度完成率为0，城乡污水处理设施建设相对滞后，农村生活污水处理设施长效运行维护机制还未健全，污水收集与处理能力不足问题尚未根本改变。

（三）岸基监管存在盲区和难点

目前鹿城区岸基监管存在盲区和难点。1.盲区和难点。我区经过多轮整治，绝大多数规上企业已纳管排放或采用中水回用等技术达标排污。但部分规下企业、小生产作坊由于面广量大往往成为监管盲区和难点，其产生的生活污水、工业废水直排河道，成为影响水体质量的首要原因。2.监管存在真空。有些企业工业污水利用夜间或雨季期间的监管真空期偷排污水，目前难以有效查控；其次，非法占用水面建造商业设施、停车场、岸边违章建筑被拆除后不及时清理等现象比较普遍，加上一些重大堤防工程建设过程中碰到涉水拆违难题，影响我区“五水共治”治理进度。

（四）政府信息公开机制不够完善

“五水共治”既是推动全省经济社会转型的战略之举，也是对公众改善水环境诉求的回应，要推动公众积极参与治理监督，前提是政府必须建立完善的信息公开机制和通畅的投诉受理平台。2014年4月鹿城区在全市率先开通“五水共治”投诉专线，采取和“96310”热线合并方式接受群众对“五水共治”的投诉与监督，效果良好。但

"五水共治"工作的政府信息公开机制和平台建设较为滞后，主要表现在：1、信息不对称。对"五水共治"工作中的正面典型宣传、负面曝光、工作信息发布等工作不够完善，公众在获取水资源信息、水环境信息、水安全信息方面不对称。2.资金使用不透明。对捐赠资金的使用管理信息公开程度不够。3.公众参与程度有限。公众仅仅被局限于公示、听取意见、咨询、听证等少数形式，而参与政府协商决策则较少。

统筹推进"五水共治"建议

（一）建立跨区域统筹协调机制

加大统一指挥力度。统一指挥才能避免各自为战，鹿城区治水办应充分发挥功能，加大统筹、协调、指挥力度，各乡镇（街道）之间按照"统一规划、分项集成、统筹实施、分头推进"思路，联动推进"五水共治"工作进度。

（二）重点推进建设滞后项目

1.克难攻坚滞后项目。特别是在鹿城区城镇污水治理的西片污水处理厂、中心片污水处理厂、厨余垃圾处理场、畜牧污染整治等建设滞后项目要重点推进。2.解决截污纳管难题。建议区政府牵头，召集区住建局、农林水利局、环保局、城管与执法局、塘河管委会、治水办及区重点办等部门对污水管网建设、排水管道与泵站建设、污水处理设施管养等情况开展全面的调查摸底，及时解决排污管网建设、日常维养和监督管理过程中遇到的困难和问题，落实责任加大投入，全力推进"最后一米"截污纳管工作。3.积极对接区财政部门。对"五水共治"项目预算未安排或安排不足的问题进行预算调整，积极对接财政部门，以满足工程支付需求。4.规范工程招投标。在"五水共治"项目建设中严格执行工程招投标程序，邀请市治水办等上级职能部门监督有关单位规范项目招投标工作。

（三）加大"水岸同治"联合执法力度

1.联合执法加强源头管控。联合行政执法、水利、住建、环保等部门，制定切实可行的"水岸同治"方案，从源头控制污水排入河道，根治岸上污染源，对沿岸的涉河场所污染源进行排查摸底，加大岸基涉河违章整治力度，共同推进污染源头整治进程。2.严厉查处污水直排行为。加大岸上污染源整治力度，强化沿河拆违清障和加强涉河农贸市场、小菜场、小餐饮等行业的整治力度，特别是小餐饮排污专项整治促进其改善设施设备达成合格排放，对涉及严重污染与安全生产的企业予以坚决取缔。3.加强建筑泥浆入河管理。开展全区建筑泥浆专项整治，有效防止泥浆偷排漏排入河。

（四）完善信息公开机制。

政府治水必须把"五水共治"信息完整披露给公众，才能真正实现全民参与治水。1.吸纳公众参与治水评估。充分吸纳各方的意见建议，在评估和论证时，除了政府部门和科技专家的参与，还要积极吸纳社会公众的参与。2.吸纳公众参与决策。邀请公众参与不仅可增强其科学性和可接受性，还可降低决策失误的风险和政策执行的成本。3.建立完善透明的社会捐助机制。建立资金收支的专项制度，完善捐赠资金项目支出管理，实现对捐赠资金的使用管理的全程跟踪监督。4.建立严格公开的资金监管机制。编制并公开"五水共治"投资项目预算，公开专项资金支付制度和情况。5.强化舆情监督。加大网络舆情监控，重点关注政府信息公开网站、政府门户网和政务微博等媒体、网站发布的"五水共治"信息，及时处理和反馈与鹿城区有关的正负面信息，助推全区"五水共治"工作。（此提案有删节）

（区政协农林人资环组）

责任编辑　王剑峰

大事纪要

一月

4日　鹿城区委常委、副区长林世南带领鹿城区垃圾分类领导小组相关人员，检查水心小学垃圾分类处理工作推进情况，要求加大环保教育力度、提升公民素质，切实提高垃圾分类处理的全民参与度。

6日　据“鹿城新闻网”报道：温州润新机械制造有限公司实现了飞速发展，并且将产品销售的网络拓展到全球86个国家和地区，凭52项专利打破国外垄断领航行业发展，成为全国乃至全世界水处理控制阀制造行业的标杆。

同日　在美国波士顿大学取得博士学位的鹿城籍人士丁春明，回到温州积极牵线，促成美国科学院资深院士、人类基因组计划创始人之一查尔斯·康托签约入驻温州市国家大学科技园。

6—8日　区直机关工委首次实施直属党组织书记记述职联评制度，组织56家区直机关党组织书记对2015年度机关党建工作述职，并现场打分测评。

8日　鹿城图书馆经过两个多月的前期筹备和各方考察，通过部门推荐和社会公开招募等方式，成立了由7位社会各界人士组成的首届图书馆理事会，每届任期为3年。

同日　在北京召开的2015年度国家科学技术奖励大会上，由温州大学教授李校堃、温州医科大学教授肖健和副教授张宏宇作为主要完成人的“中国人体表难愈合创面发生新特征与防治的创新理论与关键措施研究”项目，被授予国家科技进步一等奖；浙江双屿实业有限公司获国家科技进步二等奖。

9日　鹿城区教育局在温州技师学院举办幼儿园厨师厨艺大赛。全区公办园及二级以上民办幼儿园共选送了24名厨师同台竞技。

同日　鹿城区公安分局、区城管与执法局、区市场监管局及蒲鞋市网格工作人员组成的首创蒲鞋市综合服务管理机动队，联合上街，开展治安乱点整治，变被动解决问题为主动服务，将网格力量前移，通过联合执法的形式，为更多市民带去服务和便利。

19日　鹿城区委召开八届十次全体（扩大）会议，认真贯彻落实中央和省、市委一系列决策部署，回顾总结2015年工作，研究部署2016年任务，认真谋划“十三五”发展，审议通过《中共温州市鹿城区委关于制定温州市鹿城区国民经济和社会发展第十三个五年规划的建议》。

23日　位于鹿城区的七都岛自2015年创建“温州万国财富小镇”以来，各项重大项目齐头并进，被温州市列为省级金融小镇建设目标。两家金融企业“叩开”小镇大门，在入驻签约仪式上接受了鹿城区政府颁发的“万国财富小镇首批入驻企业”牌匾，落地生根，正式成为首批“小镇居民”。

26日　第二届城市民生建设与民生保障论坛暨全国社会治理创新经验交流会在北京召开，鹿城“互联网+互助”网络治理绿色疏导模式获“首批全国社会治理创新优秀案例”称号。

27日　鹿城区教育局组织召开全区校园长会议暨校园文化推进会，局机关和直属单位全体工作人员、学区书记、正副校长、园长及各校总务主任和中学政教主任、小学德育教导近500人参加会议。

同日　由国侨办主办、市外侨办与温州市少艺校承办的中华文化大乐园优秀才艺学生交流团访美（旧金山站）演出，在大明星戏院开演。温州市少艺校校长李绍可代表学校与旧金山南侨学校正式签订了友好学校协议书。

二月

1日　2016年鹿城区首批“社区

好人”名单公布。阮国胜等8名“身边好人”接过爱心接力棒，成为又一批传递正能量的使者，获得由鹿城农商银行出资的“道德公益基金”奖励金。

同日　浙江省“平安四率”调查反馈，鹿城区群众对安全感满意率达95.57%，名列全市各县（市、区）前茅。

2日　蒲鞋市街道在创建省级“文化强镇”的57家申报单位中脱颖而出，以社会管理和文化创意为主要特色，走出了一条特色鲜明、内容丰富、充满生机的基层文化创新之路，创成鹿城唯一的省级“文化强镇”街道。

3日　鹿城区八届人大常委会第二十七次会议召开，会议听取了温州市鹿城区国民经济和社会发展第十三个五年规划纲要编制情况的报告，同意代表资格审查委员会提出的关于康岳春等代表资格终止的报告等相关决议。

5日　鹿城区召开第八届纪律检查委员会第六次全体（扩大）会议。市委常委、区委书记陈浩强调，要深入学习贯彻中央以及省市纪委全会精神，按照区委八届十次全会的部署，以更大的决心、更务实的举措，把纪律挺在前面，把党风廉政建设和反腐败各项任务落到实处，为加快鹿城转型发展提供有力的政治和纪律保证。

同日　鹿城区举行在外温州企业家联合会年会。市委常委、区委书记陈浩出席会议并致辞。他希望，在外的企业家朋友们多回家走一走、看一看，主动参与到家乡改革发展的火热实践中，共同创造更加美好的家园。

16日　鹿城区统计局公布数据显示：2015年，鹿城区地区生产总值（GDP）807.79亿元，按可比价格计算，同比增长7.5%，增速比前三季度提高0.3个百分点，较2014年提高2.5个百分点，创四年来新高。

19日　纱帽河和南塘街入选第三批浙江省特色商业示范街名单。继五马步行街、欧洲城生活新天地、望江路咖啡美食休闲街之后，鹿城区的省级特色商业街增至5条，为时尚城区建设频添亮色。

22日　位于鹿城西部的山福镇，在新春里掀起了一阵“民间自筹资金助力新农村建设”的热潮，山福众筹3000万元民间资金助阵新农村建设。

24日　首届“世界温商对话会暨世界温商百名风云人物”颁奖典礼上，鹿城区侨联副主席陈志远和区侨联海外顾问廖宗林获“在外杰出温商”称号；区留联会会长虞培清、区侨联海外顾问冯定献与李国胜分别被评为“影响温州经济30人”；区侨联海外顾问朱桂林、江小斌、周志敏、胡李明获“温籍十大国际商人”称号。

26日　鹿城区发改局牵头组织区住建、区农林水利等多个部门，联合开展2016集中开工项目“开门红”督查活动，勇破难题、智补短板，助推百亿重大项目建设。

29日　蒲鞋市街道打造温州市首条文化街——文创第一街，以建设公共文化基础软硬件设施助推文化产业提升，加快推进省级特色工业设计示范基地建设。

三月

5日　一年一度的学雷锋活动日，在鹿城区举行的“万朵鲜花送雷锋”大型公益活动中，由市民评选出的林珞丹、晓建等数百名“活雷锋”，接过了众人奉上的鲜花与敬意。

7日　九三学社鹿城基层委社员叶胜和陈静分别撰写的关于完善海上法律法规和充实基层儿童医疗资源的提案，精准反映工作中遇到的民生“痛点”，被九三学社中央采用，以集体提案形式提交全国政协会议，将基层呼声带到了全国“两会”。

8日　省监察厅副厅长鲍秀英一行到鹿城调研指导。区委常委、纪委书记曾恩伟陪同调研。调研中，鲍秀英充分肯定了鹿城区纪检监察工作，并强调要层层推动“两个责任”落实，进一步加大纪律审查力度，积极发动群众参与监督，使“三转”在基层真正落地生根。

9日　“最美温州人”——2015感动温州十大人物颁奖典礼在市广电中心举行，鹿城区入选人物数居全市前列。唐朋刚、黄金飞被评为“2015感动温州十大人物”，罗小双入选“2015感动温州十大人物”提名奖，“鹿城区开心行动公益促进会”获得年度特别奖，潘超俊（已故）被授予年度致敬奖，区委宣传部获组织奖。

15日　鹿城区积极促进传统服务业改造升级，不断提高服务业的市场化、产业化水平，服务业对经济发展的拉动作用明显增强，逐步成为全区经济增长的重要支撑。其中，现代服务业总量居全市第一。

21日—24日　政协第八届鹿城区委员会第五次会议圆满完成各项议程，在鹿城文化中心胜利闭幕。选举徐强为政协副主席，吴雷雨为常务委员。会议通过了《中国人民政治协商会议温州市鹿城区委员会提案委员会关于八届五次会议提案审查情况的报告》，通过了《中国人民政治协商会议第八届温州市鹿城区委员会第五次会议决议》。

25日　鹿城区八届人大五次会议召开。会议听取和审查了吴海燕主任代表区人民代表大会常务委员会所作的工作报告，会议充分肯定区人大常委会过去一年的工作，同意报告提出的2016年主要工作任务，决定批准这个报告。

同日　鹿城区哈哈京剧团获中宣部、文化部、国家新闻出版广电总局联合颁发的第六届全国服务农民服务基层文化建设先进集体称号，这也是全市唯一获此殊荣的文艺院团。

26日　温州武术界迎来一大盛事，温州武术博物馆在鹿城区百年杨宅正式开馆。该馆是中国首家地市级武术博物馆，它的建成在国内具有示范意义，对于武术文化建设、武术事业发展都起到推进作用。

27日　大南街道城市党建示范综合体打造正式揭开序幕。该街道率全市之先，首创党建标志设计、发布和使用，并以大南商圈“先锋联盟”公益服务团队为核心、党员志愿服务驿站为阵地，建立两新企业党组织和商圈企业自我服务、服务群众的载体。

28日　温州康宁医院试水与温州医科大学合作办学，成立温州医科大学精神医学学院。该学院是康宁医院与温医大以混合所有制形式创办的浙江省首个精神医学学院。

29日　鹿城区政府联合温州市文物局在藤桥镇渡头村的曹湾山（原称老鼠山）开展《中华人民共和国文物保护法》宣传暨非遗巡演活动。此次演出让群众进一步学习相关知识、认识到了文物保护的重要性。

同日　中央电视台《探索·发现》大型纪录片《手艺》摄制组抵达鹿城，为省级非遗项目温州绸塑开展为期7天的拍摄录制。作为绸塑唯一传承人的郑永龙，通过央视镜头向全国人民展示精美的绸塑作品及其精湛工艺的全过程。

30日　七都街道千亩征地等项目安置房获“瓯江杯”优质工程奖，这也是鹿城区首个获评该奖项的安置房项目。

同日　为助力校园足球健康发展，以校园足球为办学特色的仰义二小首次与高校合作，授牌成立了全国第一家动商足球研究基地——南京理工大学动商足球研究基地。

四月

1日　全市“学标杆、补短板”宣传思想文化工作比学赶超活动走进鹿城。市委宣传部班子成员、市级宣传文化单位主要负责人、各县（市、区）党委宣传部部长等一行实地考察鹿城区的公共文化服务、精神文明建设、文化产业项目和文化礼堂活动，并探讨、交流宣传思想文化工作中涌现的新亮点、好思路。市委常委、宣传部部长胡剑谨，市委常委、区委书记陈浩等出席。

同日　全省平安工作大会上，鹿城区获省“平安区”称号，成功实现平安建设“七连创”。

2日　2016年浙江省6个软件和信息服务产业基地（园区、小镇）名单中，鹿城区名列其公布，并获得省级财政600万元补助。

6日　作为消防部队的“编外指导员”，英雄母亲罗小双获“鹿城十大杰出慈善义工”称号。

8日　鹿城区开展城市精细化管理八大行动，将精细城管作为民生工程，以此创建美好家园。短时间内改善以乱停车为重点的“十乱”，是整个行动的突破口。

12日　国家新闻出版广电总局公布第二届“全国书香之家”名单，鹿城区图书馆选送的李岳松家庭入选。作为浙江获得者的唯一代表，李岳松参加了“2016书香中国暨北京阅读季”活动并接受颁奖。

13日　在市区智慧谷的留香阁艺术交流中心，鹿城区美术家协会举行第三届会员大会。大会听取了第二届理事会工作报告，并按照有关程序选举产生了新一届理事会，侯传芳再次当选主席。

14日　中央统战部副部长、全国工商联党组书记、常务副主席全哲洙率调研组到鹿城，围绕非公经济“两个健康”发展、特别是新老企业家传承交接问题开展调研，与年轻一代企业家代表座谈。全国工商联副主席、省工商联原主席徐冠巨，省委统战部副部长、省工商联党组书记李剑飞，省工商联副主席尹健，温州市委常委、市统战部部长施艾珠，市政协副主席、工商联主席王振滔等陪同调研。

同日　中央统战部副部长、全国工商联党组书记、常务副主席全哲洙率调研组到鹿城，围绕非公有制经济“两个健康”发展、特别是新老企业家传承交接问题开展调研，在巨一集团召开全市年轻一代企业家代表座谈会。全国工商联副主席、省工商联原主席徐冠巨，省委统战部副部长、省工商联党组书记李剑飞，省工商联副主席尹健，市委常委、市委统战部部长施艾珠，市政协副主席、工商联主席王振滔，区委副书记、区长朱崇敏等陪同调研。

15日　鹿城区推出首批车辆人行道违停执法严管道路，从“人行道”入手打造城市文明有序新面貌。

同日　鹿城区慈善总会召开慈善义工工作会议，对31名在2015年扶贫济困、敬老扶幼等慈善公益活动中涌现出的优秀慈善义工予以通报表彰。

同日　鹿城率全市之先出台《关于党员被依法逮捕后党员权利中止等办理程序的规定（试行）》，规范被依法逮捕后党员权利中止的办理程序，并中止了2名被逮捕党员的表决权、选举权和被选举权等相关权利，切实把纪律和规矩挺在前面，实现纪在法前、纪严于法、纪法分开。

16日　中国电子温州产业园发展有限公司以14277万元的总价获得经开区金海园区C—14d、C—14g、B—28b、B—29b等4宗地块的土地使用权。这批土地的成功摘牌签约标志着“中国电子”这支行业“国家队”在温州的产业园项目正式落地。

同日　鹿城区第十届退休教师运动会在建设小学大南校区举行。来自鹿城区教育系统的中小学、幼儿园等21个退休教师分会的退休老教师运动员300余人参加。

19日　鹿城区召开城市管理专项行动部署会，集中力量打好城市治乱攻坚战。

21日　温州市第二中学海坛男声合唱团获第五届全国中小学生艺术节金奖。

23日　鹿城区读书节邀请蒋胜男、金丹霞两位温籍文化名家携各自力作《芈月传》《温州百年文化星座》在鹿城文化中心城市书房开展读者阅读分享活动。

25日　鹿城区文化广电新闻出版局主办2016“书香鹿城·全民阅读”戏曲之夜——戏曲之旅。活动邀请了省级非物质文化遗产传承人、木偶雕刻家、木偶表演家季天渊，市级非物质文化遗产传承人、木偶表演家蔡晓华和包日拼到区文化馆为鹿城区十八中学生做专场木偶艺术表演。

26日　2016鹿城读书节暨学院路创意文化街区建设正式启动。主题为致力于打造书香文化，建设文创街区。

27日　在广州琶洲国际会展中心举行的第119届中国进出口商品交易会隆重开幕。鹿城区91家企业参展共203个展位。

28日　鹿城区召开“两学一做”学习教育部署会后，启动“十大行动”，推动“学党章党规、学系列讲话、做合格党员”学习教育常态化，掀起学习热潮，营造出浓厚的学习氛围。

29日　鹿城区庆祝“五一”国际劳动节暨劳动模范表彰大会隆重举行。朱金武等30人被授予“2014—2015年度鹿城区劳动模范”称号，温州市博弘电器有限公司等10家单位被授予“2014—2015年度鹿城区模范集体”称号。

30日　鹿城区双屿街道垟田村一期征收与补偿协议签约全部完成，签约率100%，成为全市本轮城中村改造第一个签约100%项目，打赢年度城中村改造“第一仗”。

五月

1日　上午8时03分　鹿城地税第一张“营改增”代开发票顺利开具，标志着鹿城地税已全面推开“营改增”试点。2016年5—12月，鹿城地税共代征增值税款9328万元。

6—7日　鹿城区文广新局选送的温州莲花《不肯出院》获首届温州市曲艺新作大奖赛金奖。

9日　在2016年“爱心鹿城·慈善门诊”医疗卡发放仪式上，1500张“慈善门诊”医疗卡交到了受助群众和社区代表的手中，帮助低保边缘户和患病困难户解决医疗费用问题。

10日　由温州市反邪教协会、鹿城区反邪教协会主办，市书法家协会书法教育委员会承办的温州市暨鹿城区首届中小学生反邪教诗词楹联书法大赛活动拉开序幕。

同日　鹿城区对环境监管实施网格化管理。通过逐步在市、区、街镇、社区（村）建立起“横向到边、纵向到底”的网格化环境监管体系，鹿城网格化实现环境监管全方位覆盖。

13日　第十二届中国（深圳）国际文化产业博览交易会在深圳会展中心开幕，省委常委、宣传部部长葛慧君，副省长郑继伟一行在市委常委、宣传部部长胡剑谨，副市长郑朝阳，区委常委、宣传部部长徐强的陪同下专程参观考察了温州鹿城馆。看到鹿城各具特色的文创产品，葛慧君、郑继伟不时给予肯定。

17日　鹿城区档案馆通过开发建设档案信息共享服务，建立直接面向立档单位、区档案馆的一站式服务平台与民生档案在线档案查调系统，通过档案信息共享服务平台的建设，实现对民生档案的一站式服务为社会公众提供“就近查档、跨馆调阅”等便捷式服务。

同日　经过省生态办技术核查、现场考核验收、生态省建设领导小组审议等严格的考核程序，鹿城区创建省级生态区的8项基本条件和11项考核指标均已基本达标，被省政府正式命名为省级生态区。

21日起　建筑业、房地产业、金融业、生活服务业营业税改征增值税试点改革全面推开，鹿城区此次营改增试点扩围涉及纳税人共有3.02万户。

24日　在北京召开的2016全国“最美家庭”揭晓暨第十届全国五好文明家庭表彰大会上，鹿城区白洪鲍家庭、陈芸馨家庭获全国“五好文明家庭”称号。

31日　鹿城区八届人大常委会召开第二十九次会议。会议听取和审议区政府关于温瑞塘河治理工作情况等报告。区人大常委会主任吴海燕出席会议。

六月

2日　鹿城区文广新局在鹿城文化中心召开全区文化经营单位“平安鹿城”暨护航G20杭州峰会安全生产综合整治工作会议，全区网吧、娱乐、演出、印刷、电影放映等近400余家经营单位的负责人参加了会议。

3日　据鹿城新闻网报道，1—4月，全区累计引进项目60个，到位资金61.42亿元，同比增长107.4%，招商引资总完成量位列全市第一。其中，省外回归引进到位资金18.58亿元，市外房地产项目到位资金42.85亿元。

7日　在七都街道樟里村，靠打渔为生的叶法松、罗平香夫妇在瓯江中勇敢救起落水少年。区委宣传部、区文明办授予叶法松夫妇“鹿城好人”的荣誉称号，并向其送上区“道德公益基金”作为奖励。

同日　鹿城区2016年度“扫黄打非”暨文化市场管理工作会议在鹿城区行政中心第三会议室召开，全区“扫黄打非”工作领导小组22家成员单位负责人及14个乡镇街道负责人参加了会议。会议由黄定恩副区长主持。

同日　2016年鹿城区“新非遗·心体验”非遗&锋尚系列活动开幕表演暨“心尖上的非遗&锋尚”演出在黎明92文化创意园心工场文创中心盛大启幕。让广大市民感受到新非遗·心体验，促进对中华民族文化传统非遗文化的弘扬发展。

12日　在2016年第一季度温州市城市文明程度指数测评中，鹿城区以高分位列全市第一。日前，区文明办举办为期两天的全区精神文明建设业务培训会，以进一步巩固提升“六城联创”成果，提高鹿城区城市精细化管理水平。

17日　鹿城区七都街道樟里乡村图书馆正式开馆。该图书馆坐落于樟里村文化礼堂，有来自社会各界捐赠的近3000册书籍，是鹿城区首个乡村图书馆。

19日　鹿城区文化馆小品《碑》进入第十七届全国群星奖戏剧类复赛，这是温州市唯一一件进入该项复赛作品。

24日　鹿城区五马街被中国城市商业网点建设管理联合会命名为“中国著名商业街”。

25日　温州市首个进出口商品直销中心正式启幕。作为鹿城区政府年内重点打造的亮点工程，以西片地区崛起的商业新地标，为在外温商回归鹿城提供了一个可以栖息发展的“梧桐林”。

28日　意大利足球专家代表团访问鹿城。区委副书记、区长朱崇敏接待了该代表团，并就进一步加强双方足球领域的交流与合作进行了友好会谈。

29日　由中共温州市鹿城区委宣传部、鹿城区文化广电新闻出版局与山福镇党委、人民政府主办，鹿城区文化馆承办的“永远跟党走，共筑中国梦”——庆祝中国共产党建党95周年暨“两学一做”文艺演出进礼堂活动在山福镇文化礼堂举行。

同日　浙江省通过竞争性分配方式支持10个县（市、区）开展外贸转型升级试点示范工作，鹿城区就是其中一个。在争创成功后，鹿城区连续三年每年获得1000万元财政资金，用于支持外贸转型升级试点工作，并将进一步优化外贸转型升级，提升鹿城在国际贸易中的战略地位，使鹿城成为转变外贸发展方式示范区和带动产业转型升级的重要基地。

30日　鹿城区举行首届“城市文明督导员”聘任仪式，首批18名城市文明督导员在会上接受聘请，区委常委、宣传部部长胡慧雷出席并讲话。

七月

8日　鹿城全面部署防御超强台风“尼伯特”，陈浩、朱崇敏就防汛防台工作提出要求，各街镇各部门要保持高度警惕，迅速进岗到位，严格落实防汛防台各项工作，严阵以待做好“尼伯特”台风防范和应对工作。

11日　“探寻瓯越文脉感受鹿城时尚魅力”温台学生交流营在仰义第二小学正式开营。仰义第二小学与台湾高雄后劲小学的足球小将们进行了一场足球友谊赛。来自台湾高雄后劲小学与台南永康中学的73名师生在鹿城进行为期一周的交流参访，参加体验校园足球交流赛、跆拳道交流赛以及羽毛球交流赛等项目。

12日　鹿城区完成首个全流程电子招投标项目科技创新大厦二期建设工程。该项目从招标申请受理到网上发布中标公示，退付保证金，全程都实现了电子化操作。

13日　为纪念中国共产党成立95周年暨中国工农红军长征胜利80周年，鹿城政协书画院书画联展在温州市工人文化宫启幕。鹿城区政协主席郑锦春、区政协副主席陈国琴到场观赏。

15日　由区委宣传部、区网信办、区广电新闻中心联合《温州都市报》开展的鹿城区首届年度网络十佳人物暨2016“鹿城好网民”评选活动正式启动。最终评选出王进权等60人，分别颁发“十大网络经济人物”“十大网络创业精英”“十大网络媒体人物”“十大网络文艺标兵”“十大网络传播先锋”“十大网络公益达人”的奖杯和奖状。

18日　鹿城区公安分局创新工作机制，组织开展“项目警官制”专项工作，依托网格化警务工作机制，涉及鹿城辖区13个省级重点工程、39个市级重点工程、97个区级重点工程全部纳入“警务进项目”范围。

同日　鹿城区发改局健全监督机制，一年半时间累计核减资金7000多万元，实现政府资金流转提质增效。

同日　参加巴西里约奥运会的中国体育代表团在北京正式成立。鹿城区射击名将朱启南，游泳运动员徐嘉余、李朱濠名列其中。

25日　鹿城区检察院联合区文明办在省级文明单位星际控股集团有限公司成立社会化未成年人观护帮教基地。

同日　温州武术博物馆迎来了海外华裔青少年2016年中国寻根之旅。不仅使他们了解了中华武术的精髓和文化，还现场学习了武术防身术的实战应用技法。

26日　温州市莱鸟户外运动俱乐部联合18家户外俱乐部成立了鹿城区首家户外改制旅行社。户外运动俱乐部终于有了合法的身份。

28日　温州海关对康奈集团进行海关AEO高级认证企业授牌。此次授牌意味着康奈从原海关AA企业升级为国际贸易最高级别“信用通行证”的企业之一。

29日　为纪念中国人民解放军建军89周年，区委宣传部、区人武部、区文广新局、松台街道共同举办的“咱们参军去”主题文艺会演隆重开演，全区300余名报名参军的适龄青年共同观看了演出。

同日　共青团温州市鹿城区第十次代表大会在鹿城文化中心隆重召开。鹿城区200多名共青团员代表齐聚一堂，共同绘就鹿城发展新蓝图。区领导市委常委、区委书记陈浩，区人大常委会主任吴海燕，区委副书记、区长朱崇敏，区委副书记曾恩伟，区委常委、宣传部部长胡慧雷，副区长黄定恩等领导出席了大会。

八月

1日　该日起，鹿城区公共场所经营户陆续此后收到一个专属二维码，该二维码就如同公共场所的电子“身份证”，其中包括卫生情况、监督信息等。移动互联网智能终端快速普及，二维码平台已成为新的公开渠道。

2日　温州市鹿城区佛教协会第四次代表会议在华侨饭店召开。会议审议通过了《鹿城区佛教协会章程》，选举产生了鹿城区佛教协会第四届理事会，选举万如法师为新一届佛教协会会长。温州市民宗局副局长陈碎训，鹿城区委常委、统战部部长杨德听，区政协副主席王丽丽等市、区领导出席会议。

3日　鹿城区食安办、区市场监管局联合推出11期食品安全“你点我检”进家庭活动，邀请市民通过“鹿城市场监管”微信公众号平台选出最关心的食品种类，征集3名消费者家庭代表参与活动，20个批次食品检测全部合格。

同日　鹿城区举办严肃换届纪律专题培训会，以贯彻落实严肃换届纪律要求，努力营造风清气正换届环境。区委常委、组织部部长罗招政出席会议并讲话。鹿城区600多名干部参加会议并观看《镜鉴—湖南衡阳、四川南充“两案”警示录》。

4日　鹿城区政协以办好“委员工作室”作为发挥委员主体作用的一次生动实践，首批10个专业性委员工作室相继挂牌成立。委员工作室根据界别特色，结合委员自身优势，主打专业品牌，不断为企业、群众提供暖心服务。

同日　鹿城区山福镇第一届全民运动会暨中国象棋比赛开赛，来自全镇各村、企业的13支队伍，近40名象棋爱好者参与其中，互相切磋棋艺。

5日　中国（温州）朗诵艺术基地落户温州授牌仪式暨温州市第四届“中华诵”经典诗文朗诵大赛颁奖晚会。温州江心屿——中国诗之岛被授予“中国（温州）朗诵艺术活动基地”的称号，这是当时全国首个中国朗诵艺术活动基地。这是继中国书法之乡、中国曲艺之乡、中国合唱基地之后获得的第四个“国字号”文化基地称号。

同日　鹿城区召开反腐败协调小组（扩大）会议，进一步全面分析鹿城区当前反腐败工作形势，充分发挥协调小组职能作用，推进鹿城区反腐败工作再上一个新台阶。区委副书记、纪委书记、政法委书记、区反腐败协调小组组长曾恩伟主持会议。

9日　鹿城籍选手徐嘉余获得奥运男子100米仰泳银牌，创造了温州游泳的历史，是温州进入奥运会游泳单项决赛的第一人，并实现了中国男子仰泳在奥运会上奖牌零的突破。

10日　为了让环境空气质量能达到国家二级标准，鹿城区环保局对辖区内涉及大气污染的企业进行集中整治执法大检查。随机抽查辖区涉及排放二氧化硫、氮氧化物和烟粉尘的30家工业企业。

11日　康奈集团工会被中华全国总工会授予“全国模范职工之家红旗单位”称号。作为本届唯一一家获此殊荣的浙江企业工会，标志着康奈集团工会在全国模范职工之家的基础上更上一层楼。

15日　鹿城华泰小额贷款公司在2015年度监管评级中被评为最高等级A+。这是鹿城区首个被评为A+的小额贷款公司。

16日　五马街再添金名片，荣膺“中国著名商业街”称号，成为浙南闽北首条获此殊荣的商业街。正式成为浙江省内继杭州清河坊、宁波老外滩之后的第三条“中国著名商业街”，也标志着五马街正式融入了北京王府井、上海南京路、重庆解放碑、成都熙春路、南京夫子庙等全国范围内的“中国著名商业街”大家庭中。

17日　浙江尊荣千想传媒成为鹿城区文创孵化器飞出的又一只“金凤凰”，成为温州市首家挂牌“新三板”的文化传媒企业。

19日　区广电新闻中心星际集团通联站正式成立，并举行授牌仪式。这是该中心首个驻企业通联站，将充分发挥本土媒体舆论导向功能，深度挖掘企业人文精神与内涵，宣传企业改革发展成果、弘扬企业文化等。

22日　区残联，市、区肢残人协会联合开展“感受精细化、体验无障碍”为主题的公益行活动。肢残人士走上街头，亲身感受温州城市道路建设发生的变化，参观精细化管理后变美变畅的城市街区，体验残疾人与老人无障碍出行环境的改善。

30日　鹿城区环保志愿者协会正式成立。该协会是市区范围内成立的首家环保志愿者协会，这也标志着鹿城区环保志愿服务工作在原有的基础上，步入了规范化、多方位、深层次的发展轨道。

九月

3日　浙江省第五届全省检察机关民事行政检察业务竞赛结果公布，鹿城区检察院民行科的林爽从34名参赛者中脱颖而出，获得“第五届全省民行检察业务竞赛标兵”的称号。她也是温州检察机关在本次比赛中唯一获此殊荣的检察官。

同日　鹿城籍青年舞蹈家张文海编导《采茶舞曲》献礼G20杭州峰会开幕式晚会。通过这样一个代表性节目，把浙江的名曲名舞，用与众不同的呈现方式作为名片传递出去，给人以新感受、新观念、新印象。

4日　鹿城区群防群治队伍又添一股新力量，民兵和预备役人员投入平安建设的“大军”之中。在鹿城大街小巷，活跃着近5万名“红袖套”队伍，协助参与巡逻防范工作、化解群众矛盾纠纷，他们成为守护鹿城平安的一支强大的“常备军”。

5日　浙江省社科联公布第六批浙江省社会科学普及基地名单，东瓯国历史文化社科普及基地榜上有名，成为鹿城区首家省级社科普及基地。

8日　抗日战争胜利71周年纪念日之际，鹿城区慈善总会启动关爱抗战老兵活动，联合三乐亭、温心会义工队等多个爱心团体对31位老兵进行慰问。

9日　温州市首届“互联网+公益”慈善项目助力大赛启动仪式在温州商学院学术报告厅举行，干部打造项目展示、资源配置、组织交流和文化引领于一体的开放性慈善公益平台。

13日　一场全面展现瓯越历史文化底蕴，融合时尚元素概念，展露群众生活面貌的文化盛宴——2016鹿城区江心屿金秋文化节正式启幕。

16日　第14号超强台风“莫兰

蒂”强降雨严重影响鹿城区，鹿城区西部乡镇受灾严重，干部群众众志成城、全力以赴抗台救灾。受强降雨影响。

同日　鹿城地税管理六科、七科、八科正式入驻新址，合署办公。鹿城地税外派科室新办公场所位于温金公路113号种子大楼，共有三层办公区域，其中纳税综合服务窗口设在一楼大厅，开设了包括咨询业务、综合业务办理等10个窗口，二楼、三楼分别为三个科室的办公区域。新办公场所有效整合了鹿城西部的办税资源，将成为鹿城地税坐落于温州西大门的亮丽窗口。

20日　全省基层群众性职工文体活动经验推广现场会（浙东南片区）在鹿城召开。来自宁波、舟山、台州、温州市总工会和所属县（市、区）总工会的分管领导和宣教部门负责人，以及四地市文体活动先进街（镇）总工会和企业工会负责人共120人参加此次会议。

同日　由鹿城区文联主办，区书法家协会承办的鹿城二十青年书法展在市工人文化宫举行。本次展览共征集到40余位作者60多件作品，由区书协邀请专家最终评选出20位参展作者。

同日　仰义街道出品的微电影《乡思如水》正式发布。正值“世界温州人大会”召开之际，该影片引起了归乡温州人的情感共鸣。这也是鹿城区首部街道自制的微电影。

21日　浙江省国土资源厅副厅长张金根一行赴鹿城区开展台风过后地质灾害防治工作调研。区委副书记、区长朱崇敏，区委常委、副区长林世南等陪同调研。

同日　鹿城区国防教育基地在七都学生实践学校安家落户，这是学校培养学生动手实践能力和创新精神的重要举措之一。

22日　为庆祝红军长征胜利80周年、讴歌党的丰功伟绩和不畏艰难的长征精神，由鹿城区文联及鹿城区书法家协会共同举办的第六届老书家书法作品展在温州市工人文化宫开幕。

23日　第三届丝绸之路国际电影节闭幕式暨颁奖典礼在西安举行，由在鹿企业永佳文化传媒有限公司和西部电影集团有限公司联合出品的电影《血狼犬》从676部影片中杀出重围，一举夺得2016传媒荣誉最佳故事片大奖。

同日　以“提升家庭发展能力 促进家庭幸福和谐”为主题的全市首届“新家庭计划”文化节在鹿城区蒲鞋市街道青园社区举行，首个“新家庭计划健康服务驿站”和“妈咪暖心小屋”也在此落户。

24日　2016年鹿城·台湾青年文化节正式启动。此次活动有利于推动两岸文化产业向纵深发展。

26日　全国人力资源和社会保障系统2014—2016年度优质服务窗口拟推荐表彰名单结束公示，鹿城区社保中心作为温州地区唯一的代表被推荐为全国人社系统2014—2016年度优质服务窗口。

29日　省质监局委派验收组同意通过鹿城区“江心屿景区智慧旅游服务标准化试点”项目省级验收。

十月

1日　鹿城区组织各个小学的100名小学生在江心屿棕榈草坪开展以“诗话江心”为主题，的诗词书写活动，展示中国传统文化的魅力，感受汉字之美、书法之美，同时用他们的纯真笔墨为祖国母亲生日献上了一份厚礼。

7日　《环五马文化商圈建设三年行动计划》正式出台，明确了环五马文化商圈的发展方向，即力争通过三年时间，将环五马文化商圈打造成为历史文化与现代服务业相融合的区域性历史文化展示中心和时尚消费中心。

8日　在第十四届全国检察长论坛上，鹿城区检察院获“2016年度全国检察宣传先进单位”。

同日　在鹿城区侨联的牵线搭桥下，西班牙新闻通联站、中美公共外交协会新闻通联站正式授牌成立。这是区广电新闻中心践行“走、转、改”实现新闻“三贴近”，真正让新闻触角从本土延伸至海外的一次成功实践。

同日　“金税三期工程系统”正式启动。该系统通过信息网络为纳税人提供优质、便捷、全方位的税收服务，统一了国、地税核心征收管应用系统版本，实现了业务操作和执法标准的统一规范。

11日　温州市、鹿城区就10月10日凌晨3时25分双屿街道中央涂村中央街4间6层农民自建房出现突发倒塌事件召开新闻发布会，通报事故相关情况、处置进展和处置结果，并就社会和媒体关注的热点问题做了回答。“10·10”事件发生后，整个救援工作总体有序有效，善后工作有序开展。至搜救结束后，共救出28人，其中22人遇难，对遇难者的家属，以最大的努力，给予安抚和帮助。

12日　为贯彻落实省委、省政府领导的指示要求和市委、市政府的总体部署，鹿城区全面开展“大拆大整”专项行动，围绕加快转型和保障民生这条主线，大力度推进危旧房、违法建筑、城中村改造，大力度推进流动人口管理、居住出租房整治、低小散企业整治提升以及旧市场搬迁改造、城乡乱象治理，从根本上消除各类安全隐患，确保“今年年底初见成效、明年上半年大见成效”。

13日　随着《鹿城区公务车辆制度改革实施方案》的出台，鹿城区车改封车行动迅速展开，完成封车249辆。

16日　仰义街道林里片区低丘缓坡利用项目是全省山坡地利用的试点项目，总规划面积约775.75公顷，定位为山水田园城镇，宜居生态大城。世和生态城展示厅全面竣工开放，10月19日林里片区第一个商品房楼盘（A—11地块）正式开盘，为全面开发建设林里片区奠定了坚实的基础。

17日　应卡塔尔博物馆管理局邀请，文化部于2016中卡文化年活动期间举办中国文化节活动。最终由文化部和省文化厅确认包括鹿城区文化馆在内的三个团队于10月30日赴卡塔尔参加中国文化节文化交流活动。在此次文化交流活动中，鹿城区文化馆及区艺术总团承担舞蹈、器乐、太极、武术及戏曲魔术等8个具有鲜明中国特色的展演节目，其中包括舞蹈《飞天》《花儿》《烟花三月》《楚腰》以及器乐合奏《瑶族舞曲》等。应卡方要求，演出场次为10场。

21日　鹿城区“社区好人”名单公布，谢蓉英等九位“草根英雄”上榜，获得由鹿城农商银行出资成立的“道德公益基金”奖励金。截至当日，鹿城区已诞生“草根英雄”228名。

24日　鹿城区纪委严明“五项纪律”，开展“大拆大整大巡察”，严肃整治妨碍执法、推诿扯皮、消极应付等行为，为“大拆大整”专项行动保驾护航。

同日　为援助鹿城区台风受灾地区，鹿城区慈善总会将170万元“莫兰蒂”台风救灾款发放到山福、藤桥、仰义等重点受灾区，帮助受灾群众尽快重建家园，恢复生产。

25日　鹿城法院省内首推“法庭义工”成立后，可以为群众提供诉讼引导、法律咨询、关爱帮扶、劝慰开导、文明倡导等便民服务。首批上任的41位“法庭义工”来自市、区两级慈善总会义工队、区律师协会等志愿服务组织。

28日　鹿城区通过思路创新，不断改进招商方式，突出优势资源，扎实开展招商引资工作，截至9月底，共引进项目87个，到位资金139.77亿元，同比增长30.24%，完成全年市定任务数130亿元的107.52%，提前完成市定全年招商引资任务。

10月　微网站“掌上鹿城”正式上线。该微网站作为“鹿城新闻网”的拓展延伸，在满足读者进行手机阅读的同时，也成为由鹿城广电新闻中心打造的“媒立方”的“重要一员”，进一步扩大宣传影响力。微网站“掌上鹿城”精选“鹿城新闻网”重要栏目，设置了头条、要闻、视频、专题、鹿行天下、媒体关注等12个栏目，为网友提供全新的阅读体验。

十一月

2日　鹿城区文化广电新闻出版局被国家版权局授予“2015年度全国查处侵权盗版案件有功单位”称号，是温州市唯一获此殊荣的单位。

同日　作为鹿城区地标性建筑之一的置信广场正式开业，助推鹿城商业再升级。

同日　鹿城区召开普法依法治理领导小组会议，贯彻落实省市“七五”普法启动有关会议精神，深化法治鹿城，助推转型发展。

3日　五马街道首个驻外党支部的建立，打破传统网上交流学习的方式，让党员面对面进行专题学习、促膝谈心，使长期在外的流动党员有了归属感。

同日　鹿城区人民法院与温州市银行业协会正式建立诉调对接工作机制，同时成立全省首创的诉调对接工作室，引导和鼓励当事人选择调解、协调或和解等非诉讼方式解决银行业的矛盾纠纷。

4日　鹿城区举行纪念红军长征胜利80周年暨社区好人颁奖仪式。纪念活动现场座无虚席，吸引了400余位来自各个社区的居民前来观看。此次活动颁发了2016年第7、8、9期社区好人。

同日　中共十八届六中全会闭幕后，鹿城区迅速组织各级党组织和党员干部学习全会公报，掀起了一场学习宣传贯彻全会精神的热潮。

同日　省委副书记、代省长车俊调研鹿城大拆大整工作，强调温州要坚决落实省委要求，坚持民生导向、治本导向，统一认识、落实责任，全力打赢“大拆大整”硬仗，全面提升地质灾害防范能力，干好对推进城市治理升级、产业转型升级、干部作风转变具有里程碑意义的大事。

9日　大南街道率全市之先携手华东公证处对该街道办事处拥有

的3处国有房产进行首期社会公开招租。

10日　温州海关举行AEO高级认证企业授牌仪式，温州市太阳神鞋业有限公司成为温州关区首家通过海关AEO高级认证的企业。

17日　鹿城区企业联合会、企业家协会、工业经济联合会共同组织50家企业开展“互看互学”活动，拓宽鹿城区中小企业家的视野，创新思路，助推企业转型升级。

18日　银行业存贷款余额均保持良好的增长势头，前三季度存款同比增速均突破10%，7月、9月增速更是达到16%左右，存款余额首次突破3800亿元大关。

21日　温州市暨鹿城区首届中小学生反邪教诗词楹联颁奖在鹿城区反邪教主题公园——下吕浦河滨公园举行。

25日　2016年度“浙江骄傲人物”经由全省媒体共同推选产生了20名候选人，七都“留守儿童快乐之家”的创办人周祥薇作为温州地区唯一的代表入选。

29日　南汇街道商会30多位会员企业代表组成商会考察团，前往菲律宾开展商业文化考察交流活动。会员企业贯彻“一带一路”战略规划目标，为会员企业拓宽海外市场铺路搭桥，营造商机。

30日　第五次全国残疾人工作会议上，鹿城残工委被国务院残工委授予“十二五”期间“全国残疾人工作先进单位”称号。全国共表彰200个市县，其中浙江省7个，鹿城区残工委更是温州唯一获奖单位。

同日　区直机关工委举行了2016年度鹿城区十大机关工作品牌专家评审会，评出2016年度鹿城区十大机关工作品牌。

同日　温州市鹿城区基督教“两会”第三次代表会议在金瓯大酒店召开，会议审议通过了《鹿城区基督教“两会”章程》，选举产生了鹿城区基督教“两会”第三届领导班子，选举石新民为新一届基督教爱国会主席。温州市民宗局副局长叶军毕，鹿城区委常委、统战部部长杨德听，区人大常委会常委会副主任胡海峰，区政协副主席王丽丽等市、区领导出席会议。

十二月

1日　鹿城区举办首届“最美残疾人·最美助残人”颁奖晚会。此次“最美残疾人·最美助残人”评选活动由鹿城区委宣传部、区文明办、区残联、温州市广电集团公共频道联合开展，最终评选出了徐家晖等10位最美残疾人（集体）和刘苇等10位最美助残人（集体）。

2日　省委副秘书长、省直机关工委书记施利民在领导陪同下，到南汇街道横渡地块察看“大拆大整”情况，并对鹿城区机关党建围绕中心、助推“大拆大整”工作予以肯定。

5日　“黎明92”创意园区作为老旧工业区彰显创新文化新活力，为市民提供着独具特色的一站式玩乐服务，并入选浙江省文创试点街区。

7日　浙江首届大数据舆情高峰论坛——现代国家治理术与数暨浙江政务传播系列优秀颁奖典礼上，鹿城区委宣传部获2016年浙江政务传播“治理典范”单位。

同日　由鹿城区纪委派驻第一纪检组、区档案局、五马街道联合举办的十八届六中全会精神图片展在城西社区举行。40多块展板用图文并茂的方式直观、通俗地解读全会精神，着重展示了十八届六中全会的聚焦看点、主要议程、“条例”与“准则”等相关内容。

同日　鹿城区召开全区领导干部大会，学习贯彻省委十三届十次全会精神，要求与会人员结合鹿城实际，抓好全会精神落实，加快鹿城转型发展。区委副书记、代区长胡晓东主持会议。区领导王易进、郑锦春、曾恩伟、杨德听、林振江、张纯红、黄定恩、胡慧雷、李先进、吴道静等出席会议。

同日　全国工商联理想信念教育实践活动座谈会在鹿城区松台街道商会召开。在座谈会上，来自全市先进商会代表围绕非公有制经济人士理想信念教育实践活动的特色亮点工作和体会进行了交流发言。

9日　区广电新闻中心在浙江帝杰曼信息科技股份有限公司设立第三家企业联通站。这不仅是该中心践行“走、转、改”实现新闻“三贴近”的改变，同时也代表着浙江帝杰曼信息科技股份有限公司信息宣传驶上了“快车道”。

13日　省政协副主席王建满率调研组来鹿城，就“大拆大整”工作进展情况进行调研。强调要一往无前狠抓落实，不断增进民生福祉。区领导黄定恩、黄唯中等参加调研。

17日　在北京举办的《中华工商时报》2016年“智造中国：新制造、新变革、新驱动”主题年会暨“十三五”民企转型升级发展论坛上，鹿城区工商联获2016年度“创新中国”县级工商联工作特别奖，创新项目“探索打造非公有制经济人士温暖之家”受到表彰。

19日　在北京举办的《中华工

商时报》2016年“智造中国：新制造、新变革、新驱动”主题年会暨十三五民企转型升级发展论坛上，鹿城区工商联获2016年度“创新中国”县级工商联工作特别奖，创新项目“探索打造非公有制经济人士温暖之家”受到表彰。

同日　全国工商联理想信念教育实践活动座谈会在鹿城召开。在座谈会上，来自市物流商会、市家电行业协会、鹿城区松台街道商会等单位负责人，围绕非公有制经济人士理想信念教育实践活动的主要做法和成果进行了交流讨论。

20日　鹿城区率全市11个县（市、区）之先成立互联网发展促进会，并举行了网促会党总支授牌活动。市委副秘书长、宣传部副部长、市网信办主任王丹到会表示祝贺。

21日　鹿城区首批电子商务创业培训基地授牌仪式在鹿城职业技术学校举行，梦幻职业技能培训学校、众博职业技能培训学校被正式授予“电子商务创业培训基地”称号。

22日　由温州多家企业和机构以爱心众筹的方式开展的“这个小年夜，我们邀环卫工人这样过”活动，邀请190多位环卫工人一起免费观看大片，还赠送“爱心大礼包”等一系列冬季实惠用品。

23日　温州市侨界名媛会副会长、临江侨联主席林小玲代表36名山福海外华侨受聘成为鹿城区首批海外传播官，通过网络平台向华侨传播政府招商引资政策、法律法规、家乡建设、动态信息及文化传承等。

同日　省内首家4.0版智慧农贸市场——新田园农贸市场正式开业。整齐划一的摊位、绿色精致的市场设计、统一着装的经营户、支付宝卡等电子化结算方式标识，呈现出改造升级后的优势。

26日　中共温州市鹿城区第九次代表大会在鹿城文化中心隆重开幕。李无文代表中国共产党温州市鹿城区第八届委员会向大会作了题为《趁势大拆大整加快转型发展奋力打造全面小康社会示范城区》的报告。

29日　中国共产党温州市鹿城区第九届委员会举行第一次全体会议。出席会议的有区委委员44名。李无文主持会议。会议酝酿并选举产生了中共温州市鹿城区第九届委员会常务委员会委员、书记、副书记。李无文、胡晓东、曾恩伟、杨德听、林振江、张纯红、黄定恩、胡慧雷、吴道静、王炯、林仕德当选为常务委员会委员。李无文当选为中共鹿城区委书记，胡晓东、曾恩伟当选中共鹿城区委副书记。

同日　中共温州市鹿城区第九次代表大会民主选举产生的中共温州市鹿城区纪律检查委员会举行第一次全体会议。张纯红受区第九次代表大会主席团委托主持会议。会议选举产生了新一届鹿城区纪委常务委员会委员和书记、副书记，选举结果经中共温州市鹿城区第九届委员会第一次全体会议通过后，报中共温州市委批准。

责任编辑　贾海丹

鹿城总述

自然地理

【地理位置】 鹿城区地处浙江省东南沿海，瓯江下游内陆南岸。全境介于地理坐标北纬27° 58′ —28° 09′ 、东经120° 42′ —120° 47′ 。总面积290.47平方千米，东西长约41.43千米，南北宽约20.65千米。东接龙湾区，西南与瓯海区毗邻，最西与青田县相连，北濒瓯江与永嘉县隔江相望。

【地形地貌】 境内地貌由于地质构造的影响，地势从西往东显梯形状倾斜。东部濒临瓯江，属冲积与海积平原，城区系瓯江下游平原，并分散着郭公、海坛、华盖、积谷、松台、巽吉、杨府等孤山与孤丘，多数在100米以下。海岸边是基石质和淤泥两种，有七都冲积沙洲，位于瓯江口。而西部系低山丘陵盆地区，占大部面积。

【自然资源】 2016年，鹿城区有耕地资源7.3793万亩（其中水田4.7002万亩、旱地2.6791万亩）、园地0.4228万亩、林地15.5003万亩、草地1.4204万亩、城镇村及工矿用地10.4247万亩、交通运输用地1.4830万亩、水域及水利设施用地6.1161万亩、其他土地0.8237万亩。年内，减少耕地637.8亩，其中城镇村及工矿用地495.9亩、交通运输用地108.9亩、水域及水利设施用地31.5亩、其他土地1.5亩。

区内矿产资源有铅锌矿、多金属矿、镜铁矿、金矿、伊利石矿、钾长石矿、高岭土、花岗石、泥炭、气点等，矿产地19处。

全区饮用水源来自赵山渡、泽雅水库。按III类标准评价，赵山渡、泽雅水库水源地水质达标率为100%。入海河流——瓯江（鹿城段）小旦断面水质为Ⅱ类，杨府山断面水质为Ⅱ类。全区平原河网水环境质量为Ⅳ类。

2016年，全区森林面积1.15万公顷，活立木蓄积42.28万立方米，森林覆盖率39.2%。全年完成山地造林383亩，完成平原绿化35亩，其中村庄绿化30亩、公路绿化5亩；完成森林抚育5083亩。森林树种有乔灌木1016种，隶属112科，其中，被子植物972种，隶属103科；裸子植物44种，隶属9科。主要经济作物有杨梅、瓯柑、茶树、乌桕、板栗、山鸡椒、柿、枇杷等13种。主要造林绿化树种有松木、柳树、樟树、鹅掌楸、枫树、木荷、枫杨、白花泡桐、红豆杉等16科、23种。珍稀树种有国家一级保护的世界濒危树种红豆杉、国家二级保护的濒危树种鹅掌楸、国家二级保护的濒危树种香果树和湿地树种红树林等。

境内水产资源有鱼类111种，隶属13目33科83属，主要有鲥鱼、中华鲟、香鱼、凤鲚、短尾鲚、鳜鱼、棘头梅头鱼、黄姑鱼、弹涂鱼、脊尾白虾、刀额新对虾（蚕虾）、中华鳖、大鲵（娃娃鱼）等。而淡水养殖有草鱼、鲢鱼、鳙鱼、鲫鱼、鲤鱼等。2016年，淡水产品产量722吨，其中鱼类产量528吨、虾蟹类产量123吨。另据河口段型水生生物洄游性特征，瓯江水域有鳗鱼汛（冬春）、蟹苗汛（春夏）、子鲚汛（夏）、香鱼汛（秋冬）、青蟹汛等。

【气候特征】 鹿城区属亚热带海洋季风气候，冬无严寒，夏无酷暑，光照足量，雨水充沛。1月最冷，平均气温7.6℃；7月最热，平均气温27℃。常年日照时数为1727.9小时，年平均气温18℃，极端气温最高41.3℃，最低-4.5℃。无霜期约280天，年降水量1100—2200毫米。温和湿润的气候，十分适宜农作物生长。2016年，受超强厄尔尼诺事件和全球气候变暖影响，温州市区气候异常。全年降水量为1918毫米，较常年平均值偏多。9月

17日，市区出现最大日降水量125.8毫米。日照时数为1462.7小时，较常年偏少265.2小时。全年遭遇5个台风、梅汛期暴雨、强对流等极端天气影响。

建置与人口

【建置沿革】 鹿城区境古属瓯地。春秋战国时属越地。秦属闽中郡。西汉系东瓯国。顺帝永和三年（138）以章安县东瓯乡为永宁县，隶会稽郡。三国时分会稽郡东郡，置临海郡，永宁县属之。东晋明帝太宁元年（323），析临海郡南部地永宁、安固、松阳、横阳四县，置永嘉郡，以永宁县城为郡治，同时于瓯江南岸建筑郡城，即今之鹿城。

隋文帝开皇九年（589）废永嘉郡和临海郡，置处州，寻改括州；并改永宁县为永嘉县，隶属括州。炀帝大业三年（607）改州为郡，恢复永嘉郡，仍属扬州。唐高宗上元二年（675），析括州之永嘉、安固二县置温州，并以永嘉为州治。武后载初元年（689）析永嘉县，复置乐成县。玄宗天宝元年（742）又改温州为永嘉郡；肃宗乾元元年（758）复为温州，先后隶浙江东、西道。宋咸淳元年（1265），以度宗潜邸升温州为瑞安府。今域皆以永嘉县属之。

元世祖至元十三年（1276），改瑞安府为温州路。明洪武元年（1368），温州路改为温州府。清世祖顺治三年（1646），入清版图，沿明制。清宣统三年（1911），辛亥革命爆发。温州光复，仍称永嘉县。

民国元年（1912），今域属浙江省瓯海道永嘉县。至民国37年（1948），温州称为浙江省第五行政督察区。今域皆以永嘉县属之。1949年5月7日，温州解放。8月，成立浙江省人民政府第五区专员公署，并将永嘉城区及城郊、梧田、永强、三溪、藤桥、西岸区划出，设立温州市，今域属之。1980年4月，恢复温州市为省直辖市，同时将市区分设为东城、南城、西城三个县级区。1981年9月，温州地区和温州市合并，成立温州市人民政府，实行市管县体制，原温州市成为温州的中心区，称温州市区。1981年12月，析温州部分（除近郊外）置瓯海县。1983年，将市区三个区并为一个城区。

1984年12月，温州市郊区6个乡划归城区，改称鹿城区，辖14个街道6个乡，隶属温州市。1992年10月，划出景山街道、新桥镇归瓯海县。2001年8月，将原瓯海区的双潮乡、岙底乡、上戍乡、临江镇、藤桥镇和梧田镇的前网、鱼鳞浃、划龙桥4个村，原永嘉县七都镇和桥下镇的中央涂居委会，原龙湾区的蒲州、上蒲州2个村划归鹿城区。调整后，全区辖17个街道7乡4镇，面积增加到294.38平方公里，人口从51.68万增加到60.03万人。同年9月，区划再调整，全区设12个街道4个镇5个乡，有151个居委会、146个行政村。

2011年4月，区划调整，鹿城区辖黎明、绣山、蒲鞋市、洪殿、南浦、江滨、南门、五马、莲池、水心、广化、黄龙、七都、南郊、双屿、仰义等16个街道办事处和藤桥镇1个镇。同年10月，区划再调整，鹿城区辖五马、松台、滨江、南汇、双屿、仰义、七都等7个街道办事处和藤桥镇1个镇。

2015年9月，区划调整后，鹿城区辖五马、大南、松台、广化、丰门、滨江、蒲鞋市、南汇、南郊、双屿、仰义、七都等12个街道办事处和山福、藤桥2个镇，83个社区、141个行政村。区域面积290.47平方千米。

2016年鹿城区行政区划情况表

表1

街道、镇	下辖	个	社区、行政村
五马街道	社区	14	鼓楼、谢池、府前、城西街、墨池、八仙楼、朔门、百里坊、安澜、十八家、矮凳桥、黎明西路、乘凉、路湾
大南街道	社区	7	马鞍池、花柳塘、虞师里、双莲桥、白鹿洲、山前街、荷花
滨江街道	社区	9	灰桥、洪殿、陡门、杨府山、丰汇、蒲源、浦东、宏源、新田园
	行政村	5	黎一、黎二、杨府山涂、蒲州、上蒲州
蒲鞋市街道	社区	8	蒲鞋市、横河、蒋家桥、芳园、绿园、青园、金丝桥、锦园
	行政村	1	巽山

续表1

街道、镇	下辖	个	社区、行政村
南汇街道	社区	11	桥儿头、南塘、清风、吕浦、春秋、开源、绣山、大自然、万源、龙源、金鳞
	行政村	9	鱼鳞浃、南塘、灯塔、前网、上田、横渎、巨一、龙沈、划龙桥
南郊街道	社区	5	十里亭、三板桥、西屿、丽庆、东龙
	行政村	5	东屿、龙方、德政、里垟、葡萄
松台街道	社区	11	庆年坊、郭公山、来福门、锦花、水心、桂柑、昌明、菱藕、蛟翔巷、半腰桥、茶花
	行政村	2	松台、水心
广化街道	社区	8	翠微、月湖、双榕、双乐、集新、教场、集善、特陶
	行政村	1	双桥
双屿街道	社区	7	营楼桥、牛岭、垟田、黄龙、新泽、瓯浦垟、康龙
	行政村	6	牛岭、营楼桥、瓯浦垟、垟田、双岙、箬笠岙
丰门街道	社区	1	新屿
	行政村	7	岩门、潘岙、屿头、正岙、上伊、前陈、嵇师
七都街道	行政村	6	老涂、吟州、前沙、板桥、樟里、上沙
仰义街道	社区	1	仰新
	行政村	12	澄沙桥、渔渡、后京、前京、龙川、垟山、十里、河岙、钟山、陈村、林里、馒头驻
山福镇	行政村	32	驿头岙底、驿头山根、和平、平山、下湾、西洲、横山、仁地、金岙、后支、前盈、庄岩、巽岙、江南上村、郑大垟、沙头、夏家山、下垟、沈岙、渡船头、小旦、双溪、下冯、下冯山、东岙、荫溪潮埠、朱下、茅垟、东坑、西坑、黄茅坪、利八坑
藤桥镇	社区	1	藤桥
	行政村	55	樟村、金马、油岙、石垟、陈良、林山、南岸、石埠、新村、北岸、垟岸、下庄、埭马、底垟、底山根、后垟、上寺西、大塘、坑古、雅漾、上埠头、桥上、潮济、大潭、坎上、上桥、下岸、外垟、潮埠、竹桥、西湾、周徐、下巨、前林、渡头、营上、戴宅、方隆、岭下、山岸、东村、支岙、枫林岙、小岙、三新、林路、江池、田塘头、白脚坳、丁埠头、呈岸、底坦、吊降、江心田、上皮山

说明：该表由区民政局提供

【人口】 2016年末，鹿城区总户数251760户，户籍人口75.77万人。全年出生人数8423人，死亡人数3546人，自然增长率为6.48‰。据6月30日调查，全区暂住人口为66万人。

2016年鹿城区户籍人口情况表

表2

指标名称	单位	2016年	2015年	2016年比2015年±
一、年末总户数	户	251760	247271	4489
二、年末总人口	人	757678	746992	10686
（一）按性别分				

续表2

指标名称	单位	2016年	2015年	2016年比2015年±
1.男性	人	374613	370042	4571
2.女性	人	383065	376950	6115
（二）按户籍性质分				
1.城镇人口	人	660889	650829	10060
2.乡村人口	人	96789	96163	626
（三）按年龄分				
1.18岁以下	人	131031	125330	5701
2.18—35岁	人	156857	161514	—4657
3.35—60岁	人	310658	308222	2436
4.60岁及以上	人	159132	151926	7206
三、人口变动				
（一）出生人数	人	8423	7922	501
出生率	‰	11.20	10.63	0.56
（二）死亡人数	人	3546	4175	—629
死亡率	‰	4.71	5.60	—0.89
（三）自然增长率	‰	6.48	5.03	1.45
四、每户家庭平均人口	人/户	3.01	3.02	—0.01
五、暂住人口	人	660012	632309	27703

说明：暂住人口调查时间为2016年6月30日

历史人文

【文物古迹】 鹿城历史悠久，早在四千多年前，先民已经在此生息繁衍，历代遗存文物较为丰富，有曹湾山遗址、西山青瓷窑址群、铁栏井、寺前桥、叶适墓等。全区共收藏文物2.1万多件。

鹿城文物古迹情况表

表3

名　称	简　介
曹湾山遗址	曹湾山即老鼠山的别名。上戍乡渡头村老鼠山，属青铜时代，面积约9000平方米。采集有泥质黄陶（包括夹砂陶和着黑陶）、印纹硬陶、原始瓷片等。印纹硬陶饰条纹、弦纹、蓆纹。原始瓷施褐色釉，饰弦纹。石器有刀、斧、镞等，均经磨制，器形较小。2002年11月至2003年4月，省、市文物部门对该遗址进行了抢救性考古发掘，发掘面积635平方米，发现距今4000年前后的好川文化聚落遗址，揭示连片成排石础建筑遗迹。清理墓葬35座，获得玉器、石器、陶器等文物1000多件及大量的陶片标本；另清理唐代土坑墓6座，出土瓷壶、瓷钵、瓷缸和铜镜等文物近百件。该遗址是一处以山顶岗地为聚落中心，山腰、山坡均有遗存分布，面积近万平方米的新石器时代末期山前沿江孤丘型聚落遗址。该遗址的发掘，是温州地区先秦遗址考古的一个突破，为认识研究浙南地区史前文化内涵特征，建立温州史前文化的编年开辟了一个新天地。2013年，被列为全国重点文物保护单位。
东瓯王墓	黄龙街道瓯浦村瓯浦山东侧。始建于西汉，驺摇为越王勾践后裔。秦末，率众佐汉灭秦、灭楚有功，汉惠帝三年（前192）封东海王，都东瓯，俗称东瓯王。墓始建于西汉，清道光二十四年（1844）重修。20世纪60年代被毁，1996年按清时原样修复。墓域由墓丘、拜坛、神道组成，占地面积350平方米。墓丘呈扶椅式，椅圈正中嵌“汉东瓯王之墓”石碑。现尚存清道光廿四年《重修东瓯王墓记碑》一座。市文物保护单位。

续表3

名　称	简　介
墨　池	位于墨池坊1号。东晋永和年间，传王羲之寓居永嘉时，曾“临池作书，洗砚于此”，故称“墨池”，又称“洗砚池”。池呈方形，以块石叠砌，并围以砖砌栏杆。宋米芾曾题“墨池”二字，久已湮没。今存“墨池”二字刻石，为清乾隆五十年（1785）温州总兵黄大谋补书，藏温州博物馆。明周旋《墨池》诗云：“何以清池换墨池，昔年临池有羲之。”清郭钟岳《咏墨池》云：“风流太守忆王郎，经换笼鹅字字香。昨日见郎书法好，移家合住墨池坊。”2001年进行修复。市文物保护单位。
正和堂瓷窑址	广化街道双桥村东依下岭，唐、北宋年间，面积约2000平方米。地表采集有碗、盘、杯、盏、壶、罐、瓶等瓷片，以碗、盘为主。胎质坚硬细密，瓷色较白。釉色多为淡青色，亦有黑色。纹饰有荷花、蕉叶、乳钉、垂云、草花、牡丹等，线条粗犷。窑具有匣钵、喇叭形支座、垫饼和垫圈。1989年，被列为省文物保护单位。
铁栏井	位于铁井栏7号前。井呈圆形，井栏以铁铸成，故名。栏下圈铸于北宋元祐辛未年（1091），上圈铸于南宋庆元戊午年（1198）。清咸丰元年（1851），于井栏外周以青石，口沿用扇形青石板平铺成环状井唇。井栏外形弧肩、鼓腹，别致雅观。井腹呈鼓形，壁用青石垒砌，深约5米，井水清冽，常年不枯。为温州二十八宿井之一。1997年，被列为省文物保护单位。
寺前桥	藤桥镇寺前村，肇始于宋乾道八年（1172），建成于淳熙六年（1179）。三孔梁式石桥，南北走向，跨戍浦江，长33.3米，阔3.9米。石梁西侧直书阴刻“乾道八年壬辰岁季冬癸卯创始龙泉院乾僧师表”；东侧直书阴刻“淳熙六年巳月丙子日记功广阳石匠游成”。因坐落龙泉寺前，故名寺前桥。2011年，被列为省文物保护单位。
叶适墓	位于海坛山支阜慈山南麓。墓式分台基甬道、供坛、墓室三部分，青石围栏，左右各有石碑，记述叶适生平事迹。叶适（1150—1223）字正则，号水心。著有《习学记言序目》《水心文集》《水心别集》等，是南宋著名思想家、文学家，也是永嘉学派的代表人物。该墓1963年列为省文物保护单位。
王沛墓	藤桥镇枫林岙村。明代。王沛（1485—1558），字子大，号仁山。不乐仕进，习医治病。明嘉靖三十一年（1552），倭寇掠黄岩，王沛与从侄王德聚义兵千人慎固自守。嘉靖三十七年（1558），倭寇大掠温州，王沛与王德前往抵御，在瑞安梅头被围，英勇杀敌，壮烈牺牲。朝廷追赠为太仆寺丞。墓域面积约500平方米，墓丘呈扶椅式，条石垒砌，墓前原有亭、池。现存墓仪刻石翁仲、石虎等，采集到陪葬陶马头部等残件。市文物保护单位。

【风景名胜】 鹿城区是颇具影响的历史名城和自然风光旅游城市，素有“东瓯名镇”之称、“江城如画”之誉，自然人文景观丰富。境内有AAAA景区江心屿和印象南塘，另有东瓯王庙、谯楼、城西基督教堂、太平寺、中山纪念堂、中共温州独立支部遗址、新四军兵站驻温采购办事处旧址和夏承焘旧居、夏鼐故居、谷超豪故居等。

江心屿旅游区位于鹿城区北面的瓯江之中，是中国四大名胜孤屿之一，素有“瓯江蓬莱”“诗之岛”“佛国”之称。该岛占地1070亩，遍布殿堂亭榭，甚富古迹。有古树21株11个品种，树龄有千多年的榕树，800多年的樟树，400多年的橄榄树，百年以上的香叶树和日本五针松，罕见的樟抱榕连理树（其中樟树有1300余年树龄）。古时，江心屿为两个小岛。唐季以还，屿上逐渐建成梵宇和浮屠。咸通七年（866），于西山东麓建净信禅院。宋开宝二年（969），又于东山西麓建普寂禅院，并先后建西塔、东塔。南宋建炎四年（1130），宋高宗赵构为避金兵南下，曾驻跸普寂禅院。绍兴七年（1137），僧清了率众填塞中川，两屿遂连接为一。填塞处，建中川寺，通称江心寺。未久，高宗赐名为龙翔兴庆禅寺，奉为“宗室道场”。岛上主要景点有：江心寺、东塔、西塔、文信国公祠、浩然楼、宋井、澄鲜阁、温州革命烈士纪念馆、谢公亭、来雪亭、临清亭、归鹤亭、花柳古亭、凌波亭、怀青亭、英国驻温州领事馆旧址、小飞虹、象岩和狮岩、温州盆景园、综合性游乐场、情人岛等。2002年，被评为国家AAAA景区。

“印象南塘”景区位于鹿城区中部，北起锦绣路，南抵温州大道，包括南塘风貌街、南塘河、白鹿洲公园、文化村和庄头滨水公园等，总占地面积33.32公顷。其地理条件优越，从开建时便已定位为集休闲、时尚、购物、餐饮、娱乐、文化为一体的综合性旅游文化商业区，有“温州城市客厅”之称。2014年末，被评为国家AAAA景区。

鹿城风景名胜情况表

表4

名　称	简　介
谯　楼	位于鼓楼街和公安路交叉处，是五代吴越王钱镠七子钱传灌（887—941）任温州刺史时所建子城的正南大门，也称鼓楼，上设钟鼓，下通广衢。原建于天宝元年（907），历经七次修葺，最后一次在清康熙十二年（1673），拱门系大青砖卷砌，高4米，宽4.7米，进深14米。楼高13米，东西宽27.6米，南北宽14米，是境内仅存的一座古城楼。1925年旧温属公立图书馆设分馆于谯楼。1928年谯楼辟为民众教育馆。20世纪50年代谯楼改为二层楼房，长期被有关部门及其家属居住。1981年被列为温州市第一批文物保护单位。1993年重修，经过修缮的谯楼，总面积为356平方米，四周平台宽敞，外围的花岗岩雕花护栏与正中的仿清复原的楼阁遥相呼应，飞檐雕栏、青瓦红柱、梁柱粗壮、结构严实，底部用条石叠筑城门，用大青砖砌成拱顶，高4.20米，阔4.75米。谯楼正门新镌“东瓯名镇”匾额。2001年10月，谯楼再行修饰。2011年，被列为省文物保护单位。2013年8月，谯楼周边环境整治工程展开。2015年6月，启动温州市子城城墙——谯楼遗址保护与展示工程，将建成谯楼遗址公园。除谯楼门洞遗址外，其余遗址采用回填式保护方式。
太平寺	始建于后晋天福七年（942）。明正德七年（1513），释超印法师重加扩建，住持僧众达800之众。其时香客盈门，名闻遐迩，与护国寺、嘉福寺、天宁寺齐名，并称东瓯“四大丛林”。清雍正初，高僧释宿厂、释智顺二和尚夙修天台正教，驻锡于此。智顺和尚是天台宗廿四世传人，雍正十二年（1734）圆寂于太平寺。抗战期间，国民军暂编第三十三师驻兵于此，众僧离寺，僧去寺空。新中国成立后，太平寺被移作他用。2003年3月，在翠微公园南侧旧址鹿城路812号重建太平寺。新寺于2006年12月落成，依歇山顶宋式中轴，建山门、钟鼓楼、天王殿、大雄宝殿、藏经楼、般若讲堂、五观堂、六和楼、住法楼、吉祥处、素食馆、配殿、僧舍等，构造精美，气势恢宏。全寺占地面积2.3万平方米，建筑面积8600平方米。
江心双塔	东塔位于孤屿东峰山，始建于唐咸通十年（869），一说建于北宋开宝二年（969），曾毁于兵火，南宋绍兴十年（1141）重建。清乾隆多次重修。塔高28米，底径8米余，6面7层，青砖围砌。过去外围层有平座、栏杆和出檐，内有扶梯直上塔顶，可俯瞰瓯江和鹿城全貌。清光绪二十年（1894）始在东塔山下建造英国驻温领事馆，次年落成。后因故拆除东塔内外的飞檐走廊，留下这座中空无顶的塔身。塔顶自然生长一株榕树，根垂塔中，全年常绿，可为奇观。 西塔位于江心屿西山峰，始建于北宋开宝二年（969），一说建于唐咸通十年（869），明、清曾多次修缮。塔高32米，底径7米，6边形，7层，中空，系楼阁式青砖仿木构建筑。四十二个檐角悬挂铜风铃。塔每层每面均有小佛龛，内置石雕佛像，造型精致，塔周围置青石坐凳。因塔身倾斜，曾于1982年进行大修葺。今塔仍保持宋代风格。1981年，东西双塔被列为温州市第一批文物保护单位。1997年，江心屿双塔入选世界历史文物灯塔百强，国际航标协会正式宣布其为世界航标遗产。2002年5月18日，《江心屿双塔》作为《世界历史文物灯塔》特种邮票中的第二枚，由国家邮政局公开发行。2011年，被列为省文物保护单位。
妙果寺	位于松台山南麓三角门外，创于唐，盛于宋，是一座历史悠久并有一定影响的古代名刹。“妙果”，语出梵典，启发人生，含“殊妙胜景”之意。寺正殿殿宇庄严，香火鼎盛，供如来佛祖。联曰：“护法尊严，怒目看贪嗔痴爱；入门无礼，诚心发阿摩多罗。”二进殿置济陀古钟，俗称“猪头钟”。传有温州民歌“叮叮当，叮叮当，三角门外孤老堂：松台山上仙人井，妙果寺里猪头钟”（押温州方言韵）。山门外原建千佛塔，因年久失修，塔身倾斜，于1952年拓建公路时拆除。

续表4

名 称	简 介
谢公亭	在西塔山下东南滨江处。南朝诗人谢灵运任永嘉郡守期间，政暇频游江心屿，常在此观景。唐朝时为纪念谢灵运而建“谢公亭”。明宣德年间释昙旭募款重修。亭高丈余，六角飞檐，亭内施丹粉、绘兰蕙。该亭在公元9世纪时闻名海内。唐、宋、元屡有兴废，明、清间又多次重建。今亭为1952年重建，1977年重修后装饰一新，六角攒尖顶，黄色琉璃瓦，朱红圆柱。1981年，被列为温州市第一批文物保护单位。
澄鲜阁	位于江心屿西塔山南麓，初名“水陆阁”，又称“江上楼”，是一座两层三间木结构阁楼。北宋崇宁元年（1102）始建，明正统年间（1436—1449）寺僧日庵重建，明万历十九年（1591）邑人王叔果捐资重修时，据谢灵运（385—433）《登江中孤屿》著名诗篇中“云日相辉映，空水共澄鲜”句，易名“澄鲜阁”。后因年久失修，破烂不堪，温州解放后，又全面修饰。登阁眺望，群山似屏，瓯江如练，烟霞聚散，樯帆出没。邢昉《登江心澄鲜阁》诗中有述：“潮争西日去，江逐断山流。莽莽碧玉合，娟娟绿筱幽。”
江心寺	江心寺始建于宋绍兴七年（1137）。时宋高宗赵构书诏蜀僧青了（字真歇）禅师由普陀来孤屿说法传经主持普寂、净信二院。时孤屿分东西两岛，东有普寂禅院，西有净信讲院，往来不便，青了乃率众填塞两岛间江流，于其上建筑寺院，名中川寺，后宋高宗赵构敕赐称江心寺。宋宁宗时品选天下禅宗丛林，将其列为十刹之一。明洪武、正统、万历年间，曾多次修葺。现江心寺系清乾隆五十四年（1789）所重建，建筑面积3100平方米，占地面积5100平方米，是江心屿最大的建筑群。寺院主要有前、中、后三殿及方丈室。前为天王殿（又称金刚殿，亦称山门），上悬挂匾额“开元气象”，系宋朱熹（字晦翁）所书。寺院大门边有宋王十朋撰的叠字联：“云朝朝朝朝朝朝朝散，潮长长长长长长长消”。当中是“圆通殿”，俗称大殿，供奉观世音菩萨坐像。殿内楹联匾额，琳琅满目。大匾“圆通殿”，原为清乾隆皇帝亲赐御笔，已失存，现匾“圆通殿”三字是全国佛教协会会长赵朴初书。大殿东首的青石碑上镌刻的“清辉”二字，系宋高宗赵构御书，过去还有宋高宗赵构御笔“浴光”的青石碑，惜已失存。清同治年间，永嘉举人陈寿宸（字子万）撰有对联“四面烟波，几疑蓬岛移来，金山飞到；一龛香火，剩有蜀僧胜迹，宋跸遗踪。”该寺于1981年被列为温州市第一批文物保护单位，1983年，被列为全国142个重点开放寺院之一。2011年，被列为省文物保护单位。
文信国公祠	也称“文天祥祠”。1275年，南宋朝廷已趋崩溃。当年担任丞相的文天祥从元营死里逃生，泛海南渡来到温州，留宿江心寺，并在温州招募义兵，抗元复国。他在江心月余，题《北归宿中川寺》诗于壁：“万里风霜鬓已衰，飘零回首壮心悲。罗浮山下雪来未，扬子江心月照谁?只为虎头非贵相，不图羝乳有归期。乘潮一到中川寺，暗渡中兴第二碑。”明宪宗成化十八年（1482），为纪念文天祥而建此祠。祠内原有文天祥石质雕像和名人题诗碑刻，后被毁坏，仅存清人秦瀛《宋文信国公造像题记》碑。1981年整修，回廊镶嵌《正气歌》及20块后人凭吊诗词碑刻，为黄山谷、赵孟頫、张宗祥、商承祚、张伯驹、夏承焘等名家字迹。并有联云：“孤屿自中川，逝水难消亡国恨；崇词足千古，英风犹挟怒涛鸣。”1963年，被列为省文物保护单位。
东瓯王庙	在华盖山西麓。原名东岳庙，为纪念西汉初东瓯王驺摇而建，明成化十三年（1477）改为东瓯王庙。驺摇是越王勾践七世后裔，以参与反秦佐汉灭楚有功，于公元前192年被封予东海王，在东瓯即今鹿城建都，世称东瓯王。后存砖石结构门台。门台平面呈八字形，悬山造顶，三间式，通面阔9.8米。青石台基高0.4米，中间设垂带踏跺。明间门额中嵌楷体直书“东瓯王庙”青石匾，左右次间作成照壁式。1985年，曾对照壁式进行维修。2013年重建，并作为“东瓯国历史陈列馆”。该庙占地2000余平方米，主殿为一层构造，配殿两层。庙内保留有老门台、照壁、放生池等。大殿正上方是东瓯王像，主殿、副殿均保留原有的部分台基，采用木头架构。除瓦椽采用杉木外，主、副殿其余木材均是产自非洲的菠萝格木。梁柱结合处完全是用古建筑的“榫卯结构”，没有用一根铁钉。屋顶则采用琉璃瓦。

续表4

名 称	简 介
浩然楼	位于江心屿文天祥祠东首，临江面城，建于明万历八年（1580）。楼原址在文天祥祠前，清乾隆三十八年（1773）重建移今址。据清光绪《永嘉县志》记载，取意文天祥《正气歌》中的“于人曰浩然，沛乎塞苍冥”而命名。一说从语本《孟子·公孙丑上》“我善养吾浩然之气”句而命名；一说因唐朝山水诗人孟浩然曾游江心屿，是为纪念他而建。清乾隆五十九年（1794）温处分巡道秦瀛以先贤之名不宜命楼，改“浩然楼”为“孟楼”。清光绪元年（1875）重修，复名“浩然楼”。楼系三间重檐歇山顶木构建筑，造型雅致。大堂宽敞舒适，栏杆围置，是静听潮韵、饮酒吟诗的绝妙地方。楼上中间悬有“江城为画”匾额，及清乾隆学使李芝令撰的名联一副：“青山横郭，白水绕城，孤屿大江双塔院；初日芙蓉，晓风扬柳，一楼千古两诗人。”清代诗人梁章钜《赋浩然楼》诗中说：“凭栏泼眼尽秋光，城树烟村俯莽苍。历览敢希谢康乐，标题漫借孟襄阳。江山如此清晖在，人物当年逝水忙。谁识浩然留正气，西偏丞相有祠堂。”新中国建立后，浩然楼一直作为餐馆使用。2003年6月，市文物部门投入近百万元按原貌进行维修，对由于历史原因被拆除的青砖地面及坐栏等给予恢复，同时拆除与浩然楼不相适应的添建建筑，并对内院进行绿化整治。2011年，被列为省文物保护单位。
张璁碑亭	张璁（1475—1539），今龙湾人，字秉用，号罗峰，后更号罗山，47岁进士，曾任明南京刑部主事、翰林学士，兵部侍郎、礼部尚书兼文渊阁大学士；吏部尚书兼谨身殿大学士至柱国少师兼太子太师吏部尚书华盖殿大学士。为官“刚明果敢，不避嫌怨”“持身特廉、痛恶赃吏，一时苞苴路绝”，还敢于“清勋戚庄田，罢天下镇守内臣。”碑亭位于三角门外妙果寺西侧。原址在大士门张氏一品家庙中，系木构建筑，始建于明，上世纪50年代移此。面宽三间，西面回廊，重檐硬山屋顶。亭内存有三方高大的汉白玉石敕制碑。中为御制诗碑，上镌嘉靖七年（1528）朱世宗和张璁诗各二首，东、西为御书张璁名字碑。
来雪亭	位于孤屿东北角，遥对永嘉罗浮山。隔湖与“情人岛”相望，古人喜在此作画赋诗，特别是在冬天，来观雪景更属幸事，远眺罗浮，画面尤佳，此乃“江心屿十景”中第一佳景。清代诗人张澜题景诗曰：“却疑重粉绘层峦，昨夜罗浮雪未干……遥认梅花踩冷处，山家茅屋自团栾。”今亭系1964年重建。当年郭沫若游览到此，引文天祥《北归宿中川寺》中“罗浮山下雪来未，扬子江心月照谁”之诗意而命名，并亲笔题写“来雪亭”匾额，撰写“飞雪迎春到，心潮逐浪高”，以纪念文天祥。
池上楼	系纪念南朝诗人谢灵运而建。谢灵运（385—433），永嘉太守，才思俊逸，开中国山水诗先河。池上楼原建市区东公廨清末温州中学旧址，后毁。后人在积谷山下凿池（谢池），临池建楼（池上楼）以作纪念。清道光十年（1830）前后，湖南粮道张瑞溥辞官回归故里，在此购地，增筑“春草轩”“怀谢亭”“鹤舫”等，取名“如园”。清梁章钜有楹联：“楼阁俯城隅，一角永嘉好山水；风流思太守，千秋康乐旧池塘。”1981年，被列为温州市第一批文物保护单位。由于池上楼年久失修，破损严重，市政府于2000年出资1000多万元重修，次年10月对外开放。新修缮的池上楼，楼轩飞檐翘角，错落有致，院内假石花草，布置的精巧美观，引人入胜。
英国驻温州领事馆旧址	位于东塔山西南麓。清光绪二年（1876）签订的《中英烟台条约》规定“增辟浙江温州等四处通商口岸，作为领事馆驻扎处所”。1877年4月开埠，英国首任领事阿尔巴斯特来温后，以江心屿浩然楼作临时馆舍。1894年，在此东首建造领事馆，次年落成，先后兼管德国、西班牙、奥匈帝国、瑞典等在温州的侨民及通商事务。1896年，续在新馆东首建一座三间两层楼房作为警卫人员住所，俗称“巡捕房”。该馆舍为一座五间三层楼房，建筑面积409平方米，砖木结构，清水墙面，涂红瓦楞白铁四坡带歇山屋顶，为外廊连续性拱券带柱垛西式楼房。既有欧洲建筑遗风，又有文艺复兴时期民间建筑艺术的韵味，是研究近代中西建筑文化的实例。楼前竖立二方青石碑，其碑文对英国驻温州领事馆旧址作详细说明。该馆旧址保存良好，1997年，被列为省文物保护单位。

续表4

名　称	简　介
温州天主教总堂	周宅祠巷40号，清光绪二年（1876），温州天主教会购买周宅祠巷大屋作为定点经堂，1884年10月4日于“甲申教案”中被焚毁，光绪十四年（1888）重建。该堂包括大堂、圣心堂、主教楼、圣像间、神父楼及办公用房等，总建筑面积4731平方米。大堂系哥特式建筑，通面阔17.5米，通进深36.5米，高35.5米。坐北朝南，正面三门出入，堂内用大方石板铺地，弧形拱，梅花柱，粉壁长窗，伞状顶层。大堂上有四方体、六角攒尖顶钟楼一座。圣心堂十字平面布局具有罗马风格。主教楼、神父楼的柱式和雕饰富有欧式建筑韵味。神父楼为法式两层楼房，前有花坛、鱼池，环境清幽。2011年，被列为省文物保护单位。
城西基督教堂	城西街73号，清光绪二十四年（1898）重建。坐西朝东，占地面积1578平方米。包括前后大堂（礼拜堂）、小堂（福音堂）及中式用房12间。堂内现存石碑2通：刻于1898年的《重建圣殿记》和1938年的《温州循道公会六十周年纪念碑》。大堂具哥特式建筑风格，肃穆宏丽。建造及装饰十分考究，富有宗教色彩。为温州历史最久、规模最大的基督教堂。1997年，被列为省文物保护单位。
中共温州独立支部遗址	在信河街侯衙巷。1924年中共中央派谢文锦、胡公冕来温，传播马克思主义学说及俄国十月革命的伟大成就，发展郑侧尘、胡识因、陈仲雷、苏渊雷等为党员，同年十二月在侯衙巷新民小学（今市纺批仓库）成立中共温州独立支部，胡识因为支部书记，此后许多重要会议都在这里召开。1927年大革命失败，组织遭到破坏，主要成员被杀或被捕，革命斗争从城市转向农村。遗址现为市级文物保护单位。
中山纪念堂	在中山公园内。1927年，北伐胜利后，温州各界为纪念孙中山先生，在华盖山南面建中山公园。1936年，在公园内构筑中山纪念堂。原建筑为砖木结构，采用中西结合形式。平面成凸字形。台基白色规整块石迭砌，凸出部分即前厅，呈亭阁式，面宽三间，重檐飞椽，小八角歇山顶，梁枋、悬柱及挂落等雕饰精致，阁楼外围设平座、栏杆，正中为题额“中山纪念堂”五字，后部为西式楼房，面阔七间。因年久失修1987年按原样重建。
程·让平祖居	位于鹿城区山福镇平山村，为程·让平的曾祖父程增莲（1847—1909）生前所建。程·让平祖籍温州，其父程志平为加蓬国第一代华侨。他曾任加蓬国财政部长、计划部长、外交部长以及石油输出国组织主席、非洲统一组织主席和77国集团副主席、第59届联合国大会主席，非洲加蓬国外交与合作部国务部长。1987年2月以来，曾多次回鹿城寻根探祖。2011年，被列为省文物保护单位。
朱自清旧居	位于朔门四营堂巷34号，称“王宅”，建于晚清。朱自清（1898—1948），现代著名散文家、诗人和爱国学者，于1923年至1924年期间，任教省立第十中学（现温州中学），居住于此。2002年，四营堂巷一带改造拆迁。旧居往东北方向挪了200米，落户四营堂巷22号，于2006年11月修缮完毕。修缮后的旧居建筑面积达600平方米，呈五间三进合院式木构建筑。房屋整体结构和风貌全部按旧居修复，保留了晚清和民国时的风格，极具江南特色。系市文物保护单位。
夏承焘旧居	位于登选坊40号，是一座晚清院落，大院前后两进29米深，夏承焘当年居住的是前进的西首正间、边间和厢房。西首厢房里，有书柜；另一间木板门上贴着“萼绿神仙牡丹富贵，金屏吉庆玉镜团圆”对联。夏承焘（1900—1986），字瞿禅，历任浙江大学、杭州大学中文系教授，被誉为“一代词宗”。
夏鼐故居	位于仓桥街102号。夏鼐（1910—1985），著名考古学家，原中国考古研究所所长。1910—1927年，曾居住在这里。故居的主体建筑坐北朝南，由四处院落组成，正中院落为门屋、厢房、正屋。门屋面阔五间，为带西方风格的砖木建筑，砖砌抹灰立面，后带拱券外廊。门屋北为天井，天井东西各为三间二层砖木混合结构厢房，天井北为正屋，五间二层歇山顶建筑，前后带廊，廊柱均为砖砌抹灰方柱。正屋为夏鼐小时起居的地方，西南小院正屋二层为夏鼐小时读书的书房。2011年，被列为省文物保护单位。

续表4

名 称	简 介
谷超豪故居	位于高盈里11号，2006年整体搬迁至飞霞南路白鹿洲公园内。迁移时，最大程度地利用原来拆迁时的材料结构，以修复原样。故居门对南塘桥，宅内用花墙分隔成八个大小不一的天井。现故居修建成了温州数学名人馆。谷超豪（1926—2013），著名数学家，中国科学院院士，历任复旦大学副校长、中国科技大学校长。
新四军兵站驻温采购办事处旧址	位于县前头。1937年，日寇入侵，沿海城市相继沦陷，仅上海与温州尚有客轮通航，新四军在温设采购办事处。时中共上海地下党以红十字会输送难民去内地垦荒自救为名，并为地下党员、进步青年及爱国人士补缺军用物资。该址设于1938年，七间三层楼房，基本保持原貌。
郑振铎纪念馆	郑振铎（1898—1958），杰出的社会活动家和考古学家，著名学者。他祖籍福建长乐，生长于温州鹿城。纪念馆设在沧河巷24—28号的金宅。金宅建成于1935年，2011年，被列入温州市第二批文物保护单位。金宅正立面为巴洛克式风格，青石台基，大门呈八字形内凹，青石门框，上有半圆形拱券大门罩。正屋五间两层，都是砖木结构楼房。一、二层均带前廊，檐柱做成西式科林斯柱式，二楼用预制砼栏杆，样式为镂空几何、花草纹饰。
温州革命烈士纪念馆	位于江心屿东塔山麓。纪念馆地基原为普寂禅院，又名东塔寺院。该寺温州解放前，已破坏无遗。1956年，为纪念浙南地区在各个革命时期牺牲的烈士，在原普寂禅院废址上建“温州区革命烈士纪念馆”，占地1873平方米，7月1日正式开放。1989年扩建为“二碑一馆”，占地2700平方米，是中华人民共和国民政部、浙江省爱国主义教育基地。建筑采用民族形式，拱门飞檐，朱垣碧瓦，分陵园大门、纪念碑、纪念馆三个层次。场地两侧开辟两条小径，建有“怀远”“仰止”两亭。松柏交翠的林园通道中，竖立着巍峨纪念碑。碑为双连碑，碑高15米，两碑放在同一碑座上，碑面书有“为国牺牲永垂不朽”，东西两侧分别是反映红十三军《风起云涌》和挺进师《胜利转移》革命英雄形象的浮雕，一代名将粟裕和红十三军军长胡公冕的部分骨灰安放在浮雕下的泥土中；碑后照壁，左边为张爱萍题“中国工农红军挺进师纪念碑”，右边为舒同题“中国工农红军第十三军纪念碑”。新扩建的烈士纪念馆为二层歇山顶仿古建筑，大门上方是沙孟海题写的“温州革命烈士纪念馆”匾额。烈士馆内展出160余名烈士革命事迹和部分遗物。庭院内用绿篱、花丛、松柏组成通道，两侧修竹、蜡梅、红枫，东边8棵银杏大树，四周青松翠柏，绿草如茵，环境清幽，厅堂庄严，气氛肃穆。
马孟容、马公愚艺术馆	位于信河街飞鹏巷98号。2013年12月开馆。该馆馆址原为省级文保单位陈宅，整个院落占地面积约900平方米，院内建有主楼和北侧辅楼各一幢，西侧有一单层建筑。主楼坐北朝南，为三间带东、南两廊的二层楼房，建筑面积约450平方米。馆内分十多个展示厅，展示马氏家族千余件藏品，包括书画、印章、画稿、手稿、信札、书籍、照片等，还有一组马孟容、马公愚昆仲与朱自清在一起的蜡像。艺术馆还通过电视专题片、多媒体触摸屏等全方位介绍马氏家族的艺术成就，以及为传承中华传统文化所作出的贡献。

【历代名人】 鹿城自古以来文风鼎盛，人才辈出，如南朝宋中国山水诗鼻祖谢灵运，南宋永嘉学派代表人物叶适，当代“一代词宗”夏承焘等，相传书圣王羲之也曾在此留下“墨池”等遗迹。

鹿城历代名人情况表

表5

名 称	简 介
驺摇 （？—前192）	越王勾践后裔，战国时期“世王东瓯”。秦朝末年，率领瓯人加入抗秦队伍，共同推翻秦朝。后又助汉高祖刘邦打败项羽，因功于汉高祖六年（前201）封为海阳齐信侯。汉惠帝三年（前192）晋封东海王，建都东瓯，世称东瓯王。其地域相当于现在的温州、丽水、台州三地。历来被奉为东瓯人文始祖。明代在华盖山下建东瓯王庙，每逢农历三月初八，拥其塑像巡游街市，驱灾祈福。今温州鹿城区瓯浦垟有东瓯王墓，被列为市级文物保护单位。

续表5

名称	简介
郭璞 （276—324）	晋代学者。字景纯，山西闻喜人。晋明帝太宁元年（323），温州筹建郡城。郭璞经过乐清郭路村，来到温州卜城。他建议跨山筑城，城内凿井二十八口象征二十八星宿，疏通五条河流以配五行，于是温州城“山分九斗，水城阡陌”的建筑格局从此形成，并影响至今。
谢灵运 （385—433）	中国山水诗鼻祖。祖籍陈郡阳夏（今河南太康），出生于会稽始宁（今浙江上虞）。东晋名将谢玄之孙，承袭康乐公爵位，世称谢康乐。永初三年（422），任永嘉太守。现留存他在温州写的山水诗20余首，名章佳句，千余年来脍炙人口，使温州成为山水诗的摇篮。
释玄觉 （665—713）	唐代高僧。字明道，俗姓戴。世称宿觉大师。童年出家，精研佛学。在曹溪（今广州韶关南华寺）谒见禅宗六祖慧能时，受到六祖印可。永嘉禅学从此名传天下。著作以《证道歌》最为著名，流传海内外。
王开祖 （约1035—1068）	宋代学者。字景山，学者称儒志先生。宋皇祐五年（1053）进士，任秘书省校书郎，处州主簿。后退居郡城东山书院，讲学授徒。重视教育与对历史的研究借鉴作用，倡导修己治人，发明经义。被推为“永嘉学术开山祖”。著有《儒志篇》。
周行己 （1067—约1124）	宋代学者。字恭叔。与许景衡、刘安节等并称“元丰太学九先生”。元祐六年（1091）进士，官至秘书省正字。在谢池坊建浮沚书院，讲学授徒，使洛学在温州盛行，奠定永嘉学派基础。北宋时货币思想集大成者，最早对纸币发行准备金问题进行理论探讨。著有《浮沚集》。
叶适 （1150—1223）	南宋著名思想家、文学家、政论家。字正则，号水心居士，温州鹿城人。倡导“务实而不务虚”，批评“高谈者远述性命，而以功业为可略”，主张“黜虚从实”，修实政、行实德、实事实功，是永嘉学派之集大成者。
王振鹏 （约1278—1348）	元朝画家，字朋韵，号孤云居一，永嘉（今鹿城区）人。因囿艺出众，受元仁宗奖，官至漕运子户，长期在宫廷作画，有机会接触御藏历代名画，以界画见入，兼工人物，曾奉诏作十妃岫，又画《大明宫图》以献，称神品。传世作品还有《金明池龙秀图》等。
黄淮 （1367—1449）	字宗豫，号介庵，永嘉（今鹿城区）人。洪武三十年（1397）二甲五名进士，历官中书舍人、通政使兼武英殿大学士，终户部尚书。谥文简。著有《省愆集》等。
项维仁 （1758—1827）	初名焘，字寿春，号勉轩，晚号果园，永嘉（今鹿城区）。善画，工诗，人称清代永嘉第一。著有《果园诗钞》等。
余朝坤 （1855—1917）	字揩敷，号筱璇、绶伯。原籍乐清，后徙居永嘉城区（今鹿城区）。光绪九年（1884）中进士，曾为翰林院庶吉士、国史馆纂修、编书处协修、会典馆纂修等职。光绪二十八年（1902）七月，任温州府学堂首任总理。二十九年（1903）初，温州商界筹设商会，被推为首任总理。后被选为永嘉自治议长。民国3年（1914），创办温州甲种商业学校。遗作仅存《地方利弊论》及《感事诗》12首。
朱子常 （1874—1943）	名阿伦，温州城区人。著名黄杨木雕刻名家。其作品《济颠和尚》和《捉迷藏》先后参加近代国内外大型展览会，分别获南洋劝业会优胜奖和巴拿马赛会二等奖，首次为温州黄杨木雕在世界上赢得声誉。
弘一大师 （1880—1942）	俗姓李，幼名文涛，又名广侯，号叔同等。被祖籍浙江平湖，出生于天津。著名音乐家、美术教育家、书法家、戏剧活动家，是中国话剧的开拓者之一。光绪三十一年（1906），留学日本。归国后，担任过教师、编辑之职。1913年，受聘为浙江两级师范学校（后改为浙江省立第一师范学校）音乐、图画教师。1915年起兼任南京高等师范学校音乐、图画教师。1918年入虎跑定慧寺，正式出家。法名演音，号弘一，人称弘一法师。1921年3月，自杭州赴温州，居鹿城庆福寺。后迁入大罗山（仙岩伏虎庵）“诛茅宴坐”。亦在江心寺闭关。在温前后十二年，潜修律宗。1932年，襄助重建“庆福寺”，并为寺匾额题写寺名。是年秋，离温赴福建等地。1942年9月，圆寂于福建泉州开元寺。著有《四分律比丘戒相表记》《佛说无常经》等佛教著作。

续表5

名　称	简　介
夏承焘 （1900—1986）	温州鹿城人。字瞿禅，晚年改字瞿髯，别号谢邻、梦栩生。著名词学家，毕生致力于词学研究和教学，是现代词学的开拓者和奠基人。国学界称其为一代词宗。
郑曼青 （1902—1975）	温州鹿城人。书画家，名岳，自号曼髯，别号玉井山人。擅诗、书、画、医、拳，人称“五绝老人”，长期在大陆和台湾高等文化艺术院校任教职。书画作品多次在中国台湾地区和东南亚及美、法等国展出，有“东方水墨画大师”之称。
夏　鼐 （1910—1985）	温州鹿城人。考古学家、社会活动家，中科院院士。曾先后获得英国学术院通讯院士、德意志考古研究所通讯院士、瑞典皇家文学历史考古科学院外籍院士、美国国家外籍院士、意大利远东研究所通讯院士、第三世界科学院院士等荣誉称号。被誉为新中国考古学奠基人。
谷超豪 （1926—2012）	温州鹿城人。浙江大学数学系毕业。苏联莫斯科大学博士。中科院院士，复旦大学教授、数学研究所所长。曾任中国科学技术大学校长，三、六、七届全国人大代表，五届全国政协委员，八届全国政协常委。曾被评为全国先进工作者和教育系统劳动模范。专长数学，在微分几何、偏微分方程和数学物理三个领域都有重要研究成果。有学术论文110余篇，专著《经典规范场理论》《齐性空间微分几何学》及《孤立子理论和应用》（合著）等。

经济社会发展

【概况】 2016年，鹿城区贯彻落实市委、市政府和区委、区政府的重大决策部署，主动适应经济发展新常态，坚持稳中求进，经济平稳运行，社会和谐发展，实现了“十三五”良好开局。全年生产总值（GDP）877.05亿元，按可比价计算，同比增长7.5%，与上年持平。按户籍人口计算，人均地区生产总值116578元（按年平均汇率折算为17551美元），增长6.5%。全员劳动生产率为12.84万元/人，按可比价计算，比上年提高7.5%。全年居民消费价格指数（CPI）比上年上涨1.4%，涨幅较上年扩大0.7个百分点。居住类、生活用品及服务类、交通和通信类分别下降0.7%、0.9%、1.8%。工业生产者出厂价格指数（PPI）、购进价格指数（IPI）分别下降2.0%、1.4%，降幅分别较上年缩小0.5%、2.3%。

【固定资产投资】 2016年，鹿城区完成固定资产投资372.73亿元，同比增长13.6%，其中房地产投资完成164.31亿元，同比增长88.7%，增速在温州市各县（市、区）中排名第二名。从投资结构看，房地产投资是投资增长的主要动力，其他各项投资增速均有不同程度下降，工业投资完成39.11亿元，同比下降24.8%，其中，工业技改投资28.87亿元，同比下降35.1%；基础设施投资完成87.17亿元，同比下降17.8%，其中重大基础设施、重大产业项目、高新技术产业等重点领域投资同比增速分别为7.2%、–3.9%、–45.6%。

【产业转型】 2016年，鹿城区产业转型稳步推进，三次产业结构有所调整，三次产业结构由上年的0.2：30.5：69.3调整为0.2：27.8：72.0。全区社会消费品零售总额862.76亿元，增长9.6%；网络零售额202.6亿元，增长36.3%。入选省服务业强区试点、省级软件和信息服务产业特色基地、省外贸转型升级试点示范区。创建万国财富小镇，引入温州早稻投资等11家财富管理类机构，温州金融科技文化中心项目完成展示区建设。温州中心大厦、新希望城等商业楼宇项目顺利推进，滨江广场城市综合体主体建成，门前山物流园开工。“温州外贸通”“现代温贸通”等外贸新平台上线，坚士跨境电商产业园实现产值6亿元。集聚平台不断拓宽，万国财富小镇、时尚体育小镇列入市级特色小镇初选名单，累计创成省、市级服务业集聚区9个。五马街创成国家级特色商业街。全省首个电商大数据研究基地落户鹿城。12家小微园开工，竣工面积45万平方米，入驻企业248家，实现产值15亿元。实施“强三优二”城市有机更新项目29个，建筑面积约8万平方米。培育“维度创业工场”等9家市级众创空间，其中，1家获国家科技部认定，3家获省科技厅认定。33家企业建立研发中心，规上企业研发机构设置率突破30%。新增省、市科技型企业175家。浙江思珀整合传播有限公司获国家高新技术企业称号。

【重点领域改革】 2016年，鹿城区梳理排查全区停车场项目8个，新增停车位4807个。申报省、市海洋经济重大项目计划，5个项目入选省级计划，11个项目入选市级计划。协调经贸、农业2个市级重点对台平台建设，指导开展平台开发建设投资、平台涉台项目投资、平台涉台项目落地、平台基础设施完善等工作。

【用能结构优化】 2016年，鹿城区共整治高污染燃料锅炉45台，超额完成年度任务。建成电动汽车充电站2座、分散式充电桩256个，提前超额完成年度建设任务。编制2010—2014年及2015年区温室气体清单。推广散装水泥44万吨，预拌混凝土146.7万立方米。

（周可以）

精神文明建设

【概况】 2016年，鹿城区精神文明建设和文明城市创建工作以巩固和提升“六城联创”成果，提高城市精细化管理水平为抓手，提升城市序化、洁化、美化，整治一些重点路段、重点区域乱象。对各街镇城市管理各类“乱象”实施综合督查，发送督查通报17期，督办单119期，对存在的问题立即进行整改并作出反馈；对各街镇“每月一排名一通报”，安排专项资金，根据考核结果予以差异化奖励，取消排名靠后街镇的奖励资格，并约谈街镇排名靠后分管领导和网格长。大南路精品示范路成为全市样板。共创成区级文明单位17家、区级文明村6个。全区180个文明单位通过“一对一”“多对一”等形式精准帮扶140个村。区精神文明建设指导委员会办公室先后获温州市精神文明建设先进集体、温州市创建全国文明城市工作先进集体、浙江省文明办系统信息工作先进集体等15项荣誉。

【“乱象”整治】 2016年，全区在整治“乱停车”方面，共建成公共停车位912个，划定停车位9173个。在整治“乱占道”方面，管理摊贩6142个，拆除户外设施936处，管理各类占道经营行为5600余起，立案查处占道经营170起，其中查处整改餐饮店门口环境卫生乱堆放、占道经营等100余起。在整治“卫生脏乱”方面，共处理生活垃圾42.33万吨，清理乱涂写73.90万平方米，全面清理马路两侧、小区等各类小广告乱张贴297.5万处。在整治“设施破乱”方面，建成大南路、勤奋路、莲花路、荷花路、人民路等区级示范路5条；完成整治非示范路道路8条，另有4条在施工中；完成背街小巷整治43条，另有6条在施工中；道路维修总面积52.5万平方米（其中道路大中修19条）。在整治“绿地杂乱”方面，共查处各类占绿毁绿、乱搭晾晒等现象1190起，清理绿化带垃圾1288吨；累计完成新建绿化194.68公顷，立体绿化10315平方米、省级绿道15公里、自然花境88组，提升小游园14个，大南示范街区彩化率达25%以上。在重点“窗口”整治方面，共出动人员8445人，查获“黄牛”920人、“摩的”1792辆、“黑车”205辆、场外搭客汽车66辆；清理占道经营915家，取缔流动摊贩239个；救助乞讨人员243名。

【创新实施“路长制”】 2016年，鹿城区制定《关于开展温州市鹿城区道路“路长制”工作的实施方案》，创新实行“路长制”。14个街镇共2467条道路的900多名“路长”正式上岗，确保每周上路步行巡查2次以上。

【“交通微循环”推广】 2016年，区精神文明建设指导委员会办公室组织相关部门、各街镇人员到雪花巷实地观摩“锦花大网格交通微循环”运行状况，按照“街镇主导、交警指导、网格实施”原则，下任务，定指标，在全区推广交通微循环，改善城区特别是背街小巷区块停车、交通状况。同时，全市交通微循环建设工作现场推进会在鹿城区召开。

【“幸福社区”创建】 2016年，区精神文明建设指导委员会办公室在全区范围内组织开展一至三星级幸福社区测评工作，共有39个社区升星晋级，其中三星级幸福社区24个、二星级幸福社区11个、一星级幸福社区4个；对命名为一至三星级的幸福社区下拨经费157.5万元，保障创建工作有效开展；完成市文明办对四至五星级幸福社区评选的创建迎检工作，确保创成五星级幸福社区4个、四星级幸福社区6个。

【“美丽乡村”工程】 2016年，全区完成9个“五美”乡村示范村、精品村和先进村的申报评选工作，建成道德大讲堂、文化大礼堂等固定宣讲阵地1000多处，组建200多支文明城市创建宣讲队伍，开展“新农村、新生活”培训、“婚育新风进万家”、优秀传统文化宣讲等活动1000多场次。

【“美丽街区”创建】 2016年，通过自主申报、方案初审、实地调研、征求部门意见等环节，鹿城区绣山路、温迪路、莲花路、望江路等4个街区被确定为2016年度“美丽街区”创建街区。

【文明出行宣传教育】 2016年，全区开展“礼让斑马线 文明伴我行”活动，推动党员干部带头践行“礼让斑马线”，动员机关干部、职工带头遵守交通规章制度，自觉摒弃交通违法违章行为和不文明现象；利用广播、电视、户外电子屏等宣传工具，强化群众文明出行意识；与《温州零距离》栏目合作推出节目《文明零距离》，共制作“文明出行”专题8期。

【城市公共文明指数测评】 2016年，鹿城区各街镇、区直有关部门组织人员开展督查活动，每日对文明程度指数测评的实地考察项目进行督查，重点在公益宣传、社区环境、公共环境、市场环境、网吧环境、学校周边秩序等方面对照标准查漏补缺，并做好跟踪督办。在第一季度温州市城市文明程度指数测评中，鹿城区以75.05%得分率位列11个县（市）、区第一名，第二季度、第三季度均位列第二。

（吴启翼）

责任编辑　朱凌云

机构及其负责人名录

中共温州市鹿城区第八届委员会

书　记：陈　浩（—2016.10）
　　　　李无文（2016.10—）
副书记：朱崇敏（—2016.11）
　　　　胡晓东（2016.11—）
　　　　洪文滨（—2016.4）
　　　　曾恩伟（2016.5—）
常　委：陈　浩（—2016.10）
　　　　李无文（2016.10—）
　　　　朱崇敏（—2016.11）
　　　　胡晓东（2016.11—）
　　　　洪文滨（—2016.4）
　　　　曾恩伟
　　　　徐　强（—2016.5）
　　　　金国平（—2016.11）
　　　　张本锋（—2016.11）
　　　　杨德听（2016.5—）
　　　　林振江（2016.11—）
　　　　张纯红（女，2016.11—）
　　　　黄定恩（2016.11—）
　　　　胡慧雷
　　　　林世南（—2016.11）
　　　　李先进
　　　　罗招政（—2016.11）
　　　　吴道静（2016.11—）

中共温州市鹿城区第九届委员会

书　记：李无文（2016.12—）
副书记：胡晓东（2016.12—）
　　　　曾恩伟（2016.12—）
常　委：李无文（2016.12—）
　　　　胡晓东（2016.12—）
　　　　曾恩伟（2016.12—）
　　　　杨德听（2016.12—）
　　　　林振江（2016.12—）
　　　　张纯红（女，2016.12—）
　　　　黄定恩（2016.12—）
　　　　胡慧雷（2016.12—）
　　　　吴道静（2016.12—）
　　　　王　炯（2016.12—）
　　　　林仕德（2016.12—）

中共温州市鹿城区纪律检查委员会

书　记：曾恩伟（—2016.11）
　　　　张纯红（女，2016.11—）
副书记：吴祝凡（—2016.4）
　　　　金龙伟（2016.4—）
　　　　滕　森（2016.5—）
常　委：金　靖　吴宏志
　　　　潘云良
　　　　谢　炬（2016.3—）
　　　　郑　立（挂、2016.5—）
办公室主任：陈乃鑫
干部室主任：
　　　　麻剑玲（女，—2016.5）
　　　　柯　特（2016.9—）
宣传教育室主任：
　　　　江　增（—2016.7）
　　　　赵陈杰（2016.9—）
党风政风监督室主任：
　　　　詹小红（女）
案审室主任：杨　霁
信访室主任：吴建亚（2016.9—）
第一纪检监察室：潘云良
第二纪检监察室：沈　斌
第三纪检监察室：谢　炬
第四纪检监察室：张映雪（女）

中共温州市鹿城区委工作部门

办公室

主　任：夏理勇
副主任：贾钧钬（—2016.3）
　　　　傅小波
　　　　马绍兴（2016.3—）
　　　　曾奇凡（2016.7—）
　　　　章　胤（兼，2016.9—）
区纪委派驻第一纪检组
（驻区委办纪检组）组　长：
　　　　许卫疆（2016.5—）
副组长：蔡丽云

组织部

部　长：罗招政（—2016.12）
杨德听（2016.12—）
常务副部长：林建华
副部长：陈丽蓉（女，兼，—2016.7）
戴海波　吴晓贵（兼）
林巧荣（兼）
张　胜（兼，2016.7—）
陈胜利
区纪委派驻第三纪检组（驻区委组织部纪检组）组长：
黄坚靖（2016.2—）
副组长：叶如金（女）
组织员管理办公室主任：
陈小珍（女）

鹿城区委非公有制经济组织和社会组织工作委员会

书　记：戴海波
副书记：马绍兴（—2016.3）
李锡南（2016.3—）

宣传部

部　长：徐　强（—2016.5）
胡慧雷（2016.5—）
常务副部长：
金龙伟（—2016.4）
毛显华（2016.4—）
副部长：毛显华（—2016.4）
滕　森（兼、2016.3—2016.5）
杨雄文（2016.4—）
朱　克（兼、2016.5—）
区纪委派驻第四纪检组（驻区委宣传部纪检组）组长：
赵晓敏（2016.3—）
副组长：刘起南
网信办（外宣办、新闻办）主任：
柯胡斌

统战部

部　长：胡慧雷（—2016.5）
杨德听（2016.5—2016.12）
吴道静（2016.12—）
常务副部长：
胡胜发（—2016.4）
施文明（2016.4—）
副部长：徐向阳（兼）
施文明（兼，—2016.4）
方新云（兼）
王　俊（兼）
谢忠祥（2016.2—）
区纪委派驻第五纪检组（驻区委统战部纪检组）组长：
伍丽燕（女）
副组长：林　敏

政法委员会

书　记：洪文滨（兼，—2016.4）
曾恩伟（兼，2016.5—）
副书记：金国平（兼，—2016.12）
张本锋（兼，—2016.12）
林振江（兼，2016.12—）
黄定恩（兼，2016.12—）
谢成龙　余国仁
南胜国（2016.3—）
区纪委派驻第六纪检组（驻区委政法委纪检组）组长：
蔡精国

综合治理委员会办公室

主　任：余国仁（2016.3—）
副主任：夏怀明（—2016.3）
黄小忆（2016.3—）

610办公室

主　任：余国仁（—2016.3）
夏怀明（2016.3—）

维稳办公室

主　任：南胜国
副主任：厉　震

政治处

主　任：蔡丽萍（女）

农办

主　任：季新扬
副主任：朱　克（—2016.5）
谷建勇
南　骏（2016.7—）

直属机关工作委员会

书　记：陈建光
副书记：金松琴
纪工委书记：杨　文

老干部局

局　长：陈丽蓉（女，—2016.7）
张　胜（2016.7—）
副局长：苏銮安（—2016.4）
刘速勇（2016.9—）

区委台湾工作办公室（政府台湾事务办公室）

主　任：方新云

保密局

局　长：陈　遗（女）

机要局

局　长：罗　起

区委督考办

主　任：傅小波
副主任：朱如明

信访局

局　长：章　胤
副局长：曾奇凡（—2016.7）
叶玉峰
陈小微（女，2016.7—）
何　快
党组书记：章　胤

区编办
主　任：林巧荣
副主任：李大都
张鹏程（2016.3—）
陈迎芳（2016.3—）

精神文明建设指导委员会办公室
主　任：滕　淼（—2016.5）
朱　克（2016.5—）
副主任：凌建飞　陈伯聪
李良俊

档案局（档案馆）
局　长：张　靖
副局长：王剑峰

区关心下一代工作委员会（办公室）
常务副主任：石笑茹（女）
办公室主任：石笑茹（女）

鹿城区第八届人民代表大会常务委员会

主　任：吴海燕（女）
副主任：陈　洁（女，—2016.3）
肖石龙
林瑞荣（—2016.3）
项旭光（—2016.5）
朱启龙
胡海峰（2016.3—）
周基斌（2016.3—2016.12）
党组书记：吴海燕
（女，—2016.12）
王易进（2016.12—）

人大常委会工作部门
办公室
主　任：叶必庆
副主任：郑　坚
叶　青（2016.3—）
潘小琴（女，—2016.3）

法制工作委员会
主　任：谢　伟

财经工作委员会
主　任：姜锦谷
副主任：赵德胜（2016.4—）

教科文卫工作委员会
主　任：林秀春

民宗侨外工作委员会
主　任：陈金敏

城乡建设环境保护工作委员会
主　任：陈康亮

农村和资源保护工作委员会
主　任：柳晓忠

代表工作委员会
主　任：李利法

预算工作委员会
主　任：林宣富

鹿城区人民政府

区　长：朱崇敏（—2016.11）
代区长：胡晓东（2016.11—）
常务副区长：张本锋（—2016.12）
黄定恩（2016.12—）
副区长：张本锋（—2016.12）
林世南（—2016.12）
黄定恩　章月影（女）
杨德听（—2016.12）
胡明亮（—2016.12）
邓小林（挂，—2016.9）
林　铁（2016.12—）
申树军（挂）
库尔班·买买提
（挂，—2016.4）
黄唯中（2016.12—）
夏　军（挂，2016.9—）
党组书记：朱崇敏（—2016.11）
胡晓东（2016.11—）
副书记：张本锋（—2016.12）
黄定恩（2016.12—）

政协第八届鹿城区委员会

主　席：郑锦春
副主席：徐　强（2016.3—）
陈国琴（女，—2016.9）
庄建中（—2016.9）
胡小萍（女）
王丽丽（女）
胡海峰（—2016.3）
邵豪哲（兼，—2016.9）
秘书长：陈世尧
党组书记：郑锦春
党组副书记：徐　强（2016.3—）

政协工作部门
办公室
主　任：吴雷雨（2016.3—）
朱谧娜（女，—2016.3）
副主任：范小微（女）

学习文史委员会
主　任：朱国榜（—2016.7）
陈丽蓉（女，2016.7—）

提案委员会
主　任：李祥水（—2016.9）

文教卫体委员会
主　任：陈晓丰（女）

社会法制委员会
主　任：陈国光

港澳台侨委员会
主　任：徐国明（—2016.3）
　　　　朱谧娜（女，2016.3—）

经济科技委员会
主　任：张俊杰

人口资源环境委
主　任：褚　坚
副主任：董春霖（女，2016.9—）

鹿城区人民法院

院　长：周　丰
副院长：戴　巧
　　　　金献华
　　　　刘　俊
　　　　方旭东
　　　　高兴兵（挂，2016.5—）
党组书记：周　丰
党组副书记：戴　巧
纪检组组长：任　峰
政治处主任：蔡谢群（女）
执行局局长：吴将斌

鹿城区人民检察院

检察长：张纯亮
副检察长：林景龙
　　　　　吴金飞（女）
　　　　　连昕鸣
　　　　　林　芹（女）
　　　　　郑加佳
　　　　　（挂，2016.5—）
党组书记：张纯亮
党组副书记：林景龙
纪检组长：陈朝晖
政治处主任：程坚毅
反贪污贿赂局局长：谷旭东
反渎职侵权局局长：周红雨（女）

区人民政府工作部门

办公室（法制办、人防办）
主　任：吴祝凡（2016.4—）
副主任：赵小松
　　　　金长康（—2016.4）
　　　　郭文明
　　　　吴旭东（—2016.3）
　　　　徐　宁（2016.04—）
　　　　陈　立
　　　　陈　滨
　　　　章富华（兼，—2016.3）
　　　　毛新奇（2016.3—）
　　　　周文豪（2016.7—）
党组书记：吴祝凡
区纪委派驻第二纪检组
（驻区政府办公室纪检组）组长：
　　　　项巨澜（女，2015.12—）
副组长：伊晓岳

法制办公室
副主任：何栩栩（女，2015.9—）
人民防空办公室（民防局）
主　任：赵小松

应急办
主　任：樊忠良（2015.11—）

发展和改革局（物价局）
局　长：滕美华（女）
副局长：肖忠格
　　　　王　毅
　　　　吴金林
　　　　王　烨（—2016.5）
　　　　叶正茂（女）
党组书记：滕美华（女）
党组副书记：肖忠格
区纪委派驻第七纪检组
（驻区发改局纪检组）组长：
　　　　林　克

经济与信息化局
局　长：王庆顺
副局长：陈晓梅（女，—2016.9）
　　　　王镇彪（—2016.3）
　　　　林一俭
　　　　马建峰（2016.9—）
　　　　蔡金榜（2016.3—）
党组书记：王庆顺
纪检组长：马建峰（—2016.9）

教育局
局　长：全一凡
副局长：成小华
　　　　郑小野（女，2016.3—）
　　　　白劲松　林如辉
党委书记：全一凡
党委副书记：成小华
区纪委派驻区教育局纪检组组长：
　　　　周文林
教育督导室：
常务副主任：全一凡
副主任：吴　昊

科学技术局
局　长：黄凌萍
副局长：陈丹舟、徐无为
党组书记：黄凌萍
党组副书记：陈丹舟
民族宗教事务局
局　长：施文明（—2016.4）
　　　　韦龙成（2016.4—）
副局长：谢忠祥（—2016.2）
　　　　谷建龙
　　　　薛永坚（2016.7—）
党组书记：施文明（—2016.4）
　　　　　韦龙成（2016.4—）

监察局
局　长：金龙伟（2016.4—）
副局长：金　靖
　　　　张　忠
　　　　吴宏志（2016.3—）

民政局（移民办、老龄委办、社工办）
局　长：陈黎华
副局长：陈　敏（—2016.3）
　　　　郑乐斌（2016.3—）
　　　　黄坚靖（—2016.2）
　　　　施苏程
　　　　陈荣光（2016.4—）
　　　　徐淑淑（女，2016.4—）
　　　　李　进（挂，2016.9—）
党组书记：陈黎华
党组副书记：陈　敏（—2016.3）
　　　　　　郑乐斌（2016.3—）

移民办
副主任：施苏程

老龄委办
主　任：陈荣光（—2016.4）
社工办：
副主任：黄坚靖（—2016.2）

公安分局
局　长：金国平（—2016.12）
　　　　林振江（2016.12—）
政　委：刘国珍
常务副局长：周晓之
副局长：王　强　夏晓峰　张　皓
　　　　徐怡骅　徐向东
　　　　曾仁海（挂，—2016.5）
　　　　陈文武（挂，2016.5—）
党委书记：金国平（—2016.12）
　　　　　林振江（2016.12—）
副书记：刘国珍、周晓之
纪委书记：欧永元（—2016.2）
　　　　　方兆铭（2016.2—）
政治处主任：陈建龙（—2016.2）
　　　　　　周小侠（2016.2—）

司法局
局　长：张维忠
副局长：李　俊（2016.2—）
　　　　严良明（—2016.3）
　　　　叶志升（—2016.2）
　　　　陈朔霄（女，2016.4—）
　　　　陈苾怀（女，2016.4—）
党组书记：张维忠
副书记：李　俊（2016.7—）
纪检组组长：陈朔霄
　　　　　　（女，—2016.4）
政治处主任：孙　彤

财政局
局　长：胡向阳
副局长：陈幼彦　孙丽娟（女）
　　　　陈　辉
总会计师：徐　丹（女）
党组书记：胡向阳
党组副书记：陈幼彦
区纪委派驻第八纪检组
（驻区财政局纪检组）组长：
　　　　何　军

人力资源和社保局
局　长：吴晓贵
副局长：邹海鹏　陈　煦（女）
　　　　刘玉和
　　　　任　杰（2016.7—）
　　　　黄良霞
　　　　（女，挂，2016.9—）
党组书记：吴晓贵
党组副书记：邹海鹏
纪检组组长：朱　若（—2016.4）

住房和城乡建设局
局　长：周伟斌
副局长：徐建斌
　　　　周海龙（—2016.3）
　　　　全国栋（—2016.9）
　　　　张品珠（女，—2016.3）
　　　　朱海滨（2016.3—）
党委书记：周伟斌
党委副书记：徐建斌
区纪委派驻第九纪检组
（驻区住房和城乡建设局纪检组）
组长：祝海潮
总工程师：赵宾武

城市管理与行政执法局（环卫处、市政公用管理处、园林绿化管理处）
局　长：张海云（—2016.9）
副局长：叶光华（—2016.9）
　　　　谢剑光（—2016.9）
　　　　戴雄飞（—2016.9）
　　　　徐怡骅（—2016.9）
　　　　董一凡（—2016.9）
　　　　叶建文
　　　　（2016.4—2016.9）
党组书记：张海云（—2016.9）
党组副书记：叶光华（—2016.9）
区纪委派驻第十纪检组（驻区城市管理与行政执法局纪检组）
组长：黄金武（—2016.9）

综合行政执法局
局　长：张海云（2016.9—）
副局长：叶光华（2016.9—）
　　　　谢剑光（2016.9—）
　　　　戴雄飞（2016.9—）
　　　　徐怡骅（2016.9—）
　　　　董一凡（2016.9—）
　　　　叶建文（2016.9　）
党组书记：张海云（2016.9—）
党组副书记：叶光华（2016.9—）
区纪委派驻第十纪检组
（驻区综合行政执法局纪检组）
组长：黄金武（2016.9　）

环卫处
主　任：袁　松
副主任：陈传烨（—2016.7）

市政公用管理处
主　任：谷文彤

园林绿化管理处
主　任：李鲁琥

交通运输局
局　长：卢更生
副局长：曹小川　胡玉飞
　　　陈高珊（女，—2016.3）
　　　杨丽霞（女，2016.3—）
党组书记：卢更生
纪检组组长：林　剑（—2016.7）
总工程师：范大军

农林水利局
局　长：季新扬
副局长：朱　克（—2016.5）
　　　谷建勇
　　　方学优（女）
　　　南　骏（2016.7—）
党组书记：季新扬
副书记：朱　克（—2016.5）
　　　谷建勇（2016.7—）
总工程师：南　骏（—2016.7）
　　　　万　俊（挂，2016.7—）

商务局
局　长：杨明明
副局长：甘卫康
　　　郑小野（女，—2016.3）
　　　韩春晨（2016.4—）
　　　周　密（2016.4—）
党组书记：甘卫康
纪检组长：韩春晨（—2016.4）

文化广电新闻出版局
局　长：周　园（女，2015.6—）
副局长：侯捍文　王正良
　　　夏海燕（2016.3—）
党组书记：季新扬
副书记：侯捍文（2016.3—）

卫生和计划生育局
局　长：徐一峰（2016.3—）
　　　吴雷雨（—2016.3）
副局长：吴东来　王璋弟
　　　陈禾禾（—2016.3）
　　　焦丽珍（女，—2016.3）
　　　叶善新　丁淑慧
党委书记：吴雷雨（—2016.3）
区纪委派驻区卫计局纪检组组长：
　　　陈文斌

审计局
局　长：李江涛
副局长：渠　奕　柴一蝉（女）
党组书记：吴雷雨
党组副书记：渠　奕、
总审计师：戚于挺
区经济责任审计联席会议办公室
主　任：郑　霞（女）

统计局
局　长：黄浩宇
副局长：李　俊（—2016.2）
　　　叶连敏（女）
　　　李臣庚（2016.4—）
党组书记：黄浩宇
总统计师：李臣庚（—2016.4）
　　　　李　颖（女，2016.4—）

环境保护局
局　长：徐一峰（—2016.3）
　　　谢云周（2016.4—）
副局长：章富华（2016.3—）
　　　贝苏临（—2016.3）
　　　池　滨　殷旭方
党组书记：徐一峰
党组副书记：章富华（2016.3—）
纪检组组长：杨雄文（—2016.4）

人民政府外事侨务办公室
主　任：徐向阳
副主任：叶晓清（2016.3—）

安全生产监督管理局
局　长：周国强
副局长：向　东（2016.4—）
　　　张青松
　　　柴一峰（—2016.4）
总工程师：余迪帆（2016.4—）
党组书记：周国强
副书记：向　东（2016.4—）

市场监督管理局
局　长：柯志成
副局长：赵晓敏（—2016.3）
　　　叶洪康　胡　谦
　　　林光明　潘　仁
　　　倪祖平（2016.4—）
总工程师：王　挺
党委书记：柯志成
党委副书记：赵晓敏（—2016.3）
　　　　叶洪康（2016.3—）
区纪委派驻第十一纪检组
（驻区市场监督管理局纪检组）
组长：邵觐俐

质量技术监督局
局　长：梁　红（女）
副局长：虞林新　章　军
　　　徐　宇　连　衍
党组书记：梁　红（女）
党组副书记：虞林新
总工程师：林　哲

区招商局（国内经济合作办公室）
局　长：姜扬烽
副局长：毛群希（女，—2016.4）
　　　黄锦辉
　　　梅争艳（女，2016.4—）
　　　林　剑（2016.7—）
党组书记：姜扬烽
党组副书记：
　　　毛群希（女，—2016.4）

体育事业发展局
局　长：张德跃
副局长：王维荣
党组书记：张德跃
纪检组组长：徐永华（—2016.3）

机关事务管理局
局　长：吴恺娃
副局长：李云鹏
徐　宁（—2016.4）
毛显康（2016.2—）
张于进（2016.7—）
党组书记：吴恺娃
党组副书记：李云鹏
纪检组组长：程苏胜（—2016.2）

风景旅游管理局
局　长：陈翔俊
副局长：李常春
陈加进（—2016.03）
朱　若（2016.04—）
党组书记：陈翔俊
党组副书记：李常春

行政审批管理办公室
主　任：胡　栩
副主任：李和忠　沈红艳（女）
张于进（—2016.7）
陈滨海（—2016.3）
党组书记：郑向远

新居民服务管理局
局　长：章富华（—2016.3）
副局长：郭乐平
夏晓峰（—2016.7）
沈　诺（2016.7）
党组书记：章富华（—2016.3）

供销合作社
主　任：王朝光（—2016.4）
毛群希（女，2016.4—）
副主任：胡建华　何志权
党委书记：王朝光（—2016.4）
毛群希（女，2016.4—）
纪委书记：李建中（—2016.3）

农村合作经济组织联合会
主　任：王朝光（—2016.4）
毛群希（女，2016.4—）
副主任：李建中（—2016.3）
胡建华
何志权
叶佩玲

金融办
主　任：安建光
副主任：姜　辉
林祝波
党组书记：安建光

轻工产业园区管理委员会
主　任：金　生
副主任：章　国
陈　峰
蔡金榜（—2016.3）
南鹏程（—2016.3）
陈德彬
赵金銮（2016.3—）
总工程师：王金存（2016.4—）
党委书记：金　生
党委副书记：章　国
纪委书记：陈　峰

温瑞塘河保护管理委员会
主　任：谢云周（—2016.4）
金长康（2016.4—）
副主任：郭炳长（—2016.7）
何国华（—2016.3）
朱海滨（—2016.3）
彭琦瑜（女，2016.7—）
侯超万（2016.7—）
总工程师：侯超万（—2016.7）
万　俊（2016.7—）
党组书记：谢云周
纪检组长：何国华（2016.3—）

广播电视新闻中心
主　任：曾为绿（女）
副主任：曾为绿（女）
陈瓯莉（女，—2016.7）
陈　彬（2016.7—）
陈春燕（女，2016.7—）
朱丽华（女，2016.9—）
党组书记：毛显华

土地储备中心
主　任：陈　峰（—2016.9）
金卫忠（2016.9—）

市公用事业开发公司
总经理：陈维新（—2016.7）

物业管理总公司
总经理：全国栋（—2016.7）

鹿城（中国）鞋都产业园区管理委员会
主　任：周松平（—2016.5）
叶学理（2016.5—）
副主任：陈　众
赵金銮（2016.3—）
蔡海波　戴志光
黄　静（女）
纪检组长：戴静碧（2016.3—）

城中村改造办公室（区工务局）
主　任：陈　峰
副主任：梁建峰
黄　策（—2016.9）
叶　彬
顾武军（2016.9—）
黄雪奇（2016.9　）
党组书记：陈　峰
副书记：梁建峰（2016.9—）

鹿城区人民武装部
政　委：金龙军
部　长：李先进
副部长：陈　锋（—2016.7）
第一书记：陈　浩（—2016.10）
李无文（2016.10—）
书　记：金龙军
副书记：李先进

鹿城区各民主党派、工商联

中国国民党革命委员会温州市鹿城区基层委员会

主　委：庄建华
副主委：周丽峰　陈云烽
　　　　胡栩（女）

中国民主同盟温州市鹿城区基层委员会

主　委：应　真（女）
副主委：杜丽丽（女）
　　　　陈　绚（女）
　　　　陈兴良
　　　　张晓海（女）

中国民主建国会温州市鹿城区基层委员会

主　委：蒋　晖（女）
副主委：杨明明（女）
　　　　吴建敏　邵景业

中国民主促进会温州市鹿城区基层委员会

主　委：蒋　樨（女）
副主委：金晓群（女）
　　　　吴奇红（女）　刘建亮

中国农工民主党温州市鹿城区基层委员会

主　委：章月影
副主委：杨淑清（女）
　　　　严求真　雷　鸣

中国致公党温州市鹿城区总支部委员会

主　委：王璋弟
副主委：李建江
　　　　涂鑫焱

九三学社温州市鹿城区基层委员会

主　委：孙国勇
副主委：叶连敏（女）
　　　　舒蓓蕾（女）

党外知识分子联谊会

会　长：陈国琴（女）
常务副会长：胡胜发（—2016.05）
副会长：谢　伟
　　　　陈　静（女）
　　　　单晓雷
　　　　张雪梅（女）
　　　　方学优（女）
　　　　季杜宇

新的社会阶层人士联谊会

会　长：陈时升
副会长：王小伦　翁学院
　　　　潘秀萍（女）
　　　　卓予拉　金国达
　　　　林其勉　潘东兰（女）
　　　　林　挺

网络界人士联谊会

会　长：高　雷
副会长：黄学敏　欧阳后增
　　　　白炳卫　王青山
　　　　胡　亮　朱　武

工商联合会（总商会）

主　席：李跃胜
副主席：王　俊　陈　洁
　　　　陈光力（兼）
　　　　潘建中（兼）
　　　　奚德驹（兼）
　　　　廖　跃（兼）
　　　　庞　健（兼）
　　　　叶　亮（兼）
　　　　叶建林（兼）
　　　　孙宏建（兼）
　　　　朱爱武（女，兼）
　　　　张周芳（女，兼）
　　　　李艾黎（兼）
　　　　杨小理（兼）
　　　　杨剑平（兼）
　　　　陈　锵（兼）
　　　　陈宏强（兼）
　　　　陈时升（兼）
　　　　郑秀东（兼）
　　　　郑莱毅（兼）
　　　　黄伟胜（兼）
　　　　蔡春潮（兼）
会　长：李跃胜
副会长：周赛珍（女，兼）
　　　　谢卫国（兼）
　　　　赵景温（兼）
　　　　田志胜（兼）
　　　　张俊晖（兼）
　　　　陈寿清（兼）
　　　　奚德平（兼）
　　　　陈　骞（兼）
　　　　王真云（兼）
　　　　陈建生（兼）
　　　　黄秀曼（兼）
　　　　单忠节（兼）
　　　　徐承东（兼）
　　　　严章章（女，兼）
　　　　黄　晨（兼）
　　　　范小青（兼）
　　　　朱永光（兼）
　　　　徐礼渊（兼）
党组书记：王　俊

鹿城区社会团体

总工会

主　席：胡海峰（兼）
副主席：叶　青（—2016.3）
　　　　贾钧钬（2016.3—）
　　　　林章平
　　　　张乘燕（女）
党组书记：叶　青（—2016.3）
　　　　　贾钧钬（2016.3—）

共青团鹿城区委员会
书　记：陈滢冰（女）
副书记：陈显建（2016.4—）

妇女联合会
主　席：陶玉燕（女）
副主席：汪筱萍（女）　林盈盈（女）
党组书记：陶玉燕（女）

归国华侨联合会
主　席：蒋　晖（女）
副主席：朱志群（兼）
周祥薇（兼）
陈志远（兼）
金晓华（女，兼）
王绍础（兼）
叶建男（兼）
秘书长：陈　嫣（女）

文学艺术界联合会
主　席：叶正化
副主席：陈　杰　吴　广（兼）
马胜凯（兼）
应　真（女，兼）
叶萌春（兼）
陈　泳（兼）
陈迎芳（兼）
陈忠达（兼）
候传芳（兼）

残疾人联合会
理事长：胡小洁（女）
副理事长：刘速勇（—2016.9）
叶　琍（女）

科学技术协会
科协主席：黄凌萍
党组书记：黄凌萍
副主席：董小华
陈苾怀（女，—2016.4）
王璋弟（兼）
王镇彪（兼）
谷建勇（兼）
周文林（兼）

红十字会
会　长：黄定恩（兼）
常务副会长：张　胜（—2016.7）
副会长：夏海燕（—2016.3）
陈禾禾（2016.3—）
贾钧钬（兼）
金长康（兼）
陈胜利（兼）
毛显华（兼）
周文林（兼）
陈　敏（兼）
陈幼彦（兼）
王璋弟（兼）
杨立忠（兼）
叶建林（兼）
林永森（兼）
谢仁兴（兼）

社会科学联合会
副主席：黄西堤（女，2015.9—）
甘卫康（兼）
陈胜利（兼）
周文林（兼）
陈宏强（兼）
李岳松（兼）

街道·镇

七都街道
书　记：贾志文
副书记：叶恒坚
向　东（—2016.4）
柴一峰（2016.4—）
纪工委书记：
陈小微（女，—2016.7）
陈瓯莉（女，2016.7—）
党工委委员：陈小微（女，—2016.7）
陈瓯莉（女，2016.7—）
张崇波
朱小秋（女）
金　鑫
刘天昴
主　任：叶恒坚
副主任：张崇波
叶醒芬（女）
董胜坤　陈燕舞
人大工委主任：
张琳玮（女，—2016.5）
徐海文（2016.5—）
人大工委副主任：
吴照林（—2016.9）
徐海翔（女，2016.9—）
人武部部长：刘天昴

滨江街道
书　记：王　炯
副书记：周　鹏　张青锋
纪工委书记：郑　佳（女）
党工委委员：郑　佳（女）
叶笑敏（女）
杨乃领　陈良福
左　亮（2016.7—）
林国华（2016.7—）
吴志平
主　任：周　鹏
副主任：叶笑敏（女）
季克杰（—2016.7）
左　亮（—2016.7）
颜子禾
夏仙亦（女，2016.7—）
薛　一（2016.7—）
人大工委主任：苏士永
人大工委副主任：
林国华（—2016.7）
石月林（2016.7—）
人武部部长：吴志平

南汇街道
书　记：周基斌（—2016.11）

林仕德（2016.12—）
副书记：黄飞达
詹　强
纪工委书记：陈宏余
党工委委员：陈宏余
夏爱睦
张鹏程（—2016.3）
李晓鹂（女）
林泉澄（2016.7—）
王　磊
主　任：黄飞达（2016.3—）
副主任：黄飞达（—2016.3）
夏爱睦
傅云云（女）
陈德方
林泉澄（—2016.7）
项方毅（2016.7—）
人大工委主任：周金清
人大工委副主任：王军霞（女）
人武部部长：王　磊

蒲鞋市街道

书　记：胡俊武
副书记：叶俊杰　黄春荣
纪工委书记：林昌旭
党工委委员：林昌旭
倪祖平（—2016.4）
徐　晋（2016.4—）
谢　璇（女）
谢　芳（女）
黄　策（2016.9—）
叶东瀛
主　任：叶俊杰（2016.5—）
副主任：叶俊杰（—2016.5）
倪祖平（—2016.4）
徐　晋（2016.4—）
金飞漫（女）
吴进洪（—2016.4）
陈仁俊
张炳光（2016.4—）
人大工委主任：邹安宁
人大工委副主任：陈旭忠
人武部部长：叶东瀛

南郊街道

书　记：林仕德（—2016.12）
副书记：周　驰（—2016.3）
吴旭东（2016.3—）
覃春燕（女）
纪工委书记：黄旋旋（女）
党工委委员：黄旋旋（女）
占鹏程
贾　嘉
陈先进
池恩章
主　任：吴旭东（2016.3—）
副主任：周　驰（—2016.3）
占鹏程
周晓晨
马晓玲（女）
周娇慧（女）
人大工委主任：王文君
人大工委副主任：
胡小和（—2016.3）
陈晓乐（女，2016.3—）
人武部部长：池恩章

大南街道

书　记：张香梅（女）
副书记：陈　钜
姜善义
纪工委书记：陈　茜（女）
党工委委员：陈　茜（女）
毛新奇（—2016.3）
王永泽（2016.3—）
周　密（—2016.4）
朱丽丽（女）
林　慧（女，2016.4—）
戴光斌（—2016.3）
刘　广（2016.7—）
主　任：陈　钜（2016.5—）
副主任：陈　钜（—2016.5）
毛新奇（—2016.3）
王永泽（2016.3—）
林　慧（女，—2016.4）
李建武　朱　川
黄休休（女，2016.4—）
人大工委主任：林建勇
人大工委副主任：叶庆国
人武部部长：戴光斌（—2016.3）
刘　广（2016.7—）

五马街道

书　记：陈胜军（—2016.11）
副书记：陈跃龙
王赛娜（女）
纪工委书记：赵春安
党工委委员：赵春安
夏阵雨
陈迎芳
（女，—2016.3）
邵小林
刘益铭（2016.3—）
许振辉（2016.7—）
卞苏贵
主　任：陈跃龙
副主任：夏阵雨
刘益铭（—2016.3）
许振辉（—2016.7）
邵　舟（女）
孙朝青（2016.3—）
金明月（女，2016.7—）
人大工委主任：诸葛要武（女）
人大工委副主任：黄甘宏
人武部部长：卞苏贵

松台街道

书　记：陈月玲（女，—2016.7）
林明武（2016.7—）
副书记：余　骋
林明武（—2016.7）
任　杰（—2016.7）
狄登云（2016.7—）
陈　策（2016.7—）
纪工委书记：张　博
党工委委员：张　博

陈　策（—2016.7）
吴进洪（2016.9—）
蔡云云（女）
蔡　洋
龚占山
主　任：林明武（—2016.7）
狄登云（2016.7—）
副主任：陈　策（—2016.7）
吴进洪（2016.9—）
杨丽霞（女，—2016.3）
石月林（—2016.3）
蓝友平
郑国胜（—2016.3）
雷立广（—2016.4）
人大工委主任：王　敏（女）
人大工委副主任：胡　谦
人武部部长：龚占山

广化街道

书　记：陈　辉
副书记：董晓来
狄登云（—2016.7）
占志清（2016.9—）
纪工委书记：
徐淑淑（女，—2016.4）
潘小雷（2016.4—）
党工委委员：
徐淑淑（女，—2016.4）
潘小雷
占志清（—2016.9）
林　晓（女，2016.4—）
张　凯
王　奔（2016.4—）
陆　博
主　任：董晓来
副主任：占志清（—2016.9）
林　晓（女，—2016.4）
杨一燕（女）
程胜伦
王　华（2016.4—）
人大工委主任：李嘉昌
人大工委副主任：
丁　龙（—2016.3）
葛光凡（2016.7—）
张红霞（女）
人武部部长：陆　博

双屿街道

书　记：姜益祥
副书记：刘玉东
徐海文（—2016.5）
陈　龙（2016.5—）
纪工委书记：章生良
党工委委员：
章生良
陈　龙（—2016.5）
陈祥武
邵新城
何素丰（女）
盛　芳（女，2016.9—）
林建永（2016.7—）
主　任：刘玉东
副主任：陈　龙（—2016.5）
陈祥武（2016.5—）
林建永（—2016.7）
吴万方
徐英豪
戴向前（2016.7—）
人大工委主任：
韦龙成（—2016.4）
张琳玮（女，2016.5—）
人大工委副主任：
王宜旺
余水平（2016.7—）
人武部部长：陈祥武（—2016.5）
林建永（2016.7—）

丰门街道

书　记：张维凯
副书记：叶学理（—2016.5）
周松平（2016.5—）
麻剑玲（女，2016.5—）
纪工委书记：王永标
党工委委员：王永标
陈　铣
蔡海波（2016.7—）
周笑美（女）
陈明毅
朱旭东
主　任：周松平（2016.5—）
副主任：陈　铣
蔡海波（2016.7—）
卢　克（—2016.7）
温　和
吴先稳
麻　钞（2016.7—）
人大工委主任：叶晓挺
人大工委副主任：
周增兴
卢　克（2016.7—）
人武部部长：朱旭东

仰义街道

书　记：周　岷
副书记：金浙瓯（—2016.3）
周　驰（2016.3—）
李一平
纪工委书记：
卞晓明（—2016.9）
党工委委员：
卞晓明（—2016.9）
李　东（女，—2016.7）
张　甲
彭琦瑜（女，—2016.7）
王同快（2016.7—）
陈琳琪（女，2016.9—）
高志坚
主　任：金浙瓯（—2016.3）
周　驰（2016.3—）
副主任：张　甲
葛光凡（—2016.3）
陈建辉
祝建武
王芙蓉（女，2016.4—）
人大工委主任：吴荣华
人大工委副主任：阮金平

人武部部长：高志坚

藤桥镇

书　记：潘一凡
副书记：肖达统
　　李爱国（—2016.5）
　　王　烨（2016.5—）
纪委书记：南鹏程（2016.3—）
党委委员：南鹏程（2016.3—）
　　杨　菠（女）
　　夏甘平（—2016.9）
　　章志义（2016.3—）
　　何剑川（2016.5—）
　　卢成盘（2016.9—）
　　应祖迁
镇　长：肖达统
副镇长：杨　菠（女）
　　严求真
　　王莉静
　　吴曙川（2016.5—）
人大主席：许卫疆（—2016.5）
　　李爱国（2016.5—）
人大副主席：黄建勇
　　程晓敏
人武部部长：应祖迁

山福镇

书　记：郑乐斌（—2016.03）
　　金浙瓯（2016.03—）
副书记：邹本笃
　　武连春
纪委书记：胡　光（2016.03—）
党委委员：胡　光（2016.03—）
　　林　喆
　　李　策
　　陈建策
　　黄蕾蕾（女，2016.7—）
　　陈　志
镇　长：邹本笃
副镇长：林　喆
　　金忠胜
　　诸建鹏
　　杨建勇
人大主席：黄建双
人大副主席：金怡然
　　邹立敏（2016.5—）
人武部部长：陈　志

（金巴蕾）

责任编辑　王剑峰

中国共产党温州市鹿城区委员会

综 述

【“十三五”良好开局】 2016年，中共温州市鹿城区委带领全区党员干部和群众应对各种挑战，打好转型升级系列组合拳，经济平稳运行，社会和谐发展，实现“十三五”规划良好开局。全年实现生产总值（GDP）877.05亿元，人均生产总值116578元。全区财政总收入44.08亿元，其中一般公共预算收入28.53亿元。全年一般公共预算支出38.25亿元，全区社会消费品零售总额862.76亿元，实现固定资产投资372.73亿元。全年城镇常住居民人均可支配收入53535元，增长8%；农村常住居民人均可支配收入27747元，增长8.3%。坚持服务业发展总量扩大与质量提升并重，服务业增加值占GDP比重69.3%，楼宇经济、网络经济销售额、文化产业增加值、旅游总收入稳居全市首位，现代服务业发展态势良好。创成国家级出口鞋类质量安全示范区、全省鞋产业集群跨境电商试点区、全省“机器换人”分行业推进试点、全省外贸转型升级试点示范区和省级“腾笼换鸟”先进区。跻身2016年度全国中小城市最具投资潜力百强区第22位、新型城镇化质量百强区第23位。

深化行政体制、建设管理、投融资等领域改革，地方金融创新发展，民办教育、医疗、养老和农村综合改革取得实效。简政放权持续推进，非行政许可审批事项全面取消，实现审批承诺时限提速54%，即办件比率提高到47%。推行整改问题领办制、清单制和销号制，领办项目和收集的民情问题全部整改到位。提升平安鹿城建设水平，安全生产三项指标连续八年“零增长”，消防事故9年来首次实现“零亡人”。

“五水共治”成效显著，“三改一拆”力度空前，“大拆大整”掀起热潮。共处置违法建筑156.15万平方米，累计创成7个“无违建街道”、147个“无违建社区（村）”、51条“无违建河道”。环五马文化商圈有序推进，双屿综合整治取得实效，主城区城市有机更新成效明显。330国道仰义至双屿段改建工程等建成通车，一批重大水利工程建成投用，带动七都和城区西部发展。

【创新驱动战略实施】 2016年，鹿城区实施“科教人才强区”战略，落实“白鹿引才”和“人才新政十条”，“国千”人才引入实现零突破，创成“国家知识产权强县工程示范区”。持续加大科研投入，深化“政府主导、院企参与”的多领域科研主体合作，成立中津先进科技研究院等一批创新平台，40项科技项目获国家火炬计划、省科技型中小企业创新基金等专项科技基金支持。创新大统战大招商机制，实际到位内资162亿元，实际利用外资全市领先，被评为全省“浙商回归”示范区。

【城中村改造】 2016年，鹿城区推进城中村改造，滨江商务区范围内32个历史疑难问题彻底解决，十多年来困扰沿江片区建设的235公顷国有围垦滩涂政策处理问题解决到位，鲍洲工业区、涂田工业区等六大区块拆除完毕。城市中央绿轴率先完成200米范围内政策处理、200米范围外整村拆除，市行政中心区范围内各类重大疑留问题全部化解，集中开工一批“百亿”重大项目。“大拆大整”工作进展顺利，累计签约户数9323户，拆除9021户，拆除违法建筑989万平方米、城中村旧房380万平方米，中央涂、龟湖水乡、仰义制革基地等重点区块全部“清零”。

【改革项目创新】 2016年，鹿城区委明确十大领域重点改革项目，创新推出项目化、常态化、绩效化等三项管理制度，市级“1+3”重点改革项目成绩名列全市前列，1项改革得到省委副书记的批示肯定，并在省委十三届九次全会作典型交流；3个市级特色改革项目均得到市委主要领导的批示肯定；2项改革做法在全市交流推广。

【法治创建】 2016年，鹿城区民主法制领域深化改革工作在年终市对区考核中列全市第一。法治创新工作案例得到省委书记夏宝龙、市委副书记钱三雄批示肯定，并向全国、全市推广。党内规范性文件备案工作在年终市对区考核中列全市第一，共向市委报备18件，合法合规率、备案及时报送率均达100%。实现省级法治县（市、区）工作先进单位创建三连创，获评创建省级法治县（市、区）工作示范单位。1个街道、2个基层站所分别被评为市级创建法治乡镇（街道）工作示范单位、创建法治基层站所（庭、队）工作示范单位，并评出区级法治创建示范街镇、基层站所、先进单位5个。

【干部人事制度改革】 2016年，鹿城区完善干部绩效考评制度，共对34名不适宜担任现职的区管干部作调整和处理。落实中央“八项规定”、省委“28条办法”和市委“1+8”文件精神，推行农村基层作风巡查和区直机关作风巡查，49名机关工作人员被追究作风效能建设责任，其中科级干部8人，通过明察暗访发现违反工作纪律73人，警告处分11人，书面效能告诫7人。落实党风廉政建设“两个责任”，追究分管领导、部门负责人“一岗双责”11人次。

【生态环保】 2016年，鹿城区新建绿地194.49公顷，美化提升示范路13条，提升小游园18个，构建自然花境94组，完成立体绿化12186平方米，建设省级绿道15公里。全区人均公园绿地面积达12.09平方米，建成区绿地率达33%，人均值和绿量初具规模。节能减排等生态环保任务全面完成。相继创成省级生态区等15项省级文明城市创建类先进区（示范区），生态考核连续9年全市优秀，助力温州“六城联创”圆满收官。

重要会议

【区委八届十次全体（扩大）会议】 2016年1月19日召开。会议贯彻落实中央和省、市委一系列决策部署，回顾总结2015年工作，研究部署2016年任务，谋划“十三五”发展，审议通过《中共温州市鹿城区委关于制定温州市鹿城区国民经济和社会发展第十三个五年规划的建议》。

【区委第九次代表大会】 2016年12月26日召开。大会主题是：高举中国特色社会主义伟大旗帜，深入学习贯彻习近平总书记系列重要讲话精神，全面总结过去五年工作，确定今后五年的奋斗目标和主要任务，动员全区广大党员和干部群众，以“大拆大整”为主线，加快转型发展，打造全面小康社会示范城区。李无文代表中国共产党温州市鹿城区第八届委员会向大会作题为《趁势大拆大整加快转型发展奋力打造全面小康社会示范城区》的报告，张纯红代表中共温州市鹿城区纪律检查委员会作题为《坚持从严治党坚守责任担当为鹿城打造迈入全面小康社会示范城区提供有力保障》的工作报告。

【区委九届一次全会】 2016年12月28日召开。会议选举产生中共温州市鹿城区第九届委员会常务委员会委员、书记、副书记。李无文、胡晓东、曾恩伟、杨德听、林振江、张纯红、黄定恩、胡慧雷、吴道静、王炯、林仕德当选常务委员会委员，李无文当选中共鹿城区委书记，胡晓东、曾恩伟当选中共鹿城区委副书记。大会通过中共温州市鹿城区纪律检查委员会第一次全体会议选举结果，张纯红为区纪委书记，金龙伟、滕森为区纪委副书记。大会审议通过《中共温州市鹿城区委关于从严加强干部队伍建设的决定（试行）》《中共温州市鹿城区委工作规则（试行）》《鹿城区党的十九大和省第十四次党代会代表候选人初步人选推荐名单》。

2016年中共温州市鹿城区委员会文件目录

表6

文　号	文件标题
鹿委发〔2016〕1号	关于制定鹿城区国民经济和社会发展第十三个五年规划的建议
鹿委发〔2016〕2号	关于2015年度落实党风廉政建设责任制先进单位的通报

续表6

文号	文件标题
鹿委发〔2016〕3号	关于2015年度目标考核结果的通报
鹿委发〔2016〕4号	批转《关于召开温州市鹿城区第八届人民代表大会第五次会议的请示》的通知
鹿委发〔2016〕5号	批转《关于召开政协第八届温州市鹿城区委员会第五次会议的请示》的通知
鹿委发〔2016〕6号	关于开展“敢担当、树标杆”作风建设五大行动的实施意见
鹿委发〔2016〕7号	关于表彰2015年度目标管理工作先进个人的通报
鹿委发〔2016〕8号	关于建立温州市鹿城区第八届人民代表大会第五次全体会议和政协第八届温州市鹿城区委员会第五次会议期间临时党组织的通知
鹿委发〔2016〕9号	关于印发《2016年区委区政府重点工作责任分解》的通知
鹿委发〔2016〕10号	关于表彰2015年度“平安鹿城”建设、社会治安综合治理先进集体和先进个人的通报
鹿委发〔2016〕11号	关于印发《2016年度街镇工作目标考核办法》《2016年度区直单位工作目标考核办法》的通知
鹿委发〔2016〕12号	关于表彰2014—2015年度鹿城区劳动模范和模范集体的通报
鹿委发〔2016〕13号	关于表彰2015年度鹿城区信访工作先进集体和先进个人的通报
鹿委发〔2016〕14号	2016年镇工作
鹿委发〔2016〕15号	关于表彰2015年度鹿城区精神文明建设工作先进集体和先进个人的通报
鹿委发〔2016〕16号	关于表彰2015年度鹿城区有效投资和城建城管工作先进单位和先进个人的通报
鹿委发〔2016〕17号	关于表彰2015年度鹿城区“五水共治”建设美丽浙南水乡、生态区建设和农业农村工作先进集体和先进个人的通报
鹿委发〔2016〕18号	关于表彰2015年度鹿城区禁毒工作先进集体和先进个人的通报
鹿委发〔2016〕19号	关于表彰先进基层党组织、优秀共产党员、优秀党务工作者和优秀基层干部的决定
鹿委发〔2016〕20号	关于补短板的实施意见
鹿委发〔2016〕21号	关于给予王晓静等670名优秀公务员奖励的决定
鹿委发〔2016〕22号	关于表扬鹿城区在服务保障G20杭州峰会工作中先进集体和先进个人的通报
鹿委发〔2016〕23号	印发《关于在全区开展“大拆大整”专项行动的实施方案》的通知
鹿委发〔2016〕24号	关于学习全会精神通知
鹿委发〔2016〕25号	转发《中共温州市鹿城区人大常委会党组关于做好区人民代表大会换届选举工作的意见》的通知
鹿委发〔2016〕26号	关于做好我区出席中共温州市第十二次代表大会代表推荐选举工作的通知
鹿委发〔2016〕27号	关于中国共产党温州市鹿城区第九次代表大会代表选举工作的通知
鹿委发〔2016〕28号	关于表彰2011—2015年全区法治宣传教育先进集体和先进个人的通报
鹿委发〔2016〕29号	转发《区委组织部区委统战部关于做好第九届区政协换届人事安排工作的意见》的通知
鹿委发〔2016〕30号	关于调整区委常委分工的通知
鹿委发〔2016〕31号	关于对双屿街道农民自建房倒塌事故予以批评的通报

区委办工作

【概况】 2016年，区委办围绕鹿城赶超发展大局，推动区委决策部署贯彻落实，组织召开区委全面深化改革领导小组会议和4次区委改革办联席会议。完成督办新闻媒体曝光问题调查处理工作，做到区委、区政府重点工作责任分解、批示件办结、重要指标督查、专项督查办理、上级督办件办结、严肃问题督查、新闻媒体曝光问题督办等“七个100%”，促进全区形成层层抓落实的新常态。全年办文办会工作在前三年连续大幅下降的基础上，发文数再降7%、全区性会议数再降

19%。自2012年以来，连续5年蝉联“全区目标责任考核优秀单位”；牵头的全区法治工作创成“创建省级法治县（市、区）工作示范单位”，实现省级法治县（市、区）工作先进单位创建三连创；围绕“建设五会干部 强化责任担当”撰写的交流材料在2016年全省党委系统办公室工作会议上作为全省5个发言单位之一，是温州唯一作典型发言的单位。

【以文辅政】 2016年，区委办突出调研建言献策，组织开展经济发展、社会民生类等四大领域65个方面内容的课题征集活动，收集课题105个，并将成果转化为领导决策参考。对涉及全区性的信息新闻报道进行审核把关；抓好信息辅助决策，信息工作24小时备勤，接处紧急信息上报电话450余起，收处紧急突发事件传真报告1100余份，发送紧急短信汇报480余条，第一时间介入紧急信息报送，及时报送率达100%。全年报送信息1130条，录用率提高18%，各类信息获市级以上领导批示14条，同比去年增长500%，信息工作全市排名第3，较去年排名提升4位，取得2013年以来最好成绩。

【机要保密工作】 2016年，区委办机要工作在“平安浙江”考核中取得优异成绩。电子政务内网建设不断加快，优质高效办理各种电报，顺利保障上级重要视频会议召开。保密工作获全市保密工作一等奖。保密安全管理防范水平不断提升，全力推进保密“自查自评”，整改各类隐患20多个，更新升级保密检查装备，对部分单位保密设备、涉密电脑以及“三合一”产品等进行检查维修，保证设备正常运行。严格涉密人员保密审查和分类确定，全区85家单位进行登记备案，涉密人员500多人均签订保密承诺书。创新保密宣教方式，开设专门培训课3次，利用短信宣教平台累计发送保密警示和保密知识贴士7000多条次，将《中华人民共和国保守国家秘密法》纳入年度领导干部政治理论（普法）考试，保密宣传广泛覆盖，全区无发生失泄密事件。

【创新机制与督查落实】 2016年，区委办创新目标管理考核，在全市率先实行差异化考核，一改过去街镇跑部门减任务、推工作的局面，转变为主动要任务、抢工作，全区工作取得近年来首个全市考绩优秀奖，其中40多项工作位列“四区两市”第一。特别是城中村改造工作，全年签约和拆除量均超过前12年总和的3倍。发挥抓督查促落实职能，每月通报排名37项重要工作指标，编制《重点工作月报》9期，督查推动全区扩大有效投资、温商回归、大拆大整等各项工作落实。办理省市领导批示件11件、区委领导批示件195件，承接市督办件20余件，编制督查专报22期。完成督办新闻媒体曝光问题调查处理工作，做到区委区政府重点工作责任分解、批示件办结、重要指标督查、专项督查办理、上级督办件办结、严肃问题督查、新闻媒体曝光问题督办等“七个100%”，促进全区形成层层抓落实的新常态。

（叶祥建）

组织工作

【概况】 2016年，鹿城区有基层中共党委120个、地方党委派出工委14个、党总支65个、党支部1754个，党员总计31789名。其中，行政村党委2个、党总支4个、党支部155个，农村党员计7279名；非公企业党委8个，党总支5个，党支部589个，企业党员计4734名。

【基层中共党建】 2016年，区委常委会8次研究部署、书记办公会议5次听取研究基层党建工作。建立区领导联系基层制度，区委常委带头联系软弱落后党组织、重点难点村。创新推行“三单制”，配套落实问题抄告、督查通报、末位约谈制度。统筹安排1.26亿元财政资金，保障基层基础各项工作。率全市之先，落实街镇干部“两个20%”待遇（指县以下机关公务员职务与职级并行、乡镇干部经济待遇一般高于县级机关同职级干部20%以上、乡镇或街道公务员年度考核优秀等次比例提高到20%），村主职干部报酬人均达4.69万元，比2015年标准提升近10%。

【开展“两学一做”学习教育】 2016年，区委带头开展“两学一做”，主持召开区委常委会专题学习研讨3次，区党员领导干部到分管部门、联系街镇上专题党课54次，科级领导干部到基层上党课701次。开展“两学一做”小书包上门送学活动，录制温州话版党章党规以及“条例”“准则”等辅学，制发理论微刊117期468篇。

【“四清”行动】 2016年，鹿城区以“清底”为基础，移交“四清”行动立案13件，查处打击对象48人。其中，“清风”巡查35个村，查处案件7件，查处党员干部11人；“清障”打击37人，涉及8

个村；“清账”全面核算清理率100%，移交案件3件；“清仓”化解信访积案20件，化解率达100%。

【“示范、达标、整转”三大行动】 2016年9月与11月，鹿城区分两轮次进行差额遣返验收。创建完成42个示范村，其中市级样本村1个、市级示范村7个。创成7个区级城市社区党建综合体，涵盖27个社区。以全区组建的37个党建联盟为依托，实行捆绑验收、共同推进，带动86个村实现达标，10个整转村全部实现转化。

【志愿服务】 2016年，鹿城区建有党员志愿服务枢纽总站1个、志愿服务站点258个（含总站1个、街镇分站14个、村或社区支站226个、红色驿站17个）、党员志愿服务队伍352支、党员志愿者工作室71个，其中核心团队72个。私人定制服务接受定制老年人微信操作、温州嫲学说温州话等公益课程684场次。常态驻点服务推出“红色专列”服务，每周日进驻村民中心开展志愿活动，截至年底，开展活动46次，涉及12个街镇68个村（社区），惠及群众24万余人次，筹措各类物资50余万元。健全“五星制”的常态化评价办法，按照公式计算志愿者服务积分，设立积分排行榜。

【“两新”党建工作】 2016年，鹿城区落实从严治党，开展“两新”组织（即新经济组织和新社会组织）失联党员查找，122名失联党员全部复联，并处置到位。处理违法违纪“两新”党员5名，补缴党费19.99万元。推进“双覆盖百日攻坚”（利用三个月时间集中推进“两新”组织党的组织和工作有效覆盖），“两新”党组织组建率实现90%以上，工作实现全覆盖。推行“社会组织+党建阵地”做法，建成丰门街道党群服务中心（丰门红港），推进松台街道水心社会红馨园党群服务中心良好运营；推进“党建+公益”，开展服务众筹活动20余场。创成市级“一企（社）一品”（指一个企业或者社会组织拥有一个党建品牌）4个、“一域一群”（指一个区域形成两新组织党建集群效应）1个。

（金芭蕾）

宣传工作

【概况】 2016年，鹿城区宣传思想文化工作围绕中心、服务大局，凝聚共识，为鹿城打造迈入全面小康社会示范城区提供思想保证、精神力量、道德滋养和文化条件。全年区委宣传部获中央、省、市各类奖项46个，取得全市宣传系统年度考绩第一名。

【理论宣教】 2016年，鹿城区宣传部门邀请蔡锷、王文科等专家、学者作专题讲座，组织开展“大拆大整大讨论”等活动，区委理论中心组集中学习27次13.5天，发动举办理论学习会233场。编发学习辅导材料12期，推送“鹿鸣微刊”123期共504篇。累计开展专题宣讲1127场次，精品党课比赛获全市优秀组织奖，雪君工作室道德公益讲堂在全省基层宣讲工作暨宣讲进文化礼堂经验交流会上作典型发言，鼓词宣讲获央视《新闻联播》肯定。

【文化礼堂建设】 2016年，鹿城区新增文化礼堂布点12家，其中省重点文化礼堂5家，超额完成省市下达的建设任务。文化礼堂服务配送制在全市推进会上做典型发言，服务项目及配送率均居全市前列。承办全市“新青年下乡”暑期集中行动启动仪式，组织指导69支服务队823名人员参与“新青年下乡”活动，开展“暖冬行动”等活动960场。“沿江文化礼堂”被评为全市示范基地，鹿城“新青年下乡”工作在全市推进会上做典型发言，区委宣传部获市优秀组织奖。

【对外宣传】 2016年，鹿城区宣传部门围绕“大拆大整”“城市精细化管理”等市、区中心工作，连续推出“‘大拆大整’鹿城在行动”等专题专栏，区级媒体发稿量达2万余篇。加强与国家、省、市媒体合作，市级以上媒体发稿2711篇，其中中央级159篇、省级290篇、《温州日报》头版头条12篇、温视联播头条5条。打造“社区记者百人团”，推出社区记者作品237件。

【网络管理】 2016年，鹿城区出台《鹿城区互联网信息服务分类分级管理办法》等制度，牵头开展互联网“清朗”专项整治等行动，处置安全漏洞网站17家，关停网站2家。率全省县（市、区）之先，成立互联网发展促进会，强化网络社会组织的引导管理。推进“隔壁邻舍”网络治理绿色疏导，获全国首批社会治理创新优秀案例。完善新闻发言人制度建设，累计召开新闻发布会22次。加强利用新媒体与公众互动交流，区委宣传部获评全省政务传播“治理典范”称号。

【文创产业】 2016年，鹿城区作为温州市唯一代表参加2016中国

（深圳）国际文博会，获得优秀组织奖等3项荣誉。创市级文化产业园区1家，争取省级文创街区创建试点1家，入选省第二批“坡地村镇”建设用地试点项目1家，入选省、市级特色小镇创建名单各1家，浙江创意园跻身浙江省文化产业园20强。组建温州影视投资联合会，打造温州影视资本中心，建成全国首个儿童电影影视基地。梳理市、区重点产业项目14个，千想传媒等在新三板上市，正栩影视等进入上市通道。

【文化品牌塑造】 2016年，鹿城区举办2016江心屿金秋文化节，组织五大板块的15项活动158场表演，持续时间、演出规模、参演人数等创历年之最。探索“文化+旅游”模式，牵头推出古韵温州文化旅游巴士。组织温州非遗大师齐聚朔门街区，开展“两瓯两塑”（瓯绣、瓯窑和瓯塑、米塑）等传统艺术展演、展示，打响“瓯系列”特色文化品牌。牵手中国成人教育协会，加大本地原创文化品牌“中华韵”扶持推广力度，中华韵全国成人教育基地落户鹿城。

【文艺精品建设】 2016年，鹿城区策划推出电影《美丽童年》等一批重大社会题材和区域特色作品，完成文艺作品创作321件，文艺精品在各级各类赛事中获得519项大奖，其中国家级奖项15个、省与市级奖项204个。举办2016村歌创作表演大赛，推动各文化礼堂传唱村歌。探索并建立文化需求对接平台，设计、提供菜单式服务，“南塘印象舞台”等系列群文活动贯穿全年，组织大型文化活动201场、送戏下乡224场、展览57期、讲座262期、社区文化活动3872场。评选、表彰首批文化中心户35名（户），培育、扶持第三批区优秀文化人才重点项目。

【文明创建】 2016年，鹿城区宣传部门以“向善向美”为导向，推进文明素养培育。“文明城市”向“城市文明”升级，城市文明程度指数测评圆满完成。年内升级基层文明创建，凸显幸福社区特色品牌，优化城乡结对共建，加强乡风文明建设。编制《鹿城区中小学社会实践地图》，打造瓦市小学《儿童哲学》等德育特色课程、水心小学“生态教育”等特色品牌。

【典型树立】 2016年，鹿城区宣传部门提升红日亭的精神内涵和品牌影响，率全市之先设立街镇“道德风尚基金”，开展“万朵鲜花送好人”等主题活动。发动设立民间道德奖112个，组织颁奖仪式30余场。挖掘、选树身边“最美”人物，组织开展“最美”评选系列活动，李本春等10人获“中国好人”等荣誉。鹿城“社区好人”推选活动获市委常委、宣传部长胡剑谨批示肯定。

（胡忠泽）

统战工作

【概况】 2016年，鹿城区统一战线践行省委统战部“七要七禁”规定，不断强化政治意识、大局意识、核心意识，打开统一战线工作新局面。全区开展坚持和发展中国特色社会主义学习实践活动，评选表彰“双岗建功”等先进个人176人次。举办党外人士学习培训15次，开展“力量之问——我为温州发展做什么”“传承和创新——我们如何担当”等学习讨论23场次。积极参政议政，召开各类座谈会、通报会6次，专项考察协商活动2次，重要内外事活动8次，提交提案议案、社情民意241件，完成35个课题调研任务。以“四个一批”为载体，深化基层协商民主示范创建工作，打造“民主协商创意联盟”“政情民意五马站”等系列品牌，有效解决难点问题30多起。深化对口联系制度和特约人员监督机制，31个部门单位聘请特约人员170人，开展监督活动28次。强化党外代表人士建设，分类建立新的社会阶层人士数据库6709人。新提任副科级党外干部1名，转任重要岗位4名，建立党外正职与党组书记和班子领导成员合作共事制度。

【统战助推经济发展】 2016年，全区接待海外华侨回乡考察团52批次，引进侨资企业6家，促成4个合作项目落地，新签约台资项目7个，新批台资项目5个。全年招商引资到位资金181亿元，超额完成任务。开展统一战线“助力大拆大整、助推转型发展”系列活动，以“六个一”为载体，检查宗教场所206处、民间信仰场所159处，排查发现房屋安全隐患43处，限期整改24处，责令停止宗教活动19处，并创新建立“一库五书三预案四记录”长效工作制度。

【非公经济“两个健康”获突破】 2016年，全区创新利用新媒体开展“互联网+教育平台”，开设“四信”教育移动课堂。创新“三联三促”工作法，率先打造“非公经济人士温暖之家”，被列为全省工商联系统典型案例，获年度“创新中国”工商联（商会）工作特别奖。建立区领导联系领军工业企业“一对一”挂钩联系机制，与国、地税、区检察院、区司法局等政府部门紧密合作，构建“亲清”新型政商关系，帮助3家公司在新三板上市。按照“凡进必评”要求，开展非公有制经济代表人士综合评价330人，顺利完成区工商联换届工作。加强新生代企业家培养，印发“青蓝接力”培养行动的实施方案，与温州肯恩大学合作建立年轻一代企业家培养导师制。推进政府职能转移工作，建立鹿城金属商会、区建设行业协会等2家示范点。

【民族宗教工作】 2016年，全区推进民族“六进”工作，新增民族团结进步示范点3个。深化“同心同行·共建和谐”活动，完善区党员领导联系宗教场所制度，实现驻堂联络组全域覆盖。落实“五进场所、十大举措”，全年开展主题宣讲65场次，受教育信众6700余人次。在巩固深化“三改一拆”涉宗处置成果的基础上，145处宗教场所悬挂了国旗，引导宗教与社会主义社会相适应，在全省相关工作座谈会上作典型发言。196处宗教场所建立“一场所一档案一策略”档案，帮助解决疑难问题91个。指导区佛教协会、道教协会、基督教爱国会完成换届工作。

【港澳台海外统战工作】 2016年，全区开展“走亲连心”“送温暖、献爱心”系列活动，走访慰问在温华侨、困难归侨侨眷226人次。举办乡贤聚会活动，实现内外温州人互动；举办首期青年华侨研修班和“温籍海外博士回母校”“海燕集结”“缘定鹿城”等活动；成立美国、西班牙新闻通联站，拓宽联谊联络平台；打造侨界“百老惠”工程，在全省相关会议上作典型发言，推介经验。开辟快速通道，办理华侨回国定居证835件，提速54.28%；办理“三侨生”身份认定154件。深化华文教育，举办华裔青少年寻根之旅、留守儿童夏令营活动；举办第三届“台湾青年文化节”，成立“两岸（鹿城）文化交流基地”和“温州非遗文化联盟”，该项目被列入国务院台办对台交流重点项目。

【基层统战工作】 2016年，全区根据各街镇特色和优势，实行个性化统战项目考核。运用集团彩云，建立1500余名统战人士电子数据库，实现统战系统之间资源共享。开展“两学一做”学习教育活动，落实“七要七禁”规定要求，“学、思、立、行”，出台“一谈二查三动议”制度，提升统战干部防腐拒变能力；开展机关干部“菜单式”服务基层活动，改进工作作风。改版升级官方网站，利用微信公众号及时推送新闻信息330条。创新开设统战工作交流云平台，打造“指尖上”的统战工作交流新模式，上报信息被中央录用1条、省级录用3条、市级录用7条。

（吴芳芳）

机构编委工作

【概况】 2016年，鹿城区按照机构改革和政府职责体系建设的总体要求，对街镇和部门职责进行系统化、精细化、动态化管理，完成二批共23个单位“新三定”（“三定”是定职能、定机构、定编制的简称；“新三定”是指对“三定”文本格式进行全面调整，分行政权力事项、宏观和内部管理事项、公共服务事项、其他应当履行的工作事项等逐项细化编码，对街镇和部门职责进行系统化、精细化、动态化管理）修订的收尾工作，进行第三批11个部门的修订工作，切实把部门职责的取得、行使、转移、废止等置于常态监控之下。从全区事业编制余量中划出一部分作为周转编制基数，优先用于中心工作任务繁重、引进高层次人才、紧缺急需人才等需要。在全区可用事业编制严重不足的情况下，实行周转编制，盘活编制资源，一定程度上缓解了经济社会发展急需与事业编制不足的矛盾。全年，共核定周转编制3名、期限编制15名。

2016年9月，鹿城区编外用工管理办公室成立，归口区编委办管理，以实现控制行政成本并提升编外人员使用效率。同月，鹿城区大数据管理中心成立，主要负责统筹政务云、大数据平台、电子政务网络、信息安全保障体系等公共信息化平台的建设、管理和运行维护等工作，推进电子政务从粗放、低效、分散建设向集约、高效、协同发展模式转变，推动大数据在政府管理、决策和公共服务领域广泛运用。

2016年，鹿城区政府职能向社会组织转移呈现“三增多”态势。一是职能转出部门、承接社会组织参与增多。在党委系统职能转移实现零突破，将街镇纳入政府职能转移范围，试点街镇向社区社会组织转移职能事项工作，初步形成了政府、党委、群团机关和街镇基层齐参与的氛围。二是职能转移协议落地增多。牵头梳理并向社会公布第二批政府职能向社会组织转移目录79项，至年底，落地职能转移协议

58项，涵盖优抚对象贴心服务、培育文化志愿者项目等。三是职能转移特色项目增多。区法学会承接区信访局“对部分重点信访事项介入调处化解”职能后，成效明显，得到省委副书记、政法委书记王辉忠、中国法学会会长王乐泉的批示肯定。10月26日，区机构编制委员会在全国部分省、区（市、县）级法学会建设现场推进会上作经验介绍。

【权责清单工作】 2016年，鹿城区推进权责清单向街镇延伸覆盖，完善政务服务网街镇事项，完成14个街镇的权力清单和责任清单的审核、公布和“新三定”文件的制定。将部门年度重点工作目标列入部门责任清单，并修订完善，编制基本公共服务清单92项。继续开展省、市、县三级行政权力事项信息比对规范工作，确保部门权力库在用事项与省样本库的比对一致。针对部门和街镇权力清单存在实施依据不完整、形式不统一、运行流程图过于简单、部分权力无流程图等问题，督促其对权力清单网上公布的要素进行规范。

【“还政予政”工作】 2016年，鹿城区在不增加相关单位行政编制的情况下，有效推进事业分类改革，推进4家事业单位的“还政予政”工作。在区卫生局、区计生局整合及“三定”的制定中，将区流动人口计生管理大队的行政职能划归区卫计局。借助区农林水利局的“新三定”，将区农业机械监督管理站、区渔政站、区河道管理站承担的行政职能划归区农林水利局。

【事业单位统一登记管理】 2016年12月，鹿城区核准两所民办机构登记为民办事业单位，正式实施各类事业单位统一登记管理制度。通过赋予民办公益机构事业单位“身份证”，有效引导社会力量参与民办公益事业，发挥市场在提供公益服务中的作用，增加公益服务供给。

【推进综合执法体制改革】 2016年9月12日，鹿城区综合行政执法局率全市11个县（市、区）之先挂牌。区编委办对各职权划出单位近3年半拟划转职权行政处罚案件数进行调查，研究确定编制划转测算公式，预判划出职能未来管理方式，破解编制划转难点。将执法管理力量进一步向基层一线倾斜，使大网格运行机制在“管理进网格”的基础上向“办案进网格”突破，实现综合执法和基层管理的无缝对接。

【街镇“四个平台”基层治理体系建设】 2016年12月，鹿城区《关于深化街镇“四个平台”基层治理体系建设的实施意见》实施，搭建街镇“四个平台”（综治工作平台、市场监管平台、综合执法平台、便民服务平台）的组织框架和运行模式。五马街道、藤桥镇作为试点单位，初步取得基层治理体制由分割向融合转变，治理架构由垂直向扁平转变，治理主体由单一向多元转变的工作成效，为街镇“四个平台”建设在全区铺开提供经验。

【统一政务咨询投诉举报平台建设】 2016年，鹿城区对列入热线整合范围的市场监管、质监、人力社保、环境保护、旅游、知识产权等15 条非紧急类政务服务热线的运作模式、现有人员力量、话务量等进行调查，拟定编制调整、机构设置、机构职能方案。通过建设统一政务咨询投诉举报平台，改变以往职能部门对投诉举报事项自我受理、自我办理、自我监督、自我评价的传统模式，推进政府治理能力和治理体系现代化。

【完成纪检派驻机构设置和编制划转】 2016年，鹿城区按照省、市纪检机构改革要求，制定纪检派驻方案，共派驻部门17个纪检组，人员编制根据各纪检机构所负担的工作任务情况进行分配，实行单列管理，由区纪委统一管理、统筹使用。此次分配的单列编制只用于区纪委派驻机构。撤销部门原设置的监察室，设置区纪委派驻纪检组，做好相应的机构、编制、人员等调整。

【公立医院备案制管理】 2016年1月1日起，鹿城区对区属公立医院实行事业编制备案制管理，原核事业编制实行冻结，空编一次性全部收回。区属公立医院每减少编内管理工作人员1人，收回事业编制1名，同时增加1名事业编制报备员额。分别核定区人民医院、区精神病医院事业编制报备员额164名、89名，新进人员均使用事业编制报备员额。

（张静雅）

机关党建工作

【概况】 2016年，鹿城区直属机关以加强党性修养、规范基层建设、改进机关作风为重点，加强党的思想、组织、作风、反腐倡廉和制度建设，发挥机关党组织战斗堡垒作用和机关党员先锋模范作用，提高机关党的建设科学化水平。

【"两学一做"学习教育】 2016年，区直机关工委把"两学一做"学习教育作为机关党建工作的重要任务，在完成规定学习任务的同时，创新推出"千名党员上党课"举措，实施分层分级培训，培训党务骨干690名，部门领导上党课879场（其中领导到基层上党课301场），各机关党委组织党员集中上专题党课达1万多人次。将"两学一做"学习教育列入机关党建目标考核，指导和督查近30家机关党组织。由工委课题组撰写的调研论文获市机关党建理论研究成果一等奖。

【组织建设】 2016年，区直机关工委强化机关党建责任落实，组织57家区直机关党组织书记集中进行机关党建工作述职联评，强化党组织书记抓党建责任和工作力度。规范基层党组织建设，制定有关规范区直机关基层党组织建设的实施意见，建立换届预告督办制度，全年完成机关党组织换届238个（包括直属机关党总支下属党支部31个、机关党委下属基层党组织175个），换届率达100%。排查党员组织关系，从源头上治理党员组织关系"空挂""失联"等现象，完善党员档案152份。严把党员入口关，全年发展党员65名。

【作风建设】 2016年，区直机关工委制定《关于进一步加强和改进区直单位机关纪委建设实施意见》，明确区直单位机关纪委工作职责、工作机制、机构设置、队伍建设及工作保障，强化机关纪委监督责任。在8家单位试点开展"举案说纪微课堂"活动，并联合区纪委举办党风廉政教育专题讲座，全区660多名机关中层干部、基层站所负责人和党组织纪检人接受教育。分片组召开纪检干部工作会议，举办纪检业务培训。区直机关工委获区"2016年度落实党风廉政建设责任制先进单位"和"作风效能建设满意单位"。

【"党建引领审批服务提能效"活动】 2016年，区直机关工委成立区审批服务中心联合党总支，创新推出"三亮三比三评三优先"（"三亮"指亮身份、亮标准、亮承诺，"三比"指比作风、比业务、比业绩，"三评"指满意度评议、"党员示范岗"评比、"满意窗口"评选，"三优先"指在评优评先方面予以优先、在培养入党方面优先、在干部选拔使用方面优先推荐）和微信审批等举措。区审批服务中心全年承诺件提前办结率93%，承诺时间提前率65%，同比分别提高18%和7%。该工作被评为年度县（市、区）机关党建创新成果二等奖，人民网、《浙江日报》专门进行宣传报道。

【"百个支部结对千名党员牵手"活动】 2016年，区直机关工委将机关与村（社区）支部结对作为服务基层、推动发展的有效载体，做到支部结对全覆盖，并实施结对项目化管理模式。各机关党组织申报服务基层项目224个，涉及服务城中村改造、城市精细化管理、"五水共治"、推动城乡经济发展、困难帮扶等多个领域，涉及资金约1000万元。全年机关党组织到结对村（社区）走访慰问360次，慰问1356人，慰问金额达79.2万元。支部结对工作获年度县（市、区）机关党建工作品牌一等奖，并被《温州日报》专题报道。

【助推"大拆大整"专项行动】 2016年，区直机关工委号召机关党员投身"大拆大整"，将助推"大拆大整"列入"两学一做"，组织机关基层支部深入开展专题大讨论；督促机关党组织深入结对村（社区），加强政策宣传，协助解决"大拆大整"中有关问题，共有186个党支部到结对村（社区）帮助工作。

【党建主题宣传】 2016年，区直机关工委举办"开局'十三五'，奋勇争一流"机关干部演讲赛，40家单位53名选手参赛，1.2万人参与网络投票；开展"十大机关工作品牌评选"活动，43家单位参与评选；开展"争当先锋模范，助推破难攻坚"主题宣传活动，在《今日鹿城》、鹿城机关党建网站、微信平台等开辟专栏，推出系列报道17篇；创办机关党建微信平台，推送微信37期。

【群团组织建设】 2016年，鹿城区机关团组织新成立4家，换届7家。区直机关工委组织开展机关青年农耕文化体验活动；筹划妇女素养提升、瑜伽培训等课程；举办机关干部户外拓展、登山赛、乒乓球赛、健康讲座、太极拳培训等形式多样的文体活动，参与人数达2500多人次。完善党内关怀、帮扶、激励机制，下拨机关党组织慰问经费55.55万元，走访慰问28人，慰问金额2.45万元。

（林艳艳）

信访工作

【概况】 2016年，区信访局贯彻落实"访诉分离、分类处理"原则，厘清信访与行政、司法等其他法定途径的边界，印发《鹿城区通过法定途径分类处理信访投诉请求的工作方案》；以《浙江省信访条例》修订实施为契机，鹿城区畅通复查渠道，全年受理信访事项复查54件，同比增长近4倍。全年区信访总量4423件人次，同比增长26.2%，其中：进京上访206批446人次，赴省上访76批167人次，到市上访359批1484人次，到区上访436批1783人次，来信（包括网信）543件。

【增加工作职能】 2016年，在区信访局增挂区统一政务咨询投诉举报平台管理办公室牌子，并将区长专线受理中心成建制划入区信访局管理，承担市统一政务咨询投诉举报平台转派的群众来电（件）和网络件等事项的接收、转办、反馈等，并做好接收、转办事项办理情况的统计、汇总、分析等工作。

【维稳工作】 2016年，坚持属地管理、妥善处置，防范在先、避免聚集的原则，全力做好全国、省、市、区各级"两会"、G20杭州峰会、十八届六中全会、第三届世界互联网大会等重点时期维稳工作。特别是G20杭州峰会期间，全区上下通力合作，通过强化管控、劝返和督导落实等举措，确保社会的和谐稳定，实现"零非访、零滋事"的工作目标。

【重点人员管控】 2016年，区信访办联动区委政法委，牵头法院、检察院、公安、法制办等部门，制定出台有关文件，明确信访重点人员法制教育要求。经法制教育后仍采取过激行为的，依法予以处置。同时，将派出所与属地街镇一同捆绑落实责任，保持严打严治的高压态势，共同推进重点人员管控工作。

【信访督查"百千万"专项行动】 2016年，排查梳理242件信访积案（其中包括村级组织换届信访积案26件），纳入信访督查"百千万"专项行动。通过开展基层基础年建设、"百名律师助力百案攻坚"活动，推动第三方组织参与信访工作，深化G20杭州峰会信访维稳分析会制度等十项行动，62件化解类信访积案全部得到化解。

（陈冰纯）

党史研究工作

【概况】 2016年，鹿城区委党史研究室开展改革开放新时期鹿城党史专题征稿和党史编研工作，以纪念建党95周年和长征胜利80周年为契机，联合区文联等单位开展"到人民中去——寻访老党员、助推新发展"主题系列活动。全年出版党史研究文集3部、印发内部刊物2期，报批文选1部；发表论文《论述浙江抗战文化及其影响》等文章10篇。全年信息被浙江党史网采用6条、浙江党史微博采用6条、《温州史志工作简讯》采用5条、温州史志网采用6条、温州史志微博采用6条。区党史研究室副主任李岳松家庭被评为第二届中国书香之家，作为全省唯一代表，4月13日到北京接受表彰。

【《鹿城党史》第三卷编写】 2016年，区委党史研究室起草《鹿城党史》第三卷纲目初稿。11月25日，《瓯江浪潮——改革开放新时期鹿城党史专题集（一）》由浙江省新闻出版广电局批准内部出版。全书选入区委、人大、政府、政协、组织、宣传、统战、农委、检察、科技、审计等部门、街道34个专题，计40余万字。

【《中共鹿城区委文件选编》第五辑出版】 全书65.3万字，于2016年11月由浙江省新闻出版广电局批准内部出版。该辑收入1998年1月—2002年12月的区委领导工作报告、会议纪要、批复等区委主要文件，函盖政治、经济、社会、文化等方面内容，并以附录形式收录区政府部分重要文件。

【《鹿之鸣》总第43、44期合刊出版】 合刊于2016年内部出版，设特稿、回首往事、专题纪念、专题研究等14个栏目，计30多万字，具有鲜明的地方特色。

【党史研究成果发表】 2016年，李岳松论文《论述浙江抗战文化及其影响》发表在《足迹》第4期，并入编《浙江省纪念抗日战争胜利70周年学术研讨会论文集》；《红军北上抗日先遣队失败的原因与教训》入编《中共闽浙边临时省委成立八十周年纪念活动文集》；《温州独支在国民革命运动中的历史地位和作用》入编《浙籍先进分子与中共早期组织学术研讨会论文集》；《抗战老兵陈志芳：最光荣的岁月是参军打日本鬼子》和《从穷孩子到抗战英雄》入编《铁军岁月——在温新四军老战士访谈录》。《南宋理学家——叶味道》入选浙江省历史学会年会暨学术研讨会，作者在"浙江地方史及古镇研究"分会上发言交流；该文和《湖滨授笔 名儒辈出——明进士李阶》入编温州市社科联资助出版项目《浙南历代人物传略》。郑颉峰的《革命烽火遍畲乡》和李长飙的《感恩党改变我的人生》分别入选温州中共党史学会主办的纪念建党95周年、中国工农红军长征胜利80周年征文。

【采访拍摄农村老党员活动】 2016年5月6日，区委党史研究室联合鹿城区委组织部、区文联等开展“到人民中去——寻访老党员、助推新发展”主题系列活动。区文联、新闻中心、党史研究室等单位的摄影爱好者，利用双休日深入藤桥、山福、仰义、双屿、七都等镇、街道、社区和农村山区，上门慰问并采访农村老党员，记录他们在民主革命时期的活动，以摄像、视频、录音、图文等方式宣传他们的革命足迹和先进事迹，建立“红色影像”电子档案。6月中旬，从征集拍摄57位老党员的上千幅摄影作品中，精选43位老人的192幅照片，制成48个展板。6月29日，“鹿城《红色足迹》寻访老党员影像档案展”在鹿城区行政中心开幕。6月30日，开始在山福、藤桥、双屿等街镇、社区、农村和温州图书馆等地巡回展览。同时，制作两个先进典型专题片，作为“两学一做”学习教育的鲜活教材；编撰、出版《红色足迹》摄影作品集，在中国共产党成立95周年纪念日分发给有关单位和党员。

【下乡慰问演出】 2016年6月5日，区委党史研究室、区文联、藤桥镇政府和温州电视台瓯江先锋频道，在田塘头革命陈列馆联合举办一场专门为党员群众献礼的“寻访老党员、助推新发展”慰问演出，给田塘头村的老党员代表送上慰问品；并参观田塘头革命陈列馆、田塘头革命纪念园。当日晚，温州电视台5频道进行宣传报道。

【作者档案资料库建立】 2015年，区委党史研究室向全国各地温州籍的鹿城党史期刊离退休和在职作者发出《关于建立鹿城党史期刊作者档案资料库的函》。2016年，收到回复资料150多份，内容包括作者简历、著作出版发表情况和个人简介，分别建立纸质档案和电子档案资料库。

【“七一”纪念活动】 2016年“七一”期间，区委党史研究室和山福镇党委，组织10多位西坑村离退休干部、烈士家属、党史研究专家、优秀作者代表等参观西坑革命纪念馆、西坑烈士陵园、田塘头革命陈列馆和田塘头革命纪念园，缅怀革命先烈、回顾浙南革命斗争史，并就如何做好西坑革命纪念馆扩展工作召开座谈会。

（李岳松）

区委组织部、区委党史研究室等单位走进藤桥摄录老党员的红色事迹

老交通员叶宝池给小学生讲述他亲历围歼国民党交警总队的“藤桥战斗”

交通员曹玉山讲述自己冒险给地下党组织送信的故事

老革命瞿碎鹤向孙辈讲述自己22岁参加永嘉乌牛“三五支队”的经历

图片均由鹿城区委党史研究室 供稿

老干部工作

【概况】 2016年，鹿城区离休干部计118名，其中，当地56名，接受易地安置62名。离休干部平均年龄88.58岁，最年长者98岁，最年轻者80岁。区四套班子离退休干部31名，其中离休干部1名，平均年龄为69.93岁。

【政治待遇】 2016年春节期间，区四套班子领导分9组走访慰问38位离退休干部；全年走访慰问153位老干部及遗孀。组织老干部前往丰门街道、山福镇、藤桥镇小岙村、七都街道樟里文化中心等多个示范点，考察“五水共治”、鞋都发展、民宿开发、美丽乡村建设等，开展“我看从严治党新气象”座谈调研活动，并形成调研报告。

【生活待遇】 2016年，区老干部局定期编辑发送“孝心短信”，提醒老干部子女“关爱不等待，常回家看看老人”。召开全区老干部工作者会议，整合社会力量参与老干部“四就近”（就近获得学习、就近参加活动、就近得到关心照顾、就近发挥作用）工作，继续落实每年每人500元的“四就近”工作经费。全年划拨4.6万元专项资金补助16名家庭困难的老干部和老干部遗属。10月底，组织老干部到雪山饭店开展为期7天的健康疗养活动。

【“坚定信仰，永跟党走”活动】 2016年，区老干部局以中国共产党成立95周年和中国工农红军长征胜利80周年为主题开展系列活动。4月，联合瓯江学院和区党群活动中心开展“追寻老兵足迹、续写英雄传奇”采访活动，成立大学生“红笔杆”志愿服务队，上门采访10名亲历战争老干部，提炼红色精神，编印红色故事集，宣扬老兵精神。5月，组织老干部到藤桥革命老区开展“重走红军路，重温入党誓词”活动。6月，举办主题文艺演出和书画展，通过老干部的才艺展现来回顾党的辉煌历程，讴歌党的丰功伟绩。10月，编印老干部风采录，弘扬老干部精神。

2016年6月16日，区老干部局组织离休干部到区党群服务中心开展“重温入党誓词，共过政治生日”活动　区委老干部局 供稿

【“白鹿银辉·百老争鸣”活动】 2016年，区老干部局以“白鹿银辉·百老争鸣”系列活动为载体，发挥老干部的政治、经验和威望优势。在“白鹿银辉——宣教行”中，组织“吾老在线”讲师团，到社区、学校宣讲党和政府中心工作、党史党建、关心下一代等各类主题，全年宣讲119场，受众达1.2万人次；在“白鹿银辉——慈善行”中，组织老干部“绚霞”爱心服务队为山区困难党员、困难群众献爱心送温暖，为小岙村爱心食堂捐款，为优秀学生赠送电子书，捐赠伏茶点，累计捐献爱心资金9.6万元；在“白鹿银辉——树典型”中，年初分别评选出10位最美老干部和10位最美老干部贴心人等典型人物，通过宣传图展、表彰大会、先进事迹连刊宣传报道，引起较大反响。

【助推中心工作】 2016年，区老干部局组织老干部深入丰门街道、藤桥镇、山福镇、南门街道等基层一线服务“十三五”时期重点项目，督促全区经济发展、“三改一拆”、精细化管理等重点工作的开展。先后9次组织老干部到藤桥镇小岙村考察调研，为当地旅游开发项目把脉开方，争取各方支持，促使小岙村项目与旅游开发公司签订合作意向，停车场、游步道、特色旅宿和孟庆江工作室于年底动工建设。

【离退休干部党建工作】 2016年，区老干部局开展离退休干部党员

“两学一做”学习教育，通过举办老干部重要情况通报会、理论学习会及培训班，为长年卧病在床的老干部提供“送学上门”服务，开设离退休干部党支部骨干及党员理论提升班，组织离退休干部与农村党员开展互学互比等，切实增强老干部四大意识。对离退休党员干部采用“开放式”服务理念，建立原单位、居住社区、老干部局三方共管局面，开展党内互助关爱、传递温暖活动。开展“一支部一特色”活动，提炼出“红色细胞·银发义诊”“桑榆护娇蕾”“墨留余香”“仰善重义·党内帮困”“藤桥清风巡查”等支部特色活动。

【离休干部医疗待遇提高】 2016年，全区离休干部医疗待遇调整如下：解放战争时期参加革命工作、离休前职级为副厅局级的离休干部，列为重点医疗保健照顾对象；解放战争时期参加革命工作、离休前职级为县处级、尚未享受副厅局级待遇的离休干部，提高享受副厅局级医疗待遇；解放战争时期参加革命工作、离休前职级为科级及以下、尚未享受副厅局级待遇的离休干部，提高享受按副厅局级标准报销医疗费待遇。

（朱　婧）

档案工作

【概况】 2016年，鹿城区档案工作以服务大局为中心、服务民生为重点，依法推进“网上年检”，突出“智慧档案”建设。全年，完成规范化数字档案档案室15家，其中区公安分局和区质监局为省级示范数字档案室。6月，鹿城区数字档案馆被评为国家数字档案馆。12月，区档案馆新馆项目立项，区档案局获得全市档案系统推进“平安温州”建设优秀单位。

【开发利用和开放鉴定】 2016年，区档案局共接收23个全宗的各门类档案11904卷、21841件（合计12996卷），较2015年增长100%以上。全年接收的档案都是和数字化成果同时接收的，共增加160671条；馆藏除会计、涉密档案外，全年共接待查阅2000多人次，调阅档案2000多份，较2015年有较大增长。截至年底，完成66家归档单位的电子档案移交工作，电子档案数据共计900G。

【打造多方位服务体系】 2016年，鹿城区城中村改造档案工作在全省率先列入区级考核。通过基层档案监管平台对8个街道22个项目进行档案考核，保证城中村改造档案规范化管理。在丰门街道开展“村档街管”试点工作，指导7个行政村整理、扫描各类档案共计158卷、1602件，数字化成果同时上传至鹿城区档案信息资源共建共享平台。在档案查阅窗口实行满意度评价，在社区设置民生档案查阅点，窗口提供双休日预约查档服务，为群众带来便利。

【业务知识培训】 2016年5月，全区档案业务知识培训会召开；5—6月，“村档街管”档案业务培训会举办；6月，城中村改造档案工作培训会召开，6月7日，区档案局开展“国际档案日”宣传活动；7月，民生档案工作培训会召开；8月，区档案局组织丰门街道及各村相关人员到龙湾进行“村档街管”工作交流与观摩。

【国家级数字档案馆创建】 2016年2月，鹿城区数字档案馆通过国家级数字档案馆测试，成为全国首批、全市首家国家级数字档案馆（全省仅5家）。该馆建设仅投入300万元，在全省中投入最少，成绩排名第三。

【智慧档案建设】 2016年3月，区档案局经全区调研、专家论证，推出全市首个《智慧档案馆建设规划》；4月，在全市率先提出智慧档案类课题研究，并完成《档案数据安全存储及智慧监管平台的研究》《城中村改造档案智慧监管体系建设的研究》课题的申报；7月5日，两个课题都被省档案局列入《2016年度浙江省档案局科技项目研究计划》。年内，完成街镇民生档案查阅点系统和在线民生档案查调系统升级，为档案智慧服务拓展渠道。

【档案实体和档案信息安全建设】 2016年5月，区档案局印发《关于开展档案安全体系建设检查的通知》，要求各单位在档案制度建设、档案库房情况、档案实体保管条件等方面进行自查，向市档案局提交自查报告。年内对馆内档案数字化加工场所、特藏室等关键部位进行改造。根据省档案局网站安全检测通报结果，对鹿城档案地方志网进行安全整改，并以满分通过区公安网监大队的测试。6月，经温州市城市规划设计研究院技术鉴定，科技大楼不符合档案存放使用要求。经多方咨询讨论，确定将一半库存档案及后续几年应收档案临时寄存到温州联合金融服务有限公司。

【区档案馆新馆完成立项】 2016年6月，全区拟定鞋都14—2地块（7.17亩）作为区档案建设用地并启动土地控规调整。11月16日市里控规调整程序完毕，12月8日完成项目立项，进入设计阶段。

【省档案局领导调研档案工作】 2016年3月29日，浙江省档案局局长刘芸一行在市档案局局长万邦联的陪同下，到鹿城区调研档案工作。会上，副区长黄定恩就全区档案工作基本情况、“十二五”时期发展回顾及“十三五”规划工作进行了汇报。区档案局局长张靖就鹿城区贯彻落实全省、全市档案工作会议精神情况、档案安全体系建设、查找档案工作“短板”情况等调研内容做了汇报。刘芸肯定了鹿城区在“十二五”期间档案工作所取得的成绩。

（陈　港）

责任编辑　朱凌云

2016年3月29日，省档案局局长刘芸调研鹿城档案工作　　区档案局提 供稿

温州市鹿城区人民代表大会及其常务委员会

区人民代表大会及其常委会会议

【区八届人大五次会议】 2016年2月22日—24日在鹿城文化中心举行，出席大会代表287名，列席会议人员251名。区八届人大五次会议共举行4次全体会议，5次主席团会议，1次计划和预算审查委员会会议，1次议案审查委员会会议。

会议听取和审查温州市鹿城区人民政府工作报告；审查、批准温州市鹿城区国民经济和社会发展第十三个五年规划纲要；审查、批准温州市鹿城区2015年国民经济和社会发展计划执行情况及2016年国民经济和社会发展计划草案的报告，批准温州市鹿城区2016年国民经济和社会发展计划；审查温州市鹿城区2015年全区和区级预算执行情况及2016年全区和区级预算草案的报告，批准温州市鹿城区2015年区级预算执行情况的报告及2016年区级预算；听取和审查温州市鹿城区人民代表大会常务委员会工作报告；听取和审查温州市鹿城区人民法院工作报告；听取和审查温州市鹿城区人民检察院工作报告；选举温州市鹿城区第八届人民代表大会常务委员会副主任和温州市鹿城区第八届人民代表大会常务委员会委员。

会议期间，大会议案组收到代表议案20件，其中《关于打造鹿城西部“旅游+”模式 助推城乡统筹发展的议案》列入常委会审议议题，其余19件转为代表建议；收到代表建议140件。

【区八届人大常委会第二十七次会议】 2016年2月3日举行。会议初审温州市鹿城区国民经济和社会发展第十三个五年规划纲要；听取和审议区政府关于2015年区本级部门预算执行情况和2016年区本级部门预算编制情况的报告；审议和表决重点审查的2016年区级部门预算（草案）；听取、审议通过温州市鹿城区第八届人民代表大会第四次会议代表议案、建议办理情况的报告；审议表决关于接受康岳春等辞去区八届人大代表职务的请求；审议通过关于康岳春等代表资格终止的报告；审议通过《关于选举与补选温州市鹿城区第八届人民代表大会代表的决定（草案）》；审议通过《温州市鹿城区第八届人民代表大会代表选举与补选办法（草案）》；审议通过《温州市鹿城区组织实施宪法宣誓制度办法（草案）》；审议表决《关于提请确定温州市鹿城区藤桥镇、山福镇人民代表大会代表名额的议案》；审议通过《关于召开温州市鹿城区第八届人民代表大会第五次会议的决定（草案）》；审议接受王建中等辞去温州市第十二届人民代表大会代表职务的请求并补选葛益平等为温州市第十二届人民代表大会代表。

【区八届人大常委会第二十八次会议】 2016年3月17日举行。会议审议通过区人大常委会工作报告稿；审议通过区人大常委会2016年工作要点；审议通过代表资格审查委员会关于区八届人大五次会议代表资格审查的报告；审议区八届人大五次会议议程及日程（草案）、主席团成员和秘书长名单（草案）、计划和预算审查委员会名单（草案）、议案审查委员会名单（草案）、大会选举办法（草案）；审议通过区八届人大五次会议列席人员名单；审议表决陈洁、林瑞荣、叶青请求辞去区人大常委会组成人员职务的报告；表决通过有关人事任免事项。

【区八届人大常委会第二十九次会议】 2016年5月31日举行。会议听取和审议区政府关于温瑞塘河治理工作情况的报告；审议关于打造鹿城西部“旅游+”模式 助推城乡统筹发展的议案；听取和审议区政府关于鹿城加快建设时尚之都示范区的议案办理工作审议意见落实情况的报告；听取和审议区政府关于温州市鹿城区教育均衡发展工作审议意见落实情况的报告；听取和审议区公检法司机关关于依法履职、公正司（执）法工作审议意见落实情况的报告；书面印发区法院部分法官履职评议意见整改落实情况的报告；审议表决对鹿城区第八届人大代表周海峰采取刑事强制措施的许可；审议表决关于提请增补温州市鹿城区第八届人民代表大会常务委员会代表资格审查委员会组成人员的议案；审议表决关于提请设立山福镇、藤桥镇选举委员会的议案；审议表决关于山福镇、藤桥镇人民代表大会选举时间的决定（草案）；审议表决许卫疆请求辞去区人大常委会委员职务的报告；表决通过有关人事任免事项。

【区八届人大常委会第三十次会议】 2016年7月26日举行。会议听取和审议区政府关于2015年财政决算的报告；听取和审议区政府关于2015年区级预算执行和其他财政收支情况的审计工作报告；听取和审议区政府关于档案专项工作情况的报告；听取和审议区政府关于防洪排涝设施工程建设进展情况的报告；听取和审议区政府关于宗教事务管理工作审议意见落实情况的报告；听取和审议区法院关于执行工作审议意见落实情况的报告；审议表决项旭光同志请求辞去区人大常委会副主任职务的报告；表决通过有关人事任免事项。

【区八届人大常委会第三十一次会议】 2016年9月19—20日举行。会议听取和审议区政府关于2016年1—8月国民经济和社会发展计划执行情况的报告；听取和审议区政府关于2016年1—8月全区和区级预算执行情况的报告；听取和审议区政府关于温商回归招商引资工作情况的报告；听取和审议区政府关于区八届人大五次会议代表建议办理情况的报告；听取和审议区政府关于推进我区征收安置提速提效议案办理工作审议意见落实情况的报告；听取和审议区政府关于“六五”普法工作情况和“七五”法治宣传教育工作安排的报告；对区检察院部分检察官进行履职评议；审议表决温州市鹿城区人大常委会关于开展第七个五年法治宣传教育的决议；表决通过有关人事任免事项。

【区八届人大常委会第三十二次会议】 2016年11月24日举行。会议听取和审议区政府关于信息化建设工作情况的报告；听取和审议区政府关于打造鹿城西部“旅游+”模式助推城乡统筹发展议案办理情况的报告；听取和审议区政府关于2016年区级财政预算调整方案的报告；听取和审议区政府关于2015年区级预算执行和其他财政收支审计处理意见落实情况的报告；审议表决关于区人民代表大会换届选举有关事项的决定（草案）；审议表决关于提请设立温州市鹿城区选举委员会的议案；表决通过有关人事任免事项。

【区八届人大常委会第三十三次会议】 2016年12月23日举行。会议听取和审议区政府《关于提请批准将温州市七都北汊桥工程（PPP项目）政府付费纳入我区年度和中长期财政专项资金预算的议案》；审议表决周基斌请求辞去区人大常委会副主任职务的报告；审议表决温州市鹿城区选举委员会部分组成人员辞职的报告；审议通过《关于召开温州市鹿城区第九届人民代表大会第一次会议的决定（草案）》；表决通过有关人事任免事项。

监督工作

【法律监督】 2016年，区人大作出加强法治宣传教育决议，推动法治宣传教育“七五”规划实施。随机抽取5名检察官开展履职评议，提出具体整改意见并督促改进工作。加强对区法院关于执行工作审议意见落实情况的跟踪监督，督促要求区法院创新思路、构建有实效的联动机制、加大执行工作宣传力度，维护司法权威。加强对区公检法司机关关于依法履职、公正司（执）法审议意见落实情况的跟踪监督，推动区公检法司机关重点问题的整改。制定《温州市鹿城区组织实施宪法宣誓制度办法》，组织宪法宣誓仪式6次，共31名人大任命干部向宪法宣誓。对19名人民陪审员的选拔程序进行监督。依法对50件规范性文件开展备案审查，开通网上备案系统，着力维护法制统一。主动服务和融入全市立法工作大局，协助市人大开展《温州市物业管理条例（草案）》《浙江省食品小作坊小餐饮小食杂店和食品摊贩管理规定（草案）》等法规草案意见征求及立法调研活动，对《浙江省违法建筑处置规定》实施效果进行评估，并积极推动《温州市市容和环境卫生管理条例》在鹿城区的落实。

【财经与预算监督】 2016年，区人大关注全区经济运行情况，听取和审议区政府关于半年度经济运行、1—8月计划执行情况的报告。跟踪监督《关于鹿城加快建设时尚之都示范区的议案》审议意见落实情况，促进鹿城时尚产业科学发展。监督信息化工作，要求区政府进一步理顺信息化建设体制机制，推动部门间信息共享，提升互联网+政务服务水平和行政效能。监督2016年政府投资暨全区重点项目建设工作，督促破难攻坚，推进重点项目建设任务落实。

听取和审议预算草案、预算执行、决算、审计等报告，要求区政府及职能部门完善预算管理体系，严格预算执行，加强绩效管理。审查批准2015年度财政决算、2016年度部分预算调整方案。成立9个预算审查小组，对全区69个部门2017年度预算编制草案进行调查，组织对区法院、区科学技术局、区交通运输局3个重点审查部门的听证会。加强对区政府关于2015年实施财政绩效评价情况和2016年财政绩效项目安排，镇、街道财政体制及运行情况的监督。审议通过《温州市鹿城区人大常委会关于街道财政预算监督试行办法》，推动预算审查监督向基层延伸。审议通过《关于提请批准将温州市七都北汉桥工程（PPP项目）政府付费纳入鹿城区年度和中长期财政专项资金预算的议案》。

【教科文卫监督】 2016年，区人大专项监督档案工作，要求区政府进一步重视和关注档案工作，加大支持保障力度，夯实档案工作基础，促进档案工作健康有序发展。对科技经费使用情况进行调查，督促区政府加强科技经费管理制度建设，积极引导企业加强科技经费投入，充分发挥科技经费引导扶持作用。跟踪监督教育均衡工作审议意见落实情况，促进区域发展不平衡、管理机制不完善、教育资源布局不合理等问题化解。配合市人大开展学前教育和社会资本办医情况专题调研。

【民宗侨外监督】 2016年，区人大监督温商回归招商引资工作情况，督促强化服务，精准招商，促进产业结构调整和经济社会转型发展。跟踪监督宗教事务管理工作审议意见落实情况，要求区政府落实少数民族帮扶工程，妥善做好宗教场所拆迁安置，推进非法宗教场所和非法宗教活动整治，保障民族宗教领域和谐。配合市人大开展民间信仰与民俗文化相关情况专题调研。

【城建环保监督】 2016年，区人大专题监督温瑞塘河治理工作，针对基础设施建设滞后、污水管网作用发挥不佳、源头治理污染困难、长效机制尚未形成等问题，提出审议意见并交区政府办理。开展生活垃圾分类工作视察调查，要求区政府加大宣传力度，强化资金人员保障，做好试点和扩面工作。督办《关于打造鹿城西部“旅游+”模式 助推城乡统筹发展的议案》，推动我区西部旅游业发展。跟踪督办《关于推进我区征收安置提速提效的议案》，助推征收安置提速提效。监督城市精细化管理，对路面交通、市容市貌情况开展视察调研。配合市人大开展“五水共治”、大气污染防治工作和旅游相关法律法规贯彻实施情况调研。

【农资监督】 2016年，区人大监督防洪排涝设施工程建设，针对项目推进难度大、城市排涝设施基础薄弱、部门协调配合不够等问题，提出审议意见交区政府办理。视察调查农村生活污水治理工作，督促区政府加快推进项目建设，强化工程质量和安全管理。调查扶贫帮困工作情况，督促做好低收入农户动态管理，推进扶贫帮困精准发力，科学合理安排扶贫项目。对市首个水利PPP项目在建重点工程绕城高速至卧旗山段海塘开展专题视察调查。配合省、市人大开展扶贫发展工作、休闲观光农业、农家乐和民宿经济发展情况调研。

代表工作

【代表活动】 2016年，区人大组织代表开展城市精细化管理主题监督活动。组织省人大代表温州中心组第一小组、市人大代表鹿城代表团视察督查瓯江绕城高速至卧旗山段海塘工程、滨江商务区拆征项目、温州万国财富小镇项目和交通治堵、城市精细化管理工作。建立健全人大常委会向人大代表通报情况、征求意见工作制度，坚持邀请代表列席常委会会议及参加视察、检查和调研活动，支持代表约见部门负责人。加强代表履职平台建设，支持街镇人大进一步提升代表联络站工作水平。以代表履职承诺、代表述职、代表“双联”活动等为抓手，着力创新代表履职载体和活动方式，有效激发代表履职活力。在区委领导下，经过各方面的努力，选举产生新一届区级人大代表296名。代表结构进一步优化，一线工农代表、妇女代表比例都有所提高。指导街镇行政区划调整后的藤桥、山福镇顺利完成镇换届选举工作。

【代表议案建议办理】 2016年，区人大加大建议督办力度，将其中涉及全区中心工作、民生问题的9件建议确定为区政府领导领办的重点督办件（附表），全程督办并听取专题报告。区八届人大五次会议及闭会期间代表提出的232件建议，都在规定时限内答复代表，其中已解决或列入解决计划的189件，受条件限制暂时不能解决或留作参考的17件，其他26件因超越本级人民代表大会职权范围或属于党委职责的，分别转市属有关部门和党群系统参考处理。

2016年鹿城区政府区长、副区长领办的建议目录

表7

序号	建议编号	建议标题	建议领衔人	责任领导
1	005	关于丰门河水系生态调水的建议	叶晓挺	杨德听
2	018	关于加快鹿城区户籍制度改革推进农业转移人口市民化的建议	孙国勇	张本锋
3	119	关于加快丰门街道辖区公办幼儿园规划建设的建议	黄刘芳	黄定恩
4	122	关于规范提升小微创业园管理水平的建议	伍忠孝	朱崇敏
5	129	关于加强楼宇经济的招商和管理的建议	朱　龙	胡明亮
6	182	关于加强食品安全管理的建议	邵奇文	章月影
7	200	关于基层城市管理难点问题的建议	王小忠	林世南
8	266	关于要求破解中小企业融资难问题的建议	叶文忠	申树军
9	271	关于提升社区审批便民服务效率的建议	吕　英	邓小林

人事任免及常委会日常工作

【人事任免】 2016年，区人大常委会坚持党管干部与依法任免的统一，加强对拟任干部的任前调查和审查，接受区人大常委会组成人员辞职5人，任免常委会工作机构负责人17人次，决定任免区政府组成人员19人次，任免区法院审判人员人员19人次，任免区法院审判人员和区检察院检察人员19人次。支持人民陪审员队伍建设，依法任免人民陪审员21人次。

【人大信访工作】 2016年，区人大常委会坚持以法治思维强化人大信访工作，受理群众来信53件，接待群众来访70批次，加强重点信访的跟踪督办，促进解决事关群众切实利益的问题。

2015年区人大常委会重要文件目录

表8

文　号	文件标题
温鹿人大常1号	温州市鹿城区人民代表大会常务委员会关于接受康岳春等辞去温州市鹿城区第八届人民代表大会代表职务的决定
温鹿人大常2号	温州市鹿城区人民代表大会常务委员会关于确定温州市鹿城区藤桥镇、山福镇人民代表大会代表名额的决定
温鹿人大常3号	关于印发温州市鹿城区第八届人民代表大会常务委员会公告（第9号）的通知
温鹿人大常4号	温州市鹿城区人民代表大会常务委员会关于接受王建中等辞去温州市第十二届人民代表大会代表职务的决定
温鹿人大常5号	关于印发温州市鹿城区第八届人民代表大会常务委员会公告（第10号）的通知
温鹿人大常6号	关于补选葛益平等同志为温州市第十二届人民代表大会代表情况的报告

续表8

文号	文件标题
温鹿人大常9号	温州市鹿城区第八届人民代表大会代表选举与补选办法
温鹿人大常10号	温州市鹿城区人民代表大会常务委员会关于印发《温州市鹿城区组织实施宪法宣誓制度办法》的通知
温鹿人大常11号	关于接受王建中等辞去温州市第十二届人民代表大会代表职务的报告
温鹿人大常12号	关于同意建立鹿城区蒲鞋市街道补选工作领导小组的通知
温鹿人大常13号	关于同意建立鹿城区南汇街道补选工作领导小组的通知
温鹿人大常14号	关于同意建立鹿城区大南街道选举工作领导小组的通知
温鹿人大常15号	关于同意建立鹿城区五马街道补选工作领导小组的通知
温鹿人大常16号	关于同意建立鹿城区松台街道补选工作领导小组的通知
温鹿人大常17号	关于同意建立鹿城区广化街道选举工作领导小组的通知
温鹿人大常18号	关于同意建立鹿城区双屿街道选举与补选工作领导小组的通知
温鹿人大常19号	关于同意建立鹿城区仰义街道补选工作领导小组的通知
温鹿人大常20号	关于同意建立鹿城区藤桥镇补选工作领导小组的通知
温鹿人大常21号	关于同意建立鹿城区山福镇补选工作领导小组的通知
温鹿人大常22号	关于同意建立鹿城区滨江街道补选工作领导小组的通知
温鹿人大常23号	关于同意建立武警温州支队补选工作领导小组的通知
温鹿人大常24号	关于徐一峰等职务任免的通知
温鹿人大常25号	关于叶青等职务任免的通知
温鹿人大常26号	关于陈律任职的通知
温鹿人大常27号	关于印发温州市鹿城区人民代表大会常务委员会公告（第11号）的通知
温鹿人大常28号	温州市鹿城区人民代表大会常务委员会关于接受叶青请求辞去区人大常委会委员职务的决定
温鹿人大常29号	温州市鹿城区人民代表大会常务委员会关于接受陈洁、林瑞荣请求辞去区人大常委会副主任职务的决定
温鹿人大常30号	关于印发《温州市鹿城区人大常委会2016年工作要点》的通知
温鹿人大常31号	关于印发温州市鹿城区第八届人民代表大会第五次会议公告的通知
温鹿人大常32号	温州市鹿城区人民代表大会常务委员会关于增补温州市鹿城区第八届人大常委会代表资格审查委员会组成人员的决定
温鹿人大常33号	温州市鹿城区人民代表大会常务委员会关于设立温州市鹿城区山福镇、藤桥镇选举委员会的决定
温鹿人大常34号	关于张琳玮等职务任免的通知
温鹿人大常35号	关于库尔班·买买提免职的通知
温鹿人大常36号	关于吴祝凡等职务任免的通知
温鹿人大常37号	关于李元等职务任免的通知
温鹿人大常38号	关于戚静聪等任职的通知
温鹿人大常39号	温州市鹿城区人民代表大会常务委员会关于接受许卫疆请求辞去区人大常委会委员职务的决定
温鹿人大常40号	温州市鹿城区人民代表大会常务委员会关于山福镇、藤桥镇人民代表大会选举时间的决定
温鹿人大常41号	温州市鹿城区人民代表大会常务委员会关于许可对鹿城区第八届人大代表周海峰采取刑事强制措施的决定
温鹿人大常43号	温州市鹿城区人民代表大会常务委员会关于批准2015年区级财政决算的决议
温鹿人大常44号	关于夏军等职务任免的通知

续表8

文　号	文件标题
温鹿人大常45号	关于徐海文等职务任免的通知
温鹿人大常46号	关于高兴兵等职务任免的通知
温鹿人大常47号	关于郑加佳任职的通知
温鹿人大常48号	温州市鹿城区人民代表大会常务委员会关于接受项旭光请求辞去区人大常委会副主任职务的决定
温鹿人大常49号	关于张海云职务任免的通知
温鹿人大常50号	关于徐海翔等职务任免的通知
温鹿人大常51号	温州市鹿城区人民代表大会常务委员会关于开展第七个五年法治宣传教育的决议
温鹿人大常52号	温州市鹿城区人民代表大会常务委员会关于接受朱崇敏请求辞去温州市鹿城区人民政府区长职务的决定
温鹿人大常53号	关于胡晓东任职的通知
温鹿人大常54号	关于陈伟人免职的通知.
温鹿人大常55号	关于宋为民任职的通知
温鹿人大常56号	温州市鹿城区人民代表大会常务委员会关于批准温州市鹿城区2016年区级财政预算调整方案的决议
温鹿人大常57号	温州市鹿城区人民代表大会常务委员会关于区人民代表大会换届选举有关事项的决定
温鹿人大常58号	温州市鹿城区人民代表大会常务委员会关于设立温州市鹿城区选举委员会的决定
温鹿人大常59号	温州市鹿城区人民代表大会常务委员会关于批准将温州市七都北汊桥工程（PPP项目）政府付费纳入我区年度和中长期财政专项资金预算的决议
温鹿人大常60号	关于林铁等职务任免的通知
温鹿人大常61号	温州市鹿城区人民代表大会常务委员会关于接受周基斌请求辞去区人大常委会副主任职务的决定
温鹿人大常62号	温州市鹿城区人民代表大会常务委员会关于接受吴海燕等辞去区选举委员会职务的决定
温鹿人大常63号	温州市鹿城区人民代表大会常务委员会关于召开温州市鹿城区第九届人民代表大会第一次会议的决定

（黄海浪）

责任编辑　王剑峰

温州市鹿城区人民政府

综　述

【增速首超全省发展水平】 2016年，鹿城区实现地区生产总值877亿元，人均突破10万元大关，增速15年来首次超过全省发展水平；公共财政预算收入28.5亿元，增长7.1%；社会消费品零售总额214.6亿元，增长4.8%；进出口总额196.9亿美元，下降0.8%，降幅较去年收窄3%；城镇常住居民人均可支配收入53535元，农村常住居民人均可支配收入27747元，分别增长8%、8.3%；创成省级旅游、科技强区，跻身2016年度全国新型城镇化质量百强区第23位、最具投资潜力百强区第22位。

区政府年内开展“两学一做”学习教育，系统学习中共十八大以来历次全会和总书记习近平系列重要讲话精神，贯彻中央“八项规定”、省委“六个严禁”和市委“1+8”文件精神，“三公”经费支出持续下降。自觉接受人大依法监督、工作监督和政协民主监督，办理人大代表议案建议203件、政协提案149件，办结率100%。

【“大拆大整”】 2016年，鹿城区完成城镇危旧住房治理改造2576幢、73.59万平方米，拆除违章60.7万平方米，搬迁改造28个沿河旧市场，整治群租房4.8万户，危旧房治理量、“四无”生产经营单位（无证无照、无安全保障、无合法场所、无环保措施的生产经营单位）整治数、整治率列全市第一；完成城中村签约9323户，15个村实现100%签约，旧房拆除和整村签约户数均居三区第一，中央涂、龟湖水乡、仰义制革基地等区块全部“清零”。

【亮点区块建设】 2016年，滨江商务区征地拆迁取得历史性突破，完成安置区、老港区、会展二期、浦东片区等4个区块合计656亩集体土地征收，长期纠葛的洪殿9号地块、5号地块和塗村安置区内9个地块全部“清零”（完成项目地块政策处理、地上建筑物拆除），连片签约2958户，腾空2568户。城市中央绿轴项目各项扫尾工作推进顺利，巨一旺增桥、横渎实现旧房“清零”，上田拆除率99%以上，世纪公园于9月15日正式开园。环五马文化商圈建设迈出实质步伐，庆年坊等4条街区被评为第五批浙江省历史文化街区，五马街被评为中华民居开发与保护示范街、中国著名商业街。双屿综合整治从减员进入转型新阶段，垟田村一期成为全市首个100%签约项目。

【科技创新】 2016年，鹿城区落实“白鹿引才”和人才工作“新政十条”，成功申报博士后工作站1家，引进人才科技项目1个，人才科技项目实现“零突破”。创成国家知识产权强县工程示范区。鹿港众创社区和4个市级众创空间启动建设，全区首家市级众创空间梦创汇正式运营。

【现代农业发展】 2016年，鹿城区制定特色农业强镇建设计划，农业物联网项目一、二期工程竣工，雅西休闲农庄物联网投入运营；培育1家国家级、4家省级、10家市级龙头农业企业。提前完成7030亩粮食功能区年度建设和修编任务，推进标准农田质量提升项目，农机化综合作业水平达71%；发展时尚休闲农业，浙农生态农庄、温州市种子种苗科技园、田塘头果蔬专业合作社等完工并投入运营。

【产业平台建设】 2016年，万国财富、时尚体育等3个特色小镇入选首批市级特色小镇创建名单，科技创新大厦、温州金融科技文化中心等政府自持物业加快建设，温州早稻投资中心、瑞士宜本公司等4家财富管理类机构入驻万国财富小镇。总部楼宇加快发展，世贸中心、置信广场两大地标性综合体加速招商，创成税收“千万元楼”32幢，其中“亿元楼”7幢。攻坚小微园、工业园等“五园”平台建设，浙南闽北首个建筑业工业化基地项目落户轻工产业园，鹿翔小微园、嵇师小微园等5个小微园竣工投产。

【行政体制改革】 2016年，鹿城区率先启动综合执法体制改革，将市场监管、城管执法等基层站所的人员使用、日常管理、绩效考核全部划归街道，创新推行“错时上下班”等工作制度，基层大网格运作模式得到省委肯定。推进“五单一网”建设，加快审批制度改革，削减审批事项60项，权责清单实现区级部门全覆盖，非行政许可审批事项全面取消，审批服务、中介服务分别提速40%、30%。强化政府投融资管理，通过各种融资手段获得201.2亿元，主要投向“大拆大整”专项行动等重大公共投资建设项目。

【重点领域改革】 2016年，鹿城区深化金融综合改革，完善民间借贷备案登记制度和“三位一体”信用信息查询服务平台，创新P2P风险排查网格化制度，民间借贷备案金额居全市首位。推进民办教育和社会资本办医综合改革，落实政府民办教育改革专项扶持基金，七都民办教育园和南洋幼儿园PPP项目加快推进，康宁医院改扩建项目工程结顶，民办医院床位占比达53.6%。深化农村领域改革，农村产权交易金额位列三区第一，农村产权交易平台服务站实现街镇全覆盖。

【招商机制创新】 2016年，鹿城区深化“大招商”机制，率全市之先引入世界500强企业合作项目，累计引进项目99个，实际利用外资2007万美元、到位内资181.3亿元，实际利用外资、到位内资分别居全市第一、第二，被评为“浙商回归”示范区。

【城市环境建设】 2016年，鹿城区开展城市精细化管理八大行动，整治城市乱象。主城区906条道路全部配备“路长”，完成16条道路综合整治，创成2条省级绿化美化示范路、3条省级街容示范街，大南路精品示范路成为全市道路综合整治示范样板。“五水共治”深入推进，完成水利项目投资9.8亿元，瓯江绕城高速至卧旗山段海塘工程等水利工程加快建设；创成省级“清三河”达标区。“四边三化”“两路两侧”和美丽乡村建设等工作进展顺利，创成省级示范文明城区、省级生态区。

【教育、文体事业建设】 2016年，鹿城区创成全国义务教育基本均衡区和全国社区教育实验区。新田园一小等一批学校相继投用，义务段入学率、三残儿童入学率均达100%。承办2016全国公路自行车冠军赛（温州站）。哈哈京剧团被评为“全国服务农民、服务基层文化建设先进集体”“幸福社区”创成数全市第一。

【民生实事落地】 2016年，全区新增财力80%用于民生事业，办好10大项、25小项民生实事。抓好交通治堵、停车场建设等工作，德政东路等“打卡口”项目顺利完成，中央大道、江滨西路A线东段、东龙路北向延伸段等27个市政道路项目全面建成，新增停车泊位1.7万个，建成过街天桥3条。完善公共出行体系，投入运行自行车1.1万辆，设置服务网点275个，实现街镇公共自行车服务网点全覆盖。医疗资源“双下沉、两提升”（推动城市优质医疗资源下沉、医务人员下基层和提升县域医疗卫生机构服务能力、群众就医满意度）加快推进，城乡医联体实现全覆盖，南塘中医药特色街区启动创建，区人民医院建设工程基本完工，基本实现“20分钟就医圈”。落实公共服务惠民措施，新建村级照料中心16个、社区照料中心5个，新增养老床位300张，建成城市书房4个。年内，鹿城区被评为温州市文化礼堂建设先进区。

【社会治安形势好转】 2016年，全区实现信访“零非访”，平安考核排名从全省第74位上升到第38位。推进社会稳控工作，充分发挥大网格在信息排查、关口前移、源头管控、综合治理中的基础性作用，省市挂牌信访积案连续四年全部化解，完成G20杭州峰会维稳安保任务，群众安全感满意度居全市第一。

区政府常务会议

【八届区政府第三十八次常务会议】 2016年2月4日召开。会议审议并原则通过《鹿城区食品安全事故应急预案》《鹿城区旅游突发公共事件应急预案》《鹿城区渡口安全事故应急预案》《鹿城区水利工程险情应急预案》《温州市鹿城区国民经济和社会发展第十三个五年规划纲要（草案）》《鹿城区生态补偿专项资金使用管理办法（送审稿）》。

【八届区政府第三十九次常务会议】 2016年3月16日召开。会议审议并原则通过《鹿城区房屋征收人均保底安置人口审定办法（送审稿）》《鹿城区藤桥镇、山福镇农村住房建设管理办法（试行）（送审稿）》《关于推进责任医生签约服务的实施意见（送审稿）》《关于温州市鹿城区2015年国民经济和社会发展计划执行情况及2016年国民经济和社会发展计划草案（送审稿）》《关于温州市鹿城区2015年全区和区级预算执行情况及2016年全区和区级预算草案的报告（送审稿）》。

【八届区政府第四十次常务会议】 2016年4月21日召开。会议审议并原则通过《鹿城区大中型水库移民后期扶持专项资金使用管理办法实施细则（送审稿）》《鹿城区房屋征收事务代理服务购买与监管暂行办法（送审稿）》。会议研究城中村改造房屋征收政策调整相关事宜，听取鹿城区南汇街道横渎村保障性安居工程范围内国有土地上房屋征收决定的情况说明。

【八届区政府第四十一次常务会议】 2016年5月6日召开。会议审议并原则通过《全国制鞋产业知名品牌创建示范区筹建规划》《温州市鹿城区国有土地上工业用房征收补偿实施办法（送审稿）》。

【八届区政府第四十二次常务会议】 2016年6月29日召开。会议审议并原则通过《鹿城区农贸市场改造升级三年行动计划实施方案（2016—2018 年）（送审稿）》《鹿城区创建省级教育现代化区五年行动方案（送审稿）》《鹿城区重污染行业整治提升三年行动计划（2016—2018年）（送审稿）》《鹿城区农村生活污水治理设施运行维护管理办法（送审稿）》《关于加强重性精神障碍患者肇事肇祸行为预防处置工作的实施意见（送审稿）》《鹿城区人民政府关于进一步加强新时期爱国卫生工作的实施意见（送审稿）》《温州市鹿城区综合交通运输“十三五” 发展规划（送审稿）》。

【八届区政府第四十三次常务会议】 2016年7月12日召开。会议审议并原则通过《温州市鹿城区居住房屋出租登记管理办法（送审稿）》和《温州市鹿城区计划生育公益金管理办法（送审稿）》。

【八届区政府第四十四次常务会议】 2016年8月30日召开。会议审议并原则通过《鹿城区“十三五”妇女发展规划（送审稿）》《鹿城区“十三五”儿童发展规划（送审稿）》，会议听取了关于温州市滨江商务区黎二村保障性安居工程（2号地块二期、4号地块二期、3号地块）范围内国有土地上房屋征收决定的情况说明和关于鹿城区松台街道九山村河通桥保障性安居工程二期范围内国有土地上房屋征收决定的情况说明。

【八届区政府第四十五次常务会议】 2016年9月21日召开。会议审议并原则通过《贯彻落实浙江省人民政府关于落实全面建立困难残疾人生活补贴和重度残疾人护理补贴制度实施意见的通知（送审稿）》《鹿城区新型职业化农民认定管理办法（试行）（送审稿）》。

【八届区政府第四十六次常务会议】 2016年11月4日召开。会议审议并原则通过《鹿城区人民政府关于加快推进残疾人全面小康进程的实施意见（送审稿）》《鹿城区质量事业发展“十三五”规划（送审稿）》。

【八届区政府第四十七次常务会议】 2016年12月22日召开。会议审议并原则通过《温州市鹿城区生态环境保护“十三五” 规划（送审稿）》《鹿城区水利发展“十三五”规划（送审稿）》《鹿城区人民政府关于加快推进中医药健康服务发展的实施方案（送审稿）》《鹿城区创建全国基层中医药工作先进单位实施方案（送审稿）》《鹿城区应对市场价格异常上涨工作预案（送审稿）》《鹿城区处置劳资纠纷突发事件应急预案（送审稿）》《鹿城区矿山生产安全事故应急预案（送审稿）》《鹿城区重特大生产安全事故应急预案（送审稿）》《鹿城区危险化学品生产安全事故应急预案（送审稿）》《鹿城区教育事业发展“十三五”规划（送审稿）》《鹿城区水库移民后期扶持“十三五” 规划（送审稿）》《鹿城区产业平台发展“十三五”规划（送审稿）》《鹿城区服务业发展“十三五”规划（送审稿）》。

2016年鹿城区人民政府重要文件目录

表9

文　号	文件标题
温鹿政发1号	关于表彰2015年鹿城区政府质量奖获奖企业的通报
温鹿政发2号	关于公布2015年度鹿城名牌产品的通知
温鹿政发4号	关于在全区开展第三次农业普查的通知
温鹿政发6号	关于同意调整温州（鹿城）总部经济基地开发建设指挥部负责人的批复
温鹿政发7号	关于表彰鹿城区经济工作先进单位（个人）的通报
温鹿政发14号	关于对鹿城区双屿街道垟田村A—09、A—10地块安置房建设项目及周边配套道路范围内国有土地上房屋实施征收的决定
温鹿政发15号	关于对鹿城区双屿街道垟田城中村改造C—02—C地块建设工程范围内国有土地上房屋实施征收的决定
温鹿政发16号	关于批转鹿城年鉴（2016年版）编纂工作意见的通知
温鹿政发17号	关于同意区级重大火灾隐患单位摘牌的批复
温鹿政发19号	关于对温州市滨江商务区黎二村保障性安居工程（2—1号地块）范围内国有土地上房屋实施征收的决定
温鹿政发20号	关于对温州市滨江商务区黎二村保障性安居工程（4—1号地块）范围内国有土地上房屋实施征收的决定
温鹿政发21号	关于甘保争无证照施工队“11·20”高处坠落事故调查报告的批复
温鹿政发22号	关于同意调整温州市鹿城交通投资有限公司董事会和监事会成员的批复
温鹿政发23号	关于公布2015年度鹿城区重点建设效率考核结果和表彰先进个人的通报
温鹿政发24号	关于印发温州市鹿城区国民经济和社会发展第十三个五年规划纲要的通知
温鹿政发25号	关于温州南方游乐设备工程有限公司“1·15”高处坠落事故调查报告的批复
温鹿政发26号	关于同意调整温州市南郊城市投资有限公司董事会和监事会成员的批复
温鹿政发27号	关于同意调整温州市南汇城市投资有限公司董事会和监事会成员的批复
温鹿政发28号	关于对鹿城区南汇街道横渎村保障性安居工程范围内国有土地上房屋实施征收的决定
温鹿政发29号	关于下达2016年鹿城区政府投资项目计划的通知
温鹿政发30号	关于同意设立温州市锦江路小学的批复
温鹿政发31号	关于对温州市滨江商务区蒲州村保障性安居工程一期范围内国有土地上房屋实施征收的决定
温鹿政发32号	关于对鹿城区南汇街道划龙桥村保障性安居工程范围内国有土地上房屋实施征收的决定
温鹿政发33号	关于驿头岙底村“11·5”燃气爆炸事故调查报告的批复
温鹿政发34号	关于对鹿城区南郊街道龙方村和灯塔村（河口自然村）保障性安居工程范围内国有土地上房屋实施征收的决定
温鹿政发35号	关于给予王乃荣同志记个人三等功的决定
温鹿政发36号	关于同意变更温州市西郊森林公园投资建设服务有限公司董事、监事、法定代表人及修改章程的批复
温鹿政发37号	关于同意设立温州市烈士路小学的批复
温鹿政发39号	关于同意调整温州鞋都投资开发有限公司董事会和监事会成员的批复
温鹿政发42号	关于同意调整棚改规划及年度实施计划的批复
温鹿政发43号	关于进一步加强新时期爱国卫生工作的实施意见
温鹿政发44号	关于同意撤销七都街道上沙渡口的批复
温鹿政发47号	关于认定第三届鹿城区信用管理示范企业和信用管理先进企业的通知信用管理先进企业的通知

续表9

文　号	文件标题
温鹿政发48号	关于对鹿城区滨江街道黎二村63亩地块保障性安居工程范围内国有土地上房屋实施征收的决定
温鹿政发49号	关于对温州市核心片区洪殿单元C—14地块安置房建设工程范围内国有土地上房屋实施征收的决定
温鹿政发50号	关于对温州市核心片区洪殿单元C—12地块安置房建设工程范围内国有土地上房屋实施征收的决定
温鹿政发51号	关于同意公布第九批鹿城区非物质文化遗产项目的批复
温鹿政发52号	关于对鹿城区滨江街道杨府山涂村安置区保障性安居工程范围内国有土地上房屋实施征收的决定
温鹿政发53号	关于进一步推进户籍制度改革的实施意见
温鹿政发54号	关于对白小平房屋的补偿决定
温鹿政发55号	关于对温州市滨江商务区蒲州村保障性安居工程二期范围内国有土地上房屋实施征收的决定
温鹿政发56号	关于表彰2016年鹿城区尊师重教功勋集体先进集体和先进个人的通报
温鹿政发57号	关于区政府领导分工调整的通知
温鹿政发58号	关于印发鹿城区综合交通运输“十三五”发展规划的通知
温鹿政发67号	关于同意调整温州鞋都投资开发有限公司董事会、监事会及经理层成员的批复
温鹿政发68号	关于同意调整温州市鹿城区塘河改造与建设开发有限责任公司董事会和监事会成员的批复
温鹿政发73号	关于表彰鹿城区2016年教育工作先进个人的通报
温鹿政发74号	关于对温州牛山国际城市综合体二期工程（鹿城区牛山片区G—07地块）范围内国有土地上房屋实施征收的决定
温鹿政发75号	关于同意鹿城区山福镇东岙村“旱地改水田”耕地质量提升（暨土地开发）项目立项的批复
温鹿政发76号	关于对鹿城区松台街道九山村河通桥保障性安居工程二期范围内国有土地上房屋实施征收的决定
温鹿政发77号	关于对温州市滨江商务区黎二村保障性安居工程（2号地块二期、4号地块二期、3号地块）范围内国有土地上房屋实施征收的决定
温鹿政发80号	关于同意调整温州市鹿城交通投资有限公司董事会和监事会成员的批复
温鹿政发81号	关于对鹿城区双屿街道牛岭村保障性安居工程一期范围内国有土地上房屋实施征收的决定
温鹿政发82号	关于同意撤销吟州渡口等三个渡口的批复
温鹿政发83号	关于印发鹿城区儿童发展规划（2016—2020年）的通知
温鹿政发84号	关于印发鹿城区妇女发展规划（2016—2020年）的通知
温鹿政发86号	关于对鹿城区滨江街道杨府山涂村浦东片区保障性安居工程范围内国有土地上房屋实施征收的决定
温鹿政发87号	关于印发鹿城服务业强区试点方案的通知
温鹿政发88号	关于印发鹿城区产业平台发展“十三五”规划的通知
温鹿政发89号	关于温州市鹿城大昌气动元件厂“7·7”高处坠落事故调查报告的批复
温鹿政发90号	关于对温州市滨江商务区蒲州村保障性安居工程三期范围内国有土地上房屋实施征收的决定
温鹿政发91号	关于温州享生活空调服务有限公司“6·2”高处坠落事故调查报告的批复
温鹿政发92号	关于温州市鹿城区江滨杨小军铝合金门窗店“7·28”高处坠落事故调查报告的批复
温鹿政发94号	关于浙江省第一水电建设集团股份有限公司“7·7”中毒事故调查报告的批复
温鹿政发95号	关于同意鹿城区水土保持规划的批复
温鹿政发96号	关于南汇锦园8幢2楼“6·14”事故调查报告的批复
温鹿政发97号	关于同意104国道温州西过境永嘉张堡至瓯海桐岭段改建工程（鹿城段）PPP项目实施方案的批复
温鹿政发98号	关于加强内部审计工作的实施意见

续表9

文　号	文件标题
温鹿政发99号	关于温州市温瑞平原西片排涝工程（鹿城段）征地搬迁安置规划审批的批复
温鹿政发100号	关于聘任鹿城区人民政府特邀行政执法监督员的通知
温鹿政发101号	关于同意温瑞平原西片排涝工程（鹿城段）PPP模式项目实施方案的批复
温鹿政发102号	关于同意调整温州市鹿城区水利建设投资有限责任公司董事会和监事会成员的批复
温鹿政发103号	关于浙江中通文博服务有限公司温州分公司“10・2”物体打击事故调查报告的批复
温鹿政发104号	关于授权鹿城区质量技术监督局负责温州市纤纤郡主鞋业有限公司“10・15”简易升降机坠落致人员受伤安全事故调查处理工作的通知
温鹿政发105号	关于同意温州市鹿城区仰义水库划界技术报告等三个报告的批复
温鹿政发106号	关于加快推进残疾人全面小康进程的实施意见
温鹿政发107号	关于同意鹿城区农村饮用水水源保护范围划定方案的批复
温鹿政发108号	关于温州鹿城东瓯染料中间体厂“5・3”爆燃事故调查报告的批复
温鹿政发109号	关于浙江禾本科技有限公司“12・9”闪爆事故调查报告的批复
温鹿政发110号	关于同意给予葛振宇开除处分的批复
温鹿政发111号	关于印发温州市鹿城区质量事业发展“十三五”规划的通知
温鹿政发112号	关于公布2016年度温州市鹿城区企业技术研究开发中心的通知
温鹿政发113号	关于温州天然工程勘察有限公司检测分公司“8・20”高处坠落事故调查报告的批复
温鹿政发114号	关于同意创办温州市鹿城区实验第一幼儿园的批复
温鹿政发115号	关于同意设立温州市第三幼儿园七都园区的批复
温鹿政发116号	关于同意调整鹿城区福利彩票发行有限公司董事会成员与监事会成员的批复
温鹿政发117号	关于同意举办温州市第十七幼儿园的批复关于同意举办温州市第十七幼儿园的批复
温鹿政发119号	关于同意实施鹿城区藤桥镇山岸等2个村“旱地改水田”耕地质量提升项目的批复
温鹿政发120号	关于同意鹿城区山福镇朱下村耕地质量提升建设等2个项目立项的批复
温鹿政发121号	关于命名2016年度鹿城区级生态村的通知
温鹿政发122号	关于同意温州市西郊森林公园投资建设服务有限公司董事、监事、法定代表人变更的批复
温鹿政发123号	关于公布第十届鹿城区名牌商标的通知
温鹿政发125号	关于印发鹿城区水利发展“十三五”规划的通知
温鹿政发126号	关于印发温州市鹿城区生态环境保护“十三五”规划的通知
温鹿政发127号	关于公布2016年度鹿城区专利示范企业认定和复审结果的通知
温鹿政发128号	关于印发温州市鹿城区旅游业发展“十三五”规划的通知
温鹿政发129号	关于扶持分布式光伏发电的若干意见
温鹿政发130号	关于印发鹿城区服务业发展“十三五”规划的通知

区政府办公室工作

【概况】 2016年，区政府办公室服务落实区政府常务会议、区长办公会议议题，跟踪督办区政府常务会议、区长办公会议重要决策，督办市长专线、区长热线、网络平台交办件，向省、市报送各类政务信息。其中，《鹿城区谋划经济转型升级的七项举措》获市长张耕批示肯定，《赴杭州、福州学习考察思考》在市委《求真》杂志上发表。做好会务服务、会议记录和纪要整理工作，办好区政府全体会议、全区城市建设管理会议等各类大型会议，政府系统大型会议总数同比下降25%。

【电子政务和信息公开】 2016年，区政府办公室推动政务服务网向基层延伸，完成14个街镇、98个社区的网上服务点建设并全部上线，完成公积金缴存证明、个人参保证明、企业参保证明等五个证明网上办理的程序开发以及后台测试。推动综合管理平台建设，完成统一工作平台框架搭建、APP客户端框架搭建，实现数据中心建设与省综治大数据中心互联互通，整合数据量位居全市首位。推动网络硬件基础设施建设，完成中心基础支撑系统、门户网站系统、协同办公系统三个系统的定级（二级）和安全测评工作，电子政务外网接入客户端数超过5000个。

【应急管理】 2016年，区政府办公室贯彻执行基层应急“五个一”工程，建立防汛抗旱、矿山危险化学品应急救援、卫生、重大动物疫情等各类专业应急救援队伍26支，建立多专业、多层次的专家库，全年开展消防、安全生产、防汛防涝、反恐、防疫、人口疏散实战化演练等大型演练8次，在社区、企业、学校等场所开展各类小规模演练203次。

【制度保障】 2016年，区政府办公室着力构建科学规范、运行有效的规范性文件管理机制，成为9个入选全省行政规范性文件管理示范点的县级机构之一。全年审核《鹿城区房屋征收人均保底安置人口审定办法（试行）》等规范性文件、其他涉法文件89件，出具合法性审查意见72件，审查意见采纳率达90%。探索建立政府法制监督、检察监督与行政监察“三位一体”的行政执法监督联动机制，并纳入区政府2016年重点工作项目，联合区检察院、区监察局对17个部门的368个案卷进行抽查，开展现场执法检查活动，选聘政府特邀行政执法监督员10人，行政处罚案件网上公开数居全市前列。

（刘　杰）

财　政

【概况】 2016年，鹿城区出台《鹿城区税收征管保障工作实施意见》，搭建税源大数据平台，建立协税护税网络。全年实现国内生产总值877.05亿元，按可比价格计算，增长7.5%。其中，第一产业增加值1.85亿元，增长4.3%；第二产业增加值244.10亿元，增长2.1%；第三产业增加值631.10亿元，增长9.9%。按户籍人口计算，人均生产总值116578元，增长6.5%。国民经济三次产业结构比调整为0.2：27.8：72.0。全年实现外贸进出口总额217.37亿元，下降2%，其中，进口总额18.07亿元，下降3.7%；出口总额199.30亿元，下降1.9%。全年完成固定资产投资372.73亿元，增长13.6%。全年，全区一般公共预算收入28.53亿元，同比增长7.1%，占财政总收入比重为64.7%；区级一般公共预算收入27.72亿元，同比增长8.0%。全区一般公共预算支出38.25亿元，增长15.3%；区级一般公共预算支出37.62亿元，增长15.1%。全年财政运行情况良好，收支保持平衡。

【财政体制改革】 2016年，区财政局公开专项资金管理清单，加快项目库建设，推动专项资金监管系统全覆盖。区政府部门财政专项资金项目从2014年公布前的282项缩减至2016年的13项，总金额从34215万元缩减至30394万元。盘活加大存量资金，实施动态管理和定期清理。深化预决算信息公开，区级69个部门“三公”经费支出和预决算实行全公开。推进政府购买服务改革，建立政府购买服务工作联席会议制度。实行工程项目审核结果反馈制度，加大实效管理与问题处理力度。运行预算执行动态监控系统，加强预算执行规范化管理。全面推广会计从业资格证书“网上申领、在线服务、快递送达”。

【收入分析机制】 2016年，区财政局实行定期常规分析与不定期重点分析制度，关注并主动适应经济走势和上级财税政策变动，发掘收入增长点，提高财政收入分析预测的准确性、有效性。动态掌握征收部门税收入库情况，为完成收入任务提供决策支持。全年税收收入23.99亿元，增长2.2%，占一般公共预算收入的比重达84.1%。

【非税收入征管】 2016年，全区推进政府非税收入收缴电子化改革，将区城管系统和教育系统相关收费纳入浙江政务网统一公共支付平台。全年非税收入4.54亿元，增长43.7%。

【“三公”经费管理】 2016年，全区压缩会议费、招待费、出国费、培训费等一般性支出，重申公务支出开支标准，细化差旅住宿费限额标准，调整区级行政机关工作人员福利费标准，出台鹿城区机关工作人员夜餐费、工会活动经费等相关规定。全年一般公共预算“三公”经费支出1514万元，同比下降13.0%。

【扶持企业发展】 2016年，区财政局落实市、区两级财源扶持政策，争取上级资金1.06亿元，区本级安排企业扶持专项资金5865万元。落实小微企业税收优惠等政策，实施普遍性降费，暂停征收地方水利建设基金。

【促进转型升级】 2016年，区财政局与国家开发银行等金融机构合作设立“棚改”建设资金43亿元，应对城中村改造不断推进的资金需求；开展土地收储及城市保洁政府购买服务工作，实施城市道路综合整治和城市精细化管理；坚持产业升级，落实总部经济、规上企业培育等财税政策，吸引各类总部企业入驻和企业规范提升，全年安排资金1172万元。

【支持科技创新】 2016年，鹿城区安排科技经费9269万元，落实科技强区、科技进步考核等财政投入要求；安排资金918万元推进“机器换人”工作，提升企业技术自主创新能力。

【社会事业发展经费】 2016年，鹿城区安排教育支出9.62亿元，加强城乡一体化义务教育经费保障，建立中等职业学校生均公用经费标准，加大对普惠型幼儿园投入。全年安排医疗卫生与计划生育支出4.17亿元，推进基层医疗卫生机构补偿机制改革，深化“双下沉、两提升”工程（指人才下沉、资源下沉和服务能力提升、服务效率提升）；安排文化体育与传媒支出4500万元，保障基本公共文化服务经费，推进基本公共文化服务均等化，支持城市书房和农村文化礼堂建设。

【社会保障】 2016年，全区社会保障和就业支出2.60亿元，推进城乡居民基本养老和新农合医疗保险，将基本公共卫生服务经费筹资标准提高至年人均45元，落实残疾人两项补贴制度2600万元。完善社会救助制度，提高最低生活保障标准。

【支持“三农”建设】 2016年，全区筹措农业财政资金1.02亿元，落实各项强农富农惠农政策。加快出台现代财政支农政策，印发《关于推进财政支农体制机制改革的意见》《鹿城区财政支农体制机制改革三年行动计划》。继续支持农业产业化发展，制定《温州市鹿城区2016年度农业综合开发产业化经营项目申报指南》，使农业综合开发工作步入制度化轨道。

【公款竞争性存放管理】 2016年，全区实行行政事业单位银行账户公开招标，要求各单位将暂时不用的财政资金以定期存款的方式进行招投标选择存放银行，开展各部门、街镇银行账户及公款存放情况专项检查工作，规范单位银行账户管理和公款存放行为，杜绝领导干部“以权揽储”。全年投放财政资金3亿元，存期一年。

【财政监督】 2016年，区财政局查处违规发放津补贴、福利等行为，营造公平的财政环境。实行国库集中支付动态监控，执行《鹿城区预算单位公务卡强制结算目录》。全年公务卡发卡8305张，激活7542张，激活率91.0%，通过国库集中支付系统报销公务卡公务消费支出1488万元。拓宽财政支出绩效评价范围，尝试部门整体支出评价，绩效评价覆盖44家预算单位，涉及财政项目资金1.26亿元，并向区人大常委会作专题报告。

【财政风险防范】 2016年，组建内部控制组织管理架构，制定“1+8”内部控制制度。开展存量财政专户规范清理，财政专户从35个减至18个，撤销率达48.6%。实行预算编制、执行、监督三分离，强化财政资金运行全过程监控。完成全区行政事业单位国有资产清查，处置固定资产56项、金额4342万元，摸清资产家底。国企的对外投资、或有事项实行备案制，防范国有资产流失。全年担保备案 4 件，担保金额3.06亿元。

（李冬冬）

重点项目建设

【概况】 2016年，鹿城区安排重点建设项目97个，总投资60.2亿元。以类别划分，产业化项目共6个，年度计划投资14.72亿元，实际完成投资21.43亿元；城市建设及基础设施项目共10个，年度计划投资6.19亿元，实际完成投资5.55亿元；农林水利项目共5个，年度计划投资4.23亿元，实际完成投资5.73亿元；交通项目共30个，年度计划投资7.88亿元，实际完成投资12.09亿元；村房两改及社会发展项目共46个，年度计划投资27.13亿元，实际完成投资37.63亿元。

鹿城区2016年重点项目进展情况（一）

表10　产业化项目（6个）　　单位：万元

序号	项目名称	建设规模	总投资	2016年形象进度	2016年计划数	实际完成数	完成率	责任单位
1	温州中心大厦	占地7.27万平方米，其中五星级酒店6万平方米，商业建筑6万平方米，超高层主体建筑高度约280米，容积率不大于4.5，建设面积32.7万平方米	685000	A区地下室负二层结构100%，B区基坑围护及桩基础100%，C区电梯安装100%	50000	120342	241%	七都街道
2	温州金融科技文化中心	总用地面积30.6万平方米，总建筑面积32.2万平方米。项目集民间金融服务、科技金融众创、金融研发创新、金融文化展示与教育、民间金融论坛、旅游接待等功能于一体	225088	启动区工程桩完成85%，二期场地平整	39200	31000	79%	七都街道
3	安邦金融广场	占地9万平方米，总建筑面积约45万平方米，以金融服务、星级酒店、商务办公和公寓住宅为核心，将建设具有地标级的超高层甲级写字楼、国际超五星级品牌酒店、大型商业广场以及公寓住宅为一体的综合体项目	650000	一期地下商场施工中，二期金融广场试桩中	38000	46786	123%	滨江街道
4	门前山物流园（中通快递浙南中心）	建设中通快递业务浙南中心、电子商务中心以及快件转运中心。总用地77669平方米（一期32316平方米，二期45353平方米）	45000	一期2号仓库及室外工程、2栋分拣车间完工并投入使用，1号仓库地基完成开挖	15000	12333	82%	藤桥镇
5	科技创新大厦	总用地面积约11975平方米，总建筑面积38925平方米，计入容积率地上建筑面积35925平方米	14795	待竣工验收	3000	3100	103%	轻工园区管委会
6	科技创新大厦二期	建筑面积（包括科技创新大厦B座）16613.1平方米	4714	二层柱及三层结构施工	2000	785	39%	轻工园区管委会
	小计				147200	214346	146%	

鹿城区2016年重点项目进展情况（二）

表11　城市建设及基础设施项目（10个）　　单位：万元

序号	项目名称	建设规模	总投资	2016年形象进度	2016年计划数	实际完成数	完成率	责任单位
1	七都岛截污纳管	整治区域总面积12.72平方千米，新建（或改造）管道15000米	4881	老涂、板桥、樟里完工验收，前沙村完工，吟州村污水管网完工	1800	2891	161%	七都街道
2	垃圾转运站	计入容积率地上建筑面积5700平方米。容积率0.549，绿地率25%，建筑密度22.4%	4078	竣工	500	500	100%	七都街道
3	七都堤塘环岛自行车道	环岛自行车道，堤塘景观绿化、亮化	10000	深化工程调整方案	10000	5500	30%	七都街道
4	郑桥广场	总用地约16743平方米。地上计入容积率建筑面积3519平方米	2843	完工	500	536	107%	双屿街道
5	林里片区低丘缓坡利用	规划范围约7.76平方千米，建设用地面积415万平方米，总建筑面积约245万平方米	1110000	完成正式协议952户；A—02地块完成场地平整50%；A—05地块完成场地平整70%；A—11地块4#车库主体完成5层，3#车库主体完成3层，1#、2#地基基础施工完成40%	40000	35133	88%	仰义街道
6	藤桥镇老镇区污水处置及截污纳管	1.藤桥镇（轻工园区）污水处理厂老镇区接管；2.藤桥镇污水提升泵站（养护基地）；3.藤桥老镇区污水管网整治	8514	完工	2000	3086	154%	藤桥镇
7	园区D—34地块安置房	住宅、商业用房、配套用房，以及地块内道路广场、绿化等工程。地块建设用地7419.06平方米，总建筑18437平方米，其中计入容积率建筑面积14837平方米	8400	完成桩基工程	1500	1505	100.3%	轻工园区管委会
8	吴桥路C地块安置办公楼	总用地面积5254平方米，总建筑面积19330平方米，容积率3.68	10290	完工	500	500	100%	塘河管委会

续表11

序号	项目名称	建设规模	总投资	2016年形象进度	2016年计划数	实际完成数	完成率	责任单位
9	甬台温铁路鹿城段（箬笠岙安置房一期）	一期总建筑面积78000平方米（含地下室面积），小高层，共6幢	27800	一期除市政管网外，主体工程及附属完成预验收	3100	3581	116%	区交通运输局
10	金温扩能配套（双岙片A—42地块安置房）	征用土地10万平方米，拆迁面积约3万平方米。配套工程安置用地总用地面积9390.3平方米，建筑面积31083平方米（含地下室面积）	102000	除市政管网外，主体工程及附属完成预验收	2000	2235	112%	区交通运输局
	小计				61900	55467	90%	

鹿城区2016年重点项目进展情况（三）

表12　农林水利项目（5个）　　单位：万元

序号	项目名称	建设规模	总投资	2016年形象进度	2016年计划数	实际完成数	完成率	责任单位
1	江滨B线2#箱涵	江滨B线（泰力路—江湾路段）2#箱涵	9000	完成施工招标，办理施工手续备案	3000	0	0%	双屿街道
2	戍浦江河道（藤桥至河口段）整治	工程范围为戍浦江藤桥镇至河口段，总长7800米，排涝标准为20年一遇	99255	I标段完成主体部分，工程达到设计防洪能力；绿化景观部分基本完成，完成灌注桩分部工程验收；II标段完成施工招投标；III、IV标段进行招投标准备	8000	10278	128%	区农林水利局
3	瓯江治理一期	堤线全长4525米，四级堤防工程，堤顶高程以抵御20年一遇洪潮水位设计	32000	I标段上部框架完成，现场面貌基本成型，具备防洪度汛能力；II标段上部结构土为碾压回填达到设计高度，主体工程完成	5800	9310	161%	区农林水利局
4	瓯江绕城高速至卧旗山段海塘	北起绕城高速，南至卧旗山，同已建的城区防洪堤鹿城段相连，全长5.946千米，防洪标准为100年一遇，工程等级为2级	188370	四个工区均处于桩基施工	24000	37081	155%	区农林水利局
5	2#排涝水闸	东起星际路，西至卧旗山，南至奇伟路。排涝标准为20年一遇	3000	主体工程完工	1500	600	40%	区农林水利局
	小计				42300	57269	135%	

鹿城区2016年重点项目进展情况（四）

表13　交通项目（30个）　　单位：万元

序号	项目名称	建设规模	总投资	2016年形象进度	2016年计划数	实际完成数	完成率	责任单位
1	经四路一期（环岛南路—纬二路）	工程长度约1953米，红线宽度24米，用地面积约60656平方米。按城市次干道Ⅰ级标准，设计车速40千米/小时	20997	工程预验收	500	2000	400%	七都街道
2	经三路一期	道路全长约937米，红线宽度30米。按城市主干道Ⅰ级标准，设计时速50千米/小时	12659	预验收	2000	3046	152%	七都街道
3	纬二路一期	道路全长约1013米，红线宽度24米	14284	通车	4000	4800	120%	七都街道
4	纬二路二期	道路全长约1646米，红线宽度24米，道路净用地面积约43926平方米	23826	道路工程：挡墙及高压旋喷桩施工。桥梁工程：钢箱梁制作完成50%	6000	5377	90%	七都街道
5	七都大道西延伸	里程总长约718米，项目总用地面积27641平方米，规划红线宽度23—52米	8782	路基完成部分清表及填筑	1000	1333	133%	七都街道
6	七都街道经六路一期	本项目南起纬一路，北至纬二路。全长875米，总用地面积15950.15平方米，规划红线宽度16米	7631	桩基施工	2000	1555	78%	七都街道
7	七都街道通都西路一期及北侧区间道路	总用地面积17363平方米，其中通都西路一期工程，东起智源街，西至飞虹街，全长约528米，红线宽度16米；区间道路位于通都西路一期工程北侧，全长约600米，红线宽度14米	5662	路基完成部分清表及填筑	1500	793	53%	七都街道
8	横渎河西道路	横渎河西地块市政道路：温迪路东延段长约230米，宽30米，投资约1243万元；规划支路长约230米，宽18米，投资额约879万元	2122	温迪路东延段道路及给排水管道施工，约完成总工程量的48%。规划支路道路及给排水、电力管道施工，约完成总工程量的60%。A18西侧规划道路及给排水、电力管道施工，约完成总工程量的62%	1000	846	85%	南汇街道
9	飞霞北路、株柏路	飞霞北路道路红线宽20米，全长约234米。新株柏路道路红线宽12—16米，全长约298米	3603	通车	1600	1630	102%	五马街道

续表13

序号	项目名称	建设规模	总投资	2016年形象进度	2016年计划数	实际完成数	完成率	责任单位
10	蛟凤北路	北至牛山北路，南至金温铁路以北约45米，全长约315米，规划红线宽度40米，按城市主干路Ⅰ级设计，双向6车道	6079	完成预验收	700	1901	272%	南郊街道
11	葡萄道路	葡萄村市政道路：甲里路全长约555米，投资额约2657万元。眺舟桥路全长约326米，投资额约2085万元。葡萄路西起前黄路，东至过境公路，全长约462米，投资额约2264万元	7250	眺舟桥路、德胜路、甲里路二标桥梁梁板预制施工中；葡萄路、甲里路一标施工许可证办理中	3600	382	11%	南郊街道
12	东屿道路	东屿路长约300米，投资约705万元；东屿北路长约170米，投资约488万元；东屿中路，长约360米，投资约1066万元；东屿西路长约310米，投资约889万元	3148	东屿中路和东屿路高压排管工程完成，道路工程完成98%，排水工程完成99%，路灯交通工程完成90%，绿化工程完成80%。东屿北路和东屿西路完成建设用地规划许可证、土地证办理及建设工程规划许可证	2000	1040	52%	南郊街道
13	西站东路鹿城段（横塘路—牛山北路）	西起横塘路，东至牛山北路，道路长约670米，总用地面积24514平方米，为城市次干道，设计车速约40千米/小时	5991	边坡治理工程的山体爆破全部完成，挡墙施工、隔构梁钻孔、被动防护网施工。市政工程监理及施工招标完成	2000	1769	88%	南郊街道
14	广化南路（鹿城路）	道路全长约6538米，地面道路双向八车道，隧道双向六车道，其中鹿城区内道路全长约883米：包含新建地面道路（长度约262米）、新建跨河桥梁1座（桥梁长度约13米）、穿山隧道（1823.5米，折合单线长度，三孔）	47255	空心板共完成了171条，系梁共完成了17个，立柱共完成了43个，盖梁共完成了4个。桥墩基础完成了2个，系梁基础在施工	5000	8567	171%	广化街道

续表13

序号	项目名称	建设规模	总投资	2016年形象进度	2016年计划数	实际完成数	完成率	责任单位
15	园区路	工程全长约3041米，道路红线宽度为28米。其中，利用既有道路（江滨A线至康强路）长1840米，新建道路（康强路至隧道北峒口）长475米，新建隧道折合单线长约1520米	42812	道路完工	500	1007	201%	双屿街道
16	马坑路	道路长1290米，宽16米。道路征地面积27913平方米，房屋征收面积51751平方米	23016	道路完工	500	250	50%	双屿街道
17	牛岭路	道路长530米，宽40米，局部渠化宽50米	6600	房屋征收签约腾空完成，办理供地手续及设计招投标	500	0	0%	双屿街道
18	仰双片区双岙单元路网工程一期	由双岙中路（康强路至双岙北路段）、双岙东路（双岙南路至下林路段）、康强路（双岙中路至双岙东路段）、双岙北路（双岙中路至双岙东路段）等四条道路部分路段组成。总长约1600米，道路用地面积约26667平方米	8216	已领取施工许可证，现场搭建工棚完成	600	0	0%	双屿街道
19	仰双片区双岙单元路网工程二期	由双岙中路（康强路至双岙南路段）、双岙南路（双岙中路至双岙东路段）等二条道路部分路段组成。总长约510米，道路用地面积约7333平方米	3117	已领取施工许可证，现场搭建工棚完成	500	0	0%	双屿街道
20	滨江广场一期配套市政道路	滨江广场一期配套市政道路工程。包含规划三路：长237.47米、宽16米，瓯南路（鹿城路至江滨B线段）长261.2米、宽24米，营楼路（鹿城路至江滨B线段）长219.7米、宽27米	3800	规划三路地下通道施工	500	366	73%	双屿街道
21	岩门市政配套一期	道路总长约810米，宽16米、12米，工程包括道路、绿地、河道驳坎（约343米）	2971	竣工验收	800	1388	174%	丰门街道

续表13

序号	项目名称	建设规模	总投资	2016年形象进度	2016年计划数	实际完成数	完成率	责任单位
22	纵五路延伸	道路全长约350米，红线宽度为40米，建设内容包括道路、给排水、电力及其他管线、路灯、交通设施、绿化等	3104	完成桩基工程	0	0	0.0%	轻工园区管委会
23	环山北路一期	总用地面积16869平方米，道路全长约470米，红线宽度为36米	2451	工程完工	2200	2200	100%	轻工园区管委会
24	横三路（纵二路—纵五路）	道路全长约531.6米，红线宽度为12米。桥梁一座，长72米，宽12.5米	2712	水泥搅拌桩完成30%，桥桩及桥梁架设完成	1500	1700	113%	轻工园区管委会
25	纬七路（二标及上庄河工程）	工程总用地面积约35819平方米，道路全长1342米	7445	上庄河竣工验收，道路部分全部完工	1500	1541	103%	鞋都园区管委会
26	新纺织路	改造原纺织路，道路全长706米，路宽16米	2648	道路完工	1000	1010	101%	塘河管委会
27	104国道西过境鹿城段（瓯江特大桥）	双向六车道一级公路，长9600米，连接线1270米	290000	工程：完成总体进度20%，其中桥梁完成37%	11500	33660	293%	区交通运输局
28	双屿至藤桥公路	项目全长7160米，总用地面积约367294平方米，沿线设置分离式隧道6座，总长5662米，其中长隧道（宝昌岭）2座长3494米，中隧道（林里）2座长1500米，短隧道（白虎岩）2座长668米	137329	完成林里隧道开挖、初期支护573米延米，二衬施工767米；白虎岩隧道上导开挖155米；二衬施工317米；陈村大桥墩身浇筑140米；完成左线桥面及附属施工。宝昌岭隧道完成开挖初支428米，二衬610米等	13500	19869	147%	区交通运输局
29	仰义至双屿段公路	全长6470米，按一级公路标准结合城市道路功能设计，宽50米或40米，双向6车道，设计速度60千米/小时	116135	主线工程完工	7300	18523	254%	区交通运输局
30	瓯江路西延工程	道路北起沿达路，南至一号路。道路全长5.8千米，规划红线宽30米，按城市次干道标准设计	74345	一期基本完工；二期初设文本编制	3500	4437	127%	区农林水利局
	小计				78800	120900	153%	

鹿城区2016年重点项目进展情况（五）

表14　村房两改及社会发展项目（46个）

序号	项目名称	建设规模	总投资	2016年形象进度	2016年计划数	实际完成数	完成率	责任单位
1	黎二村10号地块（洪殿单元B—36号地块）改造	总用地面积20000平方米，总建筑面积104148平方米，共5幢	65595	安装及室内外装修工程完工，电梯及配电工程专项验收完成	15000	19099	127%	滨江街道
2	滨江商务区9号地块（同心社3号地块）改造	总用地面积18563平方米，计入容积率地上建筑面积69981平方米	74085	桩基施工全部完成	5000	14815	296%	滨江街道
3	黎二村5号地块（洪殿单元E—04号地块）改造	总占地366667平方米。5#地块48620平方米，建筑面积220000平方米	120633	一期拆迁完成，初步设计完善	8000	0	0%	滨江街道
4	灰桥安置房（东游路以北）C02	占地面积17700平方米，可建建筑面积约53000平方米	63850	桩基施工全部完成	5000	15302	306%	滨江街道
5	蒋家桥地块保障性安居工程	占地面积31300平方米，可建建筑面积约87300平方米	60000	完成外墙腻子	10000	21551	216%	蒲鞋市街道
6	横渎河西A18—1地块	总用地面积26032平方米，总建筑面积112040平方米	79045	装饰装修及安装施工基本完成。室外附属排水管、配电、弱电、燃气完成约80%	13000	15884	122%	南汇街道
7	A—37a—1地块	总用地面积24296平方米，总建筑面积109405平方米	64188	共6幢，室外附属工程施工中，完成约97%	2000	2979	149%	南汇街道
8	龙沈划龙桥自然村城中村改造项目	占地面积36378.6平方米，可建建筑面积约12.83万平方米	81386	该项目因建设主体尚未明确，未能启动建设	6000	0	0%	南汇街道
9	18、19#地块10、13、14幢安置房	总建筑面积99026平方米，安置住宅72541平方米。其中，10、13、14幢建筑面积32652平方米	72994	完成竣工验收	500	811	162%	五马街道
10	永川路地块安置房一期地块	总用地面积35981平方米，总建筑面积151491平方米	49226	综合楼结顶，地下室底板完成，地下室顶板施工	5000	5802	116%	五马街道
11	滨江商务区A02—08地块安置房	总用地面积8238.54平方米，计入容积率总建筑面积28828平方米，另有架空层220平方米，地下室9666平方米	22656	地下室负二层完成，地下室顶板施工	6000	5880	98%	五马街道

续表14

序号	项目名称	建设规模	总投资	2016年形象进度	2016年计划数	实际完成数	完成率	责任单位
12	永川路二期地块	总用地面积20339.87平方米，其中建筑用地面积19048平方米。总建筑面积72495平方米	58649	综合楼结顶，地下室底板完成，地下室顶板施工	6000	7030	117%	五马街道
13	五马统筹安置房	用地面积约3951平方米，总用地面积3950.5平方米，总建筑面积11876平方米	5976	地下室底板完成，地下室顶板施工	1600	1720	108%	五马街道
14	吴桥单元丰收村B—1地块	总用地面积8229平方米，总建筑面积31811平方米	15368	准备竣工验收	600	600	100%	大南街道
15	蒲萄居住区13—1地块安置房	总用地面积25255平方米，总建筑面积121895平方米	89559	共5幢，土建、装修、安装工程全部完成；附属完成60%	10600	17419	164%	南郊街道
16	蒲萄居住区9—1地块安置房	总用地面积25338平方米，总建筑面积124702平方米	89488	共7幢，完成电梯验收、分户验收、防雷专项验收、附属预验收等专项验收，待规划验收及消防验收	8100	9373	116%	南郊街道
17	蒲萄居住区6—3地块安置房	一期总用地面积23193平方米，总建筑面积111796平方米	87844	共6幢，土建、装修、安装工程全部完成；附属完成97%	12000	14719	123%	南郊街道
18	蒲萄居住区10—1地块安置房	总用地面积12134平方米，总建筑面积59470平方米	42064	共3幢，土建、装修、安装工程全部完成；附属完成60%	6200	7476	121%	南郊街道
19	东屿村地段C—7—1地块	总用地面积18646平方米，总建筑面积72932平方米	46870	共7幢，完成主体及附属工程竣工预验收完成，红线内工程全部完成	6600	8495	129%	南郊街道
20	东屿村地段C—2—5地块	总用地面积9551平方米，总建筑面积36390平方米	23382	共3幢，土建、安装工程、燃气工程全部完成；完成电力土建验收和电梯验收；开展室内空气检测、保温节能检测、防雷检测等工作	4000	5285	132%	南郊街道

续表14

序号	项目名称	建设规模	总投资	2016年形象进度	2016年计划数	实际完成数	完成率	责任单位
21	东屿村地段C—12—1地块	总用地面积9543平方米，总建筑面积36002平方米	23275	共4幢，已完成附属工程预验收、规划验收，红线内工程全部完成	2500	3125	125%	南郊街道
22	东屿村地段C—8—2地块	总用地面积8650平方米，总建筑面积27216平方米	17917	共3幢，完成附属工程预验收、规划验收等专项验收，红线内工程全部完成	1500	2190	146%	南郊街道
23	农房改造德政集聚点（牛桥底佳苑）一期	总建设用地面积12208平方米，总建筑面积37500平方米	20369	竣工验收	500	500	100%	南郊街道
24	东屿村地段C—1—6地块	总用地面积7983平方米，总建筑面积32152.3平方米	20009	搅拌桩完成98.2%，围护桩完成13.9%	4000	3755	94%	南郊街道
25	东屿村地段C—2—3a、C—2—3b地块	总用地面积约5052平方米，建筑面积11300平方米。其中C—2—3a面积约2475平方米，C—2—3b面积约2578平方米	7179	进场施工	1500	2300	153%	南郊街道
26	九山1号地块改造	占地15267平方米，面积25000平方米	15000	2#楼第二层梁板模板在安装；3#楼第四层楼面完成，现正在搭设第五层楼面模板的支模架	8500	8700	102%	松台街道
27	双桥村（下桥自然村）保障性安居工程	东至将军桥；西至上桥；南至景山；北至过境公路，拆迁户256户，旧房面积45000平方米，总可建住宅面积83282平方米，地下建筑面积22400平方米	93392	完成设计招标，初步设计中	2000	0	0%	广化街道
28	西中央涂A—2安置房	总用地面积33677平方米，总建筑面积221581平方米	106734	窗户安装完成95%；栏杆安装完成；室内腻子完成95%；外墙涂料完成93%；电梯安装完成；消防系统完成90%；给排水系统完成90%；照明系统完成90%；裙房屋面完成90%	12000	15390	128%	双屿街道

续表14

序号	项目名称	建设规模	总投资	2016年形象进度	2016年计划数	实际完成数	完成率	责任单位
29	西进城口2号地块（鹿城区公共卫生大楼）	总用地面积约11184平方米，总建筑面积60693平方米	31947	室内抹灰、外墙保温、铝窗框、楼地面找平、屋面分部全部完成；外墙涂料完成98%；电梯安装完成90%。入户门、门窗完成75%。室外附属施工	4100	7244	177%	双屿街道
30	宁波路二期拆迁安置房	用地约10667平方米，建筑面积25000平方米	15000	完成支撑结构施工，土方开挖	2000	985	49%	双屿街道
31	仰义锦园二期	总用地面积45623平方米，总建筑面积173900平方米	86311	完成6—12#楼涂料、栏杆、地坪施工及地下室中间验收，完成1—5#楼涂料20%、门窗安装80%、栏杆40%与地下车库连通口施工	18000	43153	240%	仰义街道
32	洞桥片区改造B—9地块安置房一期	总用地面积32299平方米。总建筑面积124000平方米	82298	附属工程施工	3000	13084	436%	仰义街道
33	洞桥片区改造B—5地块	总用地20140平方米，总建筑面积88399平方米，地上建筑面积约63607平方米	57122	完成地下室垫层施工和底板砼施工，进行主体建设	11000	8203	75%	仰义街道
34	岩门制革基地B—18地块	总用地面积31063平方米，根据控规，容积率2.5，建筑密度30%	88470	土方开挖，围护梁施工	10000	17499	175%	丰门街道
35	横山村农房集聚	总用地面积24179平方米，总建筑面积73127平方米，计入容积率建筑面积55300平方米，其中住宅52206平方米	35424	智能工程完成96%，公配电完成75%，附属工程围墙施工55%，配套道路完成30%，燃气管道进场施工	3000	3460	115%	山福镇
36	双潮新社区（西都·景秀居）	一期总用地面积10780平方米，建筑占地面积2708平方米，总建筑面积31114平方米；二期总用地面积3055平方米	15845	完成所有工程量	1000	1540	154%	山福镇

续表14

序号	项目名称	建设规模	总投资	2016年形象进度	2016年计划数	实际完成数	完成率	责任单位
37	临江驿头农房改造	总用地面积8397.3平方米，其中规划建设用地面积5232.3平方米，项目总建筑面积8821平方米	3444	竣工验收	1000	1000	100%	山福镇
38	藤桥镇新家园（青藤家园）	总用地面积43677平方米，其中净用地面积30642平方米，总建筑面积99263平方米	46451	交付使用	2000	2800	140%	藤桥镇
39	园区小学	总用地面积为14968.45平方米，地上建筑面积9110平方米	6225	完成教学楼4层施工、综合楼3层施工及体育馆二层施工	1500	2171	144.7%	轻工园区管委会
40	上戍派出所及藤桥法庭业务用房	建设工程地上建筑总面积3455平方米，其中派出所地上建筑面积1925平方米，法庭地上建筑面积1530平方米	4822	法庭完成四层；派出所结顶	1500	2488	165.9%	轻工园区管委会
41	纺织路庄头改建地块安置房	安置地块建设用地面积41089平方米，总建筑面积124702平方米	136908	竣工验收	13500	18457	137%	塘河管委会
42	吴滨巷地块安置房	安置地块建设用地面积9367.8平方米，总建筑面积34193平方米	54133	地下室垫层施工	11000	11233	102%	塘河管委会
43	鞋都铁路沿线西侧56b、58号地块安置房	占地面积28840平方米，总建筑面积90900平方米	26431	主体工程和附属配套工程完工并通过预验收	6000	7408	88%	区农林水利局
44	双岙安置点A—47、A—48、A—49号地块安置房	拆迁安置房，总建筑面积58458平方米，其中地下11218平方米	24885	主体工程完工，附属配套工程完成80%	5000	5021	70%	区农林水利局
45	牛岭16—1地块安置房	占地面积10747平方米，总建筑面积43900平方米	17689	交付钥匙	2000	437	22%	区农林水利局
46	里垟保障性安居工程	项目建设用地面积40717平方米，总建筑面积174266平方米	80273	完工	12000	19944	166%	区住房和城乡建设局
	小计				271300	376327	139%	
	合计				602000	824399	136.9%	

（周可以）

责任编辑　朱凌云

国内经济合作

【概况】 2016年，鹿城区引进项目107个，到位资金196.61亿元，完成全年市级任务的151.24%。落实山海协作、双对口支援资金584万元，促成合作项目3个，到位资金3.03亿元；帮助泰顺转移劳动力就业1855人次。

【招商引资】 2016年，鹿城区引进项目107个，其中，新项目46个，到位资金91.02亿元，占比接近到位资金总量的50%。引进亿元以上项目71个，占项目总数的2/3；到位资金163.06亿元，占资金总量的82.94%。世界500强企业华润置地实业有限公司、碧桂园集团等项目落户滨江商务区；世界500强企业沃尔玛旗下山姆会员店洽谈中。引进光大金瓯资产管理、温州医药集团股权转让等资本回归项目11个，到位资金约13.66亿元。

【内外互动】 2016年，区招商局（区经合办）对外充分利用温州商会平台，做到以商招商；对内服务好温商，做到内外联动，加大温商回归引进力度。加大国内外温州商会的招商宣传力度，全年接待希腊、加纳、乌克兰、美国等国外温州商会和侨领回乡投资考察10余批次，邀请上海、深圳、中山等经济发达地区的温州商会及温商回乡考察约40批次，达成合作项目20余个。加强“温二代”根脉维系，成立“温州鹿城区青年企业家联合会”，开展“温青论坛”、慈善之夜等温二代系列活动，同时青创基金落户鹿城。双屿房屋倒塌事故发生后，温州湖南商会会长蒋模云给湖南籍遇难者家属各送去2500元慰问金，在其斡旋下，与遇难者家属最终签订赔偿协议。温州湖南商会、温州福建商会、温州重庆商会等均能配合政府相关部门，充当政府与遇难者家属的沟通桥梁，使善后工作进展良好。

【省山海协作工程】 2016年，区招商局（区经合办）筹措落实帮扶泰顺资金190万元，促成结对合作项目3个，项目总投资3.03亿元，帮助泰顺劳动力培训转移1855人次。探索“智力引领协作工程”，指派优秀教师、特级名师到泰顺“送教”，促进两地教师互通互学；到泰顺举行针对泰顺人才专场招聘会，为鹿城企业引进泰顺人才，并促进泰顺人才顺利就业，实现双方互动双赢。

2016年12月26日，在广州香格里拉大酒店举行“第二届粤港澳温州人大会”暨温商回归招商引资推介会
区招商局（区经合办） 供稿

【双对口支援】 2016年，区招商局（区经合办）筹措落实重庆涪陵江北街道对口支援资金34万元，用于三峡库区自然村修村路、改善居住条件等。筹措落实四川阿坝州壤塘县专项帮扶资金共330万元，用于帮扶壤塘建设道路、水利等基础设施，改善农牧民饮水、居住、医疗条件，发展经济作物、生态养殖、设施农业，加强人才引进与交流，推进民生工程与社会事业等各个领域互相促进、协调发展。壤塘县特色农产品基地、壤塘县电站坝堤防、壤塘县尕多乡热布卡饮水安全工程等一系项目建成并投入使用。

【项目服务】 2016年，区招商局（区经合办）继续推行温商绿色服务通道，受理审批代办事项共119个，帮助企业注册或变更35家，帮助企业协调、办理审批事项24件。扩大亲情服务范围，主动从生产领域向生活领域延伸。在区教育局支持下，帮助解决新希望集团温商子女安家落户、入园入学等问题。

（郭和意）

行政审批管理（公共资源交易管理）

【概况】 2016年，鹿城区审批中心办件业务量为53312件，其中即办件15446件、承诺件37866件，提前办结率93%，承诺时间提前率64%；市行政审批与公共资源交易服务管理中心鹿城分中心完成建设工程和政府采购项目共计862件，中标金额约49.4亿元，节减资金1.84亿元。鹿城分中心获温州市“2016年度行政审批与公共资源交易工作先进集体”称号。

【企业投资项目承诺制改革】 2016年，鹿城区审管办（资管办）根据省审改办开展企业投资项目承诺制改革试点工作要求，以负面清单制、承诺合同制、备案制和事后监管制为主要内容，开展“项目设立零审批、指导服务零距离、政府监管零容忍”三个方面的改革探索。在区轻工产业园区选取“新邦远大工业化产业园建设项目”启动试点工作，并于10月11日与区住建局和规划鹿城分局签订“不再审批试点项目”合同，同时签订发改、环保、气象、消防和水利等相关承诺书。在12月1日召开的温州市现场会议中，鹿城经验得以推广，标志着鹿城区此项改革工作走在全市前列。

【建设项目全流程审批管理】 2016年，以温州市审管办全流程审批框架为基础，鹿城区建设项目全流程审批架构初步搭建。在项目立项阶段，以区发改局的企业投资项目核准、外商投资项目核准等4个事项作为切入点，同步纳入住建、规划、消防、气象等20个部门166个事项。将系统中各部门的分散办件按照全流程分阶段模式进行整合，形成自立项、初步设计、供地审批、施工许可、验收发证5个阶段的全过程管理，并纳入温州市投资项目在线监管平台体系，达到压缩审批时间在33个工作日内、全流程100天内的工作目标。全年完成全流程审批项目116个。

【“规划环评+环境标准”市级改革试点】 2016年，鹿城区在全市率先实行环评审批“负面清单”制，负面清单外项目依据环境准入条件，签订承诺书，实现备案制。将原7个工作日公示+7个工作日审批压缩为即办“备案制”，实现大幅提速。浙江江南实业有限公司等成为试点企业。

【规划许可批前公示整合改革】 2016年，鹿城区取消建设项目选址意见书、建设用地规划许可和总评公示环节，仅保留建设工程规划许可公示，4项公示整合为1项，40个工作日缩减至10个工作日，助推建设项目快速落地。年内完成城市中央绿轴F—32地块和汇昌河水上公园A—01地块等建设项目的任务。

【中介服务市场化改革】 2016年，鹿城区通过搭建中介机构信息服务平台、市区联动公开选取平台及实施部门中介捆绑考核机制、制定考评机制等举措，初步实现中介服务整体提速30%以上。全区涉批前置中介机构网络预选库纳入18个部门67项中介服务事项300家中介机构的服务范围、资质条件、收费标准和依据、办理时限等信息。区安监局、执法局等15个审批部门115家涉批中介机构对危险化学品单位安全评价报告和排水水质、水量检测报告等424份进行备案，对1119个项目开展考核评定工作。

【商事登记制度改革】 2016年，鹿城区企业可以将指定的电子商务秘书企业地址登记为住所，以托管协议代替住所证明办理注册登记。共有电子商务秘书企业30家，432家企业实现“集群注册”，实现创业零门槛。推进“五证合一”注册登记便利化，资料由35份减少到8份，填写事项由130多项减少到40多项，从材料受理到发照不超过3个工作日，平均节省20个工作日，共办理“五证合一”15170户。依托企业全程电子化登记平台，签约中国工商银行温州分行，将市场监管审批窗口前移至各工行网点，并使企业登记从纸质审核向电子审核、“互联网+”延伸，将原来至少需要3周的时间缩短至5个工作日即可办结，服务效能提速66%。全年工商企业通办理1050件。对未开业企业及无债权债务企业实施简易注销程序，取消公司制企业清算组备案、清算公告程序，缩短退出时间近两个月。公司简易注销登记383户。

【网络平台构建】 2016年，鹿城区借助省政务服务网、区行政审批综合应用平台、“鹿城审批”微信公众号三大网络平台，构建线上线下功能互补、群众与企业按需自主选择的便捷审批模式。通过省政务服务网，落实451个事项在线申报、19个事项在线预审以及22个事项在线全流程办理。依托区行政审批综合应用平台，实现27个涉批部门、4个部门基层站所、14个街镇、103个网格横向跨部门、纵向跨层级流转办件。通过“鹿城审批”微信公众号，打造集“微信预约、指尖审批、掌上查询、实时咨询、快递送达”于一体的审批办事“零上门”鹿城样板。

【创新“微信审批”办事模式】 2016年，鹿城区审管办（资管办）自主开发“鹿城审批”微信公众平台，实现“微信+审批”的互联互通，申报人点击掌中手机，就能完成质监以及卫计等11个部门的特种设备作业人员考核（初次领证）等16个事项的办理，让市民尽享“随时随处微信审批”的便捷和高效，有效破解多次往返、停车困难、排队等候等麻烦，大幅减少社会资源占用。此外，对没有纳入“微信审批”的事项提供公众号预约服务，涵盖全中心20个窗口部门共计520个事项。至年底，共预约661件，办结120件，关注人数突破16000人。

【街镇大网格审批便民服务】 2016年，鹿城区核对原街镇、社区共计142个事项，梳理出民政、人社等9个部门71个事项下放至14个街镇103个大网格，实行街镇与网格审批同权，33项由网格长“一章审批”，38项由网格员代办，市民到网格就近办事，不用再在社区、街镇、部门来回跑。印发《鹿城区街镇大网格办件管理暂行办法》，明确综合窗口统一受理各类咨询、审批便民事项办理，提供一站式审批便民服务。编印《鹿城区街镇大网格市民办事指南》，公开网格辖区范围、办公地址和预约代办电话，方便居民办事。同步实施大网格审批线上线下一体化运作模式，网格收件审核电子签章后通过网络平台直接推送至各部门网上审批，10个部门40个事项纳入审批平台办理，完成办件6100件。

【华侨回国定居证办理快速通道】 2016年，鹿城区围绕企业和群众关注的审批“痛点、堵点和盲点”，再造审批流程，通过审批时限压缩、窗口审批授权到位、网上联合审批等系列环节优化，实现华侨回国定居证办理从45个工作日缩短至6个工作日，审批提速86%。以全年群众办事业务量601件计算，共节省23439个工作日，为华侨回国定居开辟了一条快速通道。

【权力清单规范化】 2016年，鹿城区按照省政务网公布的权力清单目录及涉审批类权力标准化建设要求，多轮校核35个部门涉审批类权力（许可、行政确认、年检、备案、审核转报、其他审批权）目录，取消事项77件，保留事项643件。按照“材料法定、时限最短”的要求，削减申报材料、减少审批环节、缩短审批时限，实现7个部门26个年办件量较大的事项审批时限再压缩。据统计，所有纳入审批事项的办理时限共计436个工作日，已缩短至118个工作日，审批提速72%。

【网上并联审批流程和规则】 2016年，鹿城区借助区行政审批综合应用平台，对发改的立项审查、住建的施工图联审、执法的道路挖掘联审等事项开展网络联审工作，涉及人防、国土、规划、交警、消防、气象等多个部门。强化网络联审纪律监督，将意见反馈情况纳入窗口考核，督促联审单位贯彻落实超时默许和缺席默认制。全年办理网络联审项目79项。

【审批代办服务】 2016年，鹿城区审管办（资管办）将“温商回归（招商引资）”“三转三”“强三优二”等类型项目纳入代办项目库，做好“一站式”跟踪服务工作。开通“客商服务室”，及时做好重大招商引资项目、城中村改造等项目业主单位与职能部门的沟通衔接。全年组织城市有机更新项目、城中村改造项目和招商引资项目联合现场勘查计83次。

【事中事后审批督查】 2016年，鹿城区出台《2016年度审批服务考核办法》，将审改及服务工作纳入区委、区政府对街道和部门的年度目标考核任务，将市对区审批服务考核任务纳入工作效率与服务效能等日常监管，明确年度优秀公务员和优秀职员按20%的比例单独分配给进驻中心工作人员。联合“两代表一委员”、区监察局干部、窗口负责人等，对区审批中心以及人社民政等分中心进行交叉明察暗访。委托专业的第三方开展数据采集及群众满意度调查，对全区所有审批类服务窗口的效能查处或投诉核实、第三方电话回访、问卷调查、案卷内审等审批行为进行监督考评，通过考核完善审批服务监管，实现行政审批再次提速提效。

【全流程电子招投标】 2016年，鹿城区审管办（资管办）经与区住建局对接，鹿城分中心运用新系统中对房建类工程建设项目采取网上公告、报名到发布中标公示全流程电子化操作，实现招投标信息全公开、投标行为全绑定、操作记录全留痕。通过前置机配置及接口开发，11月底实现区公共资源交易数据与省、市电子交易公共服务系统的互联互通，达到全市公共资源交易平台整合工作要求。

【政府采购现场管理】 2016年，根据《关于印发浙江省政府采购活动现场组织管理办法的通知》精神，区资管办在区财政局的配合下，制定《温州市行政审批与公共资源交易服务管理中心鹿城分中心采购活动现场组织管理制度（试行）》。梳理、建立政府采购活动现场流程和组织管理体系，设置现场公证监督员岗位，对采购活动收标、开标、评审全过程实行现场监督，进一步提升全区政府采购的规范化建设。

【交易平台综合监管】 2016年，鹿城区审管办（资管办）联合农林、住建、交通等部门，出台《政府投资建设工程招投标监管合作机制》，实行“投诉必查、联合巡查、预警排查、评估倒查”等“四查联防”管理体系。7月，联合区住建局就双屿街道垟田村安置房工程监理项目流标案做调查取证处理。建立业主隔离远程电子监管室，招标人在远程监管室内，通过摄像头对评标过程精确定点监控，参与全流程监管，有效避免对专家评标公正干扰的“漏洞”。协同龙湾、乐清、瑞安及杭州江干区公共资源交易中心建立联动机制，利用市、县外专家资源，开展11个项目的远程异地评标工作，减少评标过程中的主观因素，解决市域个别专家类别人数少的矛盾。

【推进招投标专项整治】 2016年，鹿城区审管办（资管办）落实《鹿城区招投标市场专项整治工作方案》，主动配合区纪委、监察等部门，及时上报各街（镇）、部门反馈的自查自纠及相关交易数据。重点清理自鹿城交易分中心成立以来颁发的各类文件12项，有关重大问题和违法、违纪线索及时报送检察机关，配合案件查处。

（姜微微）

审　计

【概况】 2016年，区审计局完成审计项目15个，查出主要问题资金52968万元，违规资金753万元，管理不规范资金52209万元；经审计处理上缴财政450万元，挽回经济损失182万元，核减投资额144万元，移送案件线索6起。提交审计专题、综合性报告和信息共111篇，提出审计建议47条，被采纳34条。

【预算执行审计】 2016年，区审计局对2015年度区本级预算执行和其他财政收支情况进行审计。在预算编制和执行方面，查出年初预算批复到位率低，追加指标较多且滞后，影响预算约束力，如71个项目合计4537万元预算执行率为零；在存量资金管理方面，查出2015年底结转的专项资金1.12亿元至2016年3月底未完成支出；在预算收入管理方面，查出3443万元罚没收入没有及时上缴国库，历年累计利息收入共5404万元未缴国库作为预算收入；在非税等专户管理方面，查出2060.53万元预算支出在非税专户中列支，收回部门历年结余1285.42万元，暂存在非税专户。同时，抽查了部分区直部门预算执行情况。

【政府投资审计】 2016年，区审计局制定《鹿城区进一步加强和规范政府投资项目BT模式建设管理工作的规定》，通过明确五项机制促进建设项目管理工作规范化。加大对BT融资建设项目跟踪审计力度，全年新增跟踪审计项目3个，累计实施跟踪审计项目共43个，涉及审计投资额超过112亿元。BT项目跟踪审计累计完成工程验工月报150期，审计总金额61539万元，审定金额57572万元，核减额6558万元，净核减额3967万元，平均净核减率6.45%。同时，组织对瓯江绕城高速至卧旗山段海塘工程、瓯江路西延（江滨路A 线西段）二期道路工程和七都金融小镇、基础设施等PPP投融资项目的跟踪审计。

【专项审计】 2016年，区审计局对鹿城区2014年“五水共治”政策实施落实情况进行跟踪审计，发现工作计划任务未完成、资金筹措力度不够、污水处理厂效益低等问题。对鹿城区2016年医疗废物处置管理进行专项审计调查，发现存在医疗废物暂时贮存超期情况比较普遍、超标准收取医疗废物月处置费和箱数超量费、医疗机构医疗废物处置分类不到位等问题，提出推进医疗废物安全处置规范管理，健全医疗机构环境监管机制的审计建议。全年对24家单位进行抽审并延伸审计下属单位及工会、学会、协会等。至此，为期三年的“三公经费”轮审告一段落，审计范围覆盖全区66个一级预算单位。审计结果表明，全区对三公经费等公务支出公款消费控制严格，管理规范，能较好缩减或者控制公务支出公款消费数额。但个别单位也存在公务接待、用餐未按“三严四禁”规定执行、会议费实际列支与审批内容不符、下属的协会财务管理比较混乱等问题。

【经济责任审计】 2016年，区审计局召开全区经济责任联席会议，调整联席会议成员单位并制定《鹿城区经济责任审计工作联席会议制度》，对近两年经济责任审计查处的问题进行通报。按照党政同责、同责同审的要求，深化领导干部经济责任审计，重点关注领导干部履行发展、环保、民生、安全、绩效、廉政等责任情况。全年，共完成招商局、民政局等6个单位领导的经济责任审计，共查出违规金额 653万元、管理不规范金额1940万元，上缴财政金额428万元。

（王莉莉）

统　计

【概况】　2016年，鹿城区统计局开展各项常规统计调查和统计分析及监测评价，做好统计优质服务。按月跟踪监测全区主要经济指标，及时准确研判经济运行形势和发展趋势，提出建议措施，为党政领导科学决策提供依据。全年完成统计分析、信息244篇，其中4篇获得区领导批示。改版升级《鹿城统计月报》综合部分相关模块、功能，并实现电子化，逐步让统计数据从公开走向开放。建立“鹿城统计”微信公众平台，定时发布统计信息，快捷、有效服务社会公众。优化传统服务产品，加快统计资料收集、整理和发布进度，按时发布上年度的《鹿城区经济发展报告》《鹿城区国民经济和社会发展统计公报》等，编辑出版《2016年鹿城统计年鉴》。

【统计法制建设】　2016年，区统计局开展“数据造假、以数谋私”专项治理活动，强化责任落实，依法依规开展自检自查工作，建立健全专项治理工作的长效机制。首次推行企业约谈制度，约谈企业2家，让企业充分了解自身的违法事实，帮助企业分析出现差错的原因，提出整改建议，协助企业完善统计工作。加大依法检查力度，在统计信息网上公开执法投诉、举报途径和方式，对统计失信企业予以曝光。规范行使裁量权，全年共稽查企业70家，其中立案查处19起，纠正瞒报产值（销售收入）4.8亿元。

【统计业务培训】　2016年，区统计局分专业组织开展55场统计业务培训，共培训2900人次。通过业务培训，加强基层统计业务能力，提升源头数据质量。

【街镇统计机构和队伍建设】　2016年，鹿城区提升街镇统计能力，设立“经济与统计办公室”，在人员编制方面给予倾斜，加强和规范街镇统计工作。

【统计工作网格化管理】　2016年7月，区府办印发《鹿城区统计工作网格化管理实施方案》，明确依托街镇网格化管理工作平台，逐步推进统计工作网格化管理规范运转，根据每个网格的“三上”企业数量，配备相应数量的网格员，使统计数据正确反映全区经济社会发展水平，达到“重心下移、力量下沉、服务下延”的工作要求。11月，在市委党校举办全区网格员业务培训班，全区103个网格的122名网格员参加培训。

【查补短板工作】　2016年5月，区统计局邀请市局领导和专业处室负责人为鹿城经济和统计工作查补短板作专题辅导，在工业、投资、服务业、农业等统计方面分析现状及存在问题，并提出针对性解决措施。

【规范化创建验收】　2016年，鹿城区按照各年度创建的计划，采取街镇、区级验收相结合形式，完成统计规范化创建单位的验收与复评工作。部门规范化创建合格率均达80%以上，街镇统计工作规范化验收复评巩固率达100%，社区（村）统计工作职能进一步发挥，企业规范化合格率达97%以上，在岗统计人员培训率达80%以上。

【统计普查和各项调查工作】　2016年，区统计局落实“三农普”机构、人员、经费，完成《如何做好农业普查前期资料的收集工作》调研课题。开展藤桥区级“三农普”综合试点，《浅谈县级农普办如何做好综合试点工作》经验交流被国家统计网刊登。完成对区、街（镇）、村（居）三级业务培训，对所有普查小区内的住户和单位进行清查摸底调查。完成5‰人口抽样调查工作，受省级事后质量抽查组肯定。完成“大城市劳动力调查”工作，按月完成分布在5个街道、7个样本点计140户的调查工作；完成《改革满意度评估》《四众企业调查》《法治政府满意度调查》和平安浙江调查等调查任务。

【统计重点领域创新】　2016年，区统计局统筹安排“三农普”各项工作，组建区、街镇两级“三农普”领导机构，对经费预算、物资采购、宣传、调研、人员配备及培训等方面进行及早安排部署。区统计局主动适应国家GDP统一核算制度方法改革，深化GDP核算联席会议制度，细化行业经济核算，每月紧盯基础数据，提早收集、测算季度GDP 构成数据，主动对接市、区相关部门，加强各项基础数据质量评估，准确反映全区宏观经济走势。探索“三新”统计工作，落实《关于同意温州市鹿城区等六县（市、区）纳入“三新”统计国家试点的批复》要求。5月，在全区范围内组织实施新产业、新业态、新商业模式统计国家试点工作；7月，召开“三新”统计工作部署会，明确23家“四众”平台企业（其中众创5家、众包8家、众扶4家、众筹6家）调查；深化对“温州中津先进科技研究院”等单位的调研，了解爬虫技术在大数据中的运用情况；联合区农办开展现代农业统计调查试点，筑牢工业“三新”工作机制保障，把电子商务企业纳入限额以上贸易业统计，探索资产负债表中“存款”核算方法和银行表外业务等。通过各种有效尝试，探索“三新”统计的疑难点和应对措施。

（蔡坚翔）

机关事务管理

【概况】 2016年，鹿城区机关事务管理局以打造“六大后勤”（智慧后勤、法治后勤、品牌后勤、共享后勤、廉政后勤、节俭后勤）为目标，制定《中层例会制度》《考勤与请销假制度》《科室考核办法》《临时聘用人员考核办法》等管理办法，并对各项管理制度进行归纳汇总，重新整理《鹿城区机关事务管理局制度汇编》，实现管理、服务、保障的新提升。全年，区行政中心食堂用餐达27.89万人次，公务接待305批次，3212人次；清理腾退办公用房2337平方米，调配办公用房1.17万平方米，增加办公用房面积约4000平方米，完成公建设施移交64宗；国有房产租金收入共1163.5万元，税金支出176.4万元，上缴财政987.2万元。

【公车制度改革】 2016年，根据省、市车改部署，区机关事务管理局推进新一轮公车改革。该轮车改，参改单位共71家，涉改司勤人员470人，涉及公车705辆，保留437辆，报废174辆，拍卖55辆，划拨27辆，归还12辆。车改节支率达7.1%。成立鹿城区公务用车管理服务中心，建立区公务用车主副平台，主平台留车23辆，副平台留车35辆。

【办公用房管理】 2016年，区机关事务管理局推进房产管理制度改革，落实机关事业单位办公用房“五统一”（统一权属登记、调配管理、维修改造、规范使用、规划建设）管理。开展全区办公用房清理和建档工作，建立一房一档案，实现档案电子化。采用办公用房智能图形化管理系统，加强办公用房信息化管理。

【固定资产清查】 2016年上半年，区机关事务管理局对行政中心自1984年建区以来的固定资产进行清理，做好摸底登记，确保国有资产不流失。截至7月底，完成24家财务归口单位自建区至2012年底的固定资产和局内部自2002年建局至2015年底的固定资产清查工作。8月，制定《固定资产管理制度》，明确管理范围、职责、流程，保证固定资产的安全和完整。9月，完成资产清查明细清单，确保固定资产账、卡、物三相符。

（潘湖敏）

责任编辑　朱凌云

政协温州市鹿城区委员会

区政协全体会议及常委会议

【区政协八届五次会议】 中国人民政治协商会议第八届温州市鹿城区委员会第五次会议，于2016年3月21日—23日召开。会议听取市委常委、区委书记陈浩代表中共鹿城区委所作的重要讲话；听取并审议郑锦春代表区政协八届常委会所作的工作报告和区政协副主席胡小萍代表区政协八届常委会所作的提案工作报告。全体委员列席了区八届人大五次会议，听取并讨论区长朱崇敏所作的政府工作报告及其他报告。委员们围绕事关鹿城区经济社会发展的重大问题和人民群众关注的热点问题，协商议政，建言献策，提出许多建设性的意见和建议。会议始终洋溢着团结、民主、求实、奋进的气氛，顺利完成各项议程。

【区政协八届二十一次常委会议】 2016年3月9日，区政协召开八届二十一次常委会议。学习贯彻全国“两会”精神；听取和协商讨论330国道、104国道建设情况；审议通过有关人事任免事项；审议通过召开区政协八届五次会议的有关事项。

【区政协八届二十二次常委会议】 2016年3月22日，区政协召开八届二十二次常委会议。听取各组讨论情况汇报；审议通过选举办法；审议通过候选人名单；审议通过监票人名单；审议通过总监票人、副总监票人名单；审议通过区政协八届五次会议提案审查情况报告（草案）；审议通过区政协八届五次会议决议（草案）。

【区政协八届二十三次常委会议】 2016年6月29日，区政协召开八届二十三次常委会议。审议通过有关人事任免事项；听取和协商讨论鹿城区城中村改造工作情况；听取和协商讨论鹿城区“平安创建”工作情况；就进一步扎实开展“两学一做”学习教育活动进行部署。

【区政协八届二十四次常委会议】 2016年9月29日，区政协召开八届二十四次常委会会议。审议通过有关人事事项；听取和协商重点提案办理工作情况；听取和协商鹿城区质量技术监督工作情况。

【区政协八届二十五次常委会议】 2016年12月30日，区政协召开八届二十五次常委会会议。学习传达区第九次代表大会精神；听取和协商学院路文化创意街区创建工作；审议通过召开区政协九届一次会议的有关事项。

常委会日常工作

【政治协商】 2016年，区政协常委会科学制定年度重点协商计划；围绕2016年中共鹿城区委全会重大决策开展专题政治协商；围绕“一府两院”工作报告开展全体会议政治协商；围绕330、104国道线建设情况、城中村改造情况、电子商务发展等议题开展专题政治协商；围绕农村水利建设、环保执法队伍建设等议题开展对口协商和界别协商；继续深化提案办理协商。协商计划和重点议题提前告知委员，提升委员履职的前瞻性和实效性。

【民主监督】 2016年，编制《专项民主监督实施方案》，组织在鹿城区省、市、区政协委员共220人，深入一线，提出问题，汇总撰写《鹿城区政协“五水共治”“万千行”督查报告》。4月，对城中村改造进行深入专题调研，形成《鹿城区城中村改造调研报告》。6月，区政协第二十三次常委会将城中村改造纳入议题，提出城中村改造要与“五水共治”并行的观点，倡导在改造过程中，注重保留沿河传统文化亮点，特别是一些具有悠久历史的地名、桥、路和建筑物，使人们记得住乡愁、留得住乡情。5月，由主席带队，组织全体专委会主任就城市精细化管理专题赴杭州进行了实地考察。此后7个月中，区政协组织走访、督查110多次，计820人次，梳理出各类可整改的问题930多项，并及时反馈给街道、部门，取得实实在在的效果。开展“大拆大整”民主监督。“10·10”农民自建房倒塌事件发生后，政协主席、分管副主席带领委员开展监督视察6次，累计30多人次，深入街道、社区、村，了解情况，监督进展，建言献策，积极助力，多条建议被区委、区政府采纳。

【参政议政】 2016年，区政协共收到社情民意信息123件，编发71期。其中《运用“低影响开发”逐步推进我市“海绵城市”建设》等35篇信息被市政协采用，《尽快出台相应措施 促进我市企业兼并重组》等2篇信息得到市党政主要领导批示；《部分行业税负有所增加 水电费和利息支出抵扣问题反映最为强烈》等9篇信息被省政协采用，《建议尽快利用现代技术对闽浙木拱廊桥进行抢救性修缮加固》等3篇信息得到省党政主要领导批示；《建议加快推进全国水上交通旅客实名制工作》等1篇信息被全国政协采用，并转交相关部委。

【提案工作】 2016年，区政协八届五次全会后，提案委及时与区府办、各相关部门和街镇沟通，变提案交办工作会为提案交办协商会，采用协商“预交办”方式，明确提案交办主体，提高交办的准确性，解决提案被“踢皮球”“回娘家”“嫁错郎”等问题。进一步增强提案办理协商意识，完善办前、办中、办后“三沟通”的提案办理工作制度，形成了提案者、提案承办单位和政协提案委多方沟通协商机制。绝大多数承办单位都能把落实提案问题与推进本单位日常工作紧密结合起来，在办理提案、解决问题的同时，进一步规范和促进了业务工作。全年共收到委员以提案形式提出的意见、建议205件，经审查立案166件，立案率为81%。通过与提案办理单位的沟通协商，促进许多民生问题的解决与落实。

【文史书画】 2016年，区政协重视文史资料征集编撰工作，完成《鹿城老字号》的编撰，共收录文稿55篇、30余万字、珍贵历史照片180帧。组织举办“兰亭奖”中小学生书法大赛鹿城分赛区现场赛，遴选出22名选手参加全市现场赛，其中8人获一等奖、6人获二等奖。鹿城政协书画院先后举办了纪念中国共产党成立95周年暨红军长征胜利80周年书画联展、书画名家送文化下乡、鹿城·文成政协书画联展、鹿城·瓯海政协书画院联谊笔会等活动。

2016年区政协重要文件目录

表15

文 号	文件标题
温鹿政协1号	《政协温州市鹿城区委员会关于表彰先进委员小组、优秀委员和优秀提案的决定》
温鹿政协12号	《政协温州市鹿城区委员会关于表彰履职优秀政协委员的通报》
温鹿政协党组4号	关于印发《在政协党员总开展“学党章党规、学系列讲话，做合格党员”学习教育实施方案》的通知
温鹿政协办5号	关于印发《鹿城区政协五水共治“万千行”活动方案》的通知
温鹿政协办6号	关于印发《鹿城区政协关于持续深入开展“五水共治”和“两路两侧”专项民主实施方案》的通知
温鹿政协办8号	关于印发《鹿城区政协城市精细化管理民主监督活动》的通知

2016年区政协重点提案目录

表16

文 号	文件标题	
江衍妙	加快提升鹿城区传统优势产业“高端智造”的建议	区经信局
叶 胜	优化旅游产业结构加快推进我区旅游业转型升级的建议	区旅游局

续表16

文　号	文件标题	
医卫组	关于如何巩固“国家卫生城市”的建议	区卫计局
朱海霞	关于创建我区沧河历史文化名人街区的建议	五马街道
农林人资环组	关于加强垃圾收集运输体系的基础设施建设，全面提升城市管理水平的提案	区城管与执法局
农林人资环组	关于统筹推进我区“五水共治”的提案	区农林水利局
叶剑秋	推进和创新我区法院家事审判改革的建议	区法院

八届区政协履职优秀委员名单

表17

文　号	文件标题
文体组	叶正化　季杜宇　徐陈玲　董约武　赵　绮　柯　苗　张惠芳
教育组	郑小野　蒋　樨　吴奇红　杜丽丽　吕　晓　应晓华　姜　艺　陈　雯
医卫组	王璋弟　周蓉蓉　李　午　吴　敏　张晓海　雷　鸣　郑　玮　林　姬　黄如萍　王晓峰
群团组	林章平　陈　晨　叶剑秋　陈文俊　李国琴　郑康余　叶　慧　周建春　李炎伦　陈依慧 黄巧姐　潘舟舟　张海川　潘小虹　张长缨　朱海霞
社会法制组	余国仁　詹海霞　江丁库　王玲玲　王　丽　翁学院　蓝文权　卢晓敏　祝丽敏　黄爱月 杨丽霞　傅云云　范庆香　李一川　谢作昆
侨台联组	蒋　晖　许鹏怀　洪　婵　谢　哲　李小静　吕人博　林里乃　孙　雷　曾晓慧　李黛华 叶建华　肖爱克　朱小秋　袁志荣
企业经济组	叶　胜　周雪海　徐立新　郑莱毅　周成坤
工商联组	卓予拉　陈光宁　滕敏亮　金　枫　严　骏
科技组	江衍妙　蔡西濛　李道条　厉自强　吴朝武　叶连敏
农林人资环组	陈　勇　方胜浩　毛晨阳　邱忠虎　郑范婧　池　滨　谢海峰　林周辉　林　玲　陈　煦 赵小松　张青松

（李　哲）

责任编辑　王剑峰

纪检·监察

重要会议

【区纪委八届六次全体（扩大）会议】 2016年2月5日召开。市委常委、区委书记陈浩在会上作重要讲话，强调要以更大的决心、更务实的举措，把纪律挺在前面，把党风廉政建设和反腐败各项任务落到实处，为加快鹿城转型发展提供有力的政治和纪律保证。区委常委、纪委书记曾恩伟代表区纪委常委会作工作报告。会议通报表彰了鹿城区2015年度落实党风廉政建设责任制先进单位。会议审议通过《全会工作报告》。

【党外人士党风廉政建设情况通报会】 2016年3月4日召开。会议听取党外人士关于进一步深化党风廉政建设和反腐败工作的意见和建议。区委常委、纪委书记曾恩伟作情况通报，并与党外人士交流座谈，共商反腐倡廉工作的深入开展。

【全区纪检监察系统“树新形象、做好榜样”主题教育实践活动部署会】 2016年3月22日召开。会议强调，要敢于担当、挺纪在前，忠诚履职、不辱使命，把鹿城党风廉政建设和反腐败工作做得更好。

【街镇党（工）委履行党风廉政建设主体责任情况集中报告会】 2016年4月18日召开。会议要求各街镇党（工）委要以落实主体责任为抓手，思想上真重视、责任上真落实、措施上真到位。

【区直部门作风巡察动员部署会】 2016年4月25日召开。会议指出，要以落实“两个责任”为重点，通过机动巡察、专项巡察、常规巡察三种方式，严肃查纠违反党的政治纪律、组织纪律、廉洁纪律、群众纪律、工作纪律和生活纪律的行为，努力营造干部清正、政府清廉、政治清明的良好政治生态。

【农村基层作风巡察动员部署会】 2016年5月18日召开。会议指出，要建立街镇、基层站所、村“三线并进”，市、区、街镇“三级联动”，分级分责、分轮推进、全年包干的工作模式。会议强调，要对“城中村”改造村和换届重点难点村进行巡察，及时发现、查纠城市征地拆迁中产生的历史遗留问题，及“村霸”“地霸”损害村民权益等问题，保障“城中村”改造顺利推进，促进社会和谐稳定。

【区半年度有效投资暨重点项目建设巡察推进会】 2016年7月7日召开。会议总结巡察开展以来取得的成果，对下步工作作具体部署，强调对重点项目建设进行专项巡察，要精准定位查实问题，多措并举扫清障碍，推动干部主动担当，形成齐心协力局面。

【区直单位科室、基层站所负责人党风廉政教育专题讲座】 2016年7月23日召开。全区共650名干部参加廉政教育活动。讲座通过“岩门垃圾转运站问责案件”的警示片，以当事人“现身说纪”的形式警示、教育和震慑身边人，达到处理少部分人、教育大部分人的效果。

【反腐败协调小组（扩大）会议】 2016年8月5日召开。会议进一步全面分析鹿城区当前反腐败工作形势，充分发挥协调小组职能作用，推进鹿城区反腐败工作再上一个新台阶。区委副书记、纪委书记、政法委书记、区反腐败协调小组组长曾恩伟主持会议。曾恩伟指出，要建立健全办案协作机制，及时通过联席会议等形式，加强联系沟通，整合办案资源，做到优势互补。区委常委、公安分局局长金国平，区委常委、组织部长罗招政，区法院院长周丰，区检察院检察长张纯亮出席会议。

【区招投标市场专项整治工作推进会】 2016年9月19日召开。会议指出，招投标市场专项整治工作是当前的紧要任务，各单位部门要认真贯彻落实区委区政府的部署，动真碰硬，求真务实，善作善成，确保专项整治工作顺利完成，取得成效。

党风廉政建设

【“两个责任”落实】 2016年，区纪委划清责任边界，推进主体责任与监督责任的落实。协助区委落实主体责任，制定出台《2016年党风廉政建设和反腐败工作组织领导与责任分工》。召开落实党风廉政建设责任制主体责任报告会，对14个街镇汇报履责情况当场点评，并要求限期整改落实。创新推行落实党风廉政建设责任制主体责任内部报告会制度，区纪委派员列席，区直部门“一把手”带头汇报，其他班子成员汇报分管领域情况。严格执行“三书两报告”制度，并督促整改落实，共发出报告书14份、函告书17份、建议书51份。推行廉政笔记制度，重点检查“一岗双责”等责任落实和日常反腐败工作情况。深化“廉政抄告”制度，破解同级监督难题，在区本级和街镇、部门推行“廉政抄告”制度基础上，向大网格和基层站所延伸，共向2名区领导发出抄告单3份。完善党风廉政责任制考核，强化主体责任，单列“一把手”考核内容；强化监督责任，对各街镇积极提供问题线索、主动查处违纪行为的，主体责任考核不予扣分，且监督责任考核予以加分；对瞒报漏报、被上级查处的，则加重扣分。年内各街镇纪（工）委、派驻（出）机构共主动提供线索14条，自办信访件126件，自办案件55件。

【源头治理防控】 2016年，区纪委加强党员干部的思想教育，使其牢固树立廉洁勤政的理念，坚持制度约束，以自律与他律相结合的方式切实加强防控。为全区党员配发“准则”“条例”，督促各级党委（党组）抓好学习宣传贯彻。成立“清廉鹿城”讲师团，组织宣讲活动42次，受训3280余人。拍摄“现身说纪”专题片，让全区650余名机关中层干部接受教育。组织全区3800名党员参观廉政警示教育基地，全年“清廉鹿城”微信公众号共推送信息291条，发送微博280条，网站刊登工作动态295条，做到警钟长鸣。强化党风廉政谈话，对苗头性、倾向性问题做到早提醒、早纠正、早处置，防止小问题变成大问题。开展谈心提醒教育1244人次，其中科级干部84人次。开展“一把手五不直接分管”制度执行落实、重要节假日期间廉洁纪律、重点部门执法案卷、公款集中存放清理、违规拥有农商银行等非上市公司（企业）股份（证券）专项清理和津补贴发放等专项检查，严格实行干部提任党风廉政一票否决制。认真查找廉政风险点，制定防控措施，基本构建覆盖全区的廉政风险防控机制。1—11月“三公”经费、会议费和培训费同比下降明显。深化案件查办和信访初核的“一反思一通报一总结”机制，反思案件的初查初核、深挖线索是否到位等，提高纪检监察干部的纪律审查能力。及时向涉案涉信单位通报案情，用身边的典型案例教育身边的人。督促涉案涉信单位对暴露出来的问题剖析原因，举一反三，健全制度，堵塞漏洞，杜绝类似问题再次发生。创新实施违纪党员干部“康健工程”，建立“回头可轻、回炉再造、回访促教、回归搭桥”四种模式，实行惩戒与教育相结合，对受处理党员干部实施帮扶救助，帮助违纪党员回归党员队伍。

【纪检队伍建设】 2016年，区纪委加强对镇纪委换届的领导与指导，对候选人资格审查由事后审查变为前置审查和全程审核。首次实行区纪委、公检法、信访、民宗等“八部门联审”的方式，对纪委委员初步推荐人选进行“精、细、准”式的把关审查，完成藤桥、山福镇纪委的换届工作。同时，印发《街镇纪（工）委书记、副书记提名考察办法（试行）》《区纪委派驻纪检组组长提名考察办法（试行）》，进一步规范基层纪检组织负责人的考察选拔工作。全区14个街镇配备专职纪检监察干部49人，派驻（出）机构（不含公检法）配备专职纪检监察干部50人，人员力量得到有力充实。完善内部职责分工、程序规则、分片联系等制度，促进规范高效运转。在2015年完成派驻（出）机构设置的基础上，印发了《关于加强区纪委派驻机构建设的通知》以及实行报告、分片联系、问责追究等7个配套制度，其中，对“三重一大”事项的内容、范围、决策程序作了明确的规定，对重大决策和重大项目安排、干部选拔任用、权力运行和资产运营等方面作出具体的要求。完成派驻（出）机构所有纪检监察干部的档案接收及档案审查工作。主动接受监督，向区政协、党外人士通报党风廉政建设情况，积极宣传区纪委的纪检监察工作理念。开展党员“两学一做”学习教育实践活动，集中交流“强化规矩意识”等四个专题学习体会，找短板、抓整改，打造党建纪检品牌。深化“树新形象、做好榜样”主题教育实践活动，积极开展“三问自己、如何担当”大讨论。组织100名纪检监察干部进行业务培训，确保新纪检干部一年内参与培训，三年内所有纪检干部轮训一遍。先后组织4批次19名街镇、派驻（出）机构专职纪检干部到委局各综合业务科室开展岗位练兵，参与纪检监察室的办案、办信，在实战中学习提高工作技能。在总结2015年“一学一主题”模式的基础上，将活动范围由委局机关向全区纪检系统延伸，学习内容由业务为主向兼及政治素养提高延伸。共开展9个主题的学习活动，以此倒逼纪检干部增强学习的主动性和针对性，营造纪检干部想说、敢说、能说的学习氛围，培养纪检干部能干、能说、能写的能力，促进纪检干部能力从单一型向综合型转变。

执纪与纠风

【“大拆大整大巡察”】 2016年10月，区纪委制定《关于在全区“大拆大整”专项行动中严明五项纪律”的通知》，强化纪律意识和担当精神。组建4支督查组加强工作督查，确保牵头部门和责任单位工作力度不减。重点对14个街镇出租房整治、危旧房拆除情况进行严督实查，将压力传导给街镇主要领导和部门“一把手”。10月下旬始，开展督查3次，并向区委汇报各街镇存在的一些推进工作不利情况及现实工作困难，为大拆大整工作坚决推进提供坚实纪律保障。

【换届纪律督查】 2016年，区纪委严格按照中组部关于换届选举“九严禁”要求，组织区四套班子领导、区人大常委会党组成员、换届各类工作人员签订承诺书，实现宣传引导“全覆盖”。对“两代表一委员”资格进行集中审核审查，压实责任，把好入口关。对320名党代表、264名人大代表初步人选进行严格把关审查，对不符合条件的12名党代表、20名人大代表初步人选予以取消资格。坚持换届纪律与换届工作同部署、同推进，全程绷紧“监督弦”，对破坏选举秩序的藤桥镇某村民处以行政拘留10日处罚，并作为反面典型通报。至7月8日，鹿城区圆满完成乡镇换届工作。9月，开展镇“两代表”资格审查“回头看”整改，取消存在“瑕疵”的7名党代表和5名人大代表资格。

【“平安护航G20杭州峰会大会战”十大专项行动任务专题巡察】 2016年，区纪委督促牵头单位落实维稳安保责任，及时消除不安全、不稳定因素。深入检查护航G20杭州峰会带班、值班和应急联动落实情况，要求当场整改预案准备不充分、带（值）班人员未落实等问题。查处3起落实平安维稳不力的典型案件，追责7名街镇、部门分管领导和8名工作人员，并在全区公开点名通报，起到警示教育作用。

【区直部门作风巡察】 2016年，区纪委组建4个巡察小组专项督促7个重点工程项目进展情况，问责工程项目推进不力、进展滞缓却不敢担当、推诿扯皮的单位，并予以全区通报。巡察梳理出18个问题，解决问题15个，通报2家单位，问责3人，工程进度提速明显。并向区委提交了巡察总结报告，提出针对性建议5条，倒逼重点项目实施有力推进。

【农村基层作风巡察】 2016年，区纪委实行全程包干工作模式，分级分轮推进13个“城中村”改造村和35个换届重点难点村全面巡察，随时开展“回头看”，全年受理、处置巡察村的问题，杜绝巡而不改、巡后反弹等现象。发现村级组织建设、农村集体“三资”管理、干部作风建设等方面问题65个，共交办问题17个，办结16件，办结率为94%；交办线索2件，查结2件，查结率达到100%；查处街镇干部4人、村干部2人、其他村民4人，其中移送司法机关4人、党纪处分1人。结合村级组织换届工作，及时印编《“村官”职务犯罪案例选编》，对村干部进行警醒，强化法纪教育。

【执纪审查】 2016年，区纪委创新片区协作机制，打破地域、部门人情干扰束缚。组建纪律审查“人才库”，努力实现“多兵种”联合施策，持续加大纪律审查力度，维护党章党纪的权威。共立案136人，给予党纪、政纪处分136人，其中，副科级以上领导干部5人，移送司法机关处理11人，中止被逮捕党员权利3人。出台《关于党员被依法逮捕后党员权利中止等办理程序的规定（试行）》，实现纪法无缝衔接，第一时间启动中止程序。

【正风肃纪】 2016年，区纪委全覆盖式督查全区103个网格的公共服务成效及网格人员作风效能建设情况，促使部门派驻人员入格到岗率从不足50%提高到90%左右。每周工作例会、上街入户“两个50%”等制度逐步规范，网格人员纪律意识得到提高，网格运行更加高效。加大工程招投标环节廉政风险整治力度，由区监察局、发改局等13家单位组成区招投标市场专项整治工作联席会议，出台《鹿城区招投标市场专项整治工作方案》。用4个月时间分3个阶段全面整治招投标领域乱象，共摸排工程问题线索11条，逐步进行核实。开展“敢担当、树标杆”作风建设五大行动深化农村巡察，进行“清风除弊”系列检查。全年共出动400余人次，发现问题218个，对87个相关责任人进行提醒谈话，其中，通报批评1家单位、责令1家单位作出书面检查、通报批评75人、书面效能告诫2人、开除党籍2人、撤销党内职务1人、撤职1人。

【深化评议活动】 2016年，“鹿城区满意（不满意）单位、基层站所和窗口活动”的评议对象从40多家扩大到“两院”“党群”等共60个部门。分别召开基层站所和部门评议培训会，分批分时开展大督查，做到过程管理更科学。将满不满意单位底线分从82分提高到85分，同时规定不满意基层站所、审批窗口负责人在次年的评议期限内不得提任、不得平级调整，做到评议要求更加严格。

（朱学进）

责任编辑　戴爱华

鹿城区民主党派

综　述

2016年，鹿城区各民主党派、联谊会在中国共产党鹿城区委领导下，认真贯彻落实中共十八届三中、四中、五中、六中全会和中共中央总书记习近平系列重要讲话精神，深入开展坚持和发展中国特色社会主义学习实践活动，围绕区委区政府中心工作，认真履行职能，立足岗位建功，服务区经济社会发展，在自身建设、参政议政、服务社会、本职工作等方面都取得好成绩，开创鹿城区多党合作事业新局面，为推进经济社会发展做出了新贡献。各党派、联谊会成员全年共提交提案、议案154件，其中入选全国两会提案2件，反映社情民意87件，完成课题调研35个，许多意见和建议得到中央、省、市、区委领导及相关部门的批示和采纳。九三学社鹿城基层委获全国先进基层组织称号；民建鹿城基层委获全省先进基层组织称号。

（黄甬瓯）

中国国民党革命委员会鹿城区基层委员会

【概况】 2016年，中国国民党革命委员会鹿城区基层委员会（简称民革鹿城区基层委）加强自身建设，选送15名党员骨干，分别参加省委统战部、民革省委会、市委统战部、民革市委会、区委统战部举办的“党外人士培训班”“基层骨干培训班”“信息写作培训班”“社情民意撰写培训班”学习，使基层委党员政治理论水平和工作能力有新的提升。基层委组织党员骨干参加聆听民革中央宣传部长吴先宁在温作的《孙中山振兴中华的理想与“中国梦”》专题讲座；参观《纪念孙中山诞辰150周年书画展》等。将中国特色社会主义道路学习实践活动与“参加民革为什么？我为鹿城做什么？”大讨论相结合，并推选胡栩、徐温2人参加民革市委会举办的演讲比赛取得好成绩。民革鹿城基层委主委、副主委和党员骨干年内分别多次参加中共鹿城区委、区委统战部召开的党外人士座谈会、对口联系和特约人员座谈会、党外人士恳谈会、大拆大整助推经济转型发展读书会等。

【建言献策】 2016年，民革鹿城区基层委省、市、区三级人大代表和市区两级政协委员提交省人民代表大会《关于落实温金铁路温州藤桥山福段整治经费的建议》等提案建议共7件；提交市人民代表大会《关于综合整治电瓶车的建议》等提案建议2件；提交区人大《关于建立老年人社区医疗保健体系的建议》提案建议1件；提交市政协《关于建立执法协调机制，加强执法协作的建议》等提案建议2件；提交区政协《关于加强养犬管理的建议》《关于垃圾分类建议》等提案建议共8件，分别就破坏环境资源、危害食品药品安全、大拆大整等百姓关心关注的社会热点问题讲实情建诤言。11月2日，民革鹿城基层委副主委、区人民检察院特约人员监督小组副组长胡栩带领基层委委员、特约监督员、党员骨干等10人到区人民检察院开展实事督察活动。

【调研文章评选获奖】 2016年，区民主党派、联谊会组织调研文章评选，民革鹿城区基层委的《关于大网格机制下食品药品安全保障的几点建议》《关于关爱失能失智老人的建议》《关于解决旧住宅区内停车难问题的思考及建议》《关于进一步完善“失独”家庭父母养老问题的建议》《关于鹿城区重大项目前期工作的思考及建议》《关于鹿城区重大项目前期工作的思考及建议》《关于推进养老服务工作的若干建议》《关于全区收储地块综合利用的建议》《消除安全隐患，建议规范停车》分别获三等奖、鼓励奖。

【双岗建功】 2016年，民革鹿城区基层委党员胡栩获鹿城区G20维稳安保先进个人称号；李小静获2016年度鹿城区中小学教育管理先进工作者称号；徐温在省中小学教师专业培训班作专题讲座，在温州大学教育学院作《小学德育课程建设若干思考》演讲；陈天聪入选2016年度温州市“551人才工程”，获“浙江省康复医学会优秀中青年科技工作者”称号，撰写的论文《感觉综合训练对脑瘫患儿的效果分析》在中华康复医学会儿童康复专委会年会发表。另外完成市科技局、市医药卫生科技项目课题各一项。

何畏创作2016年“六一”儿童节电视晚会主题歌曲《我来自温州》；11月，创作“大拆大整，城市转型发展”专题音乐晚会主题歌曲《相信温州》。民革鹿城区基层委食品安全林伟工作室在组建专家学者顾问团队的基础上，开展辅导监督10余家企业活动。（年糕生产、酥排骨加工、水产养殖、高山农产品生产基地等），与社区合作，推广食品安全理念。董小秋、李小静、陈冠廷获2016年度区党外人士“双岗建功”先进个人称号。

【服务社会】 2016年，民革鹿城区基层委资助山福镇潮埠村孤寡老人、温州市儿童福利院儿童、松台街道来福社区困难居民和困难学生，共计18万元。由基层委党员担任团长的市流行音乐乐团，组织“9·15”泰顺赈灾义演活动；11月，在双屿金鹿广场承办“幸福生活·美丽温州”——“大拆大整”城市转型发展专题音乐晚会。3月5日，基层委卫生部党员到洞头区元觉乡义诊250人次，免费赠药品8000元；4月2日，到双屿金鹿广场义诊280人次、免费赠药品12000元；同月，到温州市儿童福利院，开展关爱自闭儿童活动和送医送药活动；7月1日，到南汇街道前网村义诊200人次，免费赠药品8000元。另外，基层委派出心理咨询师参加市心理咨询师协会组织的“同在一片蓝天下”关爱单亲家庭公益活动，受到社会的好评。11月18日，基层委在山福镇小旦村民中心组织开展“冬日送温暖、爱心山福行”义诊活动，义诊科目有内科、外科、急诊科、妇科、全科，备有腹部B超、心电图、血压血糖检测仪。共接诊220位村民，其中腹部B超检查60多例、心电图检查50多例、血糖检测80余例，并赠送常见病、复发病诊疗药品价值8000元。基层委律师党员为20多位村民提供免费法律咨询服务，并发放普法教育资料。小学高级教师为临江小学五年级学生讲授“汉诺塔的数学问题”数学拓展课，该村多名教师参加观摩。基层委到潮埠村因病致贫村民家中慰问，送上慰问金和生活用品。全年，基层委派出的康复治疗师到基层卫生院、社区开展义诊宣教，受益患者达1000多人次；服务社会品牌“关爱抗战老兵黄埔同学”活动进行到第三个年份。

林伟、诸葛文龙、黄倩虹获鹿城区2016年度党外人士服务社会先进个人称号。

（余德松）

中国民主同盟温州市鹿城区基层委员会

【概况】 2016年，中国民主同盟温州市鹿城区基层委员会（简称“民盟鹿城基层委”），吸收新盟员8名，至年底，共有盟员149人。其中省政协委员1人、市政协委员1人、区人大代表2人、区政协委员9人。基层委主委应真当选区第八届人民代表大会常委，副主委陈绚当选人民代表大会文教卫工委委员；副主委杜丽丽当选区第八届政协常委，副主委张晓海当选政协提案委员会委员。

4月9日，“同心同行 继往开来——民盟鹿城基层委纪念地方盟组织成立70周年青蓝盟员交流会暨深化开展坚持和发展中国特色社会主义学习实践活动”在温州市少艺校会议室举行，民盟市委会前副主委曹强出席会议。

8月5日，鹿城基层委学习会暨委员扩大会召开会议。学习贯彻中共中央总书记习近平“七一”讲话精神，选举产生12位盟员参加盟市委第十四次代表大会。8月6日，盟员张紫梁代表民盟鹿城基层委在盟市委举办的2016年基层骨干培训班上作题为《群体创优，整体跨越，塑造民盟鹿城参政议政新形象》的经验介绍，副主委陈绚代表小组发言。8月26日—27日，盟市委召开民盟温州市第十四次代表大会，鹿城区民盟基层委主委应真等13人和特邀代表缪笑竹参加大会。大会选举应真为盟市委常委。10月7日，民盟鹿城区基层委老龄工委为受“莫兰蒂”台风影响的山福镇灾民捐献救灾款2000多元。11月22日，民盟鹿城区基层委2016年盟员大会暨盟务工作交流会在龟湖饭店五楼会议室举行，区委常委，区统战部部长杨德听、盟市委副主委张秀华以及民盟鹿城基层委联系单位的领导参加会议。

2016年，民盟鹿城基层委被盟中央评为“坚持和发展中国特色社会主义学习实践活动先进集体”，获评民盟浙江省委会2015—2016年度先进盟组织及盟省委组织的“三个自信”“三个什么”征文活动优秀组织奖。盟员陈兴良、邹小玲、陈悦红获“省盟务先进个人”称号。陈久新、冯茜、胡华余、王茜、张速进被区统战部评为“双岗建功”盟员；金洁、陈雯、赵灵芝、朱旭林、邱晓君被表彰为“服务社会”先进盟员。

【参政议政】 2016年，民盟鹿城基层委盟员共提交“两会”建议、议案19篇。盟员詹海霞在区政协八届五次会议上作《培育提升法治思维，推进法治政府建设》发言。45篇社情民意被盟省委录用，其中5篇被市政协采用。盟员郑玮的《关于推进食品容器具检测标准建设的建议》，被盟中央和省统战部录用。4篇调研课题获市、区统战部“诤友建言”奖。3月14日，民盟鹿城基层委参政议政工作会议在温州少艺校会议室举行，区统战部党派科科长袁志荣，盟市委副主委何民、宣传部部长陈意参加会议。7月14日，民盟鹿城区基层委调研工委一行5人，随区司法局局长张维忠、副局长陈苾怀先后到浙江海昌律师事务所、浙江时代商务律师事务所开展调研工作，听取2家律师事务所的工作汇报。7月15日，民盟鹿城区基层委调研工委一行7人到鹿城区司法局参加基层司法建设专题调研和“法律援助户”试点工作动员会议。8月8日，民盟鹿城区基层委举行信息工作年中总结和经验交流活动。

【服务社会】 2016年1月15—30日，民盟鹿城区基层委文化支部联合“一棵树”艺术中心、温州对外公共关系协会举办意大利文化节。1月16—19日，文化支部举办童言童画“玩出味儿”儿童美术作品展。1月17日，文化支部义工联合“太平慈善”人士在杨府山公园设点，免费为市民分发近800份腊八粥，共庆农历腊八节。5月28日，“六一”儿童节前夕，民盟鹿城区基层委与温州少艺校合作，在该校举办“送给小伙伴的礼物”专场文艺演出，基层委科技经济支部为演出资助6000元，文化支部为儿童购买节日蛋糕。6月15日，民盟鹿城基层委青工委盟员参与温州市瓯越小学翠微校区举行的“女童保护”组织温州站周年公益活动，盟员林海津为青少年授讲性侵害教育课。7月14日，民盟鹿城基层委联合南汇街道慈善分会举办“关爱环卫工人，共享美好生活”活动，为南汇辖区200多位环卫工人体检、量血压、测血糖、送药品、讲解防暑降温相关知识等，并赠送毛巾、沐浴露、神丹、十滴水等夏令用品。9月，民盟鹿城区基层委全体盟员捐款15000元，资助受台风“莫兰蒂”“鲇鱼”影响的山福镇修复下垟村饮用水工程。11月26日，民盟鹿城区基层委联合区侨联、市少年艺术学校、年代美术馆等单位，在市区白鹿洲公园年代美术馆为七都留守儿童举办“送给小伙伴的礼物·心愿树”活动，市政协主席余梅生等领导、七都侨界留守儿童快乐之家负责人周祥薇以及社会爱心人士200余人参加活动。

（陈　绚）

中国民主建国会温州市鹿城区基层委员会

【概况】 2016年，中国民主建国会温州市鹿城区基层委员会（简称民建鹿城区基层委），设有5个支部，会员共91人（其中非公经济界人士会员56人，占会员总数62%），拥有市、区人民代表大会代表和政协委员18人。担任政府部门特约监督员27人。

民建鹿城区基层委年内召开4次基层委委员扩大会议，学习中共十八届六中全会和中共中央总书记习近平系列重要讲话精神、中央经济工作会议主要内容以及学习贯彻民建中央有关指示精神。3月11日，民建鹿城区基层委在奥林匹克酒店举行六届二次委员会全体会员大会。民建省委会副主委、市政协副主席、民建市委会主委徐育斐，鹿城区常委、区委统战部部长吴道静，民建市委会专职副主委陈建民，副主委庞健，区委统战部常务副部长施文明，原区政协副主席、民建鹿城区基层委主委邵豪哲以及对口联系的区经信局、区住建局、区环保局领导、民建各基层组织负责人等出席会议。主委蒋晖在大会上作《不忘合作初心，继续携手前进，为助推鹿城区“大建大美”发展作出新贡献》报告。大会还表彰先进集体与优秀会员。6月2日，在温州广电中心《政情民意中间站》演播厅，民建鹿城区基层委联合鹿城区侨联、温州市留学生创业协会共同举办“传承与创新——我们如何担当”主题论坛。美国商务部前助理部长、温州公共外交协会高级顾问黄建南和5位青年企业家围绕“温商优秀企业如何传承、传承什么、怎么传承、传承中遇到的困难”和“温商青年国外深造后回国的创业历程、创业难点、创新中责任担当”等问题展开对话探讨。6月16日，基层委组织部分会员赴海南三亚参观学习。12月3日，会员江衔妙受邀参加在成都举行的第六届中国民间金融规范化发展论坛，提交论文《央地关系视角下民间金融监管体系改革：动力与挑战——以温州民间金融监管为例》，并就论坛主题“民间投融资创新及其存在的问题”做主旨发言，得到与会者好评。12月29日，民建鹿城区基层委会员、温州泰和房产营销有限公司董事长林育当选为“温州市儿童文化创意发展促进会”会长。

【参政议政】 民建鹿城区基层委会员江衍妙撰写的《利用国际油价大跌机遇 加快完善我国石油战略储备体系的建议》文章，被全国政协、中共中央统战部采用并得到中共中央政治局常委、国务院副总理张高丽批示；《建议尽快出台楼市去库存组合拳政策推动房地产市场健康持续发展》《我国金融监管存在八方面主要问题，亟待顶层设计调整适应市场新变化》，被全国政协采用；《林业金融长效发展亟待破除体制机制性的制约因素》受到省委副书记王辉忠、副省长黄旭明批示。

全年基层委撰写的“两会”建议、提案共有16篇。11月15日，主委蒋晖带基层委骨干到鹿城环保局进行调研交流。12月22日，基层委组织会员骨干赴温州大学与民建温大总支部举行参政议政座谈交流活动。基层委会员江衍妙的调研文章《完善我国石油战略储备体系的建议》，获省参政议政优秀成果一等奖；江衍妙、林育合作的调研文章《关于加快出台房地产去库存组合拳政策，推动房地产市场持续健康发展的建议》获省参政议政优秀成果二等奖；江衍妙的《民间投资下滑情况分析及对策建议》《关于深化金融供给侧结构性改革的提案》调研文章，获省参政议政优秀成果三等奖；基层委课题调研组写的《加快构建科技金融服务体系，推进我市创新驱动发展的建议》，获市委统战部净友建言一等奖。参加区民主党派调研文章评比，5篇论文获奖，其中，会员江衍妙撰写的《税收优惠政策受益面窄、导向力度弱、落实机制难等问题制约鹿城民营经济的发展活力》与会员范月穹撰写的《关于推进温州都市旅游发展的对策研究》，获特等奖；会员朱毅撰写的《浅论智慧社区建设》获一等奖；基层委撰写的《建议加快推进鹿城区“创业创新”生态系统的建设》获二等奖；会员吴盛武撰写的《加强城市沙尘治理有效抑制雾霾发生》获三等奖。

【双岗建功】 民建鹿城区基层委会员邵豪哲获全国社会服务先进个人称号。朱毅 、邵景业获全省社会服务先进个人称号。范庆香、黄虹、王向品获2016年度区党外人士“双岗建功”先进个人称号；秦小伟、苏如飞、叶玺获2015年度党外人士“服务社会”先进个人称号。会员陈建平获温州市第五届“青年律师之星”称号。会员袁大同、朱小顺、肖恩杰、邵景业、陈悦之、范庆香获民建温州市委员会优秀会员称号。会员企业浙江红欣园林艺术有限公司，受邀参加2016全国聚焦第二届国际风景园林设计峰会，被授予“2015年度全国城市园林绿化企业50强”称号。参加中共温州市委统战部举办的“力量之问——我为温州发展做什么”主题征文活动，会员江衍妙的《做一名有思想力的智库成员》文章获一等奖；林秀微的《我为温州发展做什么》文章获二等奖。

【服务社会】 2016年，民建鹿城区基层委执行一党派一品牌的“思源.圆梦”实践，在捐资助学、扶贫济困、抗台救灾等活动共捐款23.5万元，救助困难群众37人，参加实践活动4次。6月22日，会员企业泰和地产联合机构董事长林育在温州职业技术学院举行第二届“泰和奖学金”颁发仪式。6月27日，基层委副主委邵景业捐资10000元，慰问前网村最困难党员和村民，并为每户送慰问金1000元。10月28日，在区委统战部组织下，为受13号强台风“莫兰蒂”影响的山福镇金岙村捐资30000元，用于饮水工程修复工作。11月17日，会员企业温州市上雅医学美容门诊部有限公司在开业之际，捐赠100万元成立“白天鹅筑梦种子慈善基金”，专门帮扶留守儿童群体。

（肖恩杰）

中国民主促进会温州市鹿城区基层委员会

【概况】 2016年，中国民主促进会温州市鹿城区基层委员会（简称民进鹿城基层委），共有支部5个，会员123名（其中吸收新会员7名）。

年内，民进鹿城区基层委组织学习贯彻全国、省、市“两会”、统战工作会议等精神，按照“立会为公、参政为民”要求，着力“建设适应21世纪发展需要的高素质参政党地方基层组织”建设目标。4月，民进鹿城基层委举行“力量之问——我为温州做什么”启动仪式，特邀民进温州市委会专职副主委叶育登做动员讲话。8月24日，民进市委会第七次代表大会召开，民进鹿城基层委主委蒋樨当选为市委会常委，吴奇红当选为市委会委员。

被评为2016年度浙江省优秀基层组织和2015年度省参政议政先进集体称号。吴奇红获“省先进基层组织负责人”称号。金晓群获“省参政议政先进个人”称号，何丹获“市参政议政先进个人”称号。蒋樨、周建春、吴奇红、吕晓、赵海燕、严骏被评为第八届鹿城区政协履职优秀委员。

【参政议政】 2016年，民进鹿城区基层委的市、区人民代表大会代表和政协委员在“两会”期间共提交提案、建议23份，内容涉及教育、文化、法治建设、社会管理、城市建设、环境治理等。基层委会员提交社情民意信息28条。蒋樨的《优化环境，放管结合，确保“扩大国内消费”良策安全施行 ——以“消除制约教育发展的体制机制障碍”为例》、周建春的《学校体育设施应向社会开放 适度解决群众锻炼需求》被民进省委会采用。吴奇红的《关于建立校园周边交通安全措施长效机制的建议》被市委统战部采用。蒋樨的《依法整改，以国家通用语言文字作为城市快速公交标识基本用语用字》《我市民办培训机构准入标准设定机制不尽合理，建议放管结合，补短板不失底线》《将各地革命历史编为中小学地方课程教材，增强青少年的革命文化认同——以温州市鹿城区为例》、吴奇红的《不随地吐痰从公交车司机做起》《规范电动车停放秩序 提升城市形象》《亟待“大拆大整”能为城区孩子“整”出一个校外活动场所》、刘建亮的《加快推动节能环保产业发展的几点建议》《关于温州大力发展生产性服务业来促进经济结构调整与产业提升的建议 》、胡胜盼的《复活门台，让古建筑带着体温留住乡愁》、彭晓华的《加大急救知识普及培训力度的建议》被民进市委会采用。蒋樨的《放管结合，合理设定民办培训机构准入标准》《以“孔庙—府学”为文化内驱力打造城市综合体名城广场为温州文化地标》等被区政协采用。

蒋樨、吴奇红、吕晓、吴继升、赵海燕、何丹、叶萌春等会员应邀担任鹿城区各部门单位的“特约监督人员”。基层委领导还参加政府部门约谈的项目监督，如蒋樨应邀参加中共鹿城区第九次党代会报告征求意见座谈会，并参加区党外人士开展城市精细化管理实事督察活动；吴继升、张纪等5位会员参加市委统战部组织召开的法检两院工作情况通报会；蒋樨参加鹿城区委统战部开展山福镇灾后重建工程督查活动；吴奇红参加党外人士补短板座谈会并发言；刘建亮参加党外人士党风廉政建设情况通报会和全区经济工作座谈会并发言。

【调研文章获奖】 2016年，潘静娜、吕晓、吴奇红撰写的《推进随班就读，点亮残障儿童人生希望》获区统战部调研文章评比特等奖。蒋樨的《借鉴南京夫子庙景区建设模式，打造温州市文化地标》获2016市委统战部“诤友建言”课题调研三等奖。刘建亮的《我为温州做什么——我为温州鼓与呼》获市委统战部“力量之问——我为温州发展做什么”主题征文三等奖。蒋樨的《同心同向 共促新“温州精神”在时代脉动中创生》获市委统战部“力量之问——我为温州发展做什么”主题征文优秀奖。何丹、夏苏节的《乡镇集团幼儿园“微教研”模式构建的实践研究结题报告》获2015年度区调研文章一等奖。蒋樨的《鹿城区推进义务教育均衡发展工作的调研与思考》、余璞的《新拦街福——传统民俗活动的改良与活化应用》获2015年度区调研文章三等奖。

【服务社会】 2016年，民进鹿城区基层委定向援助特困户王小霞家庭，并于寒暑假期间送上慰问金、助学款计32000元。年初，基层委“同心志愿者服务”平台，再次向温州市第十五幼儿园岙底园区赠送教学设备。对温十五幼的捐赠累计达76000元。为幼儿园孩子捐赠价值3000余元的节日礼物、16000元节日慰问金、幼儿用书3000余套、棉被18套、基层委会员制作的发夹50多个。8位志愿者与8位幼儿长期结对帮扶。10月中旬，民进鹿城区基层委捐资10000元，帮助受台风灾害影响的山福镇受灾村恢复饮用水工程。基层委会员木雕大师叶萌春为二十国集团领导人杭州峰会——杭州西湖国宾馆双边会议主会场制作彩石镶嵌《西湖十景》屏风。金祎多年坚持免费为居民开办普通话教学和器乐教学。黄碎琴多年在松台广场为青少年儿童免费教授门球课，被评为浙江省门球工作先进个人称号（2014—2015年度）。叶中一致力《离骚》和《诗经》的白话译文研究，并在《墨池》杂志上连载。林鸿鑫与人合著的《中国温州茶花鉴赏》一书出版，并被南京林业大学聘为客座教授。苏立征在《集邮博览》等国家级、省级、市级专业刊物上共发表有关集邮知识的文章18篇，成为温州集邮界名人。

（赵海燕　蒋　樨）

中国农工民主党温州市鹿城区基层委员会

【概况】 2016年，中国农工民主党鹿城区基层委员会（简称农工党鹿城基层委），学习中国农工民主党中央委员会关于开展践行“三严三实”、加强作风建设工作的意见，开展坚持和发展中国特色社会主义学习实践活动和“力量之问——我为温州发展建言献策”大讨论，投身“双岗建功”“社会服务”“助推大拆大整”及一系列社情民意沙龙等活动，为促进区经济社会发展作出了贡献。年内农工党鹿城区基层委发展吸收新党员3位。党员总人数81人，其中市人民代表大会代表1名，市政协委员3名、区人民代表大会代表1名、区政协委员9名、特约人员18名。

【参政议政】 2016年，农工党鹿城区基层委人民代表大会代表和政协委员认真履行职能，积极撰写议案提案和调研文章，在“两会”期间提交市、区提案10件、调研报告4篇、人大建议1篇、民主监督1篇，社情民意11篇。其中，江丁库撰写的提案《关于尽快出台相应措施促进企业兼并重组的建议》被区政协采用，并得到市委书记徐立毅的批示；调研报告《大力发展楼宇经济，提升中心城区首位度》在2016年度党派联谊会组织调研文章评比中获三等奖；撰写的社情民意《促进供给侧结构性改革的建议》《关于防范当事人滥用采取保全制度的提案》《我市精品民宿发展存在的问题及建议》《关于建立第三方专业机构对法官办案量进行巡视监督的建议》得到区政府重视和采用。雷鸣撰写的《关于加快推进分级诊疗，缓解群众就医困难》被区政协评为优秀提案。李炎伦撰写的社情民意《腐败背后的隐性权力——秘书腐败问题亟待引起重视》被农工省委采用，撰写的《枪支管理问题应引起重视》，被农工市委采用。李午撰写的《关于实现新基药体制下社区医院与大医院药品无缝链接》、褚坚撰写的《关于加强城市精细化管理》、王丽撰写的《抓基础、促运行、提升鹿城街镇网格运行机制》、张秋莲撰写的《开展学校心理咨询的必要性与建议》，均获得区政府重视。在“两会”期间，严求真的调研报告《大拆大整专项行动如何推进农村危旧房整治工作》，金瓯曦的调研报告《鹿城区“非遗法”贯彻落实情况自查报告》、邵奇文的人大建议《关于将水窟头道路纳入单行线的建议》张秋莲撰写的社情民意《关于提升文明示范小区长效机制建议》《关于加强我市食品安全快速检测体系建设的建设》《浅谈小额快速保险》《公共场所集中空调通风系统卫生状况分析》以及和朱煜共同合作写的《关于多措并举予以打击医托的建议》，受到“两会”重视。邵奇文被市纪委聘请为第四届政风行风监督员，部分党员还被政府职能部门聘为民主监督员。

“农工鹿城”微信公众号开设后，党员们积极参与建设该信息通报交流平台，《2016年第一期社情民意沙龙》《联合义诊进社区，专家来到家门口》《农工党鹿城基层委举办急救知识普及培训》《鹿城基层委参加农工温州市委第十二届代表大会》《农工基层委参观考察苍南传统村落》等党务活动信息和党务工作文章，通报近期重点工作和需要关注的热点，让党员具有充分的知情权，助推农工党鹿城区基层委扩大品牌影响力。

【服务社会】 2016年，农工党鹿城区基层委开展各类社会服务活61 次，捐资885200 元，受益群众数万人以上。如：2016年第14号台风“莫兰蒂”带给西部遭遇三十年未遇的瞬时雨情，山福更超百年一遇，面对罕见的重大洪灾，在区委统战部的积极号召下，发扬“一方有难、八方支援”的精神，农工党鹿城区基层委积极为群众捐款捐物1万元，奉献爱心。11月15日，农工党鹿城区基层委会同政协鹿城区医卫组在鹿城区江滨社区中医药博物馆广场，开展望闻问切金秋“送医、送药、送温暖”义诊进社区活动，为100位社区居民免费测血压、血糖，免费发放了价值2000元各类药品，医生们为居民共开出60张处方，真正让社区居民感受到“便捷星级的社区医疗服务”。疾控支部党员对娱乐协会和旅馆业协会进行艾滋病防治知识培训10多场，受益人数达4900人次。党员郑剑带领温州去茶去绿社义工队走进文成珊溪镇山区新虹村看望10余位孤寡老人，并捐赠一年爱心营养餐；每年高温天气时，去茶去门店（纱帽河店、南浦店、南塘店、新桥金蟾店）每天提供50公斤伏茶免费供高温下工作人员和路人，还向温州市中小学生田径运动会和温州马拉松赛事捐赠折合人民币6000元的物品，总额达11万元。人民医院支部的雷鸣、叶海油、叶赛银、戴红珠、林千里分别在双屿菜场、双屿金鹿广场、双屿二组团、五凤洋乡、七都等地开展送医送药送温暖活动。雷鸣、虞海萍等党员还充分利用自己的专业特长和业余时间先后到南门街道举办职场减压讲座、上戍中学举办记忆力讲座、藤桥街道举办精神卫生法讲座、蒋家巷社区举办世界睡眠日讲座，并在门诊部开展科普宣教活动等。邵奇文党员参加“关爱留守儿童，守护口腔健康”活动，并带去健康教育和8000元礼包；“六一”节代表松台商会在星河广场举办“让童心绽放爱的力量”；重阳老人节基层委慰问藤桥低保户时捐赠5000元；向松台街道居家养老服务中心捐款6000元。胡俊党员在建军节慰问鹿城消防大队捐款5000元；并在教师节代表大南商会慰问教师，向马寅初的教育基金捐赠了5000元；在孝敬父母“聚商盟杯”公民道德宣传日中出资5000元；带领他的团队每人为环卫工人献上爱心捐资200元；为户外群体爱好者组织“为爱而跑”大型公益竞技活动。张秋莲、王丽、朱煜等党员积极参与健康大型义诊、平安社区、禁毒宣传、五水共治等活动。

【双岗建功】 2016年，农工党鹿城基层委党员褚坚被鹿城区委、区政府授予“2015年度鹿城区机关优秀公务员三等功”荣誉并获中国农工民主党中央办公厅颁发的“2014—2015年全党反映社情民意信息工作先进个人”称号。雷鸣、王丽被区政协表彰为“第八届区政协履职优秀委员”。王丽获“鹿城区维稳工作先进个人”称号。江丁库被区政协授予“社情民意信息工作先进个人”称号；获“2016年度鹿城区党派联谊会信息工作先进个人”称号；被农工党市委会授予“2016年度参政议政工作先进个人”称号；他主编的《房地产抵押融资实务风险防范与案例解析》专著，在法制出版社出版。薛芳辉、孙智霞、张文珠等撰写的《温州市鹿城区娱乐场所女性性服务者HIV、HBsAg、TP感染状况及危险因素》在2016年《实用预防医学》杂志发表。薛芳辉撰写的《195例艾滋病异性性传播方式流行病学分析》在2016年《中国农村卫生事业管理》杂志发表；参与撰写的《男男性行为人群梅毒感染及影响因素分析》，在2016年《浙江预防医学》杂志上发表；获“2016年度党派联谊会双岗建功先进个人”称号。叶赛银获“鹿城区药械不良反应监测工作先进个人”称号。叶海油获 “温州市医院感染管理先进个人”称号。虞海萍获 “鹿城区首届最美助残人”和“2016年度党派联谊会服务社会先进个人”称号。朱煜获“温州最美创卫人”称号，并被《温州日报》和温州卫生监督微信公众平台予以宣传报道。李炎伦获“农工党温州市委会优秀党员”和“2016年度党派联谊会双岗建功先进个人”称号。李午获“农工党市委会参政议政先进个人”称号。姜春燕获“2016年度党派联谊会双岗建功先进个人”称号。郑剑、胡俊获“2016年度党派联谊会服务社会先进个人”称号。

（金梦玲）

中国致公党温州市鹿城区总支部委员会

【概况】 2016年，中国致公党温州市鹿城区总支部委员会（简称致公党鹿城总支），有全国政协委员1人、市人民代表大会代表2人、区政协委员5人（其中常委2人）、区人民代表大会代表2人。年内吸收新致公党员3名

2016年，致公党鹿城总支在致公党温州市委会和中共鹿城区委、区政府领导下，坚持以邓小平理论、“三个代表”重要思想、科学发展观和中共中央总书记习近平系列讲话为指导，贯彻落实中共十八大系列全会精神，围绕区委、区政府中心工作履行参政党职能，为鹿城区经济转型和社会发展做出一定成绩，并被致公党市委会评为2016年度先进集体。1月6日，致公党鹿城总支召开统战工作会议精神学习会，传达市委、区委统战工作会议精神。7月9日，召开“力量之问——我为温州发展做什么”大讨论活动，增强党员责任意识、担当意识和主人翁意识。8月10日，召开习近平总书记“七一”讲话学习会。11月，选派市、区“两会”代表、参政议政骨干、机关干部参加致公温州市委会、区委统战部举办的参政议政培训班学习。

【参政议政】 2016年两会期间，致公党鹿城总支的人民代表大会代表、政协委员提交区级人民代表大会议案2件、政协提案4件，市级人大议案4件、 全国政协提案1件、社情民意9件。叶剑秋撰写的提案《关于谨慎公开婚姻案件审判文书，加强网络实名认证及保护未成年人隐私的建议》《建立台胞台属遗嘱库，构建两岸遗嘱登记中心的建议》被致公党中央、省委会和省、市政协采用。总支班子成员参加由市、区召开的各种协商会、征求意见会、座谈会，提出意见和建议20余条。

【调研工作】 2016年，致公党鹿城总支完成调研报告5个，分别是王璋弟的《关于社会组织发展的调研思

考》《深化医疗卫生体制改革的思考》、林姬的《加强统筹协调，推动创新发展，鹿城区“全面两孩”政策稳妥扎实有序实施》《加强鹿城区流动人口计划生育管理服务的对策》、陈向东的《关于推进基层医疗卫生综合改革的思考》。

【云平台建设】 2016年，致公党鹿城总支落实区统战工作内部交流云平台建设，确定专兼职信息员，及时编报信息，全年在云平台发布信息11篇，被区委统战部评为信息工作优秀单位。

【对口联系】 2016年，致公党鹿城总支主动听取对口联系单位区国土资源分局、区民政局、区外侨办的工作情况通报，协同开展“侨乡温暖行”活动。11月16日，与区外侨办召开对口单位联系交流座谈会，相互通报工作情况，总支5位党员参加交流座谈会。

【联谊活动】 2016年10月21日，致公党鹿城总支到瓯海区参观“致公党瓯海之家”，与瓯海支部、教育支部开展联谊交流活动。

【双岗建功】 2016年，王璋弟、叶剑秋、李建江分别被致公党浙江省委会评为组织工作、参政议政、海外联谊先进个人，徐伟春、杨骥坚分别被评为参政议政、社会服务先进个人，林姬被评为优秀党员。王璋弟被推选为八届区政协履职优秀委员，撰写的《关于进一步推进我市社会资本办医的建议》被区政协评为优秀社情民意稿件。李建江的企业获国家高新技术企业、浙江省科技型企业、海关A类企业等称号；朱龙撰写的《关于解决杨府山山体滑坡点存在隐患的建议》被温州市鹿城区人大常委会办公室评选为优秀建议。潘雄伟、潘舞戈被区委统战部评为“双岗建功”先进个人，潘舞戈另获区年度消防工作、食品安全、安保工作先进个人称号。黄伊丹、张超众获区委统战部“服务社会”先进个人称号；黄伊丹另被评为鹿城区体育优秀指导师、年度学校十佳智慧老师。

【服务社会】 2016年9月19日，致公党鹿城总支捐款1万元，帮助灾区山福镇黄茅坪饮用水维修工程建设并捐赠应急灯300只。与华侨集聚的洪殿夏屋社区建立结对帮扶关系。2月4日，组织医疗专家和支部党员到洪殿街道夏屋社区开展“送医送药”义诊活动，同时走访慰问社区结对老同志困难户。12月14日，组织医务人员前往藤桥丁埠头村开展“送医送药送健康”活动，受到当地群众好评。年内总支党员叶剑秋多次举办普法知识讲座，帮助企业员工、村镇干部增强法制观念。

（郑　和）

九三学社温州鹿城区基层委员会

【概况】 2016年，九三学社鹿城区基层委学习贯彻中国共产党十八届六中全会精神和习近平系列重要讲话精神，围绕区委区政府中心工作，努力参政议政、建言献策，服务社会。年内，纳收4名优秀人才入社，平均年龄38.5 岁，其中女社员1名，高级职称2名；界别分布为：工程技术界3名、财政经济界1名。至年底，基层委社员总数为59人，平均年龄49.19岁，其中女社员21 人、占35.6%，高级职称29人、占49.1%。

2016年，九三学社鹿城区基层委主委孙国勇当选九三学社温州市委会副主委，委员叶胜当选社市委委员，舒蓓蕾、叶胜、郑蓉分别兼市委会妇女、参政议政、经济专委会副主任。

2014—2016年，该基层委信息分数在鹿城区各民主党派中，连续3年名列第一。2016年被鹿城区委统战部评为年度信息工作先进集体，基层委委员叶胜被评为先进个人。九三学社温州市委会发布的2016年度信息采用通报，鹿城基层委以总分128 分排名全市第一。 2016年，基层委7名社员分获社中央优秀社员、社市委参政议政及社会服务和先进个人称号、省市级社会服务、信息工作、社务工作等先进个人称号以及“社会服务贡献奖”“服务社会先进个人”“双岗建功”等荣誉称号。基层委获2015年九三学社中央“全国优秀基层组织”称号；基层委聘专职联络员案例入选九三学社中央优秀组织工作案例一书；孙国勇获九三学社中央“2011—2015年社会服务工作先进个人”称号；叶胜获九三学社中央2014—2015年“全国参政议政先进个人”称号；叶胜、陈静获九三学社浙江省委会参政议政先进个人称号，陈静、叶胜获九三学社浙江省委会参政议政成果一等奖。该基层委被九三学社温州市委员会评为2016年度参政议政先进集体、社情民意信息先进集体、新闻宣传先进集体。陈静、叶胜被九三学社温州市委员会评为2016年度社情民意信息先进个人；叶胜被九三学社温州市委员会评为2016年度参政议政先进个人；陈静、叶胜、卓湘茹获九三学社温州市委员会2016年度新闻宣传先进个人称号。

【参政议政】 2016年市、区“两会”期间，九三学社鹿城区基层委共提交人民代表大会议案4件、政协提案13件、区政协大会发言2件，内容涉及民生、经济、人才、医改、产业升级、环保、市政、“一带一路”国家战略、海事、安全生产以及交通问题等，得到浙江省委领导和市委领导关注和批示。其中，基层委主委、市人民代表大会代表孙国勇提交的《建议将我市解决停车难问题列入2016年为民实事项目》议案，被温州市人民代表大会常委会列为2016年重点议案。至年底，该基层委共为社市委提供社情民意信息27篇、调研文章7篇，调研课题报告7篇。其中，获区各民主党派调研文章比赛特等奖1篇、一等奖1篇、二等奖2篇、获温州市政协“优秀社情民意信息”奖1篇，被全国政协采用1篇，被社中央采用6篇，被中共中央统战部采用5篇，计37篇被省政协、省统战部、九三社省委采用信息，9篇先后得到国务院领导和省、市委领导批示。基层委主委孙国勇撰写的《谨防快递成为新型犯罪快速通道》被九三学社中央采用。基层委委员叶胜撰写的社情民意信息《建议我国加快推进水上客运交通实名制》获浙江省委书记夏宝龙批示；被全国政协采用。该建议被国家交通部采纳后于10月17日开始实行；撰写的《关于科学保护加固泰顺古廊桥的建议》获温州市委书记徐立毅批示；撰写的《长三角区域率先实施减排令后需关注航运企业绿色成本》《我国古廊桥保护现状堪忧》被九三学社中央采用；撰写的《关于尽快完善我国海上法律法规体系的建议》，入选全国“两会”议题。社员陈静撰写的《全面放开二孩后应尽快解决我国基层儿童医疗机构资源匮乏服务不足问题》提案成为全国“两会”重点提案。社员胡明春撰写的《建议调整建筑钢筋件重国家标准 解决塔机超载导致安全事故频发问题》被浙江省政协采用并作为G20杭州峰会安全系列专题呈报浙江省委领导。委员王楚楚撰写的《市区老楼危楼排查解危工作遭遇诸多难题亟待政府重视解决》，被温州市委统战部《同馨智库》专报采用。

【民主监督】 2016年，九三学社鹿城区基层委有18名社员担任市、区有关部门行风监督员。5月12日，基层委主委、鹿城区卫计局特约小组组长孙国勇组织特约人员对区管民营同济医院、广慈医院进行明察暗访，发现问题并及时反馈给区卫计局。9月13日，基层委社员、区质监局特约人员郑蓉参加特约小组监督活动，对质监监管机构质量保障体系建设、依法行政工作、质监监管机构服务的范围、产品生产安全管理等方面展开监督调查。11月，基层委副主委、市房产管理局鹿城分局特约人员舒蓓蕾参加特约小组监督活动，了解公房整治和管理情况，并提出建议和意见。

【双岗建功】 2016年，九三学社鹿城区基层委社员陈静、杨丽霞、叶胜被评为2016年度鹿城区党外人士“双岗建功”先进个人；社员邱忠虎、周蓉蓉、卓湘茹被评为2016年度鹿城区党外人士“服务社会”先进个人。主委孙国勇经营的浙江帝杰曼信息科技股份有限公司2016年2月正式挂牌新三板，从实体经济走向资本市场，其企业设计的“住房公积金综合交易系统软件 V3.0”产品获第二十届中国国际软件博览会金奖；社员叶超莹经营的企业——浙江爵帅制衣有限公司设计制造的中国体育代表团礼服，入选里约奥运会；社员方胜浩获浙江省第六批技能大师称号；社员邱忠虎的企业——浙江方大建筑设计有限公司于2016年11月取得浙江省住建厅房屋安全鉴定资格。

【助医扶贫】 2016年，九三学社鹿城区基层委分别于3月、5月、8月、9月，多次组织医疗团队到水心街道桂柑社区、红馨园等基层开展义诊、救护知识宣讲、急救知识培训等活动，全年服务500多人次。组织法律咨询团队为市民答疑解惑，服务300多人次。20多位基层委社员集资40000元，帮助修复山福镇东坑村受14号台风“莫兰蒂”破坏的饮用水工程。社员方胜浩举办“景观设计技能大赛”“花卉园艺盆景艺术技能大赛”，为50多名困难学生免去报名费20000多元；开展“科技周活动”和“全国科普日”活动，向民众赠送1000多份小礼品，并为200多人提供园林绿化、环境美化等内容的咨询服务。社员陈中怀向瑞安市基督教慈善基金会捐助童装价值30000多元。叶胜与鹿城区低保家庭大学生结对帮扶，全年资助学费7000元。

【服务社会】 2016年4月，九三学社市委会专职副主委、市政协副秘书长胡晓霞和区基层委主委孙国勇及部分九三学社社员，在市政协机关派驻永嘉县岩坦镇的农村指导员叶繁陪同下，到该县贫困山区黄南小学开展精准扶贫和结对帮扶调研工作。5月30日，九三学社市委会专职副主委、市政协副秘书长胡晓霞，区基层委主委孙国勇带领社员20余人赴永嘉县黄南希望小学慰问留守儿童，向黄南希望小学赠送“营养餐爱心款”25000元；社员陈中怀的浙江三点水童装有限公司为在校学生捐赠94套夏装与秋装价值30000元；社员方胜浩（书法家）赠送创作书法作品；其余社员向各自帮扶结对的同学赠送篮球、跳绳、课外书等“六一”儿童节礼物。“八一”前夕，基层委主委孙国勇率6名社员到鹿城区人武部开展“八一”建军节拥军慰问活动，送上大米、沐浴露、智能手环等价值10000多元的拥军慰问品。12月16日，该基层委组织10多名社员到临江小学开展“关爱相伴 健康成长”公益品牌活动，给学生们讲授医学和科普知识。

（卓湘茹）

鹿城区党外知识分子联谊会

【概况】 2016年，鹿城区党外知识分子联谊会（简称区知联会），围绕中国共产党鹿城区委区政府中心工作，积极参政议政、建言献策、服务社会。至年底，该会共有理事62人，其中拥有大学本科及以上学历45人、中、高级职称33人，担任市、区人民代表大会代表和政协委员31人。

【双岗建功】 2016年，区知联会共有16人次受到区级有关部门的表彰，有4人次受到市级部门奖励，有2人次获省级荣誉。全年发表学术论文8篇，其中，理事吕平获2016腾讯网中国明星教师奖；邓慧敏撰写的《基于绘本的“自然生成式”儿童戏剧教学的实践研究》被列为省级课题，撰写的《童绘戏剧》获市精品课程一等奖；陈晨的小品《攀亲》获第五届温州市艺术节小品比赛创作金奖。周赛珍的《环保水性木器漆》技术获国家专利权。由陈静担任破产管理人的团队成功办理“好日子服饰有限公司”重整案件，成为龙湾区首例重整成功案例。年内，6位理事被区委统战部授予“双岗建功”和“服务社会”先进个人称号。

【参政议政】 2016年，市、区“两会”期间，区知联会人民代表大会代表、政协委员共提交29件议案、提案。陈晨撰写的《推进和创新我区法院家事审判改革的建议》提案被区政协列为重点提案；陈静的《充分开发优质旅游资源，打造我区古村落精品民宿》、柯苗的《立足本土，融入时尚，努力打造温州市首部原创音乐剧》、许鹏怀的《关于扶持快递业健康发展的建议》、陈晨的《加快推进特色小镇建设，打造我区经济发展新增长点》被区政协八届五次会议选为大会发言稿件。上报社情民意信息14篇，其中，陈晨撰写的社情民意信息《我国造价员职业资格“名存实亡”引发行业系统性紊乱亟待重视》得到副省长熊建平批示，《ETC行车日期与扣费日期不同步给企事业单位财务核算带来不便亟待解决》被省政协和省委统战部采用。完成调研课题3个，分别为理事翁洁羽的《温州民宿发展状况及对策的研究》、理事虞海丹的《鹿城区城中村改造问题研究》、理事苏欢乐的《鹿城区农村集体资产产权制度改革探究》。

【服务社会】 2016年，区知联会根据区委统战部关于深入开展“帮村扶企助社区”要求，在藤桥东村村、春秋社区、鼓楼社区建立社会实践基地，实施精准帮扶工作。全年共出资3万元协助春秋社区开展惠民活动；出资1.8万元帮助鼓楼社区开展访贫济困、送温暖活动；资助藤桥东村村休闲长廊建设18万元。有33人次参与义诊服务、文艺义演、资助社会公益、访贫济困、敬老助老、抗灾救灾等情系百姓服务社会活动，捐资（捐物）共计49.6万元，受惠群众10000余人。理事张惠敏随市执业药师志愿者协会到农村、山区、福利院，开展送医送药、扶贫义诊、健康咨询、传授医技等活动10多次；理事金月霞（社区居委会主任）带领同事坚持365天为社区25位独居老人义务送中餐。年内为社会服务捐钱捐物1万元及以上的理事有周赛珍、张慧敏、杨秀清、吕平、蒋成富、季杜宇、侯传芳、单晓雷、陈晨、徐和平。

（陈　晨）

鹿城区新的社会阶层人士联谊会

【概况】 2016年，鹿城区新的社会阶层人士联谊会（简称区新联会），下设4个活动小组，会员82人，拥有省、市、区级人民代表大会代表和政协委员17人，担任政府部门特约监督员16人。2016年，围绕全区中心工作，积极参政议政，服务社会，立足岗位建功，为鹿城经济社会转型发展做出应有贡献。

【参政议政】 2016年，区新联会人民代表大会代表、政协委员撰写提交省、市、区级议案、提案20个、“两会”发言材料1篇、社情民意材料8篇，完成课题调研报告4篇。20个议案、提案分别为：翁学院的《解决家长困难，开展延时服务活动》、金国达的《关于完善公共自行车的建议》《关于规范社会组织的会计核算管理的建议》、卓予拉的《关于推进对PPP项目购买服务的提案》《关于加强养老服务产业建设的提案》《关于加强预防村官职务犯罪的建议》《关于对鹿城区人民检察院切实履行法律监督职能的提案》《关于对鹿城区人民法院工作的建议》、林其勉的《关于在侦查阶段规范合适成年人指派工作的建议》《关于加强对开车玩手机交通违法行为处罚力度的建议》《关于理顺温州市区两级教育管理体制的建议》《关于在法庭审理阶段正确实施涉罪未成年人刑事诉讼程序特别规定的建议》、侯世栋的《关于在我市提升青少年体质健康水平的建议》、曾莞的《依托江心屿旅游资源带动望江东路一带旅游消费需求促进经济发展的建议》、方小和的《关于设立学生书籍和玩具回收箱》、江丁库的《促进我区供给侧结构性改革的建议》《关于尽快出台相应措施促进我区企业兼并重组的律议》《关于防范当事人滥用采取保全制度的建议》、邱忠虎的《加强农村建筑工匠管理和培训——助推美丽乡村建设》、朱海霞的《关于创建我区沧河历史文化名人街区的建议》。4篇课题调研报告为卓予拉《创新信访工作机制的对策研究》《推进健康养生产业发展的对策研究》、夏志勇的《关于鹿城区民办教育行业新社会阶层人士的调研报告》、陈珺的《金融改革促进科技进步》。其中，卓予拉的《推进健康养生产业发展的对策研究》获2016年度鹿城区“诤友建言”调研文章特等奖。新联会领导班子成员、骨干参加区委、区政府及有关部门组织召开的各类情况通报会、协商会、座谈会10次，并就经济工作、党风廉政建设和反腐败工作等，提出许多有建设性、针对性的意见和建议。

【服务社会】 2016年，区新联会会员开展义诊、送医、送教下乡、文化下乡、捐资助学、扶贫济困、拥军慰问、慈善捐款、敬老助老、咨询讲座等活动119次，服务群众达38237人次，新联会与会员个人捐款总额达340多万元。9月19日，区新联会为受台风“莫兰蒂”影响的鹿城西部山区受灾户捐助价值2万元共计500多张凉席。11月12日，该会“同心·法律服务队”到庆年坊社区开展法律服务进社区活动，向居民们宣传与百姓生活相关的法律知识，解答社区居民咨询的法律问题。12月22日，副秘书长夏志勇、理事陈珺陪同区委常委、统战部部长吴道静，常务副部长施文明赴文成县陈钟民族村，开展扶贫慰问活动，赠送2万元扶贫金。

6月29日，会长企业星际控股集团与区检察院、文明办联合成立未成年人观护帮教基地；8月1日，星际控股集团与公安部门举行警民联动大巡防誓师大会暨社会巡逻车捐赠仪式。

2月4日，该会副会长王小伦走访慰问五马街道辖区35名困难群众，并以个人名义赠送慰问金6万元。1月15日，副会长金国达捐助文成县黄坦镇周岙底村扶贫慰问金2万元。2月2日，副秘书长夏志勇旗下世德教育在杨府山社区开展“爱行天下，情暖贫困儿童”爱心活动，为贫困家庭儿童助学，捐赠2万元教育学习基金及10套学习用品与书包；10月5日，向重庆市丰都县龙河镇战斗完全小学捐赠500多本课外读物及教辅书籍。3月18日，会员朱海霞旗下温州市建国医院举办第10届全民肝健康普查大型公益活动；10月，举办200万元公益体检金捐赠仪式。副会长林其勉全年举办摄影公益讲座22场等。

【双岗建功】 2016年，区新联会会员获得区级以上先进称号68人次，发表学术论文3篇、专著1本，取得专利17项。会长陈时升受聘担任美国大华府温州商会顾问，会长企业星际控股集团获鹿城区功勋企业称号；副会长王小伦获“鹿城区功勋企业家”称号，其旗下的浙江小伦制药机械有限公司获鹿城区功勋企业称号；副会长翁学院旗下的上海金太阳教育集团被评为“全国十大教育品牌教育集团”；副会长单位东瓯会计师事务所获“2012—2014年度全国先进会计师事务所党组织”称号；副会长林其勉获第十八届全国摄影艺术大奖赛铜牌奖；理事林超旗下的浙江红欣园林艺术有限公司被授予“2015年度全国城市园林绿化企业50强”称号；理事侯世栋获“2015年度浙江省体育产业优秀企业家”称号；会员企业浙江双屿实业有限公司建成院士专家工作站，获国家科技进步二等奖；会员单位温州市润新机械制造有限公司、浙江禾本科技有限公司同获“鹿城区功勋企业”称号。会长企业星际控股集团有限公司、会员企业浙江腾腾电气有限公司、理事黄振忠旗下浙江皇家鞋业有限公司获“温州市高成长型工业培育企业”称号；会员企业温州市润新机械制造有限公司获“温州市领军工业培育企业”“浙江省名牌产品”称号；副秘书长夏志勇旗下的世德教育集团获第四届“大中华杯”全球华语大赛（中国区）总决赛优秀组织奖，并参加第十五届WMO世界奥林匹克数学竞赛（中国区）总决赛、第七届“大中华杯”全球华语大赛（中国区）总决赛，均获取佳绩；会员林德生获“2016年温州市优秀科技工作者”称号；胡亮获温州市首届年度“十大网络创业精英”称号；邹爱峰获温州市建筑业“优秀企业家”称号。

（李紫怡）

鹿城区网络界人士联谊会

【概况】 2016年，鹿城区网络界人士联谊会（简称区网联会）重视网络统战工作，积极促进网络界人士联谊、交流和合作发展，引导网络界人士坚守“七条底线”，传播网络正能量，打造网络文化统战新阵地，为区经济社会发展与和谐社会建设做出贡献。年内，区网联会拥有会员60人，其中市政协常委1人，区政协委员1人。

【参政议政】 2016年，区网联会成员单位围绕市委市政府、区委区政府中心工作，深入基层调研，征集民意民智撰写提案7件。积极参加区委常委会“三严三实”专题民主生活会民主党派、党外人士征求意见座谈会、党风廉政建设和反腐败工作情况通报会、区委全会工作报告与政府工作报告征求党外人士意见座谈会等各类协商通报会。组织成员参与城市精细化管理和“大拆大整”专项行动专项考察协商活动。会员陈力与九三学社鹿城基层委委员叶胜撰写的《廊桥应有遗梦——关于科学修复泰顺廊桥的两点建议》被市政府采用。举办同馨思享沙龙，邀请鹿城行政执法局、交警大队等管理部门就城市精细化管理问题进行交流讨论。邀请前市政协办公室成员叶繁作《积极参政议政，发挥网络正能量》专题讲座，提升网联会成员撰写提案议案水平。

【思想建设】 2016年，区网联会组织理事学习中共《统战工作条例》，以了解网络界统战工作的最新动向与要求。遴选推荐网联会会员参加中央、省委统战部组织的各类学习培训。5月，选送5名会员（其中市政协委员1人、区政协委员1人）参加浙江大学举办的党外代表人士培训班，提升网络界人士政治素质和理论水平。年内，区网联会着力丰富联谊交流载体，推动网络界人士健康成长。举办“温州网络人的自我修养”主题讲座，呼吁网络界人士自律，弘扬网络正能量。定期组织网联会会员观看电影，促进会员交流联系。

【对外交流活动】 2016年，区网联会与苍南县网联会开展联姻活动，建立“友好结对”长效机制。通过参观温州城市规划馆、会员单位，就两地网联会发展开展经验交流。接待上海市浦东新区、甘肃陇南市委统战部、广西壮族自治区、安徽铜陵市等考察团队20批次。

【服务社会】 2016年，区网联会成立同心·志愿者服务队，积极参与各项公益活动，拓展网联会服务社会新平台。开展“春风送暖，敬老为先”为主题的敬老活动和“关爱孤独症儿童”主题公益活动。“莫兰蒂”台风后，响应区委统战部号召，组织捐赠救灾物资并为受台风破坏的下冯山村饮用水水源修复工程捐款2万元。

（瞿合张）

责任编辑　戴增荣

区工商联·社会团体

区总工会

【概况】 2016年，鹿城区总工会获温州工会服务G20杭州峰会行动先进集体、温州市无烟单位、温州市卫生先进单位、温州市第五次学法用法示范基层站所（服务窗口）等荣誉；蒲鞋市小学校长卓东健被全国总工会授予“全国五一劳动奖章”称号；“妈咪暖心小屋”获省级示范点称号；职工摄影艺术展、美术作品展、手机摄影活动、视频演讲大赛、文化活动优秀案例、“培育好家风”征文、职工安全生产合理化建议等活动获市级优秀组织奖。年内，评选出30名2014—2015年度劳动模范与10家模范集体。

【重点项目立功竞赛活动】 2016年，区总工会在全区重点、难点建设项目（工程）中开展以“六比六赛”①为内容的“树标杆促发展”重点工程立功竞赛，发挥重大项目立功竞赛的示范标杆作用。其中，瓯江绕城高速至卧旗山段海塘及瓯江路西延工程等参加全市重点项目立功竞赛活动。围绕鹿城区“两大亮点区块”（滨江商务区、城市中央绿轴），以核心区的27个整村改造为重点，组织开展以“比拆迁进度、比工作效率、比工作规范”等内容的城中村改造项目立功竞赛活动，重点抓好竞赛活动的指导与培育工作，助推城中村改造破难攻坚。

【“争先树标杆　建功十三五”群众性劳动竞赛】 2016年，区总工会组织基层工会开展以“比技术进步、比成果贡献、比劳动生产率”为内容，以班组竞赛、技能比武、职工“五小活动”（小发明、小创造、小革新、小设计、小建议）为形式的群众性劳动竞赛，规模以上企业参赛率达60%以上，职工参与率达67%以上。紧扣“五一〇产业”培育，承办温州市首届电子商务技能大赛，来自全市25支参赛队伍共82名选手参加。举办鹿城区砌筑工、抹灰工职业技能大赛，吸引15支代表队参赛。深化“工人先锋号”创建活动，培育指导海特克液压有限公司装配小组创成“浙江省工人先锋号”，新宇建设有限公司安全科等6家企业班组创成“温州市工人先锋号”。

2016年6月30日，区总工会和丰门街道在丰门街道联合举办安全生产知识培训班活动
区总工会 供稿

① “六比六赛”：指比速度，赛项目进度；比质量，赛工程创优；比管理，赛投资控制；比安全，赛规范操作；比创新，赛降耗增效；比廉洁，赛干净干事。

【“三送安全进企业”活动】 2016年，区总工会对职工开展安全生产知识专题培训；邀请安全生产专家深入生产作业现场，对企业安全生产负责人和安全管理员加强安全技能指导和隐患排查辅导；组织万名职工参加“安康杯”安全生产知识竞赛，开展安全生产知识现场答题活动和“金点子”征集活动，征集到职工合理化建议3551条，其中安全生产建议2231条。

【平安护航G20杭州峰会】 2016年，区总工会率全市工会系统之先开展“千名职工大巡防 平安护航G20杭州峰会”活动，组织万名职工参与社会治安协防，在企业、职工集聚区域开展夜间巡防，宣传平安建设知识，引导组织广大职工服务G20杭州峰会，营造平安和谐的社会氛围。全年组织职工治安巡防队176支，近万名职工参与巡防工作，《浙江工人日报》《温州晚报》《温州零距离》等多家媒体对此进行专题报道。

【劳动争议大排查】 2016年，区总工会成立劳动争议排查化解领导小组，在全区工会系统组织开展G20杭州峰会前劳动争议排查化解专项行动，全力参与化解劳资矛盾，构建和谐劳动关系，维护社会和谐稳定，平安护航G20杭州峰会。共自查、排查企业1165家，其中规上企业全部开展排查，发现劳动争议549起，协助劳动监察等部门化解矛盾纠纷433起，涉及人数1948人，涉及金额987.47万元。

【和谐劳动关系创建】 2016年，区总工会对全区313家规上企业工资集体协商情况进行摸底普查，建立数据库，抓好集体协商指导站和指导员联系点建设，推进菜单式指导和精细化协商。承办全市工资集体协商中片区交流活动，展示、交流近年工作经验和成效。规范市级以上劳动关系和谐企业工资集体协商工作，做到“八个有”①“三上墙”②成功培育电镀行业作为行业工资集体协商典型。单建工会开展规范化工资集体协商81家。创成4家市级劳动关系和谐企业。

【依法维护职工合法权益】 2016年，区总工会成立由执业律师组成的法律志愿者服务队，每周两次至区劳动仲裁院坐班，为职工提供法律咨询、法律援助等服务，依法维护职工合法权益，促进社会和谐稳定，全年共受理法律援助案件32起。

【法治工会建设】 2016年，区总工会开展普法维权月系列活动，举办工会系统“七五”普法宣传启动仪式，开展现场法律咨询宣传活动12场、“送法进企业”活动5场、职工法律讲堂10场。开展“和谐新春 与法同行”及《中华人民共和国劳动法》《中华人民共和国工会法》专项法治宣传活动，提高职工法律素养。在微信公众平台和总工会网站开设《每周一课》《在线维权》等栏目，增强职工法治理念。全年累计接受法律咨询821人次，发放宣传资料及禁毒活动知识宣传资料20000余份。

【职工文体活动】 2016年，区总工会承办浙江省群众性职工文体活动经验推广现场会，区群众性职工文体活动呈现蓬勃发展态势，受到浙江省总工会副主席董建伟的肯定

2016年9月12日，浙江省群众性职工文体活动经验推广现场会在鹿城区举办
区总工会 供稿

①八个有：有工资集体协商存档台账，有企业方、职工方协商代表名单，有书面协商要约书、应约书有协商准备阶段的书面记录、图片（会议照片），有协商会议的书面记录、图片（会议照片），有职代会（职工大会）审议的书面记录、图片（会议照片）和通过的决议，有双方首席代表签名的《工资专项集体合同》，有公示的图片（三上墙的照片）、相关资料（包括报人社部门备案的审查意见书），有年度工资集体协商工作的独立档案资料（一年一本）。

②三上墙：集体协商程序上墙、双方代表名单上墙、集体协商合同上墙。

批示；承办温州市首场“黄金100秒”职工文艺展演；创建鹿城区职工文体活动志愿者服务队；举办基层优秀案例评选，推进企业职工文化建设；开展职工创意工间操评选和推广，强健职工体魄；开展“劳动美”职工摄影、美术、征文、微电影、视频演讲大赛，165家单位的职工参与，44件作品分别获市级一、二、三等奖和优秀奖，区总工会获得市级设置的所有大赛组织奖。结合党风廉政建设开展“远离酒局牌局”职工八大系列培训课程，全区64家基层单位的职工参加，100课时培训30200人次。

【女职工服务品牌】 2016年，区总工会推进女职工“妈咪暖心小屋”创建，建成1家省级示范点和2家市级示范点，为女职工提供贴心服务。成立鹿城区总工会红娘志愿者队伍，推出 “我们一起看电影吧”等系列交友活动。

【“三化”帮扶】 2016年，区总工会开展精准化、项目化、普惠化帮扶。规范困难职工档案建设，实现动态化管理。启动“元旦、春节送温暖”活动，对困难职工进行“两节”慰问，为362名困难职工发放慰问救助金58.8万元。联合街道总工会在各大工业区举办鹿城区“春风行动”招聘会17场，为职工提供5000余个优质就业岗位。联合区人社局为100余名困难职工家庭成员和有就业需求的人员提供免费就业培训。开展高温慰问活动，区领导带队为5000多名一线职工送去12.67万元的慰问品。开展“金秋助学”活动，提高助学金标准，为32名困难职工子女发放助学金6.8万元。向困难职工、困难劳模、职工巡防队、清洁工、社区工会主席等3000余人赠送职工医疗互助保障。职工医疗互助保障参保62745人，赔付金额459570元。分批组织240名一线职工开展免费疗休养活动。健全帮扶网络，完善区、街道（镇）、企业（社区）三级职工服务体系，创成3家示范等级的街道职工服务站、10家达标等级的街道职工服务站。

【工会组建】 2016年，区总工会新建基层工会117家，其中非公企业工会72家，新增涵盖单位246家。2016年新成立的6个街镇全部建立总工会，其中蒲鞋市街道、山福镇和轻工产业园总工会副主席由企业工会主席兼职，并招录9名职业化工会工作者，每个街镇总工会均至少配备1名职业化和社会化工会工作者。加强农民工入会工作，结合重点项目立功竞赛，推动在建项目建立工会组织，吸收农民工会员23014人。组织开展建会、入会情况普查，摸清规模以上、25人以上非公企业建会、入会情况。完善组建数据库，实时实名录入建会、入会数据，对基层工会建会、入会情况实行动态管理。

（郑　雪）

区工商联（总商会）

【概况】 2016年，鹿城区工商业联合会（以下简称区工商联）拥有11家基层商会，12家直属行业协会（商会）。2016年被评为市工商联系统年度先进单位，营建“非公有制经济人士温暖之家”工作被评为全省工商联系统十大亮点工作项目、年度“创新中国”县级工商联工作特别奖。年内区政协工商联界别组委员提交“两会”提案19篇，组织政协委员赴温州中津先进科技研究院视察调研，该组委员卓予拉工作室于7月15日挂牌成立。

区工商联推动新生代企业家“青蓝接力”培育工作，组织新生代企业家赴杭州市进行考察交流活动，并与该市江干区新生代企业家联谊会缔结为友好商会。12月7日，全国工商联宣教部部长王尚康率队的全国工商联调研组到鹿城区调研指导理想信念教育实践活动，并在松台街道商会召开全市商（协）会理想信念教育工作座谈会。

【组织建设】 2016年11月7日，区工商联（总商会）第五次会员代表大会和第五届执行委员会第一次会议召开，选举产生区工商联（总商会）第五届执行委员会委员162名、常务委员42名、秘书长1名、区总商会副会长21名、区工商联副主席16名、常务副主席（常务副会长）1名、主席（会长）1名。区属温州开元集团有限公司董事长李跃胜当选主席（会长），区委统战部副部长、区工商联党组书记王俊当选常务副主席、常务副会长。年内，在区工商联的指导下大南街道商会、广化街道商会、丰门街道商会、蒲鞋市街道商会、山福镇商会相继成立。

【回报社会】 2016年，区工商联持续开展为一线环卫工人“夏日酷暑送清凉”活动。组织企业家（新生代企业家）为台风“莫兰蒂”影响严重的藤桥镇、山福镇捐资（捐物）314333元。开展“百会（企）扶百村精准扶贫”活动，为泰顺县

区工商联获2016年度“创新中国”县级工商联工作特别奖，在北京受到表彰

区工商联 供稿

仕阳镇捐助105000元。区工商联机关党支部向藤桥镇三新村10位困难党员赠送5000元慰问金。

【创新服务】 2016年，区工商联开展“三联三促”（联心、联谊、联动，促信心增强、促友谊提升、促发展深化）走访调研帮扶活动，打造“温馨和谐、创业创新、协力发展”为核心内容的“非公有制经济人士温暖之家”。3月18日，鹿城区工商联非公有制经济人士之家和松台街道商会非公有制经济人士之家成立，并先后被《中华工商时报》《浙江工商》等报刊作为非公经济人士理想信念教育典型案例予以报道。

【和谐劳动】 2016年，工商联协同区总工会举办“七五”普法宣传启动仪式暨现场普法宣传活动，宣传法律知识，帮助解决务工人员的涉法问题。3家区工商联企业被评为温州市第五届劳动关系和谐企业。

【合作共促】 2016年4月25日，区工商联与河南省巩义市工商联结为友好商会。5月23日，区工商联与区检察院共同签署《关于在服务非公有制经济发展中加强合作的协议》。同时，与公安、司法部门加强合作，保护非公经济成长。

（陈青青）

团区委

【概况】 2016年，共青团鹿城区委员会（下称团区委）获得浙江省先进团委、浙江省先进少工委等称号；取得温州市共青团系统年度考绩一档优秀单位和鹿城区直单位年度目标考核一档优秀单位的成绩；承办全省共青团“比学赶超”现场交流会在鹿城观摩等。

【助力城中村改造志愿行动】 2016年，团区委组建团干部、优秀青年、志愿者组织、“新青年下乡”服务队等25支青年突击队入驻城中村。承办团市委助力城中村改造志愿服务在鹿城专场。组织安置房群众“邻里和谐”特色游园会；召开大拆大整讨论座谈会，面向拆迁户开展“志愿服务会市”综合式便民服务、大拆大整倡议和政策宣传；长期结对帮扶周转房老人；提供攻坚组成员办公软环境改造、子女免费参加夏令营等。发起“温暖记忆·我与老屋合个影”；制作《危房解危，你应该知道》微宣品，发动网络文明志愿者围绕大拆大整敢于善于发声。

【助力城市管理志愿行动】 2016年，团区委整合街镇团组织、青年社会组织和高校学生等力量，组建城市管理青年志愿服务联盟，定点入驻101条重点路段并常态开展活动，逾7000人次参加。实行“一路一策”，在学校开展道路“清静护考·拒绝道路噪音”活动；在商业繁华道路组建“文明商户志愿服务团”并签订文明承诺书；在人流密集道路开展“文明行乘车”交通劝导、“随手拍”等；针对绿化带垃圾等，组织“争做城市啄木鸟”市容美化行动，整治环境脏乱差900余处。承办温州共青团助力城市管理专项志愿行动现场推进会，治理成效获观摩推广；常态开展“文明大拇指”交通劝导和市“小手拉大手志愿行·共创文明斑马线”活动；创新开展“城市管理志愿体验日”活动；制作《城市管理志愿者瓯悦的一天》微宣品，依托新媒体开展“我为城市管理献一策”等活动。相关工作得到中国青年网、浙江新闻、《温州日报》、《温州信息》等报道。

【“青春护航G20杭州峰会”志愿行动】 2016年，团区委举办全区“青春护航G20杭州峰会”平安志愿者誓师大会，组建平安志愿者队伍4万余人。承办团省委“三禁三自”（禁黄禁赌禁毒、自爱自重自强）主题宣传教育和温州市“红领巾喜迎G20杭州峰会”系列；开展41场次“青少年网络安全体验日”、126场平安宣传进校园、消防安全进社区、安全生产进企业、号手岗队展风采等活动；实现涉罪未成年人附条件不起诉案件成功率达100%，被《浙江法制报》专题调研报道。在120余辆警车、岗亭上设置“青春护航G20杭州峰会·青年助力创平安”宣传品，组织“平安列车进校园·童心手绘G20杭州峰会”等活动；在基层普及“G20知识方言小课堂”，结合“1+100”走村入户打造青少年“平安假期”；开设“青护航·平安志愿服务”新媒体专栏等。

【服务青年创业创新】 2016年，团区委成立全国首家红领巾创新创业园；创成3家浙江省青年创业园区；率先全市成立青年“双创”金融服务站；打造近2000平方米“U+”青少年众创工场；连续三年举办青年创业创新大赛，并建立178个创业项目库与96名导师库，新建15个青年网络创业示范点；开设鹿城青年创新创业学院提供系统培训课程，并组织鹿城·台湾青年创业创新思享汇、农村青年电商培训会、青春创业创新路演会等培训近2000人次和风投对接会、创客开放日等活动12场次；在温州大学等建立创业创新实践基地并开展GUT创业孵化培训15场次；新增青年创业小额贷款500笔，并引入“富民融通”平台提供投融资服务；以团属新媒体O2O模式推广青年创业创新项目等。相关工作得到《中国共青团》、中国青年网、浙江电视台、《温州日报》和《温州信息》等媒体报道。

【“新青年下乡”活动】 2016年，团区委以111个大网格为固定阵地与服务队结对，组织“青年流动宣讲团”、学生社团为流动力量，并通过新媒体专栏进行互动展播等。引导96支大学生服务队500余名志愿者和社工服务基层，打造“科学理论·红色引领”“童心学堂·同心向党”“志愿服务·暖心关爱”“创业创新·点燃梦想”“社团走亲·文艺巡演”“农村观光·生态环保”六大品牌，惠及4万余人次，得到《中国青年报》、浙江电视台、《温州日报》等媒体报道；承办温州市“新青年下乡”暑期集中行动暨“家燕归巢”项目启动仪式，实现在温与返乡大学生全域联动服务。

【青少年马克思主义宗教观教育】 2016年，团区委制作并推广《三分钟带你认识马克思主义宗教观》动漫宣教视频，得到共青团中央、中共中央国家机关工委、浙江团省委等一批官方微博微信和正能量网络“大V”宣传推广，两天内点击量破50万人次；打造青少年“成长乐园”“四点半学校”等实体阵地，建立“与信仰对话”讲师团并开展基层宣讲21场，组织25场“科学实验室”活动，开展少先队队长学校“优秀传统文化在身边”主题活动等。

【“青年之声”平台建设】 2016年，团区委在网上打造“青年之声”、团鹿微信号、微博、微邦等“一网三微”网络阵地，线下完成29个“青年之声”实体服务站布点，并组建68支机关、街镇、志愿者组织等服务队。成立“创业、婚恋、心理、维权、帮困”等五大服务联盟专家队伍，计60余人。解答青年个性化问题700余个。并结合线上需求，线下开展全市单身青年嘉年华鹿城专场、青少年创业就业议事堂活动，特别是为仰义患癌青年发起爱心接力，募得40余万元善款，被《浙江日报》、青春浙江等媒体报道。率先全市建立收集汇总、答复办理、激励制度等工作机制。推出“青年之声”工作手册、非遗和生活文化产品等。

【优化青少年权益维护环境】 2016年，团区委发展60余名青少年事务社工，成立全市首支青少年事务社工志愿者团队。新创成全国级青少年维权岗，构建联通97个青少年维权岗，提供维权服务2000余人次。确保四类重点青少年结对帮扶比达99.5%。承办市“杰青下基层”方海华律师维权讲座，通过“青年之声·维权联盟”、“12355”热线和18家青少年舆情监测站等，倾听反馈青年心声。为心理障碍青少年提供心航计划等29场，为新居民子女提供“小候鸟圆梦”项目等34场，为涉罪青少年开展“富心”计划帮教等160人次。

【基层组织格局创新】 2016年，团区委创新构建组织新生态，做好团中央统战部部长王阳“干部常态化下沉基层”在鹿试点；创成2个温州市级团建样板村和8个市级团建示范村；创新探索基层团组织班子专兼挂，新配备街镇团组织兼、挂职副书记23名，开展社区（村）团组织书记竞聘上岗；在仰义等试点街镇实现村35岁以下青年入党以团组织意见和推荐为前置条件；各街镇团组织“五有”达标率达100%。整合增强组织战斗力，以“社会组织+新青年下乡队伍+高校团建助理员+优秀青年”模式，增强基层一线力量。建成27家“青年之家”，联通“青年之声”提供实体、网络、语音三类服务，并创成省级示范性平台；实施团干部联系服务青年“1+100”制度，建立联系点101个，联系青年3259名，帮助解决问题131个。提质助推组织深发展，新建或提升互联网非公企业等团组织43家；申报仰义街道创建温州市共青团特色小镇；已形成1000人规模的村级青年人才信息库。

【共青团鹿城区第十次代表大会】 2016年7月27日，中国共产主义青年团温州市鹿城区第十次代表大会在鹿城文化中心隆重开幕。市委常委、区委书记陈浩，区人大常委会主任吴海燕，区委副书记、区长朱崇敏，团市委副书记沈醒，区委副书记曾恩伟，区委常委、宣传部部长胡慧雷，副区长黄定恩，区政协副主席王丽丽出席大会。本次大会选举产生共青团鹿城区第十届委员会，陈滢冰为书记。

【区志愿者协会】 2016年，鹿城区志愿者协会推广“志愿汇”管理系统，实现网络注册志愿者172649名、服务时长61982小时，均居全市第一。举办区公益节吸引70余个公益项目参与创投并发放资金50万元。深化希望工程四大行动，成功试点网上募捐。围绕抢险救灾、春运服务等派遣近2万名志愿者。组织5801名志愿者常态化开展网络文明志愿行动，得到团省委肯定。推进“青年建功美丽浙南水乡”行动，组建治水志愿服务队伍61支，开展“绿化三百”行动、“倾听母亲河”社会实践活动等，举办周末环保创意市集、环保讲座、公益健走等活动36场次。

【区少工委工作】 2016年，鹿城区少工委推广“志远义工社”少先队志愿品牌，获省少工委观摩组肯定。开展“红领巾创新创业”活动和“红领巾助力生态环保”“小小环保志愿者”等活动100余场及青少年创客开放夜系列活动、红领巾跳蚤市场等活动100余场。举办温州市少先队庆“六一”系列活动鹿城专场之“红领巾喜迎G20杭州峰会·创新创业我争先”活动和传承长征精神·争做标杆少年——鹿城区纪念长征胜利80周年暨少先队建队67周年主题队会，重走长征路·共筑中国梦——记温州市少先队纪念长征胜利80周年主题活动鹿城专场。组织开展“美德小达人”雏鹰争章活动，全区共获省级“美德好少年”1人、市级“美德好少年”10人、区级“美德好少年”80人。开办鹿城区第四届队长学校，为全区的69名优秀少先队干部提供摄影、新闻采编、志愿活动、创客教育等培训课程。

（潘璐峰）

区妇联

【概况】 2016年，鹿城区妇女儿童工作，以妇女儿童发展规划为引领，盘活“联”字资源，做实“联”字文章，多维度开创新局面。区妇联率全市之先发布实施鹿城区“十三五”妇女儿童发展规划，获省实施“十二五”妇女儿童发展规划先进集体、省级“十二五”规划终期监测评估报告三等奖。

【巾帼志愿助力中心工作】 2016年，区妇联倡导巾帼、家庭力量参与城市精细化管理、平安护航G20杭州峰会等中心工作，举行百日宣讲、文明展示、美丽家园、有序经营、环保绿色五大主题活动百余场；开展“大拆大整”巾帼助力专项行动，推进巾帼聚力、巾帼宣传、巾帼志愿三大行动；常态化开展巾帼服务中心三大行动和“宗教场所公益行”，将女信徒需求的法律知识、暖心服务送进宗教场所；开展“家事审判维权行”，构筑“五位一体”的纠纷解决机制；开展“健康三伏基层行”活动，每年定期免费为基层妇女、一线干部等提供冬病夏治三伏贴服务，共计服务1710人次。市妇联在鹿城召开全市专项行动现场会，推广“鹿城模式”的经验与做法。

【妇联基层组织建设】 2016年，区妇女工作以“三联三下”（联村、联岗、联网，重心下移、力量下沉、服务下沉）为抓手，着力夯实妇联基层组织力量。在完成后京村“会改联”试点的基础上全面铺开基层组织建设工作，并在区卫计系统、市场监管系统实现“会改联”新探索。

【女性社会组织联合会成立】 2016年，区妇女工作首创“1+14+X”模式（区级层面建立鹿城区女性社会组织联合会、14个街镇分会及涵盖各行各业的X支巾帼精英社会组织），打造女性社会组织“新枢纽”。3月，建立鹿城区女性社会组织联合会、14个街镇分会及鹿城女性低碳联盟、鹿城悦读慧等涵盖社会各行各业的15个巾帼精英社会组织；开展大型活动30余次，14个街镇分会组织下辖的154个团体会员共开展公益活动400余场。同时，依托社会力量，创新以“智囊团”“当家团”的方式，集智集资，筹集活动基金，有效突破经费瓶颈，获省、市领导肯定。

【妇女儿童权益维护】 2016年，区妇联联合公安部门，在推动温州市首个试点单位工作水平再上台阶的基础上全面推行家暴告诫制度。侦破温州市首例《中华人民共和国反家庭暴力法》实施后的家暴刑事案件。牵头联动六部门在丰门街道设立区反家暴联合工作室，提供宣传教育、投诉咨询、心理疏导、法律援助及家暴鉴定等在内的一站式服务。联动民政部门有机整合婚姻家庭服务驿站、婚调委两大婚调载体，并在婚姻登记大厅设点开展离婚调解、离婚协议司法确认服务。发挥女律师专业优势，成立婚姻家事法律维权工作室，探索维权社会化路子。开展丁桥社区“幸福婚姻家庭在社区”全国试点（温州唯一），为辖区居民提供婚姻家庭综合服务。联动司法部门，推荐妇联干部任人民陪审员，在东郊法庭设立家事审判庭，落实“人身安全保护”制度。对接公安、民政、法院等部门，深化女性信访接待，依托婚姻危机干预调解家庭矛盾，确保将纠纷矛盾化解在基层、消除在萌芽状态。

【家庭文明工程建设】 2016年，区妇联与温州商报合作，联合纪委、宣传部、文明办、环保局等多个部门，以“最美家庭”为依托，“六在家庭”（美在家庭、学在家庭、爱在家庭、和在家庭、廉在家庭、绿在家庭）为载体，通过寻、树、创、晒、讲、演、展、播等方式，把各类“最美家庭”推向社会，评出各类特色家庭近2000户。开展家风家训征集与家庭助廉“三个一”主题活动，向1000余名领导干部家属发放一封《家庭助廉倡议书》、寄送一本廉政书籍、发送一条助廉短信，以家庭建设促进廉政建设。实现城区社区家长学校全覆盖。农村社区家长学校覆盖率70%。在浙江金牛、博弘电器等多家大型企业新建企业家长学校。开展家教巡讲52场。

【巾帼慈善关爱】 2016年，区妇联连续五年开展“半边天服务团在行动”，拥有244支服务队、逾7000名志愿者，年均开展志愿服务60次。资金扶持壮大鹿城慈善新地标——“雨花斋”素食馆。引导女企协发起的“金瓯工程”坚持助学十四载，累计资助千名女大学生约140万元。筹集妇女关爱基金83万元，其中康奈基金50万元，开展“让梦起航·点亮希望”“贫困两癌妇女关爱资助行动”等品牌慈善帮扶活动，救助特殊困境妇儿172人。

【巾帼创业创新】 2016年，区妇联开办公益、准公益课程1120课时，举办大型公益活动、讲坛40余场。整合巾帼培训资源，成立“鹿城巾帼创业学院”，采用“素质+技能+创业辅导”的培养方式，开展各类巾帼培训15期，惠及城乡女性6500余人；建立“鹿城巾帼创业帮帮团”，引入“互联网+创业”理念，为创业初期女性搭建网络创业孵化服务平台，拥有团员近百人。全年组织线上线下招聘会30多场，成功介绍女性就业467人。

（周　圆）

区侨联

【概况】 2016年，鹿城区侨联共接受各类法律咨询、来信来访12起，普查242位侨界留守儿童并建档，开展158对侨界留守老人结对、建档及各类活动，组织广场大型侨法咨询、送法律下基层等活动。10月，区侨联与区广电新闻中心合作，成立中美公共外交协会新闻通联站和西班牙新闻通联站，并推出“鹿侨之家”微信平台，为华侨与广大侨界群众建言献策、创新创业、咨询维权开辟良好载体。鹿城区侨声艺术团、华侨越剧团及街镇侨联文艺团体为群众演出50多场自编自演的戏曲、魔术、歌舞等节目。举办口述实录首期集结成册仪式，向在温侨领赠送《瓯江侨杰—鹿城华侨华人口述历史》一书。

【区侨联七届六次全委（扩大）会议召开】 2016年3月31日，区侨联召开七届六次全委（扩大）会议，区委常委、统战部部长胡慧雷，区政协副主席王丽丽等领导出席会议，区侨联七届委员、全区统战委员、基层侨联干部、侨领和特邀嘉宾等120多人参加大会。大会上聘请5名侨界书画、摄影界著名人士为侨界文化大使，以文引侨聚侨。

【区侨联常委会召开】 2016年10月21日，区侨联召开七届七次常委（扩大）会议暨“大拆大整促转型发展”大讨论活动。区侨联常委及各基层侨联主席20余人出席会议。侨联各常委及基层侨联主席就如何做好大拆大整工作，平稳促进鹿城转型发展展开讨论。

【招商引资、招贤引智工作】2016年，区侨联组织国内外侨商、侨团回鹿城考察招商引资项目11个批次。引入7个招商引资项目、5个海外高层次人才合作项目。走访10家侨属企业，帮助协调解决企业发展过程中遇到的困难和问题；组织温籍海外博士开展“回到母校”活动。组织鹿城区留学人员参与“海燕集结”联谊活动，开展“缘定鹿城”活动。

【“传承与创新——我们如何担当”主题论坛】2016年6月，区侨联在温州电视台“政情民意中间站”栏目举办“传承与创新——我们如何担当”主题论坛，邀请美国商务部前助理部长黄建南先生作主旨演讲，并与5位鹿城籍留学人员代表、企二代展开对话和交流。

【“大拆大整促转型发展”活动】2016年10月，区侨联围绕中心助力“大拆大整促转型发展”，到藤桥北岸村开展全村危旧房实地排查工作，共排查62处危房，并与村“两委”干部进行座谈交流。广泛发动侨界群众集思广益、献计献策。各街镇侨联做好危房搬迁侨眷解释说服工作，及时解决大拆大整中涉访问题，为全区稳定工作发挥侨联独特作用。

【为侨服务工作】2016年8月，在全省侨联会议上区侨联作侨界留守老人关爱工作先进典型发言。中央电视台《赤子五洲》摄制团队到鹿城专题拍摄“党建带侨建”工作。区侨联组织侨界名媛会与留守儿童爱心结对活动，举行“送给小伙伴的礼物”文艺演出、“心愿树”特色画展和关爱侨界留守儿童情感研讨会，促成温州市英为绘爱英语教育志愿者协会与七都侨界留守儿童快乐之家结对并新增山福双潮营地，举办侨界留守儿童快乐营活动。大南街道侨联浙江老年电视大学分校坚持每周开班，学习环保、养生、家电清洁、民俗、旅游、文化等课程。

【区留创会换届】2016年11月，区留学生创业协会（下称区留创会）举行换届。大会选举产生了区留创会新一届理事会，肖爱克当选为新一任区留创会会长。协会秉承“联谊、沟通、交流、合作”的方针，在招才引智、创业、创新等方面提供相关信息平台。

【侨界慈善工作】2016年6月，区侨联为松台桂柑、水心、菱藕“居家养老爱心餐厅”募集侨界善款26万元，建立3个侨界青年爱老护老基地。9月，莫兰蒂台风后，区侨联发动全区侨界人士捐款，在12个小时内将首期侨界善款43万元送到灾区，之后，累计为台风受灾地区捐赠100万元。11月，区侨联副主席陈志远出资100万设立城南小学“志远奖学金”，奖励品学兼优的城南学子、扎根讲台的优秀教师和致力于公益慈善活动的师生、家长和校友。鹿城侨界名媛会开展助学、扶贫、解难、救灾等各项公益事业，深入藤桥镇北岸村，向当地43户特困、残疾困难群众和孤寡老人赠送每户500元的慰问金与生活用品。

（董　可）

区台联

【概况】2016年，中华浙江省平阳苍南同乡会乡亲返乡之旅参访团、台湾中华海峡两岸客家文化交流协会秘书长刘东隆一行6人等到鹿城区参访。截至11月底，鹿城区共接待来访台胞10批次300余人；鹿城区4人随市级单位因公赴台参访。商务赴台2人。

【鹿城·台湾青年文化节】为打造鹿城、台湾两地合作交流平台，2016年9月24日—10月6日，开展“2016年鹿城·台湾青年文化节”活动。活动围绕“传承、发展、创新、共融”为主题，分四大板块、10个子项目，涉及青少年足球、非遗文化传承、围棋交流、青少年跆拳道、青少年羽毛球、文化创意市集、创客创新、真人图书馆、文化产业对接等方面，共邀请台湾各界嘉宾近200人参会。活动形式包括比赛交流、参观走访、座谈交流、市集展销等。

【夯实基层交流基础】2016年，鹿城区与台湾的基层结对成果得到进一步的巩固与发展。暑假期间的两岸（鹿城）青少年足球交流赛，促成温州市育英学校与台湾高雄后劲小学结对。第六次成功举办两岸（鹿城）围棋交流赛，两地围棋协会的交流交往基础得以巩固与提升。八仙楼社区与台湾玫瑰里的结对情谊得以进一步深化，5月，台湾玫瑰里志工社的优秀志工管兰生突生疾病故去，通过微信平台得知此事以后，结对的八仙楼社区，辗转送上慰问金，表达大陆同胞对台湾亲人的悼念之情。

【日常服务保障工作】 2016年，鹿城区保障台胞台属权益工作力求通过加强体制机制建设途径。每月18日，区台联会免费为台胞台属提供法律咨询服务，截至11月初，共协助台胞及台湾省籍同胞办理入学及升学加分9起。区台胞台属服务中心共接受台胞台属各类法律咨询20件。

【基层走访慰问活动】 2016年，在各个重要的节日期间，区台联会走访、慰问辖区内的一批重点台胞台属；到基层台联组织听取情况汇报，鼓励基层台联组织积极作为，发挥党委、政府联系广大台胞台属的纽带作用，为广大台胞台属排忧解难。

【完善基层台联会组织鹿城区行政区划】 2015年9月调整后，原有基层台联会不适应新形势下的对台工作需要，经过谋划及各街镇的排摸、调查、筹备，2016年，14个街镇完成辖区基层台联会的改选、增补或成立工作，实现基层台联会全覆盖。年内各重大节日期间，各基层台联会通过茶话会、文艺演出等形式宣传庆祝、联络联谊。11月，区台联会还组织各基层台联会会长赴福建漳州参观考察台商台企的经营状况，学习当地台联会的先进工作经验。

（李经宇）

区文联

【概况】 2016年，鹿城区文学艺术界联合会（以下简称区文联）获得国家级奖项9项、省级奖项24项、市级奖项313项。鹿城作家文库全年出版文学作品10部，鹿城作家文库第一辑作品4部。其中，吕相国的长篇小说《香草叶》，展示鹿城区城中村改造等方面内容，收到了很好的口碑和社会效益。“沙孟海奖”第九届全浙书法大赛中，鹿城区获奖2人、入展9人、入选1人，名列全市前茅。青年画家黄国想的110幅插画编入新版语文教材。区文联举办15场以上在温州市有影响力的文艺活动，参与人数达1万人次以上；举办鹿城乐清“路道”第一回作品联展及“金秋华章——温州鹿城丽水莲都油画展”“双城墨韵——深圳罗湖温州鹿城书法联展”等两地交流展；举办深圳罗湖温州鹿城书法联展，展现了两地书法艺术的多样性；“鹿城区新年音乐会”等展演展示活动达10多场；区文联分别于5月在全市文联系统组联工作会议、10月在全省文联干部培训班就街镇文联组建设这项创新工作作了先进经验介绍；参与举办中国朗诵艺术活动基地落户挂牌仪式暨中国诗之岛金秋朗诵会，中国朗诵艺术活动基地是温州市获得的第四个国字号文化基地称号，也是华东地区唯一的朗诵基地。增设罗溪艺苑、山福镇蜜苑、雁南左舍3个艺术创作基地，创建朱海、李捷、陈忠达文艺家工作室3个。

2016年3月12日，鹿城区朗诵（演讲）艺术学会成立　　区文联 供稿

【“红色足迹——寻访老党员、助推新发展”主题活动】 2016年5月6日，鹿城区摄影家、文艺志愿者及区直有关结对单位组成6个寻访组，扛着相机深入藤桥、山福、仰义、七都等街镇，上门走访慰问、拍摄记录“红色影像”；联合温视瓯江先锋频道，在藤桥镇田塘村举办“寻访老党员、助推新发展”慰问演出等系列活动。寻访队员用镜头、笔头记录43位“三老”人员在烽火岁月的红色革命经历和艰苦生活。《温州日报》、温州电视台、《今日鹿城》等多家媒体对该活动多次作了重点报道。

【鹿城工艺美术精品闪耀G20杭州峰会】 2016年，由温州市工艺美术研究院创作的彩石镶嵌《西湖十景》屏风、瓯塑壁画《西湖天下

国家级工艺美术大师叶萌春为G20杭州峰会创作的彩石镶嵌《西湖十景》屏风　区文联　供稿

景》等一批20余件工艺美术作品，在G20杭州峰会上引人注目。

【文艺园地建设】 2016年，区文联以《墨池》作为发表和展示主平台，开辟《鹿城文艺名家访谈录》等栏目，宣传鹿城区文艺家创作活动信息和文艺家重大艺术成就；通过《鹿城文艺动态》简报及时传递鹿城文艺新动态；以《鹿城文艺》为龙头、鹿城作家、鹿城诗社、鹿城美术等协会为辅助的微信公众号，不断扩大鹿城文艺工作渗透力、影响力，为鹿城文艺工作打开了知名度。

【文艺活动】 2016年，鹿城区文联激发全区广大文艺工作者助推中心工作、服务基层群众、重视培养后备人才的主动性、自觉性、坚定性。年内开展城中村改造、精细化管理、建党95周年、时尚产业、平安建设等中心工作文艺活动6次以上；结合传统节庆、“5·23”文艺志愿者服务主题日等开展文艺志愿服务行动达50场以上；承接2016年金秋文化节相关活动，共演出120多场；举办鹿城区青少年书法、作文等赛事；组织参加第十六届温州市少儿文艺大赛，鹿城区获得少儿文艺之星7人、小金鹿奖15人。全年文艺受益人数达10万人次以上。

【区文联四届二次全委（扩大）会议召开】 2016年2月25日，鹿城区文学艺术界联合会四届二次全委（扩大）会议召开。会议回顾总结了2015年度工作，部署了2016年工作任务，并对鹿城区书法家协会等4个区文联系统先进集体以及44位文艺志愿者先进个人予以表彰。

【领导调研工作】 2016年5月，中国文联、省文联领导到鹿城文联调研工作，为鹿城区实现街镇文联组织全覆盖“点赞”，强调指出街镇文联组织全覆盖是文联为民服务、艺术扎根群众的生动体现。

【区美术家协会换届】 2016年4月9日，鹿城区美术家协会召开第三届会员大会，完成换届工作。侯传芳继续担任区美术家协会主席。

（叶丽琼）

区残联

【概况】 2016年，鹿城区持证残疾人12390人，同比增长544人。按类别分，包括肢体残疾4857人、智力残疾1774人、精神残疾1915人、视力残疾851人、听力残疾2291人、言语残疾135人、多重残疾567人；按等级分，一级残疾2385人、二级残疾3424人、三级残疾4179人、四级残疾2402人。残疾人企业家、全国自强模范、省人大代表王海英创办的金算盘财务管理有限公司获得浙江省诚信企业，王海英获浙江省优秀共产党员称号；残疾人运动员徐家晖获浙江省最美残疾人；残疾人创业者黄金飞获“最美温州人”—2015感动温州十大人物；区慈善总会和王温分别获温州市最美助残人和最美残疾人称号；中央电视台举办的“谁是棋王”中国围棋民间争霸赛上，鹿城区残疾人选手王温获全国8强称号；区残疾人艺术团获得省级残疾人文艺示范基地称号；鹿城区残工委被国家残工委授予全国残疾人工作先进单位称号。鹿城区残疾人工作在全省残疾人工作会议上进行经验交流，在全市残疾人工作会议上做了典型发言。

【康复服务】 2016年，鹿城区有2000多名居民接受白内障筛查服务，84名残疾人享受免费复明手术，105名贫困听力残疾人验配助听器，114名0—6周岁残疾儿童享受康复训练和补助。

【教育就业及生活保障】 2016年，鹿城区残联落实新增残疾人就业131人，其中，按比例就业85人，福利企业集中就业29人，其他类型就

2016年鹿城区残疾人性别、文化程度等情况

表18

	性别		年龄			文化程度							户籍	
	男	女	0—18	18—59	60以上	未入学	文盲	小学	初中	高中	大专	大学及以上	农业	非农
人数（人）	7383	5007	614	6857	4919	378	1856	4841	3707	1172	236	200	3730	8660
占比（%）	59.59	40.41	4.96	55.34	39.70	3.05	14.98	39.07	29.92	9.46	1.90	1.61	30.10	69.90

业17人。举办就业招聘会和技能培训班，共培训8期423人次。为264名残疾人提供就业创业帮扶资金82.56万元。与区教育局协商专门设置一个岗位面向残疾人定向招录。为72户城镇残疾人个体户参加基本养老保险提供补贴。处理法律维权、来信来访咨询共计28人次。先后开展走访慰问残疾人协会、优秀残疾人代表、困难残疾人活动，发放慰问（救助）金28.55万元。提前超额完成无障碍进家庭项目，发放2016年度两项补贴7242人计2053万元。

【省调研组莅临调研】 2016年4月6日，省政府残工委副主任、省残联党组书记、理事长郑瑶一行调研走访了鹿城残疾人电商创业就业户等4户残疾人家庭与鹿城区顺福小康·阳光庇护中心、金算盘财务管理有限公司等残疾人机构及涉残企业，了解省级相关政策的落实情况、当地特惠政策和主要举措，并对区残疾人工作表示充分的肯定。

【公益活动】 2016年1月，区残联联合区精神病医院到各大中院校开展“关爱心理健康、预防精神残疾”知识宣传，并联合区卫计局、区体育局等单位开展“阳光徒步·共享欢乐”迎春千人环岛徒步15公里大型健行活动。2月，举办心灵馨残疾人艺术团的三周年庆大型慈善晚会，筹得善款20.65万元。3月底至4月初第九个世界孤独症日期间，会同市残联、民建温州市委及区慈善总会举办“益起行·点亮星光”关爱孤独症儿童系列公益活动，组织孤独症家庭参加户外运动、体验BRT公交、专家讲座、儿童画展及衍生品义卖、军艇游体验、“一起爱一起蓝”宣传等活动，省残联理事长郑瑶、副市长陈建明等领导参加启动仪式，70多家单位共同参与。5月，举办以“关爱孤残儿童·让爱洒满人间”第二十六次全国助残日系列、孤残儿童生态农庄环保公益行、“关注口腔健康，牙博士走进自闭症儿童成长中心”、走访慰问市特教学校与儿童福利院等活动。7月，承办市文明办、市教育局、市残联等单位主办的残健携手公益夏令营活动。11月，会同区委宣传部、区文明办共同举办全区首届“最美残疾人”和“最美助残人”评选表彰活动。12月，承办温州市国际残疾人日“薪火相传，建设人人向往的美好未来”主题活动。

（陈芳芳）

2016年4月1日，省残联郑瑶理事长、市残联郑宏国理事长看望孤独症儿童　区残联 供稿

区社科联

【概况】 区社科联有下属社会团体（学会、协会、研究会）13个，

市级、区级社科普及示范基地31个。2016年，开设6大项目45个课题征集方向，共有23项课题获区级立项，2项课题获市级立项，其中《持续推进“四个全面”战略布局在鹿城的实践研究》《传承和利用城市文化品牌 提升鹿城中心城区首位度研究》等一批重点课题进入区委、区政府决策领域。被评为全国社科联组织优秀单位，并作为全市唯一代表在全省社科工作会议上作经验交流。

【社科基地】 2016年，区社科联组织开展社科普及示范基地评选活动，命名温州武术博物馆、温州木雕艺术中心、温州浙农生态农庄有限公司、温州雅西农业开发有限公司、水心社区科普体验中心等5家单位为第四批区社科普及示范基地，并推荐示范基地参加省、市级评选，其中，东瓯国历史陈列馆获全省社科示范基地命名，实现省级基地零突破，七都街道樟里文化礼堂、南汇街道大自然文化礼堂获市级示范基地命名。

【学习平台】 2016年，区社科联在“鹿鸣微刊”掌上学习平台定期推出前沿理论、社科新知、本土文化等栏目内容，提供给市民群众学习交流；搭建社科服务供需对接平台。推出“非遗名家进校园”“志愿联盟进基层”等一系列个性化社科服务项目。开设“非遗名家流动学堂”，将非遗文化的传承和弘扬融入课堂实践。

【社科成果】 2016年，区社科联编辑出版“鹿城社科文化丛书”第二辑《温州老街巷掌故》，扶持《香草叶》《给有需要的人》等一批社科书

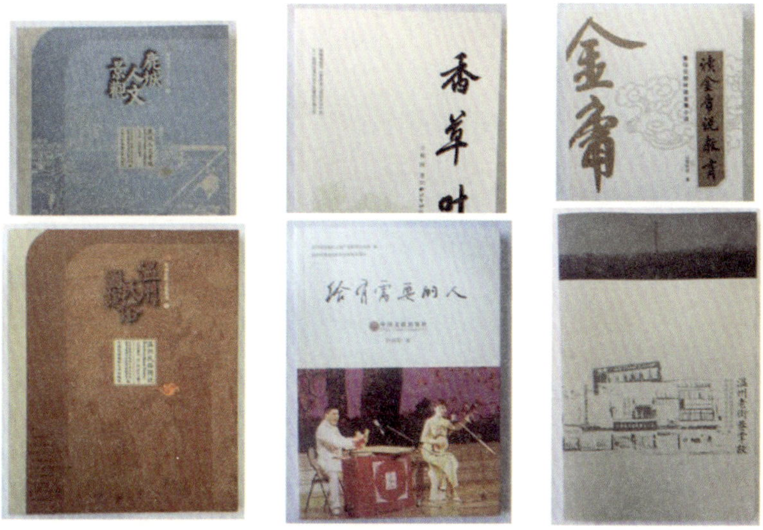

2016年，区社科联资助的出版物　　区社科联 供稿

籍，“鹿城社科文化丛书”（《温州民俗图说》《鹿城人文景观》）第一辑获评全国优秀社科普及作品，进一步丰富全区社科文化研究成果。

【社科普及】 2016年，区社科联成功举办社科普及周活动，先后开展“瓯越名师进礼堂”“非遗名家进校园”“志愿联盟进基层”等社科普及十大系列125项活动。发挥城区人才荟萃的资源优势，多形式、多内容、多渠道地开展服务活动，将社科人文知识普及融入群众喜闻乐见的活动中。

（周　亮）

区红十字会

【概况】 2016年，区红十字会完成救护员取证培训1789人，救护员保有量14383人，占户籍人口1.91%；救护知识普及培训12136人次，总

省级社科基地东瓯国历史陈列馆　　区社科联 供稿

普及面达61362人次，占户籍人口8.16%；造血干细胞采样入库登记91例，累计登记652例；捐献人体器官（遗体）8例，累计登记22例；捐献人体器官（遗体）登记2人，累计登记66例。14个街镇建立红十字会组织，建会率100%；224个村居建立红十字会组织，建会率100%。

【学生救护培训】 2016年，区红十字会在鹿城区学生实践学校开设4个救护培训专用教室，将救护课程列为学生的普修实践课程，面向全区五、六、七年级学生开展救护培训教育活动。年培训量达3.5万人次，实现鹿城辖区内小学生救护培训全覆盖。全年实现了温州实验中学广场校区及绣山校区、鹿城实验中学、温八中和温十四高级中学的救护知识进中学选修课工作，保证学生每周一次定点、定时的课程学习与管理。

【红十字博爱送万家】 2016年1月，区红十字会筹集资金6万元，给鹿城困难户每人送上1000元博爱慰问金；慰问8户眼角膜捐献家属。9月，受台风“莫兰蒂”影响，鹿城区三个西片街镇灾情严重，区红十字会采购救灾物资，及时将群众所需的600份价值6万元的救灾物资送到受灾群众手中。向市红十字会呼吁，争取总会和省红十字会下拨300份价值6.6万元的物资，并送到受灾群众手中。联合区民政、慈善、工商联、外事办等单位发出倡议，接受社会爱心人士计76.75万元的捐款，专项用于受灾街镇的灾后重建。

【应急救护培训基地】 2016年2月17日，区红十字会与温州市人民医院（原市第三医院）签订协议，建立鹿城区第二个应急救护培训基地。

【救灾备灾能力建设】 2016年3月，区级救灾备灾仓库正式投入使用，仓库面积180平方米，防护设施完备。原零散分存物资集中存放，供市区两级共同使用，实现市区资源共享。指导新组建的6个街镇备灾救灾仓库建设工作，并下拨充足的救灾物资，实现全区14个街镇备灾仓库全覆盖。

【温州市首家社区红十字博爱服务点】 2016年4月29日，区红十字会在大南商圈银泰广场建立温州市第一家社区级红十字博爱服务点。依托银泰商圈党员服务驿站共同运作，每个季度由志愿者认领服务项目。在该点配备随时能服务市民的红十字悬挂式急救箱、急救包，同时对点上的救护志愿者开展心肺复苏、创伤救护、常见急症、意外伤害、灾害事故等现场应急救护培训。

【志愿者服务活动】 2016年4月17日，区金属商会红十字会深入泰顺县竹里畲族乡开展“做一天家长，关爱留守儿童”活动，为当地家庭贫困的留守儿童圆“微心愿”30个。6月，组织红十字会志愿者前往瓯海区娄桥新阳小学、鹿城区仰义慧才小学为25名结对学生送去儿童节前的关爱。

【鹿城区首家建立非公企业红十字会组织成立】 2016年6月3日，区红十字会在巨一集团，成立鹿城区首家非公企业红十字会组织。并培训救护员63人，配备了救援物资，组建全市第一支非公企业救援队。

【全市技能师资大赛获佳绩】 2016年8月18—20日，在全市救护师资技能大赛上，区红十字会选送的优秀课件、优秀师资、主题演讲三项技能大赛中均获佳绩，取得2个单项第一、1个单项第二和综合团体第一名成绩。

【助力马拉松活动】 2016年12月4日，第二届温州马拉松大赛准时

8月20日，鹿城区红十字会在全市应急救护技能大赛上获综合一等奖　　区红十字会 供稿

开赛。区红十字会在温州市中西医结合医院和温州市人民医院建立的两个应急救护培训基地的32名应急救护师参加赛场急救志愿服务，发挥各自专业特长，为运动员保驾护航。

（陈　意）

区慈善总会

【概况】 2016年，鹿城区慈善总会共募集善款1866.05万元，慈善公益支出1798.57万元，救助人数23432人次。发放1500张慈善门诊卡，每张价值500元，共计75万元。年内，新增白天鹅筑梦种子慈善基金、志远助教奖学慈善基金、“林永华·詹育麟”助学基金、和商慈善基金等4支以企业或个人冠名的慈善基金及。全区注册登记的义工14000多人。区慈善总会联合各慈善分会开展“关爱坚强母亲”活动，走访辖区内的17户坚强母亲家庭，为每户送去价值300元的礼品和500元慰问金；援助西月楼居家养老爱心餐厅建设资金10万元；给结对的42位大学生发放20多万元助学金。2016年，区慈善总会被评为温州市优秀社会组织。

【鹿城十大杰出慈善义工颁奖典礼】 2016年1月21日，区委宣传部、区民政局、区慈善总会等单位在温州广电中心一楼演播厅举行“泰力之爱”慈善晚会暨“鹿城十大杰出慈善义工”颁奖典礼。孙步增、周忠德、郑秋子、林密、潘少容、夏权兴、罗小双、刘华明、徐学恩、陈兰金获“鹿城十大杰出慈善义工”称号。

【心灵馨艺术团“爱心助残·共享温暖”活动】 2016年1月29日，以“爱心助残·共享温暖”为主题的温州市鹿城区心灵馨残疾人艺术团三周年庆典暨慈善晚会在顺锦大酒店举行。社会各界人士应邀观看演出，现场发起为残疾人捐款、献爱心活动。

【爱心鹿城·迎春慈善宴】 2016年2月2日，区慈善总会在天一角举办“爱心鹿城·迎春慈善宴”，邀请鹿城各街道、社区的困难家庭、环卫工人、孤寡老人、特困残疾人以及抗战老兵、烈士父母代表等660多名群众。区摄影家协会义工提供免费拍照；区文化馆的义工表演精彩的文艺节目；穿着红马甲的义工们穿梭在会场里，现场，为困难群众发放糖糕、大米、保暖衣服和围巾等。

【慈善义工组织建设】 2016年，区慈善总会新增加金花、肿瘤康复、六方和、莲韵慈康、乐善、红日亭、微公益、温心会、心光家族、慈善爱心、应急老兵救援、朗诵学会等12支直属义工队。9月30日，区慈善总会召开义工分会成立大会暨第一次会员代表大会。会议选举产生31名慈善总会义工分会第一届理事会理事，孙兰香当选第一届会长，蒋进福当选义工分会常务副会长，刘华明、何舟、吴春莲、张银伟当选为义工分会副会

2016年1月21日，鹿城区委慈善总会等单位在温州广电中心一楼演播厅举行“泰力之爱”慈善晚会暨“鹿城十大杰出慈善义工”颁奖典礼

区慈善总会　供稿

长，会上聘任温州市实验小学老师曾庆明为义工分会秘书长。10月24日，慈善义工分会授牌仪式在红日亭举行。

【关爱肿瘤病友系列活动】 2016年1月22日，以“关爱肿瘤病友 共享健康生活”为主和慰问金，为鹿城区肿瘤康复义工队正式成立授旗。3月10日，鹿城区肿瘤防治知识专家讲师团正式成立，温州市中心（肿瘤）医院副院长沈洁等6位专家被聘为讲师团成员，举办防癌抗癌讲座，1万多名社区居民接受了教育。3月26日，鹿城区第一期太极健身气功慈善义教活动启动仪式在白鹿洲慈善文化广场隆重举行，400多名市民参加为期半年的课程。3月31日，“爱心鹿城·肿瘤病”医疗救助项目在市中心医院肿瘤院区启动，区慈善总会和温州市肿瘤医院合作成立100万元“肿瘤病慈善救治基金”，全年援助30多位经济困难的肿瘤患者。同时，区慈善总会和佑安医院合作，为100名肿瘤患者提供免费术后测控检查。

【爱肝日公益普查活动】 2016年3月18日，全国爱肝日，区慈善总会联合温州市肝健康学会、温州建国医院在金银岛大酒店举行“生命之肝，中国接力”暨第10届全民肝健康大型公益普查活动启动仪式。

【慈善助残系列活动】 2016年4月1日，温州市“残健共融·益起行”助残行动暨关爱孤独症儿童主题公益活动在米房创意园启动，区慈善总会 “蓝色星星基金会”现场援助温州市星飞翔儿童成长服务中心、温州市星乐儿童成长中心、温州市爱星缘儿童心理发展中心、温州星之家自闭症康复中心各2万元，并资助69户困难家庭11.3万元。5月13日，区慈善总会协同浙江飞友康体设备有限公司走访慰问温州市儿童福利院和温州市特殊教育学校，为儿童福利院的孩子们送去价值5.5万元的儿童游乐设备，为特殊学校的孩子们送去价值1万元的图书。5月14日，区慈善总会与区残联、区文明办、区环保局等单位在区残联大院举行“城市精细化、残健齐参与”公益活动启动仪式。启动仪式上，区慈善总会分别为鹿城区盲人协会、聋人协会、肢残人协会和、精神智障亲友协会等四大残疾人协会送上5000元的慰问金。5月29日，区慈善总会和区残疾人联合会等在市区星河广场主办“让童心绽放爱的力量”大型慈善公益活动，来自红日亭、温医大护理学院、天使之爱儿童关怀公益机构、温州实验小学等10多支义工队的数百名义工，通过歌舞表演和帮扶结对等形式，为温州福利院的30多名孤残儿童送去温暖。

【义工工作会议】 2016年4月8日，区慈善总会义工工作会议在五马街道第二会议室召开，会上表彰2015年度鹿城区优秀慈善义工，五马和南郊慈善分会及新青年、美学、真善行、三乐亭、金花等5支直属义工队代表分别作发言交流，温州市爱心璀璨、天爱、仁爱、温爱、健身、703等义工队和晚报雪君、都市报陈忠两个工作室应邀参加会议。

【鹿城区第三届公益节】 5月8日，区慈善总会和区民政局联合举办“公益慈善让城市更美好”鹿城区第三届公益节，50家公益机构、74个公益项目在白鹿洲公园慈善文化广场进行展示。区慈善总会红日亭、三乐亭、金花、六方和等多支义工队参加现场活动。

【飞友慈善捐赠仪式】 2016年5月31日，区慈善总会联合浙江飞友康体设备有限公司在温州第十幼儿园沁竹园区举行庆六一“缤纷世界为爱填充色彩”慈善捐赠活动。浙江飞友康体设备有限公司通过区慈善总会向温州市境内的贫困

2016年3月31日，“爱心鹿城·肿瘤病”医疗救助项目在市中心医院肿瘤院区启动

区慈善总会 供稿

农村幼儿园、儿童福利院和特殊教育学校捐赠13套价值65万元的儿童游乐设施。

【慈善总会换届大会召开】 2016年6月6日，区慈善总会第三次会员代表大会暨三届一次理事会议在鹿城区文化中心召开。大会审议通过区慈善总会第二届理事会工作报告、财务工作报告；选举产生区慈善总会第三届理事会，林瑞荣连任新一届会长，谷朝霞当选为副会长兼秘书长，产生副会长21人、常务理事42人、理事29人，同时产生新一届监事会，聘请区民政局局长陈黎华为理事会顾问。会议还修订《鹿城区慈善总会章程》。区四套班子领导参加了会议，区委书记陈浩做重要讲话。

【市慈善总会黄德康会长一行赴鹿城调研】 2016年9月6日，温州市慈善总会会长黄德康，专职副会长周文珍一行赴鹿城区调研，在区慈善总会会长林瑞荣、区慈善总会副会长兼秘书长谷朝霞的陪同下前往红日亭、金花和三乐亭三支义工队进行走访慰问，调研鹿城慈善义工组织发展情况。

【慈善一条街活动】 2016年7月2日，区慈善总会联合市慈善总会义工分会等多家单位在南塘街举行以“温润之州，善行天下”为主题的慈善一条街暨“义工之光”文艺会演活动。全市89支义工队联合参与活动。

【酷暑送清凉活动】 2016年7月20日上午，区慈善总会联合区委宣传部、区工商联、区城管与执法局等先后到五马街道、蒲鞋市街道、滨江街道对辛勤工作在酷暑下的一线环卫工人进行慰问，赠送电风扇、红枣、绿豆、冰糖等防暑降温的夏令物品；下午，区慈善总会在黄河清洁公司举行2016年“关爱环卫工・酷暑送清凉”慰问仪式，现场为环卫工人发放毛巾、沐浴液、香皂等夏令用品，同时，区慈善总会还走访看望被机动车撞伤住院的环卫工人李春雷，并送1000元慰问金和慰问品。

【组织培训《中华人民共和国慈善法》】 2016年8月17日，区慈善总会在温州国际大酒店举行《中华人民共和国慈善法》与社会公益组织规范管理培训。来自各县市区慈善系统的业务骨干、“温州慈善杯”《中华人民共和国慈善法》电视知识竞赛的参赛队员、区各慈善分会的工作人员及区慈善总会义工代表近120人参加培训。8月23日，“温州慈善杯”《中华人民共和国慈善法》电视知识竞赛笔试在国际大酒店举行。8月30日，区慈善总会联合市慈善总会共同主办“温州慈善杯”《中华人民共和国慈善法》电视知识竞赛活动。来自全市慈善系统的6支队伍在市广电中心进行决赛。

【慰问抗战老兵活动】 2016年9月2日，区慈善总会联合六方和、三乐亭、金花、温心会义工队和区眼镜协会、区五金协会及东欧会计事务所，分9组开展慰问抗战老兵活动，给每位老兵送去1000元慰问金和月饼。

【温州市首届“互联网+公益”慈善项目助力大赛启动仪式】 2016年9月9日，由温州市民政局、温州市慈善总会共同主办，鹿城区民政局、鹿城区慈善总会承办的“温州市首届德嘉杯‘互联网+公益’慈善项目助力大赛启动仪式”在温州商学院举行。经过两个多月的申报、展示、评选环节，11月27日，德嘉杯・温州市首届“互联网+公益”助力大赛颁奖典礼揭晓，区慈善总会红日亭的“夏送伏茶冬施粥，风雨无阻四十年”项目获得特别贡献奖、三乐亭的“365天不歇的善举与执着”项目获得最佳奉献奖、金花义工队的“孤寡老人心中的‘金花’”项目获

2016年9月6日，市慈善总会会长黄德康等一行赴鹿城调研　　区慈善总会 供稿

得最佳敬老奖。

【赈灾事故募捐活动】 2016年，第14号超强台风“莫兰蒂”袭击温州，鹿城区部分地区遭受重创，造成重大经济损失。区慈善总会积极开展灾后募捐，募集救灾款204万元。10月13日，区慈善总会就双屿农民自建房坍塌事故发出募捐倡议，收到各界捐赠的善款122.99万元。10月20日，区慈善总会将170万“莫兰蒂”台风救灾款，发放到山福、藤桥、仰义等重点受灾区，帮助受灾群众尽快重建家园、恢复生产。11月，区慈善总会收到法国侨领王加清先生定向藤桥灾区的10万元救灾捐款。

【首届“温州公益彩色跑”活动】 2016年11月19日，由区慈善总会、微公益发展促进会等多家单位组织的首届“温州公益彩色跑”活动在茶山高教园区举行。来自各高校的学生队伍及社会各界人士近1000名参赛者参加活动。通过此次活动，呼吁社会各界人士关爱肿瘤患者，奉献一点爱心，注入更多资金，将健康生活的正能量传递给每一个人。

（刘　琰）

责任编辑　胡亭亭

2016年10月20日，区慈善总会为山福镇送去“莫兰蒂”台风救灾款80万元

区慈善总会 供稿

法 治

政法委及综治工作

【概况】 2016年，鹿城区政法系统和平安战线迎难而上、克难攻坚，深入推进平安鹿城、法治鹿城和过硬队伍建设，成功实现平安“七连创”，全力打赢平安护航“G20杭州峰会”大会战，有效应对各类风险挑战，各项工作取得了新成效，为全区经济社会发展作出了新贡献。区委政法委获2016年度区党风廉政建设责任制先进单位和作风效能建设满意单位称号；法学工作创新第三方参与基层社会治理经验做法全国推广；反邪教工作连续五年全市第一、连续八年全省先进。

【“平安鹿城”工作】 2016年3月，区政法委实现“平安鹿城”七连创的基础上，完善街镇、部门考核细则，并创新采用“负面清单”的考核形式；落实平安月分析、定期研判、预警提醒、动态考评、约访整改、上下对接等机制，根据新考核评审条件调整街镇、部门考核细则，并将100项考核条件逐一落实责任单位；分组走访平安成员单位，定期召开平安形势分析研究会，发放扣分整改督办函18件，坚持以责任落实推动工作见效，改革完善平安考核办法，大力实施三级督查、督办问责、倒查追责等举措，及时发现和整改了一大批安全隐患、涉稳隐患和失分隐患，对落实平安责任不力的24名干部进行了问责。加强立体化社会治安防控体系建设，全区刑事治安、盗窃、两抢接警分别下降24.1%、20.3%和29.5%。加强公共安全防控体系建设，全区发生生产安全事故39起、死亡33人，分别下降74.8%和32.6%，火灾事故445起、下降34.4%。深化平安宣传，全区开展平安宣传活动6547场，通过进格入户分发平安宣传资料73万余份，参与人次接近54万；依托1700多辆公交车车载电视及3770辆出租车显示屏开展平安公益宣传；与腾讯大浙网合作在微信朋友圈推送“平安鹿城的一封信”，覆盖全区100万人；创新开展街镇“书记话平安”系列报道活动，街镇书记一把手抓平安“有言有声有色”，街镇“平安精品街”建设有序推进，全区共制作完成平安道旗30余公里，宣传画廊近2.5公里。开展平安大巡防活动，全区6500名群防群治力量24小时动态巡防，5万名平安志愿者常态化参与巡防，有力提升了人民群众的安全感，“平安三率”平均提升了13.6个百分点。

【维护稳定工作】 2016年，区政法委坚持最高标准、最严要求、最实举措，全面推行刚性联系、责任捆绑、暗访督查等制度，推进隐患问题排查整治、矛盾源头化解稳控、非访联合整治等系列行动，完成“G20杭州峰会”、第三届世界互联网大会等重大活动维稳安保任务。全年实现“零滋事”“零非访”的“双零”目标。围绕“大拆大整”、亮点区块建设等中心工作，强化维稳支撑、执法保障、矛盾化解、法律监督等服务措施，打掉黑恶团伙26个、“三霸”团伙4个，共抓捕194人，保障项目进场34起。开展打击逃废债、处置涉众型经济案件等系列行动，有效稳控受害群体；抓获治赖逃犯116人，工作成效全市第一；审结金融类案件10555件，结案标的额181亿元；妥善处置群体性劳资纠纷198件，有力维护了经济金融领域稳定。源头维稳机制建设，成功应对一批不稳定隐患，市区两级挂牌重大不稳定因素全部化解，平稳有序完成双屿“10·10”事件善后处置工作，确保社会大局和谐稳定。

【社会治理工作】 2016年，区政法委切实落实综治责任制，对拟提拔任命的20批70名干部、评先进的90批次545个集体和3280名个人进行一票否决审核；对辖区内寄递业、旅馆业、加油站、物业等重点行业落实综治工作责任制不到位的426家单位实施“综治黄牌”警告制度。全面启动区、街两级综治平台规范化建设，全区14个街镇全部建成社会治理综合指挥室和综治视联网，全年录入各类信息10万余条、办结率99.4%，协调、流转、处置各类事件2800余件，成效领先省、市。深化大调解体系建设，共排查矛盾纠纷2.4万件、化解率99.2%，94件三级挂牌重大矛盾纠纷全部化解。完善重点人员的监督管控和帮教服务，帮教率达到94.69%。围绕G20杭州峰会安保工作，发展壮大专兼职巡防队、平安志愿者等群防群治力量，“G20杭州峰会”维稳安保决战阶段，全区组织发动民兵队伍和预备役人员参与巡防工作20000余人次，得到了温州市委副书记钱三雄的批示肯定。

【司法改革】 2016年，全区司法系统完成首批60名员额法官和47名员额检察官考核遴选工作。推进刑事速裁程序改革，实现轻微刑事案件集中、简化办理，案件审理周期大幅缩短，信用卡纠纷简案快审经验全省交流推广。制定“基本解决执行难”的42项措施，完善立审执兼顾机制，收结执行案件数分别上升11.1%和9.1%。推进网上预防教育、预防教育进党校建设，职务犯罪预防教育基地被确定为温州市干部教育培训现场教学示范基地。

【执法监督及队伍建设】 2016年，区政法委强化执法监督，开展专项执法检查、案件评查100件，督办信访积案55件，接待处理涉法涉诉来信来访62件次。推进政法干警教育监督工作，完善政法系统干警奖惩数据库，开展政法干警团队拓展培训等系列政法文化活动。结合“两学一做”教育活动，推行“一学一主题”夜学模式。深化省级调研联系点建设，完成社会治理信息化等调研专题。

（唐一霄）

法治政府建设

【概况】 2016年，鹿城区获评温州市法治政府建设先进单位，并在全市法治政府考核内部评价中排名第一。科学制定鹿城区法治政府建设工作考评细则，首次将法治政府建设纳入全区街（镇）工作目标考核办法，进一步提升基层依法行政水平。开展全区依法行政专题培训，并定期组织行政执法人员综合法律知识和更新知识培训考试。面向全区“两代表一委员”及各部门街道发布《鹿城法治政府建设》简报和《鹿城法治政府手机报》7期，加大法制信息报送力度，全年被省政府法制办网站、微博采用信息192篇，采用量位列全市第2名，并获得温州市“六五”普法先进集体称号。在实现全区政府法律顾问全覆盖的基础上，在各街镇党政综合办公室增设法制办公室，并依托互联网技术，建立全区统一法律服务平台，使鹿城区成为“互联网+”政府法律服务的全市首创之区。

【规范性文件审核与制定】 2016年，鹿城区法制办入选全省行政规范性文件管理示范点，也是全市唯一入选的县级政府，并连续5年获得全省优秀行政规范性文件审查意见书称号。全年审查行政规范性文件、其他涉法文件共108件，出具合法性审查意见87件，报市政府和区人大备案48件，收到部门和街镇备案82件，共清理区政府部门及街镇规范性文件788件。完善规范性文件制定公开机制，全年共在区政府门户网站发布行政规范性文件意见征求通知48件。培育鹿城区五马街道八仙楼社区、鹿城区滨江街道新田园社区作为市政府立法基层联系点，参与政府、人大相关立法工作。

【重大行政决策法律保障】 2016年，区法制办进一步规范行政机关合同管理。全年，共审查合同36件，出具书面审核意见16件，涉及合同金额达36亿元。加大对重大行政决策的审查力度，所有提交政府常务会议审议的涉法议题必须经过公众参与、合法性审查等环节，全年共对区政府常务会议的65项议题内容进行法律审核。积极提供法律服务，全年参加区政府各类协调研究会议共250余次，提出了大量有创新、有价值的意见建议，切实保障政府行政决策的科学性、合法性。

【行政复议与应诉】 2016年，鹿城区收到行政复议申请73件，法定期限内审结率为100%。强化复议决定书公开机制，共公开复议决定书63件。规范告知行政复议申请权，创新行政复议法律文书地址确认书，规范行政复议法律文书的送达方式。加强行政机关负责人出庭应诉工作，全年发生行政诉讼案件151件（仅一审应诉情况），其中区政府为被告的行政诉讼案件27件，行政机关负责人出庭应诉率达100%。强化府院良性互动，定期开展府院联席会议，预防和化解行政争议。建立健全 “三位一体”的调解工作格局，全年全区行政调解案件共7963件，涉案金额9887万元。

【行政执法监督】 2016年，鹿城区法治办推进行政处罚网上办案系统建设，实现行政处罚结果信息网上公开，全年有符合公开条件的36626件行政处罚案件在浙江政务服务网上予以公开，数量位居全市前列。组织开展重点领域执法监督及行政执法案卷评查工作，共对全区17家行政执法单位报送的314件执法案卷进行评查，并分别发函通报评查结果。部署落实行政执法全过程记录机制、重大执法决定法制审核制度。通过公开选聘，在相关领域社会人士中确定10人作为区政府特邀行政执法监督员，助力规范公正文明执法。严格落实重大行政行为备案制度，全年共对311件重大行政处罚案件进行备案审查。贯彻落实《浙江省行政执法证件管理办法》，实现行政执法人员动态管理制，全年共清理证件135个、无执法权单位42个，全区执法证件持有人数达532人。

（蔡 丹）

公 安

【概况】 2016年，鹿城区公安分局紧扣护峰会、护平安、护发展中心工作，倾力打造“高效、民生、智慧、规范”四大警务，推进中心城区治安管理“首善模式”，“G20杭州峰会”安保、清障护航等工作先后得到厅长徐加爱、市委书记徐立毅等省、市领导10余次批示肯定；“G20杭州峰会”安保工作组”立集体二等功。南郊派出所被省委评为“法治浙江建设十周年工作先进集体”；莲池派出所被省厅评为“全省公安机关G20杭州峰会安保工作先进集体”；情报信息大队、治安二大队被市局评为“全市公安机关G20杭州峰会安保工作先进集体”；出入境管理大队获“浙江省温暖警营”等省、市、区10余项称号，立集体三等功1次。全局共有2个单位立集体二等功，3个单位立集体三等功，12个单位获集体嘉奖；2名民警大案攻坚立个人二等功，24名民警立个人三等功，67名民警获嘉奖。

【命案侦破】 2016年，区公安分局落实命案防破倒查机制和激励机制，畅通命案救治“绿色通道”，实现由破命案向防命案工作思路转变，社会治安持续稳定，群众安全感稳步提升。全区共发命案15起破15起，破案率100%。

【应急处突】 2016年，区公安分局建立“联合指挥、分层处置；联动应急、快速反应；联勤联防、重点管控；战时保障、强力支撑”的“三联一保障”工作架构，完善应急处突快速反应机制，强化特警突击队、特警预备队建设，打造“升级版”处突防暴工作机制。全年市政府周边突发、涉稳事件处置“零失误”，全区应急处突成功率100%，处置突发性、群体性和人员聚集事件苗头620起，被评为温州市综治维稳工作先进集体。

【G20杭州峰会安保】 2016年，区公安分局区公安分局出台“G20杭州峰会”安保方案，落实“工作清单”，形成“统一指挥、分工协作、整体联动、高效运作”工作格局。严管各类风险因素，率先在全市开出首张“反恐罚单”，实现“杭州不惹事、本地不出事、绝对不出大事”目标；挖掘提炼“G20杭州峰会”安保“十条经验”，固化安保经验“六大体系”，提升社会治理水平和治安防控能力。峰会安保工作得到市委、省公安厅领导10余次批示肯定。该局“G20杭州峰会”安保工作组”立集体二等功。

【互联网大会安保】 2016年，区公安分局落实全警备勤、等级响应等机制，投入第三届世界互联网大会安保，实现“桐乡不去人、本地不出事”目标。全区共排查出租房29671家，集中注销出租房620余家；排查行业场所1077家，取缔行业场所21家；督促整改消防隐患239处，查处消防违法案件693起。刑事拘留3人，行政拘留70人。社会面防控实效呈现“四降”，即刑事治安、两抢、盗窃和入室盗窃接警数同比分别下降29.9%、44.6%、24.1%、47.6%，各类安全生产事故、火灾数分别下降19.6%、48%，群众安全感满意度提升。

【安全保卫】 2016年，区公安分局共出动警力2万余人次，参加世界温州人大会、两会、端午节中华龙舟文化节、G20杭州峰会、第三届世界互联网大会等86起大型活动安保和维稳工作，圆满完成11次重要警卫工作任务。快速有效处置双屿街道中央涂农民自建房倒塌事故，抗御“莫兰蒂”“马勒卡”等突发性事件、抢险救灾20余次。强化拆违执法和城市管理，提供执法保障226次，投入安保警力3.7万余人次，拆除违法建筑面积累计107.2万平方米，化解矛盾纠纷25起，办理各类案件25起，刑事拘留60人，行政拘留15人，确保重点工程“治安零障碍”。

【护航发展】 2016年，区公安分局创新“项目警官制”“网格警长制”等政务警务对接机制，推进“打霸治闹、清障拔钉”，摧毁黑社会团伙1个、恶势力团伙25个，查破案件114起、打处170余人，打处重点对象17人；强化金融领域维稳处置，查破经济案件137起、打处174人，抓获“治赖”逃犯116人、追缴赃款赃物1.2亿元。清障护航、打黑除恶、打击非访等工作赢得市、区两级党委政府认可，多次获得温州市委书记徐立毅等主要领导批示肯定。

【平安建设】 2016年，区公安分局围绕平安鹿城建设，严打违法犯罪，夯实基础防控，提升社会治安掌控力，共刑事拘留2717人，抓获逃犯225人；摧毁涉黄团伙10个、赌博团伙21个、涉毒团伙13个，刑拘216人，强制隔离戒毒635人；打掉通讯（网络）诈骗犯罪团伙6个、伪基站团伙1个，刑拘网络诈骗等新型侵财犯罪嫌疑人114名，破获通讯网络诈骗案件306起、破坏电信设施案件（伪基站）11起，挽回群众财产损失751.4万元；侵财打击成效列全市同类地区第一。查处“食药环”案件30起、打处96人；查处消防案件693起、打处责任人员73人，安全责任生产事故、火灾数同比分别下降20%、48%。

【“大网格”警务】 2016年，区公安分局以全面深化公安改革为动力，配合全区街镇体制调整工作，设立103个网格，配备网格警长（民警）143名，完成有独立办公场地网格警务室规范化建设89个。落实“项目清单、管理清单、防范清单、线索清单、责任清单”五张清单，提升群众安全感和满意度。完善预警评估、复杂疑难敏感件督办、领导包案化解信访积案机制，健全局领导接访下访工作体系，实现公安归口重点信访人员“零进京、零滋事”，被市委、市政府评为“全市人民调解工作先进单位”。用好流口管理、打击治理、责任倒查“三张清单”，层层压实责任。

【“物联网”治安管控】 2016年，区公安分局以科技手段为支撑，深化以卡管人、以卡管房、以卡管车，抓应用升级、资源建设和顶层设计，突出流动人口、出租房、电动车三大核心要素。运用信息、轨迹、平台三大核心资源，全面加强人、房、车管控力度。全区盗窃电动车案件同比下降22.3%，接市局物联网运管中心指令177条，现场追缴被盗电动车86辆，追缴率48.5%；现场抓获盗销电动车嫌疑人52人，抓获率29.3%。“以卡管房”流动人口覆盖率71.3%，列全市同类地区第一；安装智能门禁303套，人脸抓拍点位安装34处。落实“以卡管人”，全区累计登记流动人口与去年同比上升12.29%，注销与去年同比上升31.53%。

【窗口服务】 2016年，区公安分局依托“互联网+”技术优势，优化户籍、治安、出入境等公安行政管理服务，改善窗口服务，规范办事流程，减少审批环节，简化审批手续，压缩审批时限，推出港澳通行证24小时“自助签注一体机服务”“手机微服务”等系列便民措施，全年审批窗口群众满意度100%。全年出入境办理各类证照35092件，办理外国居留、签证253件，境外人员临时住宿登记55177人次；查处各类涉外违法案件108起，涉外案件打击量全市排名第一；外管基础考核全市排名第一。

【治安管理】 2016年，区公安分局开展“横扫丑恶现象”“肃清黄赌毒”“危险物品管理专项整治”和“治爆缉枪”专项行动，全区黄赌毒警情下降23%。全面实施企业“电子凭据”建设和易制毒化学品物联网管控工作，统一推行《鹿城区易制毒化学品企业规范化管理台账本》，物联网管控率达100%。新建15支志愿消防队，组建83个社区和324个单位微型消防站，全区火灾报警下降34.8%。全年破获污染水环境案件5起，采取刑事强制措施6人；破获食药品犯罪重大案件25起，采取刑事强制措施90人。

【情报专业体系建设】 2016年，区公安分局创新研发智能化工具系统，结合PGIS警务地理系统、视频监控网，全面整合刑侦、技侦、网侦、视侦多种侦查手段，形成“研判—经营—落地—再研判—再落地”实战工作链，实现人、车、物、案等警务资源全面关联，成功处置“望洲财富”“行行贷”投资人聚集请愿等事件苗头。该局情报中心被授予“全国情报信息应用开发基地、情报人员培训基地”，全国区级公安情报重点人员管控改革试点单位。全国公安综合情报部门智能研判工具应用工作现场会在鹿城召开，并就大情报体系建设成果作经验交流。

【治安防控体系建设】 2016年，区公安分局深化视频巡查、便衣巡控、公开巡逻和社区巡防“四维一体”巡控体系，岗亭警力常态值守，专业接处警巡处结合，便衣别动队布点守候，特警力量点穴防控，视频监控全覆盖巡查，群防群治星状布点守望。全年通过“警灯工程”抓获现行嫌疑人16名，居市同类地区前列。组建5万人群防群治队伍和4万人平安志愿者队伍，纳入指挥调度体系。建立5分钟、3分钟、1分钟三级快速反应控制圈，实现警情快接快处。建成“人像抓拍系统”一期工程，实现重点区域“人像抓拍、智能预警和落地管控”三位一体。辖区刑事治安总警情、盗窃警情、两抢警情、“黄赌”警情、入室盗窃警情同比分别下降27%、25%、34%、25%、29%，总破案数、侵财刑拘数、侵财移诉数同比分别上升11%、2.5%、8.1%。

【执法规范化】 2016年，区公安分局推行基层所队执法办案、案件管理、物证管理“三位一体”执法管理机制建设，推进“人、案、物”集约化、标准化、流程化、精细化管理。南郊派出所自主研发“执法小管家”平台，经市局升级改造为“以卡管案”系统在全市推广。开发应用执法廉政风险预警管控系统，配合“局规”建立配套工作机制，智能分析民警执法办案情况，产生单位和个人“红、黄、蓝、绿”四级执法廉政风险管控指数及工作建议。深化执法办案积分制，实行积分结果与奖优罚劣直接挂钩。推进执法流程信息化，利用现场执法纪录仪、视频监控技术等手段，实现所有执法活动可溯式管理、全过程监督。

【队伍精细化建设】 2016年，区公安分局落实“一岗双责”、刚性问责、约谈、挂牌整改等制度，有机融合民警等级化和档案数字化管理机制、量绩择才绩效考核机制与“廉政风险管控系统”应用平台，风险管控水平处于全市公安领先水平。优化督察机制，以“政务警务督办、重点工作督导、视频会议督促、常态合成督察”四项活动为载体，保证政令畅通、警令执行。开展好民警讲故事活动，分别举办2期鹿城警务论坛和名师讲坛。组织兼职教官等级化评定，聘任包含高、中、初级教官共计43名。在各级电视、报纸媒体共发表宣传报道1270篇，国家级媒体录用20篇，省级媒体录用138篇，被评为《警方时空》专栏优秀通联单位。《鹿城警务观察》电视栏目播出节目44期，央视录用13期，省台录用14期，被省公安厅评为全省优秀公安电视专栏。

（邓益萌）

检 察

【概况】 2016年，鹿城区检察院践行绿色司法理念，以开展“自侦突破年”“品牌创新年”“骨干培养年”“正风肃纪年”“公信提升年”等五大活动为载体，忠实履行法律监督职能。联合区法院等部门，建立刑事财产刑执行完毕票据每月移送共享等机制，建立纠正判决书刑期计算措施特别程序，开展“集中清理判处实刑罪犯未执行刑罚”和“财产刑执行”等专项监督活动，加强和规范羁押必要性审查。创新对刑讯逼供、非法取证的监督预防机制，联合区法院、区公安分局建立重大案件侦查终结前对讯问合法性进行核查制度，运用驻所检察职能靠前监督刑讯逼供，相关做法在中央政法委专题培训会上被作为经验介绍，并得到最高人民检察院的发文推广。

开展轻微刑事案件快速办理工作。联合区司法局设立法律援助工作站。建成并启用500平方米的“一站式”检察服务大厅，对案件流程信息、法律文书统一上网和公开查询实行专人负责、专项监管，共发布案件流程信息3089件、法律文书791件，提供案件信息查询2682次。出庭支持公诉1972件，在新闻媒体刊播宣传稿件48篇，举办专题法律咨询和法制讲座20余次，被评为2016年度全国检察宣传先进单位，2位干警分别获得全省、全市“六五”法治宣传教育先进个人称号。

【金融检察工作】 2016年，区检察院针对鹿城金融领域经济犯罪较为突出的实际情况，依法打击新常态下经济领域犯罪，全年共批捕非法吸收公众存款、骗取贷款、违规发放贷款等金融诈骗、破坏金融管理秩序犯罪54件54人，提起公诉141件194人。针对骗取贷款等犯罪现象，形成《鹿城区近三年骗取贷款类案件司法适用实证分析》等调研报告，采编报送《当前骗取贷款、票据承兑案件呈现五大问题亟待引起重视》《适用拒不支付劳动报酬罪中的保障非公企业发展和保护劳动者权益平衡问题需引起关注》等信息材料，为地方党委、政府和上级检察院决策提供了参考依据。

【重大项目攻坚】 2016年，区检察院围绕区委“三改一拆”“五水共治”“大拆大整”等重大部署，出台《参与除恶治乱服务保障基层社会治理的实施意见》，选派精干力量参与全区重点项目破难攻坚，及时提前介入双屿街道民房倒塌、黄龙火锅店煤气爆炸等事故的调查工作，依法从快打击阻碍“三改一拆”等妨害公务犯罪，以涉嫌构成过失以危险方法危害公共安全罪依法从快批捕了4名双屿民房倒塌事故责任人。立案查处工程建设领域的滥用职权、受贿案件1件。借驻南郊街道预防职务犯罪工作室，推行街道旧村改造、城市建设领域分类职务犯罪预防活动。根据街道工作人员岗位特点划分领导班子、网格长、城建拆征干部、纪检干部、村居干部等五类预防教育群体，针对性开展预防宣讲，为“大拆大整”等项目攻坚提供了廉洁保障服务。

【G20杭州峰会维稳安保】 2016年，区检察院全力融入区委维护安全稳定工作大格局，制定《加强G20杭州峰会维稳安保工作若干意见》《G20杭州峰会检察环节维稳安保工作任务分解》等制度，依法从快打击各类严重刑事犯罪，建立24小时常规值班和联合值班的值班备勤制度，安排人员参与社区不稳定因素排查等工作，加强安全防范和机关内部安保。全年共受理审查逮捕案件1565件1905人，同比分别下降7.9%和16.6%，受理审查起诉案件2126件2830人，同比下降5.4%和15.1%。审查后批准逮捕1294件1528人，同比下降6.8%和16.7%，提起公诉1953件2574人，同比下降3.0%和12.5%。

【规范职务犯罪侦查程序】 2016年，区检察院出台了《关于自侦案件严格规范司法的十项规定》，对审讯询问、文书制作、权利告知的具体细节内容进行了规范；建立了《反贪污贿赂工作规范办案程序清单》，详细列出6个侦查阶段、28项办案程序、113项文书或工作要求；建立“自侦案件证据复查制度”，在自侦案件侦查终结移送起诉前，由专门证据审查组对在案证据的证明力和证据能力进行评判、复核，确保取证规范和案件质量。

【职务犯罪侦查】 2016年，区检察院严格按照规范程序开展职务犯罪侦查工作，突出查办危害经济发展环境、影响重大经济政策实施、影响重大改革举措落实的职务犯罪案件，共立案查处贪污贿赂案件12件15人、渎职犯罪案件1件1人，其中贪污2件4人、受贿5件5人、行贿和介绍贿赂3件3人、挪用公款1件1人、私分国有资产1件2人、滥用职权1件1人，查办的案件中大案11件，乡科级干部3人，涉及教育、社会保障、工程建设等领域和行业，通过办案挽回经济损失115万元。

【规范职务犯罪预防】 2016年，区检察院规范职务犯罪预防教育基地运行，探索开展网上预防教育、预防教育进党校建设，建立网上预防教育宣讲展示平台，全年共接待机关事业单位、非公有制企业人员参观141批6431人次，职务犯罪预防教育基地还被市委组织部、市委党校确定为温州市干部教育培训现场教学示范基地。规范预防宣讲工作，精心编制针对性课件，在街道、医院、民营企业等系统领域开展预防宣讲4次，受教人数达400余人。制作的《浙商之梦、浙里起航》职务犯罪预防主题微课视频在全省检察机关评比中获得一等奖，并向全区各商会分发微课光盘100余份。规范案例剖析、检察建议、预防调查的运用，开展同步预防3件，发出预防检察建议5份，撰写预防调研文章5篇、预防案件分析材料3篇、预防调查3篇。规范行贿档案查询工作，共提供招投标领域行贿犯罪档案查询5116件次，涉及被查询单位5089家、个人16597人，查询发现有行贿犯罪记录1人，并办理鹿城区领导干部出国（境）联审75件95人。

【刑事诉讼监督】 2016年，区检察院对应当立案而未立案的，监督公安机关立案28件，年内法院对历年监督立案的18名对象作出有罪判决，其中8人被判处3年以上有期徒刑，内含被判处死刑缓期二年执行1人、被判处有期徒刑15年2人。开展破坏环境资源、危害食品药品安全犯罪专项立案监督工作，监督行政执法机关移送案件4件，监督公安机关依法立案2件。落实纠防冤假错案工作机制，严格案件审查把关，强化对侦查活动中突出违法行为的监督，对不构成犯罪或者事实不清、证据不足的，不批捕184人，不起诉126人；对应当逮捕而未提请逮捕、应当起诉而未移送起诉的，纠正漏捕5人，纠正漏诉24人，纠正遗漏罪行15件；对侦查活动中的违法情况，发出纠正违法通知书30件。以定罪量刑确有错误为重点，全面开展对重罪轻判、轻罪重判的监督，对定性错误、量刑不当、适用法律错误的，提出刑事抗诉14件，已获改判5件。强化对阻碍律师行使诉讼权利和律师违法执业的法律监督，对辩护律师不规范执业现象，通过制发检察建议督促有关部门落实整改，并形成专题研判报告，促进了党委、上级部门对上述问题的重视和有关部门、单位的及时整改。

【民事行政检察工作】 2016年，区检察院统筹推进生效裁判监督、审判程序监督和执行活动监督，共受理民事行政监督案件69件，审结48件，其中对民事生效裁判错误的提请抗诉5件、提出再审检察建议1件，监督的案件经法院再审改判2件，成功办理了全市首例执行回转监督案件，移送虚假诉讼犯罪线索4件7人，公安机关对虚假诉讼犯罪移送线索立案侦查2件7人。探索行政检察监督的方式方法，与区法制办合作，完善府检联动监督平台，开展涉环境保护领域行政执法案件监督检查，对行政执法活动提出检察建议21件、行政机关整改5件。区检察院被市检察院确定为全市行政执法检察监督综合示范基地，民行科被市政府命名为温州市巾帼文明岗。

【司法体制改革】 2016年，区检察院根据上级检察院司法改革进度要求，经充分调查摸底和开门征询意见，出台《司法体制改革实施方案（试行）》，对完善检察人员分类管理制度、健全检察机关司法办案责任制、健全检察院工作人员职业保障、建立人员财物省级统一管理体制以及改革的实施步骤。工作要求等作出明确规定，并以检察院人员分类管理为改革切入点，以检察官员额制为改革的牛鼻子，确定总的员额比例、首批入额比例、今后预留员额比例，制定区检察院《现任检察官入额实施办法》。

【司法规范化建设】 2016年，区检察院规范检察委员会建设，讨论决定案件类议题108件、事项类议题2件，积极构建新型检律关系，建立民行监督工作联络员制度，落实区人大常委会对公检法司机关工作人员依法履职、公正司（执）法情况的审议意见专题，自觉接受区人大常委会对部分检察官的履职评议，适应人民监督员由司法行政机关负责选任和管理的制度改革，对9件12人自侦案件提交监督员进行监督评议，被确定为全国检察机关检委会规范化建设示范单位。

（金 琳）

法 院

【概况】 2016年，鹿城区法院受理各类案件34755件，办结35881件，同比分别上升14.7%和19.02%。收、结案数均居全市法院第一位、分别居全省法院第五和第二；一线法官人均结案588.27件，同比增加148.17件，居全省法院第三。立集体二等功，被评为全省法院行政审判、审判监督、司法网拍、政工工作、司法行政管理工作等先进集体。

【服务与保障】 2016年，区法院全力投入G20杭州峰会维稳安保工作，加大刑事犯罪打击力度，全面排查涉稳风险案件，强化信访案件化解，维护社会和谐稳定。着力保障城中村改造和“大拆大整”专项行动，出台专门实施意见，制定八项服务举措，成立定向联系工作组，全力保障中心工作推进。在执行过程中促成“钉子户”签订拆迁补偿协议、腾空房产，助推城市中央绿轴上田片保障安居工程进程提速，得到时任温州市委书记徐立毅的批示肯定。围绕“大拆大整”专项行动部署，强化司法保障举措，妥善化解9起关联行政诉讼纠纷。持续推进金融不良债权化解，审结金融类案件10555件，结案标的额181.27亿元。注重涉诉企业司法帮扶，化解涉企金融案件415件，涉案标的额22.59亿元。推进执行移送破产、破产案件简化审理，共受理破产案件52件，审结48件，通过破产和解促使13家企业重获新生，35家“僵尸企业”退出市场。

【刑事审判】 2016年，区法院共受理各类刑事案件2065件，审结2164件，同比分别下降2.09%和上升2.27%；判处罪犯2614人。严惩严重危害社会治安的犯罪，审结“两抢一盗”、故意伤害、涉黑涉毒等犯罪案件1069件，判处罪犯1263人。依法惩治经济犯罪，审结集资诈骗、非法吸收公众存款等涉众型经济犯罪案件20件，判处罪犯52人，涉案标的17.42亿元。严惩贪污贿赂犯罪，审结贪污、贿赂、渎职等职务犯罪11件，判处罪犯16人。深化人权司法保障，通知法律援助律师为125名可能被判处三年以上有期徒刑的被告人出庭辩护，辩护率达98.09%。落实宽严相济刑事政策，对359名具有初犯、偶犯、从犯、未成年犯等从轻情节的被告人适用缓刑等非监禁刑。

【民商事审判】 2016年，区法院共受理各类民商事案件17561件，审结18753件，结案标的额173.28亿元，同比分别上升21.09%、30.69%和3.1%。重视涉民生案件的审理，审结婚姻家庭、道路交通事故、医疗、工伤、劳动报酬等纠纷2042件。审结买卖合同、租赁、股权转让等纠纷1686件。审结金融借款、民间借贷、票据、证券、保险等纠纷10812件。审结著作权、商标权、侵害商业秘密等纠纷633件。注重诉讼调解，调撤案件6522件，民商事调撤率为41.3%，同比增加4个百分点。持续推进“无讼社区”建设，累计创建“无讼社区”52家，开展上门调解、预约立案、巡回审判，强化基层纠纷预防和化解。

【行政审判】 2016年，鹿城法院共受理各类行政案件262件，同比下降27.42%，审结320件，同比上升5.61%。努力推动行政争议实质性化解，经法院协调促成和解撤诉82件，调解2件，占结案总数的25.62%。推动落实行政机关负责人出庭应诉，区级行政机关负责人出庭应诉率达100%。强化司法与行政的良性互动，为各行政机关和街镇执法人员举行专题培训11场次，协助提高执法人员依法行政水平。会同区政府法制办召开行政复议与行政审判联席会议，并建立法制联络员制度。建立联合评价机制，为政府法律顾问选聘、解聘和评先评优提供重要依据，助推政府法律顾问工作。

【执行工作】 2016年，区法院共受理各类执行案件14065件，执结13849件，同比分别上升11.11%和9.13%。落实“两到三年基本解决执行难”的部署要求，细化42项措施，推进执行工作。开展金融债权专项执行和涉特殊主体执行行动，集中执结金融债权案件3796件，到位金额14.48亿元；执结涉特殊主体案件1771件，到位金额2.81亿元。完善失信曝光及惩戒机制，进一步限制高消费行为的种类，并通过执行通知书予以明示，累计曝光失信被执行人28625例。健全网上布控、机场扣人、高速扣车等长效机制，累计布控人员、车辆3007例，经公安、交警协控到位793例；运用拘留、罚款等措施，对549名被执行人进行违法制裁；加大拒执犯罪打击力度，共向公安机关移送32件55人，以拒执罪判处13件13人，切实增强执行威慑力。通过媒体定期发布被执行人信息和拒执罪典型案例，赢得社会公众支持和肯定。深化司法网拍机制创新，网拍数、成交数继续位居全省法院首位，并应邀参加全国网络司法拍卖工作研讨会介绍经验做法。

【改革与创新】 2016年，区法院制定司法体制改革实施方案，经区委审核同意后实施。推进法官员额制改革，完成首批60名员额法官遴选工作。深化刑事速裁程序改革，审结案件325件，平均审理周期仅6.1天，辩护率、当庭宣判率均达100%，无一改判。推进庭审中心改革，强化证据裁判意识，全年在23起刑事案件中通知关键证人、鉴定人出庭作证37人次。在全省率先尝试以认罪认罚协议形式审结一起故意伤害轻微刑事案件，探索创新节约诉讼成本、提高诉讼效率新途径。构建专业化审判格局，增设家事法庭、交通和劳动争议法庭、简案速裁庭、房地产庭，并试行家事、知识产权案件“三合一”审理。试点信用卡纠纷简案快审，推行批案集中庭审、网络送达、庭审记录方式、表格式裁判文书等改革，提高小额诉讼、支付令程序适用率，平均审理周期缩短42. 5天，经验做法在全省法院介绍推广。

【司法服务】 2016年，区法院推进“大立案、大服务、大调解”机制及标准化诉讼服务大厅、网上诉讼服务中心、12368诉讼服务热线等体系建设。推行网上立案、预约立案、法律援助律师导诉等服务，完善窗口服务功能，为当事人提供出具生效证明、一站式退费、转交证据材料等便捷服务。在诉讼服务中心引入“法庭义工”团队，构建第三方服务机制。与市银行业协会签订诉调对接合作协议，推进诉前引导调解、诉中委托调解机制、邀请调解机制、在线调解四项服务机制，提升纠纷化解成效。及时回应海外温商对知识产权保护的司法需求，与市侨联服务中心协同建立知识产权法律咨询联络机制，全力助推海外温商回归创业。在美国洛杉矶增设特邀海外调解点，探索建立共享特邀海外调解点机制，有效缩短送达时间。

（张旗成）

司法行政

【概况】 2016年，鹿城区司法行政工作年度综合考评名列全市第一。区司法局先后获省“六五”普法先进单位、市人民调解工作先进单位、市信访工作先进单位、市司法行政系统年度考评优胜单位、区服务保障G20杭州峰会先进单位、区年度综合考绩一等奖等集体荣誉9项，获得各级先进个人41项。

【人民调解】 2016年，区司法局推进人民调解多元矛盾纠纷化解机制建设，构筑街（镇）、村（居）以及行业性专业人民调解组织、个人品牌调解工作室等“四大”人民调解组织平台。培育“交调”“诉调”“婚调”“检调”等40个行业性专业人民调解组织，打造胡美珠特邀调解员工作室等一批调解成效较为突出的“两代表一委员”特邀调解员工作室。全年全区各类人民调解组织共受理调处矛盾纠纷16999件，调处成功16955件，成功率达99.74%；涉及协议金额达1.43亿元，连续三年居全市首位。其中，调解非正常死亡纠纷90件（包括双屿事件），司法确认67件，防止群体性上访4起23人。强化镇村人民调解组织化解社会矛盾“第一防线”作用，全年共成功化解矛盾纠纷7465件，同比增长54.81%；加强人民调解员队伍建设和经费保障，共培训专、兼职和“两代表一委员”特邀人民调解员1600余人次，发放以奖代补经费20万元；落实优秀人民调解案例发布制度，共发布优秀案例选编4期。指导全区各级各类调委会开展社会矛盾纠纷和社会不稳定因素集中排查调处活动，参与妥善处理好全国“两会”、“三改一拆”、“五水共治”、“G20杭州峰会”维稳、双屿“10·10”事件、“大拆大整”专项活动、重点工程项目建设、涉法涉信涉宗等政府重要工作的应急处置、群众疏导和纠纷调处工作，全力维护社会和谐稳定。2016年10月25日，省司法厅长马柏伟在《鹿城区司法局主动介入双屿“10·10”农房倒塌事件快速有效做好善后调处工作》中批示“温州市和鹿城区两级司法局在突发事故处置中，积极主动作为，很好地发挥了司法行政部门的职能作用，向参与处置工作的所有干警、人民调解员和司法所工作人员表示感谢和慰问。”

【司法所规范化建设】 2016年，区司法局顺应街镇行政区划调整形势，及时对调整后的14个司法所加强管理，配齐配强司法所长，以“保星晋级”为宗旨，进行新一轮省星级规范化司法所建设。指导年内创省五星的丰门司法所及创省四星的藤桥、山福司法所开展以基础设施建设、外观标识建设、队伍建设、业务建设和制度建设为主要内容的系列工作，尤其是落实了司法所业务用房和行政装备，有效提升工作环境和执法条件。在保持星级司法所创建基础上，新创丰门首家省五星级司法所、藤桥、山福2家省四星级司法所、七都1家省三星级司法所。截至2016年底，全区共有五星所1家、四星所6家、三星所3家，全年省星级司法所创建率在2015年基础上增长了28.6%。

【社区矫正】 2016年，区司法局共接收全区社区矫正人员605名，累计解除社区矫正人员621名。在册社区矫正人员549名，共配备定位手机520部，定位手机配置率达94.71%。走访社区矫正人员7677人次，个别谈话教育9776人次，开展集中教育活动2200余人次，安排社区服刑人员600余人次参与社会公益活动380余次。深化信息化建设，构建动态监管、视频指挥、巡查督察、应急处置、在线教育、执法管理“六位一体”的社区矫正指挥中心。推广运行社区矫正信息管理平台、“温州矫正”APP，全面落实社区矫正人员日常管理电子化、监管动态化、执法审批网络化、质量考核一体化的“四化”措施。在“G20杭州峰会”期间，重点强化主要监管举措，全面实现对社区矫正重点人员手机定位和电子腕带“双管控”措施，为6名重点社区服刑人员佩戴电子腕带；在丰门街道开展社区服刑应急演练；针对社区矫正工作人员、社区服刑人员及其家属开展“三项教育”。强化社会力量参与社区矫正工作，建成并完善鹿城区慈善总会、市红景天养老经营管理有限公司2家教育服务基地及六方和、红日亭等10个公益劳动服务点，全面落实教育和学习“两个八小时”。运用集中点验、电话抽查、手机定位等手段，加强对社区矫正人员日常动态监管，并对违规违纪社区矫正人员予以打击处理。全年共开展集中点验4次，表扬8人次，口头警告339人次，书面警告88人次。开展“未收监执行对象清理专项行动”，全年共收监执行11人，其中成功收监“应收监未能执行”罪犯6人。拨付专款5万元，对70名生活困难的社区矫正及归正人员进行扶贫慰问，实施亲情帮教。加强对刑释解教人员的服务管理和教育帮扶，在册刑释解教人员1988名，帮教率98.04%，安置率97.40%，重新犯罪7人次，重新犯罪率为0.35%。

【服务经济建设】 2016年，区司法局推进“名所名品名律师”培育工程。以品牌、产品、品质为导向，打造政治坚定、精通法律、维护正义、恪守诚信的律师队伍。全区共有律师事务所47家，执业律师848名，办理各类诉讼案件18291件，非诉案件7760件，业务收入3.56亿元，纳税6000余万元。同时，引进北京盈科品牌，成立北京盈科（温州）律师事务所，至此已成功引进北京德恒、盈科等2家全国知名律师所品牌，成功培育2家70人以上综合性品牌规模所。打造2家律师事务所党支部精品，建立律师事务所微信公众号，开展“圆梦绿茵，筑爱高原”公益行动、“抓实干，谋新篇”“两学一做”、党员律师红色之旅等一系列专项活动，实现党建工作和事务所发展共享双赢的良好局面。开展律师执业道德和执业纪律教育评查活动，将评查结果与律师所及律师的诚信档案、年度检查等挂钩，并作为年度评优评先重要依据之一。强化外地律师在鹿执业管理，邀请省、市律协专家共同探讨、研究，严厉打击法律服务虚假宣传、虚假承诺、无证法律服务等违法行为，处理律师投诉案件1起。与区公安分局共同召开"加强良性互动，共建法治社会"公安干警、律师座谈会，构建良性互动关系。围绕政府中心工作开展法律服务，全年共有95名律师服务"大拆大整"案件142件，为政府提供法律服务意见114条；村（社区）法律顾问参与"大拆大整"会议162次。协助企业化解各类法律方面的经营风险，全区律师共担任1108家企业法律顾问，修订法律文件963件，审查合同、协议2992件，出具法律意见书833余份。

【普法宣传】 2016年，区司法局采用"互联网+"思维模式，率全省之先开通腾讯网新闻、财经、体育等7个频道的法治宣传版面，开设法治护航G20杭州峰会、以案释法小课堂、"12·4"国家宪法日、"七五"普法等专栏专刊，总曝光量达1011万余次，其中以案释法小课堂总曝光量达817万余次。围绕中心工作，开展"护航G20杭州峰会普法在行动"、"两会"维稳法治宣传及法治助力"三改一拆""五水共治""大拆大整"等各类法治宣传活动710余场，分发宣传资料11万余份，受教育群众达36万余人次。在《温州都市报》开设《以案释法》专版专刊，立足全区"大拆大整"专项活动，以半版的篇幅宣传报道阻碍"大拆大整"进程的违法行为。将法治政府建设纳入区委区政府对街镇、部门的绩效考核指标体系，深化"谁主管，谁普法"责任制要求，着力健全优势集中、权责明晰、通力齐抓的普法执行体系。推出"全屏式"普法，在市区欧洲城、时代广场22个重点区段的露天LED展播屏，每天150次同步滚动播放法治宣传短片，在全区1800余辆公交车、10条BRT专线及机场大巴、社区巴士、水上巴士投放法治动漫，实现法治宣传全天候、全城区覆盖。深化法治阵地创建，选址外来人口集聚的鹿城区总部经济园建设"新温州人法治文化家园"，并作为综合性法治教育、展览、培训阵地。全年创成1家省级民主法治社区、4家市级民主法治社区，授予温州市精诚国际旅行有限公司等26家区级"诚信守法企业"称号。牵头制定区"七五"普法规划，精心组织谋划，全面启动"七五"普法工作。

【公共法律服务体系建设】 2016年，区司法局更新法律援助网络，完善区法律援助中心和14个街道（镇）法律援助工作站、224个法律援助联络点（社区）的三级法律援助工作网络，并新建区人民检察院法律援助工作站。全面开展"法律援助户"工作，拓宽法律援助领域，放宽法律援助审查标准，并向580名法律援助户发放了法律服务卡。建立"援调衔接""援调一体"工作模式，提高维权效率。推行案件"全程跟踪""点援会商""旁听庭审""征求意见"等多项工作机制，进一步提升法律援助服务质量。加强实体平台、网络服务平台及"12348"法律服务专线建设，不断畅通法律援助渠道，提高法律服务和法律援助的直观性和可及性。畅通农民工申请法律援助绿色通道，尤其针对农民工群体讨薪案件，开展优先接待、优先受理、优先指派的"三优"服务，全年办理农民工讨薪法律援助案件506件，接待解答农民工讨薪咨询1394件，共挽回经济损失856万余元。年内区司法局共办理法律援助案件1753个，其中民事援助案件665个、刑事援助案件1086个、行政案件2个，接听接待法律咨询4364人次；援助案件听庭40件，回访受援人110余人次，回访满意率达100%。健全政府法律顾问制度，全区69名律师分别担任市政府及47个部门法律顾问，58名律师分别担任各区（县）级党委政府及46家部门法律顾问。实现社区（村）法律顾问全覆盖，全年社区法律顾问律师共开展村（区）务"法律体检"70次，帮助修订、完善村规民约、合同、协议等236件，协助处理信访问题181起，参与纠纷调解95起。

（叶艳艳）

公安消防

【概况】 2016年，鹿城区公安消防工作成效显著。制（修）订灭火救援预案288份，开展实战演练761次，下属各中队累计出警1200次（含抢险救援），抢救疏散被困人员233人，抢救财产价值1.08亿元，圆满完成34次大型活动安保及台风等灾害天气抢险救援行动，为102家重点企业、重点工程和民生项目提供上门服务。共接到火灾报警445起，比2015年下降34.4%，造成1人死亡。全年全分局共有154人得到各级表彰，1人立二等功，15人立三等功。区消防分局被区委、区政府评为全区考绩优秀单位和安全生产工作先进单位；被市消防支队评为宣传工作先进集体；被区公安分局记集体嘉奖1次。下吕浦中队被评为省级标兵单位。

【火灾隐患整治】 2016年，区消防分局牵头开展冬春火灾防控、夏季消防检查、居住出租房及合用场所、五大重点领域整治，以及和护航攻坚和“大拆大整”专项行动，制定“十二项指导标准”，落实督导检查、督办协调、策划统筹等工作。发动各街镇和公安各警种开展8次集中行动和17次夜查行动。全年累计排查社会单位、小场所、居住出租房等9.2万家，整改隐患4.26万处， 5处挂牌整治的重点隐患区域和70家重大火灾大隐患单位全部完成整改工作；共办理处罚案件726起，责令“三停”312家，强制执行101家，临时查封494家，拘留159人，核查群众举报投诉856件。

【“大拆大整”消防安全整治专项行动】 2016年，区消防分局投用1000部与网格化信息系统相配套的手机APP，依托平安建设信息系统消防平台建立数据库、基础数据及排查整治情况全部录入系统，实现动态监管。提请区政府出台《居住房屋出租登记管理实施意见》，以取得出租房租赁登记证明作为合格的唯一标准，从源头管控居住出租房消防安全状况。针对火灾隐患排查整治、居住出租房租赁备案、“网格化”系统应用等方面内容，培训街镇和基层网格排查人员2146人次。联合公安部门暗访居住出租房及合用场所8052户，普查34家专业市场、51家农贸市场和120家工业区超市。

【消防宣传与培训】 2016年，区消防局利用户外视频、楼宇电视、公交车载电视、沿街商铺和出租车电子显示屏等资源，高频次播放消防公益广告和安全提示；在区级门户网站和报刊设立消防专栏。联合综治、宣传、公安、房管等部门开展“平安小区”评选活动。举办消防主题征文绘画大赛，收到参赛作品160余件。通过消防官方微博微信、手机群发等平台发布消防科普信息、消防安全提示短信13万余条；选聘“社区消防宣传大使”120名，组织全区各社区开展灭火疏散演练220次。10月—11月联合市科技馆举办青少年消防知识互动体验展览活动，参与人数达10万人。以公安消防站、街镇消防宣传教育培训基地为载体，开展“消防体验日”活动516场次，累计培训人员12万余人。

（陈甜甜）

交警一大队

【概况】 2016年，温州市交警支队一大队以“管安全，看隐患；管秩序，看畅通；管违法，看查处；管处警，看满意；管信号，看配时；管设施，看完好”责任区管理“六管六看”为理念，创新交通勤务管理和社会综合治理机制，助推交通管理和队伍管理工作齐头并进。在开展“乱停车”整治过程中，依靠地方党委、政府支持，在主干道和支小路精细化管理方面积极探索，建成八仙楼、锦花社区交通微循环示范小区，工作成效得到了温州市委书记徐立毅的批示肯定及温州各大媒体的高度关注。交警一大队年内获鹿城区优秀单位等六项集体荣誉，大队党总支班子获2016年度全市公安机关“铁班子、好主官”称号。此外，事故处理中队获鹿城区创建法治基层站所示范单位、全市G20杭州峰会先进集体称号，案卷质量获全省第一；二中队、三中队分别获全市优秀公安基层单位、市局机关基层五星党支部称号；四中队获鹿城区万人评议满意单位称号。26位交警受上级表彰，1人立省厅二等功一次。

【“乱停车”整治】 2016年，交警一大队将“乱停车”治理作为城市“五乱”专项整治之首，全力打好“宣传开路、设施引路、严查治路、合力管路”四大硬战。对辖区35条重点管理路段和45条支小路实行支队领导到中队辅警六个层级的责任承包及捆绑管理，并以专项考核强势推进，形成常态化交通严管模式。全年查处违法停车318722起，拖移违停车辆1.7万余辆，更新辖区主干道新型隔离护栏约50公里，新建停车标志2100余个，施划标线6.5万平方米，新建高清高位电子警察、智能卡口35处。市区重点道路违停率从每公里20余辆降至0.2辆，在《高德地图》全国百城交通拥堵排名榜中，温州从第35位降至第66位。

【交通违法查处】 2016年，交警一大队先后组织开展“春雷”、“平安1、2、3号”、危化品车辆、“亮剑一号”等专项行动，严厉查处各类交通违法行为，共查获各类交通违法行为70.6万余起，其中，现场查处26.2万余起，查扣四小车2万余辆，查获醉酒驾驶199 起，酒后驾驶1013起。刑事拘留185人，移诉189起。

【交通警情处置】 2016年，交警一大队辖区交通类警情总量86886起。其中，处置求助类警情34106起，处理立案交通事故3455起，现场快速处理4629起，引导自行协商或快速理赔6620起。年内，交警一大队深化“快速处警、规范处警”工作措施，实行扁平化指挥模式，由指挥室依托警务定位系统，指挥路面民警就近快速处警。充分利用视频监控巡查平台，对交通事故及早发现、及时取证，引导当事人双方快速处理，达到交通事故“快速快撤”的效果。

【平安创建】 2016年，交警一大队辖区道路交通事故四项指标（起数、死亡数、伤人数、经损）同比分别下降36%、14%、37%、61%，其中亡人数同比减少8人，未发生一次死亡3人以上重大交通事故，交通安全形势历年最好。全年，破获重大交通事故逃逸案件3 起，破案率100%。该大队荣获2016年平安鹿城建设先进单位。

【交通隐患源头监管】 2016年，交警一大队对辖区122家重点车辆企业、6385辆重点车辆、3304名重点车辆的驾驶人实行户籍化管理，建立“一车一档”“一人一档”。推行“法人创安”，对发生严重交通事故的车辆单位采取约谈法人代表、责令停业整顿等方式严管严控，落实企业主体责任。对辖区渣土车实施“六个一律”最严措施，落实企业安全生产主体责任和驾驶人捆绑责任，实现对127辆渣土车的长效管理。全年排查道路隐患点156处，其中上报区政府48处，全部完成整治工作。

【交通安保及应急处置】 2016年，交警一大队完成G20杭州峰会、互联网大会及其他重大节假日等85批次重大警（保）卫任务。做好抗台救灾援助工作，台风过境期间，奔赴支援泰顺紧急救援，对瓯江五桥、瓯江大桥、瓯江三桥进行紧急交通管制排险，快速处置330国道沿线山体塌方险情。在双屿街道中央涂民房垮塌、黄龙住宅区煤气闪爆事件中，第一时间反应、第一时间到达、第一时间处置，为紧急救援开辟生命通道，确保抢险救灾任务的顺利开展。

【交通微循环建设】 2016年，交警一大队联合区文明办、辖区街道，依托社会综合治理平台，以“街道牵头、交警主推、社会参与、综合治理”的大交管工作格局先后组织实施17处区域微循环。其中，将大南商圈、八仙楼社区和锦花社区作为交通管理精细化示范点投入建设，因地制宜实行交通微循环方案，优化交通组织，深挖停车潜力。共施划社区路面停车泊位1233个，设置交通标志、标牌、标线200余处。结对社区网格员力量，创新社区巡逻队，开展“随手拍”举报违停车辆。社区交通拥堵现象得到改观，事故警情同比下降90%以上，形成全市交通微循环示范点。8月，市政府在松台街道专门召开交通微循环现场会，向全市推广该大队交通微循环工作经验。

【交通安全宣传】 2016年，交警一大队采取“文明礼让斑马线”“曝光交通陋习”“有奖举报”等举措，全面加大宣传教育力度，提高文明交通素质。创建全市首支交通安全宣传“讲师团”，立足各中队辖区实际，重点针对辖区客货运企业、危化品运输企业、外来人员集中企业、中小学校、单位、社区和农村重点人群开展专业宣讲授课，探索实践交通安全宣传教育新机制。同时，通过支队微信推广宣传、与FM94.9温州之声合作项目“空中交警队”每天5—6档的连线直播及大队微信平台的定期推送，形成图文并茂、声像结合、全面覆盖的交通安全宣传网络。2016年，交警一大队共在省级媒体发稿15篇、市级媒体612篇，推送大队微信公众号30余期、微博800余条，出动宣传警力120人次，“讲师团”授课80余场，“空中交警队”栏目播报600余期，张贴标语300余条，发放交通安全宣传资料2万余份，受教育群众达5万余人次。

（张苗亭）

交警二大队

【概况】 2016年，鹿城辖区未发生一起死亡2人以上重大交通事故，道路交通安全形势总体平稳；圆满完成上级部署的交通治堵任务，取得了“道路变宽、通行变畅、设施变亮、人变文明、城市变美”的整治成效；大力推进“智慧交管”建设，积极发挥视频巡控、高效处置的指挥调度功能，深化事故快处引导机制；成立“温州市渣土车行业自律促进会”，推动企业落实主体责任。交警支队二大队全力打造智慧、高效、满意的公安交警队伍，实现了安全形势更加稳定、城市交通更加有序、品牌特色更加亮丽、执法工作更加规范、警民关系更加和谐的“五个更加”工作目标。

【平安创建】 2016年，交警支队二大队坚持源头管理、协同治理，主动联合地方相关部门推进责任落实，通过治隐患、管源头、严执法、强宣传，不断夯实交通安全基础。严治道路交通安全隐患，排查各类隐患点段26处，配合城管、街道等部门整治26处。严管渣土车等重点车辆，将辖区48家“两客一危”和“渣土车”运输企业，1726辆运输车辆、约2000余名职业驾驶人纳入重点车辆监管平台，实行“人、车、企”捆绑管理。成立“温州市渣土车行业自律促进会”，并在七都大桥上桥段设置渣土车行业自查点，推动企业落实主体责任。淘汰黄标车72辆，顺利完成黄标车淘汰目标任务。严查各类交通违法行为，查处交通违法571159起，查处总量、现场、非现场同比均大幅上升，其中查处电动车违法41984起，同比上升152.26%。查处酒后驾驶521起，醉酒驾驶120起。严处各类违法人员，刑拘32人、拘留53人，暂扣驾驶证9226本。

【交通治堵】 2016年，交警支队二大队坚持“零容忍”与精细化管理，全面实施责任区管理模式和路长制，推进省级治堵重点道路、严管示范区等治堵项目创建，狠抓堵点乱点整治、智能交通系统建设等工作。宣传开路、设施引路、严查治路、合力管路，全力打好“乱停车”整治攻坚战，查处违法停车154444起、拖车20105起，同比分别上升1578.37%、22.42%。经过严管，38+45条重点管理道路每公里平均违停数从整治前的20多辆，下降至0.2辆，远远低于省政府每公里违停不超过2辆的治堵目标，市民的守法意识明显提升。构建“属地政府街道牵头、交警城管主抓、部门配合、社区共治”的综合治理格局，推进微循环社区建设，打造十八家支路、桥儿头农贸市场等样板示范社区，以点带面推动全市社区微循环建设。

【安全保卫】 2016年，交警支队二大队出动警力2000余人次，圆满完成温州第二届马拉松赛、世界温州人大会等130余起警卫保障、抗台救灾任务。

【机制创新】 2016年，交警支队二大队牢固树立“跳出交警管交通”的理念，坚持创新驱动，努力破解“警力不足、拥堵快处、警务效能、全时空管理”等瓶颈问题。将高德平台与视频巡逻机制相结合，日均快速处置异常拥堵20起，处置率高达97%；完成全省新型警务通试点任务，路面执法效率提高8倍多；紧盯“智能+自动”的发展方向，新增高清视频和自动抓拍电警10处，实现重点区域的全天候管控；构建了指挥室“扁平化”指挥体系，同步深化事故快处引导机制，全年引导事故快处2600余起。

【队伍建设】 2016年，交警支队二大队坚持精神引领、理念创新，全面弘扬“肩上有责、心中有民”的温州交警精神，通过领导带头示范、“一把手”谈工作、学习身边的他、警属看交通等系列活动，不断在队伍中传递正能量；培养、树立“干在实处推样板、走在前列当先锋”等理念，坚持队伍建设“严纪砺警、精武强警”，实现队伍“精气神高、干劲足、成绩佳”的目标。坚持严优并举，深入开展“两学一做”学习教育和“无限忠诚·走在前列”主题教育实践活动，严格队伍纪律作风教育，落实暖警爱警措施，认真抓好民警培训、辅警轮训、工会疗养、警营文化建设等工作，帮助解决民警子女入学入托困难。

（金雪妮）

责任编辑　徐孝平

军 事

人武部

【概况】 2016年，鹿城区人民武装工作坚持高举旗帜、听党指挥、铸牢军魂作为首要政治任务。扎实开展“新体制、新职能、新使命”大讨论活动，认真开展党建工作“五个专项整治”，强化党员和党章意识。所属各单位结合民兵整组、点验、集中训练和执行任务等抓好民兵思想政治“四落实”工作。组建的“网军”在5月省军区组织的网上点验中，按规定要求到位的达96%。民兵兼职教练员多次担任学生军训、培训班军事教学保障等任务。围绕战时的动员需要，国动委对区28个行业系统进行国防动员潜力调查核查。年内完成新兵征集任务。先后投入60余万元进行作战值班室、作战室、兵器室、战备物资器材室等重点库室标准化整治。开展走访辖区现役干部家属活动。7月26日，联合区委宣传部文广新局，专题为军属举办“我们当兵去！”文艺晚会。11月，人武部到定点帮扶的藤桥镇潮济村，走访慰问6名特困户和贫困户，分别送上慰问金1000元。推进“国防教育进文化礼堂”品牌建设，计划1—2年实现该品牌在全区文化礼堂全覆盖。G20杭州峰会期间，在每个街道抽调民兵，对辖区26个公园进行“一日三巡”检查；组织民兵应急分队全时备勤抗台风，并抽出部分民兵支援藤桥镇受台风影响的樟村清理淤泥；出动民兵、参与双屿民房倒塌应急救援工作。

【专武干部集训】 2016年1月26—29日，全区专武干部集训在军分区教导队队部举行。集训邀请市征兵办，参谋陈义省作专题授课，特邀嘉兴桐乡人武部部长陈秀明介绍征兵工作经验，为征兵工作有序开展奠定基础。2016年3月与5月，区人武部分两批组织17名专武干部参加全市乡镇（街道）专武干部集训，集训单位综合成绩列全市第8名，专武干部吴志平、陈拓、高志坚个人成绩名列前茅。

【开展“条令学习月”活动】 2016年2月1—29日，区人武部组织开展“条令学习月”活动，并完成法规学习、军容风纪检查、队列会操、体能训练和条令法规网上考核等学习内容。

【民兵整组工作】 2016年2月，区人武部按照筹划准备、部署任务、组织实施、检查验收4个步骤，各街镇、各行业系统编兵单位全面展开年度民兵整组工作，提高民兵分队应急应战能力。

【民兵分队携装拉动式集中点验】 2016年5月10日，区人武部在七都街道组织部分民兵分队进行“全员额、全装备、全要素”携装拉动式集中点验。5支应急分队、6支支援分队均在规定时间内全装机动至指定地域。

【民兵连长和社区武装联络员集训】 2016年5月12—13日，区人武部在军分区教导队队部组织全区民兵连长、社区联络员进行为期两天的集中培训，重点学习武装工作理论和业务技术培训，提升基层武装工作者的国防意识和业务能力。

【教授军事训练科目】 2016年5月，应温州市卫生和计划生育委员会请求，区人武部抽调12名民兵兼职教练员，到市卫生应急管理干部培训班教授队列、野外生存技能和实弹射击等军事训练科目。

【征兵政治考核业务工作会议召开】 2016年8月11日，全市征兵政治考核业务工作会议在鹿城区公安局召开。区征兵政治考核专管民警、各网格长、基层专武部长和教育局相关人员参加会议。区公安分局常务副局长周晓之、区人武部政委金龙军到会并讲话。

【鹿城区国防教育基地揭牌仪式举行】 2016年9月14日上午，区国防教育基地揭牌仪式在鹿城区学生实践学校举行。军分区政治部副主任朱涛、区人武部政委金龙军、区委宣传部、区教育局和关工委相关领导出席。该国防教育基地是军分区按照“军民融洽、全员覆盖”的目标，出资10万元建成的，集教育、展示、体验于一体，每年能为3万名学生举行国防教育和军事体验活动。

【民兵军事训练】 2016年，区人武部下发《2016年民兵军事训练工作指示》和训练计划，细化分解全区基干民兵年度训练任务，主要抓好重点应急连、抢险救灾分队、海上医疗救护分队重要目标警戒分队训练；精选高炮、防化救援、山林灭火、应急维稳等跨区联训，通过实战化训练夯实民兵骨干专业技能。

【基层规范化建设试点观摩】 2016年，区人武部下发《关于进一步推进基层武装部规范化建设的通知》，指定广化街道武装部作为进行基层武装部规范化建设试点单位。11月中旬，组织全区专武干部在广化街道进行现场观摩，为三年内实现全区所有基层武装部规范化建设“三星”达标奠定基础。

【推进国防教育进文化礼堂工作】 2016年11月18日，区人武部组织全区专武干部在松台街道庆年坊文化礼堂举行国防教育进社区文化礼堂观摩会。会上区人武部政委金龙军提出“努力推进国防教育进文化礼堂‘五个一’”要求，以推进完成100家国防教育进文化礼堂并纳入年终工作考评。

（李忠孟）

人民防空

【概况】 2016年，鹿城区人防工作着力提升组织指挥能力和指挥平台建设，加强人防宣传教育与人防队伍建设，抓好人防工程平时安全管理和行政审批工作。区人防办被温州市人防办评为年度人防工作先进单位。

12月，按照全国人防会议的总体部署和省、市人防“十三五”建设发展纲要具体要求，结合鹿城区实际，编制完成区人防建设“十三五”发展规划，为未来五年人防建设指明方向。

2016年，共办理审批件97项，其中新建人防工程22个，结建面积11.4万平方米，收取人防易地建设费1442万元。兼顾人防工程——温州市滨江商务区H01—01—03C（暨洪殿单元A—06地块）地下空间开发兼顾人防工程通过初步设计审批，该项目兼顾人防面积4948平方米，总投资概算5232万元。

按照国发〔2016〕9号文件要求，及时取消“人防施工图设计审批”事项。围绕“审批提速、服务提质”目标，对部分审批事项进行流程再造，探索实行“互联网+行政审批”新模式，推出行政审批“微信预约”和“快递送达”便民新举措。加强对中介服务机构监督管理，将人防施工图审查机构纳入全区涉批中介机构网络预选库，并按照“一事一评”要求，落实对中介机构考评机制，有效规范中介机构执业行为。

2016年，共赴工地现场检查84人次，新开工人防工程受监率达到100%，竣工项目10个，结建面积4.6万平方米，提前完成市人防办下达的竣工目标任务。

【“国际民防日”活动】 2016年3月1日值“国际民防日”，区人防办下发《关于开展国际民防日宣传活动的通知》，要求全区各单位以“加强民防建设，共建幸福社区”为主题开展形式多样的民防宣传教育活动；联合街道虞师里和街道春秋2个人防创建社区，通过悬挂宣传横幅、摆放民防展板、现场解答民防知识、分发《市民应急防护手册》和《防灾减灾便民小知识》等形式宣传民防知识，共分发宣传资料400余份，受教育人数达700余人。

【人防宣教工作】 2016年3月，以区政府办公室名义下发《关于印发2016年鹿城区人防（民防）创建社区工作计划的通知》，明确社区人防（民防）宣传教育总体目标和基本要求。继续在区属8所初级中学开设人防教育课程，使学生掌握基本的民防知识和技能。在重要节日，利用区政府信息平台、手机短信、微信工作群等媒体向500余名区管干部宣传防空防灾知识。

【人民防空救援队伍建设】 2016年4月，在区人武部指导下，区人民防空救援队伍整组工作完成。队伍共计544人，其中完成人民防空专业队伍244人、民防应急救援队伍145人、民防志愿者队伍155人。

虞师里社区开展人防宣传教育活动　　区人防办　供稿

【通信警报设施管理】 2016年，投资近10万元，对36台固定防空警报器进行防误鸣系统升级改造。按照市人防办要求，组织人员检测维修辖区防空警报设施，“5·12”“9·18”警报鸣响率和完好率均达100%。

【“防灾减灾日”活动】 2016年5月3日，区人防办牵头召开“5·12”全国防灾减灾日系列活动筹备会，动员各相关部门统一思想、抓好落实。5月5日，以区政府办公室名义下发《关于组织开展“5·12”防灾减灾日有关活动的通知》，对宣传教育活动的总体要求、主要任务等作详细安排。5月12日，联合区应急办、区民政局和松台街道在松台广场开展以“减少灾害风险 建设安全城市”为主题的宣传活动。活动现场为群众进行应急救援装备展示和防灾减灾科普宣传，重点宣传新修订的《浙江省实施〈中国人民防空法〉》和《浙江省人民防空警报设施管理办法》。同时，为3个社区配发民防应急包和《市民防护手册》。该次活动共分发宣传资料3000份，受教育人数达2000余人。

【人防演习与训练】 2016年6月，“浙江金盾—16”人防演习科目举行，在区卫计、民政、房管、交警及广化街道、温州木材集团有限公司的支持下，组织翠微社区浦桥锦园200余名居民，进行战时小区留城人员紧急疏散演练。积极参加市对县电台的日常通信训练、视频会议系统训练，提高了通信保障队伍组织指挥能力。

【人防工程日常安全普查】 2016年5—7月，组织对全区人防工程安全使用情况开展全面普查，并及时消除各类安全隐患，“G20杭州峰会”期间人防设施安全良好。

【指挥平台建设】 2016年10月，区“1101”工程进展顺利，信息系统工程正式启用。藤桥镇民防应急指挥中心信息系统工程建设完成并投入使用。至年底，华盖山人防指挥所日常运行管理及维护稳妥有序。

（张　婷）

武装警察

【概况】 2016年，武警鹿城中队坚持以条令、纲要为依据，扎实开展各项工作，高标准实现“两个确保”（确保以执勤处置突发事件为中心的各项任务圆满完成；确保部队内部高度稳定和集中统一）。8人被评为优秀士兵，4人受到支队嘉奖，2人立三等功，4人加入党组织。中队被支队评为第二季度、第三季度红旗单位；参加支队各类比武竞赛取得优异成绩；在总队年终考核中成绩优异。开展条令学习活动，提高官兵落实条令意识，全面推进正规化建设和勤务“三化改造”（军事化、智能化、信息化）工作。

【中心工作完成出色】 2016年，看守所日均看押人犯量达1300多人，远超出1000人的设计关押量（平均每周押解一次，多时一周两次）。全年，中队完成押解勤务52次，押解人犯1236名，出动兵力175人。

【军事训练成绩突出】 2016年，中队坚持每周组织军事训练会操，结合各级会操表彰训练先进班级和先进个人，并制定龙虎榜张榜公布，营造“一不怕苦，二不怕死”“训练光荣，训练有为”的氛围。年初，代表支队参加总队半年考核和年终考核成绩突出，得到支队领导好评。

【支援地方工作】 2016年，武警鹿城中队派出19名官兵到受“莫兰蒂”台风袭击的仰义街道支援抗台救灾工作，并在被泥石流冲垮的陈村一民房里用手挖出3具遇难者遗体，受到当地领导与村民好评。端午节期间，派出官兵为中华龙舟比赛温州赛区执行警戒任务，保证赛事安全有序。“雷锋日”之际，组织官兵到瓯浦垟村进行卫生大扫除，并为村民免费理发，受到村民好评。

（倪渊博）

责任编辑　戴增荣

城乡发展

城乡规划

【概况】 2016年，温州市规划局鹿城分局、鹿城区规划编研中心贯彻一系列城乡规划、行政许可法律法规、规章制度和政策文件，创新服务，注重规范化管理，推进城中村、危旧房改造建设和规划法制建设。

【科学编制规划】 2016年，规划鹿城分局完成《新型城镇化建设思路与对策研究》《鹿城区近期城市建设及思路》《鹿城区城市首位度提升研究》3个课题；开展“大拆大整”后土地利用规划研究，启动包括发展定位、空间优化、重点地块研究等内容的鹿城区全域谋划工作，推进中心城区从“大拆大整”向“大建大美”转变。根据城中村改造、招商引资等重点建设项目需要，完成双桥村、划龙桥村等14个控规批复成果，完成瓯浦垟旧村等5个控规阶段性成果；根据地块出让或项目实施需要，完成七都03—C—08地块等5个规划条件研究；启动藤桥镇总规修编和山福镇总规编制工作，形成总规初步框架成果；完成《鹿城区藤桥镇、山福镇村庄布局研究》，明确村庄规划编制及审批流程、分批编制计划，向区政府请示落实编制经费，公示藤桥镇林山村、山福镇东岙村等4个村庄规划试点项目。

【城中村改造规划】 2016年，规划鹿城分局在规划、审批、核实3个环节为城中村改造项目开辟“绿色通道”，对突破绿化率、退让等规定的项目采取“一事一议”的形式予以解决，加快审批进度。在提高容积率、地块利用率等方面挖掘潜力，化解城中村改造安置缺口大、资地平衡难等问题。完善规划条件研究流程，对旺增桥、牛桥底、箬笠岙等城中村改造地块进行规划条件研究，减少控规修改，加快项目落地速度。实行城中村改造项目竣工规划核实专人负责制，加强前期指导，提高项目申请有效性。配合各街镇、综合行政执法局完成对452户未登记建筑审批档案的查询工作。全年完成城中村改造控规修改7件、规划许可23件、竣工规划核实14件。

【危房改造规划】 2016年，规划鹿城分局研究制定《鹿城区藤桥镇、山福镇农村住房建设管理办法（试行）》，放宽对人均面积、层数、建筑高度等指标的控制。对因征求四邻意见而导致部分正常审批无法开展的问题进行专题研究，将“征求四邻意见”改为“建设项目批前公示”，提高危房改造项目审批的规范性。成立历史街区内危房改造工作领导小组，研究历史街区内危房改造政策和审批流程，提出具体建议。全年办理各类危房改建项目256件，共计建筑面积5.5万平方米。

【规范规划管理】 2016年，推行项目公示制度改革，将原来的建设工程选址、用地、工程3次公示精简为1次公示，公示时间从30个工作日缩短至10个工作日。建立模拟审批、预受理制度，制定“强三优二”项目涉嫌违法建筑处置程序，推行项目审批表单式管理、重大审批事项集体决策机制，实现审批办件信息统一录入鹿城区行政审批综合平台及审批事项网上预约，参与建立项目“大并联”数据库。全年办结各类审批件1154件，其中审批窗口办结的538个审批件，平均办结时间缩短为2个工作日。

【规划法制建设】 2016年，规划鹿城分局对在建项目做到每周至少巡查1次，并及时将违法建设案件移送执法部门处置。协助执法、街道、法院等部门完成对39个案件的规划技术审查，涉及产权户92户、建筑面积2万平方米。成功处置荷花路E—25e地块、青云道观、红日香舍苑二期等建设项目的群访事件，办结信访件147件，按时办结率100%。成功举办永川路二期安置房建设项目等3个听证会，2个行政诉讼案件和1个行政复议案件均胜诉。

【规划志愿服务】 2016年，规划鹿城分局成立党员志愿者服务队，协助鼓楼社区开展12次城市精细化管理巡查，参加“七一”松台广场志愿者服务活动。开展结对帮扶，5次到前林村、竹桥村、枫林岙村调研，指导灾后重建、村庄规划编制等工作；争取资金51万元支持陈村、朱下村、潮埠村的灾后村庄规划编制。

（朱建成）

国土资源管理

【概况】 2016年，国土资源鹿城分局聚焦涉土、涉矿重难点问题，补短板、强攻坚，抓好全区国土资源管理“十三五”规划落实。分局构筑教育、制度、监督、执纪、问责的廉政建设安全网；坚持选人、用人与干事创业相统一，派出业务骨干4人次支援全区城中村改造和农村基层作风巡查；妥善应对少数住宅建设用地使用权到期问题，在尚未对后续期作出法律安排前，推动并协助全国过渡期政策出台。推行阳光征地“五公开一上墙”，在基层设立公告栏107个、全年网上公开发布征地公告19个、补偿安置方案120个、请示173个、批复171个、行政处罚案件27宗和规划修编公示、土地招拍挂等可公开信息。受理行政复议诉讼案件24件（其中诉讼13起、复议11起），所有案件无一败诉和撤销；调处2宗土地权属争议。拓宽群众意见、建议反映渠道，开展国土领域法定途径分类处理工作，办结信息公开申请43件，答复来信来访76件，完成市长热线办理53宗。强化部门法治机构和队伍建设，成立法规监察科，推进权力事项网上运行和信息共享工作，健全清单三级目录统一和标准化建设以及信用管理。

【土地供给】 2016年，国土资源鹿城分局围绕滨江商务区、中央绿轴、林里片区等重点亮点区块及城中村改造地块和三大特色新区，落实土地储备、做地、出让、征迁清零四个计划，完成115.28公顷住宅商服用地做地收储。合理确定土地出让类型、时序和区域结构，不断完善招拍挂流程，严格贯彻净地出让、先招商后出让、熟地出让基本原则，挂牌出让经营性用地24宗，计79.6公顷，预计收取合同金174亿元，再创历史新纪录。保持土地市场平稳运行，优先保障重大基础设施、产业项目和民生项目落地。完成协议出让和城建资产处置85宗，计15.19公顷，预计收取协议出让金78676万元。办理供地预审101宗，计212.70公顷；划拨86宗，计111.43公顷；收回24宗，计22.62公顷；延期48宗，计74.21公顷；收取“强三优二”收益金1001.28万元。

【耕地保护和永久基本农田划定】 2016年，国土资源鹿城分局开展旱改水建设，立项山福镇东岙村和山岸村等2村“旱地改水田”耕地质量提升项目，预计新增水田面积10.46公顷。从衢州市开化县、温州市文成县争取水田指标11.99公顷、旱地指标25.41公顷、旱改水指标5.08公顷，及时解决省重点项目甬台温天然气输气管道工程（鹿城段）、七都大桥北汊桥工程（鹿城段）建设项目报批耕地占补指标的燃眉之急。认定高标准基本农田323.89公顷（涉及山福镇临江驿头片，藤桥镇金马、樟村片、南雅片、底山根片、埭马片粮食生产功能区等5个项目），报省审批项目承诺完成兑现208.29公顷。建立约束和激励并行的区级耕地保护补偿机制，明确补偿范围、对象、标准和补偿资金的筹措、使用及相关职责等内容。继续推进永久基本农田及示范区划定，将保护任务数更新为2358.27公顷，划出611.17公顷，并落实到具体地块。编制区级年度土地整理项目实施方案，开展土地整治规划编制，摸底耕地质量可提升潜力，查清实际具有可提升空间的耕地1036.33公顷。

【规划计划管控】 2016年，国土资源鹿城分局适应“以项目、空间、占补定计划”的“三年滚动”年度用地计划管理新机制，争取项目、奖励、挂钩指标，从严执行土地利用年度计划和耕地占水补水占优补优新政策，全年报征滨江商务区、中央绿轴、七都新区、林宋组团、双屿整治等亮点区块和重点工程28个批次，计168.29公顷；做好“五水共治”、特色小镇、产业集聚区、省市重大产业项目、温商创业创新、民生、基础设施、农民建房等用地服务保障工作，其中报征低效批次6个计44.26公顷，发挥政策红利助推城中村改造和“大拆大整”。协助街镇做好涉及127个项目的征前准备工作。完成现行区级土地利用总体规划中期调整完善工作（省待批），乡级规划修编完成布局和听证公告（镇人大待批）。继续推进村级土地利用总体规划编制省级试点，藤桥镇驿头社区和平村规划成果提交省级审查。规划局部修改项目1个计8.80公顷，预审项目20个计152.12公顷，出具征收规划核对复函15个。

【集约节约用地】 2016年，国土资源鹿城分局控制新增建设用地规模，加大存量土地盘活力度，助力城市有机更新，加快土地效益产出速度，通过“退二进三”“退二优三”及自主改造等多样化开发模式，实施城镇低效用地再开发项目面积235.53公顷，其中省级完成类112.27公顷。提速土地清理，2011—2015年新增建设用地平均供地率达到56%，城市批次转而未供完成125.27公顷，盘活存量土地64公顷，已供土地按期开工率达91%。完成工业用地调查，并通过合同履约保证金收缴倒逼项目开建，实现地尽其用。强化闲置土地处置，2015年国家土地督察上海局节约集约用地督查发现的75宗72.12公顷闲置土地全部处置完毕，其中有4宗3.46公顷闲置土地实现收回再出让，督查外自查发现的36宗20.91公顷土地全部处置完毕，2006—2014年供应的1889.13公顷国有建设用地全部“零”闲置。

【省级“坡地村镇”建设用地试点】 2016年，鹿城区山福镇金岙谷乡村旅游休闲创意园项目成功申报为市本级唯一获批的省级“坡地村镇”建设用地试点（第二批）项目。通过推进低丘缓坡综合利用开发，最大限度避免占用耕地资源，并按照“房在林中、园在山中”“点状布局、垂直开发”的建设理念，引进现代都市农业、养老养生等项目，使农耕文化、乡村民俗及生态休闲融为一体，在尽量保留原有自然风貌的基础上，做精做优西部乡村生态休闲文章，落实贯彻“绿水青山就是金山银山”的生态理念。年内基本完成项目土地利用规划局部修改组件。

【卫片执法检查】 2016年，国土资源鹿城分局保持对土地矿产违规、违法行为的高压打击态势，联动土地变更调查，做好全区土地矿产卫片执法监督检查工作。处置32宗3.56公顷（其中耕地2.32公顷）年度违法图斑，其中，移交水利部门处置11宗（涉及河流水面和有林地等），拆除复垦9宗，立案查处12宗，使全区违占比（违法占用耕地面积占新增建设用地占用耕地面积比例）降至0.9%。

【土地执法监察】 2016年，国土资源鹿城分局开展集中专项清理整治“亮剑行动”，排查10年来临时用地79宗，发现违规48宗（其中违规审批9宗、擅自改变用途5宗、期满拒不归还32宗，拒不履行复耕义务2宗）计45.38公顷（其中耕地6.64公顷），全部完成整改处置；排查出未依法处置违法用地1401宗计131.64公顷，基本处置完毕，其中拆除复耕199宗、立案查处131宗、移交街镇1071宗。全年日常执法巡查1076次，出动2927人次，发现违法用地64宗计2.49公顷（其中耕地0.23公顷），立案处罚24起计2.70公顷。通过拆除复耕，使当年发生违法案件查处率达到80%以上。同时，结合历史涉土涉矿积案清理，申请法院强制执行31件，在媒体上公开曝光1件。

【矿政监测管理】 2016年，国土资源鹿城分局指导督促矿产资源规模开采、集约开发，加大重点项目石料保障力度。做好年度动态监测，推行矿产资源勘查开采信用管理和信息公示，对在采矿山进行日常巡查、监管23次，对发现的越层越界开采行为补征费用，依法按时足额收取资源费31.74万元，生态备用金1.29万元。深化“两路两侧”矿山“四边三化”专项整治行动，6个废弃矿山生态拟治理点推进顺利4个。强化绿色矿山和矿山粉尘验收后的监测工作，要求矿业主每季度提交第三方粉尘监测数据，与属地政府联合督查。全年注销采矿许可项目1个，出具矿产资源压覆证明94个，完成国家地下水监测点建设2处。

【地质灾害防治】 2016年，国土资源鹿城分局立足“防大雨、抗大灾”思想，借力三级群测群防体系、两级防台防汛和地质灾害预警预报系统平台，通过防治方案、应急预案编制和防灾责任人、监测人名单更新，规范管理79个在册地灾点。启动当地地面沉降易发区地灾危险性分区评估工作。走村入户开展地灾防治知识宣传和培训，7月在藤桥岙底社区江池村开展应急演练，确保防灾避险工作无盲区。在汛前、汛中和汛后地灾检查中，出动137组354人次，检查隐患点628次，累计下发、转发预警预报信息6452条。全年发生灾险情14处（2处在册，12处新增），配合街镇撤移受威胁人员1195人，平安应对“尼伯特”“莫兰蒂”“马勒卡”等台

2016年6月28日，温州市副市长王祖焕、市国土局局长陈景宝考察、指导山福镇抗台防汛工作，实地查看茅垟下泥石流隐患点现状。鹿城区副区长林世南、国土鹿城分局局长徐长波陪同考察

国土资源鹿城分局 供稿

风影响并落实受灾涉土帮扶政策和资金，没有因险情、防灾工作不到位造成人员伤亡。藤桥江心田、山福西坑村边山边坡2处年度地灾点工程治理项目完成招投标，康福山庄地灾点、杨府山东侧边坡地灾点工程治理项目分别交付竣工验收，藤桥镇垦岸村、江池村2处避让搬迁年度任务完成，剩余的藤桥镇雅漾、桥上的2处避让搬迁年度任务涉及10户20间，其中3户4.5间已置换农聚房。

【国土审批服务】 2016年，国土资源鹿城分局协助做好不动产登记职责整合。8月19日起，重新承担全区划拨转出让审批补办业务，至年底受理2231件，办结1901件，收缴出让金1297.6万元。办理各类集体建设用地和宅基地使用权登记发证58宗，历史沿用无权属调查报区政府审批21宗，提高宅基地登记覆盖率。审批无房户、危房户建房401户，认定有效“四份表”4宗，并下放权限到属地站所，实现农民建房受理、初审、审核在属地乡镇一条龙式办结，规范农村宅基地管理，推进破解农民建房难专项行动，完成用地供应任务。开展复核验收81宗计89.63公顷，出具公益性生态墓地项目审批意见9个计3.61公顷，审批临时用地22宗计8.68公顷，备案设施农业用地4个计2.66公顷，出具项目地灾不易发区证明54宗。此外，审批服务推行“放权、提速、提质、提效”，如将国土窗口纳入区行政审批中心统一管理，通过“鹿城审批”微信公众平台推广微信申报预约，当日件成功预约后即来即办，按照“一份办事指南、一张申请表单、一套申报材料、完成多项审批”的运作模式统一进行用地审批阶段的收件，按最短时限办结审批事项，并深化“团青示范岗”和“党员示范岗”创建，突出一次办结和按时备案，健全局长坐班制、科长值班制、领导包案制等，及时了解社情民意、解决问题诉求，让群众拥有更强的获得感。

（张梦迪）

环境保护

【概况】 2016年，鹿城区坚持把推动环境保护与发展方式转变、污染减排与推进经济结构战略性调整、环境治理与保障和改善民生有机结合，以解决影响可持续发展和损害群众健康的突出环境问题为重点，统筹协调治水、治气、治土、生态文明示范创建，推进鹿城生态环保工作。4月22日，鹿城区被省政府命名为省级生态区。

2016年，鹿城区地表水质量有所好转，平原河网主要污染物浓度下降较明显，但不能满足功能区水质要求；集中饮用水源水源地水质达标率为100%；温州市三大入海河流之一的瓯江（鹿城段）水质类别有所下降。全区饮用水源来自赵山渡、泽雅水库。赵山渡、泽雅水库水源地水质达标率为100%。山根水源地作为备用水源，全年未取水，但水质达标率为100%。入海河流瓯江（鹿城段）长53公里，小旦断面水质为Ⅱ类，杨府山断面水质为Ⅱ类。与上年同期相比，杨府山断面水质下降一个类别，水质趋好；小旦断面水质类别仍保持不变。2个断面水质均能满足功能要求。全区平原河网水环境质量为Ⅳ类。在3项主要污染指标中，高锰酸盐指数为3.10毫克/升，氨氮为1.35毫克/升，总磷为0.192毫克/升；与上年同期相比，氨氮和总磷分别下降48.6%和28.2%，分别在Ⅳ类和Ⅲ类水质水平；高锰酸盐指数上升1.0%，维持在Ⅲ类水质水平。

鹿城区环境空气质量优良率大幅上升，主要污染物浓度有所下降。全年环境空气质量达到优良的天数为324天，优良率为90.0%，其中，优的天数为87天，良的天数为237天，轻度污染天数为35天，中度污染天数为1天。环境空气可吸入颗粒物日均值浓度范围为0.010—0.213 毫克/立方米，日均值超标率为44.7%；年均浓度为0.071毫克/立方米，超标，高于2015年（0.070毫克/立方米）。细颗粒物（PM2.5）日均值浓度范围为0.007—0.149 毫克/立方米，日均值超标率为51.1%；年均浓度为0.039毫克/立方米，超标，低于2015年（0.044毫克/立方米）。二氧化氮（NO_2）日均值浓度范围为0.006—0.098毫克/立方米，日均值超标率为43.3%；年均浓度为0.040毫克/立方米，达标，低于2015年（0.042毫克/立方米）。

鹿城区声环境质量较上年略有改善。其中，区域环境噪声平均值为54.0分贝，比上年下降0.2分贝；城市道路交通噪声平均值为67.7分贝，比上年下降0.1分贝。

【水污染整治】 2016年，鹿城区落实《浙江省水污染防治行动计划》，制定出台《“水十条”目标责任书鹿城区龙湾考核断面水质稳定方案》，完成断面周边水环境现状、污染源分布调查分析评估，科学制定水环境整治路线图和时间表，明确城镇污水处理及管网建设、城镇生活垃圾收运及处置、农业农村环境综合整治、水环境综合整治与生态修复等4个领域17项重点工程，总投入资达32.39亿元。全区平原河网水质较上年趋好，其中九山站位水质为Ⅱ类，达到功能区水质要求；勤奋站位水质达到Ⅳ类，光明、灰桥、东水厂3个站位水质达到Ⅴ类，实现消除劣Ⅴ类水质的目标，超额完成任务。氨氮、总磷年平均浓度与去年同期相比分别下降48.6%、28.2%。瓯江入海口杨府山断面水质为Ⅱ类，优于功能区水质要求。年度水环境质量考核，鹿城区一直在全市11个县（市）区排名第一。

【重污染整治】 2016年，鹿城区按照“关停淘汰一批、整合入园一批、规范提升一批”的思路，创新引入第三方环境监理机制，全面推进金属表面处理和移膜革两类重污染行业整治工作。9月底前，率全市之先完成年度任务，淘汰关停企业共25家，规范提升的7家企业全部完成“一厂一案”编制并通过环境监理单位的评估。

【固体废物】 2016年，鹿城区进行土壤环境风险评估地块8个，确认需进行修复地块5个，审批疑似污染场地的土壤治理修复工程环评2个。

【生态创模】 2016年，区环保局进行鹿城生态文明示范区规划编制；实施生态绿色系列创建提质扩面行动，启动山福镇和藤桥镇国家级生态街道创建，牵头组织贯穿全年的生态环保宣传月系列活动，内容包括生态绿色倡议、环境日健步低碳健步大赛、七都绿色健行、周末环保创意集市等活动和最满意生态街镇、绿色家庭、最美环保人等评选；深化公众参与机制。切实发挥志愿者、民间环保组织参与生态环保的积极性，成立生态环保志愿宣讲团，开展百场“绿色课堂进社区、进学校、进企业”活动，结合浙江生态日，组织“两代表一委员”、媒体记者、市民代表开展“生态鹿城”一日行活动或公众参与环保事务体验活动。

【监察执法】 2016年，鹿城区开展百日环保执法攻坚行动，完成对畜禽养殖场、重点监控工业企业、污水处理厂等污染源全方位体检式监督检查。开展辐射、医疗废物、在线监控、饮用水源、绿色护考（指中考、高考）等专项行动。出台并实施污染源日常监管双随机抽查工作方案，组织开展双随机执法6次，共抽查重点监管企业268家次。全年共出动执法人员27296人次，检查企业9671家次，征收排污费2567.05万元。对各类环境违法行为立案210件，处罚金额395.94万元，限期整改12家，打击取缔非法污染源2个；开展环保公安联动执法，向公安机关移送涉嫌严重污染环境案件6件，刑事拘留6人。调查处理各类环境信访举报投诉1305件，比上年减少信访件139件，下降率9.6%，按时办结率100%，群众满意率98.5%，无群体环境信访事件发生。

（伍育莹）

城市建设项目运作

【概况】 2016年，温州市鹿城城市发展有限公司及下属20家子公司重点投资开发鹿城区“城中村”改造项目，共承担区政府安排的城中村改建工程34项，预计总投资130亿元，完成担保总量的58.7亿元。

【项目建设】 2016年，牛山北路（温州大道——德政路）改建工程完工，处于交接阶段；德政村牛桥底安置房工程完工，安排安置；横渎河西地块改建工程景观带还未完成，正为建筑物“绣源佳苑”拟命名；丰收村股份经济合作社二、三产地块改造项目主体施工完成，待水务完成后开展绿化施工。

【融资工作】 2016年，鹿城城市发展有限公司通过市场化运作，多渠道筹措资金，截至年底，贷款余额46.10亿元（其中本级37.84亿元），已偿清1.08亿元，为鹿城区域中心城市建设提供资金保障。通过创新融资手段，分别与中国银行、兴业银行和杭州银行成立产业基金，破解城中村改造建设项目前期资金问题。截至年底，中银鹿城民生产业基金到位资金3.75亿元；与兴业银行、杭州银行成立的产业基金分别到位10亿元。探索盘活存量资产方式的融资模式，与建设银行开展公司资产证券化融资模式的合作意向并签订4.8亿元融资合同，截至年底，到位资金2亿元。“14鹿城债”债券募集资金12亿元，全部用于温州市汇昌河葡萄居住区建设项目，投入使用9.5亿元。

【担保工作】 2016年，鹿城区藤桥镇新农村建设投资有限公司以藤园景苑农房集聚工程项目和青藤家园农房集聚工程项目向温州银行融资6.1亿元；鹿城交通投资有限公司向农商行融资5亿元；鹿城区塘河改造与开发建设有限公司以庄头改建地块安置房项目向民生银行融资4.8亿元；轻工产业园区投资建设有限公司向农商行融资5000万元。鹿城城市发展有限公司累计完成担保总量58.7亿元。

（王诗婷）

城中村建设

【概况】 2016年，鹿城区推进城中村改造、房屋征收、安置提速、旧住宅区改造、未经登记建筑认定等各项工作，城中村改造专项任务、“大拆大整”专项行动等考核均获“四区两市”第一，并获得2016年“大拆大整”专项行动先进单位称号及城中村改造专项工作特别贡献奖。区城中村改造办公室（区工务局）被评为温州市“三改一拆”行动先进集体、城中村改造先进集体、重点项目建设先进服务单位。

【城中村改造】 2016年，鹿城区城中村改造累计签约完成9323户，旧房拆除9021户，拆除面积为183万平方米。全年改造总户数是前十二年总和的3.3倍。其中，市下达区大拆大整攻坚项目整村（区块）签约任务数17个，完成100%签约整村（区块）15个，累计签约6912户；完成100%拆除整村（区块）14个，累计旧房拆除6577户。双屿街道城中村改造专项考核项目整村（区块）签约任务数5个，完成100%签约整村（区块）4个，累计签约1947户；完成100%拆除整村（区块）4个，累计旧房拆除1892户。

【城中村改建和旧住宅区整治】 2016年，全区城中村改造一类完成新建1713套，完成率130.7%；完成基本建成5713套，完成率125.1%；竣工2404套，完成率111.9%；交付1511套，完成率188.2%。二类完成130.24万平方米，完成率144.7%。旧住宅区改造共完成改造面积92.84万平方米，完成率123.8%；2个样板小区完成改造。

【房屋征收与征地房屋补偿】 2016年，鹿城区制定《鹿城区房屋征收人均保底安置人口审定办法（试行）》《温州市鹿城区国有土地上工业用房征收补偿实施细则》等规范性文件，完善“四策合一”政策（指保持“房屋征收、城中村改造、农房集聚、保障房建设”四类政策一致）体系。全年依法作出征收决定或征地房屋补偿方案批复25例，涉及户数6765户，改造面积计149.93万平方米；14个指导协议搬迁项目全部完成，涉及户数1479户，改造面积为49.49万平方米。

【安置提速】 2016年，鹿城区房屋征收“项目清零”（把初签的临时协议都转成正式协议）累计完成2813户，年度任务完成率187.53%。安置方案编排累计完成22例，认购住宅1457户、营业房40户；交付住宅1062户、营业房39户。

【疑难化解】 2016年，鹿城区在破难攻坚工作中，成功化解疑难户248户，化解率达73.37%。其中，滨江街道黎二村5号地块（一期、二期）、环商泄洪河道二期、黎二村2号、4号地块（一期），南汇街道巨一村（旺增桥自然村）、中央绿轴（上田片）一期、横渎村，双屿街道中央涂A—1、昆仑路、瓯南路等10个地块完成“清零”。

【房屋征收与补偿业务培训】 2016年，区城中村改造办公室（区工务局）累计召开城中村改造政策及业务培训会2期，提升房屋征收人员专业素质，促进全区房屋征收工作向规范化、专业化发展。各街镇、代理公司、评估公司等从事房屋征收事务人员700人参加培训。

【联合执法】 2016年，鹿城区在城中村改造组织架构上，充实纪委、法院、检察院、法制办、公安、城管执法、市场监管、国税、地税、宣传等10个部门力量，组建区级重大项目征地拆迁联合执法组，与区城中村改造办合署办公，由区委、区政府直接领导，负责需区级层面解决的重大项目破难攻坚。全年选配骨干力量41名，整合2015年抽调的下派干部，共选派111名攻坚人员参与到城中村改造项目攻坚，攻坚人员全部纳入属地街道统一调配、统一管理，统一攻坚。同时，由区城中村改造办公室（区工务局）牵头，国土、规划、房管等部门共同参与，市不动产登记服务中心配合，以联席会议的形式，研究化解各街镇在区城中村改造推进过程中遇到的涉及不动产方面的问题。此外，坚持实行城中村改造周例会制度，由区分管副区长牵头，逐个研判和确定项目破难攻坚方案，统一部署实施项目征迁工作。全年通过周例会平台，共研究化解城中村改造个案问题300余例。

（李　慧）

房产管理

【概况】 2016年，房管鹿城分局扎实开展直管公房管理、住房保障、物业管理、行政审批、房产监察等各项业务工作，完成年度目标任务。为配合历史文化名城创建工作，对涉及拆迁置换的直管公房加快办理房改手续，并配合城中村改造工作，加快征收范围直管公房房改速度，查询、出具国家直管公房承租情况证明1086条。全年鹿城区直管公房经营总收入4855万元，其中住宅租金收入536万元、非住宅租金4130万元、其他收入189万元。推进非住宅公开招租工作，委托市公共资源交易中心进行公开招租，并试点成功，为推进直管非住宅管理规范化和市场化迈出第一步。通过制定排查治理计划、建立“一户一档”管理制度、引进市场竞争机制、实施施工公开招投标、开辟绿色通道、缩短住房审核时间等举措，提高危旧房治理的质量安全和工作进度。做好房产监察执法工作，加强房屋装修监管力度，把控装修管理源头，规范房产市场管理。加强辖区巡查，及时查处违法装修行为，累计出动2466人次。加强房产市场监管，共完成商品房租赁备案21件，合计面积1.91万平方米，完成房地产项目预售资金监管协议备案23个。加大查处力度，对符合立案条件的住宅装修违章行为进行立案查处。

【“大拆大整”专项行动】 2016年，房管鹿城分局开展“大拆大整”专项行动，落实“五个一律”（一律依法由乡镇、街道发布危房公告，一律依法限期搬离，一律依法贴封条禁止出入，擅自撕毁封条回迁入住的一律依法追究法律责任，涉及危害公共安全的一律依法拆除），坚持“签、腾、拆、建”环环相扣，腾空查封42处151户危房住户，累计完成697处危旧公房治理改造（其中C级684处、D级13处），完成三年治理改造任务的77%，提前1个月完成年度危旧房治理改造65%的任务。

【平安护航任务】 2016年G20杭州峰会期间，房管鹿城分局加强协调机制，增强全面信息排查。建立一对一稳控和包案制度、落实稳控责任。从实战到决战阶段，连续19天奋战在稳控第一线。同时，组建平安夜巡队，开展公房隐患平安排查，保证峰会期间的公房安全。

【C、D级危房监管】 2016年年初，国家直管危旧公房治理改造工作全面启动，房管鹿城分局对管辖的丙类直管公房进行房屋安全鉴定，鉴定出D级危房33处，建筑面积4890平方米；C级危房873处，建筑面积11.13万平方米。针对每处危旧公房制订详细治理改造方案，专人负责，落实维修资金，并将鉴定结果、治理措施、解危完成情况录入到省既有房屋排查系统。定期组织并聘请专业技术人员进行排查，全年完成中小修1893处，效益面积约5.89万平方米，完成工程造价636万元。

【住房保障】 2016年，房管鹿城分局新增受理中低收入家庭申请公共租赁住房保障3805户，经核准保障2249户，发放补贴772.71万元；新增核准保障新就业大学生住房租赁补贴196户，其中高端人才购房补贴2户、研究生 24户、本科生170户。做好8270户中低收入、新就业大学生等在保对象的年审工作，发放补贴5698万元。委托会计师事务所对公租房进行审计检查，达到自查自纠、随查随纠的目的。

【房产市场监管】 2016年，房管鹿城分局通过商品房预售许可监管手段，加强商品房销售监管，对商品房开盘、售楼处现场公示、房开企业工程进度承诺事项进行检查，规范销售制度。落实购房实名制，强化商品房网上销售管理系统。开展房地产中介市场专项整治，由房地产中介机构填报自查检查表，并登录浙江省住房信息网集中填报辖区内的中介机构信息。全年组织专项检查活动3次，检查中介机构183家、从业人员1413人；受理房产违法举报投诉487件。

【审批服务提速提效】 2016年，房管鹿城分局根据《温州市深化行政审批制度改革实施方案的通知》文件要求，简化办事流程、明确办事要件、压缩办理时限、落实责任人员。做好“强三优二”城市有机更新项目的联合会审工作，优化审批环节。全年办理“强三优二”联合审批38件、房地产估价机构的资质审核5件、300平方米以上的非住宅装修施工许可126件、小区物业管理项目协议招标批准17件、新建房屋白蚁预防登记2件、工程投资额在30万以下的装修审批件225件、房地产经纪机构登记备案工作147件。

（余琼蕙）

物业管理

【概况】 2016年，鹿城区登记在册物业服务企业共115家，其中，一级资质9家，二级资质7家，其余为三级和暂三级，物业管理区域面积约3361万平方米。年营业收入约7.69亿元，年上缴税收约4688.98万元。企业从业人员近14926名，住宅、写字楼等各类物业服务项目近679个。全年鹿城区房管部门物业管理工作以开展城市管理“治乱”专项行动和鹿城区城市精细化管理八大行动为载体，以全面提升物业管理服务水平为目标，认真履行职责，促进行业健康发展。完成16个前期物业服务项目招投标工作；办理物业用房配置手续20件、物业用房移交手续20件，移交物业管理用房总建筑面积8264.28平方米，物业经营用房总建筑面积1670.07平方米；完成前期物业管理合同备案41个，总建筑面积311.15万平方米；提升物业服务管理水平，办理业主大会筹备经费申请手续14件，共计经费28.67万元。

2016年，鹿城区物业管理总公司出台《关于全力做好G20杭州峰会维稳安保各项工作的通知》《关于护航G20杭州峰会开展重点领域消防安全专项整治工作的通知》《关于开展中秋国庆节期间安全生产和消防安全专项检查活动》等文件，在管辖范围内开展消防安全和安全生产、创卫、智慧城管等相关工作，在下属管理处开展自动消防报警系统的维护和电梯更换工作。

【物业区域安全管理】 2016年4月，鹿城区物业管理区域城市精细化管理八大行动动员部署大会召开，全区各物业服务企业负责人、物业协会等120余人参加会议。全年房管鹿城分局开展安全专项督查10余次，发送平安物业宣传短信336条。组织物业服务企业配合属地政府做好迎接中央、省级部门对鹿城区文明指数测评、文明城市暗访、卫生城市复评的检查。

【物业服务项目申报】 2016年，房管鹿城分局继续做好物业服务项目省、市示范项目复评申报工作，完成省示范新申报项目3个、省示范复评项目1个、市示范新申报项目14个、市示范复评项目9个。

【检查整改】 2016年6月，房管鹿城分局召集12家区骨干物业服务企业分成6组，用半年时间对全区500多个物业服务项目“八无八净”（“八无”指无垃圾堆积、无积水积泥、无痰迹烟蒂、无果皮纸屑、无土石杂草、无违规饲养畜禽、无乱张贴、无乱涂写，“八净”指路面干净、绿化景观干净、化粪池干净、窨井沟眼干净、楼道干净、地下空间干净、设备房干净、果壳箱等环卫设施干净）和消防安全等10项内容进行逐个检查、逐个整改，并发放《整改通知书》100多份。

【培训工作】 2016年1—9月，区物业管理总公司安排10人进行电梯安全管理员培训、复训；安排各管理处25名人员进行消防控制室巡查员培训，并全部结业；在人和嘉园组织人和、东门、金会昌、西湖、通泰、南国等7个管理处的部分秩序维护员及业主单位1人（共计22人次）进行消防“四个能力”学习、干粉灭火器灭油火演练；组织金德景园管理处的部分秩序维护员、“速8酒店”等消防重点业主单位的人员（共计20余人次）进行消防“四个能力”学习，还在“速8酒店”组织模拟人员逃生疏散演习。7月，房管鹿城分局联合鹿城区质监局举办物业服务企业负责人电梯安全知识培训，对全区100余名物业负责人进行培训，发放电梯安全警示标志及画报共4000余份。

【创卫工作】 2016年，区物业管理总公司各行政职能部门依据自身职责，对下属各管理处、分公司开展抽检和半年度考核等相关检查，促进创卫工作持续有效开展。在创卫复评迎检和G20杭州峰会两个重要时间点，督促指导下属管理处做好管辖区域内的卫生保洁工作，消除卫生隐患。

【安全生产】 2016年，区物业管理总公司落实安全生产和消防安全责任制，在中秋、国庆节期间的消防安全专项检查中，查出210项问题，并逐一制定整改措施、明确整改期限，加强跟踪督查，确保管辖区域内安全生产和消防安全责任事故零发生。各管理处的自动消防报警系统、电梯均委托具有相应资质的工程公司进行维护保养，对金汇广场、金德景园的自动消防报警系统的维保单位进行调整，严格按照合同约定执行，实行“一机一档”“一梯一档”制度，维保记录保存完好。指导通泰景苑1—7幢、金会昌家园、博林大厦、东门大厦等4个管理处对自动消防报警系统进行维修；温州大厦东首2台电梯于7月更换完毕；东方花苑6台电梯的钢丝绳更换，其防盗监控系统延续更换。5—7月，自备发电机组进行日常维护和二级维保；二次供水水池、水塔均按时进行清洗和水质检测。

【智慧城管工作】 2016年，区物业管理总公司通过加强部门之间的协作和沟通，提高派件处置效率，确保派件在规定时效内完结。全年接案419件，其中归属总公司案件400件，除3件因一些原因未能办结外，其余均办结，办结率为99.25%；另外19件，经与就近管理处调查核实非总公司管辖后，做好解释退件工作。

（余琼蕙 郑 诗）

住房公积金管理

【概况】 温州市住房公积金管理中心鹿城管理部主要负责温州市本级、鹿城区、经济技术开发区和瓯江口新区等3500多家国家机关、企事业单位的住房公积金业务管理工作。2016年，鹿城管理部开展住房公积金法规政策宣传，落实首问负责制、一次性告知、挂牌上岗、限时办结、政务公开等文明服务制度，坚持推行午间连续办、周六正常办、上门服务、延时办理、网上“你问我答”、设置业务大厅引导员等便民措施，取得显著成效。鹿城管理部获得市城建系统“双建设”先进单位、市住房公积金管理中心工作目标责任制考核优秀单位、市住房公积金管理中心标杆窗口等称号。

【业务办理】 2016年，全区住房公积金正常缴存职工169056人，当年归集金额35.79亿元。办理住房公积金提取225949人次，提取金额25.42亿元，期末归集余额达120.03亿元。办理住房公积金贷款3123件，贷款总额16.75亿元，其中办理住房公积金贴息贷款1377件，贴息贷款总额8.58亿元，期末住房公积金贷款余额109.94亿元。

（温文雅）

新农村建设

【现代农业园区建设】 2016年，鹿城区发展时尚农业，与藤桥乡村旅游节、七都向日葵文化旅游节联动，着力建设时尚休闲农业园。浙农生态农庄完成停车场、旅游公厕等基础设施建设，并承办了藤桥镇的农博会和旅游展销会；温州市种子种苗科技园基本完成教学楼的主题建设工程；高田农庄完成休闲娱乐住宿观光等设施建设。雅西休闲农庄市级农业主导产业项目2015年度建设内容通过验收，组织材料申请项目总验收，完成关于《鹿城区雅西休闲农庄（生态农业公园）改扩建项目》建设方案调整的文件审批；浙农生态农庄主导产业项目通过总验收；完成关于《中华竹鼠规模化生态养殖》建设方案调整的文件审批。

【美丽乡村建设】 2016年，区农林水利局制定出台《关于下达2016年农村污水治理和美丽乡村建设重点任务的通知》。完成藤桥镇美丽乡村综合体建设，创建一条以“藤西登山古道”为主题的精品线和以“宜居乡村”“白鹿奢乡”“朱下花海”“美丽水乡”为主题的4个精品村，完成农村生活垃圾分类处理工作，并取得阶段性成效。完成林路村休闲文化长廊、小岙村停车场建设和江心田村溪流整治及绿化工程，并在金岙、东坑、朱下、潮埠等地共种植230余亩的波斯菊和向日葵；完成七都街道樟里村文化礼堂改造提升工程、文化墙及300亩的波斯菊、硫华菊花海建设；完成15个历史文化村点项目建设。七都街道被评为2016年浙江省第一批美丽乡村示范街镇，七都街道樟里村被评为浙江省美丽乡村特色精品村。历年累计创建国家级示范社3家、省级示范社1家、市级示范社12家、市级示范性“三位一体”农村合作组织11家、省级家庭农场2

家、市级家庭农场5家。

【“低收入农户收入倍增计划工程”实施】 2016年，鹿城区结对帮扶发展产业共86户，培训低收入农户劳动力135人，帮扶低收入农户转移就业人数73人。实施低收入农户“爱心卡贷款”扶贫项目，发放低收入农户丰收爱心卡贷款共120户、贷款金额619万元，解决低收入农户创业就业难问题。完成省、市、区三级挂钩帮扶工作，落实省级挂钩泰顺16个欠发达村帮扶资金100万元、市级挂钩帮扶泰顺与平阳5个欠发达镇帮扶资金228万元、区级挂钩帮扶藤桥与山福15个欠发达村帮扶资金21.6万元，合计349.6万元。

【农家乐休闲观光业】 2016年，鹿城区有农家乐经营户（点）37家，农家乐休闲旅游接待45.22万人次，实现营业收入4132.02万元，同比增长15.3%。年内，成功推出鹿城区时尚农业休闲旅精品线两条，藤桥镇山水田园时尚农业一日游：种子种苗科技园（枫林岙村）——雅漾风景区（雅漾村）——浙农生态农庄（下庄村）；山福镇沿江都市休闲农业一日游：雅西休闲农庄（下冯村）——双潮植物园（下冯山村）——红豆杉基地、板栗基地（西坑村）——白鹿奢乡民宿（东坑村）。成功推荐温州浙农生态农庄有限公司申报温州市级三星农家乐；成功认定温州市雅西农业开发有限公司和温州市高田生态农场有限公司为浙江省二星级农家乐经营点、温州市鹿城区藤桥智勇农家乐（雅宴楼）为浙江省二星级农家乐经营户。雅西休闲农庄和智勇农家乐（雅宴楼）分别成功申报鹿城区时尚农业园和时尚农家。

（区农林水利局）

江滨路（鹿城段）建设

【概况】 2016年，在江滨路（鹿城段）建设中，区重点工程18、19号地块总用地面积8.68公顷，总建筑面积20.90万平方米，其中，安置房用地面积3.84万平方米，安置房面积8.25万平方米，总投资7.299亿元；永川路安置房地块用地面积2.85公顷，安置房建筑面积12.50万平方米，总投资10.79亿元；滨江商务区A02—08地块安置房建设工程，总用地面积为0.82公顷，总投资2.27亿元；五马统筹安置房建设工程，总用地面积0.395公顷，总建筑面积11876平方米，总投资0.598亿元；飞霞北路（新株柏路—新永川路）道路红线宽12—16米，全长约234米，总投资879万元；新株柏路（飞霞北路—株浦西路）道路红线宽12—16米，全长约298米，总投资2724万元。截至年底，18、19号地块东江锦园10、13、14幢安置房工程竣工验收并交付使用；永川路地块一期安置房工程3—6号楼完成预验收，附属工程施工；永川路地块二期安置房工程综合楼结顶，地下室施工；滨江商务区A02—08地块安置房建设工程完成地下室负二层，进行地下室顶板施工；五马统筹安置房建设工程完成地下室底板，进行地下室顶板施工；飞霞北路与株柏路均完成通车。全年计划投资2.07亿元，截至年底，实际累计完成投资额2.2873亿元。

（叶孙武）

温瑞塘河（鹿城段）建设

【概况】 2016年，温瑞塘河（鹿城段）建设包括4个项目，有效投资2.6亿元，实际完成3.42亿元，完成率131.9%。年内开展活水畅流、河面保洁、沿岸环境等综合整治，组织区城管、农林水利、卫生、环保、温州海事、港航、排水等单位开展20次联合执法活动，发放“五水共治”督办单30件，均得以整改落实；办结市长热线、市民投诉等涉水投诉件10件、数字城管涉水案件13起。借助塘河GIS系统实现水环境监测、排污口调查数据的信息化管理，推行数字塘河管理模式；运用“水立方”APP平台实现水保护活动信息发布、水污染监督、水环境信息公开、水安全指数预警等功能，以社会监督倒逼治水转型升级。2016年，汇昌河（龙舟基地—吴滨巷段）河道生态建设工程创成省级河道生态建设示范工程；区温瑞塘河保护管理委员会“水岸同治”工作年度考核成绩列全市第一。

【安置房工程】 2016年，温瑞塘河（鹿城段）共实施3个安置房工程。其中，庄头安置房工程竣工验收，吴桥路C地块安置办公楼建设完成，吴滨巷地块安置房地下室在建。

【市政道路工程】 2016年，新纺织路9000余平方米路面浇筑完工。

【沿河地块改建扫障】 2016年，庄头地块完成临转正协议（民宅）签订230户，完成率95.8%；吴滨巷地块和菜篮子地块完成临转正协议签订100%；化解因庄头地块容积率调整而引发的150多户被征收户的群访维稳风险等历史疑难问题2个；完成庄头商业中心地块出让，拍卖成交价1.2058亿元，溢价率达228%。

【河面保洁全覆盖】 2016年，鹿城区塘河范围内48条河道，每天均保持60艘船只120人次轮回保洁，实现河面保洁全覆盖。全年打捞河面垃圾1800余吨，打捞废弃沉船68艘，其中龙舟38艘、水泥船20艘、小木船10艘；清理沿岸垃圾90余吨；打捞浮萍、水葫芦220余吨。全年开展日常水陆同步的保洁巡查125次。

【活水畅流工程】 温瑞塘河（鹿城段）活水畅流工程由清淤疏浚和生态调水构成。2016年，蝉河、汇车桥河和山前河活水工程以及沿江片三十六村河、勤奋河、广化河、蒲州河世纪环岛南汉等7条河道清淤疏浚工程的总投资达1800万元，新建小（1）型控制闸1座，清淤疏浚河道总长5.84公里，清淤方量约7.1万立方米；在生态调水方面，完成5个省、市控站位提升工程，站位水质稳定在V类水，进入河道水质维养阶段。

【沿岸环境整治】 温瑞塘河（鹿城段）沿岸环境整治包括管网清通和维护以及桥梁、建筑外立面的改造和美化。2016年，市区三级管网120公里疏浚提前完成，小南门桥、双莲桥、飞霞南桥和南塘大桥等四座桥梁的美化工作已完成，桥儿头新村石榴组团、上陡门吕浦河沿岸、惠民路锦慧公寓山下河沿岸建筑的外立面改造完成。

【塘河精品工程】 2016年，汇昌河水上公园美化亮化工程前期规划设计完成，其中汇昌河水上公园D段亮化工程完工。

【河长制】 2016年，在鹿城区塘河范围内，10位市领导担任12条市级河道“河长”，12位区领导担任12条区级河道“河长”。全年市级“河长”“督察长”视察河道治理工作90余次。

（李道章）

2016年，汇昌河河道生态建设工程创成省级河道生态建设示范工程

区温瑞塘河管委会 供稿

城市管理与行政执法

【概况】 2016年9月12日，鹿城区城市管理与行政执法局更名为鹿城区综合行政执法局。依托大网格机制，区综合行政执法局派驻街镇执法中队由19支调整为14支，实现与街镇设置的一一对应。全年开展城市精细化管理八大行动，探索富有鹿城特色的高效能城市管理之路，使各项重点工作快速推进。先后获得浙江省城市环境卫生工作先进集体、2011—2015年全省法治宣传教育先进集体、2015年度“三改一拆”工作先进集体、2015年度温州市创建国家园林城市工作先进集体等称号。

【“无违建”创建】 2016年，区综合行政执法局开展“无违建”创建工作，处置违法建筑156.15万平方米，完成75万平方米任务的208.20%。其中，“大拆大整”开展后，拆除违法建筑66.88万平方米，完成60万平方米任务的111.47%。全年拆除新建违建468处、2.83万平方米。七都、五马、大南街道完成“无违建”创建，松台、蒲鞋市街道创成基本“无违建”街道，广化、南郊街道被命名为“无违建”创建先进街道，各街镇基本完成“无违建”创建“一户一档”工作。

【园林绿化与彩化】 2016年，鹿城区实施城区“增绿添彩”工程，重点推进绿化、彩化示范路建设，并于5月完成全市第一条高标准精品示范路——大南路的创建工作，彩化率达25%以上，提升绿化面积约3500平方米。全年加速推进“绿在城中”向“城在绿中”转变，打造“精、细、雅、洁”的城市绿地，完成新建绿化194.68公顷、立体绿化10315平方米；营造“四季有景、三季有花”的道路景观，种植草花植物、彩化植株近10万盆株、自然花境88组；对城市小公园、小广场、道路拐角等关键节点进行景观提升，如莲花路与荷花路交叉口的小公园，提升后成为居民休憩的理想场所。截至年底，全区人均公园绿地面积达12.09平方米，建成区绿地率32.99%，人均值和绿量初具规模。

【环境卫生整治】 2016年，鹿城区加强城市环境卫生精细化管理，提高城市道路洁净度，规范城市道路清扫保洁作业，城市道路机械化清扫率为65%，城市主干道机械化清扫率达100%。在作业标准上，一、二级道路达到“七无六净”〔无瓜果皮、纸屑，无土石杂草，无积泥（沙），无痰迹、烟蒂，无污水，无堆积物，无普扫盲点，死角路面干净，绿地、树穴干净，边角侧石干净，窨井盖沟槽干净、果壳箱等环卫设施干净，市政设施干净）标准〕，三、四级道路达到“五无五净”（无果皮纸屑，无土石杂草，无积泥堆积物，无痰迹烟蒂，无污水，路面干净，绿地树穴干净，窨井盖沟槽净、果壳箱等环卫设施干净，市政设施干净）标准。在作业时间上，一级一类道路、主要商业街保洁每日不少于18小时，二级道路保洁每日不少于16小时，三、四级道路、社区道路保洁每日不少于14小时，工业区道路保洁每日不少于12小时，农村（不含城中村）道路保洁时间达到10小时以上。在作业方式上，人行道冲洗68条段 ，道路机械化清扫110条，洒水113条。保障辖区内垃圾日产日清，累计处理生活垃圾46.71万吨，生活垃圾无害化处理率达100%。全年推进生活垃圾分类收运，建成105个垃圾分类小区，完成计划任务数100%，累计420个小区实行垃圾分类，覆盖面达60%以上。生活垃圾转运作业市场化前期工作基本完成。

【市政公用建设】 2016年，鹿城区完成道路维修面积65万平方米，完成定期检测的139座桥梁通过专家评审。鹿城轻工产业园区污水处理厂投入运行，运行负荷率达29%；完成排水管网清淤265公里，实施排水户一户一档管理制度，已截污纳管区域排水户排水许可证发放100%。施划停车泊位3500余个（其中收费泊位2222个）、覆盖道路近40条，设置道路隔离设施近8000根（处）。建成公共自行车网点291个，投放公共自行车1.2万辆。检查瓶装燃气供应站点、储配站及气化站安全生产30余次；设置14个瓶装燃气供应站点，平均每个街道（镇）不少于1个；配合推进天然气置换工作，发放各类宣传资料2.6万份。完成对二次供水设施管理抽查，动员各街镇开展节水型小区（单位）创建活动，完成节水器具改造1400套。实施亮化工程，路灯、景观灯、建筑物立面照明相融合，打造夜景效果；对城开天桥等7座城市过街天桥实行景观化改造，打造“不夜美景”。

【执法工作】 2016年，鹿城区严管道路从10条扩至21条，管理时间从早8时至晚22时延长至无时间限制；全面实行道路包干、责任到人，违停一律抄牌处理，共查处违停车辆24.05万余辆次；排查停车库645处、总车位69049个，督促整改挪用车位230个，梳理空置车位1684个，恢复对外开放的泊位254个，清理私设石墩等各类路桩、路障近500个。部署开展“零点行动”、燃气整治“回头看”专项行动，共组织对非法燃气经营点集中排查与整治行动147次，查处整改非法经营、储存、充装等各类违法行为159次，查扣燃气瓶3821个，移送拘留20人，立案查处39件。检查餐饮场所6500余家次，查处并整改安全隐患506处。管理流动摊贩7878个，立案查处占道经营238起。处置“数字城管”平台受理派遣信息15.12万件，处置率99.9%；“96310”热线受理群众投诉17656起，回复率100%。施工前工地文明施工责任书签订率达100%。严把建筑垃圾处置属地审批关，核准率100%。全面实行建筑工地网格化管理和建筑垃圾运单制，专人负责车船GPS、AIS等行驶记录仪轨迹监管。及时办理市委、市政府、市局督交办件，确保反馈率达100%，按期反馈率和办结率100%。完成347个工地标准化建设。开展专项整治，严查各类渣土处置违法现象，共立案查处239起，罚款231余万元，暂扣车辆82辆。办理简易程序案件累计4462件、一般程序案件1055件，结案921件；全面推行行政处罚案件网上办理，全年网上公开行政处罚结果案件817起。落实重大行政处罚案件备案工作，办结行政处罚案件5517件，对其中77件重大行政处罚案件进行备案审查。

【创新工作】 2016年，鹿城区推进道路精细化管理，共建成12条高标准精品区级示范路、15条非示范路和52条背街小巷整治工作。6月，创成全市首个城市精细化管理示范街区——大南街区。年底，与温州电视台《温州零距离》栏目合作的全省第一档城市管理与综合行政执法电视栏目《鹿城综合行政执法在线》开始拍摄。

（黄寅玮）

土地储备

【概况】 2016年，鹿城区土地储备中心发挥储备土地前期开发、保护、管理、利用职能，建立国有闲置地块巡视制度，确保国有资产不流失。全年计划完成做地并纳入储备土地计34宗，面积115.28公顷，其中，住宅用地81.94公顷，商服用地33.34公顷。

2016年，区土地储备中心增设鹿城区城镇低效用地再开发试点工作领导小组办公室，承接全区城镇低效用地再开发工作。全年城镇低效用地再开发项目累计总面积228.67公顷，任务完成率155.9%，其中启动类任务数119.47公顷，达到省级标准完成类任务数109.2公顷，任务完成率136.5%。

【做地、储备】 2016年，区土地储备中心编制并实施年度做地、储备计划，建立土地储备中心在储地块电子档案库。启动做地115.28公顷，占总面积的100%；完成政策处理108.90公顷，占总面积的94.47%；完成做地106.54公顷，占总面积的92.42%；完成收储106.54公顷（其中住宅用地73.39公顷、商服用地33.14公顷），占总面积的92.42%。

【土地整理】 2016年，区土地储备中心加强对全区闲置国有地块管理和利用，制定储备中心日常巡查制度，包括日常巡视、照片取证和台账记录等，建立地块档案，对发现有违法侵占国有储备土地的行为按照相关管理条例及时进行通告，保护国有资产不被非法占用。

（邵忆文）

电力供应

【概况】 温州电力局鹿城供电分局承担着全区12个街道、2个镇的供电服务任务。2016年，分局致力于服务发电企业、电力客户，服务社会发展，电力生产、电网建设、经营管理、精神文明建设等各项工作取得显著成绩，先后被评为“浙江省级治安安全单位活动成绩突出单位”“浙江省文明单位”“温州电力局2016年度绩效考核优胜单位”“温州电力局2016年度精神文明建设先进单位”。

【规模】 2016年，全区有500千伏变电站1座、220千伏变电站4座、110千伏变电站19座、35千伏变电站1座；有10千伏开闭所171个、配电室1090个，配电容量3846.83兆伏安；10千伏线路488回，总长度1951.84千米。

【供电服务】 2016年，全区固定资产投资3.591亿元。电力最高负荷达994.12兆瓦，突破历史最高纪录；综合电压合格率达100%。全区有各类电力用户37.69万余户，全社会用电量41.22亿千瓦时，较2015年增长8.99%；售电量39.7亿千瓦时，较2015年增长9.46%，累计销售收入29.93亿元。

（王思琪）

公路管理

【概况】 2016年，鹿城区公路管理局围绕综合交通发展和“美丽公路创建”工作要求，扎实推进各项工作，在全市智慧公路建设年终考核中排名第一，在年度全市公路系统年终综合规范化管理考核中取得第二名，并被评为全市公路系统“三防”应急抢险救灾工作先进单位。

【公路建设】 2016年，鹿城区完成104国道路面大中修1.592千米、330国道预防性养护工程、官岭隧道维修整治工程、庄岩2号桥维修加固工程、330国道潮埠大桥应急抢修工程、330国道市级道路事故隐患点及沿线安全保障设施整治工程、330国道绿化补植工程7个项目，总投资1240万元。投入536万元完成农村公路大中修工程13.2千米，投入625万元完成提升等级工程实施里程15.6千米，投入1000万元完成农村联网公路建设工程实施里程7.3千米，投入70万元完成农村公路安保工程实施里程3.2千米。完成330国道山福段10公里美丽生态示范路创建工作，投入133万元推进国道交通标志标线管理和农村公路指路体系建设。

【“四边三化”工作】 2016年，鹿城区公路管理局开展公路“四边三化”（在公路边、铁路边、河边、山边等区域开展洁化、绿化、美化行动）工作，改进督查模式，实行每片分组、每周督查、每月通报及每季考核，完成省级14个、市级118个及自查自纠283个问题点的

2016年，鹿城区创建的330国道山福段10公里美丽生态示范路　　鹿城区公路管理局 供稿

整治，其中自查自纠问题点整治率超过年度计划的30%。

【路政管理】 2016年，鹿城区公路管理局加大超限车辆的打击力度，提前两个多月完成全年任务。共查处超限车辆434辆，罚款161.43万元，卸货总重8788.7吨，完成全年任务的160%，卸载率达100%；共办理非现执法案件135件，完成年度计划的135%，超限罚款额与非现场执法案件考核排名均列全市第一。

【公路安全管理】 2016年，鹿城区公路管理局开展安全监督检查51次，参检人员198人次，发现、整改隐患86处。开展“安全生产月”活动，举办全员安全培训、安全知识竞赛等，进行2次应急演练。先后组织“和谐新春与法同行”“爱护桥梁、保障安全”“护航‘G20’普法在行动”“新规实施”“国家宪法日”等宣传活动。在G20杭州峰会期间，成立专项行动领导小组，与各科室签订责任书，开展24小时全方位、全覆盖、不间断的巡查和记录。加强在建工程安全专项检查，召开例会，发现问题及时采取措施加以整改；协助仰义街道不分昼夜开展11次下网格维稳安保工作。

（陈慧玲）

责任编辑　朱凌云

农 业

综 述

2016年，鹿城区实现农林牧渔业总产值3.62亿元，按可比价计算增长2.9%。全年粮食作物播种面积47820亩，增长2.1%；粮食亩产385公斤，下降5.2%；粮食总产量18396吨，下降3.3%。全年肉类总产量8631吨，下降8.2%。淡水产品产量722吨，增长2.4%。其中，鱼类产量528吨，增长13.4%；虾蟹类产量123吨，下降18.5%。全年完成山地造林面积390亩，人工更新面积105亩，森林抚育5085亩，村庄绿化30亩，公路铁路绿化5亩，全年新植珍贵树5.8万株。农村常住居民人均可支配收入27747元，增长8.3%。

开展农村土地承包经营权确权登记颁证工作。全区应确权村数为103个，58个行政村开展承包地确权工作，占应确权村总数的56.3%；应确权户数预计为25808户，完成入户调查6441户，占应确权家庭承包农户的24.96%；应确权面积预计为40444亩，完成测绘面积847亩，占应确权家庭承包土地的2.11%。实施三年强村计划，全面消除空壳村49个，转化经济薄弱村18个，转化1500人以上经济薄弱村转化村9个，新增村集体物业项目村数6个。健全农村产权交易平台运作机制，完成农村产权交易346宗，成交金额共计2.36亿元。推进农房抵押贷款工作，截至年底，农房抵押贷款余额达5452万元，同比增长1035.83%。提升“三位一体”农村合作体系建设水平，累计发展家庭农场28家、农民专业合作社137家、联合社2家，注册资金合计19364.6万元。全区拥有市级以上农民专业合作社16家，其中国家级3家、省级1家、市级12家。

实施“农村劳动力素质培训工程”。利用农民科技教育培训示范基地，实施专业农民农业技能培训，抓好转移农民就业技能培训、农民创业技能培训、在岗农民工技能提升培训及“双证制”教育培训。全区完成农村劳动力素质培训330名，占年度任务的100%。其中，农村实用人才培训230名，新型职业农民培训80名，农民转移就业技能培训100名，发证数330本，发证率100%，转移率99%。截至年底，农村实用人才总数达3010人。开展区农广校教学工作，完成2015级学员的职业技能鉴定考核，完成2014级畜禽生产与疾病防治中专班学员的全部课程，并经考试毕业。再次开设蔬菜生产中专班，招收学员20名，并专门聘请专家担任授课老师。动员农民报名参加温州市第四届农民学院学习，报考成人专科、本科考试分别为4人和8人，完成上级下达的指标任务。

2016年，鹿城区新增区级农业龙头企业3家、市级农业龙头企业1家。全区共有20家区级以上农业龙头企业，其中，国家级农业产业化龙头企业1家、省级农业龙头企业4家、市级以上农业龙头企业11家。截至年底，区级以上农业龙头企业总资产为98782.01万元；企业年产值合计为138204万元，与上年产值数额基本持平；上缴税金2211.19万元。全年农业标准化实施面积4.5万亩，农业标准化率达63.6%，其中无公害农产品、绿色食品和有机农产品产地面积1.26万亩。全区有无公害农产品40个、中国绿色食品标志认证产品2个、浙江名牌农产品3个，浙江名牌商标产品1个。

（鲍海清）

种植业

【概况】 2016年，鹿城区加强粮食生产功能区的建设管理工作，将7030亩粮食生产功能区纳入永久基本农田范围，完成粮食功能区的修编任务。进一步整合资源，增加投入，完善基础设施、推广先进适用技术、培肥土壤，实现增产增效。全年粮食播种面积4.78万亩，粮食作物总产1.84万吨，超额完成市里下达的粮食播种面积4.3万亩，总产1.7万吨以上的目标任务；蔬菜（含菜用瓜）播种面积21030亩，增长0.7%；油料播种面积5130亩，增长18.0%；果用瓜播种面积1635亩，增长23.3%。

【基础设施建设】 2016年，区农林水利局提升粮食生产基础设施，完成藤桥镇埭马村、金马村、樟村村合计1022亩标准农田的基础设施建设招投标、施工和验收工作，同时，完成绿肥招投标与实施任务。

【秸秆综合利用率提高】 2016年，区农林水利局落实《鹿城区关于农作物秸秆禁烧及综合利用的实施意见》，全面禁止秸秆露天焚烧，全区晚稻秸秆粉碎还田率接近100%，提升农田质量。

【农业科技推广】 2016年，鹿城区推广水稻强化栽培、测土配方施肥、蔬菜设施栽培和无公害生产等技术；引进和推广农作物优良品种，良种覆盖率达95%以上。全年发展农业科技示范户200户，实施专业农民农业技能培训100人；按照全省年度基层农技人员培训计划，陆续组织6位基层农技人员参加各地的知识更新培训班。

【农业综合服务中心建设】 2016年，山福镇农业综合服务中心规范化创建工作启动，完成中心办公服务大厅等工程的建设。

【定向培养基层农技人员入职工作】 根据浙江省农业厅、浙江省人力资源和社会保障厅《关于做好2015年定向培养基层农技人员招生计划申报工作的通知》要求，区农林水利局和区人力资源和社会保障局会商后向省厅申报鹿城区2016年定向培养基层农技人员招生计划数1名，专业为农林经济管理。该定向培养生年内按期毕业，进入区藤桥镇农办工作。

【农业机械化】 2016年，鹿城区推进农业领域“机器换人”，继续实施农机购置补贴和农业机械报废补偿及更新补贴，共发放补贴73.765万元。全区农业机械保有量基本保持稳定，农业机械总动力为4.3万千瓦，有插秧机、拖拉机、联合收割机、植保机等重点粮食生产农业机械及配套农机具1000多台套。全区水稻生产耕、种、收农机化综合作业水平达71.6%，机耕作业面积3.384万亩，机耕率99%；机收面积3.289万亩，机收率96.2%；机插面积3624亩，烘干粮食2000吨。

【农机安全生产】 2016年，鹿城区强化农机宣传教育，开展农机化教育培训大行动，复训驾驶人员680人次。以农机行业“安全生产年”为主线，组织开展农机“打非治违”“隐患排查”专项活动，共排查一般安全隐患100多起，发现隐患16起，整改16起。建立、健全农机隐患排查治理长效机制，要求农机合作社、农场等建立隐患自查、自纠、自报机制，并组织开展检查。做好G20杭州峰会、世界互联网大会等重大活动期间的农机安全生产工作。年内上路巡查33天次，出动执法人员85人次，检查拖拉机180多台次，纠正各类拖拉机违法行为30起。受理并办结审批手续474起，其中，拖拉机登记上牌（包括转移登记）16台，核发拖拉机驾驶证64本。定期检验拖拉机270台，检验率96%；检验联合收割机30台，检验率97%。全区发生拖拉机交通安全事故1起，死亡1人。

（伍祥来、宋杲、施胜闯）

林　业

【概况】 2016年，鹿城区继续开展绿化造林工作，抓好林业特色基地建设、林业有害生物监控和防治，加强古树名木保护，加大公益林管理和宣传力度，及时下达公益林补偿资金。全年完成山地造林383亩，占省任务面积数150亩的255.3%；完成人工更新面积100亩，占任务数的100%；完成平原绿化35亩，占任务数的140%，其中村庄绿化30亩、公路绿化5亩；完成森林抚育5083亩，占任务数的254.1%。年内查处涉林行政案件10起（办结5起，在办5起），林业行政罚款14.25万元，查获象牙制品76件；开展野生动物专项行动2次，清查餐饮企业20家、花鸟市场1次；收缴鳄龟3只、鸟类189羽、黄金蟒（尸体）1条；救助短耳鸮2只，收缴捕鸟网200多米。

全区实行24小时森林消防值班和领导带班制度。同时，通过检查和巡查，排除隐患，严管火源。全年共出动巡查50余车次、200人次，做到见烟就查、见火就灭、违章就罚，对辖区内重点林、重点部位存在的火灾隐患进行拉网式排查。及时清理田间、地头、林缘可燃物，切实消除森林火灾隐患。各街镇加强对痴、呆、傻、老、幼、病、残、学生等人员的管理，确定其监护责任人。

【林业产业化】 2016年，区农林水利局抓好林业特色基地建设，着重抓好杨梅、瓯柑、南方红豆杉等栽培管理，推广无公害标准化水果基地生产技术。继续做好栽培技术培训工作，充分发挥林业技术的支撑、依托作用，提高科技含量，加快资源的合理开发利用，促进林业增效、林农增收。

【林业有害生物防治检疫】 2016年，区农林水利局克服森防检疫执法队伍力量薄弱的劣势，组织开展检疫执法“绿箭”专项行动。全年办理植物检疫证4起，检查调运木材132立方米。加强林业有害生物监测预警。根据病虫发生规律，进行监控和定期调查，确保及时、准确调查和上报主测对象面上病虫害发生情况。强化古树名木病虫害防治和养护，委托专业防治单位继续对农村片古树名木病虫害进行防治和养护。编制完成《鹿城区松材线虫病防控工作方案》，在全区开展松枯死木清理，确保松材线虫病防控工作取得实效。

【资源林政管理】 2016年，鹿城区共办理野生动物经营利用核准证审核、年检手续6起，办理采伐证26份，采伐蓄积539.33立方米。审核各类建设项目征占用林地14宗（含初审），合计面积30.60公顷。征收森林植被恢复费74.58万元，征占用林地采伐316.46立方米。

【公益林管理】 2016年，鹿城区强化公益林建设管理，加强公益林建设区的森林病虫防治工作和森林防火，禁止擅自采伐林木、烧炭、砍柴放牧等人为破坏植被的行为。截至年底，累计建成省级以上公益林优质林分面积67108亩。全区年度公益林损失性补助资金从区森林生态效益补偿基金中直接下拨到村或户，及时下达省级以上公益林损失性补偿资金270.82万元、市级公益林损失性补偿金8.46万元。

【森林消防基础设施建设】 2016年，鹿城区投入26万元开展山福镇生物防火林带补植造林工程，完成补植长度计3.5公里，补植木荷株数1.33万株；完成割草带计6.03万米。

【森博会参展】 2016年，鹿城区组织温州市双潮植物园有限公司、温州市森岙铁皮石斛专业合作社、温州根生农业开发有限公司和温州华日茶业有限公司及温州益康利果蔬专业合作社参加第九届森博会产品展出，并争取财政扶持，确保参展企业补助经费和参展工作经费的落实。在森博会上，温州市双潮植物园有限公司和温州根生农业开发有限公司参展产品获评优质产品。

【森林消防宣传月活动】 2016年3月是鹿城区森林消防宣传月，其主题是“关注森林消防，维护生态安全”。全区召开森林消防座谈会2次，利用农民信箱群发森林防火短信20条，在温州电视台公共民生频道进行专题宣传30天，制作宣传板50块，出动宣传车60辆次，涂刷宣传标语80条，张贴《森林防火通告》500张，发送《致学生家长的一封森林消防公开信》6000封，分发各类宣传册、宣传品1万份。

【森林消防队伍参保】 2016年，鹿城区落实保险经费65万元，使7支森林消防队人员全部参加城镇职工基本养老保险和人身意外伤害保险。

（陈秉杰、陈晓波、张富谦）

畜牧业

【概况】 2016年，鹿城区围绕发展效益畜牧业和保障畜产品安全两个中心，突出抓好重大动物疫病防治。年末，全区生猪存栏0.75万头，其中能繁母猪0.11万头，累计出栏商品猪2.8万头，全年，饲养量3.55万头；牛存栏325头，累计出栏270头；羊存栏1400头，累计出栏1900头；家禽存栏105.7万羽，累计出栏477.2万羽。全年累计肉类总产量7301吨，其中猪肉22403吨、牛肉49吨、羊肉37吨、禽肉4946吨。

【畜牧产业发展】 2016年，根据省市“五水共治”美丽浙南水乡建设年度重点工作任务要求，鹿城区整治存栏生猪50头以上规模场29家，搬迁生猪8520头。全年引进良种公猪18头、良种瘦肉型母猪500头。全区优质畜产品比重达75%以上，生猪达92%以上，家禽达90%以上。年内列入美丽牧场建设的鹿城区大协畜牧场，通过企业自筹资金投入177万元，其中排泄物提升改造投入150万元，达到日处理污水65吨的能力；场区绿化美化投入27万元，栽种麦冬1134平方米、金桂80株、红色石楠30株。改造厂区进口大门，建设厂区门口花坛1个。11月22日，通过市级验收。

【重大动物疫病防控】 2016年，鹿城区落实各项防控措施，相继开展生猪口蹄疫、仔猪腹泻病攻坚战和狂犬病、奶牛结核病、布病歼灭战及高致病性禽流感阻击战等行动，建立和完善动物疫病防治的应急反应机制和长效监管机制，使动物防疫和畜产品安全管理工作取得较好成效。

【畜产品安全监管】 2016年，鹿城区严把外来疫情防控关，严格执行外来调入动物及其产品的准调制度和禁调规定，防止疫情传传播。同时，加强对畜禽饲养、流通、屠宰等各个环节的防疫监管力度，配合省、市开展一系列执法行动，打击违反《中华人民共和国动物防疫法》等法律法规的案件。全年出动执法人员共591人次，检查规模养殖场、屠宰场、动物诊疗机构等293家次，办理案件16件。全年没有发生高致病性禽流感、牲畜口蹄疫等重大动物疫情和畜产品安全事件。

【动物屠宰检疫】 2016年，鹿城区抓好动物检疫申报点建设，设立3个检疫申报点（鹿城区动物卫生监督所检疫申报点、鹿城区藤桥片区动物卫生监督分所检疫申报点和鹿城区动物卫生监督所驻菜篮子集团畜禽屠宰有限公司检疫申报点），并公布报检电话，以电话报检的方式开展产地检疫工作。建立生猪定点屠宰场检疫申报入场制和场内准宰许可及无害化处理管理制度，申报单、准宰单、无害化处理记录完善。检疫申报入场制和场内准宰许可制度及病害动物及其产品无害化处理、动物防疫消毒等制度落实有效，无害化处理设施设备齐全并能正常运转，设置驻场检疫工作室（报检室、检疫员休息室）和急宰间、隔离圈，驻场动物检疫员在岗并较好地履行职责。网络化管理动物检疫工作，利用浙江省智慧畜牧业云平台，管理人员在办公室就可以知道检疫、调运情况等信息，检疫人员上岗公示，检疫员各岗位工作制度明确，屠宰检疫流程图等上墙公示，进场屠宰生猪耳标佩戴率在90%以上。全年产地检疫生猪30258头、牛15头、羊1097头、家禽192.51万羽。屠宰环节共计检疫活猪60.55万头，检疫家禽151万羽，消毒车辆7153辆；共检出病死猪1181头、病死家禽2690羽，全部作无害化处理；检出病变的内脏有肾10.19万只、肝1.58万付、心1.40万只、肺55470公斤，全部销毁处理。上市的畜禽产品检疫率达到100%，确保市民吃上“放心肉”。

【动物疫病监测】 2016年，鹿城区实行畜产品质量动态跟踪检测，对生猪养殖户“瘦肉精”快速检测1620份，屠宰监督检测6480份，兽药样品检测18份。每个月开展对禽流感、口蹄疫、猪瘟、新城病免疫抗体的监测，共监测439头生猪口蹄疫免疫抗体和猪瘟免疫抗体，监测1112羽家禽禽流感免疫抗体，抗体合格率都达到较高水平。组织技术服务队，深入全区各奶牛养殖场，对奶牛开展结核病、布病检测，对奶牛实行“一证一卡”制度，确保市民喝上“放心奶”。

【无害化处理】 2016年，区农林水利局与养殖户签订《病死畜禽无害化处理告知书》，告知处理病死动物的责任及做好动物及动物产品无害化处理的重要性。与街镇兽医员一起做好病死畜禽的登记、收集、深埋等无害化处理工作。全年无害化处理病死生猪4889头、病死家禽28.71万羽。

【动物防疫宣传教育】 2016年，区农林水利局针对各街镇动物防治员、检疫员、村级动物疫情测报员、养殖场（户），举办培训班5期，参加人数达350人次；召开座谈会10次，分发禽流感等重大动物疫病防控宣传资料3500份。

（施晓丰、叶晨晨、吴胜华）

渔 业

【概况】 2016年，鹿城区开展病害测报工作，推进养殖技术和测报培训，加强水产养殖户病害防治意识。围绕“五水共治”工作，实施稻鱼轮作共生工程1000亩，有效拓宽农民增收渠道，促进节能减排。全年渔业养殖面积3305亩，其中稻田养殖2000亩、淡水养殖1305亩；总产量722吨，增长2.4%。全区有内陆捕捞渔船389艘。

【增值放流】 2016年，区农林水利局围绕“五水共治”开展增值放流，发动社会力量参与，共完成放流155万尾，有效改善水域生态。

【渔业执法】 2016年，区农林水利局建立瓯江联合检查制度，强化重大节假日、秋冬汛期等特殊时段安全执法，并在瓯江刀鱼捕捞季节，借用市水利局采砂管理用船加强瓯江巡查，共开展“打非治违”等各类专项执法检查71次，出动执法人员380人次。其中，瓯江执法检查16次，出动执法人员112人次；港口执法检查23次，参加港口执法人员69人次。核查立案携带电鱼工具案件2起、非法电鱼案件2起，各类安全隐患整改案件19起。共检查渔船389艘，排查各类安全隐患35次，整改35个，整改率100%。共立案23起，结案23起，罚没款0.29万元。

【安全监督】 2016年，区农林水利局加强对初级水产品上市前用药残留监测，发放“三项记录”（生产记录、用药记录和销售记录）本，建立健全初级水产品质量安全监控抽样制度、产品可追溯和质量管理倒逼机制，落实初级水产品质量安全监管责任。

（夏哲闻）

农林牧渔服务业

【招商选资】 2016年，鹿城区制定农业招商选资优惠政策、整体方案、重点项目库和年度工作计划。全年省外到位资金约5.1亿元，当年引进500万元以上招商引资项目2个。其中，山福镇金岙谷投资建设休闲旅游办公项目实现农业招商引资单个项目总投资超亿元，藤桥食品有限公司实现招商扩股，完成省外招商2000万元。

【农业产销平台拓宽】 2016年，区农林水利局组织多家农业龙头企业、农民专业合作社参加国家、省、市级不同地区的农业博览会，组织安排18家企业参加温州农博会、10家企业参加浙江省农博会、6家企业参加上海农博会、1家企业参加昆明农交会。藤桥禽业股份有限公司等5家企业获温州农博会金奖称号，温州市晶品园食品有限公司等3家企业获温州农博会优质奖称号。

【信息化建设】 2016年，鹿城区区级以上农业龙头企业达20家，12家从事电子商务，网店开设率达60%以上；拥有龙头企业电商旗舰店2家。全区上半年农业电商累计销售额达2990万元，远高于上年同期1334.85万元；全年累计销售额约5200万元，比上年同期增长69%。藤桥镇、山福镇分别选定农业电子商务示范村创建点，其中藤桥镇江池村通过验收；温州市种子种苗科技园的高标准农业物联网项目一、二期工程竣工，雅西休闲农庄和浙农生态农庄完成园区农业物联网建设，并投入使用运营。根据市里要求，提交2016年度改革创新项目，上报温州市种子种苗科技园的高标准农业物联网项目，申请认定为标准化农业物联网示范点。

【农产品质量安全监管】 2016年，区农林水利局出动153人次对农业投入品进行检查，共检查农资店、农业种植企业、农民专业合作社、种植大户208户次；区级和街镇的8个农药残留监测点正常运转，对蔬菜等农产品上市前农药残留进行快速监测284批次，合格率达98.9%，全年定性抽检2207批次，合格率99.09%。培训生产主体80余家，培训率达100%。完成11家县级以上农业龙头企业、示范性农民专业合作社和家庭农场的农产品质量安全可追溯。

（叶心宇、林建敏）

责任编辑　朱凌云

水 利

综 述

2016年，鹿城区推进“五水共治”工作，完成治水投资16.95亿元、重点水利工程项目投资9.26亿元，对原已验收的黑臭河开展清淤、护岸、生态修复、调水、保洁、绿化等措施，共开展清污（淤）24条，计35.7万立方米。加快瓯江治理一期工程、戍浦江河道整治工程等项目建设，温瑞平原西片排涝工程前期工作稳步推进。丰门河整治工程（康城段）、黄龙片区北排工程完工并投入使用。瓯江绕城高速至卧旗山段海塘工程被浙江省发改委列入省水利首批“PPP”项目，于3月16日开工建设。

鹿城区全年降雨量1993毫米，其中汛期降雨1366毫米。入梅为6月13日，出梅为7月7日，梅雨期降雨132毫米。汛期分别遭受“尼伯特”“莫兰蒂”“马勒卡”“鲇鱼”“暹芭”“艾利”“海马”等台风影响。因台风强度大、降雨量猛、影响范围集中，据统计，全区近13万人受灾，房屋损毁528间、倒塌109间，造成4人伤亡。农作物受灾面积3.07万亩，道路塌方443处，小流域突发山洪16处，损坏提防28处，堤防决口9处，直接经济损失约6.28亿元。

防汛防旱

【概况】 2016年，鹿城区汛期前及时调整防汛指挥部成员单位及街镇分指挥部，并发文明确各类防汛责任人；部署防汛安全检查工作并进行通报，跟踪督办，限期整改，确保安全度汛。五马街道八仙楼社区、山福镇荫溪潮埠村和仰义街道澄沙桥村完成气象防灾减灾示范村的建设任务，全区8个街镇221个社区（村）全部完成基层体系规范化建设任务。按要求完成2015年山洪灾害防治项目建设，并于4月11日通过初步验收。7月初，仰义街道及其所辖澄沙桥村、山福镇及其所辖荫溪潮埠村作为基层防汛防台体系规范化建设考核抽查单位，通过市防指办验收。

【宣传演练】 2016年4月15日，鹿城区水利部门在杨府山公园举办“4·15”防汛防台日宣传活动。5月12日，组织参加区政府在市区松台广场组织的防灾减灾日广场活动。6月7日，在中央绿轴公园举行“护航·2016”温州市防汛机动抢险暨鹿城区防汛抢险演练活动。

【山洪灾害群测群防示范方案】 2016年6月，鹿城区山洪灾害群测群防示范建设实施方案编制完成并上报，8月初，经温州市水利局批复后交山福镇政府实施，10月初通过专项验收，投入试运行。

项目建设

【概况】 2016年，鹿城区完成蝉河、汇车桥河、山前河活水工程和温州市温瑞平原西片排涝工程鹿城段应急工程I期2号闸工程、鞋都（三期）上庄河河岸驳坎工程、七都街中心河（七都大道段）治理一期工程、涂上直河后京段河道治理工程及勤奋河、广化河河道疏浚工程等，共完成一般性政府投资2389万元。年内完成重点工程建设投资96168万元，完成分项投资戍浦江河道（藤桥至河口段）整治工程10378万元、瓯江治理一期工程22315万元、温州市城区瓯江绕城高速至卧旗山段海塘工程44136万元、2号排涝水闸600万元、温州市温瑞平原西片排涝工程（鹿城段）12000万元、瓯江路西延工程4437万元、西向排洪安置房工程14284万元。完成3条河道共3.11千米的生态河道建设任务，完成投资1350万元。

【重点水利工程建设】 2016年，鹿城区“独流入海”瓯江治理一期工程主体完工，戍浦江河道（藤桥至河口段）整治工程I标段主体工程完工、II标段进场施工，绕城高速至卧旗山段海塘工程完成20%的桩基础及挡墙施工，温州市温瑞平原西片排涝工程完成可行性研究报告审批、PPP项目实施方案编制、经区政府批准同意进入政府采购环节，北排工程、丰门河（康城段）完工并投入使用。

【农田水利建设】 2016年，鹿城区开工建设48个骨干水利工程，完工23个，完成投资6000万元。其中，生态河道建设3个，河道清淤20条；建成小型水利工程20多项，完成投资500多万元；饮用水工程提升12项，完成投资210多万元。年内开展农田灌溉水有效利用系数测算工作，典型灌区农田灌溉水有效利用系数达到考核标准。

管理与监督

【概况】 2016年，鹿城区划定水利工程管理范围与保护范围，完成戍浦江（渡头村—龙泉头村段）河道、仰义水库、戍浦江河口大闸、西龙溪山塘划界技术报告、34个日供水量200吨以上农村饮用水工程划界工作。制定《鹿城区水利工程标准管理实施方案》，明确工程管理责任单位名录，开展水工程运行管理信息平台建设和工程标识标牌制作、安装，完成5个农村饮用水工程、西龙溪山塘、戍浦江（渡头村—龙泉头村段）堤防、仰义水库、戍浦江河口大闸标准化管理验收。推行物业化管理，年内戍浦江河口大闸工程维修养护运行管理物业化完成招标，物业公司入驻管理，每年费用92.2万元；农民饮用水工程水质管理物业化完成发包流程，每年30余万元，对净化设备消毒设施开展日常维护及水质净化、消毒加药运行管理；戍浦江（渡头村—龙泉头村段）堤防工程委托中介机构开展沉降观测、日常保洁、工程及绿化的日常维养。

【水资源管理】 2016年，区农林水利局联系区机关事务局开展公共机构节水型单位创建工作，配合区经信局开展节水型企业创建，参与编制完成《2016年度温州市水资源公报》，填报新版《2016水资源管理年报》。根据最严格水资源管理制度的要求，开展取水户水资源费征收、取水户用水管理、取水许可、取水户年度计划管理、水质监测、用水总量统计等水资源管理工作。牵头多部门应对市考核组对全区2016年度最严格水资源管理制度考核工作，并获得良好成绩。

【水政执法】 2016年，鹿城区共立案查处水事违法案件1起，结案1起，拆除各类涉水违法违章建筑物、构筑物11.41万平方米。全年巡查河道共计103条段，发现、制止、处理各类违法行为15起；加强涉水审批批后监管工作，共出动监管40人次，监管涉河建设项目45项，水土保持监督检查18项；受理群众来电、上级及区政府移交的信访件共16起，全部办结。

（蒋宁、李娟、汪海跃）

责任编辑 朱凌云

工　业

温州中国鞋都产业园区

【概况】 “中国鞋都”产业园位于温州鹿城核心产业区域——双屿、丰门街道，规划面积6.5平方公里，是一个集生产、贸易、科研、检测、信息于一体，功能齐全、配套完善的国家级鞋业产业集聚区、国家级鞋类出口示范区，是温州市“510”支柱产业之一。2016年，鞋都园区共有鞋类相关企业1000余家、企业员工近17万余人、规模以上企业90家、规模超亿元企业22家。全年实现鞋业工业总产值129.67亿元，较2015年增长8.52%；累计完成有效投资14.92亿元，工业投资6.99亿元；园区企业完成外贸出口额44.49亿元。产业园区经过多年的开发建设，已经形成了龙头企业、知名品牌、产业配套等全产业链集聚、互融、共享的良好态势。康奈、巨一、吉尔达、东艺、太阳神、旭达、帝邦、巨日、珂卡芙、瑞星、皇家、卫林、登达化工、戈美其、意迈达、巨康、飞丹、鼎丰、立一鞋材、长发祥、巨鸿、广川等一批亿元以上知名鞋企扎园发展，园区企业先后获得中国真皮领先鞋王2个、中国真皮鞋王2个、真皮名鞋1个、中国驰名商标16枚、中国名牌企业2家、中国出口名牌企业3家、国家免检产品28个、省级高新技术企业3家等国家、省市级称号。国家鞋类监督检验综合检测中心国家级生产性检测服务机构和温州中津先进科技研究院省级电商服务平台相继落户园区并发挥作用，中国鞋都鞋革城、温州国际鞋城及其专业市场相继建成并投入使用，中国鞋都“品牌”“名地”效应日益显现。

【制鞋产业知名品牌示范区创建】 2016年，鞋都园区建立了全国制鞋产业知名品牌创建示范区工作领导小组，完成筹建规划编制并提交区政府常务会议审议通过。针对创建要求，完成筹建资料上报省、市有关部门；完成区域质量对比分析报告和一季度、二季度及三季度质量分析报告；开展中国鞋都“魅力女神”评比、质量月宣传、应对外贸技术壁垒培训会等专项活动，并发布鞋都微信公众号收粉突破2万人次，中国鞋都知名度进一步提高；开展园区22家规模以上企业就最新皮鞋标准宣贯进行培训；多途径媒体传播向社会征集创建示范区宣传口号，从征集到的924条创建建设宣传口号中确定3条优秀口号和10条入围口号；上报并经区政府领导小组会议研究确定园区设计理念，6家骨干和2家标杆企业名单，并制定《品牌建设规划》《关于推进鞋业产业品牌建设培育的实施意见》《鹿城区制鞋产业聚集区品牌危机预防与处置工作机制》《鞋都园区皮鞋产品质量提升工作实施方案》《标准化资助奖励办法》《园区质量建设管理方法》6个文件；相继开展了标杆企业树立、骨干企业的调研、对接质量信息平台建设项目、集体商标注册事项，策划口号及理念宣传方案、年度顾客满意度调查。

【总部人才公寓】 2016年，鞋都总部人才公寓项目总投资达6380万元，用地面积4390平方米，建筑面积10536平方米，为1幢12层，框架剪力墙结构的小高层建筑。共有公寓宿舍198套。2016年1月，开展人才公寓租赁分配工作。截至2016年年底，共完成租赁分配7期，分配房源86套，共计46家次，缓解了园区企业高端人才的住房压力。

【基建项目建设】 2016年，鞋都园区建设任务基本完成，共安排项目25个，投入7000余万元。上伊、正岙、潘岙三处铁路卡口环境综合治理工程，鞋都三期纬四路、纬五路、经六路一标、经六路二标、潘岙路、出入口立交桥等道路、桥梁工程以及纬七路道路工程II标和上庄河河岸驳坎（防洪渠道）工程等项目也通过验收，形成了初步的道路网络。配套建设方面，鞋都三期安置房工程竣工，施工单位正针对竣工验收提出的事项进行整改，水电一户一表安装同步进行，争取2017年上半年交付使用。

（黄　静）

温州（鹿城）总部经济园

【概况】 温州（鹿城）总部经济园位于中国鞋都三期项目的核心位置，定位为“企业总部”“研发中心”“营销中心”“展示中心”四大功能。总部经济园总净用地121466.67平方米，规划建筑面积约30万平方米，分为一、二两期实施。截至2016年底，一期15幢六层独立式总部楼尚空置2幢，空置面积约5500平方米；6幢点式、排式高层总部楼尚有8.3万平方米未入驻。总部二期位于一期的东侧地块，净用地60286.67平方米，建筑面积约14.2万平方米。其中，F—2地块的人才公寓项目用地面积4390平方米，建筑面积10536平方米，已竣工验收并投入使用；用地面积约76亩的总部二期G地块，按商住性质完成挂牌出让。

2016年，园区管委会投入260万元，对外立面、绿化、停车库等公共配套设施进行提升改善。

多年制约总部经济园发展的一个很大因素体现在园区外围铁路卡口问题上。2016年，鞋都三期横跨温金铁路、金丽温高速、丰门北排大河的立交桥完工通车，较好地缓解园区出入困扰。

（郑旻昊）

服　装

【概况】 2016年，鹿城规模以上服装制造业工业总产值8.1318亿元，同比降低7.1%；浙江迪丰服饰有限公司获“温州市名牌产品”“鹿城区百强企业”称号，温州丑鸭实业有限公司获2016年度做大做强规模上台阶企业、年度领军企业和高成长企业，温州瓯迪威服饰有限公司获“鹿城区对外贸易信用企业”称号，温州丹顶鹤服装有限公司、温州一可鞋服辅料有限公司被评为“浙江省科技型企业”。

【优化服务】 2016年落实国家环保部排污新标准，温州市服装行业协会要求所有企业的煤锅炉改造成烧油或燃气锅炉，鹿城区服装行业协会秘书处多次与温州中科新能源科技有限公司对接商洽，最终达成意向，促使有关企业环保进一步达标。为缓解区服装业实体经济的融资难融资利息高的问题，区服装行业协会牵线搭桥与浙江泰隆银行温州分行签订合作意向书，得到浙江泰隆银行1.5亿元授信额度。区服装行业协会采用信用担保方式，将授信资金分发给会员企业，有效期3年。此举为银企共赢搭起实惠方便的融资平台。

【企业参展】 在一年两次的中国国际服装服饰博览会（CHIC2017春季、秋季）上，温州市法兰茜姆服饰有限公司、温州珍瑾服饰有限公司、温州一可鞋服辅料有限公司等企业联手亮相CHIC，展示温州服装精品制造的魅力。温州一可鞋服辅料有限公司董事长潘一可还接受中央台记者采访，为温州服装行业赢得荣誉，为“温州服装”的品牌名片做好宣传。此外，温州豹子头制衣有限公司、温州瓯迪威服饰有限公司、温州丑鸭实业有限公司、温州珍瑾服饰有限公司等在每年两次的广交会上均获得可观的收益，尤其是温州丑鸭实业有限公司在2016年8月参加美国的MAGIC SHOW展会，现场下单3000件，并发展了许多潜在客户。

（王琪琦）

制　革

【概况】 鹿城区移膜革（皮革）生产企业分布在仰义、藤桥及山福，大小企业共29家。2016年2月，根据市、区政府的文件要求对移膜革企业全面整改，不能整改的全部停产停业。29家移膜革企业，除7家企业外迁到山东沾化（1家）、江苏徐州（1家）、金华兰溪（1家）、丽水遂昌（1家）和福建福鼎（3家）外，仅1家整改验收合格后允许在沿江工业区内（仰义）生产，其余21家移膜革企业于2016年10月1日起全面停产停业。

【制革基地】 鹿城区五个制革生产基地均在改建中，仰义洞桥基地厂房基建完成一半，丰门岩门基地建造中，仰义前京、十里两个基地在改建、筹建中，藤桥下岸基地等待政府政策出台（建造小微园）。

（郭作仁）

化 工

【概况】 2016年2月，鹿城区行业协会人力资源工作站评定标准，鹿城化工协会被该站评为2015年协会工作二等奖，获得奖励10000元。“三八”妇女节，协会、工会联合会组织34名理事会贤内助赴福建泰宁灵秀大全湖、上清漂流、寨下大峡谷开展春游活动。3月25日，协会在金球国豪大酒店召开第四届四次会员大会。“五一”国际劳动节，协会在龙泉天堂山水库举办第十四届钓鱼比赛，共50余人参加。7月16日，有着18年历史的温州化工市场（牛山北路13号）正式关停，原经营单位多数迁往浙南产业聚集区金海化学品市场。9月1—2日，协会参加鹿城区慈善总会关爱抗战老兵结对慰问活动。

【参评“最美安监人”】 2016年，温州市“最美安监人”评选活动由中共温州市委宣传部、市安监局、温州日报、温州广播电视传媒集团等单位主办，从众多候选人中评选出10名温州市“最美安监人”。鹿城区化工行业协会副秘书长、市安全生产专家郑湘松被评为温州市十大“最美安监人”。

【党建活动】 2016年1月18日，鹿城化工协会党支部按照鹿城区委组织部文件温鹿〔2015〕70号《关于做好全区基层党组织组织生活会暨开展2015年度民主评议党员工作的通知》精神，结合“三严三实”要求围绕党性原则、敬业精神、工作效率、担当克难、服务态度等方面开展民主评议党员工作。经鹿城区经信局党委批准，协会成员陈洁、戴黄蕊转为正式党员。金倩倩吸收为中共预备党员，并参加区党工委在江心革命烈士纪念碑举行的入党宣誓形式。8月1日，协会党支部组织全体党员和入党积极分子30多人到文成月老山过组织生活。

（金倩倩）

印 刷

【概况】 2016年，鹿城区印刷业理事会带领全体会员企业在困境中前行，取得了较好的经济效益和社会效益，确保了印刷业经济的平稳发展。全年，鹿城印刷生产总值和销售额约为19亿元，是全区13个经济行业在税收方面正增长的4个行业之一。2016年， 1月5日，区印刷协会进行换届选举。大会以投票的方式选出52名七届理事会理事和3名监事会成员，随后理事会选举童洲为会长、林伟光为执行会长和6名常务副会长、10名副会长及秘书长，同时选举周松龙为监事长，聘任叶建华为名誉会长。

【百日攻坚】 2016年6—8 月，区印刷协会在全区印刷业开展“百日攻坚活动”，贯彻执行“印刷业五项制度”、签订安全生产、消防安全责任书。各企业负责人在企业中开展自查自纠，进行消防演练，配齐消防器材，疏通消防通道等，保证消防、生产、印刷品3个安全，为营造平安稳定的市场环境奠定安全基础。

【解决企业厂房困难】 为解决部分生产企业无厂房困难，区印刷协会在多次向政府及有关部门反映要求解决厂房问题的同时，多方寻找信息，联系新建厂房资源。2016年，在了解到鹿城装备制造业小微园区建设信息后，立即多次联系政府有关部门及开发商，并利用报纸通知、年会宣传等多种形式，向会员企业提供信息。通过宣传和考察，近10家印刷企业达成迁入意向，5家完成首付。

【企业参展】 2016年，区印刷协会先后组织60家会员企业参加在上海举行的第六届中国国际全印展、河南郑州国际瓦楞展、德国德鲁巴国际印刷展及中国（龙港）印刷展会等活动。会员企业通过参展了解印刷业发展的新趋势，为企业发展提供新动力。5月，协会组织20多个会员企业参加2016中国（温州）大型纸包装工业数字化、自动化、智能化发展高端论坛，拓展企业发展新的视野，坚定企业发展信心。

【组织技术职称申报】 2016年，为培养和造就一支高层次现代化的专业人才队伍，适应鹿城区产业结构转型和经济社会发展的需要，区印刷协会多次以发信息和报刊通知的方式进行广泛宣传，组织会员企业申报技术职称。对企业上报评审材料进行指导帮助，并报送市印协参与评审，力争职称评审成功。年内，申报中高级职称工作在会员企业的重视下，5人被评为高级印刷工艺师，3人获得印刷工艺师专业技术资格。

【落实“五项制度”和商标登记制度】 2016年，多次召开印刷业五项制度的贯彻会议，举办电子登记培训班。组织3次电子登记培训、动员和检查，突出重点，分批推进，全面落实。协会还专门印制“五项制度”汇编材料印刷品登记簿和商标业务登记本、电子登记表下载材料，供各企业使用；并通过微信群多次发短信宣传，促进印刷业五项制度和商标业务登记制度的落实。经过深入的宣传教育，会员守法经营意识进一步加强。经区文广新局的审核申报和市文广新局的验收评定，温州大有印业有限公司、温州交运集团城东公交有限公司等37家会员企业被授予“温州市印刷五项制度示范、规范印刷企业”称号。

（胡荣辉）

个人护理电器

【概况】 2016年，温州市个人护理电器行业共有生产制造企业85家，其中年销售额超亿元企业5家。行业企业主要生产电动剃须刀、电推剪、电吹风、电热烫发器、电动脱毛器、按摩器等六大类个人护理小家电。全年行业销售额46亿元，同比增长2.22%。出口交货值16.1亿元，同比增长5.58%。其中，电动剃须刀增长2.49%，电热理发器具增长13.09%，电动脱毛器增长10.17%，电推剪增长0.82%，按摩器具增长11.85%，电吹风下降25.11%。温州日电电器有限公司获温州市级专利示范企业，协会获“温州市规范化行业协会商会”称号。

【飞科上市】 2016年4月18日，市个人护理电器行业协会会员企业飞科电器股份有限公司在上海证券交易所正式挂牌上市交易。

【协会五届一次会员大会】 2016年7月20日，市个人护理电器行业协会五届一次会员大会在温州市华侨饭店召开。市、区两级有关部门、兄弟协会及会员单位代表共100余人参加会议。会上选举产生由42人组成的新一届理事会，浙江鼎铃电器有限公司董事长魏锡麟连任会长，浙江日峰电器有限公司董事长周国新被聘为名誉会长，朱进担任秘书长。

（朱　进）

五　金

【概况】 鹿城区五金企业主要分布在仰义、藤桥、山福、丰门和双屿5个街镇，主要生产家具五金和装饰五金，产品有各种拉手、锁具、合页等5000多种产品规格，销往全国各地及国际市场。鹿城五金行业拥有1600多家企业，也是区主要支柱产业，从业人员5万多人。

2016年，鹿城区政府和有关部门对五金行业的四无企业（无证无照、无合法生产场地、无消防安全措施、无环境影响评价）严格管理，对五金的涉尘抛光和震光的金属废水排放严管严打，抛光和震光全部停止生产。

【企业外迁】 鹿城区1600多家五金企业（包括贸易）均属小、微企业，厂房大多是民房、简易棚，分布在仰义、藤桥、山福、丰门、双屿的有生产企业680家、贸易公司及五金商店230家。据初步统计，2016年外迁的五金企业约700家，主要迁往到永嘉、平阳、苍南、青田、丽水、台州、江西、安徽等地，且外迁趋势还将延续。企业外迁原因还涉及自身标准厂房少，买不到，租不到；租赁租金涨价，利润低。

（郭作仁）

机　械

【概况】 2016年，鹿城区机械装备制造行业完成工业总产值86.3亿元，同比增长10.6%，增幅高于全区规模以上工业总产值2.9个百分点。其中，鹿城轻工园区规上工业企业总产值45.8亿元，机械制造企业14家工业总产值达26.79亿元，总产值占比58.5%。年内星际控股集团有限公司、海特克液压有限公司、华五电气有限公司、温州市润新机械制造有限公司、浙江长城搅拌设备股份有限公司、温州南方游乐设备工程有限公司6家企业获“鹿城区功勋企业”称号。黎明液压有限公司、温州市博弘电器有限公司、申瓯通信设备有限公司、温州市东风通用机电厂、浙江金瑞五金索具有限公司、浙江飞友康体设备有限公司、温州瑞基测控设备有限公司、浙江双屿实业有限公司8家企业被评为鹿城区工业50强企业。黎明液压有限公司、温州市东风通用机电厂、浙江金瑞五金索具有限公司、申瓯通信设备有限公司、温州市博弘电器有限公司、温州瑞基测控设备有限公司、浙江飞友康体设备有限公司、奥乐科技有限公司8家企业被评为鹿城区税收50强企业。温州南方游乐设备工程有限公司被评为2016年浙江省著名商标企业、浙江名牌产品企业。浙江尔乐干燥设备有限公司获得“2016年度鹿城区科技工作先进单位”“省级高新技术企业研究开发中心”称号。全年新增省级高新技术企业研究开发中心3家（浙江飞友康体设备有限公司、星际控股集团有限公司、华五电气有限公司）。新增省级以上专利示范企业5家。温州市润新机械制造有限公司、浙江飞友康体设备有限公司被评为国家知识产权优势企业。获省级专利示范企业3家（华五电气有限公司、浙江金瑞五金索具有限公司、温州南方游乐设备工程有限公司）；浙江长城搅拌设备股份有限公司获浙江省专利优秀奖。

截至2016年底，区机械行业累计获国家级高新技术企业新认定及复审共27家，占全区的高新技术企业的48.2%。其中，10家企业被温州市人民政府列入“领军和高成长型工业企业”培育计划。星际控股获得“2016年度温州市两化深度融合试点企业”称号。奥乐科技、申瓯通信两家企业获2016年度温州市信息经济重点企业称号。奥乐科技“智慧城市智能化管理平台”通过鹿城区软件和信息服务产业特色基地重点项目评选。浙江电器开关获“市长质量奖”，获奖金50万元。海特克液压、星际控股、金瑞五金、润新机械4家企业获鹿城区技改项目资金补助共76.57万元，占全区的18%。工贸行业安全生产标准化三级达标企业有浙江电器、浙江飞友康体设备、浙江日高智能机械，长城搅拌与星际控股是免审换证三级企业。2016年，全区新一轮扶贫挂钩帮扶资金共30家，机械行业占10家，共出资扶贫资金78万元，占全区总数的34%。神力集团董事长郑胜涛、长城搅拌设备股份有限公司董事长虞培清被市政府评为2012—2016年经济年度人物。装备制造小微园土建工程全面启动，厂房建筑面积完成50%；

【智能制造】 2016年，星际控股集团有限公司在坚守实业的基础上，与科研院所合作，建立博士后工作站，引进牛津博士团，成立警装部和新技术部，在单警装备和特种车辆产品领域将信息化和智能化技术应用到产品中。5月，在北京举行的国际警用设备展上，公司展出一体化全景智能警示灯、快速催泪器、无人机图传系统等产品。海特克液压有限公司是一家配套全国工程机械上液压泵企业，2016年，液压泵出口500万元美金，工业总产值同比提增40%左右。东风通用机械厂2016年投入1122万元技改经费，实现机器换人，产能得到大幅提升。润新机械水处理产品向世界15个国家注册商标、申请专利，产品出口94个国家，出口值同比上年增长21%。金瑞五金锁具产品注重“少而精”，出口值同比上年增长30%。

【G20杭州峰会保障】 2016年9月5日，G20杭州峰会在杭州圆满闭幕。申瓯通信设备有限公司作为鹿城区唯一参与G20杭州峰会保障单位，为G20杭州峰会主会场（国际博览中心）、国际会议中心和各国元首下榻的酒店（西湖国宾馆、西子宾馆、杭州JW万豪酒店等30多家酒店）提供党政专用通信设备保障，受到浙江省通信局表彰。

【品牌打造】 2016年，区机械行业协会引导各会员单位实施品牌培育质量提升工程，开拓潜在市场，构建商标保护平台，加强品牌保护。浙江日高智能机械股份公司、浙江东风包装机械有限公司、浙江金瑞五金锁具有限公司3家会员企业被列入十届名牌商标延续名单。有4家企业商标填报申请，有8家企业申报“浙江制造”三年目标进行品质革命，以品质倒逼产业转型。申瓯通信作为全国知名通信设备解决方案供应商，其产品喷码设备和变频器产品入选2016年“浙江制造榜”。

【股改上市】 2016年，浙江电器开关、浙江日高智能机械股份公司、温州博弘电器、金瑞五金、海特克液压等5家企业被列入拟上市名单。12月16日，浙江长城搅拌设备股份有限公司在“新三板”隆重挂牌上市。

【服务企业】 2016年11月，区机械行业协会秘书处组织20多位会员单位企业家参加中国义乌国际装备博览会，为企业创新转型提供平台支持。春节过后开工之际，协会秘书处走访调研会员企业，深入了解企业招工、订单量、资金运转等情况，在听取会员企业意见和建议的基础上，及时向政府有关部门反馈企业诉求，供政府在制定经济方针、政策以及法律法规时参考。海特克液压、双屿实业、尔乐干燥、东兴拉链4家企业不断加大科研经费投入开发新产品，生产能力得到大幅提升，原有厂房生产满足不了生产和市场，协会秘书处针对4家企业的实际困难多次与区经信局、轻工园区协调对接。区经信局牵头轻工园区、专家评审组进行了工业供地评审会，3家企业通过专家评审。

（王成森）

责任编辑　徐孝平

交通运输

综　述

2016年，鹿城区公路总里程318公里，其中国、省道52.8公里（包括高速公路15.2公里）、县道53.6公里、乡道62公里、村道138.6公里。客运渡口7处。辖区内共有货运企业216家，车辆5443辆；出租车企业11家，车辆3870辆；汽车租赁企业12家，车辆1312辆；危化品货运企业13家，车辆433辆；旅游包车企业8家，车辆416辆。

全年，铁路、高速公路、干线公路建设累计完成投资13.23亿元，完成年度投资计划134%。其中，铁路网建设项目4个，包括市域铁路S1线鹿城段、乐清湾港区铁路支线鹿城段、甬台温铁路鹿城段配套工程和金温扩能配套工程，投资3.11亿元。干线公路建设项目3个，包括330国道仰义至双屿段改建工程、104国道西过境瓯江特大桥工程鹿城段和鹿城双屿至藤桥公路工程，投资7.84亿元；高速公路建设项目1个，即绕城高速公路西南线工程鹿城段投资2.28亿元。330国道仰义至双屿段改建工程于11月底全线通车。市域铁路S1线鹿城段、乐清湾港区铁路支线鹿城段、104国道温州西过境公路改建工程、双屿至藤桥公路改建工程、绕城高速公路西南线工程鹿城段等五大重点工程累计完成拆迁21.58万平方米、坟墓迁移270座、交地施工121亩，借地51.8亩，均完成政策处理“清零”任务。其中，绕城高速公路西南线工程鹿城段和市域铁路S1线鹿城段于5月底在全市率先实现无障碍施工。

《鹿城区综合交通运输“十三五”发展规划》获批；330国道鹿城官岭隧道改建工程获省发改委立项；安吉至洞头公路鹿城临江至藤桥段工程完成线位调整，县道石林环线（鹿城段）提升工程方案上报省公路局并得到批复。

全年，在建工程质量安全受监督项目13个，协管项目2个，工程建安费7.3亿元，在建工程安全质量监督覆盖率达100%。完成事故多发点（段）整治17处（市级1处）、维修加固桥梁2座、整治隧道1条、加固渡口2道，并完成上沙渡口等4道渡口撤渡工作。共查处超限车辆434辆，罚款161.43万元，卸货总重8788.7吨，完成全年任务160%，卸载率达100%，共办理非现执法案件135件，完成年度计划135%，超限罚款额与非现场执法案件考核排名均列全市第一位。

配合市交运集团优化公交线路9条，提升改造公交站点72个，建成港湾式停靠站12个，分别完成计划数180%、103%、120%。新建农村联网公路及提升农村公路技术等级23.1公里，完成路面大中修13.2公里和安保工程3.2公里，完成率均达到100%。

针对14号“莫兰蒂”、16号“马勒卡”、17号“鲇鱼”台风持续强降雨的影响，投入1300余万元，分40个抢修组，完成93处严重公路水毁点的应急修复工作。

截至年底，“两路两侧”“四边三化”工程，对省级排查出的14个问题点、市级排查出的118个问题点及自查自纠的283个问题点全部完成整治。

2016年，区交通运输局获省级G20杭州峰会先进集体、全市重点建设立功竞赛先进集体、全市交通运输系统目标考核优秀单位、全市铁路建设与管理工作先进集体、区直单位目标考核优秀单位等称号。

公路建设

【概况】 2016年，仰义至双屿段改建工程全长6.47公里，概算7.0135万元（不含安置房建设），采用一级公路标准结合城市道路功能设计，

2016年，330国道仰义至双屿段通车航拍　　区交通运输局 供稿

双向六车道，行车速度60公里/小时。完成投资额19555万元，完成年度投资计划159%。4月，二标丰门段主线贯通，6月底实现主线通车，11月底全面开放交通。

双屿至藤桥公路工程全长7.16公里，概算13.73亿元，采用双向六车道一级公路技术标准设计，设计速度为60公里/小时。全年完成投资额21925万元，完成年度投资计划244%。截至年底，工程总体完成47.3%，其中，路基完成55.4%，桥梁完成24%，隧道完成58.6% 。完成34户拆迁户协议签订工作，并在规定时间实现100%签订。完成交地82亩，历年累计完成510亩，交地率98%；完成全线400穴坟墓调查、登记造册工作。

104国道温州西过境公路改建工程鹿城段全长9.7公里，总投资29亿元，采用六车道一级公路标准，设计车速为80公里/小时。全年完成投资额36945万元，完成年度投资计划128%。其中，建设瓯江特大桥工程全长1332.7米，桥面全宽36米，建安投资5.05亿元，由鹿城区与永嘉县共建，各承担50%。该桥累计完成产值3.35亿元，总体进度72%，累计完成承台20个、桩基260根、墩柱69根、盖梁16个、主桥箱梁58块（对）、塔柱3根、引桥现浇箱梁7段、桥台2个。104国道温州西过境公路改建主线工程仰义段、丰门段、双屿段，完成467户房屋、13.7万平方米腾空拆除工作。另外，完成22亩借地工作和460余穴坟墓登记工作，其中仰义段太山135穴坟墓均已迁移。

绕城高速公路西南线工程鹿城段全长5公里，总投资13.5亿元，采用双向六车道高速公路标准建设。全年完成投资额22845万元，完成年度投资计划100%。鹿城段共处理管线迁改14处，其中电力5处、通讯7处、给水2处。落实洞桥山上山道路和潘岙村改道工作，使鹿城段成为全线第一个无障碍施工段。

铁路建设

【概况】 2016年，市域铁路S1线一期工程鹿城段全长3.849公里，概算9.6亿元，全年完成投资额7709万元，完成年度投资计划101%。5月中旬，鹿城段无障碍施工启动。

乐清湾港区铁路支线鹿城段全长4.9公里，概算4.91亿元，主线用地134.2325亩。全年完成投资额17010万元，完成年度投资计划131%。仰义段房屋征迁于7月底完成，藤桥段于12月完成拆除工作，同时完成的有藤桥镇治超站红线内400平方米及外垟村村委会800平方米房屋拆迁工作。年内，交地96.4亩，红线外借地29.8亩，借地工作全部完成，藤桥段及仰义段共计6座坟墓亦迁移完成。

（王颖颖）

责任编辑　戴增荣

2016年，104国道瓯江特大桥航拍　　区交通运输局 供稿

信息产业

电子信息

【概况】 2016年，鹿城区电子信息行业中有13家分别进入市重点企业、区功勋企业和区工业50强行列、税收50强行列。4家软件信息企业进入市软件服务重点企业行列，占全市50%。3家电子商务企业进入市电子商务重点企业行列（全市仅8家）。年内，鹿城区入选省产业集群跨境电子商务发展试点县（市、区），有4家电子信息企业新增为国家高新企业。

申瓯通信设备有限公司、温州市博弘电器有限公司等5家规模以上制造业企业实现总产值9.8644亿元，比2015年增加23.52%。其中，申瓯通信设备有限公司以“尽善尽美贡献产业，至诚至信服务用户”为信念，被评为“浙江省信用管理示范企业”；产品喷码机和变频器入选2016年度“浙江省制造精品”，进入区工业50强、税收50强行列；年总产值达2.5032亿元，比2015年增长66.7%；董事长蔡春潮获温州市2016年度优秀企业家称号，总经理蔡亦智获区劳动模范称号。温州博弘电气有限公司以优质产品赢得市场，年产值进入鹿城区工业产值第14强，公司获鹿城区集体劳动模范称号，总经理黄小燕获2016年度温州市优秀企业家称号、温州市第三届“科技新温商”称号和温州市领军培育企业称号。软件信息服务业中，浙江怡联网络科技有限公司新增怡联云计算及大数据省级高新技术研究中心，销售额比2015年增长43.5%，入选温州市软件信息服务业、鹿城区服务业50强行列；总经理胡亮获温州市第三届“科技新温商”称号、温州市十大网络创新精英称号。

【进军仓储物流与物联网市场】 2016年，温州联强网络技术有限公司立足创新求发展，抓住电子商务业迅猛发展时机，开拓下线进军仓储物流和物联网市场，独立研发一套仓储管理系统。并整合银行金融机构资源，打造集综合仓储基地+互联全能——物流网络+系统管理于一体的服务大平台——中仓仓储，在温州、杭州、上海、南京等7个重点城市设立了50万平方米仓储基地。挺进兰州综合保税区、自贸区，建立拥有自主知识产权的物联网+保税综合仓储物流中心。中仓仓储解决了仓库混乱、出货响应慢、信息化程度低和资金流动慢差等传统仓储行业的一系列问题，受到客商欢迎。

【蓝天能源和帝杰曼新三板挂牌上市】 2016年，温州蓝天能源科技股份有限公司和浙江帝杰曼信息网络股份有限公司新三板分别上市。蓝能科技2016年报营收增长52.50%，净利润1501万元，每股收益1.5倍。帝杰曼获中国最佳创新成长型企业称号，董事长孙国勇获2016年度温州市十大网络创业精英称号，并被提名为温州市十大创业新领军人物。

【星际控股集团有限公司】 星际控股集团有限公司的产品和销售继续保持中国第一，并占据国内市场过半的份额，获中国合时智能杯第三届2016年度执法取证类最受关注特种装备企业称号，改良开发的X26型无弹泰瑟激发器电击枪，正式服务于警方，填补装备空白；年产值比2015年增长21%，获鹿城区功勋企业称号；总裁陈序被提名为2016年度温州市创业精英，温州市第三届“科技新温商”称号，2015年度优秀企业家称号；2016年，星际控股集团有限公司为南郊街道平安建设捐赠26辆巡逻车（价值10万多元）。

【申瓯、星际平安护航G20杭州峰会】 2016年，申瓯通讯设备有限公司为护航G20杭州峰会派出专业技术人员实施24小时跟踪保障峰会通信的正常运行，还为杭州市政府提供应急联动指挥系统平台，各类应急实发事件提供应急保障，受到大会和领导的好评。浙江省专用通信局三次发感谢信，并赠送该企业“协同保障G20，优质服务谱新篇”锦旗。星际控股集团有限公司为G20杭州峰会提供多款最新自主研发警用器材，其巡逻队积极参与峰会现场做保障工作，受到杭州市公安局警务部的表彰。

（何永旺）

电　信

【概况】 2016年，中国电信温州鹿城分局围绕中国电信公司“一二三四五”工作思路，强化运维“创新、集约、服务、运营”能力，助推全业务规模发展。至年底，鹿城分局共拥有固话用户31万余户，移动用户33万余户，宽带用户23万户。年内，完善通信基础设施建设同时，全力打造电信优质服务品牌。继续开展“我为城市添绿”志愿植树、农民工返城志愿服务、消费者日志愿服务、关爱老员工志愿慰老服务、流量信息宣传志愿服务进社区等为民服务活动，为温州创建文明城市建设作出贡献。

【“智慧城市·信息化城市”建设】 2016年，电信鹿城分局在鹿城范围内投资逾千万元用于“智慧城市”中最重要基础设施“城市光网”的建设，年内所有的小区实现光网覆盖。与街道签订社会“综治E通”项目，提高社会管理工作人员处理基层矛盾纠纷、治安乱点等事件的效率，真正实现全面覆盖、实时动态管控目标。

【参加慈善一日捐活动】 2016年，电信鹿城分局根据温州市委、市政府文件精神，积极参加市电信公司开展的“慈善一日捐”活动，发动和组织300多名员工参加捐款活动，共计捐款16439元。还参与社会做好事、做善事、做志愿者和无偿献血等活动，

【结对帮扶工作】 2016年，电信鹿城分局在山福镇前盈村、金岙村举行结对帮扶共建文明活动，给予该两个村的孤寡老人、贫困党员力所能及的帮扶与慰问。同时，积极协助该两个村支部的信息化建设工作。

（欧李雪）

移　动

【概况】 2016年，鹿城移动分公司开展4G宏站和室分的建设，全面完成LTE一、二、三阶段工程，完成40个基站的搬迁工作。开通载波聚合站点514个。完成33个热点的WLAN建设、121个室分建设。完成144.37孔公里管道建设，以及鞋都二期、鹿城工业区等热点区域的10个汇聚机房建设。完成自建有线宽带接入工程26215户，其中，完成难点楼宇14个，覆盖6772户，欧洲城二期、南苑小区、广景大厦、高乐大厦等；完成精品酒店2家，覆盖134户；完成家宽建设（覆盖6204户）；完成宿舍宽带建设54个项目，覆盖7459户；完成政企房，覆盖2674户（黄龙商贸城改造建设、双屿、藤桥3个项目精绑建设）；完成共享共建4个项目，覆盖2972户。2月28日，组织40多名志愿者参加学雷锋献血活动。6月23日，组织志愿者参加鹿城区“青春护航G20”平安志愿者誓师大会。9月15日，鹿城分公司启动防汛通信保障黄色应急预案。出动保障人员65人次、保障车辆23台次、油机11台次，赶赴受台风“莫兰蒂”影响的基站进行紧急抢修，并在短时间内抢通受损退服基站共26个，完成台风期间通讯保障任务。

2016年，鹿城移动累计通信收入139070.86万元，纳税29655145.8元。

【春运关爱行动】 2016年1月23—30日，鹿城移动分公司联合市社会捐赠接收工作站、市春运办、市轨道交通资产经营管理有限公司、市救助管理站、市第七人民医院、市邮政公司、温州日报社的党报热线、区政协社会法制组、南郊街道三板桥社区、金温铁路温州火车站等多家单位在温州火车站广场举办2016年春运关爱公益活动。活动内容包括为返乡新居民提供免费的平安电话，帮助返乡务工者订车票与飞机票，为返乡移动客户提供快速办理两城一家、免费送机、业务咨询等服务。

【高考期间网络和现场服务工作】 2016年6月7—8日高考期间，鹿城移动分公司在高考考点温州市第二十一中学、第二十二中学、温州第二高级中学、瓯海第二高级中学周边的58个小区施行降低功率处理。高考期间使用无线信号屏蔽仪，做到事先公告，并通过微信朋友圈传播，以确保考生安全和用户满意。在4个高考考点设爱心服务站开展现场服务活动，累计发放矿泉水3000多瓶、扇子4000份、宣传单页4000份，受到考生和家长好评。

2016年7月11日，“七色花”公益学堂仰义一小　　鹿城移动公司 供稿

【“蓝色梦想帮帮团”公益活动】 2016年的“六一”儿童节来临之际，鹿城移动公司继续延续往年的“蓝色梦想帮帮团”活动，为文成县樟台乡希望小学全体师生捐赠价值4000多元的学习用品、体育用品、生活用品以及公司员工收集的407本课外书籍，并给30名优秀学生奖励文具用品。公司EAP专员还为学生上心理辅导课，帮助学生释放心情。

【参加仰义“七色花公益学堂”兴趣班活动】 2016年7月11日，鹿城移动公司党团志愿者一行8人，到仰义第一小学，参加由临湖社区组织的2016年“七色花公益学堂”暑假兴趣班活动，并为活动展示一堂趣味手工课。

【三乐亭党员义工活动】 2016年10月27日，为深化“两学一做”学习教育活动扎实开展，鹿城移动分公司到“三乐亭”参加党员义工活动。为群众发放手机安全宣传资料500份及部分生活用品，解答群众关心的手机安全问题。活动期间，还听取“三乐亭”负责人蒋进福讲“三乐亭”公益由来。

【“星火计划”移动云行动】 2016年，鹿城移动分公司积极落地温州移动“星火计划”移动云行动，发展大型CDN客户落地5家，移动云签约148家，移动云开户量占全地区68%，超95%的客户经理完成业务首签，业务发展规模及收入位居地区第一。

（胡方正）

联　通

【概况】 2016年，温州联通鹿城分公司在省、市公司“聚焦、创新、合作”战略指引下，全面聚焦4G发展，以行业应用和ICT为切入口扩大用户规模，走出去与当地政府部门、企事业单位合作，逐步提升经营业绩，促进行业整体服务质量并推进提升基础服务能力。3月，提出关于实施聚焦战略创新合作发展的指导意见。4月，全面推进高速率光宽带品牌营销及市场培育，组织公司全体党员在鹿城西城路联华超市和洪殿菜市场等处进行扫街、扫楼及现场促销活动，宣传光迁提速的效果。6月，响应市委、市政府“万人评”工作，以“匠心服务、便民服务”为工作宗旨，提升客户入厅服务感受。7月，纪念中国共产党成立95周年，发动党员进社区服务活动，开展现场业务宣传，为用户免费宽带升级、下载软件、咨询服务、扫描温州联通微信并举行免费贴膜活动。

【基础设施大建设】 2016年，鹿城联通机房新增5610设备布放光缆，新增200对配线架，并完成设备到配线架的线路布放。网络建设共完成LTE基站153个、LTE室分309幢；完成商务楼宇接入694幢；完成13个机房光改，新增FTTH端口4424个。满

2016年7月15日，鹿城联通党支部组织党员进社区义务服务及技能拓展　　鹿城联通 供稿

足用户语音及数据上网的需求，提升用户感知度。

（蒋　浩）

邮　政

【概况】 2016年，温州市区邮政共有在职合同工748人，派遣制劳务工271人。邮政局所51处，邮政汽车156辆。邮政业务总收入25318万元，人均劳动生产率22.3万元。其中，鹿城区局有在职合同工50人，派遣制劳务工36人，邮政局所10处，邮政汽车9辆，业务收入2755万元，人均劳动生产率 26.3万元。城区营业分局有在职合同工58人，派遣制劳务工23人，邮政局所14处，邮政汽车2辆，业务收入2498万元，人均劳动生产率26.8 万元。2016年，邮政分公司鹿城区局火车站营业所获温州市第十七批巾帼文明岗称号。

【邮路】 2016年，温州邮政组开一级干线委办汽车邮路 13条：温州—上海、温州—成都、温州—兰州、温州—福州、温州—广州、温州—长沙、温州—武汉、温州—郑州、温州—济南、温州—无锡、温州—南京（浙临1）、温州—南京（浙临2）、温州—苏州；二级干线邮路29条；区内邮路29条；市内趟车邮路29条；邮路运行单日总里程19836公里。保护杭州G20杭州峰会会议顺利召开，温州邮区中心局制定分流方案， 8月8日起陆续组开和调整温州—苏州、温州—郑州、温州—济南干线邮路、温州—湖州、温州—福州等多条省际和省内委办专线邮路，有效缓解G20杭州峰会期间省会杭州局的发运压力。

【邮件运输与分拣业务量】2016年，温州邮政完成汽车邮件运输产品量1600.86万袋，邮件转运量1788.13万袋/捆，分拣包裹1805.29万件 （其中国内小包1388.57万件），平信分拣业务量7346.07万件，挂号信分拣业务量405.69万件，平刷分拣业务量1022.72万件。

【金融业务】 2016年，全市累计实现代理金融业务收入3.47亿元，比2015年增长9.41%；邮储余额规模达到185.49亿元，比2015年增长21.0%；保险业务新增保费12.58亿元，其中中邮保费2.52亿元，占系统保费20%；本级金融业务收入0.91亿元，比2015年增长5.4%；本级邮储余额达到50.7亿元，比2015年增长26.8%；保险业务新增保费3.48亿元，其中中邮保费0.64亿元，占系统保费18.4%。

【包裹业务】 2016年，全市实现包裹快递业务收入2.43亿元，比2015年增长38.45%，完成率为111.73%。其中，快递包裹业务实现收入7862.38万元，比2015年增长107.61%。标快业务实现收入627.28万元，比2015年增长18.79%。国际小包实现收入1.54亿元，比2015年增长17.38%。电商包裹进入全国新百团第一组13强，较年初前进5位。“双11”期间，收寄快递包裹54.16万件，日均收寄量达10.83万件，进口包裹当日妥投率达97.21%，居全省邮政前列。

（叶仲伟）

责任编辑　戴增荣

建筑业

综 述

2016年，鹿城区建筑市场增速放缓，平稳推进。鲲鹏建设集团有限公司成功晋升为市政特级企业，为温州市首家市政特级企业。全年培育建筑业企业特级1家。截至年底，全区建筑行业共有企业174家，其中，建筑业企业16家，一级资质5家，二级资质5家，三级资质6家；房地产企业39家，一级资质1家，二级资质7家，三级以及暂定级31家；市政企业17家，特级1家，一级资质3家，二级资质10家，三级资质3家；园林绿化企业22家，一级资质2家，二级资质4家，三级资质16家；装饰企业43家，建筑设计、项目工程管理和咨询等企业37家。全年完成建筑业施工总产值325.04亿元（其中省外产值134.05亿元、区属区管企业建筑业产值149.9亿元），增速-3.9%，占全市总产值的21.2%。

2016年，全区完成温州市优质安装工程奖8个、温州市“优秀园林工程”奖5个、“瓯江杯”工程2个；创建标化工地29个（区标示范工地22个，市标4个，省标3个），白鹿杯评选18个。区住房和城乡建设局（简称区住建局）获温州市档案工作先进集体称号。

2016年鹿城区建筑行业突出贡献单位

表19

荣誉	项目名称	承建单位
浙江省建筑安全文明施工标准化工地	温州市鹿城区藤桥镇新家园（农房改建）、新社区（农房改造）工程	浙江新邦建设股份有限公司
	温州市汇昌河葡萄居住区9—1地块建设工程	新宇建设有限公司
	温州市第二十七中学建设工程	温州诚博建设工程有限公司
浙江省建设工程“钱江杯”奖	温州市公安科技大楼建设工程	三箭建设工程集团有限公司
2016年度温州市建设工程瓯江杯奖（优质工程）	温州市鹿城区七都千亩征地等项目安置房与七都农房集聚区（一期）工程	中纬建设工程有限公司
	温州市教育大楼工程	温州鹿城第一建筑工程有限公司
	温州市鹿城双屿上伊村经济合作社（铁路沿线）二产标准厂房1号厂房	温州振华建设有限公司
鹿城区建筑业龙头骨干企业	鲲鹏建设集团有限公司	
	浙江新邦建设股份有限公司	
	新宇建设有限公司	
	中纬建设工程有限公司	
	三箭建设工程集团有限公司	

续表19

荣誉	项目名称	承建单位
鹿城区建筑业龙头骨干企业		金达建设有限公司
		浙江绿艺园林工程有限公司
		浙江红欣园林艺术有限公司
		浙江一洲建筑装饰工程有限公司
		浙江万邦建筑装饰工程有限公司
		浙江三石装饰有限公司
		温州厦泰基础工程有限公司
鹿城区建筑业强企		正坚建设有限公司
		温州鹿城第一建筑工程有限公司
		温州诚博建设工程有限公司
鹿城区建筑业成长型企业		广拓建设有限公司
		温州市瑞丰装饰工程有限公司
		温州振华建设有限公司
		浙江冶民园林工程有限公司
		浙江绣山园林建设有限公司
		温州市腾方园林建设有限公司
		浙江实强建设有限公司
		温州市华昌市政工程有限公司
		浙江信博城市建设有限公司
		温州隆盛市政建设有限公司
		恒运市政园林建设有限公司
		温州市宏泰建设有限公司
鹿城区建筑业外向型企业		温州浙南建设集团有限公司
		温州中城晟泰市政工程有限公司
		温州市鹿城建筑安装工程有限公司
国家AAA级安全文明标准化工地	浙江新邦建设股份有限公司承建的温州滨江广场项目一期工程	

建筑工程

【道路综合整治】 2016年，根据《温州市区道路综合整治三年行动计划（2016—2018年）》及《温州市区架空线路“上改下”三年行动计划（2016—2018）》相关要求，鹿城区负责实施惠民路（江滨路—温州大道）、府东路（江滨路—市府路）、新城大道（府东路—汤家桥路）、车站大道（江滨路—温州大道）等5条迎宾大道综合整治工作，总长度14.56千米，总投资约4.87亿元。道路整治工程包括市政道路、景观绿化、沿线建筑、附属设施和架空管线“上改下”等方面的改造提升。新城大道（府东路—汤家桥路）道路综合整治整治长度1.4千米，道路红线宽60米。工程总费用约6637万元（含“上改下”工程和排水管线更换工程），平均约4740万元/千米。截至年底，基本完工。府东路（江滨路—市府路）道路综合整治长2.82千米，宽36米，工程总费用约8475万元（含“上改下”工程和排水管线更换工程），平均约3005万元/千米。截至年底，基本完工。惠民路（瓯江路—金温铁路）

道路综合整治长4.31千米，宽32米，工程总投资约12321万元（含“上改下”工程和排水管线更换工程），平均约2858万元/千米。惠民路综合整治工程由于路段长、沿线建筑多样和地下管线相对复杂，截至年底，完成总工程量的90%，开始着手扫尾和整治工作。车站大道（江滨路—温州大道）道路综合整治长3.90千米，宽50米，工程总投资约14280万元（含“上改下”工程和排水管线更换工程），平均约3661万元/千米。车站大道综合整治工程由于路段长、沿线建筑多样和地下管线相对复杂，截至年底，完成总工程量的90%，开始着手扫尾和整治工作。江滨路（环城东路—车站大道）道路综合整治长2.13千米，宽50米，工程总投资约7000万元。由于江滨路快速路建设计划，市政工程和景观工程年内暂缓实施；另外，江滨西路综合整治工程建筑立面整治工程于11月11日进场施工，截至年底，完成工程量的45%。

【架空线路“上改下”工程建设】2016年，根据《温州市区架空线路“上改下”三年行动计划（2016—2018）》及《温州市市区城市道路综合整治三年行动计划（2016—2018）》，鹿城区计划完成的道路沿线架空线路“上改下”工程（包括与城投集团、瓯海区、龙湾区共同实施的“上改下”项目），分别为小南至东屿（110千伏）、城西至广化（110千伏）、马鞍池至呈祥（110千伏，鹿城段）、惠民路（瓯江路—温州大道）等13个架空线路“上改下”项目，全年任务完成9个。其中，惠民路、府东路、新城大道、车站大道、江滨路等5个“上改下”项目与道路综合整治同步实施。新城大道、府东路、牛山北路（温州大道—炬科路）和小南至东屿（110千伏）4个项目基本完成；其余5个项目处于施工阶段。

【交通治堵工程】 2016年，全区安排实施58个市政道路（桥梁）建设项目，其中，完工项目16个，新建项目18个，续建项目4个，前期项目20个，计划完成投资约4.8亿元。截至年底，完成投资5.17亿元，年度投资完成率为107.7%；建成七都经三路（一期）、德政东路、铁路沿线经六路、七都经四路（一期）、岩门片市政配套一期工程等7条城市道路，共完成6.751千米；打通飞霞北路和蛟凤北路2条断头路；建成双屿客运站天桥。全年建成12122个专用停车位（年度完成率151.5%），建成公共停车位1581个（年度完成率316.2%），建成景区停车位250个（年度完成率250%）；完成旧小区停车位改造（文明交通示范小区）25个（年度完成率147.1%），新增停车位2709个；新建公共自行车服务站台31个，新增公共自行车1000辆，均超额完成任务；完成72个城市公交站点新建改造工作，其中完成港湾式公交停靠站12个，超额完成任务。另外，公交首末站鹿城轻工产业园区公交始发站完成施工许可证办理，并开工建设。

【五水共治项目】 2016年，七都污水处理厂提标工程完成桩基施工；西片污水处理厂完成主体结构混凝土浇筑工作；中心片污水处理厂完成所有工程桩浇筑，土方开挖完成51.6%；温州市厨余垃圾处置工程一期进场施工。全年，七都街道上沙村完成施工招标，并进场施工；仰义街道澄沙桥旧村完成70%工程量。全年，完成雨水管网建设3000米、管网提标改造600米、雨污分流改造3000米、供水管网建设1.2千米、供水管网改造600米、积水点改造1处、屋顶集雨等雨水收集系统建设12处，分别完成年度计划任务的50%、60%、60%、60%、50%、100%、60%。

【省级美丽宜居示范村建设】2016年，根据《关于2016年度全省美丽宜居示范村建设年终专项督查情况的通报》，藤桥镇油岙村、山福镇荫溪潮埠村完成省级美丽宜居示范村建设任务并顺利通过验收，被认定为合格村庄。藤桥镇雅漾村及小岙村、七都街道樟里村完成村庄规划编制及部分改建工程。

【住房保障】 2016年，全区计划开工轻工产业园区D—34地块安置房1个安置房项目，竣工鹿城区水利建设办公室鞋都一期16号（牛岭）安置房、江滨路鹿城段工程建设指挥部东江锦园10幢和东江锦园13、14幢等5个安置房项目，全年计划完成投资额71440万元。截至年底，完成开工项目1个，竣工项目4个，分别为江滨路鹿城段工程建设指挥部东江锦园10幢和东江锦园13、14幢；鹿城区水利建设办公室鞋都一期16号（牛岭）安置房；温瑞塘河保护管理委员会市区纺织路庄头地块安置房。全年安置房工程计划总投资额74700万元，实际完成87686万元，完成全年计划的117.38%。

在公共租赁住房货币补贴方面，区住建局根据各街镇、区民政局（审查收入状况）、房管鹿城分局（审查房产信息）网上审核意见，将审核结果予以公示、报备等。截至年底，已收取2016年公共租赁住房保障住户2890户；全年累计审核2753户，累计二次公示2250户（实为2249户，一户重复公示），累计核准登记2233户。全年收取2016年度年审住户1953户，2016年度保障住户总共累计审核1464户，累计二次公示626户。

鹿城区里垟保障性安居工程一期工程位于鹿城区南郊乡里垟村，地上总建筑面积8.57万平方米，另地下室建筑面积2.37万平方米。截至年底，完成竣工备案，处于工程结算办理和安置户入住阶段。里垟保障性安居工程二期，总建筑面积17.58万平方米，其中地下室建筑面积为3.39万平方米，项目由11栋住宅楼和1栋幼儿园组成，总投资8.03亿元，2016年计划完成投资额1.2亿元。截至年底，完成投资额19944万元，完成全年计划的166%。

【危旧房排查治理】 2016年，全区14个街道（镇）累计出动检查28025人次、巡查危房54683幢（户），腾空2207户，拆除1000户，计21.85万平方米。排查发现新增城镇D级危旧住房11幢，腾空11幢，拆除3幢。截至年底，完成城镇危旧住房治理改造2576幢（D级危房已完成139幢），计73.59万平方米，完成数居全省第一，完成率72.5%。在农村危房方面，经排查鉴定为C级危房计518户，治理375户；D级危房计1243户，腾空1243户、拆除595户，其中，双屿新增502户D级危房，全部腾空拆除441户。

建筑管理

【概况】 2016年，鹿城区在建工程473个，总面积809.1万平方米，造价236.8亿元。其中新开工项目143个，建筑面积为197.46万平方米，造价54.22亿元。新开工项目中，附属绿化项目58个，造价1.8亿元。全年办理竣工备案71项，签发监督报告71份，安全生产责任书103份。办理大型起重机械安装告知360件、拆卸告知280件。工程质量合格率达100%，全区无重大质量安全事故发生。全年主办防高坠事故应急救援演练1次。全年备案155项工程，建筑面积224.37万平方米，工程造价610864万元。其中，公开招标的工程76项，建筑面积9.38万平方米，工程造价81991万元；邀请招标的工程29项，建筑面积2.33万平方米，工程造价36286万元；直接发包的工程52项，建筑面积212.65万平方米，工程造价492587万元。完成合同备案项目127件，合同价款48.5亿元。全年区住建审批窗口收办工程类事项1917件。其中，许可类承诺件：初步设计47件，节能审查34件，工程设计重大变更8件，施工许可93件（包括市政工程25件）；非许可类承诺件：竣工验收备案53件（包括市政工程5件），开工条件审查105件；即办件：施工图审查备案190件（包括市政工程36件），质监登记备案149件，投标备案226件，中标单位书面情况备案59件，起重机械类的产权备案614件，注销26件，使用登记372件。另外，收办企业资质初审类141件（其中申报23件、延续12件、变更106件），安全生产许可证初审类43件（其中申报3个、变更17个、延期23个），人员证书初审类事项2580件（其中建造师初始注册和增项296件、变更288件、延续336人次，三类人员初始注册398件、延期641件、变更586件、注销35件）。

【智慧工地“互联网+”信息化监管平台】 2016年4月8日，鹿城区安监站印发《鹿城区在建工程“智慧工地”系统管理方案》，并成立信息科室，落实推进建筑施工、监理企业信息入库，建立完善工程现场、企业、政府部门信息化联动的安全监管体系。对工程项目现场进行过程监管，审核辖区建筑施工企业信息、在建工程特种作业人员信息，建立和管理辖区内在建工程项目库，加强在建工程远程视频监控的巡视、施工安全日常和专项检查的整改通知书、隐患照片等网络信息化运用，并把智慧工地系统的管理工作纳入日常的安全监督检查范围，强化建筑施工动态监管。此项工作在全市住建系统范围内走在前列。“智慧工地”软件顺利开发运行，全区400多个在建工地100%录入“智慧工地”APP系统，远程视频覆盖率达到90%以上。

【工程质量检测机构信息化管理平台】 2016年，质监站通过对在辖区内承接检测业务的检测机构及外地进温检测机构进行专项检查，完成考察调研工程质量检测机构信息化管理模式，对浙江元本检测技术股份有限公司完成工程质量信息化管理改造。科宏工程检测有限公司也在改造提升。

【质量安全检查】 2016年，区质监站、安监站开展日常巡查681次，质量专项治理行动暨季度大检查4次、质量安全拉网式检查1次，平安·标化工地专项督查3次、夜间巡查7次、节假日突击检查2次，起重机械、深基坑等专项检查3次，共计检查工程项目1000余个，发放书面检查记录表1000余份，提出整改意见3600余条。经多次复查，查出的问题基本完成整改，全区在建工程检查覆盖率实现100%。在各类检查中，被诚信系统扣分的企业共306家，总计306分，违法违规行为上报35个工程项目，发出停工通知书23份。新开工项目与竣工项目“两书一牌”签署率100%，续建项目达90%以上，完成年度任务。

【“平安工地”创建】 2016年初，区安监站制定《鹿城区建设领域工地标化创建和平安建设“百日攻坚”专项行动实施方案》，并于4月12日召开鹿城区全面创建平安标化建筑工地誓师动员大会。按照平安·标化工地创建标准，每个月开展一次集中性的专项督查活动，平时不定期开展“四不两直”式检查，对问题率高的地区组织不定期的随机巡查。平安工地专项行动共检查工程200余个，对每次督查情况进行全区通报，对督查中发现问题的工程项目进行诚信扣分；严重或屡教不改的工地约谈其工程项目经理、施工企业负责人；对排名末位的工程约谈建设单位负责人、施工单位法人、监理单位法人。4月，联合鹿城区执法局对检查中存在较多安全隐患、文明标化施工不到位的温州市城市中央绿轴区域F—30/F—31地块建设工程、温州市城市中央绿轴区域F03b地块建设工程、温州市城市中央绿轴区域F09地块建设工程等3个项目的责任主体进行严肃约谈。

【安全生产月活动】 2016年5月31日，区安监站在中央绿轴中建二局工地举行“安全生产月”启动仪式。6月16日，在仰义街道后京电镀园区内参与鹿城区“安全生产月”宣传咨询日活动，以咨询问答、图文展示、发放宣传品、悬挂宣传条幅、有奖竞答、现场演示等活动形式，重点宣传施工安全生产知识。当天发放《建筑业农民工入场安全知识必读》200余册，宣传用品200余个，现场解答群众咨询50余人次。“安全生产月”围绕“强化安全发展观念，提升全民安全素质”活动主题，突出平安建设“六个一律”、标化创建“八个必须”标准，要求各在建工程施工现场必须张贴安全生产宣传画和宣传标语，设置安全宣传栏；各沿街在建高层的建筑脚手架外必须立面悬挂安全生产宣传标语条幅。组织开展全区在建工程危险性较大的分部分项工程专项整治，并结合“第二季度质量安全执法消防大检查”“平安工地百日攻坚”“打非治违”“十大重点领域专项整治”等活动，加大对非法违法建筑施工行为的查处通报力度。

【质量月活动】 2016年，区住建局组织鹿城区“质量月”广场宣传活动，邀请10家建筑行业企业代表参加；现场宣传《建设工程质量管理条例》等法律、法规，发放宣传资料50余本，宣传用品2000多份，接受群众咨询20余人次。

【安置房工程质量回访】 2016年，是区住建局推出安置房工程质量回访活动的第二年。该局组织五方责任主体，并邀请人大代表参加在七都街道千亩征地安置房（和乐美居）开展的质量回访活动，对已经入住安置房的业主进行回访询问，解答业主关心的房屋质量问题，征求加强工程质量管理的合理化建议，切实服务和保障民生。

【检测机构专项检查】 2016年5月至6月，区质监站对在辖区内承接检测业务的检测机构及外地进温检测机构进行专项检查，采取“四不两直”方式抽查14家检测机构（其中建筑材料见证取样检测5家、建设工程地基基础检测8家、建筑工

2016年10月20日，区住建局邀请安置户、人大代表等对安置房质量进行回访　　区住建局 供稿

程室内环境检测1家），对存在较大问题的温州天平公路市政检测有限公司、温州同信建设工程检测有限公司、浙江中能工程检测有限公司和浙江瀚达工程检测有限公司进行通报批评。

【工程质量监督管理】 2016年，区质监站、安监站重点针对区属范围内无施工许可证擅自进场施工的房建项目，推出《工程质量监督管理制度》，对不符合要求的中央绿轴F—30/31等多个工地发放停工整改通知书，对中央绿轴区域F—30/31地块、F—06地块、F—32地块采取提前24小时通知断电整改措施。

【质量安全拉网式检查】 2016年10月18日至11月18日，在全区范围内开展为期一个月的质量安全拉网式检查，共检查139个工程项目，发出139份检查记录表。对检查中存在的问题，要求相关责任单位立即整改；对问题较严重的工程项目，依据《温州市建筑市场信用评价管理实施办法》对企业实行诚信扣分，扣分企业计27家，总计扣32分，并对3个工程项目实行立案查处。

【质量安全网格化管理】 2016年，全区建设工程实施网格化管理根据街道、乡镇和工程特点划分3个网格化管理片区，下分12个网格点，明确网格平台中各有关人员在质量安全专项检查、防汛防台或各项创建工作中的职责，做到定人、定岗、定责，确保质量安全监督管理无遗漏、全覆盖。

【打击违法违规行为】 2016年，《关于加强综合稽查科与科室（站所）联动工作的意见》《温州市鹿城区住房和城乡建设局重大行政执法决定法制审核办法（试行）》《关于建立健全鹿城区住建局行政执法全过程记录工作制度的意见》《温州市鹿城区住房和城乡建设局“双随机一公开”工作实施细则》等文件出台。全年区住建局组织10多个重点工程项目的建设、施工、监理单位，就三方责任主体履职履责情况进行约谈，涉及人数160多人次，明确各方主体责任，确保民生工程快速、有序推进。规范和健全建设市场秩序，遏制违法违规行为，依法对9家施工与监理企业，4人次作不良行为记录，对3家企业作通报批评处理。立案查处违法违规行为8起，其中结案4起、罚没款33万元；为46家符合条件的建设单位新建工程项目补办施工许可或竣工备案等相关建设手续。全年受理交办数字城管案卷186件，按期结案率100%，综合分值99.25，等次A等。继续落实《关于加强建筑业企业欠薪防范体系建设的通知》等文件，全年共受理解决农民工工资纠纷投诉50起，涉及工人500余人、金额750余万元；涉及企业27家、工程项目30多个，并对4家企业作不良行为公示处理、3家企业作通报批评，及时化解因工资纠纷存在矛盾和过激情绪，维护各方主体和个人合法权益。

【建筑工业化推进】 2016年10月，引进的浙南闽北首个建筑工业化基地项目进场施工。该项目选址藤桥镇轻工产业园区E—10、E—30地块，占地约8.67公顷，由新邦与湖南远大合作建设。全年新开工建设装配式建筑项目11.27万平方米，新开工建设装配式住宅和公共建筑项目（不含场馆）4.92万平方米。

【绿色建筑产业发展】 2016年，鹿城区新建民用建筑全面实施绿色建筑一星级及以上设计标准，实施三星级绿色建筑示范工程1项（新邦远大新型建筑工业化项目）。开展民用建筑项目节能评估工作，全面应用温州市民用建筑节能评估管理系统；完成既有公共建筑节能改造项目10个，节能改造面积31.6万平方米；完成政府办公建筑和大型公共建筑用能监管示范工程3项，分别为温州市广电大厦能耗监测系统、温州医科大学附属第二医院能耗监测系统、温州市建设工程质量监督站能耗监测系统。严格执行《民用建筑可再生能源应用核算标准》，推动可再生能源在建筑中的应用，实施太阳能等可再生能源建筑应用100.4万平方米。

【融资建设项目管理】 2016年，区住建局督促BT项目施工图预算核对工作及大力推进附属配套工程进度，提升安置房设施功能新形象。先后印发《关于政府投资BT建设项目施工图预算核对工作及附属工程施工进度情况的通报》《关于要求加快全区政府投资BT建设项目附属配套工程及施工图预算核对工作的通知》等文件，并函告BT投资方，限期完成BT项目合同价确定。全年在建BT项目30个，合计建筑面积229.46万平方米，总投资152.5亿元，BT合同额共计91.7亿元。截至年底，鹿城区BT项目总累计完成投资额87.58亿元。

（刘彬鹏）

责任编辑　朱凌云

特色经济

金属材料流通

【概况】 温州金属材料流通商会系中国金属材料流通协会常务理事单位，是AAAAA级中国社会组织、温州市优秀社会组织，具有20年的办会历史，拥有会员单位240家。商会所在的温州市六虹钢材市场占地154亩，有店面637间、经营户393户，主要经营黑色、有色金属等20多个大类、上万个品种，配备有加工门店，是浙西南、闽东北地区最大的钢材交易专业市场。商会机构组织完善，设有监事会、党支部、联合工会、妇委会、青联（团支部）、关工委、红十字会志愿者服务队、秘书处等组织，并开设常年法律咨询顾问。2016年，商会获市民政局颁发的“中国社会组织评估AAAAA等级”“温州市优秀组织”证书，获市工商联（总商会）授予的“温州市规范化行业协会商会”称号、鹿城区工商联授予的“非公经济人士温暖之家”称号；商会党支部被评为市工商联（总商会）系统“先进基层党组织”；志愿者服务队被评为“十佳志愿者服务队”。

【服务企业】 2016年，温州市委市政府、鹿城区政府先后调研六虹钢材市场，作出关于六虹钢材市场规划搬迁的决定。为响应政府号召，维护市场稳定，温州金属材料流通商会听取会员诉求和建议，与区政府领导、区商务局、南郊街道协调，呈报《关于六虹钢材市场迁移问题经营户诉求情况的汇报》材料，并通过市工商联“商会直通车”渠道，提出市场选址方面的建议，在涉及六虹钢材市场堆场问题与市场营运和广大经营户的利益问题上，维护了广大会员权益。此外，商会常年开设法律咨询中心，免费为会员提供法律咨询和服务；参与六虹钢材市场“文明示范楼栋”月评工作、市场环境卫生义务劳动；协助市场做好防火、防盗、抗台等安全工作。开展交流、展示、联谊活动，调动会员积极性，提升商会凝聚力；3月4日，商会召开理事会议暨2016年新春团拜会；6月25日商会党支部组织会员赴台州开展红色之旅活动；9月14日，商会举行以“月圆家圆人圆事圆·国和家和人和事和”为主题的迎中秋晚会；12月8日，召开商会会员大会暨理事会换届会议，并举行主题为“缘分、期望、祝福”年会庆典活动。优化商会网站、微信公众平台，传播国家政策法规，提供行业动态信息和交流平台；编辑发行《温州金属流通》会刊6期，发送到市、区机关、友好商会、协作单位及会员企业。

【奉献爱心】 2016年1月19日，温州金属材料流通商会志愿者服务队、党支部、工会联合开展“迎新春，送温暖”扶贫慰问活动，赴藤桥镇慰问20户困难家庭；3月19日，志愿者服务队来到永嘉县儿童福利院看望孤残儿童，为孩子们送去礼物；4月17日，商会党支部组织党员和志愿者赴泰顺竹里畲乡开展“做一天家长，关爱留守儿童”活动，帮助山区留守儿童实现微心愿；5月26日，商会志愿者先后赴瓯海区娄桥新阳小学、鹿城区仰义慧才小学看望结对学生，为25名贫困学生送去了文具用品、牛奶、蛋糕；8月1日，商会组织开展慰问市交警一大队、南郊派出所活动，赠送慰问品和慰问金；9月28日，志愿者服务队赴瓯海娄桥新阳小学看望10名结对贫困学生，送上开学礼物。

（陈郁芳）

文体用品

【概况】 2016年，鹿城区有经营文体用品商业企业250余家（其中批发商75家），从业人员1500人，分别结集在飞霞北路174号大华文具总汇和民航路6号体育场体育用品商城。大华文具总汇经营文具用品、学生用具、办公器材、节日礼品。两地均以批发为主，兼营零售。体育用品商场设店铺58间，面积4000多平方米。1997年市体育中心建成后招商入驻经营，2016年经过再次招租投标和调整后，入住企业有体育运动之家、锐力体育、安踏体育、力杰体育、金台体育、金马体育、新兆丰体育、康百体育、温州小百、新创体育、奔驰体育、伍环体育、王锐体育、健华体育、奥体体育、天力体育、乔丹体育、捷路体育、同成体育、乐宏体育、康汇体育、百胜体育、乐健体育等23家企业。主要经销国内外知名体育用品。另有文具零售小店170多间，分设各学校附近或居民社区街面上，服务对象主要是学生与居民。全年文体用品业销售3.9亿元，因受电商网购行业发展影响，比上年下降20%。

飞霞北路174号内大华文具总汇的业主单位温州市农业农村综合开发投资有限公司提前一年通知各租赁经营户，于2016年11月29日，根据市区、市府“大拆大整”行动和市场规划部署，决定大华文具总汇于2017年底关闭。

【“顺发文具”2016年夏季订货会】 2016年7月7日，温州顺发文具公司在鹿城区游泳桥9号金球国豪大酒店六楼金球厅举办“顺发文具2016年夏季客户订货会”，到会客商86家。主办方组织智高、小精灵、文曦、名马、成田良品、享纳文具、广东天彩、银锋、天高、创思、乐普升、乐事高、恒欣、长力、多喜多、韩酷文具、知心、晨兮、琥珀笔、潮牌笔、斯塔、韩国花朗、中华铅笔、时美、乔丹、愚乐坊等26家企业，在会上各自展示国内外知名文具品牌最新文具产品，吸引客商，同时进行优惠订货活动。

【“晨光文具”新品展销会】 2016年8月8日，知名国内文具名牌“晨光文具”在飞霞北路180号“晨光文具温州配送中心”和“晨光文具”温州总经销商温州顺尔得文化体育用品有限公司联合举办新品展销会，展示文具用品、学生用品、办公用品、纸制品等系列商品，新品设计时尚，具有新创意。

【商会党支部换届】 2016年11月25日，温州市文教体育用品商会全体党员会议在温州文化用品市场B幢二楼会议室召开。遵循换届程序，温州顺尔得文化体育用品有限公司总经理滕显彬被推选为中共温州市文教体育用品商会支部委员会新一届书记。

（张成康）

工艺美术

【概况】 2016年，鹿城的瓯塑、瓯绣、彩石镶嵌3个品种技艺被列入国家级非物质文化遗产名录。另有十字花边绣、米塑、绸塑、竹丝镶嵌、彩泥塑、温州发绣、石雕、王顺发船模技艺等8个品种技艺被列入浙江省非物质文化遗产名录。截至2016年12月，鹿城区有中国工艺美术大师2人、省级工艺美术大师17人、市级工艺美术大师26人。

【助力G20杭州峰会】 2016年G20杭州峰会会议在杭州召开，温州市工艺美术研究院和温州市工艺美术行业协会依照上级要求，提供23件工艺美术品布置会场。其中，由叶萌春率20人团队设计制作的《西湖十景》彩石镶嵌屏风，摆在杭州西湖国宾馆双边会议主会场内；周锦云团队设计制作的瓯塑壁画《西湖天下景》设在杭州萧山国际机场新候机楼一号厅（总统厅）。另有陈顺德、施成权等大师的木雕、石雕、瓯绣作品也陈设于会场各处。

【参展参赛】 2016年，协会组织业内工艺美术作品赴杭州、大连、合肥、东阳参加第六届中国（浙江）工艺美术精品博览会、第十四届中国（大连）工艺美术博览会暨古典家具与收藏品博览会、第十届合肥国际文化博览会、第十一届中国（东阳）木雕竹编工艺美术博览会等4个展会，涉及18个品种、359件作品，共获得金奖80个、银奖86个、铜奖59个。

【入选首届“中国工美行业艺术大师”】 2016年3月，中国工艺美术协会开展第一届中国工美行业艺术大师评审工作。鹿城区石雕艺人林锦星获此项称号。

【香港参展】 2016年4月26—30日，“美丽浙江·欣赏香港——浙江文化美食旅游节”在香港维多利亚公园举办，在工艺美术主题展区，温州参展团展出21件以中国工艺美术大师作品为主的工艺美术展品。任明霞现场表演温州传统手工绝技瓯塑。

【新增亚太大师】 2016年5月18日，中国工艺美术协会发文揭晓第三届亚太地区手工艺大师中国地区的评审结果，鹿城区瓯塑艺人周锦云上榜。

【职称评审】 2016年，鹿城区工艺美术行业共评出级高级工艺美术师1人、中级工艺美术师2人、助理工艺美术师4人。

（陈　桑）

仓　储

【概况】 2016年，鹿城仓储基地进驻各类个体户、企业以及企业的仓库达230家，其中企业（含个体经营户转企业）150余家、各类仓库80余家。主流客户为医药、银行、电器、五金机电、日用百货、食品饮料等。入驻基地的有华润医药、国药控股、温州康宏医药有限公司、建设银行、工商银行、温州中百有限公司（宝洁公司产品温州总代）、温州日清（加多宝温州总代）、上海太太乐、万马轴承、鹿城机电等知名企业。

2016年，仓储公司在消防、安保等各方面实行24小时监控的安全保卫工作。全年仓储基地平稳运行，无任何重大事故发生。

（徐如玉）

餐　饮

【概况】 2016年，鹿城区餐饮企业计2552家，其中上规模企业171家，比2015年新增6家；餐饮一体的 86家，纯餐饮企业85家。在餐饮企业中咖啡、酒吧类企业147家、会所62家。全行业共有从业人员80312人，其中咖啡类3195人、会所类942人。2016年全行业销售情况比上年略有回暖，企业个数有所增加，特别是大型婚宴酒店发展趋势较快。但企业经济效益相对不乐观，主要原因一是消费群体理念转变快，消费价位仍在继续下滑；二是新增企业占据市场形成竞争日益激烈，互相降价拉客；三是温州餐饮仍旧依靠本地人消费，外地旅游客源基本停留在市区外围没有带入城区消费；四是公款请吃杜绝，午宴基本消失；五是私房菜、家宴请吃、自备材料外请师傅加工正逐步适应市民，餐饮业面临严峻的考验与挑战。

【协会活动】 由温州市发展协调委员会与温州市旅游局联合举办的“2015温州市旅游投资突出奉献奖”评选活动经过2个多月的社会参与评选，于2016年2月结束，全市共评出10位精英。叶建林投资6.6亿元打造五星级云天楼越洲大酒店，蝉联“中国百强餐饮企业”，叶建林被评为“2016年温州市旅游投资突出贡献人物”称号。6月25日，全国第六届饭店技能竞赛浙江赛区的比赛在温州举行，区餐饮协会常务副会长单位温州云天楼实业有限公司组织9人参加竞赛，其中5人摘得金牌，3人获得银牌，1人取得铜牌，并获团体金牌，实现满堂红，充分展示了云天楼人的实力与风采。6月28—30日，全国第四届婚庆喜宴产业发展论坛在上海举行，来自全国各地的品牌婚庆酒店云集，探讨婚庆酒店发展趋势与潮流，会议还公布了“2016年中国十佳一站式服务婚庆酒店/会馆名单”，温州云天楼实业有限公司获“2016中国十佳一站式服务酒店”称号，这也是浙江省唯一一家获此奖项的企业。7月25日，温州美乐园餐饮娱乐有限公司4D厨房安全管理体系以95.77%的高分获得通过验收。该公司投入巨资委托中成伟业对美乐园小南店进行厨房4D安全管理体系改造，达到了规范行为标准、稳定服务质量、提高工作效率、树立企业品牌、实现降耗增效、顾客放心满意、员工条件改善、卫生环境美观的效果。4D厨房安全管理体系认证在温州属首例。10月，由市商务局、市饭店与餐饮业协会联合主办、鹿城区餐饮业协会协办的“温州市首批特色餐厅”评选活动拉开序幕。这次活动由全市各餐饮企业自主报名、并经业内专家人士组成的评审委员会现场评审、公示，评选出33家具有时代特色和创业标杆意义的“温州首批特色餐厅”。温州市五马美食总汇有限公司、温州市宴虹餐饮管理有限公司名列其中。

温州四季花园宴会中心于2016年12月28日试营业。该中心坐落在黎明东路412号，企业法定代表人季金云，企业总投资1.2亿元，总占地面积16.5亩，总建筑面积24800平方米。该中心包括中央大厅（宴会厅）12个，可同时容纳6600人用餐，包厢6个，可同时容纳82人用餐，同时配有娱乐场所620平方米、电影院850平方米、酒吧480平方米、住宿800平方米计32个客房。该中心系吃、住、玩、乐为一体的功能齐全的温州首家花园式酒店。

温州汤臣一品国际宴会中心于2016年9月18日正式开业。该中心坐落在温州国际会展中心三期二楼，法定代表人张方、企业总投资6800万元，总建筑面积9200平方米，设中央大厅（宴会厅）4个，可同时容纳2300人用餐，属婚宴一站式酒店，可与香格里拉、万和豪生相媲美。

（温州市鹿城区餐饮业协会）

旅 馆

【概况】 2016年，鹿城区新开业宾馆16家，停业68家，到年底正常营业旅馆463家。其中，停业旅馆大部分以郊区拆迁农民房为主。全年区旅馆住宿业总收入为150892万元，比2015年下降7.9%。香格里拉大酒店、王朝大酒店、喜来登酒店、国际大酒店4家酒店获2016年度鹿城区功勋企业。

【王朝大酒店】 坐落在温州市中心，地理位置优越，交通十分便利。它由两座建筑设计新颖、装饰富丽堂皇的主附楼组成。酒店现有标准客房、商务套房、总统套房共310余间/套。酒店设有中餐、西餐等风味各异的餐厅、多功能宴会厅、会议厅，是承办大型会议和宴会的理想场所。此外还有健身房、桑拿按摩、KTV包厢等现代化娱乐健身设施。酒店还积极投身于扶贫济困、抗震救灾、援手教育等社会公益活动，得到了政府及社会的高度认可。相继荣获浙江省消费者信得过单位、温州市先进旅游星级饭店、温州市职工文艺优秀单位、温州市先进职工之家、锦江集团下属酒店年度最佳业绩成就奖、温州市鹿城区功勋企业等诸多奖项或称号，并于2016年荣登全国四星级酒店排强第十四位（浙江省第二）。

【温州国际大酒店】 位于浙江温州市人民中路1号，位于市中心繁华商圈，距市政府4.8公里，距动车站11.5公里，距机场20公里，是一家集住宿、餐饮、会务综合为一体的温州四星级酒店。楼高26层，配有温馨客房280间、大小会议室9个、拥有10000平方米时尚购物空间的新国际中心、配合有康乐中心、桑拿中心、房务中心、行政酒廊、大堂吧、中西餐厅、豪华宴会厅等，拥有各类风格迥异雅致包厢、更有浙南地区最大的360° 旋转花园餐厅，宴会厅可同时容纳1100人各类宴会。酒店具备接待高级综合会务的能力。2016年，温州国际大酒店获鹿城区功勋企业、鹿城区百强企业、携程旅行网最受欢迎的酒店奖。

【温州香格里拉大酒店】 坐落于温州滨江商务区的中心地段，毗邻会展中心，和市政府大楼相近。温州香格里拉大酒店俯瞰瓯江，坐拥青山秀水的秀丽风光。酒店到温州永强国际机场仅25分钟车程，距离雁荡山、楠溪江等国家景区约1小时车程。酒店设有409间典雅大方的客房，其中包括73间豪华客房和34间套房，分别可欣赏江景和山景，房间面积在42平方米以上。为了满足长期入住客人的需要，酒店还设有10间配有全套厨房设施的酒店公寓。优雅华丽的中餐厅设有17间豪华包间是品尝正宗瓯菜、粤菜和淮扬菜系的理想去处。时尚新潮的瓯咖啡西餐厅提供国际风味自助餐和日间单点菜单，在这里可以领略开放式厨房概念带来的别具一格的就餐乐趣。

2016年，温州香格里拉大酒店荣获鹿城区功勋企业、2016年度鹿城区百强企业、2016年度全区单位保卫工作先进集体、2016年度消防安全重点单位管理先进单位、年度最佳婚宴举办酒店等荣誉。

【温州市金球国豪大酒店有限公司】 酒店坐落于温州市区游泳桥路9号，毗邻九山湖畔。酒店总建筑面积达19000平方米，拥有158套客房及风格不同的风味餐厅。豪华包厢41间，并配有2000平方米的宴会大厅和不同规格的大、中、小多功能会议厅，配有游泳池、音乐茶吧、汽车租赁公司，南澳酒庄、国际旅游公司、便利小超市，可接待大、中型商务会议、婚宴、酒席等 。温州金球国豪大酒店有限公司董事长杨冬凉系澳大利亚温州联谊会会长，“2016年感动温州十大人物”之一。多年来他个人累计捐款捐物计1000多万元；每年用80辆大巴车免费承担市“两会”等重大活动人员接送任务；酒店无偿为公益事业提供40多场次活动。

【温州喜来登酒店】 酒店位于温州中心商务区，由25层的塔楼组成，设303间客房及套房，拥有多个风味餐厅、时尚酒吧及酒廊。该酒店获2016年度功勋企业、Tripadvisor 2016年卓越奖等称号。

（潘光荣）

美发美容

【概况】 2016年，鹿城区有美发美容单位近5500家，从业人员3万余人。3月24日，2016温州国际时尚文化创意博览会在温州国际会展中心开幕，鹿城区美容美发协会应邀在文博会开幕式主舞台上作美发化妆美甲时尚秀，并获得此次文博会的优秀组织奖。7月1日，协会美发美容义工队获得温州市工商联“2016十佳志愿者服务队”称号。8月15—16日，协会举办2016年美发美容发展与管理高级研修班，邀请台湾美丽事业发展协会会长、国际美业导师杨永住先生授课。11月3—8日，协会组成33人的美发美容高技能人才培训团，赴重庆五一技师学院进行为期3天的职业技能培训。"高级研修班""高技能人才培训团"均被列入温州市2016年度市级专业技术人员培训计划。

【合作联盟签约】 2016年8月13日，区美容美发协会发起"八协会"合作签约仪式在台州举行，来自中国台湾美丽事业发展协会、韩国扮妆艺术人协会以及温州、台州、金华、绍兴、衢州、吉林延吉市等8家美发美容行业协会签订了《美业战略联盟合作协议》。

【参与"最美温州女性"评选】 3月8日，由温州市委宣传部，市妇联、市总工会等单位联合主办的温州市10路英才百名"最美温州女性"评选揭晓，区美容美发协会常务副会长林少芬获得"技能标兵"、副会长涂丽丽获得"时尚达人"称号。

（彭希国、伍为民）

会　展

【概况】 2016年，温州国际会议展览中心共举办各类展会、订货会、房产开盘、搭棚展销等活动共53个（其中专业展7个），展出面积604308平方米，标准展位数逾6万个，参观人数约1569413人次。其中，举办30000平方米以上的有4个，20000—30000平方米（不含30000平方米）的有7个；15000—20000平方米（不含20000平方米）的5个；10000—15000平方米（不含15000平方米）的6个；5000—10000平方米的11个；5000平方米以下的20个。

【第十四届迎春福年货商品博览会】 2016年1月21—30日，迎春福年货商品博览会在温州国际会展中心开幕。来自全国各地的品牌鞋服、家居用品、农副特产品等商家，为准备过年的市民提供一站式的年货采购平台。此次迎春福年货展会面积3.5万平方米，主题围绕"逛民俗、购年货、品美食"，内容包括各类年货产品、进口商品、品牌鞋服、各类名小吃，还有吹糖人、捏面人、画糖画等古老民俗文化以及由温州鹿城越剧团、温州文星木偶艺社、温州久久爱心艺术团带来的越剧、木偶戏、喜庆腰鼓、舞蹈、军乐合奏等演出。

【2016中国（温州）国际工业博览会】 2016年3月11日，由温州市人民政府、中国机床总公司、中国塑料加工工业协会主办，温州市模具协会和浙江德纳展览有限公司共同承办的"2016中国（温州）国际工业博览会"在温州国际会展中心开幕，展期3天。展会启用温州国际会展中心3个室内展馆和2个户外展馆，展出面积41000平方米，来自海内外的535家企业参展。展出内容包括机床、模具、塑胶机械和原材料、自动化、机器人、3D打印、五金、工量刃具、激光设备、物流仓储、包装等行业的近万种优秀产品。参观人次达44179人次，较上届有2.3%的增长。

【第十四届温州国际汽车展览会】 2016年4月7—10日，第十四届温州国际汽车展览会在温州国际会展中心举办，为期4天的车展展出面积50000平方米，80多家汽车厂家展出约500款车型，吸引约6.7万人次观众参观，现场交易车辆5812台，交易额超9亿元。

【第十四届中国（温州）国际眼镜业展览会】 2016年5月8—10日，为期3天的第14届中国（温州）国际眼镜业展览会在温州国际会展中心举办。展会现场总成交额达1.1亿元，较上届增长1成。展会期间，共接待专业客商14160位，稳中有升。其中，海外客商近1000位，增长幅度22.15%，创历史新高。作为中国重要的眼镜出口贸易展览平台，国内三大国际性专业眼镜业展览会之一，2016温州国际眼镜展总展出面积25000多平方米，规模较上届增长25%，吸引了400余家涵盖国内眼镜各大主产区乃至亚洲区的企业加盟，展出产品覆盖成镜、仪器设备、原辅材料及配件、包装、镜片等全产业链。

【第二十一届中国（温州）国际皮革、鞋材、鞋机展】 携手"2016中国国际合成革展""2016中国（温州）国际缝制设备展""2016中国（温州）国际数码印花及3D针织设备展"于2016年8月25—27日在温州国际会展中心举办。展会总展出面积45000平方米，共有679家企业同台展出，接待参观商18679位。其中，海外参观商1311人，分别来自58个国家和地区。3D飞织技术讲座、第六届合成革高峰论坛暨合成革工业污染零排放技术论坛、温广制鞋企业家交流会暨破解制鞋行业发展论坛、2016韩国制鞋技术及潮流发布论坛、鞋业智能制造4.0+金融服务研讨会、2016中韩鞋设计交流展区等活动专注帮助与会者开拓思路、把握行业潮流，以交流、合作、创新为基础，寻找发展之契机。

【第十二届浙江（温州）轻工产品暨2016国际时尚消费博览会】 于9月23—25日在温州会展中心举办。时尚展由浙江省商务厅、温州市人民政府主办，温州市商务局、温州市现代服务业投资集团有限公司、温州国际会议展览中心有限公司共同承办，以“时尚领秀，潮起温州”为主题，展览面积3万平方米，共设3万平方米四大主题展馆，吸引参展企业300多家，观众人数将近3万人次，现场成交5214万元，意向成交3.35亿元。

（李　艳）

家　电

【概况】 2016年，温州市家用电器协会有会员企业500家，主要有分布市区的黄龙家电市场、温州一百家电超市、苏宁电器连锁、国美电器连锁、温州民丰家电、浙江天诚中央空调工程有限公司、温州天马家电超市、温州侨欧家电等一批家电专业批发、卖场供应商龙头企业。从事家电维修服务行业的单位共有120多家，其中营业场所在200平方米以上，技术人员在15人以上，设备齐全、管理规范的单位主要有：温州市军广电器维修服务有限公司、温州市军地家电维修服务有限公司、温州市赛荣电器维修公司，从业人员约500余人。

全年协会及时介入永嘉、苍南等地发生的空调安装工伤事故及消费纠纷，出具鉴定报告5份，参与协调解决工伤事故3起；处理厂商与企业之间的返利、货款等纠纷8起；化解消费者及市消保委转接投诉38起。为加强行业管理，促进行业自律，相继出台了《温州市家电行业行规行约》《温州市家电维修收费标准指导目录》《温州市空气调节器安装件行业规范》《温州市家用电器维修服务规范》《温州市售后服务维修技术资质评定细则》等制度。并与市人力资源和社会保障局签订《关于企业技术工人职业技能鉴定政府向社会组织转移职能工作协议书》。

4月，协会义工队被市总工会授予“工人先锋号”。6月15日，协会组队参加2016温州市职业技能大赛，叶友明获瓯江技能大师称号；邵建荣、陈林、柯凤龙、余洪进4人获首席技师称号；林观芳、曹云获评“金燕奖”和“温州市职业技能带头人”；林观芳、谢炳晓、李永春、曹云、毛柯枢、叶挺6人获温州市技术能手称号；董翻身获2016年市级先进个人；谢炳晓获温州市青年岗位能手称号。协会党总支获先进基层党组织；蔡淑如、张云龙获优秀共产党员称号；林兵评为优秀党务工作者。协会服务队获“十佳”志愿者服务队称号。

【协会活动】 2016年2月2—15日，协会为温州国美大厦店方兵女儿方龄郦捐款4.65万元。2月20日，协会志愿者服务队参加“我们的乐善市集”低碳公益活动。4月15日，温州家电协会党总支在市银都大酒店举办了“两学一做”党课报告会，协会40多名党员及90多位理事与会。原市委副秘书长、市委政研室主任、市政府经济研究中心主任谢浩受邀，作《观大势、敢担当、促转型》党课讲座。7月1日，协会承办市总商会联合党委纪念中国共产党95华诞活动。4月27日，大金空调浙南技术培训分部落户温州市家电协会培训基地。7月27日，协会党员志愿者服务队走进府前社区，参加五马街道举办的庆祝建军89周年活动。7月29日，协会会员捐赠三台3p柜式空调、三台冷热水直饮机以及500斤西瓜，慰问温州军分区海防官兵，并将捐赠的空调、冷热水直饮机安装到位。7月31日，协会联合温州悦读会走进军营举行军民联欢会，为解放军战士献上一台精彩的文艺演出，8月23日，“2016零距离助学行活动”结对仪式上，协会秘书长董翻身个人为20名大学生资助了10000元。9月18—23日，抗击“莫兰蒂”台风，协会义工队和来自省内杭州、宁波、金华、永康、东阳、丽水、绍兴、磐安、台州等地的救援队伍，先后辗转泗溪镇、筱村镇，仕阳镇、雪溪乡等7个乡镇，29支队伍236名技师连续6天为灾民免费修理家电5456件。温州电视台、温州晚报作了现场报道。

【行业交流】 2016年3月23日，家电协会召开家电配件零售经营单位座谈会，首次把家电配件零售经营单位纳入组织管理。3月26日，协会参加学习习近平总书记3月4日在出席全国政协十二届四次会议民建、工商联界别联组会上的讲话精神。3月31日，协会党总支召开2016年协会党总支扩大会议，部署落实2016年协会党建各项任务，研讨各支部班子成员的调整等事宜。6月21日，协会在金华金城国际酒店举行六届三次会长办公会议。次日上午，各与会会长参观金华四通家电商场。8月9日，协会工会主席董翻身在全市两新组织党建带工建推进会上作典型经验交流。8月30日，协会作为2016年市政府批准筹建的5个市级专业标准化技术委员会代表，在全市专业标准化技术委员会工作座谈会上作典型经验交流。

【服务社会】 3月5日，在协会义工总队的统一布置与筹划下，6支义工队伍分别活跃在鹿城松台广场、五马街道、荷花社区、龙湾、瑞安、苍南、乐清、永嘉、文成、泰顺、瓯海等地，掀起了万民义工学雷锋活动。3月15日，协会义工队参加“3·15”消费者权益日活动，格力、创维、海尔、美的等品牌经销商现场向消费者演示家电产品质量优劣对比。5月4日，协会发起“爱护母亲河，家电免费修”志愿者服务活动。活动分别在梧田老街、三垟上垟村、南白象上蔡村、娄桥、龙湾、永嘉、乐清、苍南、文成、泰顺共11个点区举行，出动11支队伍的200多志愿者，为村民免费维修电器1530余件。

（黄海燕）

责任编辑　徐孝平

旅游业

综　述

2016年，鹿城区以旅游资源整合和多元业态发展为目标，打造旅游品牌，开发旅游产品，进行旅游推介，多方位营造旅游环境。全年累计接待游客1332.75万人次，同比增长14.23%；实现旅游总收入173.63亿元，同比增长16.37%。其中，国内旅游者1293.14万人次，同比增长14.15%，国内旅游收入154.86亿元，同比增长3.79%；海外入境旅游者39.61万人次，同比增长17.07%，海外创汇收入28258.92万美元，同比增长16.02%。

城市公园建设

【白鹿洲公园】　2016年9月，温州市园林部门打造提升白鹿洲公园沿塘河榕亭空间和雕塑工程。沿塘河榕亭空间工程改造用地面积1445平方米，包括水心轩节点和星河湾桥头西侧节点处的亭廊建设、绿化种植等。雕塑工程包括浮雕景墙和情景人物雕塑两部分，浮雕景墙每幅规格3米×3米，分别为南塘驿站、水清浣纱、龙舟盛会、水上台阁、水上迎亲、渔舟唱晚、百里荷花、巨龙迎春，主题紧扣“南塘河”风情特色，展示南塘河水域文化底蕴；情景人物雕塑有3组，分别是捣年糕、温州鼓词、馄饨担等4个人物造型，集中展示温州民俗文化和地方特色。至年底，工程基本完工。

【九山公园】　2016年1月，温州市园林部门改造提升九山公园公厕环境，完成闲置破损的白鸽房与5号公厕整体改造。改造总面积约470平方米，其中公厕约60平方米、经营配套服务设施约140平方米、管理用房及其他配套走廊等约270平方米。6月，通过竣工验收。

【马鞍池公园】　2016年9月12日，马鞍池公园4号公厕改造提升工程正式开工。公厕将改善外观，内部铺设无障碍通道，安装全新的设备设施，总投入近30万元。至年底，基本完工。

【墨池公园】　墨池公园亭廊油漆脱落较为严重，2016年4月，全面修整墨池公园亭廊，总造价26.3万元。6月，工程完工。

【杨府山公园】　杨府山下陡门始建于南宋时期，距今约有1100多年。该遗址于2011年公园建设时发现并就地保护，成为公园内的文物景观。2016年，市园林部门对该遗址实施文化提升工程，项目总长约16.75米，整体结构全部采用花岗岩石料，共6墩5孔；利用景观亲水性及水闸文化特色，设置景观广场、文化景墙、古闸缩影雕塑，展示古闸的历史文化，丰富公园的文化内涵。

【世纪广场】　2016年，温州市园林部门综合改造提升世纪广场地下通道和广场周围设施，通过建造钢结构雨篷设计及通道抛光砖贴面等措施，彻底改善通道原来的面貌。工程总投入273万元，其中地下通道项目120万元。同时，将地下通道入口原有的绿地进行梳理，以缀花草坪为主，增加红花继木树桩、紫薇、银姬小腊、龟甲冬青等球类植物及草花种植，形成层次丰富、色彩艳丽、简洁明快的植物景观。投入20余万元，对世纪广场划龙桥河岸花卉进行布置，选用耐候钢板种植箱，种植盆景榆树、红花继木树桩、桂花茶梅等，配植多年生盆栽与草花，丰富河岸景观线。

（周　琼、李文若）

旅游规划和项目建设

【旅游发展规划】　2016年，鹿城区旅游局科学编制《鹿城区旅游业发展“十三五”规划》，总体目标是以旅游全域化引领全区城乡统筹发展，打造山水特色鲜明、瓯越风情浓郁、时尚魅力突出的综合型都市休闲旅游目的地。具体是打造“两带四区”的空间格局。“两带”指“瓯江都市休闲旅游带”“南塘水乡风情旅游带”，“四区”指东部都市商务休闲区、中部历史文化创意区、西部时尚智造休闲区和乡村生态旅游休闲区。通过“两带”串联鹿城旅游发展四大区块，整合“山水林田湖岛”及沿线都市景观、特色街区、滨江公园、湿地田园等资源，实现山、水、岸、岛联动，以拓展都市旅游发展新空间，更好地打造全域化旅游目的地。

【旅游项目打造】 2016年，鹿城区创建及培育旅游特色产品30个，同比增长33%。其中，山福镇雅西生态农庄、藤桥镇田塘头果蔬合作社成功创建为浙江省果蔬采摘旅游基地；滨江街道米房cei、五马街道欧洲城创建为温州市旅游主题社区；七都街道樟里村、山福镇驿头村创建为温州市特色旅游村；藤桥镇浙农生态农庄创建为温州市自助旅游营地驿站；松台街道玫嘉酒庄创建为温州市特色旅游消费（购物）场所；滨江街道朗舍精品江景客栈、山福镇白鹿著乡·蜜苑创建为温州市特色客栈。同时，拓展古城文化风情休闲观光体验，推出“古韵温州”文化观光旅游巴士线路。

景区建设

【景区基础设施建设】 2016年，区旅游局挖掘“佛之屿”文化内涵，完成江心寺主殿扩建工程；对棕榈草坪进行翻修，并开辟樱花林等，进一步改善整体景观；开展景区彩化工作，在景区各重要区域布置花镜、花坛，全年用草花10万余盆。印象南塘景区成立多部门派驻的管理委员会，初步理顺景区管理职能。康奈工业园成功创建成国家AAA级旅游景区。

【智慧旅游国家级标准化项目】 2016年，江心屿景区智慧旅游服务标准化试点项目成功通过省级验收，并申报国家级验收。该项目是全市第一个智慧旅游国家级标准化项目。

行业建设和管理

【概况】 2016年，区旅游局开展文明旅游宣传和诚信旅游企业创建工作，继续推进星级饭店复评和星级品质旅行社的创建，提高游客对鹿城旅游业的满意度。强化旅游业务培训和法规培训，提高旅游队伍整体素质。

【酒店管理】 2016年，区旅游局按照《旅游饭店星级的划分与评定》规定的必备项目、功能及设施、饭店运行服务质量等标准，组织开展星级饭店星级复评复核工作。香格里拉大酒店、维多利亚大酒店、云天楼假日皇都大酒店、天都大酒店、红太阳大酒店等5家星级饭店参加并通过星级复核。截至年底，全区共有星级饭店18家。

【旅行社管理】 2016年，区旅游局推进星级品质旅行社的打造，不断提高旅游服务质量和经营水平。精诚国际、中青旅、富龙国际等3家旅行社分别成功创建为五星级、四星级、三星级旅行社。截至年底，全区共有星级品质旅行社12家。年内建立材料容缺审批制度、网上审批快递送达制度，提高行政审批办事效率。全年共办理旅行社分社、服务网点设立备案24家。

【旅游市场监管】 2016年，区旅游局制定《鹿城区旅游行政处罚办案规程（试行）》《鹿城区旅游市场秩序双随机抽查工作机制实施方案》等，完善行政处罚程序、自由裁量权行使等重点环节的监督制约程序，健全内部制约机制，保障权力正确行使。年内，举办《中华人民共和国旅游法》《浙江省旅游条例》宣传和解读培训会，对全区的旅行社和户外运动俱乐部就条例中有关旅行社经营许可及户外运动组织违规开展旅行社业务等方面的内容进行详细讲解和交流引导；开展户外组织非法经营专项整治行动，堵疏结合，推进监管与服务并重。全区29家在区市场监管局登记在册的户外运动俱乐部（或公司）中，有11家已经外迁、关闭或停止经营旅行社业务，其余的18家都以单独或抱团申报旅行社，以及加盟其他旅行社等方式成功转型。全年，共受理旅游咨询及投诉166件，全部得到及时解决。

旅游安全

【概况】 2016年，区旅游局针对旅行社、星级酒店、旅游景区的行业特点，采用常态管理和检查监督活动相结合的方式，加强对各旅游企业安全生产工作的指导，明确企业的安全职责，落实责任，有效地防止各类安全事故的发生。

【安全生产大检查】 2016年，区旅游局由局领导班子率队分3组开展节前安全大检查。重点检查星级饭店的消防、食品卫生情况和旅行社责任险投保、租车协议的签订情况及导游专座、发放游客乘车安全须知卡片等情况，要求各旅游企业对存在或可能存在安全隐患的重点部位和重点环节马上整改，对于不能当场整改的事故隐患，必须限期整改，确保节日期间安全运营。共抽查旅游企业108家，提出整改意见88条。

【安全生产宣传与教育】 2016年6月，区旅游局集中开展“安全生产月”主题宣传活动，通过组织开展旅游安全知识宣传教育、从业人员安全培训、旅游突发事件应急演练、旅游安全隐患排查等活动，面向社会公众和从业人员宣传安全生产法律、法规，传播旅游安全知识，倡导安全有序的旅游行为和方式。全区旅游系统在“安全生产月”活动中，共张贴宣传画50张，举办培训讲座1场，开展应急演练6场，培训职工3800多人次。

宣传促销

【概况】 2016年，区旅游局针对不同区域、不同群体、不同层次的消费需求，通过细分市场，采取政府搭台联合促销、中间组织协同促销、企业自主推介促销等方式，切实加大鹿城旅游的促销力度。以在重点客源地举办专场旅游宣传推介会以及参加各地旅游交易会等方式，实现资源共享、客源互送、优势互补。同时，深入发掘特色节庆活动的潜力，在增加亮点、创新内容上下功夫，充分发挥品牌效应、宣传效应和整合效应，扩大鹿城旅游知名度和美誉度。并在旅游专业报刊、省市主流媒体和网络平台上，对鹿城旅游整体形象进行策划、包装和宣传。

【区域合作宣传】 2016年，区旅游局组织辖区旅游企业参加国家、省、市旅游局和浙东南联合体组织举办的各类旅游展会和旅游宣传促销活动，并针对境内主要客源地，不断深化区域交流合作，对绍兴等客源市场进行走访宣传。组织旅行社参加由湖州、丽水、武义等地在温州开展的推介会，并积极参加在市区东瓯王庙广场、会展中心等地举行的“5·19”旅游日、户外旅游展等活动，提升鹿城旅游的知名度和整体形象。

【节庆活动亮点打造】 2016年，区旅游局发挥品牌效应、宣传效应和整合效应，主办“诗画江心”国庆系列活动、江心屿野餐生活节、江心寺禅文化节、七都向日葵文化旅游节和金秋文化旅游节、藤桥生态农业旅游节等7个节庆活动。江心屿景区积极投入社会公益活动，相继参与“让爱飞翔·开心行动”蓝灯点亮温州——国际自闭症日儿童关爱行动、新温州人带着孩子免费游江心屿等活动。

【媒体平台宣传】 2016年，区旅游局分别与温州电视台经济科教频道、瓯江先锋频道等栏目合作，同时借助中国旅游资讯大全、浙江广播电视集团FM93交通之声，腾讯微信公众号等各种媒体平台宣传鹿城旅游，与温都全媒体共同推出“双城记·城市生活体验”活动，并完成美国旅游作家协会年会的接待工作。

【旅游资源摸底】 2016年，区旅游局做好发现、拓展、整合旅游资源工作，联合浙江工贸职业技术学院开展鹿城旅游资源调查，着手建立鹿城旅游资源库，梳理出176个资源点，其中景点资源79个、美食资源44个、住宿资源22个、购物资源31个。

（邵澈尘）

责任编辑　朱凌云

金融

综述

2016年，鹿城区金融业增加值达53.50亿元，增速6.0%，占GDP比重为6.1%。全区共有各类银行业金融机构29家（含1家地方法人银行）、保险业机构44家、证券机构（分公司）5家、商业保理公司1家、小额贷款公司3家、民间借贷服务中心1家、民间资本管理公司1家、农村资金互助组织2家、其他各类金融中介机构近400家。全市90%以上的银行业区域分行、保险业区域总部和证券业总部都在鹿城。截至年底，全区银行业金融机构人民币存款余额3748.65亿元，同比增长14.29%；贷款余额2600.85亿元，同比增长12.21%，存贷款余额均居温州市首位。资本市场培育工作取得实质性进展。康宁医院于7月再报国内A股主板IPO，12月底报证监会受理。全区新增博弘电器等拟上市企业11家、新三板挂牌企业4家、股改企业28家，累计股改企业117家。

2016年，鹿城区各地方金融组织运行稳健。截至年底，捷信、禾本、华泰3家小额贷款公司注册资本总额达13.1亿元，营业收入1.24亿元，净利润6233万元，年末贷款余额13.74亿元。全年，累计发放贷款50.12亿元，其中对中小企业发放贷款23.78亿元（截至年底，累计发放204.41亿元，发放户数累计3091户）；发放农户贷款1559万元（截至年底，累计发放8.95亿元，发放户数累计808户）。莱恩达民间资本管理公司累计完成投资11笔，金额4145万元，开业后累计完成投资68笔，金额3.13亿元；发行定向集合资金2单计4000万元。2家农村资金互助会互助金发放余额2180.2万元，开业后累计发放互助金8656.9万元。

2016年，全区贯彻实施《温州市民间融资管理条例》，推进民间融资备案管理。截至年底，民间借贷备案11134笔，金额23.24亿元；温州民间借贷中心2012年开业后，累计备案21066笔，备案量居全市第一，备案金额80.64亿元，占全市民间借贷备案金额的17.92%。

2016年，鹿城区金融协会召开二届一次会议会员大会，选举产生二届理事会理事共14人，鹿城农商银行董事长陈宏强担任新一届会长。协会有会员单位52个，其中银行业41家、保险业6家、证券业2家、小贷公司3家。银行业会员单位各项存款余额2012亿元，占温州市区银行业各项存款余额的44.63%，各项贷款余额1652亿元，占温州市区银行业各项贷款余额的57.50%；保险业会员单位保费收入16亿元；证券业会员单位交易额3439亿元；小贷公司贷款余额14亿元。全年会员单位开展志愿者服务活动1000多次，发放宣传资料2万多份，接受咨询、普惠群众近10万人次。全年出版《鹿城金融通讯》6期，总出刊数达34期。

监管与服务

【概况】 温州市鹿城区人民政府金融工作办公室（以下简称区金融办）以“大拆大整”为主线，推进金融改革、农村金融服务与改革、企业金融风险化解、资本市场培育等方面工作，提升金融服务实体经济能力。2016年，获评温州市“小微企业三年成长计划”工作先进集体，连续五年被评为全市金融办系统先进集体。

【企业金融风险处置】 2016年，鹿城区坚持“控新”与“化旧”并举，强化府院联动机制和司法保障力度，加强企业金融风险处置和防范能力。截至年底，不良贷款余额共68.95亿元，不良贷款率2.73%，不良额下降量全市第一，占全市不良额下降量的40.11%，连续三年实现“双下降”。在双屿、丰门街道推进“树信心·铸诚信”企业帮扶试点街镇和试点行业工作，分类帮扶取得较好成效。16家区、街镇级重点风险企业全部完成处置。3个重大担保圈暂无涉稳隐患。处置7家“僵尸企业”，化解不良资产，新增产值千万元。

【万国财富小镇创建】　2016年，鹿城区引导以私募基金为主的各类金融机构入驻温州万国财富小镇，共引进财富管理类机构12家，完成投资12.9亿元，到位资金1.93亿元。9月，民间金融集聚区项目开工建设。

【新三板挂牌工作】　帝杰曼信息科技、长城搅拌设备分别于2016年1月22日和12月2日正式挂牌“新三板”。9月2日，尊荣千想传媒成功挂牌，成为温州地区首家挂牌“新三板”的文化传媒公司。12月19日，全国中小企业股转系统公告显示，正栩影视的挂牌申请获得批准。

【业绩考评表彰会】　2016年4月12日，鹿城区金融协会二届一次会员大会召开，对全区金融机构上年业绩进行考评表彰，华夏银行鹿城支行、中国银行鹿城支行、鹿城农商银行等9家银行获银行业优胜奖，禾本小额贷款公司获小额贷款公司优胜奖，申万宏源证券温州分公司获证券业优胜奖。根据《金融机构支持鹿城区经济发展业绩考评奖励办法》，安排50万元专项奖励金，鼓励金融机构加大对地方经济社会发展的支持力度。

【鹿城区P2P网络借贷企业专项联合整治】　2016年4月，鹿城区开展为期1个月的P2P网络借贷企业专项联合整治行动，现场检查P2P企业42家，约谈11家存在较大隐患的企业，引导2家企业停止P2P业务，并协助公安部门对5家企业进行立案调查。全区自2014年11月率全市之先启动P2P网络借贷企业联合整治工作后，共开展4轮风险排查，累计现场检查120家（次）企业。同时，制定《关于印发鹿城区地方金融监管网格化管理实施方案（试行）的通知》，率全市之先在辖区内8个街道、73个网格（社区）、50幢商务楼宇实行金融监管网格化管理，形成区级部门、街道、网格（社区）三级联动力量，有效防范地方金融风险。

2016年1月23日，温州万国财富小镇首批入驻企业（早稻有限责任公司、瑞士宜本—Global Capital Trust公司）签约仪式举行　（刘　鹏/摄）

【新型社会信用信息应用平台建设】　2016年10月24日，温州民间借贷服务中心和中津科技研究院签署战略合作协议，就致力于推动行政仲裁、司法诉讼及执行信息、企业及其他经营组织工商注册信息纳入“三位一体”新型社会信用信息应用平台达成合作共识，通过信息技术优势，打破部门信息壁垒。年内信用信息查询平台累计提供服务9284次，整合民间借贷信用信息数据17427条，涉及金额163.15亿元。

【金融知识“四进”活动】　2016年，区金融办开展金融知识“四进”（进企业、进社区、进机关、进学校）活动10余次，宣传金融方面法律法规。3月1日，联合滨江街道、温州民间借贷服务中心在洪殿社区开展“和谐新春·与法同行”《温州市民间融资管理条例》实施两周年专题宣传活动；6月12日，在松台街道桂柑社区水心公园举办以“民间资金借贷安全防范”为主题的防范非法集资风险宣传活动；6月17日，在温州大学学院路校区举办鹿城区金融知识进修班；11月24日，联合鹿城农商银行在南汇街道桥儿头社区举办金融知识进社区居民活动。

（程　翔）

商业银行

【鹿城农商银行】 2016年，鹿城农商银行下辖47个营业网点，在编员工878人；资产总额385.53亿元，比年初增加44.74亿元，其中各项贷款余额180.75亿元；负债总额353.98亿元，比年初增加43.02亿元，其中各项存款余额238.85亿元；全年实现营业收入20.79亿元，净利润3.33亿元，创改制三年来新高，实现纳税1.86亿元。截至年末，不良贷款实现“额率双降”，五级不良贷款率1.59%，比年初下降0.31%，信贷资产质量保持全市银行业领先水平，多项风险监管指标达到或超过好银行标准，监管评级保持二级水平。该行与全国343家金融机构建立业务合作关系，在温州外管局年度外汇管理考评中，成为全市农信系统唯一一家A等行。

鹿城农商银行年内获得发起村镇银行指标39家，其中贵州27家、浙江6家、江西4家、河南1家、上海1家，覆盖“四省一市”。开业的23家村镇银行，各项存款余额合计48.67亿元，存款户数27.80万户；各项贷款余额合计113.16亿元，贷款户数6.99万户，户均贷款16.19万元。实现财务总收入9.48亿元，轧差账面利润1.63亿元。

设立富民投资管理公司，“富民融通”平台实行独立运营，成功研发全流程手机客户端自主办贷系统，形成集中分析、审核、审批、管理的集中风控模式，并在温州各县域设立办事处和服务点。至年末，平台注册用户数1.69万户，比年初增加1.24万户；平台累计募集资金7.85亿元，比年初增加5.4亿元，全部用于扶持融资需求60万元以下的小微客户，户均融资9.68万元。

年末，鹿城农商银行贷款户数3.92万户，比年初增加0.78万户；存款户数116.92万户，比年初增加5.68万户。借记卡发行量134.24万张，其中当年新开22.06万张；贷记卡发行量8.05万张，其中当年新开0.99万张；卡消费额179.78亿元，同比增加28.95亿元。手机银行用户10.35万户，网银用户17.59万户，电子银行业务替代率达92%，保持全省农信系统首位。

（叶家佳）

【工行鹿城支行】 2016年，工行鹿城支行完成对天雄分理处智能化改造、康迪锦园分理处网点改造及车站大道分理处业态变更；撤销瑞信、宏鼎分理处，有营业场所10处，包括1个支行营业部、3个二级支行和6个分理处，并有离行式自助银行19处，提供各类储蓄、结算、信贷、信用卡等业务服务；有员工149人。截至年末，该支行本外币各项存款余额59.05亿元，比年初增加8.1亿元；个人金融资产68.26亿元，比年初增加5.83亿元；本外币各项贷款36.71亿，比年初增加0.17亿元。

（张夏敏）

【农行鹿城支行】 2016年，农行鹿城支行下属营业中心1个、二级支行7个和分理处2个，网点分布在市中心、双屿、仰义、藤桥等处；有员工167人。截至年末，该支行各项存款余额89.13亿元，比年初新增8.04亿元；贷款余额41.17亿元，其中住房贷款余额比年初增加1.73亿元；贵宾客户增加368户，达19933户；对公本外币账户新增620户。

（应天虹）

【建行鹿城支行】 2016年，建行鹿城支行整合网点低柜和高柜，所辖网点日常高柜数27个、低柜数13个，并引导网点进行弹性排班开设柜台，推进网点营销服务从“坐商”向“行商”转变。全年实现不良资产处置回收4.9984亿元。其中，对公不良处置回收4.8874亿元，核销14户，金额28800万元；批量转让8户，金额16841万元，现金回收3233.3万元；新增不良6户，金额8042万元。对私不良处置回收1110万元，其中现金回收1045万元，核销1户，金额65万元。截至年末，该支行本外币一般性存款余额 82.96亿元，其中储蓄存款余额55.71亿元，对公存款27.25亿元；本外币各项贷款余额20.32亿元；实现中间业务收入 5377万元，实现拨备前利润 9747万元，完成国际结算量6290万美元。

（南　婉）

【温州银行鹿城分行】 2016年12月，温州银行鹿城管理总部升级为温州银行鹿城分行，下设47家分支机构，其中分行营业部1家、管理型支行5家、经营型支行30家、社区支行11家，有正式在职在岗员工630余名，其中高级管理人员57人、中级管理人员96人、一般管理员48人、营销类人员243人、操作类人员187人；本科及以上学历490人，占比77.65%；中高级职称52人，占比8.24%，初级职称340人，占比

53.88%。截至年末，资产总额272亿元，各项存款余额244亿元，各项贷款余额130亿元，实现利润5.54亿元，资产总额、存贷款规模、经营效益位居温州银行各区域分行第一位。该分行获温州市“十佳消费者满意银行”，是全市唯一获市民卡“优质服务窗口”的银行，辖属机构中有“全国巾帼文明岗”2家、“全国五四红旗团支部”1家、省市级文明单位17家、省市级巾帼文明岗25家。

（吴昉昉）

【兴业银行鹿城支行】 2016年，兴业银行鹿城支行重点项目“瓯飞海洋经济发展基金”获总行审批通过，助力温州市重点项目——瓯飞围垦项目，为“再造一个温州城”贡献力量；重点项目“温州市鹿城区土地储备中心”获总行审批通过，支持鹿城区收储土地；推出的授信新产品“易速贷”“连连贷”“交易贷”“企业厂房按揭”，助推小微企业发展。截至年末，支行一般性存款余额16.2926亿元，各项贷款余额10.9295亿元，全年实现利润0.54 万元。获年度金融机构支持鹿城区经济发展业绩考评一等奖。

（陈曼曼）

【浦发银行鹿城支行】 2016年，浦发银行鹿城支行同级城区支行共有市中支行、五马支行、南城支行、东城支行等9家，员工约170多人。截至年末，本外币各项存款余额135.84亿元，本外币各项贷款324.47亿元。

（郑中捷）

【邮储银行鹿城支行】 2016年，邮储银行辖属支行由鹿城支行和营业部两大支行组成，有员工130人。鹿城支行管辖鹿城支行营业中心、水心支行、信河街支行、黄龙支行4家网点，营业部管辖营业中心、南站支行、兴墅支行、江滨路支行、新城支行、车站大道支行6家网点。截至年末，各类存款余额36.55亿元，各类贷款余额22.50亿元。贷款主要投向小微企业和个人。期间，鹿城支行落地系统内全国首笔美元存单质押贷款和系统内全省首笔理财质押承兑汇票业务。

（赵凯琳）

【台州银行温州分行】 2016年，台州银行温州分行在鹿城区有网点4家，分布在人民东路、勤奋路、市府路和仰义街道，截至年末，各项存款余额12.85亿元，比年初新增2.2亿元；各项贷款余额7.58亿元，贷款户数1749户，户均贷款32万元，100万元以下贷款占70.15%以上。大部分贷款为保证类贷款，解决小微企业绝大多数无抵押物的融资难题。

（卢蕴慧）

保险业

【概况】 2016年，鹿城境内共有市级保险机构55家、支公司及营销服务部41家，其中，市级财产险公司27家、市级人身险公司28家，比上年增加2家人身险公司。保险从业人员13519人，其中营销员10522人。全年，驻境保险公司实现保费收入823022.94万元，同比增长29.85%，占温州市保费收入40.41%，占比上升2.33%。全区保险深度9.38%，保险密度6613.81元，位居全市第一。其中，财产险保费收入233218万元，同比增长5.03%，占全市财产险保费30.57%，占比上升7.32%；人身险保费收入589804.94万元，同比增长43.23%，占全市人身险保费77.32%，占比上升19.29%。驻境保险公司累计赔（给）付216289.43万元，同比增长12.31%。其中，财产险公司赔款支出129313.06万元，同比增长15.19%；人身险公司赔（给）付86976.37万元，同比增长8.3%。

【理赔工作】 2016年春节和国庆期间，温州市交通部门推出高速交通事故快速理赔服务，协调人保、财险等保险公司分别在鹿城区事故多发路段的高速收费站设立交通事故快速理赔服务点，及时进行查勘、定损等工作。全年鹿城区2个快赔中心共受理车险快速处理案件27640件，日均接待事故车辆152辆，在减少交通拥堵、确保道路畅通、提高事故处理效率、提升群众满意度等方面起到积极作用。

【保险公众宣传日系列活动】 2016年，温州市保险行业协会突出“7·8”全国保险公众宣传日“@保险，一切更简单”的年度主题，邀请政府机关、市长热线、律师行业、保险业行风监督员、新闻媒体以及市民体验团的代表组成“保险服务体验团”，到鹿城区8家保险公司体验客户服务。“7·8”期间，行业系列4个宣传版块重点宣传保险公司的特色服务、增值服务或创新服务。

【志愿者活动】 2016年，温州市保险业志愿服务总队共出动志愿者2366人次，其中，在鹿城境内开展的活动有：新城汽车站“幸福志愿站”94人次，志愿服务时间376小时；文明交通“大拇指”志愿服务行动224人次，志愿服务时间524小时。

【人寿财险鹿城支公司】 2016年，人寿财险鹿城支公司有职工41人。全年保费任务8623万元，完成保费8448万元，同比增长60.8%。其中，非车险1379万元，同比增长32%。简单赔付率39.5%。

【太平洋产险鹿城支公司】 2016年，太平洋产险鹿城支公司致力于为客户提供规范、优质的保险服务。全年保费收入22813.78万元，完成年度任务的101.83%。

（朱力健、陈　茜、于　丰）

证券期货业

【概况】 2016年，鹿城辖区有申万证券、上海证券、浙商证券、中信证券4家温州分公司及27家证券营业部，开户数达81.73万户，比年初增加15.87万户；证券交易额达16483.5亿元，比2015年减少44.89%。有14家期货营业部，开户数达3.26万户，比年初增加1335户；全年实现期货交易量7947.3万手。

（王梦莹）

责任编辑　朱凌云

经济管理

经济和信息化

【概况】 2016年，鹿城全年实现规上工业总产值317.28亿元，同比增长7.7%；规上工业增加值达77亿元，累计增速6.6%。全区9家领军企业占全区规上总量11.38%，1—12月实现销售产值58.6亿元，同比增长8.56%。16家高成长型工业企业保持快速增长，1—12月共实现销售产值31.5亿元，同比增长23.57%。鹿城区鞋业产业机器换人入选省级试点，获奖励资金500万元。

【信息经济】 2016年，鹿城区重点软件信息服务业企业营业收入总额25.73亿元，实现软件和信息技术服务收入7.98亿元，同比增长59%；11家规上电子信息制造企业，实现产值10.38亿元，同比增长13.03%。中津先进科技研究院等12家单位成功入选2016年度温州市信息经济重点平台和重点企业建设名单；已申请相关知识产权173项，其中软件著作权60项。新增超亿元信息经济企业2家。鹿城区成功入选首批省级软件和信息服务产业特色基地，获得省级专项资金600万元，成功打造了温州坚士跨境电商产业园、鹿城腾腾智能产业孵化基地、中津大数据研发基地等一批重点项目和平台。2016年7月，国家工信部在康奈集团召开两化融合现场会，推广了鹿城区制鞋领域的信息化和工业化融合工作。在通讯基础设施建设方面，全区行政村4G信号覆盖率达到97%，无线局域网建设覆盖375个公共场所，AP数达到3800余个。

【小微园建设】 2016年，鹿城区12个小微园均开工建设（其中市级5个、区级7个），合计完成竣工面积45万平方米，任务完成率为121.6%，入驻企业248家，实现产值15亿元，达产率136.4%。全年实现市区两级税收“千万元楼”32幢，其中“亿元楼”9幢，较2015年新增税收“千万元楼”1幢，税收“亿元楼”2幢，市区两级楼宇税收从2015年20.9亿元增加到23.13亿元，市区两级税收同比增长10.7%。全年新审批“强三优二”城市有机更新项目29个，总计建筑面积约8万平方米，涌现了一批新亮点，温商投资的项目1956文化创意产业园（中国水产温州渔业机械公司厂房改造）试营业；以婚宴和健康产业为特色的顺锦文创园（温州铝制品厂）项目部分开业，其余正在改造中；由东艺鞋业有限公司改造的新温州人文创时尚小镇项目启动。

【“四无”专项整治】 2016年，鹿城区“四无”专项整治工作初见成效。针对双屿中央涂村、南汇横渎村等，通过以拆促整的方式，倒逼“四无”生产经营单位退出；对于人员较为集聚、推进难度较大的双屿卧其涂村、南汇前网村，采取以整促拆方式，倒逼房东和承租者进入拆迁进程。年内，对全区“四无”生产经营单位进行全面摸底排查，共排查出“四无”单位18743家，整治17417家。

【风险企业帮扶】 2016年，区经信局共帮扶重点工业企业22家，涉及金额12.5亿元，其中9家帮扶企业取得成效，成功协调金额2.17亿元。14家区重点风险企业中已全部完成处置。完善金融风险预警机制，对属鹿城区不良贷款企业开展地毯式排查，排摸相关企业信息729家次。

（方雪曼）

商　贸

【概况】 2016年，鹿城区商务局贯彻“稳增长、调结构、促转型、惠民生”的工作方针，实现商务经济平稳运行。累计实现批零住餐销售额2394.07亿元，同比增长9.4%；累计实现限上批零住餐销售额累计实现1063.25亿元，同比增长5.9%。累计实现社会消费品零售额862.76亿元，同比增长9.6%；限上社会消费品零售额214.56亿元，同比增长4.8%。全年完成进出口总值222.84 亿元人民币，其中出口204.78亿元人民币，进口18.07 亿元人民币；进出口总额较去年同期下降0.9个百分点，整体略微有所下降。累计利用外资2007万美元，完成率为100.4%，保持全市第一，实现五连冠。新批外经项目6个，增资3个，完成中方投资额达6090万美元，年度计划完成率达243.6%。全年实现网络零售202.64亿元，同比增长36.32%。全年获评省AAA级以上电子商务企业15家，建成智能投递终端112个，累计建成556个。此外，推进全区旧市场整治、提升、搬迁，旧市场内无证无照经营户整治率100%，安全隐患整治率100%，拆违整治率达90%。截至2016年底，整治市场33家，关闭市场8个，新建市场1个。旧市场大拆大整工作列居全市首位，获市委主要领导批示肯定。

【招商引资】 2016年，鹿城区引进全区第一个世界500强外资项目，美国康德乐公司并购新特医药项目于8月签约落地。引入浙江鸣隆数码科技股份有限公司等4家年销售额达10亿元以上的大型商贸企业，带动了鹿城区销售额的增长。

【外贸转型】 2016年，鹿城区先后创成省级外贸转型升级试点、省级产业集群跨境电商工作试点、省级服务贸易发展基地和省级技术性贸易研究评议基地4个省级外贸发展示范区，并获得国家级出口鞋类质量安全示范区授牌；培育温州市硕海进出口有限公司等3家外贸综合服务企业，推动“温州外贸通”“现代温贸通”平台上线，引进“温州一达通”落户鹿城，温州跨境电商监管中心落地运营；抓住全国开展第三批市场改革试点机遇，申报全国第三批市场采购贸易方式试点工作，鹿城最终虽未列入试点名单，但相关配套工作有序推进，为继续做好第四批试点申报工作奠定基础；依托双屿街道打造国贸小镇，建成温州进口商品直销中心一期并于6月顺利开业，中心二期工程启动。

【创建特色街区】 2016年，五马街创建成国家级特色街，获“中国著名商业街”称号，成为浙南闽北首条获此称誉的商业街。纱帽河女人街、南塘风貌街创建成省级特色街，被评为省级特色商业街。

（汪陈送）

国　税

【概况】 2016年，共组织计划口径税收81.14亿元，同比增长24.6%，增收16.02亿元，完成年度计划的119.74%。其中，共组织市本级计划口径税收43.44亿元，同比增长42.76%，增收13.01亿元，完成年度计划的137.2%；共组织区级计划口径税收37.7亿元，同比增长8.67%，增收3.01亿元，完成年度计划的104.43%。绩效考核排名市属城区第一、温州市国税系统第二。

【服务地方经济】 2016年，国税鹿城分局实施推进实体经济和温商回归行动，完成2016年度全国税收调查和全国税收减免税调查，落实各项税收优惠政策，助力“大众创业、万众创新”，推动区域经济发展。全年办理纳税人各项增值税和企业所得税减免退税额3.77亿元；加强与工商等部门的协作，贯彻落实“五证合一”登记制度改革，全年“五证合一”

2016年6月25日，温州进口商品直销中心一期顺利开业　　区商务局 供稿

新办户计9505户，换证户计15062户；每月向区经信局报送鹿城区“小升规”培育库名单，每季提供楼宇经济的税收情况；向区平安办上报有关“防扣分、防否决、分分必争”对接情况，汇报推进平安工作的情况；参与法院对企业的破产清算工作，全年共通过房产拍卖预交企业所得税117.55万元；推出“互联网+出口退税”，5月，在全市范围内率先实行网上申报自动受理。9月，《出口退（免）税企业分类管理办法》实施后，进一步缩短了整体退税进度。全年办理自营出口生产企业退（免）税5.11亿元；积极助力招商引资，由分管局长专门负责，开启绿色通道，实行一事一议、程序从简、政策从宽，适用“从快、从简、从宽、优先”的原则处理。

【推进“营改增”扩围】 2016年，国税鹿城分局营改增试点扩围涉及鹿城区纳税人共3.02万户，总数排名全省第三。面对严峻考验，国税鹿城分局成立营改增领导小组，制定具体实施方案，细化责任分工；全面扩容大厅，办税窗口从20个增加到48个，等候座位由48个扩展至128个，增加硬件设备；抓好对内对外业务培训辅导，共开展培训88场，培训人员3万余人次，实现营改增行业纳税人培训辅导全覆盖；向上级部门和地方政府作专题汇报，获批长期使用广信大厦作为办税服务场所；开展多维度宣传报道，通过地方主流媒体、微信微博等新媒体分专题推送政策和有关工作开展情况，正面引导营造良好氛围；有序开展好试点纳税人身份界定核查、一般纳税人数据采集和样本企业信息核实工作。年内该分局顶住了户数多、人力资源不足、纳税人需求多的三重压力，完成了开票、申报和三报叠加三大战役，并持续打好“税负分析”和“回头看”攻坚战。工作成绩得到省局局长龙岳辉表扬批示。

【征管体制改革】 2016年，国税鹿城分局立足于纳税人实际需求，逐步转变职能，推进国地税合作，促进管理协同、征管互助、信息共享，提供优质高效的服务。制定了《区局关于税源专业化管理的实施意见》，在科学分类税源的基础上，深入梳理管理事项，加快推进向“管事制”转变；联合地税、住建委设立外驻温建筑业联合窗口，实行统一登记、集中管理、一站式征收，为纳税人办理预缴税款、代开发票等业务，全年与住建委共享了9491条驻温建筑服务企业信息，增加税收3.7亿元，地税代征国税税款共9325.09万元，该经验已作为优秀范例进行推广。

【“金税三期”上线】 2016年，国税鹿城分局根据省市局“金税三期”上线工作部署，层层落实把关。在组织领导上，明确时间节点、工作重点和具体要求，有序部署各项工作。在前期准备中，成立金税三期工作办公室、组建应急预备队和后台补录团队，圆满完成了8批次共计36284条数据的清理工作，分批次对228名业务骨干和税收管理员，进行申报征收、发票管理、税收优惠等9个模块的相应内容，夯实知识储备与操作基础。在双轨运行期间，按照“前台受理、内部流转、后台补录”的原则，实行窗口业务办理区和金三集中办公区“两区域、双配置”的工作形式，以“高度同步”为目标，完成全员、全量、全业务的双轨工作。并通过人海压力测试和应急预案演练等方式，进一步提高检测系统的运行效率和承载能力，优化强化系统。在单轨运行期间，一把手和分管局长靠前指挥，统筹安排前沿工作和突发状况；推动网上办税服务厅的应用，分37批次对2100户发票代开业务频繁的纳税人进行辅导，提高办税效率；组织做好金税三期单轨运行首月的申报工作，确保金三上线后运行平稳有序。

【提升税收征管质效】 2016年，国税鹿城分局组织落实年内省局第一批、第二批重点税源和部分市级重点税源评估任务，明确时间进度和相关工作要求，确保任务的完成。全年完成省局下达的6户企业评估任务，共补缴税款146.65万元，加收滞纳金10.3万元；完成省局下发的54户风险应对企业，共补缴税款206.53万元，加收滞纳金14.93万元；完成市级6户重点税源纳税评估任务，共计补缴税款128.78万元，加收滞纳金16.7万元；完成总局布置的十五批122户风险提示任务，共入库增值税1423.02万元，所得税25.83万元，调减增值税留抵税额113.33万元，补缴滞纳金25.17万元。根据《关于进一步做好个体双定户管理工作的通知》，及时做好个体新执行期的汇总申报工作；通过电话通知、上门调研、当面约谈、强制扣款、限制出境等多种方式督促欠税入库，大力追缴陈欠，严格控制新欠。共对24户企业进行强制扣款；对79位企业法人进行限制出境，成功清理温州绿城家景房地产开发有限公司欠税，入库税金5851.43万元。

【提升纳税服务质效】 2016年，国税鹿城分局落实“便民办税春风行动”，开展“万名党员进万企”专项活动，提高服务企业能力。根据行业划分，分别制定局领导、科所负责人及普通党员走访企业计划，实现营改增一般纳税人和高新技术企业“两个走访全覆盖”。走访时以“三问、三送”（问需求、问困难、问建议；送政策、送服务、送温暖）为主要内容，采用点面结合、组团结对、依托行业协会等形式，面对面帮助解决疑点难点问题，收集整理意见建议。全年共走访企业868户，征求意见337个，举办座谈会16场，电话回访纳税人92户，切实将纳税人的意见建议转化为工作措施，提升纳税人获得感；落实各项拓展服务，抓好纳税服务规范2.3版的推行，严格按照最新规范的操作指示办理业务。做好10257户纳税人的信用等级评定工作。及时反馈和处理“12366”服务诉求347起，回访满意度达100%。推行自助办税服务，办税服务厅增设发票发售自助机2台、发票代开自助机3台，提高工作效率。在开展法治税务基地建设，办税服务厅被评为“温州市工人先锋号”，通过“省级巾帼文明岗”复评，并再次获得“省级青年文明号”称号，立省国税系统文明创建集体三等功。

（吴　冲）

地　税

【概况】 温州市地方税务局鹿城税务分局（简称“鹿城地税”）管辖纳税户数9.4万余户（其中企业2.7万余户，个体工商户6.7万余户）。2016年，共组织收入59.45亿元。其中税收入库29.80亿元、地方规费入库29.65亿元。

【依法聚税增收】 2016年，鹿城地税开展营业税专项结算纳税辅导，推进安置房税款征收工作。完善“自主申报，集中受理，重点辅导，后续管理”的企业所得税汇算清缴管理模式，通过辅导、评估、风险预警管理等多举措推进个体工商户主及律师、会计师、税务师事务所等高收入行业申报数据管理，高质量完成个人年所得税12万元自行申报纳税工作。建立房东税务登记制度，通过培训辅导、逐户核实、信息比对等全面开展税源信息采集工作。

【攻坚改革】 2016年，鹿城地税规范“营改增”业务指导，差异化开展专项业务培训，创新应用鹿城地税微信公众号的微信课堂功能，实时解答纳税人“营改增”业务问题。同鹿城国税就销售不动产、其他个人出租不动产的代征工作以及“营改增”行业的增值税小规模纳税人代开普通发票等事项达成一致，顺利实现“营改增”工作在鹿城的平稳过渡。同时，作为全省首批“金税三期”双系统试点运行单位，在“金三”推广期，就数据清理、师资培养、组织测试、全员培训、双系统运行等方面下大功夫，并在全市“金三”双系统试运行工作动员会议上做经验介绍，圆满完成“金三”前期推广工作，获全市地税系统金税三期工程三等功。

【创新征管】 2016年，鹿城地税强化对个体纳税人、企业所得税纳税人、两端风险企业、国地税共管个体户、非居民企业等的专项风险评估管理。密切与法院、稽查、社保等各方联系，联合国税部门开展小规模纳税人涉税风险核查和统一定额制度，建立“以电控税”税收风险特征库，提高税收风险应对质效。推进社会化征管模式，借力房管、住建、国土等多部门，开展村集体经济税收征管。规范应用税收保全（强制）措施，严格按照裁量范围、种类、幅度处理税务违法违章案件，维护税务机关行政威严。

【优化服务】 2016年，鹿城地税开展需求征询暨“满意度”调查专项活动，实地下户重点型、成长型、外贸企业进行需求征询，回应纳税人关切，获全国纳税人满意度调查浙江省地税局嘉奖。精心组织业务培训，针对中介机构、事业单位等不同群体，开展以汇算清缴、“营改增”、金三网税及个税、房土两税申报等实用税务知识为主题的纳税人学校55场，共计培训1万余人次。组织优惠政策“回头看”，落实小微企业税费优惠政策等各类税费减免政策，累计减免金额达8648万元。联合国税部门开展纳税人纳税信用评价，协同工商部门实施联合惩戒，开启“税银互动——税易贷”活动，将纳税信用与信贷融资挂钩，营造诚信纳税社会氛围。

【队伍建设】 2016年，鹿城地税落实“两个责任”，召开党风廉政建设责任制主体责任内部报告会，扎实推进“敢担当、树标杆作风建设五大行动”和“两学一做”学习教育活动，开展多样廉政警示教育活动。运用“月月考”考核机制，精准发力绩效管理工作，多措培育税收人才，构建梯度化人才队伍。鼓励干部参加培训学习及业务竞赛，一人获2016年度全国税务系统“岗位大练兵 业务大比武”征管类全国第一名。三个外派科室顺利迁入新址，合署办公，有效整合了鹿城西部的办税资源。

（郭扬旸）

市场监督

【概况】 2016年，鹿城区全年累计办理新版企业营业执照16989张、个体营业执照2985张。目前全区在册市场主体97979户，注册资本486.7488亿元，分别同比增长9.56%、36%；新增市场主体8550户，注册资本128.89亿元，分别同比增长7.5%、26.78%。鹿城区2015年度年报企业已报16550户，年报率为95.08 %；个体户已年报45159户，年报率为92.24%；农专社105户，年报率100%，超额完成年度目标任务。推进信息共享和联合惩戒，1626户企业、14810户个体户、27户农专社列入异常名录。立案查处各类经济违法违规案件245件，（其中大要案123件），罚没款入库362.64万元，移送案件20件。累计处理消费投诉4848件，为消费者挽回经济损失达248.11万元，累计处理举报1061件。开展流通领域商品质量的抽检，抽检225批次，合格率为66.22%，立案查处18件，披露抽检信息3个大类3条。2016年，区市场监管局农贸市场化改造升级、小微企业三年成长计划等多项工作全市第一，连续第五年被评为鹿城区考核一等优秀单位。

【“大拆大整”专项整治】 区市场监管局以高度的责任感和政治敏感性，积极响应、迅速行动，集中精力、人力、物力狠抓“四无”整治、旧市场改造搬迁等工作。排查整治各类无证照经营单位4609家，取缔关闭市场6家，确保薄弱环节不拖后腿、不出纰漏、不露苗头。

【小微企业三年成长计划】 2016年全区新增小微企业2259家，完成“个转企”371家，超额完成年度目标任务。在小微企业三年成长计划办公室的牵头下，立足企业转型发展的需求，综合施策破解小微企业发展瓶颈，在全市率先搭建中小微企业发展定向服务平台，为企业提供品牌建设、挂牌上市咨询、财务法律培训等一揽子“私人订制”服务，打通企业—中介—部门三方互动渠道，为精准服务奠定基础。区民联会被国家工商局授予“全国个私协会系统先进单位”，区局小微工作全市考核位列第一，区小微办被市小微办授予“小微”工作先进集体等称号。

【区农贸市场改造升级计划启动】 2016年，区市场监管局突出“三分建七分管”理念，在半年内，完成改造升级13家，关闭6家，托管5家，新建1家，超额完成全年任务。注重长效监管，通过方法创新、管理精细，破解农贸市场“提升—反弹—再提升”怪圈，“六看六统一”、三级智慧监管体系、成立农贸市场行业协会等多项工作举措为全市首创，并在其他县、（市、区）推广。获得温州市委书记徐立毅、副市长苗伟伦等领导的批示肯定。

【市场准入门槛降低】 2016年，鹿城区全面实施企业“五证合一”、个体户“两证整合”、食药许可“多证合一”改革；推行“一照多址”“一址多照”“工位号注册”等。

【简化市场主体退出机制】 2016年，区市场监管局加快简易注销登记改革，完善主体退出机制，鼓励和引导市场主体通过正常途径合法注销，404家企业通过简易注销实现快速退市。

【基层食安办规范化建设】 2016年，区市场监管局完善街镇食安办日常工作机制，健全“上下统一、体系完整、规范有序、运行高效”的综合协调机制。出台《鹿城区街镇食安办规范化建设实施方案》，遵循“全覆盖建设、阶段性验收”的原则，推进街镇食安办规范建设，5个街镇食安办通过市级验收，完成率39%，超额完成20%的目标任务。

【食药民生工程】 2016年，鹿城区完成城区农贸市场质量追溯体系和快速检测体系建设17家，创建省放心市场3家；以城中村为重点区域，改造提升小餐饮单位585家；新建大型、特大型餐饮企业和学校食堂“阳光厨房”68家。

【“四品一械”监管】 2016年，区市场监管局重视“四品一械”（食品、药品、化妆品、保健食品和医疗器械）监管。通过企业自查、重点约谈、现场核查、整改复查、示范创建等方式，全面落实药品和医疗器械生产经营单位主体责任和部门监督责任。全年共检查涉药单位2900多家，出动检查人员8700多人次；完成保健食品、化妆品专项整治2次，审查保健食品经营单位会议营销事前报告25起；审核15家化妆品经销企业委托生产的79个非特化妆品备案。

【打击违法行为】 2016年，区市场监管局按照食品安全“四个最严”要求，以护航G20杭州峰会食品安全为契机，深入开展“三大一严”“四小一市场”“火锅类餐饮单位”及非法购销药品等突出问题专项整治，打击各类食品安全违法犯罪行为，确保人民群众“舌尖上的安全”。共查处食药领域违法案件62起，移送公安机关立案14起。在全系统共同努力下，全区食品药品整体水平有了显著提高，在全市食品安全考核中，区食品安全满意率以满分居首位。另外，截至12月底，区局共组织开展“红盾网剑”、冷冻肉品走私、非法购销药品等各类专项整治行动 14次，特别是查获特大网络违法销售假冒眼镜案、特大假冒茅台案、火锅“地沟油”等系列案件，给犯罪行为起到很好的震慑作用，社会反响强烈。

【社会共治】 2016年，区市场监管局打造宣传阵地，建立春秋社区、洪殿社区等14家食品药品安全科普宣传站，实现各街镇全覆盖。整合温州电视台、《温州日报》等媒体资源，设立“鹿城食安”专栏，做好政策的宣传、引导和解读，营造良好的舆论环境。今年来共举办食安知识培训20余班次，培训人员1520人，免费发放食品安全科普宣传资料2万余份，公众参与人数1万余人。组织辖区“两代表一委员”、媒体记者、市民代表等参与食品安全民间组织、志愿者等社会监督员队伍63支，督查全区食品安全工作。同时邀请市民监督团开展食品安全“你点我检”进家庭等活动。截至2016年底，“你点我检”活动已开展12期，活动现场快速定性抽检121批次食品，结果显示全部合格。

【护航G20杭州峰会】 2016年，区市场监管局以护航G20杭州峰会为契机，大力开展“护平安、树标杆”、城市精细化管理、城市治乱、特殊人群无证照整治等专项整治活动，对辖区涉及平安建设的各项工作存在的短板、风险隐患进行拉网式、地毯式摸底清查，形成风险隐患“负面清单”，并采取“倒排清零”工作机制，开展综合整治。

（王琼玛）

物价管理

【概况】 2016年，鹿城区物价局紧抓群众关注的、社会反映强烈的价格、收费等热点问题，共受理举报389件，办结320件，办结率达到82%；贯彻落实价费政策，暂停收费2项，免征7项，取消项目1项，降低收费标准3项；共查处价格违法案件27起。参与国家《价格行为规范》的修订工作。开展创建学习型、责任型、高效型、创新型、廉洁型、和谐型“六型”中心活动，并获2016年度全国价格认定工作法制建设年活动先进单位和区劳动模范集体称号，郑源旭获2015—2016年度全国优秀价格认定人员称号。

【行政收费管理】 2016年，区物价局完成上报全区36家行政事业性收费单位的收费情况统计分析工作，并督促收费单位做好收费公示。继续开展清费减负，落实国内植物检疫费、拖拉机号牌（含号牌架、固定封装置）费、拖拉机登记证费等3项收费项目的免征工作。严格按照管理权限和定价程序，核准鹿城区潘岙慧才小学、益民民工子弟学校、龙方益民小学3所学校的学费标准和市第十六幼儿园白鹭园区保育费标准。完成定期成本监审项目3个，完成定调价成本监审3，共审核金额5035.71万元，核减各类不应计入成本费用408.39万元。继续在山福镇驿头村开展瓯柑种植成本开展调查。对鹿城区装潢垃圾清运收费成本开展调查。进行价格监测预警，全年上报价格监测数据106次，上报价格分析报告12篇、价格动态信息9篇，未发生漏报、迟报现象。创新价格信息发布渠道，及时在各社区价格电子显示屏上发布价格监测数据，得到群众的好评。

【价格认证服务】 2016年，区物价局共受理涉案物品认定1319件，受理案件同比增加21%，涉及标的额2000多万元。

（周可以　郑颖婕）

粮　食

【概况】 2016年，鹿城区粮食消费人口127.31万人，比上年下降3.4%。粮食总消费量22.37万吨（折合原粮），比上年下降8.10%。其中口粮消费19.46万吨，比上年下降6.5%，占总消费量的86.99%。全区自产粮食1.84万吨，自给率8.2%，比上年提高0.6个百分点。粮食缺口20.53万吨，缺口主要品种稻谷12.95万吨。其中粳稻9.4万吨，主要从黑龙江、江苏、辽宁等省购入；中晚籼稻2.52万吨，主要从江苏、安徽等省

10月20日，温州市粮食局举办省市联动粮食应急预案演练　　市粮食局 供稿

购入；早籼稻1.03万吨，主要从江西购入；小麦4.19万吨，主要从山东、江苏、安徽、河南等省购入；玉米1.6万吨，主要从吉林购入；大豆1.09万吨，主要从安徽购入；其他粮食0.7万吨，主要从山东、江苏等省购入。

【粮食产业】 2016年，鹿城区拥有市级粮油骨干企业3家、放心粮油示范企业1家、放心粮油店17家。

【订单粮食】 2016年，鹿城区种粮农户签订早、晚稻订单粮食合同45份，数量2143吨。涉及早、晚稻播种面积6223.5亩，占全区早、晚稻播种面积34185亩的18.2%。全年实际订单收购粮食1838吨，发放早、晚稻订单粮食奖励87.65万元。

【应急网络体系】 2016年，鹿城区拥有粮食应急供应点32家、应急运输企业1家、粮情监测点1家。10月20日，温州市在全省率先举办省、市、县三级联动粮食应急预案演练，提高政府调控市场、粮食综合应急处置和粮情预警反应能力。

（林淑乐）

供销合作

【概况】 2016年，鹿城区供销系统生产经营总体保持平稳发展态势，经营服务网络体系进一步完善，成为农村社会化服务的骨干力量、农村流通的主导力量和农民合作的带动力量。全系统实现总经营收入125324万元，同比增长40.1%；总利润达3371万元，同比增长79%；实现社会贡献总额4910万元，其中上缴税费633万元。在2016年度全省供销社系统综合业绩考核中获特等奖。

【“三位一体”体系建设】 2016年，区供销社深化农合联组织体系建设，健全工作机制，创新服务方式，拓展服务领域，参与农业产业化经营，推进农业社会化服务体系建设，打造生产、供销、信用“三位一体”的为农服务体系。《鹿城区关于完善提升“三位一体”农民合作经济组织体系的实施方案》获得市“三位一体”农民合作体系建设工作领导小组批复通过。12月，山福镇农合联组建成立，区镇两级农合联组织运行框架搭建完成。

【新网工程建设】 2016年，区供销社按照“规范、发展、提高”的基本思路，完善优化全区农村现代流通网络布局，重点搞好龙头企业建设，基本实现日用品、农资经营服务体系网络化。区供销社系统累计建成各类连锁网点395个。实现连锁销售6.79亿元，其中农产品销售5.26亿元、农资销售330万元。

【农资经营服务网络】 2016年，区供销系统结合“智慧农资”平台建设和都市农业发展，在保障“春耕支农惠农”农资供应和应急储备的同时，加快农资企业服务转型升级。分布在全区乡村的7个农资连锁店、27个农村综合服务社，全年供应各类化肥3000吨、农药16吨、农用薄膜11吨，实现农资销售330万元，同比增长29.8%，为全区农业生产提供坚实保障。

【农产品流通服务】 2016年，区供销社牢牢把握“互联网+三农”发展方向，创新经营业态和商业模式，构建“线上网络+线下实体”产销平台。利用基层社、农民专业合作社基础，以网潮儿电子商务有限公司、鹿城农产品供销公司为支撑，与温州“掌上供销”合作，探索社、企合作服务方式，构建网上农产品运营平台，改善农产品供应模式。年内开通“鹿城供销”微信公众服务号，对全区优质农产品资源进行宣传推介，开辟了宣传本地特色农业资源和产品的新平台，全年电商销售额达3563.4万元，同比增长33.5%。同时，线下推出了“绿色服务伴我行”社区农展会年度系列活动，选取10个社区建立了电商服务点，将优质农产品资源送到了城区居民家中，搭建沟通城乡、服务居民的桥梁，逐步构建线上线下一体化经营的农产品流通体系。

【基层服务体系建设】 2016年，鹿城区供销系统针对鹿城区专业合作社普遍规模较小，组织化程度不高、实力较弱、重创建轻管理等问题，以规范化建设为抓手，强化基层组织的服务带动能力。专业合作社拓面提质，全年新办农民专业合作社7家，累计达39家，累计培育国家级示范社3家、省级示范社2家、市级示范社16家，示范率超过50%。全系统专业合作社实现销售2.53亿元，同比增长175%，带动农户5994户，助农增收3983万元。组建藤桥养殖农民专业合作社联合社。依托现有农村合作经济组织，进一步强化经营功能，整合服务资源，温州市田塘头果蔬种植专业合作社建成三类经营服务综合体。

【创新农村金融服务】 2016年，区供销社与鹿城农商银行合作，通过“金融服务进村入户”活动，将普惠金融作为推进主渠道，使金融服务触角得到有效延伸，打通了农村金融服务“最后一公里”，使农民足不出村就可便捷地享受现代金融服务。推出多项优惠减免政策，真正实行让“利”于农，在减免担保手续费的基础上，坚持以低于同业15%的利率发放涉农贷款。社属鹿城三农融资担保有限公司全年发放“三农贷”“农信贷”等涉农贷款53笔2045万元，累计涉农担保贷款177笔7034万元。同时，区供销社又于10月推出了“三农安居贷”金融服务产品，解决农房集聚房在未取得不动产权证前的无质押融资贷款难的问题，帮助农民农户早日实现安居乐业、改善居住环境，促进新农村建设。

【构建再生资源回收利用体系】 2016年，区供销社通过政府引导、科学规划、市场调节等措施，全年保持再生资源行业整治高压态势，开展再生资源回收网点整治工作，建立了例会报告和巡查反馈等系列制度，全年累计取缔无证回收网点139家。推进回收站点的规划化建设，完成了45家连锁回收站点的改造提升和70家标准回收站点建设，全年实现再生资源销售4517.5万元，同比增长21.1%。完成了嵇师循环经济工作者集中管理服务点的企业入驻工作，并将该服务点建设成为全区废品收购站规范化管理指挥中心。选取一批条件成熟的废旧品收购网点安装监控设备，建立监控平台。同时，创新服务管理模式，再生资源线上交易平台“回收家”APP正式运营，实现再生资源回收体系智慧化管理。2016年，鹿城区创成市级再生资源回收体系示范城区。

【落实农村结对帮扶】 2016年，区供销社继续深化农村结对帮扶工作，开展“千名党员牵手，百个支部结对”活动。自2015年区供销社向金马村选派第一书记后，通过共谋发展、支部共建、政策扶持等方式，有效推进金马村村民中心建设及村集体经济发展项目顺利开展，累计向金马村提供结对帮扶资金6万余元，9月中旬金马村村民中心正式落成，摘掉了后进村的“帽子”。同时，区供销社还向金马村的农民专业合作社提供了业务扶持，实现强村富民助农增收。10月，区供销社在金马村举办送农资下乡支援灾后重建活动，向受灾群众赠送2吨化肥及上百斤蔬菜种子，同时向村民传授灾后自救知识。

（夏拓坚）

质量技术监督

【概况】 2016年，区质监局以推进供给侧结构性改革为重点，着眼“四个提升”，全力完成区政府及省、市质监系统下达的各项目标任务。至2016年，连续三年获得“全市质监工作先进单位”称号。

【标准强区建设】 2016年，浙江绿森数码科技有限公司承担的“网络综合购物服务标准化试点”获国家级服务业标准化试点项目立项。江心屿景区国家级智慧旅游标准化试点项目，顺利通过省级验收。旅游、公共物业、知识产权中介等3个市级服务标准化试点项目高分通过市级验收。指导185家规上工业企业开展主导产品采标工作，采标率达59%。全年新增自我声明公开标准506个。新增制订国家标准1个，行业标准1个；

【质量强区建设】 2016年，区质监局落实“议质制度”，制定出台了《温州市鹿城区质量事业发展“十三五”规划》和《2016年“质量鹿城”建设行动计划》。组织开展“质量月”大型广场宣传与公益服务活动，区领导、质量强区领导小组成员单位、辖区企业代表、质监行风监督员、市民代表约300余人参加。

【品牌强区建设】 2016年，区质监局制定《鹿城区“浙江制造”品牌建设三年行动计划》《全国制鞋产业知名品牌创建示范区筹建规划》等文件。建立省、市、区三级名牌梯度培育目标和培育计划，指导34家企业做好省、市、区名牌申报工作。选择5家重点骨干企业作为首批“浙江制造”品牌建设培育对象并开展培育。积极推进康奈集团、巨一集团等企业参与“浙江制造”标准制订工作。

【特种设备隐患排查整治】 2016年，区质监局共出动3963人次，检查使用单位1269家次，发现特种设备隐患1628台，发出监察指令书514份，整治1628台，整治率达100%。组织各街镇及轻工园区，对辖区内所有简易升降机开展全面排摸和确认，按时完成132台监管内简易升降机整治工作（整治率100%）。出动76人次，对11家危化企业和22家加油站，发现并整治5套未经监检压力管道。加大15家C、D类电梯维保单位的监管力度。组织60家电梯维保单位对2876台电梯开展自查。开展清网行动，及时清理数据库224台超期未检、未注册登记及遗留隐患。组织开展燃气管道泄露应急演练。参加“大拆大整”专项行动，配合滨江街道强制拆除了22台存在安全隐患的码头吊。落实平安建设工作要求，由局班子成员带队，专项督查站所G20杭州峰会各项工作落实情况，确保G20杭州峰会及世界互联网大会辖区特种设备安全；

【重点产品质量安全监管】 2016年，区质监局共开展各类监督抽查540批次，巡查工业许可证产品112家次、一般监管巡查33家次，巡查发现问题12起，发出责令整改通知书6份，完成整改12起。开展重点关注工作，在2015年开展100家鞋类产品质量提升试点的基础上，新增200家企业，全年完成300家皮鞋企业调查摸底及开展分类监管工作。组织开展食品相关产品重点环节核查，完成监督检查11家次，发放材料100份，抽取样品25批次，排查重点风险隐患数1个。检查危化品企业11家次，抽取样品2批次，合格2批次。组织开展“蓝剑”“火炼”系列等专项执法行动，全年共出动3157人次，累计检查985家企业（商店），立案78起，查获假冒伪劣产（商）品标值40余万元，罚没款金额达95.2万元。受理区长热线、“12365”等各类投诉举报144件，查结144件，及时反馈率100%。创新推出企业产品质量承诺制，与10家企业签订产品质量承诺书，该项工作被市局列入工作亮点。

【优化质监公共服务】 2016年，区质监局共办理特种设备注册登记、变更登记、受理工业产品生产许可证等4580余件。率先开通手机微信公众号特种设备作业人员证领证申请便民措施，办理网上审批、快递送达309件，受理微信领证97件。2016年审批效率位列四区两市质监系统第一；利用“315”“520”及“质量宣传月”等契机，组织开展“计量惠民”系列活动，服务群众达2600人次。在2016年区政府为民办实事项目上，超额完成52家单位共226台电梯物联终端建设工作（完成率为113%）。完成308家基层医疗单位共738台计量器具、43家集贸市场共6411台电子计价秤的免费检定工作，巡查3C企业49家，巡查覆盖率100%。完成40家检验机构自查情况数据统计审核、10家检验机构专项检查和25家检验机构日常巡查等工作，检查完成率100%；在《温州都市报》开辟专栏及时宣传质监工作动态。与《中国质量技术监督》杂志社、省质监局新闻中心合作，制作《鹿城质监工作宣传片》；先后举办2期街镇安监负责人、网格人员参加的特种设备安全管理培训班，受训人员达168人，联合房管鹿城分局对全区98名物业负责人开展电梯安全知识专业培训。

（徐婍侠）

安全生产监督

【概况】 2016年，鹿城区共发生生产安全事故39起、死亡33人，其中道路运输事故死亡23人，工矿企业事故死亡10人。无较大以上生产安全事故发生。共检查危化生产经营单位235家，出动检查人员690人次，排查隐患93条，限期整改指令书40份，立案9起。

【粉尘防爆专项整治】 2016年，鹿城区有各类涉尘场所429家，其中铝粉11家，锌粉364家、木粉及其他粉尘54家。有抛光工位数4618个，设在民房的289家、厂房的140家。区安监局严格按照“刚性规定”的要求，开展联合执法，采取拉闸断电的方式，严打涉尘企业各类安全生产违法行为。全年关闭328家，拆除抛光机台3152台，对擅自组织粉尘作业的处以行政拘留3人，整治方案通过“三方会审”的计41家，粉尘场所关停数及打击力度居全市之首。

【整治安全生产隐患】 2016年，区安监局针对街镇影响最大、隐患集中的区域采取联合执法措施，推进集中连片整治。累计排查场所单位13256家次，责令限期整改2586家，排查出隐患7960处，完成整改隐患7753处，关停取缔3865家，责令腾空941家，拆除违章建筑计73745平方米，行政拘留18人，集中连片推进的示范做法受到省、市肯定。

【重点行业专项整治】 2016年，区安监局针对危化品生产经营单位，按照消除事故隐患存量、遏制事故隐患增量的要求，开展全区危险化学品生产经营单位安全生产专项整治，整改消除一批重大安全生产隐患，有效控制危险化学品领域安全风险，防范危化品生产安全事故发生。

【职业安全健康监察】 2016年，鹿城区存在较大的职业危害隐患用人单位共639家，接触危害总人数5886人。区安监局完成350家职业病危害项目申报及备案。多次组织电镀企业开展职业病防治专题培训，全区93家电镀企业全部完成职业病危害项目申报和职业健康体检。开展职业病危害重点行业专项检查，检查用人单位455家，下达执法文书236份，发现问题或隐患238项，累计作出行政处罚55次。

【安全生产监督执法】 2016年，区安监局建立业务科室办案机制，坚持执法必严、违法必究，以专项行动与日常执法双管齐下的模式，持续加大对危险化学品及其他各类生产经营单位违法、违规行为的打击力度，倒逼企业落实主体责任。全年，共执法检查各类企业1513家次，计立案139件、处罚金额256.95万元，比2015年分别增长239%和143.74%。

（朱陆清）

责任编辑　徐孝平

教 育

综 述

2016年，鹿城区新增浙江省健康促进学校（银牌）单位1个、温州市体育特色学校1所、温州市语言文字规范化示范校2所、浙江省首批数字化校园示范校1所、浙江省示范书香校园1所、温州市功能室建设示范校4所、市示范书香校园4所、市书香校园达标校2所、功能室建设达标校6所；新增温州市智慧教室17个、市级创客教育基地2个、区创客教育空间11个、创新实验室10个。温州大学第一附属小学（洪殿小学）建成投入使用，光明小学改扩建工程完工，轻工产业园小学、石坦巷小学综合楼工程结顶，五幼明园加固工程开工建设。通过公开招投标，新创建阳光厨房30家。参加温州市智慧教室建设17个，全区有46个智慧教室完成建设。

2016年，区教育局构建“五大评价体系”，即学校发展性评价体系、教师发展性评价体系、学生“学业绿色评价”体系、校长综合绩效考核评价体系和研训员评价体系。成立责任督学中心，下设五人学区督学分中心，督导机构得到进一步完善，督学队伍得到进一步加强。区属温州市蒲鞋市小学老师卓东健获“全国五一劳动奖章”，温州市水心小学党总支书记徐玲珍入选浙江省第二批“千名好支书”名录；区职业技术学校老师马戈被评为浙江省中职大师称号。鹿城区创成浙江省首批学习型城区，浙江省教育装备规范管理示范区。区教育局被评为浙江省“治安安全单位活动成绩突出单位”、鹿城区食品安全工作先进集体；“办人民满意优质教育”入选年度鹿城区“十大机关工作品牌”；区教师培训和科研中心获“浙江省‘十二五’师干训先进集体”称号和“浙江省教研工作先进集体”称号；区职业技术学校“皮革工艺（鞋类制造与管理）”专业被评为浙江省中职优势特色专业。

义务教育

【概况】 2016年，鹿城区管辖小学38所（其中民办5所），在校生66344人（其中非鹿城户口27339人）；初中8所，在校生4348人（其中非鹿城户口1342人）。小学、初中入学率均为100%。特殊教育随班就读试点学校12所，随班就读学生43人（小学34人、初中9人），送教上门服务对象41人。4月，启动区第二批课改试点学校课改工作。截至年底，全区所有学校均启动深化课程改革工作。第二批6所“新优质学校”培育工作启动。

【第二十八届中小学生艺术节】 2016年4月，鹿城区第二十八届“民族魂·中国梦——阳光下成长中小学生艺术节”举办，历时2个月。全区共有1000多名学生参加比赛，共评出绘画、书法、篆刻、剪纸、设计、摄影、立体造型、声乐、器乐、舞蹈、课本剧（校园剧）等11类获奖作品和节目计797项。其中，鹿城实验中学、温州市广场路小学、石坦巷小学、瓯越小学、城南小学、马鞍池小学、少年艺术学校、上戍小学分别获小学组、中学组课本剧比赛一等奖。

【第二十四届小学生乒乓球比赛举行】 2016年4月13日，鹿城区第二十四届小学生乒乓球赛在温州妇女儿童活动中心举行。全区共41支代表队计240多名运动员参赛。温州市蒲鞋市小学获男子个人第一，瓦市小学获女子个人第一，瓦市小学2支代表队分获男女“团体第一”。比赛由区教育局、区体育局联合主办，瓦市小学育英校区承办。

【鹿城中小学班主任基本功比赛】 2016年4月19—28日，鹿城区举办中小学班主任基本功大赛，全区共32位中小学班主任参加比赛。比赛分小学组和中学组两个组别进行。获奖教师代表鹿城区参加省市大赛，温州市新田园小学徐梦获第五届长三角中小学班主任基本功大赛一等奖第一名，黄龙第二小学金董获浙江省第五届班主任基本功大赛一等奖第二名。

【2016年鹿城区小学生体育节篮球比赛】 2016年5月8日，鹿城区小学生体育节篮球比赛在温州市百里路小学结束。该赛事由鹿城区教育局、鹿城区体育事业发展局主办，鹿城区共23所小学36个代表队计372名选手参加比赛。集团组瓦市小学、百里路小学、广场路小学获男子组前三名，新田园小学、广场路小学、南浦小学获女子组前三名；学区组马鞍池小学、黄龙第二小学、光明小学获男子组前三名，南汇小学、蒲州育英小学、绣山小学获女子组前三名。

【“一球定情谊　两岸根不移”足球结对仪式】 2016年7月6日，由鹿城区人民政府主办，区委台办、区教育局、区体育局和区团委承办，温州市蒲州育英学校协办的2016鹿城、台湾青年文化节之“一球定情谊 两岸根不移”足球结对仪式在蒲州育英三楼阶梯教室隆重举行。

【纪念中国工农红军长征胜利80周年暨少先队建队67周年主题队会】 2016年10月13日，由共青团鹿城区委、区教育局、少先队鹿城区工作委员会联合主办，温州市瓦市小学承办的“传承长征精神·争做标杆少年”——鹿城区纪念中国工农红军长征胜利80周年暨少先队建队67周年主题队会在温州市瓦市小学瓦市校区举行。温州市教育局副局长、市少工委主任安晋，共青团温州市委副书记、市少工委主任沈醒、温州市少先队总辅导员黄瑞华等出席。

2016年，庆祝少先队建队67周年主题队会　　区教育局 供稿

【鹿城区第十九届青少年科技节】 2016年9月，鹿城区举行第十九届青少年科技节，历时4个月，内容涵盖中小学生信息技术现场比赛、青少年科技创新比赛、青少年信息学奥林匹克竞赛、少儿“七巧科技”头脑思维挑战赛、“科技进校园”系列活动等。全区共有2000多位学生参与比赛，区属温州市百里路小学、瓦市小学、广场路小学、南浦小学、水心小学、黄龙第一小学、马鞍池小学、上陡门小学、双屿小学、藤桥小学、仰义第二小学、蒲州育英学校获得优秀组织奖。

【中小学生“逐梦路上”主题读书活动演讲比赛】 2016年11月2日，区教育局在温州市新华书店举行鹿城区中小学“逐梦路上”主题读书活动中小学生演讲比赛，温州市蒲鞋市小学朱启睿、少年美术学校（中学部）李芷沐等38位学生分别获小学组和中学组一等、二等和三等奖。

【鹿城区第三十三届中小学生田径运动会】 2016年11月8—10日，区教育局在温州市科技职业学院举行第三十三届中小学生田径运动会。本届运动会设11个竞赛大项，共有73个学校代表队计1138名运动员参加。温州市第十七中学、仰义中学、临江中学获初中组团体总分前三名；黄龙第二小学、南汇小学、南浦小学东、西校区获小学A—甲组团体总分前三名；瓯江小学、白鹿外国语学校、黄龙第二小学获小学A—乙组团体总分前三名；建设小学大南校区、蒲鞋市小学桥儿头校区、瓦市小学瓦市校区获小学B—甲组团体总分前三名；建设小学大南校区、蒲鞋市校区桥儿头校区、城南小学会昌河校区获小学B—乙组团体总分前三名。

【义务教育标准化学校创建】 2016年，鹿城区完成温州市瓦市小学、

2016年，区第三十三届中小学生田径运动会颁奖典礼　　区教育局 供稿

温州市南浦小学、温州大学第一附属小学、温州市上戍小学、温州市少年美术学校等5所义务教育标准化学校创建工作。累计完成义务教育标准化学校建设44所，完成率达96%。

【第二批新优质学校培育项目启动】 2016年11月，鹿城区启动第二批"新优质学校"培育项目，温州市鹿城实验小学、温州市光明小学、马鞍池小学、石坦巷小学、仰义第一小学、双屿小学等6所学校进行培育建设项目论证，第一批新优质学校做年度工作汇报。

【浙江省深化义务教育课程改革第三次专题研讨会】 2016年11月24—25日，浙江省深化义务教育课程改革第三次专题研讨会在温州召开，区属温州市广场路小学承接第二分会场活动，学校做拓展课程学习展示、电影课程教学观摩、阶段性成果展演。专题会上，广场路小学和瓦市小学分别做"学校课程规划与拓展性课程""课程整合与德育有效性"主题讲座。

学前教育

【概况】 2016年，鹿城区管辖幼儿园98所，在园幼儿33903人。幼儿园教职工4246人，其中专任教师2193人。有14个公办集团园47个园区，在园幼儿13251人，公办资源覆盖率占入园幼儿41%。年内，幼儿园新增一级园2所，二级园4所。

【园本特色课程建设】 2016年，鹿城区推进浙江省《3—6岁儿童学习与发展指南》实验区工作，各公办园以"一园一特色"的园本特色课程为载体，深入研究实践，形成"生本课程"。6月，鹿城区承办2016年浙江省指南推进专题调研暨"幼儿园精品课程园"展示活动，8所公办园向全省展示课程建设成果。温州市第二幼儿园的《创想纸艺》、第四幼儿园的《玩转足球》、第八幼儿园的《乐能运动》园本精品特色课程成果在大会主会场作交流；第一幼儿园的《童绘戏剧》课程、第三幼儿园的《乐玩数学》课程、第五幼儿园的《三玩》课程、第六幼儿园的《愉乐音乐》课程、第八幼儿园的《乐能运动》课程、第九幼儿园的《意向绘画》课程在幼儿园做现场课程展示及成果介绍，获600多位与会专家和同行认可。

【民办普惠性幼儿园认定】 2016年，各民办幼儿园认真对照区教育局出台《鹿城区普惠性民办幼儿园管理办法（试行）》，并在试行中认定56所民办幼儿园为第一批普惠性民办园，生均奖补300元，共发放经费265万元，普惠性幼儿园覆盖面达80%。

【等级幼儿园创建】 2016年，区属21所幼儿园通过等级幼儿园评估，其中，一级园2所（温州市第二幼儿园百里园区、温州市第十幼儿园通泰园区），二级园4所（温州市第三幼儿园龙方园区、温州市第八幼儿园南塘园区、温州市第九幼儿园桃李园区、鹿城区金太阳幼儿园），三级园15所；29所等级园全部通过复评。等级以上园所比例达到93%，在等级园幼儿数占比 96%；优质率达50%。

【配合学前教育先进街道创建】 2016年，温州市第三幼儿园、温州市第五幼儿园、温州市第十幼儿园三个街道中心园，配合大南街道、蒲鞋市街道、南郊街道开展学前教育先进街道创建工作，并通过温州市学前教育先进街道评估验收。

【意大利足球专业代表团访问温州市第八幼儿园南塘园区】 2016年4月22日，旅意"足球奇人"卢荣毅率意大利足球专业代表团，在区府办副主任徐宁、区教育局副局长林

2016年，意大利足球专业代表团与温州市第八幼儿园的孩子们合影留念　　区教育局 供稿

如辉、区体育局副局长王维荣陪同下到温州市第八幼儿园南塘园区进行交流访问活动。

社区教育

【概况】 2016年，鹿城区拥有社区学院1所、社区学校14所、社区分校100所，社区分校覆盖率达到100%。创成省级示范社区学校1所、市级示范社区分校1所、市一级社区分校2所、市二级社区学校（分校）4所，累计创建省级示范社区学校1所、市示范社区学院（学校、分校）5所、市一级社区学校（分校）7所、市二级社区学校（分校）41所。

2016年，蒲鞋市街道、大南街道、南郊街道、广化街道、丰门街道、仰义街道、山福镇等7个街镇均创成省级标准化成人文化技术学校。至年底，全区14个街镇全部创成省级标准化成人文化技术学校，其中藤桥镇创建成省级现代化成人文化技术学校。该校申报的“弱势群体实用技术培训”项目，被评为浙江省社区教育品牌。区教育局联合区文明办组织开展鹿城区“十大社区特色教育基地”评选活动，松台街道郭公山社区分校的非遗传承等10个基地被评为鹿城区十大社区特色教育基地；组织开展2016年鹿城区十大精品社区老年学习苑创建活动，桂柑社区老年学习苑等10个学习苑被评为“2016年鹿城区十大精品老年学习苑”；组织参加“书香温州”读书月活动，共有56个家庭参与“书香家庭”的评选，141篇读后感参加评比，其中，15篇读后感获奖，7个家庭获“书香家庭”；组织开展2016年鹿城区“百姓学习之星”评选活动，共评出各行各业10个“2016年鹿城区百姓学习之星”，其中赵志尚入选温州市“2016年百姓学习之星”；组织参加2016年温州市“数字化学习先行社区”和“数字化学习先进个人”评选活动，清风社区分校获温州市“数字化学习先行社区”称号。

【区“全民终身学习”活动周启动】 2016年11月9日，由温州市教育局、区人民政府主办的2016年温州市暨鹿城区“全民终身学习活动周”开幕式在温州市人民大会堂举行。活动周围绕“推进全民继续教育，建设学习型社会”主题，组织开展各类学习活动，引导市民树立终身学习理念，提高人文素养。

职业教育与民办教育

【概况】 2016年，鹿城区属中等职业学校1所，在校生837人，毕业208人，招生326人。4月，鹿城区职业技术学校被评为2015—2016年度温州市职业教育新闻宣传工作先进集体。9月，鹿城区职业技术学校组织师生参加温州市企业职工电商大赛，获得团体一等奖。12月，鹿城职校电商培训基地被评为鹿城区电商创业培训基地。鹿城职校“背包客皮具工作室”被评为温州市2016年度中等职业学生创新创业教育示范实验室。

2016年，区教育局批准设立民办教育机构13所：1月26日，准予设立温州市鹿城区艺工厂艺术培训有限公司；3月1日，准予设立温州市鹿城区逸嘉艺术培训学校有限公司；3月28日，准予设立温州鹿城区安澜艺术培训中心；5月9日，准予设立温州市鹿城区毓秀文化培训有限公司；5月23日，准予设立温州市鹿城区晟世文化培训中心（普通合伙）；5月23日，准予设立温州鹿城区程海波音乐艺术培训有限公司；8月28日，准予设立温州市鹿城区超英培训有限公司；8月28日，准予设立温州市鹿城区百年有园文化艺术培训有限公司；11月10日，准予设立温州市鹿城区建林艺术培训有限公司；11月10

2016年，女教师合唱团展风采　　　　区教育局 供稿

日，准予设立温州市鹿城区嘉思腾培训有限公司；11月10日，准予设立温州市鹿城区百佳文化培训有限公司；11月10日，准予设立温州市鹿城区正禾培训有限公司；11月21日，准予设立温州市鹿城区弘立教育科技培训有限公司。另外，准予变更民办教育机构13所，终止民办教育机构6所。

教师队伍建设

【概况】 2016年，鹿城区教育系统教职工4321人，其中专任教师3997人，比2015年增加20人。新招聘教师68人，420人取得教师资格，40人取得高级职称，158人取得中级职称。48人获得市级及市级以上荣誉称号，7位教师分别获温州市名校长、名教师、名班主任荣誉称号；26位教师分别获鹿城区名校长、名教师、名班主任荣誉称号；221位教师获得区级各类荣誉称号。区属温州市第十五幼儿园选派老师何丹，代表温州参赛省教育厅教研室举办的幼儿园“半日活动组织”评比活动，获一等奖。年内，选派37名城区学校教师到农村学校全职支教。

【教师资格认定与职称评审】 2016年，420人取得教师资格。其中，具有幼儿园教师资格142人、小学教师资格197人、初级中学教师资格81人。40位教师取得高级职称，158位教师取得中级职称。

【课程与课堂教学改革】 2016年5月6—7日，全国小学品德“课程整合”课堂教学研讨活动在鹿城区举办。区教育局党委书记、局长全一凡，区人民政府教育督导室副主任吴昊，区教育局副局长林如辉等到场听课，活动吸引全国各地300多位教师参加观摩学习。

【女教师合唱团展风采】 2016年6月21日，女教师合唱团50名团员参加由市委宣传部和市文联组织的纪念中国共产党成立95周年暨红军长征胜利80周年大型合唱活动。10月22日，在温州市教育工会组织的2016年温州市教职工小合唱中，鹿城代表队获县市区组第一名。

【首届幼儿园男教师课堂教学评比】 2016年10月8日，鹿城区首届幼儿园男教师课堂教学评比活动在温州市第六幼儿园举行，区属各幼儿园的业务负责人及骨干教师等150多人参与活动。

【组建教职工文体俱乐部】 2016年，区教育工会举办“中华韵”形体健身艺术公益培训班、鹿城教育“中华韵”形体健身艺术培训班及鹿城区教育系统教工足球俱乐部活动，每周定时定点开展训练。

教育装备与信息化

【概况】 2016年，鹿城区完成本级教育技术专项经费投入3100万元，其中公办中小学、幼儿园投入共计2562.5万元。义务教育生均装备和信息化经费投入达到444.98元，总额和生均投入较2015年度（295元/生）分别上升765万元和150元。全区多媒体班套比达到1：1.43（含民办），生机比为5.2：1，90%以上的学校功能教室达到温州市标准化、示范化。全年共建成学生机房18.5个，更新教室多媒体教学平台481套，其中交互式多媒体为589个，占23.7%。教育城域网互联带宽1000米，校园网出口带宽达千兆，全部实现百兆到桌面。2016年，鹿城区160个农村学校教室进行了灯光改造，添置图书13万多册、课桌椅8000多副，无线校园网覆盖60%中小学。

【技术队伍建设】 2016年7月1日，鹿城区教育技术专业委员会召开了第二次全体会议，邀请在温知名企业或代理商，现场展示教育装备及信息技术方面的设施设备，为厂商和学校搭建了交流沟通的平台。12月中旬，组织校园长赴南京师范大学开展第三次信息化领导力培训；选派部分校园长和骨干教师参加全球教育信息化博览会、全国教育信息化大会、全国教育装备展示会等；组织区内语文、数学两个学科教师参加省教育技术再提升项目培训；与市少图馆合作，对全区中小学幼儿园所有图书管理员进行业务培训。指导温十七中做好首批浙江省数字校园示范建设校的迎检工作；开展第十七届鹿城区中小学电脑制作评比活动；组织区属学校参与2016年度全省微课程开发活动，共推荐上报4—5门微课程；组织选送教师参加第二届温州市微课大赛；完成全区“一师一优课、一课一名师”活动推优工作。对2016年度教育技术先进单位和教育技术工作先进个人予以表彰，共评选出先进集体16个，先进个人40位。

【示范创建工作】 2016年，鹿城区被评为省教育装备规范管理示范区。温州市黄龙第一小学、新田园小学、第五幼儿园分别获得温州市信息化、装备先进集体。

2016年，鹿城教育OA微信企业号开通，办公更加快速便捷高效。改版鹿城教育网首页改版，区域级台账考评系统、教师招聘报名系统、安保月报系统建，装备信息化管理平台试运行。在广场路小学建成鹿城区教育大数据中心，为鹿城区未来教育提供数据支撑。

（黄　影）

责任编辑　戴增荣

科　技

综　述

2016年，鹿城区科技产业新增9家市级众创空间，新增数位列全市第一。高新技术产业增加值23.54亿元，比2015年增长10.41%；专利申请6463件，比2015年增长74.8%，专利总授权量达到3502件，比2015年增长22.5%，其中授权发明专利254件，比2015年增长15.4%。年内，1家众创空间获国家科技部认定、3家众创空间获省科技厅认定、9家通过市级众创空间认定，累计拥有市级以上众创空间13家，拥有量位列全市第一。4家院士工作站达成合作项目共18项，其中国家级2项、省级7项、有效转化9项、获国家级成果产出奖励1项，新增产值21740万元，新增利润1137万元。落实《科普资源开发与共享工程实施方案》，编印《中国航天60周年科普》《眼科卫生保健科普知识》等科普丛书。区科协被评为浙江省“全国科普日”活动优秀组织单位，区科协有2人分别被评为优秀科技工作者和区劳动模范。

知识产权

【概况】 2016年，鹿城区申报复评各级专利示范企业36家，累计实施专利成果860多项，企业实现专利产值61亿元。以91分通过省级知识产权示范区复评，以116.5分（总分120分）申报国家知识产权示范区复核。承办“2016东部地区国家知识产权强县工程实务推进工作培训会”，北京、上海、河北、山东、江苏、福建、广东和浙江等2市6省知识产权局及所辖国家知识产权强县工程县（市区）相关负责人140余人参会。

【知识产权服务】 2016年，区科技局推荐申报复评各级专利示范企业36家，指导企业开展专利产业化项目超1000项。托管企业累积申请各类专利200多件、商标、著作权20多件。组织各类培训10多次。

【知识产权保护】 2016年，区科技局促成温州（中国）服饰知识产权快速维权中心落地鹿城区，设立“12345”维权援助热线电话，全年受理各类知识产权维权案件400余件。对沃尔玛、联华超市等大型流通领域市场开展市、区两级联合专利执法活动，查处假冒专利36件、电商类知识产权案件82件。

【知识产权宣传与培训】 2016年，区科技局以“3·15”消费者权益日、“4·26”世界知识产权日、科技科普周为载体，组织各类知识产权宣传活动10余场次，发放各类宣传手册12000多份，受益群众逾5万人。举办各类知识产权培训20多场，累计培训各类人员2000多人。

科技创新

【概况】 2016年，鹿城区新增高新技术企业9家、省科技型中小企业79家、市科技（创新）型企业96家、科技型小微企业45家。指导2家企业申报省级研究院，指导建立鹿城东浙电子信息研究院，年内新增各级企业技术研发机构25家，全区规模以上企业设置研发机构数超过110家，企业研发机构设置率突破30%，排名全省前十位。

【众创社区建设】 2016年，区科技局在鹿城工业区启动8万平方米“鹿港众创社区”建设；在沿江片区完成众创社区2万平方米饱和运营工作，入驻企业超80家。建成腾腾智能产业孵化基地并申报市级科技企业孵化器。引入智雅科技、波弟机器人创成西部“极客村”和“智创汇”2家市级众创空间。

【引进博士团队】 2016年，区科技局引进墨尔本大学博士梁海浪领衔的微电子创新团队，推荐6名海归博士申报省千人计划评选，其中美籍华裔博士吴广华入选。引进“省千专家”博士裴瑞琳团队，在炬光园开启先进磁材料电机应用技术中心建设。

【科技平台服务】 2016年，区科技局协助温州市城市资源开发工程有限公司、浙江科得力新材料有限公司等企业筹建院士工作站。邀请院士李洪钟、李启虎、江欢成等为鹿城相关企业进行技术指导，举办“新型沉井施工工艺”院士与企业研讨会等。

【推进创新创业工作】 2016年，区科技局编印科技创新券宣传册，开展社会及企业创新券专项推介工作，年内159家企业通过网上注册申请获得创新券使用资格，累计发放创新券金额187.4万元。举办鹿城区首届创客大赛，区内外60个项目报名参赛，其中2个项目入选温州创客大赛10强总决赛。引进7个优质创新创业项目。

科　普

【概况】 2016年，区科协走访基层科协100余家次，新建企业科协4家，开展“讲理想比贡献”、科普宣传、学术交流活动等40余项。在129个阵地开展医药知识科普宣传。为400多位群众提供药学、药品咨询服务，搭建“创新创业科技沙龙”“创新创业学术论坛”交流平台，邀请各大院校及研究所专家学者到鹿城开展学术交流活动，举办“智能产业发展论坛”“新能源科技交流”“电子技术沙龙”“高新技术成果项目展演”等系列活动计10余场。

【科普品牌活动】 2016年，区科协于5月、9月、12月分别推出“科普日”、“科技周”、“科协会员日”、“青少年创新大赛”、社区“科普畅游”、“健康生活社区行”，志愿者“心灵科普”、“科普+”会员日广场科普体验活动、健康进企业、“双创”沙龙等系列科普宣传活动280余项，发放科普资料75000册，受众达30余万人。

【科技创新大赛】 2016年，鹿城区第31届青少年科技创新大赛举办，共评选出各类等级奖273项，其中，作品《关于手机辐射显现的初步调研》《垃圾分类低碳环保》获第30届浙江省青少年科技创新大赛创新项目一等奖和科技实践活动一等奖，《让生活环境更美好》等9个项目分别获二等奖和三等奖；水心小学的《垃圾分类 人人行时时行》获第31届全国青少年创新大赛实践活动二等奖。学生谢亨泉、林奕博参加第21届全国青少年信息学奥林匹克联赛温州赛区比赛，分别获二等奖和三等奖。

【名医名师进社区活动】 2016年，区科协组织70多位专家、教授组成科普讲师团到基层开展科普宣传活动。连续第四年为全区14个街镇50多个社区的群众举办150多场卫生保健、心理健康、科学养生、幼儿教育、创新创业等知识讲座，受众达6000余人次。

【科普进校园】 2016年，区科协开展虚拟自行车、虚拟灭火、VR影院、AR涂鸦、htcvive、hololens等科普互动体验活动。举办“科普进校园”“爱眼宣传科普行”“第三届青少年科技嘉年华活动”“寻身边科学，展科普智慧”“共圆科普梦”等系列活动30场。10月，特邀中科院专家讲师团为全区13所学校举办生物、物理、航天等科普讲座，受众计5000余人。

【科普农村行】 2016年，区科协以农村新社区科普设施建设、科技周、科普日、科技下乡为载体，组织专家开展“科技下乡鹿城行”“农村科普加油站（科普实验进农村）”“健康农村（社区）行”、“科普活动进农村文化礼堂”、“专家进田间地头送技术”等科技下乡活动13次，促进科技深入农村、服务农民。

【三级农函大培训网络】 2016年，区科协继续完善区、镇、社区（村）三级农函大培训网络。年内举办芦笋、花卉、科普手绘漫画与创意制作、老年配膳攻略等培训班373期。培训一年制（50学时以上）学员3020人、短期学员11395人次。温州市藤穗专业合作社成为区第二家市农函大教学实践基地。区农函大学员郑森静被评为市农村科普带头人，10位农函大学员获初级、中级、高级农业职称。学员徐忠辉事迹刊登于《浙江科协》，3人获省农函大优秀学员称号。

【科普阵地建设】 2016年，区科协新建社区科普体验中心、企业科普教育基地4家，新建LED科普宣传屏、科普宣传栏7个，“鹿港小镇”科普阵地建设趋完善。浙江腾腾智能科普教育基地建立人与机器互动体验、虚拟现实、视觉与大数据分析、FDM三维打印、无人机、太阳能及网站科普阵地等7个区域，被评为2016年温州市科普教育基地。

【科普示范单位与基地】 2016年，南汇街道大自然社区被评为2016年全国科普示范单位，郭公山社区被评为省级科普示范单位，南汇街道等8家单位创成市级科普示范单位，新田园小学创建为市级科普特色学校，益康利食用菌高效生产示范基地被评为市农村科普示范基地，浙江腾腾智能科普教育基地、温州浙农生态农庄（青少年科普教育基地）被评为市级科普教育基地。

（潘艺萱）

责任编辑　戴增荣

文 化

综　述

2016年，鹿城区新建街道综合文化中心1个，改造提升乡镇综合文化服务中心1个，新建文化广场4个、文化公园2个、百姓舞台2个。在人民路、联合广场、鞋都文化广场、广化街道社区建成4个城市书房。创建省级农村电影放映示范点5个。创作的小品《立碑》获“群星奖”，小品《垫钱》获第十三届华东六省一市戏剧小品比赛优秀奖。哈哈京剧团获“全国服务农民、服务基层文化建设先进集体”称号。承办浙江省群文戏剧创作论坛和鹿城台湾青年文化节。应邀赴“一带一路”沿线国家卡塔尔参加中卡文化年交流活动。黎明92文化创意街区被列入浙江省首批文化创意试点街区。学院路创意文化街区建设项目被列入区“十三五”发展规划。年内，新增省级非遗项目2个，市级非遗项目5个，新增5个非遗传承人、4个非遗传承基地。

区图书馆入藏文献52564册，文献总藏量219130册，接待读者794815人次，文献流通191660册，新增读者证10198个，举办各类讲座、展览、培训班等70场。区广播电视新闻中心拥有纸质媒体《今日鹿城》，电视媒体《都市新闻》《鹿城新闻》，网络新媒体“鹿城新闻网”、“温州鹿城发布”微信公众平台、“鹿城新闻”APP手机客户端、“浙江新闻”APP鹿城频道微网站“掌上鹿城”等媒体阵地。全年，在中央、省、市级报刊、电视、网络媒体共刊播1673条稿件，其中，中央级媒体162篇；在《人民日报》《浙江日报》《温州日报》及“温州新闻”联播刊播重点稿498篇，在“人民网”“凤凰网”等中央、省级主流网站发稿1300多篇，浙江APP新闻端口发布鹿城新闻稿900篇。获《温州日报》优秀报道组称号、《浙江日报》先进报道组称号及“浙江在线”“温州新闻网”优秀支站称号。鹿城作者新著82部。驻区新闻媒体有：《温州日报》《温州都市报》《温州晚报》《温州商报》和温州新闻网、温州广播电视总台。驻区记者站有：新华通讯社温州支社、浙江日报温州分社、浙江人民广播电台温州记者站、中国新闻社温州分社、中华工商时报温州记者站等。

社会文化

【概况】 2016年，举办鹿城区第四届市民文化节、鹿城金秋文化节和鹿城读书节，开展全民阅读、文艺

2016年11月21—25日，“第十三届华东六省一市戏剧小品大赛”在江西南昌举行。区文广新局的原创作品《垫钱》获小品大赛大奖
区文新局 供稿

演出、讲座展览等文化活动865场。围绕“大拆大整”开展14个街镇文艺巡演，在南塘印象舞台、鞋都文化广场、华盖词场以及全区83个社区文化广场、文化公园举办文艺群演，被市政府授予第五届温州艺术节优秀组织奖。在七都街道樟里文化村文化礼堂创办鹿城区首个乡村图书馆和周末电影院。在鹿城文化中心打造非遗讲坛、视觉艺术展厅和“经典老电影”播放厅，定期举办各种艺术免费培训36个班次，培训学员计1000人次。邀请全国著名戏剧曲艺专家张玉恒举办曲艺创作讲座。成立3个具有社会化和专业化管理资质的社会组织，指导6支专业文艺团队参与街（镇）综合文化中心管理。鹿城区街镇综合文化中心每周免费对外开放42小时以上。原创小品《长大》获温州市第四届市民文化节之第二届戏剧小品大赛一等奖；舞蹈《归思》入选2016浙江省群众舞蹈大赛；歌曲《山水之约》《竹镇畲韵》入选2016浙江省特色小镇题材音乐新作展演活动暨浙江省第十五届音乐新作演唱大赛；少儿歌曲《小伞撑起一个家》入选2016浙江省少儿音乐（声乐）大赛并获兰花金奖；舞蹈《火辣热舞》入选浙江省第十届排舞大赛。全年，全区共放映农村数字电影1745场次，受益观众达25万人次。完成省内县（市、区）文化走亲11场。承接“五水共治”“水乡文化提升工程”之“樟里水乡”文化创意村一期工程和温瑞塘河得胜桥东段沿河水乡文化提升工程。完成投资1600万元，完成率为141.67%。被市委、市政府授予创建国家历史文化名城工作先进集体称号，被区委、区政府授予“五水共治”建设美丽浙南水乡先进集体称号。

2016年10月29日；鹿城区文化馆《小伞撑起一个家》，获2016年浙江省少儿音乐大赛兰花金奖
区文广新局提供

【“十二五”文艺精品回顾展演】 2016年1月21日晚，由鹿城区委宣传部、区文广新局主办的“起舞鹿城·讴歌时代”——鹿城区“十二五”文艺精品回顾展演在鹿城文化中心剧场举行，观众达700多人。

【温州莲花《不愿出院》获金奖】 2016年5月6—7日，由鹿城区温馨瓯韵说唱团创作并表演的温州莲花《不愿出院》，参加在瑞安市举办的首届温州市曲艺新作大奖赛暨浙江省第六届曲艺新作选拔赛中获金奖第一名。

【欢乐端午“粽”享关爱活动】 2016年6月8日，由鹿城区委宣传部、区文广新局联合七都街道在七都樟里村举行欢乐端午“粽”享关爱活动。区艺术总团演出的歌舞等节目吸引该村300多人观看。

【庆祝中国共产党成立95周年大型越剧演唱会举行】 2016年7月4日晚，由鹿城区文广新局组织的庆祝中国共产党成立95周年大型越剧演唱会在鹿城文化中心剧场举行。区艺术总团戏曲队、民乐队参加演出，观众逾600人。

【2016年江心屿金秋文化节】 2016年9月12日，区文广新局在星河广场举行鹿城区2016江心屿金秋文化节开幕仪式。集体健身舞等文艺节目吸引观众500余人。9月19日，区文广新局在瓯江路年轮广场举办金秋文化节经典电影展播活动，观众达300多人。

【村歌创作演唱大赛获奖】 12月19日，“我们的村歌我来唱”2016温州市首届村歌创作演唱大赛在市电视台演播大厅举行，鹿城区选送的村歌《侨乡樟里》获大赛表演金奖、最佳创作奖，《我爱社区白鹿洲》获表演银奖、最佳创作奖。

非物质文化遗产

【概况】 2016年，鹿城区完成全国第一次可移动文物普查工作，全区共申报藏品21130件。完善项目、传承人、基地“三位一体”保护体系。新增省级非遗项目2个（王顺发船模技艺、叶同仁中药炮制技艺）；市级非遗项目5个（温州缝合皮鞋制作技艺、钟表修复技艺、温州高粱肉制作技艺亦称广进祥高粱肉制作技艺、温州竹编、温州剪纸）；非遗传承人5位：浙派古琴传人黄德源、羽毛画传人叶国虎、吹糖人传人曹达丰、温州盆景技艺传人林鸿鑫、温州彩扎（驿头格橱龙彩扎技艺）传人程海勇；非遗传承基地4个（温州市广场路小学、温馨瓯韵说唱团、鹿城区仰义金鼎工艺品厂、张锦达竹丝镶嵌工作室）。在“全国文化遗产日”期间，举办“新非遗　心体验”非遗&锋尚文化系列活动，将非遗文化与当代东西方时尚文化相融合，为文化遗产融入现代生活做探索与尝试。3月，中央电视台《探索·发现》大型纪录片《手艺》栏目摄制组到鹿城区拍摄省级非遗项目温州绸塑和传承人的制作技艺。

1月，组织温州鱼丸、温州鱼饼、县前头汤圆、温州馄饨、马蹄松、宏盛高粱肉、温州老酒汗制作技艺等非遗项目参加市年味温州活动。3月29日，鹿城区政府联合市文物局在曹湾山遗址所在地渡头村举办《中华人民共和国文物保护法》宣传暨非遗巡演活动。9月25日—10月7日，鹿城台湾非遗文化交流节活动在东瓯智库心工场举行。9月30日，2016非遗论坛开讲仪式在区文化馆举行。10月15—16日，举行“非遗，让水乡更美丽”2016年鹿城区非遗进水乡文化基地展示展演活动。10月28日，在温州博物馆举办非遗发绣艺术展，历时一个月。11月22日，区直机关工委和区文广新局在区行政会议中心联合举办“非遗进机关”活动。12月9日，到温州市特警支队开展非遗宣传活动。

2016年3月29日，区政府联合市文物局在曹湾山遗址所在地渡头村举办《中华人民共和国文物保护法》宣传暨非遗巡演专场演出　区文广新局 供稿

文化市场管理

【概况】 2016年，文化市场行政审批工作实行“互联网+”审批模式，就艺术品经营单位的备案、证件遗失补证两项审批事项开展网上及手机微信公众号受理办件，数据同步对接行政审批平台，实现审批办事“零见面”，成为浙江省首份微信平台“掌上审批”办件。全年共受理办结各项审批事项597件，提前办结率达100%，被区政府评为“鹿城区行政审批制度与创新工作先进集体”。结合鹿城区大网格运行机制，将文化市场监管内容纳入对各街镇平安建设考核体系，建立文化执法队员、街镇综治员、义务监督员三级监管网络，并在系统内部推行全员办案制度，形成文化市场综合执法、文化系统联动巡查办案机制。继续加大知识产权保护力度，打击侵犯著作权涉刑案件数居全省之首，被省文化厅评为全省文化市场综合行政执法先进集体，被国家版权局授予全国查处侵权盗版有功单位称号。至年底，累计出动执法人员1777人次，检查场所2509家次，办结行政处罚案卷107宗。

鹿城区图书馆

【概况】 2016年，鹿城区图书馆拥有阅读座席410个，其中少儿阅览室座席60个、盲人阅览室座席16个。全年入藏文献52564册，文献总藏量219130册，接待读者794815人次，文献流通191660册，新增读者证10198个，举办各类讲座、展览、培训班等70场。

【“闹元宵，猜灯谜”活动】 2016年2月22日，鹿城区图书馆在鞋都文化广场举办以“闹元宵·猜灯谜”为主题的系列文化活动。参加系列文化活动的群众达1000人次。

（程　红）

责任编辑　戴增荣

2016年出版鹿城部分作者新著

表20

序号	书 名	作者（主编）	出版社	出版时间
1	李利民水彩画精选	李利民 绘	江西美术出版社	2016年
2	李孝光集校注：1—4	（元）李孝光撰，陈增杰校注	浙江古籍出版社	2016年
3	低碳农业发展对策探索与研究	白朴、金瑜雪、应苗苗等著	中国农业科学技术出版社	2016年
4	黄显平小楷书刘征诗选	草显平著	西泠印社出版社	2016年
5	幼儿园“意象美术”创意教学：“温州市幼儿园‘意象绘画’推广与应用课题”研究成果	陈碧霄编著	华东师范大学出版社	2016年
6	陈来儒学思想录	陈来著	华东师范大学出版社	2016年
7	为儿童“经历科学的学习过程”而设计：小学科学过程设计的推广行动	陈素平编著	华东师范大学出版社	2016年
8	陈天龙水墨作品	陈天龙著	中国美术学院出版社	2016年
9	温州俚语选析	陈颜玉著	宁波出版社	2016年
10	话说船舶	范与李著	上海世纪出版股份有限公司上海书店出版社	2016年
11	瓯风. 第十、十一集	方韶毅主编	上海世纪出版股份有限公司远东出版社	2016年
12	浙南本草新编	甘慈尧主编	中国中医药出版社	2016年
13	温州两家人	高满堂、李涛、曲怡琳著	作家出版社	2016年
14	瓯窑不老	高启新著	浙江文艺出版社	2016年
15	温州中医药文化志	宫温虹编著	中国中医药出版社	2016年
16	姊妹	洪水平著	中国民族摄影艺术出版社	2016年
17	周达观与真腊	胡春生、施菲菲著	浙江文艺出版社	2016年
18	情系雁山瓯水	胡剑谨主编	中国美术学院出版社	2016年
19	我思我游：从楠溪江到温州	胡念望著	中国财富出版社	2016年
20	中国戏剧史新论	黄天骥、叶长海主编	上海人民出版社	2016年
21	房地产抵押融资实务：风险防范与案例解析	江丁库、金永熙编著	中国法制出版社	2016年
22	权力巅峰的女人	蒋胜男著	九州出版社	2016年
23	王绍基画集	李震主编	浙江人民美术出版社	2016年
24	张如元书画文献录	李震主编	浙江人民美术出版社	2016年
25	60%矾矿纪实	廖雄著	浙江摄影出版社	2016年
26	李地	林斤澜著	花城出版社	2016年
27	基于“助学稿”的小学语文“学习设计”	林乐珍编著	华东师范大学出版社	2016年
28	温州医学史	刘时觉著	人民出版社	2016年
29	您能读懂医学检查报告单吗：健康体检等检验检查结果的解读	陆永绥、沈财成主编	浙江大学出版社	2016年
30	中国民间故事丛书. 浙江温州. 鹿城卷	金文平主编	知识产权出版社有限责任公司	2016年
31	我踩不到我的脚印	落樱著	长江文艺出版社	2016年
32	妙果寺志	马丛丛编撰	温州市妙果寺印	2016年

续表20

序号	书　名	作者（主编）	出版社	出版时间
33	娜嬛墨痕：一名知识传播者的札记	倪新桢编著	中国文史出版社	2016年
34	汉字史河之旅：汉字流变一览表	倪新桢著	中国文史出版社	2016年
35	晋鉴：司马王朝兴衰的个性解读	戚速著	当代世界出版社	2016年
36	一条开往中国的船	沈迦著	新星出版社	2016年
37	活色生香温州话	沈克成著	宁波出版社	2016年
38	入声字诠	沈克成著	宁波出版社	2016年
39	浙南历史人物传略	宋乐稣主编	环球文化出版社	2016年
40	法门穿行	孙笑侠著	法律出版社	2016年
41	司法的特性	孙笑侠著	法律出版社	2016年
42	春昼集	王公子著	长江文艺出版社	2016年
43	中华韵：教师用书．初级	王明中、柯一壮著	高等教育出版社	2016年
44	中华韵：教师用书．中级	王明中、柯一壮著	高等教育出版社	2016年
45	中华韵：学生用书．初级	王明中、柯一壮著	高等教育出版社	2016年
46	中华韵：学生用书．中级	王明中、柯一壮著	高等教育出版社	2016年
47	闲适的日子	吴树乔著	中国民族摄影艺术出版社	2016年
48	复活名画	吴瑛利著	西泠印社出版社	2016年
49	香草叶	相国著	西泠印社出版社	2016年
50	温州海外移民与侨乡慈善公益	徐华炳著	中国社会科学出版社	2016年
51	金融借贷合同纠纷诉讼实务指引	徐建新主编	人民法院出版社	2016年
52	金瓯缺：一至四卷	徐兴业著、刘旦宅插图	河南文艺出版社	2016年
53	非器斋诗钞：回文诗词三百首	叶国传著	宁波出版社	2016年
54	东方华尔街：新“上海滩”的阴谋与爱情	叶永烈著	天地出版社	2016年
55	九山湖畔的作家梦	叶永烈著	浙江少年儿童出版社	2016年
56	历史的绝笔：名人书信背后的历史侧影	叶永烈著	四川人民出版社	2016年
57	名家少年说之叶永烈	叶永烈著	二十一世纪出版社	2016年
58	稀里哗啦王国	叶永烈著	北京少年儿童出版社	2016年
59	走过人生：叶永烈谈生命的精彩	叶永烈著	东方出版社	2016年
60	汤显祖与临川四梦	叶长海主编	上海古籍出版社	2016年
61	流年物语	张翎著	北京十月文艺出版社	2016年
62	每个人站起来的方式千姿百态	张翎著	长江文艺出版社	2016年
63	深处的印记	章秀平著	长江文艺出版社	2016年
64	温州商会与海内外温商	章志诚、曹一宁著	中华书局	2016年
65	赵瑞椿八十	赵瑞椿、蔡荣主编	中国书店	2016年
66	温州方言文献集成．第四辑	郑张尚芳、沈克成主编	浙江人民出版社	2016年
67	温州历代名人故事．二，苏步青	洪振杰文字、张兆鑫绘画	西泠印社出版社	2016年
68	温州历代名人故事．二，叶适	陈安金文字、陈知新绘画	西泠印社出版社	2016年

续表20

序号	书 名	作者（主编）	出版社	出版时间
69	温州南拳大成. 第二卷	周公龙编辑	天马出版有限公司	2016年
70	温州民间借贷纠纷解决机制研究	周湖勇等著	浙江大学出版社	2016年
71	地权增值分配的社会机制：官镇征地研究	朱静辉著	厦门大学出版社	2016年
72	回首沧桑：《东瓯诗谭》纪念抗战胜利七十周年感吟集	朱凌云、童洪锡编	线装书局	2016年
73	呦呦鹿鸣：屠呦呦获诺贝尔奖感吟集	朱凌云、温兴宽、雪石主编	中国文联出版社	2016年
74	学情研究：走进学生学习的真实世界	朱跃跃、张作仁编著	华东师范大学出版社	2016年
75	学校是汇聚智慧的地方：蒲鞋市小学“智慧型学校”的理念与实践	卓东健主编	北京时代华文书局	2016年
76	大学生志愿精神作用机理及实证研究	卓高生著	中国社会科学出版社	2016年
77	蔡瑞蓉绘画作品集	蔡瑞蓉著	浙江人民美术出版社	2016年
78	陈洋发绣作品集	潘一钢、孟永国主编	四川美术出版社	2016年
79	温州状元	胡侠主编	中国文史出版社	2016年
80	身边好人 尚德鹿城	滕淼主编	中国民族摄影艺术出版社	2016年
81	田塘头风情	李岳松主编	线装书局	2016年
82	温州文物. 第十三辑	王同军主编	西泠印社出版社	2016年
83	鹿城年鉴·2016	张靖主编	方志出版社	2016年

（温州市图书馆　黄丽任提供）

鹿城区广播电视新闻中心

【概况】 2016年，鹿城区广播电视新闻中心（简称“新闻中心”）拥有纸质媒体《今日鹿城》，电视媒体《都市新闻》《鹿城新闻》，网络新媒体鹿城新闻网、温州鹿城发布微信公众平台、鹿城新闻APP移动客户端、“浙江新闻”APP鹿城端微网站“掌上鹿城”等媒体阵地，构建起“一报一网两视两端三微”宣传格局。区新闻中心成立驻西班牙联络站和驻中美外交协会海外新闻联络站、驻北京等国内新闻通联站2个及驻星际、润新、帝杰曼企业新闻通联站3个，形成中心与世界各地联络沟通的新闻通联网络。

2016年，鹿城全媒体宣传达到70万人次。报刊作品《温暖之州　十年守护》获浙江省好新闻奖二等奖、温州市好新闻一等奖。网络专题《鹿城创新网络“微治理”路径　“互联网+互助”新模式重构邻里情》获浙江网络新闻奖一等奖、浙江新闻奖三等奖、温州新闻奖网络作品专题类一等奖。

【对外宣传】 2016年，在中央、省、市级报刊、电视、网络媒体共刊播1673条稿件，比2015年增长53.7 %，其中中央级媒体162篇；在《人民日报》《浙江日报》《温州日报》及温州新闻联播刊播重点稿498篇，其中，《人民日报》刊登3篇（头版6篇），《浙江日报》刊登74篇（头版3篇），《温州日报》头版头条刊发12篇，温州新闻联播头条刊播9篇；在人民网、凤凰网等中央、省级主流网站发稿1300多篇，在浙江APP新闻端口发布鹿城新闻900多篇。

2016年，区新闻中心获《温州日报》优秀报道组称号、《浙江日报》先进报道组称号、浙江在线与温州新闻网优秀支站称号
鹿城区广播电视新闻中心 供稿

【都市新闻】 《都市新闻》是鹿城区电视新闻宣传主阵地，该栏目每晚6点10分在温州电视台都市生活频道播出，次日早上7点重播。2016年共制作播出《鹿城新闻》103期，并实现全年安全播出。

【鹿城新闻网】 鹿城新闻网网站域名（www.66lc.com），拥有35个新闻栏目，包括鹿城新闻、部门快讯、街镇速递、社区天地、新闻专版、温州新闻、浙江新闻、国内新闻、国际新闻、周边新闻、媒体看鹿城、经济信息等。至2016年底，网站总发稿量达238576条，网站主要自办栏目鹿城新闻共发布稿件10215条，鹿城视频新闻发布338期，基层信息（包括街镇速递、部门快讯、社区天地）共上传稿件19606条，主要转载栏目媒体看鹿城共转载各大主流媒体对鹿城的新闻报道共5109条。

【“温州鹿城发布”微信公众平台】 “温州鹿城发布”平台每天发布鹿城区委区政府重大决策、重要活动相关信息和为市民提供新闻、服务类信息、便民措施以及生活资讯等。微博、微信、网络新媒体融合运作新模式也同时开启。2016年，该公众号粉丝数超8万，在浙江政务微信指数榜单位列第四，点赞数位列第三。

【“鹿城新闻”APP移动客户端】 2015年4月，“鹿城新闻”APP移动客户端上线，实现重大时政、民生新闻第一时间掌上看，客户端开设“头条”“在线直播”等11个栏目、便民服务措施16项。至2016年底，移动客户端共发布各类新闻专题6619篇。

【微网站“掌上鹿城”】 2016年10月，微网站“掌上鹿城”上线。该微网站是“鹿城新闻网”的延伸，设有头条、要闻、视频、专题、鹿行天下、媒体关注等12个栏目。上线5个多月，已发布各类新闻共计5800多条。

【“浙江新闻”APP鹿城端】 2016年，“浙江新闻”APP鹿城端上线，每天报道精选2—3篇鹿城重大新闻，宣传效果良好，稿件平均阅读量在1.3万人次以上。

【“大拆大整”宣传片获省领导好评】 2016年，区新闻中心承接“全市2016年比亮点学先进树标杆活动”12个电视汇报片拍摄制作工作，其中制作的“大拆大整”宣传片得到时任省长车俊的好评，并在全省大拆大整电视电话会议上作为典型播放。

【“鹿行天下”采访活动】 2016年，区新闻中心完成惠州市现代盛世成套电气设备有限公司董事长郭温听、香港金万年珠宝国际集团有限公司总裁李建昊等30多位在外鹿城人的采访工作，在《今日鹿城》以专版形式予以刊登，在温州电视台《都市新闻》、视频新闻《鹿城新闻》以及鹿城新闻网、APP手机客户端同步刊播，鹿城新闻网和微网站“掌上鹿城”同时开辟《鹿行天下》专栏。建立《鹿城乡音》微信平台，让在外的鹿城人能全面了解乡情。

【《今日鹿城》】 2016年，《今日鹿城》共刊出101期，围绕“大拆大整”、城市精细化管理、大网格建设等重点工作，共推出新闻报道500余篇；推出专版专刊42个，开设专栏13个专题报道158篇。推出《文化月刊》12期。

（林　梅）

责任编辑　戴增荣

体 育

综 述

2016年，鹿城区体育事业发展局按照区“十三五”体育发展规划，创建成省级体育先进社区1个（南郊街道丽庆社区）、省级体育休闲中心村1个（藤桥镇石埠村）、省村级体育俱乐部4个（双屿街道营楼桥村、七都街道板桥村、山福镇双溪村与横山村）。7月，协办浙江省第二届体育社团运动会象棋比赛。8月，承办“江阴周庄”2016中国体育彩票全国象棋业余棋王赛浙江赛区温州鹿城站暨温州市第一届市民运动会“侠逊杯”业余象棋棋王赛鹿城站赛事，温州市第一届市民运动会暨市木兰拳锦标赛。9月，主办温州市第八届省级体育强镇（街道）篮球联赛鹿城区选拔赛。11月，主办“中国人寿杯”鹿城区金融系统首届乒乓球邀请赛。12月，主办区机关干部广播体操比赛。

竞技体育

【概况】 2016年，鹿城籍运动员参赛第31届奥运会获1个第二名、1个第四名、1个第五名，参加其他国际比赛获18个第一名、4个第二名、1个第三名，在全国比赛获38个第一名、33个第二名、14个第三名。

【游泳比赛】 2016年8月，鹿城籍运动员徐嘉余以00：52.31成绩获第31届夏季奥运会100米仰泳比赛第二名，以01：55.16成绩获200米仰泳比赛第四名。11月，李朱濠、徐嘉余参加第10届亚洲游泳锦标赛4×100米混合泳接力比赛以03：33.43成绩获第一名；徐嘉余参赛200米仰泳以01：55.19成绩获第一名，参赛50米仰泳以00：24.65成绩获第一名，以00：53.02成绩获100米仰泳比赛第一名。同月，徐嘉余参加世界杯短池系列赛100米仰泳比赛以00：50.22成绩获第一名，参赛200米仰泳以01：51.50成绩获第一名；9月，在全国游泳锦标赛200米自由泳比赛中徐嘉余以01：48.86成绩获第一名，徐嘉余、何添奇参加4×200米自由泳接力比赛以07：16.93成绩获第一名。8月，潘展乐参加全国少儿游泳锦标赛以04：21.19成绩获400米自由泳第三名，以02：20.15的绩获200米个人混合泳比赛第三名，潘展乐、叶鸿铭参加4×50米自由泳接力比赛以01：50.43成绩获第一名，潘展乐参加50米自由泳比赛以00：27：28的成绩获第二名。11月，郑枭境参加全国青年游泳锦标赛以00：57.57成绩获100米仰泳比赛第三名。

【羽毛球比赛】 2016年4月，鹿城籍运动员郑思维与队友参加新西兰羽毛球公开赛，获男子双打第一名和混合双打第一名；9月，郑思维与队友参加世界羽联超级系列赛日本公开赛，获混合双打第一名；10月，参加世界羽联超级系列赛法国公开赛，获混合双打第一名；11月，参加世界羽联黄金大奖赛德国公开赛，获混合双打第一名；12月，参加国际羽联超级赛总决赛，获混合双打第一名。6月，诸葛露凯与队友参加全国羽毛球单项锦标赛，获男子双打第二名。

【艺术体操比赛】 2016年6月，鹿城籍运动员缪佳辰参加陕西宝鸡举行的全国艺术体操冠军赛，获得少年集体单项五球、少年集体单项五带比赛第一名，与队友合作获少年集体全能、集体项目团体比赛第二名。 8月，黄建珍参加在辽宁沈阳举行的全国青少年艺术体操锦标赛，获青少年C组集体一级规定全能比赛第二名。9月，在江苏常熟举行的全国艺术体操锦标赛中，缪佳辰获少年集体全能比赛第一名、少年集体五球比赛第三名和少年集体五带比赛第二名。

【网球比赛】 2016年4月，鹿城籍运动员叶柔利与队友参加在湖北武汉举行的青少年4—U14岁排名赛，获女子双打第二名；5月，参加在北京举行的全国青少年U16岁排名赛，获女子双打第一名；8月，参加在云南安宁举行的全国青少年U16岁排名赛，获女子单打第三名，与队友合作获女子双打第一名。

【体操比赛】 2016年7月，鹿城籍运动员黄卓凡参加福建漳州举行的全国少儿体操比赛，获9岁团体、9岁跳马、9岁高低杠、9岁自由操4个项目第一名；8月，在陕西渭南举行的全国少年体操总决赛上获9岁团体、9岁全能、9岁跳马、9岁高低杠、9岁自由操第一名。

【技巧比赛】 2016年5月，鹿城籍运动员李安与队友参加在四川汉源举行的全国技巧锦标赛，获男双动力套比赛第一名，在男双联合套、集体技巧和团体比赛中获第二名；11月，参加在江苏扬州举行的全国技巧冠军赛，获男双平衡套、男双联合套、集体技巧第一名。

【赛艇比赛】 2016年9月，鹿城籍运动员陈俊杰与队友参加在嘉善举行的亚洲赛艇锦标赛，获男子轻量级双人双桨第一名。

【射击比赛】 2016年7月，鹿城籍运动员黄一凡参加在河南郑州举行的全国青少年射击锦标赛（步手枪），获青年男子50米步枪3种姿势比赛第一名、与队友合作获青年男子50米步枪3种姿势团体比赛第一名。

群众体育

【概况】 2016年，鹿城区新建10公里长健身步道1条（山福镇西龙溪登山步道），改造门球草坪2片（藤桥镇石埠村马鞍山公园、山福镇临江网格横山村），完成省小康体育村提升工程5个（仰义街道后京村、双屿街道营楼村、山福镇江南网格江南上村、七都街道上沙村、藤桥镇南岸村），省中心村体育休闲公园1个（藤桥镇石埠村）、笼式足球场1个（松台街道水心村）。在马鞍池、杨府山、绣山、白鹿洲、九山、翠微山、华盖山、海坛山8个公园内建体育设施，在鹿城区东部七都建成环岛自行车健身绿道和体育休闲公园，在西部建成新居民体育项目服务网络和仰义体育小镇体育休闲带。年内，向社会开放体育场馆的学校达到69所，更新体育器材177件。组织21名二级社会体育指导员参加一级社会体育指导员培训班学习，136名三级社会体育指导员参加二级社会体育指导员培训班学习。培训太极拳和健身气功三级社会体育指导员68名。

【协办龙舟比赛】 2016年9月25日，区体育局协办温州市第一届市民运动会暨2016年市龙舟俱乐部锦标赛。鹿城区、龙湾区、瓯海区、瑞安市、乐清市等16支龙舟队参加200米、500米直道赛。参赛的鹿城区葡萄通泰龙舟队获锦标赛总成绩第三名。

体育市场

【概况】 2016年，区体育局对58家高危运动场馆进行10次专项检查，对其中存在救生员脱岗、救生器材老化、警示标志不明显的高危场馆予以勒令整改，对经营规范表现优秀的15家游泳场馆和15位先进个人进行表彰。为7家新游泳场馆颁发经营许可证。下发市体育产业扶持资金120万元。

（胡程程）

责任编辑　戴增荣

卫生和计划生育

综　述

2016年，鹿城区各级各类医院、卫生机构计589家。其中，省属医院4家、市属医院5家、部队医院1家、市管民营医院13家、区属公立医院2家、区管民营医院11家、社区卫生服务中心22家、社区卫生服务站38家、村卫生室73家、门诊部77家、诊所319家、医务室21家。区属各医疗机构共有注册执业医师1834人、助理医师342人、注册护士1448人。区卫生监督所（流动人口计生管理大队）、妇幼保健计划生育服务中心、卫生和计划生育信息中心、基药办（献血办）等下属单位合并工作完成。卫生计生事业经费投入27653.31万元，占财政总支出7.23%。鹿城区被评为浙江省无偿献血先进区、市级计划生育工作先进区。区卫计局获落实党风廉政建设先进单位称号、区安全生产先进单位称号、服务保障G20杭州峰会工作先进集体称号和作风效能建设满意单位；局审批窗口被评为满意审批窗口；局机关“仁心创红心”工作品牌被评为区“十大机关工作品牌”；洪殿社区卫生服务中心被评为满意基层站所。

2016年，区属公立医院在全市率先试行编制备案制管理，增加备案编制247名。至年底，区属医疗卫生计生单位在编专业技术人员938人（其中卫生专业技术人员906人），拥有高级职称56人、中级职称284人、初级专技人员598人；拥有大学本科以上学历739人、大专学历216人。公开招聘卫生技术人员24名。完成岗位培训37人，进修47人。出刊“鹿城卫生讲坛”12期。建成6个区级医学重点学科，其中区人民医院急诊医学已列入市级医学重点学科。2项科研项目通过市级验收，新列入温州市医药卫生科学研究项目3项。区人民医院迁建工程土建完成；区精神卫生中心和残疾人托安养中心完工；区公共卫生大楼建设工程土建工程进入收尾阶段。南门、黎明、水心社区卫生服务中心用房短缺问题解决，并投入700万元添置医疗设备，基本达到设备配备标准。率先实施卫计审批“现场指导事先介入”制、年审上门办理制；创新开展移动APP审批模式，实现审批较法定时间提速71%，全年按时办理行政许可证达4047件。全区无偿献血9278人次，献血量185.56万毫升，完成率达132.54%。

基层卫生

【概况】 2016年，鹿城区推进分级诊疗，有序开展双向转诊，全年二、三级医院下转基层医疗机构3851人，比2015年上升44.23%；各社区卫生服务中心上转990人次，比2015年上升268%。区属医疗机构就诊人次较2015年同期上升4.95%。开展结对帮扶、“千名医生”进社区、“多点执业”等服务工作。全年，市级医院在12家社区卫生服务中心开设专家门诊21个，服务757天；区级医院在社区卫生服务中心开设专家门诊5个，43%中级以上医师下社区272天；130名医师登记多点执业。

区人民医院基药使用比例达62.76%；区精神病院按照专科医院要求基药配备比例达到72%。区属24家公立医疗机构药品采购全部纳入温州市公立医院药品采购联合体统一采购。区人民医院和区精神病院3个病种试点临床路径，全年共入径644例，入径病人治疗费用下降一半。推进医疗保险按病种付费改革，试点老年性白内障按病种结算共735例。

【全科医师签约服务】 2016年，鹿城区实行“1+X+1”的团队签约模式（全科医师、社区责任医师团队、上级医院专家），加强微信平台互动，用爱心接诊各类与患者。首创“健康管家”手机APP签约服务平台，被市卫计委列为创新项目。莲池社区和南浦社区创成市级责任医生签约服务示范点。全年规范签约达152830人，规范签约率20.46%。

【社会资本办医改革】 2016年，鹿城区新增鹿城口腔医院、温州国医馆2个社会资本办医项目；温州康宁医院（民办）改扩建项目结顶，实际完成投资额10547万元。

【中医药事业】 2016年，鹿城区加强南塘中医药特色街区建设，建立“三优”工作机制。投入90万元用于中医药服务能力提升工程。基层医疗机构中医药综合诊疗区设置率达100%。开展中医责任医师签约服务试点工作，65岁以上老年人和0—36个月儿童中医药健康服务率均达40%以上。

卫生应急

【概况】 2016年，区卫计局完善重点急性传染病、食物中毒、自然灾害和不明原因群体性疾病等专项预案共22个，合理调整4支区级卫生应急机动队人员，开展“严重精神障碍患者肇事肇祸应急处置演练”等综合卫生应急演练。应急指挥决策系统实现全区覆盖，建立一级联动单位24小时值班制度，调查处置各类聚集性疫情150起。进一步完善院前急救体系建设，筹备建设鹿城区双临社区“120”急救分站；双屿120急救分站增设夜班。

【医疗保障】 2016年，鹿城区卫生系统平安护航G20杭州峰会，深入开展矛盾纠纷排查化解，做好重点信访对象稳控；在抗台救灾等紧急事件中，快速反应，全力以赴做好医疗卫生救援工作；承担两会、除夕夜、拆违及各类大型活动医疗保障32次。

疾病控制

【概况】 2016年，区疾控中心获中国健康科普大赛（浙江疾控赛区）微图文奖三等奖。11月3日，鹿城区作为全国第一批试点单位（全国共4家），正式启动“中盖结核病项目三期应用电子药盒进行肺结核患者治疗管理社区随机试验暨CRT项目”。

【传染病防控】 2016年，鹿城区共报告法定传染病20种6913例，无甲类传染病报告；乙类传染病共报告15种2115例；丙类传染病共报告5种4798例。传染病年发病率为534.48/10万，比2015年上升36.50%。发病数排名前5位的分别为：手足口病、肺结核、病毒性肝炎、梅毒、淋病。传染病发病高峰为6月，占全年发病人数19.86%；发病数最多的区域为双屿街道，共1103例，占总发病数15.96%；发病人数最多的年龄段为0—4岁组，共3864例，占总发病数55.89%；发病人群以散居儿童为主，占48.37%，其次是幼托儿童占16.14%。各类传染病报告死亡7例（艾滋病4例、肺结核3例），死亡率为0.54/10万。

【结核病防控】 2016年，鹿城区共报告确诊登记活动性肺结核患者700例，登记率51.67/10万。登记满一年转归的活动性肺结核患者共736例，治疗成功（涂阳患者治愈+涂阴患者完成疗程）680例，治疗成功率92.39%；系统管理719例，系统管理率97.70%。共报告学校肺结核病例32例。共筛查密切接触者1159人。

【艾滋病防控】 2016年，鹿城区艾滋病抗体检测46.8万人，自愿咨询检测2048人，重点人群（外来婚嫁女、外来务工人员、外出返乡者、暗娼人群、男男性行为者、监管场所羁押人员、性病就诊者、男性老年人）艾滋病筛查18万人次，完成三类人群（暗娼人群、男男性行为者、孕产妇）艾滋病哨点监测1200人次，开展暗娼、同性恋、吸毒等高危人群干预工作。至年底，全区检测艾滋病抗体医疗机构点达50家（艾滋病确认实验室1家、HIV初筛实验室15家、快速检测点34家）。

【免疫规划】 2016年，鹿城区各类常规疫苗免疫接种率均达到国家要求，乙肝疫苗、卡介苗、脊灰疫苗、百白破疫苗、麻风疫苗、麻腮风疫苗加强、流脑疫苗、乙脑疫苗、甲肝疫苗等接种率均达99%以上。疑似预防接种异常反应监测全年共报告79例，及时报告率、调查处理率、个案完整率均达100%。对80所小学和141所幼托机构查验预防接种证23690人，查验率100%，补种后免疫规划疫苗全程接种率分别为98.95%、95.44%。

【农村饮用水监测】 2016年，区卫计局对藤桥、山福镇和仰义街道的集中和分散式农村生活饮用水进行监测，共采集190份样品，20项指标均合格的有19份，合格率11.18%。于丰水期、枯水期对城市生活饮用水进行监测，共采集出厂水、二次供水、末梢水水样共40份，合格率为97.5%。

【碘缺乏病监测】 2016年，鹿城区居民食用盐检测碘盐覆盖率为95.67%，合格碘盐食用率为84.67%。对5所小学200名学生进行碘缺乏病病情监测，发现甲状腺肿大率6%，尿碘中位数153.9微克/升，尿碘水平低于50微克/升的比例为1%。抽检孕妇尿样、盐样各100份，尿碘中位数161.8微克/升，盐碘中位数为23.1微克/升。

【死因、慢性病监测】 2016年，鹿城区开展死亡及四种慢性非传染性监测，共报告死亡4121例，慢性病12063例，其中糖尿病5492例、脑卒中2434例、肿瘤3629例、冠心病急性事件508例。全区高血压登记率、规范化管理率、控制率分别为48.62%、62.98%、54.90%，糖尿病登记率、规范化管理率、控制率分别为62.48%、62.91%、52.32%。年内完成社区诊断、死因及慢性病漏报调查、肿瘤登记、居民漏报调查、甲状腺癌报告质量与危险因素调查等工作。

【健康监测】 2016年，鹿城区从业人员体检40205人，五病（伤寒、痢疾、病毒性肝炎等消化道传染病、活动性肺结核、化脓性或渗出性皮肤病）调离571人。

【食品安全风险监测】 2016年，鹿城区食品安全风险监测共采集样品1314份，涵盖18个大类食品和1个大类食品包装材料共计48个品种，样品监测超标率18.87%。其中，存在较大风险隐患的食品有薯片虾条、蜜饯凉果、温州锡饼。薯片虾条监测15份样品，15份样品铝均超标，超标率100%；蜜饯凉果监测21份样品，共14份样品超标，超标率66.67%，其中，甜蜜素超标7份，糖精钠超标1份，甜蜜素与糖精钠均超标6份；温州锡饼监测10份样品，10份样品均超标，超标率100%，其中1份样品检出金黄色葡萄球菌，9份样品为菌落总数超标。

2016年鹿城区甲、乙类传染病发病、死亡情况统计分析

表21

疾病病种	2016年发病数	2016年发病率1/10万	2016年死亡数	2016年死亡数	2016年发病数	2016年发病率1/10万	发病率增减%
合计	2115	163.523	7	0.5412	2303	176.7434	−7.48
鼠疫	—	—	—	—	—	—	—
霍乱	—	—	—	—	—	—	—
传染性非典	—	—	—	—	—	—	—
艾滋病	39	3.0153	4	0.3093	33	2.5326	18.1818
H I V	56	4.3297	1	0.0773	66	5.0652	−15.1515
肝炎	540	41.7506	—	—	497	38.1422	8.6519
甲肝	14	1.0824	—	—	10	0.7674	40
乙肝	104	8.0408	—	—	134	10.2838	−22.3881
丙肝	270	20.8753	—	—	209	16.0397	29.1866
丁肝	—	—	—	—	—	—	—
戊肝	30	2.3195	—	—	19	1.4582	57.8947
肝炎（未分型）	122	9.4325	—	—	125	9.5931	−2.4
脊灰	—	—	—	—	—	—	—
人感染高致病性禽流感	—	—	—	—	—	—	—
麻疹	3	0.2319	—	—	12	0.9209	—75
出血热	2	0.1546	—	—	—	—	—
狂犬病	—	—	—	—	—	—	—

续表21

疾病病种	2016年发病数	2016年发病率1/10万	2016年死亡数	2016年死亡数	2016年发病数	2016年发病率1/10万	发病率增减%
乙脑	—	—	—	—	1	0.0767	-100
登革热	1	0.0773	—	—	1	0.0767	0
炭疽	—	—	—	—	—	—	—
肺炭疽	—	—	—	—	—	—	—
皮肤炭疽	—	—	—	—	—	—	—
炭疽（未分型）	—	—	—	—	—	—	—
痢疾	3	0.2319	—	—	6	0.4605	—50
细菌性痢疾	3	0.2319	—	—	6	0.4605	—50
阿米巴性痢疾	—	—	—	—	—	—	—
肺结核	787	60.8476	3	0.2319	782	60.0145	0.6394
涂（+）	230	17.7826	2	0.1546	280	21.4886	-17.8571
菌（—）	515	39.8177	1	0.0773	468	35.9166	10.0427
未痰检	14	1.0824	—	—	25	1.9186	-44
仅培阳	28	2.1648	—	—	9	0.6907	211.1111
伤寒+副伤寒	27	2.0875	—	—	26	1.9954	3.8462
伤寒	24	1.8556	—	—	26	1.9954	-7.6923
副伤寒	3	0.2319	—	—	—	—	—
流脑	—	—	—	—	1	0.0767	—100
百日咳	3	0.2319	—	—	7	0.5372	-57.1429
白喉	—	—	—	—	—	—	—
新生儿破伤风	—	—	—	—	—	—	—
猩红热	90	6.9584	—	—	122	9.3629	-26.2295
布病	2	0.1546	—	—	—	—	—
淋病	172	13.2983	—	—	181	13.8908	-4.9724
梅毒	442	34.1736	—	—	628	48.1958	-29.6178
Ⅰ期梅毒	25	1.9329	—	—	78	5.9861	-67.9487
Ⅱ期梅毒	55	4.2524	—	—	35	2.6861	57.1429
III期梅毒	2	0.1546	—	—	4	0.307	-50
胎传梅毒	—	—	—	—	—	—	—
隐性梅毒	360	27.8337	—	—	511	39.2166	-29.5499
钩体病	—	—	—	—	—	—	—
血吸虫病	—	—	—	—	—	—	—
疟疾	3	0.2319	—	—	6	0.4605	-50
间日疟	2	0.1546	—	—	1	0.0767	100
恶性疟	1	0.0773	—	—	5	0.3837	-80

续表21

疾病病种	2016年发病数	2016年发病率1/10万	2016年死亡数	2016年死亡数	2016年发病数	2016年发病率1/10万	发病率增减%
疟疾（未分型）	—	—	—	—	—	—	—
人感染H7N9禽流感	1	0.0773	—	—	—	—	—

2016年鹿城区丙类传染病发病、死亡情况统计分析

表22

疾病病种	2016年发病数	2016年发病率1/10万	2016年死亡数	2016年发病率1/10万	2016年发病数	2016年发病率1/10万	发病率增减%
合计	4798	370.9614	—	—	2799	214.8088	72.6938
流行性感冒	78	6.0306	—	—	78	5.9861	0
流行性腮腺炎	127	9.8191	—	—	156	11.9722	-18.5897
风疹	—	—	—	—	4	0.307	-100
急性出血性结膜炎	66	5.1028	—	—	59	4.5279	11.8644
麻风病	—	—	—	—	—	—	—
斑疹伤寒	—	—	—	—	1	0.0767	-100
黑热病	—	—	—	—	—	—	—
包虫病	—	—	—	—	—	—	—
丝虫病	—	—	—	—	—	—	—
其他感染性腹泻病	65	5.0255	—	—	102	7.828	-36.2745
手足口病	4462	344.9833	—	—	2399	184.1109	85.9942

卫生监督

【概况】 2016年，鹿城区共接到投诉举报158件，及时处置率100%。出动执法人员14300人次，检查相关单位9800余户次，立案208起，结案248起，罚款132.1万元，没收违法所得7.58万元，警告152户次，吊证2户，移送公安及其他部门追责10人。办理公共场所卫生许可证531件。9家社区卫计服务中心创成市级卫生监督协管示范点，协管示范点创建率达100%。制作《无烟多精彩》宣传微电影。卫生监督工作考核名列全市第一位，2个案件被评为全市卫生监督优秀执法案件。区卫生监督所被评为温州市第五次学法用法示范基层站所，创成市级青年文明号站所，2个微课获全省卫生计生监督微课比赛三等奖、国家鼓励奖。

【互联网+卫生监督】 2016年，区卫计局配置20台“警翼”前端执法记录仪，在全市率先实施公共场所卫生行政执法全过程记录。全年共9个公共场所行政处罚案件启用全过程记录。在3家集中餐饮具消毒企业、33家医疗机构的输液室、化验室、医疗废物暂存间等重点场所安装在线监督设备，实现动态监控。为执法人员配备移动执法手持终端、蓝牙连接便携式打印机，现场完成执法文书的制作，提高执法效率。启用公共场所信息公示平台，在游泳场所、星级宾馆等公共场所推广二维码信息公示。

【医疗机构监管】 2016年，区卫计局开展打击非法制售和使用注射用透明质酸钠行为专项行动、疫苗流通和预防接种管理情况专项检查、医疗安全和消防安全、医疗机构依法执业等专项监督检查。全年取缔无证诊所71家次，其中立案46家次，累计处罚34.8万元，移送公安追责10人。

【公共场所卫生监管】 2016年，鹿城区住宿场所、游泳场所、沐浴场所、美容美发等场所量化分级率分别为100%、100%、73.5%、66%。对120家卫生示范店实施全年12分的不良执业记分管理，对其中116家给予不良记分。

【学校卫生监管】 2016年，区卫计局开展学校水质、教室微小气候、教学环境全面监测。全年共监督检查学校121家，监督覆盖率100%。

【放射卫生监管】 2016年，鹿城区完成放射诊疗建设项目职业病危害防护设施竣工验收71家次，合格率达95%以上。

【餐饮具集中消毒监管】 2016年，区卫计局对辖区内3家餐饮具集中消毒单位开展专项整治工作。经整治，3家单位消毒效果监测均为合格。年内未发现无证餐饮具集中消毒企业。

【饮用水卫生监管】 2016年，区卫计局开展居民生活区、学校、酒店等单位二次供水专项监督，检查15家，检验结果全部合格。对温州市七都供水有限公司开展监督检查并量化分级评分。在南汇街道南塘社区、七都街道吟州村、五马街道墨池社区开展每月一次居民生活饮用水水质现场快速检测，并在社区公示检测结果。

妇幼保健

【概况】 2016年，鹿城区切实提升妇幼保健计划生育水平，全面实施妇幼保健均等化服务，推进重大公共卫生妇幼项目，提高出生人口素质，降低孕产妇和儿童死亡率。

【孕产妇管理】 2016年，鹿城区建成妇保规范化门诊20家，建设率90.90%。全区共有产妇人数33874人，其中户籍孕产妇6009人。孕产妇产前筛查30899人，筛查率91.21%；住院分娩率100%。上报重症高危孕产妇674例，高危孕产妇管理率100%，住院分娩率100%，全年孕产妇零死亡。

【儿童保健】 2016年，鹿城区高危儿管理率100%，营养性疾病儿童管理率100%。新生儿疾病筛查35665人，筛查率103.4%，新生儿听力筛查34319人，筛查率99.48%。全区户籍婴儿死亡率0.99‰，5岁以下儿童死亡率1.97‰；0—3岁儿童系统管理率95.84%，7岁以下儿童健康管理率97.12%。

【婚前医学检查】 2016年，鹿城区继续加强“婚姻登记、免费婚前医学检查、免费孕前优生检查”服务模式，婚前医学检查实检7683人，婚检率达92.63%。

【重大公共卫生服务妇幼项目】 2016年，鹿城区孕产妇艾滋病、梅毒、乙肝检测率均达100%。继续加强孕产妇住院分娩补助、增补叶酸预防神经管缺陷、农村孕产妇住院分娩补助等工作，做好育龄待孕妇女的叶酸增补“多点发放”工作。实施“妇女健康促进工程”，扩大城乡妇女两年一次的常见妇科疾病检查和乳腺癌、宫颈癌免费检查范围，提高检查质量，并对检查出疾病的患者进行及时治疗，对农村贫困患者实施医疗救助。农村孕产妇住院分娩补助1076例，增补叶酸预防神经管缺陷1696例，宫颈癌检查4503例，乳腺癌检查2913例，任务完成率均超过100%。

【出生医学证明】 2016年，鹿城区18家签发单位全面使用区域妇幼网络系统进行出生医学证明发放管理和出生信息网络直报。全区活产数33716人，出生医学证明签发数35783人，当年出生当年签发率达90.79%。

【托幼机构保健管理】 2016年，鹿城区共有托幼园所140家，均达到托幼机构卫生保健合格标准。完成新生入园体检12584人，体检率100%；保教人员体检3892人，体检率100%。

精神卫生

【概况】 2016年，鹿城区制定出台《关于加强重性精神障碍患者肇事肇祸行为预防处置工作的实施意见》。成立由社区干部、监护人、民警、责任医生组成的4人关爱帮扶管控小组187个，落实排查摸底、建档立卡，精神疾病患者普查覆盖率100%。落实强制住院治疗或社区分级管理，防止肇事肇祸事件发生。至年底，全区重性精神病人报告患病率3.83‰，管理率97.37%，规律服药率73.31%，稳定率99.04%。全年为贫困精神病人免费送药、体检、住院治疗5795人次，金额达657.7万。

计划生育

【概况】 2016年，鹿城区平稳实施全面两孩政策，全面推行生育登记制度。坚持“计划生育三不变”，严格落实“一票否决”制，年内，共审核286个批次，涉及1633个集体、12000多人，累计否决20个单位和135个人。全区14个街镇均设立“卫生和计划生育办公室”，充分发挥103个基层“大网格”一线管理作用。完成区级计生协会“三定”，11家企业和5个社区计生协会创成“百村百企”示范点。落实计划生育家庭奖励和扶助，加强计生特殊家庭扶助关怀和稳控，全区累计受益人群5993人，发放金额2800余万。加强出生人口性别比综合治理，成立打击“两非”重案组，查处“两非”案件7起。实施贫困计生家庭生殖健康免费体检服务项目，计划3年时间每年免费体检1000人。

【计生家庭发展】 2016年，鹿城区实施以增进计生关爱、促进家庭幸福活动为载体的新家庭计划项目，开展新家庭计划活动共计1258场次，惠及人数58802人。五马街道“向阳村”计生特殊家庭关爱项目和蒲鞋市青园社区“家庭发展能力建设”项目成为全市三家“新家庭计划项目”示范点中的两家。

【“三优”服务】 2016年，区卫计局抓好网络建设，强化服务意识，针对新婚、怀孕、0—3岁抚养人开展“三优”宣教活动290场，制作宣传品30多万份。独立开设区级“三优”门户网站。洪殿和广化社区卫生服务中心创成“三优”省级示范点。

【优生优育】 2016年，区卫计局实施出生缺陷干预工程，开展免费孕前优生系列服务，提高出生人口素质。开展“优孕、优生、优育”和“祝您好孕”活动与再生育专家门诊。开展一年两次生殖健康服务。全年完成计划生育门诊1826人。国免共检查2564人，国免检查覆盖率为90.92%，优生优育咨询1282人，高风险跟踪随访414人，高风险跟踪随访率100%。

【计生药具管理】 2016年，区卫计局拓宽“多渠道、全方位、开放式、全覆盖、保畅通”的服务模式。免费药具发放网点增至295个，免费药具自动发放机共16台，达到20分钟内提供免费药具发放服务。全年发放免费避孕药具28万份。免费计划生育避孕药具获得率85%，随访率98%，已婚育龄妇女避孕节育知识知晓率91%。全年无避孕药具不良反应报告。

爱国卫生

【概况】 2016年，区政府印发《关于进一步加强新时期爱国卫生工作的实施意见》，发动干部群众4万余人次开展环境整治，创成高标准示范路12条，8月，顺利通过“国卫巩固”省级综合暗访评估。

【基础创建】 2016年，鹿城区创成省级卫生街道3个、市级卫生街道1个、市级卫生镇1个；通过省级卫生街道复评1个、市级卫生街道复评1个。创成省级卫生村1个、市级卫生村4个。创成市级无烟单位15家。创成市级卫生单位43个。创成区级健康社区18个、健康单位3家、健康食堂3家、健康餐厅3家、健康步道1条。创成浙江省健康促进学校（银牌）2所、（铜牌）7所。

【健康教育】 2016年，鹿城区开展各类健康讲座877场，累计受益人数53565人；健康教育宣传栏出刊1740期。开展系列国卫巩固宣传活动16场，发放各类宣传资料4万余份。全面发动各单位、沿街商铺、大型广告LED电子屏全天候进行爱国卫生滚动宣传，并在市区130辆运营公交车的LED以每天224频次发布巩固国卫宣传标语。举办第29个世界无烟日大型控烟宣传活动。

【除“四害”】 2016年，鹿城区开展鼠密度、伊蚊监测工作，进行全民灭蚊灭鼠大型宣传活动，开展全区春秋季灭鼠、夏季灭蟑、4月—11月外环境灭蚊蝇等活动。松台街道桂柑社区创成“除四害”精品社区。

（刘春光、曾丽享）

责任编辑　戴增荣

2016年鹿城区户籍人口情况

表23

指标名称	单位	2016年	2015年	2016年比2015年±
一、年末总户数	户	251760	247271	4489
二、年末总人口	人	757678	746992	10686
（一）按性别分				

续表23

指标名称	单位	2016年	2015年	2016年比2015年±
1.男性	人	374613	370042	4571
2.女性	人	383065	376950	6115
（二）按户籍性质分				
1.城镇人口	人	660889	650829	10060
2.乡村人口	人	96789	96163	626
（三）按年龄分				
1.18岁以下	人	131031	125330	5701
2.18—34岁	人	156857	161514	-4657
3.35—59岁	人	310658	308222	2436
4.60岁及以上	人	159132	151926	7206
三、人口变动				
（一）出生人数	人	8423	7922	501
出生率	‰	11.20	10.63	0.56
（二）死亡人数	人	3546	4175	-629
死亡率	‰	4.71	5.60	-0.89
（三）自然增长率	‰	6.48	5.03	1.45
四、每户家庭平均人口	人/户	3.01	3.02	-0.01
五、暂住人口	人	660012	632309	27703

说明：暂住人口调查时间为2016年6月30日

社会事务

民 政

【概况】 2016年，鹿城区民政工作被浙江省民政厅评为“优秀单位”，被温州市民政局评选为“先进单位”。联合温州市民政局，经过共同努力，创成“全国双拥模范城”。五马街道成为温州市唯一一个入围“省级城乡社区治理和服务创新实验区”。G20杭州峰会前期，区民政局对全区26家养老机构进行整治排摸，取缔关停5家，提升1家，整改14家；G20杭州峰会期间，积极承担护航G20杭州峰会工作责任，建立领导分片工作制、无缝隙监督机制，发挥街镇部门协作联动和机构主体责任，切实落实“全国保浙江、浙江保杭州”的各项措施，被评选为“鹿城区在服务保障G20杭州峰会工作中先进集体”以及“维稳工作先进集体”。

【夯实基层治理】 2016年，区民政局创新大网格“六位一体”民主协商机制，72个社区通过该机制成功化解辖区内如旧村改造、城市精细化管理等中心工作中遇到的难题或矛盾纠纷344件；向街镇发放城乡社区对口见学活动结对参考范本，6月底，城乡社区对口见学活动各街镇覆盖率已达100%，累计参加831人次；参照事业单位工作人员标准开展社区专职工作者体检。开展社区专职工作者退休后医疗保险补助工作，11月底有113名社区专职工作者享受退休后医疗保险补助，累计发放补助金额155余万元。

【社会组织培育】 2016年，区民政局与温州大学签订合作协议，确定社会组织大学生创业园的目标与方向，为大学生创业园开展活动提供支撑；通过公益创投资助项目的引领展示，全区620家社会组织累计加盟264个公益项目，涵盖社会组织培育类、弱势群体帮扶类、民间文化类、环境保护类等领域。同时，全区共有88个社会组织在48个社区探索社会组织参与社区服务活动。

【社工队伍建设】 2016年，区民政局组织各类社工活动120多场次，有力地推动形成“有困难找社工”的社会氛围。新增国家中级社会工作者15名、初级31名，2人获温州市第二届“十佳”社工称号。

【社会救助】 2016年，鹿城区城乡低保对象共5211户8052人，其中，新增低保对象1088户1545人，取消低保对象212户405人；共发放低保资金4490.44万元；医疗救助6262人次，发放医疗救助资金1217.77万元；临时救助246户610人，发放救助资金85.05万元；完成残疾人两项补助审核工作，其中生活补贴3544人、护理补贴受理5421人；完成公租房家庭经济状况核对工作，共5200件；开展夏送清凉、冬送温暖活动，发放夏季清凉用品5926份；年初为低保、优抚等11类对象发放慰问金643.97万元；新建爱心驿站8家，下拨资金26万元。

【“救急难”专项基金】 2016年，区民政局与区慈善总会联合建立区级“救急难”专项基金，出台《鹿城区救急难基金使用管理办法》，截至12月底，共救助22户64人，金额9.86万元；贫困精神残疾人服用基本抗精神病药物费用全额保障共651人次，救助金额53万元。

【防灾救灾】 2016年，鹿城区避灾安置场所共计106个，可安置65450人，实现区、街道（镇）、社区（村）级避灾安置场所全覆盖，安全检测率达到100%；分发防灾减灾宣传册3000余份、宣传活动小礼品2000份；第14号超强台风“莫兰蒂”期间，为切实保障灾民的基本生活，紧急下拨救灾资金432万元，区慈善总会、市、区红十字、统战部等单位向受灾地区捐赠114.3万元，物资折款120.96万元，区民政局向受灾严重的藤桥、山福、仰义三个街镇投入生活保障物资折款20余万元。

【居家养老服务】 2016年，鹿城区新建（提升）村、社区居家养老服务照料中心27家，建立郭公山和白脚岙2个区级托老服务中心示范点，率先进行嵌入式短期托老服务。10月，委托第三方对115家正常运行的照料中心进行星级考核验收，共下拨建设补助经费400万元，运行经费336.2万元，老年人意外伤害险投保15万元。

【养老机构整治】 2016年，区民政局对存在严重隐患无法整改的5家老人公寓予以取缔，对整改的1家老人公寓予以提质，妥善安置分流所有入住老人，与各机构负责人签订年度消防安全责任书。

【儿童福利】 2016年，鹿城区社会散居孤儿总数15人，发放补助1265元/月/人；困境儿童总数71人，按社会散居孤儿标准的70%发放生活救助金。共完成0—6岁儿童抢救性康复工程项目30余例、“添翼计划”集中养育康复4例、“福彩助我行”项目10余例。

【福利企业管理模式探索】 2016年，鹿城区福利企业残疾职工月平均工资提高到2627元，并享有养老、医疗、工伤、失业保险，参保率达100%，人均投保额1098元。区民政局向企业发放安全生产资料60余份；“全国助残日”期间，慰问企业福利员工并送上慰问品，开展福企员工职业道德培训。

【双拥优抚】 2016年，区民政局开展拥军优属慰问，送上慰问物资和慰问金323.92万元；开展退伍兵就业前职业技能培训工作，148人参加创业学习班，共投入培训经费和学员生活补贴51.46万元，告知率达100%；12月，完成9名转业士官的安置工作；开展“警营认亲”“军民共建示范一条街”等活动。鹿城区革命烈士管志彦的妈妈罗小双获2015年度《中国双拥》年度人物入围奖。

【政府购买服务】 2016年，政府购买优抚服务方面，鹿城区14个街镇根据自身条件和特色开展了多种优抚购买服务尝试。钱江养老服务中心、温州佳和长者健康服务公司等13家社会组织参与服务，投入购买服务资金达1.86万元，服务人数148人。全年，鹿城区共有73个社区进行试点，每月服务活动一次，受服务的优抚对象计450余人，涵盖了100%的60岁以上重点优抚对象。政府购买养老服务方面，5月，浙江元墅养老服务有限公司、杭州钱江养老服务中心、温州佳和健康服务股份有限公司三家企业中标，于6月开展服务工作，落实经费204万元。按照老年人总数2.3%的比例，政府购买服务对象达到3319人。下发《关于加强政府购买养老服务的通知》，实行服务团队备案制，规范街镇对服务企业的日常监督和管理，12月委托第三方对政府购买服务进行质量评估。

【老年优待】 2016年，鹿城区60周岁以上老年人口15.73万人，占全区总人口19.86%。区民政局为2301名60周岁以上老人和4586名70周岁以上老人办理优待证、为2727名90—99周岁和38名100周岁以上老人发放高龄生活补贴；老年电大共招收学员1万余人次。

【养老机构整治】 2016年，鹿城区新增养老机构床位数538张。藤桥敬老院通过整治，完成了危房改造，达到消防安全技术要求；区民政局与各机构负责人签订2016年度消防安全责任书。同时在6月，启动存量内养老机构消防安全整治工作，以街镇网格为着力点不定期组织人员对养老机构进行普查和抽查，对存在安全隐患的养老机构发放整改通知书，整改率达90%以上。对存在严重隐患无法整改的满堂红、乐万佳、蒲鞋市顺福、蒲鞋市红景天等老人公寓予以取缔，并妥善安置分流所有入住老人。

【宣教维稳】 2016年，区民政局开展“和谐新春、与法同行”、全国第八个“防灾减灾日”、区第三届“公益节”等专项法制宣传活动；上报备案行政规范性文件4件、承担办理行政应诉案件2件；成立G20杭州峰会民政工作领导小组，制定G20杭州峰会民政工作方案，积极参与G20杭州峰会社会矛盾纠纷排查调处和反邪教工作；护航G20杭州峰会期间，落实G20维稳工作信息报送制度，着重做好移民、涉军群体稳控工作，做好社会稳定风险评估重点项目报备工作。

【生态文明建设】 2016年，发布《关于推行节地生态安葬的实施意见》文件。鹿城区报名参加海葬和树葬活动有13人，其中2人已在基安山公墓入葬，这2位丧户受到2500元/人的奖励；禁新改旧巡查36次，全区及时查获新建翻修私坟290座并给予及时治理，新建翻修私坟量同比下降50%，共计治理私坟731座；确定在藤桥镇上桥村营盘山水坦和直坑附近区域建设“九龙生态园”，项目占山地687平方米，其中陵园占地668亩、景观占地662亩，建成6.8万对墓穴，总投资约2.7亿元，建成“温州孝道文化公园”。此外，确定山福镇选岙村岙底潭建设骨灰堂，骨灰堂项目占地面积1867平方米，建筑面积920平方米。上门丧事管理1674户，凌晨管理32次，对444户出殡进行现场监管，发出限期整改书8份，其中1户登报检讨、2户书面检讨。殡葬惠民方面，救助低保对象5人、五保户1人。实行货币救助，低保户2500元/户、五保户5000元/户，合计救助款1.25万；另外2人实行墓穴救助，由公墓提供免费墓穴予以安葬。

【地名整顿】 2016年，鹿城区在原有地名属性基础上增加251条地名，普查各类地名3680条；在人民路和双屿街道进行路名牌亮丽工程社会化改造试点工作；拟定对主干道、次干道以及背街小巷实施路名牌改造，根据路面宽度分别设置了三种牌面的路名牌；联合相关部门完成第一批鹿城区地名文化遗产申报工作；出版1000份《鹿城区行政区划图》和500份《鹿城区社区分布图》。地名志通过财政招投标平台被温州大学中标，完成修编地名志地名录第1稿；命名建筑物38个；命名道路6条、设置路牌65块、门牌1502块、弄牌3块、楼幢牌160块；完成浙江省地名词典编纂下发的第一批目录；协与各街镇将使用了几十年的纸质门牌登记表全部转换成电子档门牌登记表。

【婚姻、收养登记】 2016年，鹿城区合计办理婚姻登记7267件，其中结婚登记4697件、离婚登记1486件、婚姻证件补发1084件、档案查询3570件。补录新中国成立以来遗留婚姻登记数据248221条。

【福彩公益事业】 2016年，“中福在线”营业厅筹集福利彩票公益金达5061.82万元，销售量居全市第一。9月，开展为期1个月的彩民送油卡反馈活动，送出8000张共计8万元。10月，营业厅参与了“福彩暖万家——福彩投注站爱心接力”系列公益活动，为辖区双莲桥社区2户困难群众向省福彩中心申请救助金。

移　民

【移民扶持】 2016年，鹿城区安排中央及地方水库移民扶持基金845.08万元，共实施项目24个，（含2016年度5个，2015年度12个，历年结转7个），截至12月30日，未开工5个、开工10个、完工4个、验收5个。

【化解难题】 2016年，对于移民反映的实际问题，尽力化解和消除矛盾，确保全年无移民越级上访。双屿街道城中村改造中涉及珊溪水利工程自谋出路移民138户，其中有1/3左右的移民没有办理房屋产权证，双屿在签约过程中涉及移民时阻力很大，无法推进。移民办根据移民提出的意见以及结合有关政策规定，并经过多次协调对接，于9月区政府召开专题会议，出台针对双屿自谋出路移民城中村改造的专门政策，并于11月成功与牛岭一期7户移民签订拆迁协议。

（王秋燕）

人事劳动

【概况】 2016年底，鹿城区有公务员（含参公人员）3577名，其中区级机关（含街镇机关）2899人、参照公务员管理事业单位（包括群团机关）工作人员678人。全区事业单位人员7390人，其中管理人员1548人、专业技术人员5522人、工勤技能人员320人。鹿城区率全市之先，建立企业欠薪三色预警信息平台（鹿城劳动保障监察预警平台），实现对企业欠薪防范的信息化、常

2016年5月8日，由区民政局等部门联合举办的鹿城区第三届公益节在白鹿洲公园举行
区民政局 供稿

态化管控。鹿城区劳动人事争议仲裁委获评2016年度浙江省劳动人事争议案件处理工作优秀单位。

【人才队伍建设】 2016年，温州英磁新能源科技有限公司、温州博超生物科技有限公司、温州康宁医院、星际控股集团有限公司、温州中津先进科技研究院和温州市红太阳设计创意园有限公司6家鹿城区企业，共8个项目成功入选“引进国（境）外专家智力资助项目”，较2015年同期增加166.7%，总资助额达40万元，创历年新高。温州造梦科技、巨一集团、温州开元集团、星际控股集团4家有限公司和温州康宁医院股份有限公司的6位专家成功入选温州市“海外工程师”资助项目，较2015年同期增加100%，总资助额达85万元，创历年新高。2016年度温州市“551人才工程”培养人员选拔，鹿城区共有9位专家入围，其中，张璐、李西、惠李、罗胜耘、项朝晖、谢明辉、江先志7人入围第二层次培养对象，陈天聪、孙志2人入围第三层次培养对象。

【公务员管理】 2016年，区人力资源和社会保障局共办理公务员转任手续70人，其中，区外调入11人，调出区外13人，区内流动46人。起草人事任免文件16份，其中，提请区人大人事任免议案7份、人事任免通知9份。完成职级晋升审批124人，其中，33人晋升正科级，91人晋升副科级。办理2016年度公务员转正手续54人、公务员登记45人、公务员任职54人。完成2016年公务员考录工作，30名公务员进岗到位。全区10家单位向全市公开选调公务员23名， 完成3人公开选调。完成4名营职以下军转干部安置和3名随军家属安置工作。制定出台《关于进一步加强鹿城区公务员平时考核工作的实施意见（试行）》（温鹿人社〔2016〕43号）。发放公务员平时考核日志3000本。完成初任培训报名78人，离岗培训1人及公务员更新知识培训报名（共7门课程，282人报名参训），女子学堂课程报名（共3门课程，169人报名参训）。全年网络学堂3248人参加培训，完成率99.75%。

【事业单位人事管理】 2016年，区人力资源和社会保障局公开招聘（选调）事业单位164人。完成全区事业单位7527名工作人员（含机关工勤人员）年度考核，其中，优秀1193人、合格6054人、基本合格14人、不合格3人、未定等次263人。审核办理事业单位工作人员录用手续173人，其中，转业士官安置11名、定向培养基层农技人员2名。审核办理调动手续724人次，其中区外调动78人次、区内调动646人次（含街道、乡镇整建制划转472人次）。审核办理借用备案16人次，在编不在岗备案46人次（含病假报备43人次），解除聘用关系备案53人次。会同区教育局对全区68所中小学、幼儿园的专业技术岗位结构比例进行调整，适当提高了各类学校的中高级比例。职技校专业技术高、中、初级岗位结构比例由30：37：33调整为40：45：15；初中由24：47：29调整为30：55：15；小学由6：51：43调整为10：65：25；幼儿园由3：54：43调整为5：60：35。

【工资福利和退休管理】 2016年，区人力资源和社会保障局上线工资统发综合管理信息系统，通过优化“互联网+政务服务”工作流程，使工资业务审批流程由最多4个环节缩减到1个环节或“零审批”，审批时限由3天缩减为30分钟，审批提速90%以上。全年共办理八级职员申报审核71人；办理退休172人；完成工龄认定172人；受理机关技师聘任评审申报22人；办理机关单位工作人员职务晋升713人次；警衔标准调整1220人次；年度级别档次晋升2900余人次；完成事业单位工作人员职务晋升1495人次，转正定级16人次，转岗46人。完成机关单位统发共计42913人次，金额共计4.3亿元。完成教育系统事业人员统发共计50213人次，金额共计3.3亿元。完成全区机关单位工资标准调整3550人次；事业单位工资标准调整8025人次。

【劳动监察】 2016年，区人力资源和社会保障局共受理投诉举报案件2141件，涉及人数8874人，为劳动者追回劳动报酬等共计7717.39万元。其中，群体性欠薪案件198件，涉及人数5902人，涉及金额5332.47万元。拒不支付劳动报酬案件移送公安25起，公安部门立案15起。完成省长信箱、市长热线、区长热线及区信访局、市支队等交办的163件劳动监察信访件的调查处理及答复工作。完成处置区110社会应急联动平台交办的719件应急联动案件。主动检查用人单位8021家，出动工作人员14438人次，涉及劳动者人数144378人。完成行政处罚案件44起，处罚金额55.45万元。完成劳动保障书面审查15147家，超额完成26%。

【劳动仲裁】 2016年， 区人力资源和社会保障局共受理案件

1046件，结案953件，一裁终局率57.27%，结案率91.11%，调解率76.18%。区劳动人事争议仲裁院开设社区仲裁巡回庭，服务基层；建立调解委员会，化解劳资矛盾，支持企业发展；为申请援助的农民工提供“一站式”服务。

【工伤认定】 2016年，区人力资源和社会保障局共处理工伤认定申请案件984件，其中，受理977件、不予受理7件。受理的案件中，认定791件、调解141件、撤回申请9件。全年共接到工伤案件行政诉讼5件。完成劳务派遣行政许可审批6家、地址或法定代表人变更审批5家、延续审批2家、特殊工时审批7件。完成2016年度劳动力市场工资指导价位和薪酬调查工作，共计调查180家用人单位。

【技能培训】 2016年，区人力资源和社会保障局完成高技能人才培养711人，完成率109.83%；高技能人才发证560本，完成率112%；自主评价企业60家，完成率120%。劳动者技能提升培训1305人，完成率107.55%；建立电子商务创业培训基地2家，培训1022人，成功560人，成功创业率达70%；农村劳动力转移培训100人，完成率100%。

【培训基地挂牌成立】 2016年12月22日 鹿城区首批电子商务创业培训基地在梦幻职业技能培训学校和众博职业技能培训学校挂牌成立。2家创业培训基地建筑面积共计1186平方米，主要针对农村转移劳动力、未就业毕业生和进城务工人员开展创业就业技能培训，年培训人员达1500人。

社会保险

【概况】 2016年，鹿城区养老保险参保企业19343家，事业单位422家，养老保险参保人数358307人，增28058人，完成率255.07%；参加职工基本医疗保险企业18342家，医疗参保人数（包括城乡居民医疗）428162人，增11667人，完成率353.55%；参加工伤保险282300人，增4381人，完成率153.72%；参加失业保险141603人，新增2530人，完成率110%。单位欠缴社保费清费、各险种缴费共收缴23599笔，金额23728万元；各险种待遇支付22573笔，金额33056万元。办理工伤保险待遇支付业务964笔，支付金额2055万元；生育保险待遇支付业务4219笔，支付金额4103万元。10月12日区社会保险管理中心获全国人社系统2014—2016年度优质服务窗口。

【养老保险】 2016年，鹿城企业养老支付3186笔、支付金额1367万元；机关事业养老支付105笔，支付金额159万元；城乡居民养老支付3725笔，支付金额722万元；工伤保险支付993笔，支付金额2098万元；生育保险支付4164笔，支付金额3987万元；城镇职工养老保险异地转移2718笔，金额3436万元。各种原因的基金退费287笔，支付金额133万元。并追回被征地生活保障、城乡居民养老待遇247笔，金额共计5万元。

【医疗保险】 2016年，鹿城区城乡居民基本医疗保险参保总人数230095人，参保人数同比2015年净增1333人，其中，新农合参保人数125073人，参合率达99%以上；城镇居民参保人数34742人；未成年人参保人数63911人；大学生参保人数6369人。办理辖区特殊病和慢性病申请742笔、异地安置180笔、转外登记694笔、白名单进入7320笔、个人清算2153笔。医疗基金支付包括146家医疗机构的职工基本医疗费15074万元、子女统筹医疗费124万元、城乡居民医疗费2404万元、城乡居民医疗零星银行卡代发支付2279笔，金额为1674万元；市民卡代发城镇职工基本医疗支付3077笔，金额为1498万元；城镇职工基本医疗异地转移1792笔，金额为380万。继续针对“赫赛汀”“易瑞沙”等15种药品相关费用进行审核计算，完成大病保险报销工作，对15种高值药品进行补差，支付金额164.79万元。

【创业就业】 2016年，鹿城区城镇新增就业20722人，失业人员实现再就业3730人，就业困难人员实现就业1957人。领取失业保险金15961人次，领取失业金增加1748人，失业保险金支出2081.03万元。享受医疗保险补助15950人次，医疗补助金支出627.45万元。失业保险新增参保人数2530人，完成年任务110.00%，城镇登记失业率1.36%，保持零就业家庭动态归零。办理境外人员就业许可企业21家及外国人就业证23人、延期47人、注销16人。受理市区小微企业招用毕业2年内高校毕业生社保补贴7家单位，共8人，发放金额67646.8元。给予鹿城区4家社区就业援助基地拨款17万元。

【综合服务中心成立启动】 2016年12月16 日，区人力社保局综合服务中心在仰义街道办事处正式建成启用，办公面积225平方米。为年内双屿、丰门等5个街镇和鞋都产业园区、轻工产业园区的7200多家社保参保企业和57.6万名参保群众办理23项社保业务。

（林孝真）

新居民服务管理

【概况】 2016年底，鹿城区新居民登记在册602423人（具体见表24），比2015年减少14.99%。其中，处于25—49岁的新居民占19.60%，初中及以下学历的新居民占87.56%，比2015年下降0.23%，研究生以上512人，博士学历168人。

2016年鹿城区暂住（新居民）人口情况

表24　　单位：人

指标名称	总计		
		男	女
总 计	660012	377482	282530
一、务工	627494	360852	266642
二、务农	332	186	146
三、经商	7127	4169	2958
四、服务	5872	2145	3727
五、就读	6230	3353	2877
六、治病疗养	93	43	50
七、随迁学龄前子女	11448	6174	5274
八、投靠亲友	853	305	548
九、探亲访友	563	255	308

说明：暂住人口调查时间为2016年6月30日（区统计局提供）

【积分管理效果初显】 2016年，积分管理调动了新居民参与社会活动的积极性和自觉性，推进正向激励，产生了强大的社会正能量。全年，全区累计受理积分申报3188件，相关人员累计在鹿城区投资270万元，参与志愿服务9250小时、参与社区巡逻等行动400人次、捐款39万元、献血33万毫升，同时人口信息采集率显著提升，学历、技能水平信息更真实，计划生育信息查验率、出租房信息登记率、健康证办理率、在鹿社保参保率、劳动合同签订率、参加预防保健率得到明显提高。

【新居民居住意外险推广】 2016年，在鹿城区范围内推广新居民居住意外险（由企业主或房东购买20元一份的保险，新居民可享受最高10万元的人身意外赔偿和最高2000元的意外伤害医疗保障）。该项保险不仅降低用工企业管理及居住出租房安全风险，给新居民增一份保障，也一定程度上降低社会管理成本。10月10日，双屿农民自建房倒塌事故中两名遇难者家属在第一时间获赔12万。全年，全区累计办理新居民意外险2.1万份。

【信息平台利用】 2016年，鹿城区完善新居民综合信息平台功能，向基层和相关部门延伸工作，构建新居民综合平台区（部门）、街镇、网格三级网络互联互通，使包括年龄、文化程度、来源地在内的各项新居民基础信息得到共享和利用，年内开通区直部门12个、街镇14个。

【协管员队伍建设】 2016年，鹿城区结合实际制定《鹿城区新居民服务管理专职协管员规则制度》，对有关工作职责、人员进出等进行明确界定，确保协管人员在明晰的管理框架下协助做好新居民服务管理工作，定期对协管员进行业务技能、法律法规等方面的系统培训，提高其业务素质和岗位技能水平，使协管员队伍整体素质、整体形象进一步提高。同时，加强人文关怀，定期组织工作满两年的在职协管员进行体检，对生病及生活上有困难的协管员开展帮扶慰问活动，帮助解决协管员最关心、最直接、最现实的生活问题。

【鹿城区新居民服务信息网优化】 2016年，区新居民服务管理局通过

“鹿城区新居民服务信息网”发布各类信息87条，让广大新居民全面了解当前鹿城区各项重点工作的安排部署和推进落实情况，增加政府工作的透明度，同时在醒目位置设立积分申请网上自助填单窗口，方便新居民在网上自行录入积分申报相关材料，此功能既节约了新居民办理积分的等待时间，也减轻街镇积分窗口受理压力。

【新居民微信公众号建设】 2016年，区新居民服务管理局已开通的几大功能包括积分受理及办理进度查询、最新资讯推送、政策法规宣传等，关注超3500人次，推送各类新居民政策法规及最新工作动态18条，同时还结合《浙江省流动人口居住登记条例》等政策法规开展微信答题送流量活动2期，计800多人参与。

【鹿城服务品牌深化】 2016年，鹿城区共举办新居民主题活动7场，印发新居民宣传资料6000份，接听新居民热线8000个，接受现场新居民咨询2000人次。

【新居民素质教育提升】 2016年，区新居民服务管理局和相关部门共同举办素质培训36场，惠及2000余人；开展志愿者活动24场，参与500余人次；学温州话课堂9场，参与400余人次。

（吴孜放）

民族宗教事务

【概况】 2016年，鹿城区有少数民族常住人口2834人，少数民族34个。全区经批准的宗教场所207处，宗教教职人员227人，其中信徒约9万人、基督信徒8万人、天主信徒5000余人、伊斯兰教信徒3000—5000人。区一级民族宗教团体4个，分别为：鹿城区佛教协会、鹿城区道教协会、鹿城区天主教爱国会、鹿城区基督教“两会”。2016年度，区民宗局考核位居全市第1名。

【民族工作】 2016年，区民宗局在巩固18个社区民族工作站、3个民族工作特色学校和4个“企业少数民族联谊会”工作成果的基础上，新开辟益民学校、龙源社区、旭达鞋业等民族团结进步示范平台，以城市民族“六进”工作平台为载体推进民族工作微组织、微热线、微窗口、微服务等“四微”体系建设；创新少数民族新居民就业培训方式，以政府购买服务的方式委托温州市职业技能培训中心对少数民族新居民进行培训，至年底，专项培训已惠及186名少数民族新居民。

【典型经验交流】 2016年 4月，区民宗局在省民宗委组织的全省专项工作会议上作典型经验交流；8月，在全市宗教工作会议上，五马街道作“同心同行·共建和谐”专项活动典型经验交流。

【维稳安保工作】 2016年7月28日—29日，区民宗局妥善做好妙果寺达照主持升座仪式、江心寺“木鱼老和尚圆寂十周年”纪念活动、太平寺重建十周年纪念及佛学院奠基仪式、伊斯兰临时聚会点古尔邦节、开斋节等全市性大型宗教活动的维稳安保工作。

【拆除工作】 2016年9月，腾空并拆除温州现代集团菜篮子集团有限公司肉类联合分公司涉及女众部的建设用地，完成温州市委、市政府交办的攻坚任务。

【宣传、教育活动】 2016年10月19日，区民宗局在中国鞋都开展鹿城区第二届民族政策和法律法规知识竞赛，吸引1万多市民参与。11月18日，在温州市地标——五马步行街开展民族团结进步宣传教育活动，利用沿街12个广告橱窗，制作“中华民族一家亲”等主题海报。

2016年7月28日，江心寺“木鱼老和尚圆寂十周年”纪念活动　　区民宗局 供稿

【民族团结进步示范单位授牌】 2016年12月6日，鹿城区“民族团结进步示范单位授牌仪式”在益民小学举行。益民学校成为鹿城区首个民族团结进步示范学校。鹿城区委常委、统战部部长吴道静等领导出席仪式并为示范单位授牌。

（姜苗燕）

外 事

【概况】 2016年，鹿城区因公出国（境）团组共25批次55人次，其中县级以上领导干部出访3个批次，企业出访13批次17人次。企业申办APEC商务旅行卡共14批次16人次。

2016年，鹿城区进一步推进友城结好工作。通过侨领联系沟通，与西班牙马拉加省马贝拉市洽谈结好相关事宜。6月，温州旅美同乡会荣誉会长李社潮到鹿城，专程拜访章月影副区长，转达柔斯密市政府的问候，共同探讨下一步两地开展具体合作事宜。由卢荣毅及意大利足球教练协会浙江使者Daniel Stefani（丹尼尔·斯特凡尼）等一行6人组成的足球专家代表团，于6月访问鹿城，双方召开中意青少年足球训练基地项目洽谈会，区长朱崇敏、副区长黄定恩及相关部门负责人参加会谈，双方对合作项目进行深入的交流，并签订“促进鹿城区足球发展战略合作协议书”；代表团还考察仰义街道足球训练基地项目地块，走访温州市少年足球学校（温州市仰义第二小学）、温州市第六幼儿园、温州市我乐青少年足球俱乐部等地，了解鹿城区青少年足球运动开展情况。

2016年，鹿城区共接待外宾团组5批次70人次，包括加纳库马西市市长代表团、意大利足球专家代表团、韩国国际文化交流团、日本石卷市政府代表团及参加“签证官看非遗——走进温州”活动的使领馆官员。鹿城区为“签证官看非遗——走进温州”活动的第一站。作为温州历史文化的金名片，江心屿以其秀丽的风景和丰富的人文景观给外宾留下了美好的印象。驻华使领馆官员还在五马街道的南戏博物馆观赏了南戏表演，了解温州非遗文化。

2016年1月，温州市少艺校师生25人组成的“才艺团”赴美国进行为期13天的交流访问。“才艺团”的表演获得美国当地多方关注以及广泛认可，为国家赢得荣誉。温州市少艺校还与旧金山南侨学校缔结为友好学校。9月，广场路小学与泰国海洋之星学校缔结友好学校。11月，受文化部指派，鹿城区文化馆鹿城区艺术总团赴卡塔尔参加中国文化节文化交流活动，带去8个具有鲜明中国特色的展演节目，深受外方好评。

【经贸合作】 2016年，区外侨办继续加大APEC商务旅行卡宣传力度，为企业走出国门融入国际竞争及合作提供途径和便利。9月，举办鹿城区APEC商务旅行卡推广座谈会，30余家涉外企业负责人参加了会议，座谈会取得良好的效果。

【涉外事务管理】 2016年，区外侨办不断增强涉外维稳和事务协调能力，为在鹿城外国人和在外鹿城人做好服务。出台《温州市鹿城区涉外突发事件应急处置预案》，制订涉外管理相关方案，区四人小组成功处置涉外敏感事件5起。鹿城区4个基层海外领事保护联络处自成立以来，工作开展各有特色：藤桥镇海外领事保护联络处引进优秀人才与侨民定期开展交流讲座，以更好地预警风险，规避风险。七都街道海外领事保护联络处拟借助“侨界留守儿童快乐之家”这一平台，对出国前的孩子们进行领事保护相关知识的介绍，通过宣传、教育、引导等方式，多措并举，做好预防性工作。五马街道海外领事保护联络处在楼栋设立联络点，将领事保护的触点延伸到辖区侨胞侨眷的身边。滨江街道海外领事保护联络处自鹿城区开展“大拆大整”专项行动以来，妥善解决拆迁过程中华侨的合理诉求。区外侨办先后走访4个基层领事保护联络处和大南街道、山福镇，开展海外领事保护工作调研。年内，区外侨办和各联络处一起妥善处置海外领事保护事件4起。

【助力翻译大赛】 2016年11月，在温州市外事办公室、温州市人民对外友好协会共同举办的“温州市第四届青年翻译大赛”中，区外侨办全力做好初赛的宣传、报名等工作。并获得“优秀组织奖”称号。鹿城区共有57名选手报名参赛。

（秦 臻）

侨 务

【概况】 2016年，鹿城区共办理全区“三侨生”身份认定154件（其中高考43件，中考111件），为华侨开辟一条快速通道。华侨回国定居工作审批办理从35个工作日缩短至16个工作日，提速达54.28%。全年共办理华侨回国定居证835件。2016年，区外侨办在全区范围开展一次侨界青年、新生代摸底调查。针对侨二代、青年侨商建立了一个数据库。

2016年9月2日，区侨办举办鹿城区APEC商务旅行卡推广座谈会　　区侨办 供稿

【传承中华文化】 2016年，区外侨办举办海外华裔青少年“中国寻根之旅”相约鹿城营活动，邀请来自法国、意大利、西班牙、葡萄牙等12个国家和地区的150余名华裔青少年赴鹿城为期一个月文化寻根之旅。其间，营员们走进温州非遗博物馆，感受传统文化；向师傅现场学习烘焙，体验动手快乐；观看木偶大戏、瓯剧，体验瓯越文化；走进永嘉书院，感受家乡美景；品尝温州小吃，多角度地感受家乡文化的博大精深，增进对祖国的认同感，以不断成长为中华民族优秀文化同世界各国文化交流的积极促进者。

【联谊交流】 2016年9月13日，在中秋佳节来临之际，鹿城区举办2016世界温州人大会鹿城乡贤聚会，来自海内外的380余位鹿城籍乡贤欢聚一堂，共叙乡情，联络乡谊。区政协八届五次会议邀请海外特邀委员一行30多人，对温州大道第一商业街、新希望“白麓城”项目以及横渎河西招商项目进行实地考察，为鹿城建设和发展建言献策，促进更多的温商回归项目。

举办一次侨界青年华侨培训班与一期侨界青年以“法制”为主题的沙龙。依托江滨街道统战办建立“两中心”，即“侨台之家”综合服务中心和创业创新配套服务中心。依托东瓯智库、智慧谷、米房3个创业平台，聚焦科技创业创新和高端服务业，打造成新一代港澳台、海外青年创业创新的首选基地；并新引进6家侨资企业。

【捐助台风灾区】 2016年9月，第14号超强台风“莫兰蒂”给鹿城区造成严重的灾情。直接经济损失达5.24亿元。区外侨办积极倡议鹿城海外乡贤为“莫兰蒂”台风受灾地区捐款，筹集善款计63.2万元。其中30万元用于藤桥镇因灾受毁的丁埠头村古石板桥等修复项目，33.2万元用于山福镇茅垟村古道桥梁、停车场及饮用水修复等工程，帮助受灾地区恢复生产、重建家园。

港澳事务

【概况】 2016年，鹿城区外侨办继续推进港澳事务，加强沟通与服务工作。通过互联网思维、信息化手段、接地气方式，深入打造港澳台海外人士的“三微”（微联系、微祝福、微互动）联系平台。

【访问活动】 4月，时任区委常委、统战部长胡慧雷随团赴香港访问，出席“香港浙江文化美食旅游节”，召开温籍乡亲联谊座谈会，走访看望有关温籍知名人士，增强旅港温籍乡亲的爱国爱乡热情。7月，区委常委、统战部长、副区长杨德听率团访问香港，出席香港温州同乡会成立31周年庆活动，并借此契机进一步宣传推介家乡，提升鹿城在港的知名度和影响力，同时在招商引资、招才引智、人文交流、慈善公益等方面牵线搭桥。

（秦　臻）

鹿城区华侨为“莫兰蒂”台风受灾区藤桥镇捐款30万元　　区外侨办 供稿

老龄工作

【概况】 2016年，鹿城区60周岁以上人口达15.7274万人，占全区总人口的19.86%。80周岁以上的计2.54万人。区老龄办为全区2765名90周岁以上和38名100周岁以上发放高龄生活补贴，为2301名60周岁以上和4586名70周岁以上的办理了老年人优待证。全年招收老年电大学员1.7万人次，并对鹿城老年电大实行实体化登记，组织第三方对老年电大教学点教学情况进行了评估。

【开展老龄事业“十三五”规划编撰工作】 2016年开展鹿城老龄事业发展第十三个五年规划编制工作，老龄事业编制被列入区发改局“十三五”规划项目，年底通过专家评审和区政府办公会议审核。科学谋划和编制好鹿城老龄事业发展“十三五”规划，在夯实积极应对人口老龄化的各项基础，促进鹿城人口老龄化与经济社会协调发展，确保广大老年人共享改革发展成果、同步进入全面小康社会意义意义重大。

【养老服务体系建设】 2016年，鹿城区新建16个村级照料中心，提升10个社区照料中心，10月，22家新建照料中心相继开业。10月9日，松台街道托老服务中心隆重开业，建筑面积计422平方米。托老中心可辐射6个托老点，由郭公社会事务所承接、运营和管理，从“服务设施、运行机制、项目设置、指导监督、信息发布”五个统一来管理社会养老服务模式。

【第二届“敬老文明号”创建】 2016年，鹿城区各照料中心、社会组织中开展了特色创建。经过检查、评审和验收，有17家单位被评为鹿城区敬老文明号，其中金融系统4家，服务组织（企业）4家，照料中心9家。年底，有两家参选“省级敬老文明号”的评选，8家创建单位获“市级敬老文明号”的称号。

【关爱失智老人】 2016年9月22日，鹿城失智老人走失查找“安心行动”工作会议召开。10月9日，春秋社区公园广场“安心手环”发放仪式隆重举行，社区主任代表、养老机构代表、失智老人家属代表现场申领手环。为了进一步做好这项工作，10月17日下午，鹿城区召开了“安心手环”发放工作培训会议，由公安系统和研发企业的同志对鹿城区老龄干部、社区干部、养老机构联系人进行培训，至年底，全区共发放安心手环1500余只。

【关爱慰问活动】 2016年10月9日，市府副秘书长彭魏斌慰问鹿城区部分百岁老人、特困老人和失能老人，赠送红包、鲜花和慰问品。市老龄办也看望了部分特困、失能和百岁老人。区老龄办还联系了部分公益组织，走访和慰问农村特困老人。

2016年鹿城区百岁以上老人名单

表25

姓　名	性　别	出生年月	年　龄
林君延	男	1910年10月	106岁
李田芬	男	1910年12月	106岁
戴阿香	女	1911年2月	105岁
徐金花	女	1911年4月	105岁
诸韵篁	女	1911年6月	105岁
蔡秀凤	女	1911年10月	105岁
程子岫	男	1911年11月	105岁
郑娟娥	女	1912年12月	104岁
诸阿香	女	1913年1月	103岁
叶凤娇	女	1913年8月	103岁
林花媄	女	1913年10月	103岁
梅文元	男	1913年10月	103岁

续表25

姓　名	性　别	出生年月	年　龄
王阿云	男	1914年10月	102岁
黄阿珠	男	1914年11月	102岁
胡志程	男	1914年12月	102岁
鲍阿柳	女	1915年1月	101岁
孙秀英	女	1915年1月	101岁
汪秀钗	女	1915年1月	101岁
陈韵华	女	1915年2月	101岁
王国琴	女	1915年2月	101岁
李爱菊	女	1915年3月	101岁
陈爱香	女	1915年5月	101岁
张秀清	女	1915年6月	101岁
戴素华	女	1915年6月	101岁
陈英弟	女	1915年10月	101岁
黄灿云	女	1915年11月	101岁
沈萼卿	女	1916年1月	100岁
南杏芳	女	1916年4月	100岁
何龙妹	女	1916年4月	100岁
蔡秀芬	女	1916年4月	100岁
周玉麟	男	1916年6月	100岁
王秀兰	女	1916年6月	100岁
瞿绍云	男	1916年7月	100岁
麻永弟	男	1916年7月	100岁
朱永柳	男	1916年8月	100岁
吴美玉	女	1916年11月	100岁
陈　杰	男	1916年11月	100岁
吴庆森	男	1916年11月	100岁
陈金妹	女	1916年12月	100岁

【老协规范化培训】 2016年10月9日，藤桥镇召开庆祝重阳节暨老年人协会规范化建设培训，55个行政村的老协会长全部参加了培训。

【文艺庆祝活动】 2016年10月1日至31日敬老月期间，“老年春晚”鹿城节目海选活动开展，内容有独唱、舞蹈、小品、曲艺、戏曲等，“老爸老妈大家唱”活动也顺利举行，鹿城有15个节目参加海选。

（金丹辉）

关心下一代工作

【概况】 2016年，鹿城区关工委举办青少年主题创客教育公益活动进校园入课堂20场，参与人数达1450人；推广普及航模科技知识进校园活动，鹿城区有32所小学和1所幼儿园被命名为温州市百家少年航空运动特殊学校；有针对性、可行性地开设社团课程，普及教育，赠送器材资金达 3.75万元，受益人数达2450人。4月，区关工委在全市关心下一代工作会议上作经验交流发言，得到市委常委、组织部长姚高元的表扬。5月初，举办为期2天的全区关心下一代工作培训班，各街镇关工委领导与联络员、企业与协会关工委及“五老”负责人等63人参与。7月，全市“女童保护”工作观摩现场会在大南街道举行。年内，区关工委被评为2011—2015年全市法治宣传教育先进集体和浙江省关心下一代工作先进集体。

2016年，区关工委深入开展“两学一做”学习教育活动，积极寻找身边最美党员微故事，“五老”党员林荣被评为省、市、区级优秀共产党员称号。认真推进“即知即补党员短板”行动，对照党章、党规找短板列清单，深剖析找差距，党支部短板3条、党员4人16条。开展“树标杆 敢担当”“大拆大整”等专题大讨论活动，助推鹿城转型发展，以“千名党员牵手，百个支部结对”为契机，在仰义河呑党支部开展“强村、联村、包村、蹲村”活动，召开村座谈会，进村入户，访贫问苦，慰问10人。进新藤网格，与基层干部参与城市精心化管理建设，做好信访户管控，确保G20杭州峰会维稳安保工作。

【主题教育活动】 2016年，区关工委深入开展社会主义核心价值观体系主题教育活动，共创社会意识形态责任建设。采用传统模式与“互联网+”相结合及进学校、进社区、进基地等形式，举办祭奠英烈、实践体验、讲革命故事、征文比赛、向国旗敬礼、童心向党歌咏、“重走长征路追寻红色记忆”爱国主义教育走访等主题教育活动442场，受教育青少年数达2.7万人。藤桥镇、山福镇关工委开展“快乐星期天”活动，吸引广大农村留守青少年参与，远离宗教小子班。南汇春秋、松台桂柑、仰义仰新等社区开设“四点钟学校”，“五老”人员参与社会管理，解决家庭后顾之忧。大南街道的“关爱文化”公益活动，传承传统文化精神。康奈集团关工委开展为期一个半月的“小候鸟”夏令营活动。巨一集团关工委为学生开放企业文化参观活动。全区各街镇社区、民营企业暑期开办67所假日学校活动，活动载体五花八门。参与的青少年9663人，“五老”人员134人、大学生村官6人、大学生志愿者225人、在职教师22人、其他人员69人。

【绿网工程】 2016年，区关工委重视未成年人上网安全问题，积极参与全国文明城市创建活动，净化青少年成长社会文化环境，持之以恒开展绿网工程行动，实行一月一巡查，一季一汇报制度，持证上岗，投入人力、物力加大监督巡查力度，发现问题及时反馈，妥善处置。全区“五老”网吧义务监督队对150余家网吧进行65次巡查，出动人数220人次，劝止未成年人进网吧8例、公共场所吸烟人数100多人。

【“童梦守望”公益活动】 2016年，区关工委践行社会主义核心价值观，深入开展“童梦守望”公益行动之“环保梦”“航空梦”“读书

2016年，区关工委开展“童梦守望”公益行动进校园活动　　区关工委 供稿

梦”“生活梦”“生日梦”“艺术梦”等活动，共筹资17.75万元，受益学生达4000余人。

【儿童保护】 2016年，区关工委实行三级联动机制，以西部农村乡镇学校为突破点，以城郊民工子女学校为重点，以8—14周岁学生为主要对象，以老教师为主的“儿童保护”志愿讲师团，入校园进文化礼堂开展“关爱儿童成长，守护儿童健康”性侵预防知识公益课堂33场66课时，让2600余名青少年在成长过程中接受新知识和性安全意识，增强自我保护能力，从而预防和遏制儿童性侵案件的发生。

【关爱帮扶青少年】 2016年，区关工委关爱帮扶困境青少年，实行“一对一”“多对一”结对关爱温暖行动，开展思想指导、行为引导、学习辅导、生活开导和经济帮扶等活动，全年帮助了136名失学、失亲、失能、失管、失范和困境青少年，其中区“五老”护苗志愿队长期结对38人，关爱资金达17.75万元。

【青少年法制教育】 2016年，区关工委坚持把青少年法制教育与社会主义核心价值观教育相结合。举办青少年“模拟法庭”、“6·26”国际禁毒宣传月、法律进课堂、国防教育等青少年普法宣传教育活动达20场次，发放禁毒宣传资料500份、青少年法律书籍200本、参与人数达3000人次。

【传承文化】 2016年，区关工委利用双休日推进国学阅读公益班进花柳塘、月湖、安澜等5个社区和藤桥镇呈岸村、山福镇衡山村，参与青少年数达800多人，赠送书籍280份，增强当代青少年对传统文化的认识，及与现代文化教育的融合，使他们远离宗教“小子班”。以艺助学，以艺助梦，送米塑、古琴、瓯剧进建设、七都、岙底小学校园和康奈企业，6场文化互助活动让1200名留守、流动、贫困的学生以及小候鸟们享受非遗文化的魅力。在温州实验中学持续3年携行特色急救类“险中求胜”校本课程的基础上，2016年再次携手与红十字会在温十四中、温八中共同推进急救校本课程及社团公益活动。

（金忠克）

地方志工作

【概况】 2016年，鹿城区地方志与年鉴工作坚持“存史、资政、育人”根本任务，认真履行职能。继续补充完善《温州市志》（第二轮）“鹿城区”部分及其人物传记资料。按时完成《温州年鉴（2016）》文字稿与照片的提供。指导协助区人大、双屿街道、区公安分局等单位开展志书编纂工作。逐步积累、梳理下一轮《鹿城区志》的基础资料，不断推进志书数据库建设。

【《鹿城年鉴（2016）》编纂】 2016年3月17日，区年鉴编纂暨撰稿人培训会议召开。会议表彰先进，总结经验，同时布置《鹿城年鉴（2016年）》编纂任务，并开展撰稿人业务培训。区方志办根据对历年年鉴编写经验的总结，重新进行2016年版年鉴编撰的框架设计，合理调整类目、分目，注重文字表述的规范性与准确性等，努力提升年鉴编撰质量；实现年鉴稿件数字化，强化qq群等电子沟通渠道，在编纂过程中充分互动，加速编纂进程，提高工作效率。《鹿城年鉴（2016年）》于12月底付印、发行，印数1000册，全书953千字。

【资政育人系列活动】 2016年，区方志办开展地方志成果“六进”（进广场、进学校、进社区、进企业、进军营、进乡镇）活动，最大限度地发挥方志成果的资政育人作用。年内深入丰门街道、松台街道松台村、南门街道荷花社区、七都街道樟里村、市少美校等基层单位举办贴近生活的地情、历史知识讲座，并赠送鹿城方志办刊印的志鉴书籍。在松台广场、白鹿洲公园、菱藕社区、宽带路审批中心大楼档案陈列厅等处展示鹿城建区三十年发展成果及家风家训图板，合计发放各类志书、年鉴近500册。向鹿城文化中心城市书房等5家城市书房和8家精品农家书屋赠送《鹿城区志》及历年年鉴，巧妙打通史志文化融入地方文化建设的新渠道。

【史志宣传阵地拓展】 2016年，区方志办与区档案局资源共享，充分利用“鹿城档案方志网”这一信息平台，在相关栏目发布《鹿城区志》《鹿城建区30年纪事》及历年《鹿城年鉴》和期刊《记忆鹿城》，使之成为社会各界读志用志的重要渠道。与南门街道荷花社区共同开办史志宣传栏，制作标题为“地方志事业发展概况”的宣传栏，宣传鹿城史志。开展《地方志工作条例》颁布十周年系列纪念活动，5月18日组织召开“地方志工作条例学习座谈会”，集中学习“条例”及《浙江省实施〈地方志工作条例〉办法》，对有关条款进行详细解读；在白鹿洲公园等处开展宣传咨询活动，计3000多人次参与，分发各类志书、资政资料1000多册，增强了群众对地方志工作的感性认识；在区政府大院、区审批中心大楼的电子大屏幕上滚动播放有关“条例”颁布十周年纪念标语，向全区宣传依法修志的重要性，推进社会各界“读志用志”良性发展。

【地情及方志理论研究】 2016年，区方志办参与宗族姓氏文化研究与文化礼堂建设的互动活动，年内走访、调研全区重点文化礼堂20余次，开座谈、做讲座、办展览，将地情与方志文化融入文化礼堂建设，撰写了鹿城区2016年度社科研究课题论文《宗族文化研究与文化礼堂建设互动的思考》，区方志办王剑峰同志获全省地方志系统服务文化礼堂“十佳”先进个人。积极参加《浙江史志》《温州史志》投稿，发表《鹿城年鉴（2016）框架设计新探索》等地情方志理论探索文章2篇；完成期刊《记忆鹿城（总第六期）》的编辑刊印。

（戴爱华）

责任编辑　胡亭亭

街道·镇

七都街道

七都街道行政区划图　　　　　　　　区方志办 供稿

【概况】 七都街道位于温州市区东北部，是瓯江四大岛屿之一，与主城区仅一江之隔。辖区面积23平方公里，其中陆域面积12.7平方公里，四周江岸线17.8公里。作为浙南著名的侨乡，至今共有超过26500名海外华侨华人、港澳同胞分布在世界28个国家和地区。办事处驻地为七都街道老涂南路2—3号。街道下设3个网格（吟川、老涂、汇侨），辖6个行政村（上沙村、樟里村、板桥村、老涂村、吟州村、前沙村）。2016年，街道户籍人口12550人，常住人口5598人，人口自然增长率为-1.27‰。

【经济社会发展】 2016年，街道依托七都岛毗邻滨江商务区的区位优势和生态环境优势，以现代金融业、休闲旅游业为产业导向，推进万国财富小镇建设、旅游节庆造势。万国财富小镇全年共完成有效投资12.9亿元，小镇内超过一半的产业项目进入实施阶段。开展“花之岛梦之旅”金秋旅游文化节、向日葵旅游文化节和荷花趣活动等多个节庆活动，累计共吸引游客超过15万人次。全年完成招商引资24.5亿元，完成有效投资31.7亿元。完成公共预算收入1.2亿元，占全年任务的705%。创成省级美丽乡村示范乡镇、市级无违建街道、市级法治工作示范单位，樟里村创成市级旅游特色村。

【城市建设】 2016年，完成区级重点工程项目11个，完成重点工程投资18.7亿元。高品街、飞虹街、沙州路等3条道路实现通车，进一步拉开城市新区框架。电力、燃气、通信管网等随着市政道路工程建设同步架设和预埋并完工，实现天然气供给。截污纳管工程全面完工，实现岛内污水管网和地下给排水管网全覆盖，结合建成的污水处理厂、截污纳管、加压泵站等设施实现系统运行。22万伏高压地埋工程岛内部分完成投资额约1.35亿元，铺设管道超过3公里，土建管廊基本完工。全年，共出让3个地块，总面积132亩，出让金达21亿元，在提高了村民财产性收入的同时，也为七都开发建设提供了资金保障。

【综合治理】 2016年，七都街道治乱考核全区第一，洁化考核全区第一。强力推进“大拆大整”专项行动，以“三房”即危旧房、出租房、拆迁房为重点，动员全体干部开展地毯式的安全隐患排摸、整改，实现出租房、合用场所隐患整改率100%，“四无”生产经营单位整治率100%，C、D级危房整改率100%。专项行动期间拆除违法建筑68处，面积5555平方米；全年共拆除275处违章，总面积20605平方米，拆违率达458%。在全市率先开展生活垃圾源头分类试点工作，减少垃圾焚烧的压力，实现垃圾资源化、减量化，其中板桥村每月有效利用垃圾2.55吨。采取蹲点查守、突击检查等形式开展渣土整治行动，有效遏制建筑垃圾非法消纳。推进河道整治工程，完成中心河、老涂秋河、吟州浦西河、上沙深河等河道疏浚工程，清淤河道淤泥6.4万立方米。

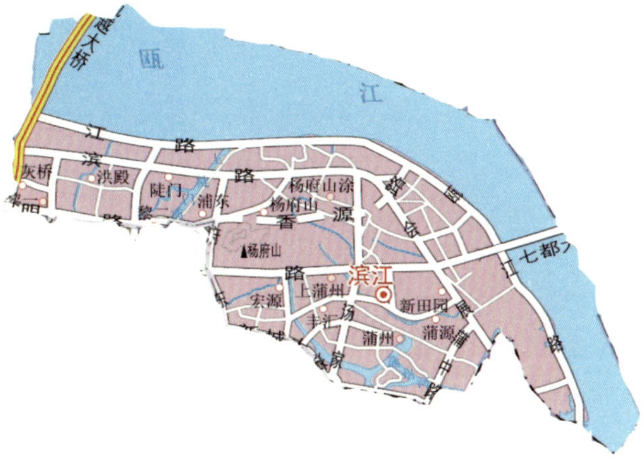

滨江街道行政区划图　　区方志办 供稿

【基层党建】 2016年，街道以“两学一做”学习教育、十八届六中全会精神为指导，推动基层党建工作稳步提升，“围绕中心抓党建 抓好党建促发展”的格局凸显，全市十八届六中全会基层宣讲活动在街道开展，被中央电视台《新闻联播》栏目报道。在市级基层党建“十村样板、百村示范”创建活动中，街道所辖行政村樟里村获得全区唯一市级党建样板村称号，老涂村为全区7个市级党建示范村之一。在全区率先推出村干部责任追究办法，对2名村干部履职不力问题给予追责，此举被《温州日报》等多家市级以上媒体宣传报道。推出全市首家“七都网上廉政文化馆”平台。建立“鹿城七都发布”微信公众平台，不断提高七都知名度、美誉度。

【科教文卫】 2016年，实现文化礼堂六村全覆盖。将樟里教堂按照“三堂三馆六室六廊一舞台”的格局改建成文化礼堂，打造多功能的农村文化综合体，得到了省委书记夏宝龙，省委常委、宣传部部长葛慧君等领导批示肯定。建成后共开展文艺演出、知识讲座等51次，超过5500人次群众参加，成为樟里乃至全岛的村庄地标和文化殿堂。开展家风家训亮相工程，积极培育、践行社会主义核心价值观。“留守儿童快乐之家”的理事长周祥薇获得“最美浙江人——2016年度浙江骄傲人物”及“中国好人”称号。

（叶　旺）

滨江街道

【概况】 滨江街道位于鹿城区东部，北临瓯江与永嘉县三江街道隔江相望，东接龙湾区蒲州街道，南邻新城大道，西至黎明东路、府东路，拥江临山近水望岛。辖区总面积约12.17平方公里。街道下辖灰桥社区、洪殿社区、浦东社区、杨府山社区、丰汇社区、新田园社区、蒲源社区、陡门社区、宏源社区9个社区及黎一村、黎二村、蒲州村、上蒲州村、杨府山埜村5个行政村。办事处驻地为聚源路1号。2016年，街道总人口19万人，其中常住人口15.5万人，暂住人口3.5万人，户籍人口54403人。年内出生646人，死亡44人，人口自然增长率为3.17‰。街道曾获“省科普示范街道”“省级生态街道”“省级城市体育先进街道”“省第三次经济普查先进集体”“浙江省优生优育优教指导中心省级示范点”“温州市消防工作先进集体”等称号。

【滨江商务区】 滨江街道是温州市三大亮点区块之一——滨江商务区的主阵地，街道下辖的黎一村、黎二村、蒲州村、上蒲州村、杨府山埜村5个行政村均涉及该区块的拆征工作。滨江商务区规划总用地面积11.5平方公里，涉及鹿城“五村一社”（黎一村、黎二村、蒲州村、上蒲州村、杨府山埜村、同心社），需要征用集体土地6520亩，拆迁面积209.5万平方米，涉及拆迁总户数8321户。

2016年，滨江商务区完成连片签约3058户（任务数2035户），签约任务完成率达150%，腾空2880户，拆除2833户，拆除旧房面积61.4万平方米，提供净地2118亩。完成土地出让8宗，共计244亩，出让金额总计79亿元。顺利完成了安置区、老港区、会展二期、浦东片区等4个区块合计656亩集体土地征收，实现埜村自1998年以来大宗集体土地征收的历史性突破。洪殿9#地块、5#地块以及63亩三产地块等项目全面“清零”，确保安置房项目能够顺利进场。杨府山埜村安置区9个地块中的1#、3#、5#、6#、7#、8#、9#地块以及“两路两河”中的加州路、环商泄洪河道二也实现清零。顺利召开黎二村10号地块摸文大会，完成涉及122户共计331套的安置房认购。

【工业】 2016年，滨江街道共有规上工业企业6家，全年规上工业增加值1.077亿元；工业投资完成额4.655亿元。

【招商引资】 2016年，滨江街道招商引资到位资金共46.33亿元，完成全年任务数（30亿元）的154.43%；引进新项目4个、区域性总部项目2个、科技人才项目1个。2016年，滨江街道有效投资完成额累计67.6783

亿元，完成计划数（62.9亿元）的107.6%。

【商贸】 2016年，滨江街道共有限额以上贸易企业69家，其中批零贸易企业51家、住餐企业18家，全年限上社会消费品销售总额46.8亿元，完成年任务（40.17亿元）的116.5%，同比增长17.7%，全区排名第5名；限上社会消费品零售总额10.14亿元。全社会消费品销售（营业）额完成160.9亿元，完成年度任务（153.7亿元）的104.6%，同比增长15.5%。

【第三产业】 2016年，滨江街道共有规上其他营利性服务业企业14家，规上营利性服务业营业收入2.94亿元，完成全年任务数（2.76亿元）的106%，同比增长18%。

【城市管理】 2016年，滨江街道新增绿地2.54公顷，补植乔木50余株，补植灌木及地被植物1600平方米，提升街旁（滨水）小游园1个，完成自然花镜4组，完成立体绿化1200平方米。持续打好“五水共治”攻坚战，完善城区截污纳管体系、排水管网疏浚。环商泄洪道一期、二期工程、下新田水闸、中心片污水处理厂4个滨江商务区排涝工程顺利施工；蒲州河世纪环岛南汉河道疏浚工程（清淤）、三十六村河清淤项目、米房cei文创园、1956文创园、节水器改造以及排水管网疏浚工程均完工。依法拆除违法建筑面积164513平方米，其中拆除现行违章83户共计2969.3平方米。开展交通治堵工作，施划人行道临时停车泊位（含机动车停车泊位）451个，设置隔离墩1736个、隔离桩92个、花箱108个以及禁止标识33个。完成洪殿社区、灰桥社区、宏源社区、丰汇社区、蒲源社区5个社区的交通微循环工作。

【社会管理】 2016年，滨江街道全面推进村、社区居家养老服务照料中心的规范化建设。全年9个社区2个村建成11处的照料中心，其中，9个创成二星级中心。11个照料中心均设立日间照料室、图书室、医疗保健室、棋牌室。建成面积7000余平方米、床位300余张、辐射周边村居老人800余人的蒲州村养老机构。街道共有现役军人55人、烈属遗属3人、伤残军人24人、带病退伍3人、两参人员28人、60岁以上农村老兵53人。在圆满完成各项优抚工作的同时，组织辖区现役军人双亲开展体检，建立现役军人家属健康档案。积极参与“慈善一日捐”活动，全年共筹得慈善款38.3万元。开展“送温暖献爱心”活动，慰问辖区困难群众、新温州人1200余人，共计发放慈善慰问金及慰问品70万元。

【综合治理】 2016年，滨江街道录入省平安建设信息系统信息8765条，其中矛盾纠纷1016条、治安安全隐患7728条、民生服务21条、受市委政法委表扬6条。“大拆大整”专项行动中，共排查居住出租房2794家（次）、合用场所270家（次），发现隐患1240处，停水停电450家，查封12家，依法拘留8人，10人以上出租房整改率达100%；共排查“四无”生产经营单位915家（包括小作坊447家），整治率达100%，其中关停取缔小作坊406家。街道共受理矛盾纠纷857条，成功调处855起，调解成功率达99.41%；妥善处置辖区群体性劳资纠纷案件130件，涉及人数323人，涉及金额202万元；成功处理群体性事件、涉疆事件、历史遗留问题等重大矛盾纠纷30件。全年共接访群众99批199人次，办理上级转办件23件，初信初访办结率100%，化解并签订息访息诉共18件。

【基层党建】 2016年，滨江街道共有1926名党员，下辖的5个行政村共有9个党支部，9个社区共有29个党支部，街道两新党组织共70个。街道以实施“示范、达标、整转”三大行动为重点，严格基层党组织生活、“五议两公开”等制度实施，落实“列清单、晒成绩单”制，完善村居干部考核管理办法。在换届前期准备工作中，组织“六清”行动，营造风清气正的换届环境，顺利完成16个老人协会资金资产的移交工作。在新田园社区探索基层党建“指尖之路”，推出温州首款精准定位的社区服务型APP——“幸福邻里”。强化“先锋品牌”建设，打造宏源社区“凝·心”、新田园社区“幸福守望者”品牌党员志愿者队伍，完善“黎明92”党建综合体升级版。

实行党员发展积分制，对警示党员开展提醒谈话，处置不合格党员，开展党员组织关系集中排查，全年共排查出失联党员9人（已全部找到）、“口袋”党员4人（其中已落实1人）、困难党员19人、流动党员23人。

【党风廉政】 2016年，滨江街道以杨府山垫村为试点，推行村集体资产廉洁专题监督立项制度，启动换届前预警机制。深化城中村改造廉政风险防控和反腐败体系建设，出台《温州市滨江商务区监督征收事务相关规定》，首创推行对征收代理公司招投标准入制和工作考绩打分制；出台《小额项目招投标管理制度》，全年受监督金额达2435万元。建立“阳光拆迁”纠偏机制，避免国有资产流失；同时参与组织重大项目攻坚护航行动26次。滨江街道纪工委护航黎二村拆整工作被温州市电视台《反腐纵横》栏目做全市先进典型示范报道。全年共开展正风肃纪行动52次，累计检查168个单位。

【科教文卫】 2016年，积极组织送戏下乡活动，共举办8场大型送戏演出；在各社区开展丰富多样的文化活动350余场；举办以“送艺暖民心，共筑中国梦”“花好月圆，情系中秋”为主题的大型文艺晚会。辖区共有7个市区三星级健身示范点、滨江街道体育联合会和5个体育联合分会、2个体育俱乐部，年内共组织50余场体育活动；积极组织参加温州市体育进社区乒乓球联赛、鹿城区机关干部第九套广播体操比赛等。

（吴怡翔）

南汇街道

【概况】 南汇街道地处鹿城区南部，东至汤家桥路，南至瓯海区梧田街道，西至南塘河，北至锦绣路、新城大道。辖区面积8.9平方公里，下辖11个社区、9个城中村。常住人口14.2万，其中户籍人口9.7万、流动人口4.5万。街道机关内设7个行政科室，下设7个事业单位，并根据规定和章程设置了纪工委（监察室）、人武部、总工会、团工委、妇联等。核定总编制数97名（行政编制29名、事业编制68名），实有在编人员88名（行政编制28名、事业编制60名）、领导班子15名（挂职2名）、临聘人员302人（机关临聘人员141人、社区工作人员161人）。

南汇街道行政区划图 区方志办 供稿

南汇街道是温州市委、市政府所在地，温州市人民大会堂、市中级人民法院、市教育局、市财政局等市级重要单位都位于南汇辖区。温州城市新地标——城市中央绿轴公园南北贯穿，集聚了图书馆、科技馆、博物馆、歌剧院等一批大型城市公共服务设施。辖区有市府路、车站大道、新城大道等几条市区主干道，汽车站、火车站一应俱全，BRT专线、市域铁路S1逐步建成，是未来温州城市发展的核心区，是温州宜居的新城区和现代金融商贸业的中心区。

【经济发展】 2016年，南汇街道完成全社会固定资产投资86.79亿元，增长43.69%；温商回归50.48亿元，完成率126%；限上社会消费品零售总额15.17亿元，增长3.62%；限上批零住餐业销售总额286.27亿元，增长4.64%；进出口总额65.8亿元；公共财政预算收入3.48亿元，增长61.31%；各项重点经济指标完成情况全区排名靠前，其中温商回归、有效投资、限上批零住餐销售额、限下批零住餐销售额、进出口、公共财政预算收入等6项重点经济指标考核全区排名第一。楼宇经济产业资源丰富、发展势头强劲。辖区共计超千万商业楼宇17幢，其中亿元楼6幢（交行广场1号楼2.07亿元、高联大厦1.3亿元。华盟商务楼1.2亿元、大自然1.2亿元、汇锦深蓝1.2亿元、中通大厦1.07亿元）。

【大拆大整】 2016年，南汇街道相继完成上田、巨一旺增桥、横渎、划龙桥等旧村改造项目，累计签约3250余户，拆除旧房近60万平方米，盘活土地约1500亩。整治居住出租房、旧市场、四无生产经营单位等各类安全隐患，前网、鱼鳞浃、龙沈等未启动改造的旧村通过综合整治专项行动，流动人口持续减少，安全隐患有力消除，为2017年的拆迁改造奠定了良好基础。

【基层治理】 2016年，南汇街道提升城市精细化管理水平，打好道路综合整治、交通微循环建设、路面管理、外立面修缮等城市管理组合拳，城市管理八大乱象得以有效治理。“六五”普法圆满收官，获得了“全市六五普法先进单位”荣誉称号；护航G20杭州峰会维稳安保工作扎实有效，各类群体性事件、信访案件得以妥善处置，获得“全市护航G20杭州峰会维稳安保先进集体”称号。

【城市建设】 2016年1月8日，巨一村旺增桥自然村城中村改造项目完成签约，签订协议率达97.7%。2月4日，上田村（上田片、张宅片）

城中村改造项目完成签约，签订协议率达99%。5月19日，飞龙组团5幢司法搬迁，对横渎河西改造项目一期全力“清零”。6月29日，巨一村旺增桥自然村城中村改造项目范围内最后几户旧房完成拆除，实现项目清零。7月31日，划龙桥村城中村改造项目完成签约，签约率达99.4%。8月29日，横渎村城中村改造项目完成签约，签约率达100%。

D—45地块项目（前网13亩地）为前网村三产安置用地，位于城市中心区温州大道与开源路交叉口东北角，红太阳宾馆东侧，于1月22日出让给上海汇益置业（所属中梁分公司），缴纳土地出让金1.553亿元。城市中央绿轴F—32地块（上田）与白麓城相邻（城市中央绿轴F—30/F—31地块），属中心区核心区域，2月19日开始挂牌，3月3日启动招投标，成交总价为15.4亿元。城市中央绿轴区域E—26b地块坐落在中央绿轴片区（上田村、巨一村），宗地面积26301平方米，其中出让部分分摊土地面积24136.59平方米、划拨部分分摊土地面积2164.41平方米，于8月31日在市公共资源交易中心挂牌出让，成交价为12.52亿元，成交楼面地价19357.13元/平方米。

【**党建**】 2016年6月，南汇街道获“瓯江先锋党组织”称号。7月，被评为2016年温州市基层科普示范单位。大自然社区文化礼堂被评为市级社科普及示范基地。8月，南汇街道公众微信号“南汇新语”参加第二届“助力信用温州 微信刷屏大赛”获全市政务社团组优秀奖。《印象南塘》《春秋社区之歌》在2016年鹿城区“村歌”创作演唱大赛中，分别获创作银奖、演唱铜奖。10月，南汇街道被温州市体育局评为2011—2015年温州市老年体育先进单位。11月，报网议事厅“大拆大整”系列访谈栏目走进横渎村。

【**社会事务**】 2016年3月17日，南汇街道在春秋社区公园开展以“提倡文明祭奠，保护生态环境，破除丧葬陋习，倡导厚养薄葬”为主题的大型殡改宣传活动。4月5日，鹿城区南汇街道组织各大网格在街道办事处一楼开展无偿献血工作。5月，鹿城区南汇街道各大网格在辖区内开展“5·12”世界防灾减灾日和“5·15”助残日系列宣传活动。9月14日，南汇街道举办中秋佳节慰问活动暨“白鹿城里有温暖 爱护晚年进社区”文艺会演。11月13日，南会街道开展“坚持计生基本国策，优生优育民富国强”计生文艺演出。

（戴海龙）

蒲鞋市街道

【**概况**】 蒲鞋市街道地处鹿城新旧城区交接处，东至府东路，南至锦绣路，西至蒲鞋市河、龟湖，北至洪殿河、黎明东路，与滨江街道、五马街道、大南街道、南汇街道相毗邻，区域面积约3.9平方公里。蒲鞋市街道下辖芳园、绿园、青园、锦园、蒋家桥、横河、蒲鞋

2016年11月8日全市“比学树”横渎现场会　　南汇街道 供稿

2016年5月，南汇街道各大网格在辖区内开展“5·15”助残系列活动　　南汇街道 供稿

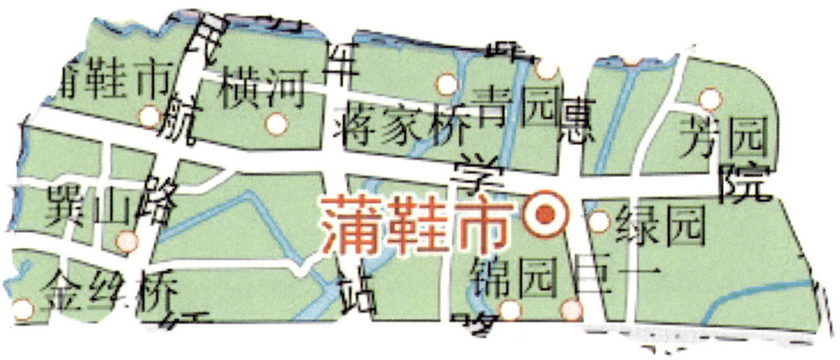

蒲鞋市街道行政区划图　　区方志办　供稿

市、金丝桥8个大网格（社区）、巽山村1个行政村以及1个同心股份经济合作社。办事处驻地为学院中路191号。2016年末，蒲鞋市街道总人口152974人，其中常住人口117555人、常住户数38516户、暂住人口35419人、户籍人口66014人、户籍户数22799户。年内出生750人，死亡208人，人口自然增长率为3.54‰。街道创成鹿城区首个省级“文化强镇”，建成全区首个家风家训基地，获国家园林城市工作先进集体、温州市消防安全“双月”攻坚行动先进单位、全市老干部工作先进集体、创建法治乡镇（街道）工作示范单位等称号，学院中路创成市级“美丽街区”。

【工业】　截至2016年底，蒲鞋市街道辖区内有工业企业57家，完成规模以上工业增加值4.44亿元，同比增长0.7%，规模以下工业总产值0.73亿元，同比下降7.1%；完成工业性投资0.7亿元。

【商贸】　2016年，蒲鞋市街道有贸易企业453家，实现销售额96.9亿元，同比增长7.9%。其中限额以上企业32家，销售额27.21亿元，同比下降5.1%。实现全社会消费品零售总额36.75亿元，同比增长5.3%，其中限额以上社会消费品零售总额7.14亿元，同比下降3.7%。进出口总额完成10.17亿元，同比下降33.83%。

【第三产业】　2016年，蒲鞋市街道有服务业企业828家，其中规上其他营利性服务业单位6家，营业收入4.42亿元，同比增长8.9%。

【固定资产投资】　2016年，社会固定资产投资累计完成21.1亿元。招商引资实际到位资金4.017亿元。公共预算收入1.4亿元，同比下降4.12%。

【城乡建设】　2016年，蒲鞋市街道实施城市精细化管理八大行动，在全区率先实行路长制，率先清理趴窝僵尸车，率先开展校园门口车辆即停即走管理；完成吕浦花园等3个文明交通示范小区建设，新增停车泊位325个，建成专用停车位200个，开工专用停车位240个；打造前庄路背街小巷治理示范路段，实施金桥路及学院路美化亮化提升、兴墅路及上村路沿街住宅墙体美化工程，惠民路、府东路、车站大道综合整治工程基本完工；农贸市场、附二医周边等一批乱点乱象得到进一步整治。推进“五水共治”，山根污水管网整治工程接近收尾，重点项目投资额完成率305%；以吕浦河、山下河、双井头河为重点，拆除沿河沿线违章建筑920平方米；完成东水厂站位至光明站位河道水质提升工程，生态修复长度3150米，完成节水器改造工程160套、排水管网清淤疏浚22.18公里，切实巩固“清三河”成果。推进“三改一拆”，创建无违建街道，全年拆除违建7937平方米，完成旧住宅区改造12万平方米，完成8个网格（社区）“一户一档”“一楼一档”基础台账，超额完成年度任务。全面推动城区生态绿化工作，完成城区新增绿化建设面积0.125公顷，完成屋顶、桥梁等立体绿化面积0.28706公顷，提升东港洪殿南路附属绿地1处，完成自然花境6组；补植绿化1155平方米，修剪、处置杂草、黄土裸露3.94万平方米。

蒲鞋市街道以大拆大整为主线，提速城中村改造。城镇危旧房治理完成率65.84%，排查C级城镇危房199幢、农村危房3户，D级城镇危房3幢、农村危房5户；排查居住出租房6180户，整治5671户，整治合格率91.76%；合用场所及各类小场所排查底数350户，整治合格率59.43%；排查低小散企业296家，整改70处，断电停产5家，关停取缔4家；排查“四无”单位302家，整治78家。重启龟湖水乡改造项目，仅用三个半月完成64亩集体土地征收、11个历史遗留问题化解和35000平方米旧房拆除工作，提前完成“清零”任务。主动认领南汇街道山根旧村改造项目，完成118.2亩集体土地报征、意愿率调查、715户旧房入户丈量、评估等前期工作。新增市级重点项目温瑞大道二期道路拓宽工程，完成道路征迁红线划定、房屋征收补偿政策初稿拟定工作，启动道路范围内房屋入户调查及扩拆范围控规编制前期工作。推进拖延10年之久的蒋家桥地块拔钉清障工作，征收补偿决定全部送达，强拆程序和协议谈判同步进行中，100%完成协议“临转正”任务。

【计划生育】 2016年，蒲鞋市街道辖区出生人口750人，其中计划内人数748人，计划生育符合率98.8%，出生人口性别比106，孕情信息掌握率 91.3%；常住人口孕早期建卡率94.5%；参加“国免”检查对象149对，优生检查率100%；社会抚养费征收15例，征收金额75.39万元；流动人口计生服务管理率95%。

【综合治理】 2016年，蒲鞋市街道推动创新治理，利用信息化引领治理现代化，通过“平安通”手机、平安浙江APP、电脑，采集辖区基础信息和隐患事件信息并进行流转。平安浙江APP关注量6693人，年内共发生矛盾纠纷1698起，调处1694起，调处率为99.7%；发现治安隐患2379起，整治2362起，整治率99.3%。开展平安宣传活动384次，印发平安宣传资料、宣传品43090份，涉及参与人数42977人，各网格采取错时上班进行平安巡查、志愿者巡逻、平安宣传，社会治安环境得到明显改善。同期辖区刑事治安接警3055件，同比下降12.5%；两抢2件，同比下降80%；盗窃904件；相比下降34.3%。通过司法所调处重大纠纷2起，涉及金额98.66万元。

优化特殊群体管理工作，通过网格巡查、业主沟通、部门站所综合施策等方式，有效管理特殊人员29人次。大力推动禁毒工作开展，清理核查社戒逾期未报到3人、严重违反社区戒毒协议2名，完成社戒尿检帮教率98.6%，社康尿检率97.5%，帮教率94.5%，整体帮教率95.72%。有效管理36名社区矫正对象和136名归正人员，两类人员均未发生重新违法犯罪行为。推动新居民积分入学工作，共发放新居民积分宣传资料500余份，受理新居民积分申请204人。

街道开展消防安全检查298次，共检查场所5040处，查封出租房10家，排查问题1391处，整改1261处，整改率为90.6%；与辖区内单位签订消防安全责任书共8515份；建立完善数据库，摸清居住出租房、合用场所、低小散企业底数，居住出租房整治合格率97.59%，合用场所及各类小场所、“四无单位”整治合格率均达100%；规范出租房屋市场，加强管理，已完成10人以上出租房备案登记113户。

【基层党建】 2016年，蒲鞋市街道将基层组织建设主阵地作为“两学一做”学习教育检验场。全年开展理论中心组学习20余次、上党课9次、围绕“两学一做”4个专题开展集中讨论4次。率先推行“流动党员堡垒战”，吸纳54名流动党员参与线上学习交流；严把党员“进出口”发展13名党员。全面推进两新组织“双覆盖双月攻坚”，新建8个两新党组织，整改4个两新党组

2016年，蒲鞋市首部原创微电影《活跃在社区的红细胞》开拍　　蒲鞋市街道 供稿

罗妈妈拥军慰问　　蒲鞋市街道 供稿

织。强化红色阵地发展，启动芳园“红色专列”，开展党员特色志愿服务、锦园红色书屋阅读沙龙、红色专题讲座等活动；建成城市党建示范综合体、红创文化公益传播中心，共举办4场书记论坛、9次党建联席会、18次党员先锋行等共建活动；以“党建+”形式，发行《红动蒲鞋》电子刊物，发布党员首部原创微电影《活跃在社区的红细胞》，扩大宣传力度。

【科教文卫】 2016年，蒲鞋市街道打造学院路文创街区，委托市城规院制作《学院路文创街区建设实施方案》。召开十余次文创专家头脑风暴座谈会、学院路创意文化街区建设项目规划研讨会，面向社会征集“文创第一街”金点子；联合《温州晚报》等新闻媒体，发起寻找“文创代言人”活动，并成功举办“‘4·23’鹿城读书节暨学院路创意文化街区启动仪式”。

蒲鞋市街道创新卫生计生服务方式，在全市首推“新家庭计划—家庭发展能力建设”养老照护项目，建设社区妈咪暖心小屋。围绕“六有目标”，率先全面升级居家养老日间照料服务中心，试点建设全市首家示范型托老服务中心，启动“失智老人走失查找安心行动”。引进社会组织温州精武社参与爱心驿站建设，打造芳园爱心专列。打响罗妈妈拥军服务品牌（罗妈妈曾获2015年“中国双拥人物入围奖”，“罗妈妈拥军服务队”事迹在《温州日报》《温州晚报》等市级媒体作专题报道）。创成省级综合减灾示范社区，设立面积达650平方米的防灾减灾避难场所。

（楼缤嫔）

南郊街道

【概况】 南郊街道位于鹿城区南部，辖区范围东至南塘河，南邻瓯海区梧田街道，西街瓯海区新桥街道，北至会昌河、温瑞塘河，总面积10平方公里。下辖龙方、东屿、里垟、葡萄、德政5个大网格，西屿、三板桥、十里亭、丽庆、东龙5个社区，德政、里垟、葡萄、东屿、龙方5个行政村。街道办事处驻地为洛河路10号。2016年，南郊街道辖区共有户数17505户，暂住人口27908人。年内，出生208人，死亡64人。2016年，南郊街道获区级优秀单位、市级统计先进集体、市防范处理邪教工作先进集体、区社会治安综合治理工作先进集体、区级平安集体、市级计生优质服务街道。

【工业】 2016年，南郊街道规模以上企业41家，产值36.67亿元，全社会固定资产投资32.15亿元。

【商贸】 2016年，南郊街道全社会销售额242.18亿元，其中限额以上企业117家，销售额164.36亿元，年内新增限上企业18家。

【服务业】 2016年，南郊街道有规上服务业企业26家。完成退二进三企业6家。

【经济发展】 2016年，南郊街道完成有效投资31.46亿元，其中工业性投资1.8亿元；完成招商引资18.25亿元，利用外资340万美元，实际到位台资45万美元；完成规上工业增加值8.53亿元，规下工业总产值5.64亿元；完成限上批零住餐销售额164.36亿元，限下批零住餐销售额77.82亿元，完成限上社会消费品零售额69.1亿元，限下社会消费品零售总额37.78亿元，完成进出口总额15.76亿元；完成规上其他营利性服务业营业收入6.48亿元；完成税收收入2.1亿元；实现城镇居民人均可支配收入51865元；完成个转企17家，新三板挂牌1家。辖区各类经济指标顺利实现“全年红”，所有考核项目位列全区A组第二，其中有效投资、规上工业增加值、限上批零住餐销售额、限上社会消费品零售额、规上其他营利性服务业营业收入、利用外资、税收收入、进出口总额等项目完成量均位居全区前四，并获“市级统计工作先进集体”称号。

【城乡建设】 2016年，南郊街道完成投资8.51亿元，完成年度任务的129.4%。牛桥底一期安置房完成竣工验收，葡萄、东屿2个片区的8个房屋续建工程主体基本完工并开展

南郊街道行政区划图 区方志办 供稿

专项验收。德政东路和蛟凤北路均通车，西站东路边坡治理完成爆破施工。提前启动德政牛桥底改造项目，克服地块历史违章建筑占53%以上等诸多困难，于3月1日圆满完成签约任务，成为2016年度全区首个完成市、区下达整村签约任务的项目，并成功实现当年签约、当年腾空、当年拆除；提前一天完成龙方村及灯塔河口自然村共计504户的“双百”签约任务，并用4个月时间实现签约率、腾空率、拆除率三个“100%”，成为全区首个提前一天完成签约工作并且实现双百签约的城中村改造项目。同时，提前启动里垟及德政蛟尾堡旧村改造的相关前期工作，截至2016年底里垟入户丈量697户，德政蛟尾堡入户丈量672户。南郊街道各地块需临转正总户数为1500户，截至2016年底，签订正式协议1392户，转正率92.8%，其中葡萄村837户，转正率89.3%；东屿村489户，转正率98.6%；牛山北路66户，转正率95.65%。安置工作有序开展，牛桥底现房完成摸文认购，部分办理结算并交付使用；牛山北路拓宽工程安置房现房完成摸文认购并交付使用；龙方村、灯塔村现房完成摸文认购。

【**综合治理**】 2016年，南郊街道完成温瑞塘河南郊段、葡萄棚河、蛟尾堡河等8条无违建河道创建任务，并对北浃河进行清淤美化，对双屿山河东屿农贸市场段进行截污纳管、生态修复建设，强化河道日常保洁，确保岸上与水中的治理齐头并进。加强2家持证老人公寓规范化运行，并协助推进3家无证老人公寓解决行政许可问题，创成全区首个高端养老机构示范街道。同时根据上级要求，顺利推进辖区低保、救助、殡葬改革、老龄、双拥等各项工作。以牛山客运中心为辖区乱点整治突破口，开展客运中心周边“摩的”“黑车”“黄牛”拉客、环境“脏乱差”等城市乱象的专项整治行动，共取缔流动摊贩57个，整理占道经营709家，查获“黑车”175辆，查获“摩的”225辆，查获留置“黄牛”505人，客运中心周边的“乱象”得到改观。

【**平安建设**】 2016年，南郊街道完成G20杭州峰会、世界互联网大会、全国“两会”等安保任务，成功化解里垟村长达8年共计7000多万元的债务问题。投入70多万元，整合建成南郊街道社会应急信息指挥中心，全年成功处置84起劳资纠纷突发事件、6起群访突发事件、3起非正常死亡案件，辖区矛盾纠纷化解率为99.89%。开展企业安全生产大检查行动，共出动8000人次，检查企业2050家次。截至2016年底，涉及生产经营安全隐患的企业110家已全部整改到位，同时更新签订安全生产与消防安全责任书生产经营单位663家。

【**基层党建**】 2016年，南郊街道组织理论中心组学习13次，开展两学一做专题学习7次，各支部共开展专题学习320次，支部三张清单整改率100%，党员一张清单整改率达95.9%。全面落实“6+1”固定组织生活日制度，党员参会率整体达75%以上。深化“红色细胞工程”，积极开展“党员先锋行”活动，全年开展党员志愿活动380场，参加党员人数达2860人次。开展“示范、达标、整转”三大行动，龙方村被评为市级示范村。

【**计划生育**】 2016年，南郊街道计划生育符合率99.04%，流动育龄妇女生孕信息反馈率100%，产后随访率100%，完成社会抚养费征收4例，共307215元。

（厉绿茸）

大南街道

大南街道行政区划图　　区方志办 供稿

【**概况**】 大南街道位于鹿城核心区域，功能定位为“时尚消费商圈、都市品质生活区”。辖区东邻蒲鞋市街道与南汇街道，南临南郊街道，西望松台街道，北倚五马街道，占地面积2.59平方公里。街道下辖白鹿洲、山前街、花柳塘、虞师里、马鞍池、荷花、双莲桥等7个网格（社区）和丰收、荷花2个经济股份合作社，常住人口8.98万人，人口密度超过3.4万人/平方公里，为全区平均人口密度的7.9倍。辖区企业1674家，其中商贸业761家、服务业749家、建筑业43家，行政事业单位91家。2016年，大南街道先后获温州市服务保障G20杭州峰会工作先进集体、温州市老年体育先进集体、“助力信用温州·诚信微信刷屏大赛”优秀奖等3个市级称号，及鹿城区2016

村歌创作演唱大赛金奖、鹿城区社会治安综合治理工作先进集体、鹿城区平安街道等6个区级奖项或称号。

【经济发展】 2016年，大南街道完成限上批零住餐销售额70.28亿，增速48.22%；限上消费品零售额24.36亿，增速13.45%；税收收入7742万元，完成率104.15%；有效投资12.2亿元，完成率100%；招商引资6.2亿元，其中省外引进项目5亿元，完成率100.8%，市外房地产项目1.2亿元，完成率120%。规上其他营利性服务业营业收入3.49亿元，增速8.3%。

【商圈建设】 2016年，大南街道世贸中心大厦B1层至3层商场开业，入驻商店约64家，签约率超过90%。引进洲际酒店。对置信广场商场部分业态重新调整，提升原有签约品牌店，聚集商场人气；写字楼入驻107家企业，威斯汀酒店宴会厅于5月11日对外营业。白鹿洲购物中心（南塘·新天地）主体建设，累计完成投资4.76万元，并与万达、韩国CGV、中影星美等5大院线进行洽谈引进IMAX巨幕影院；连通与提升世贸负一楼与下沉式广场业态，绿化、景观、管网等改造及产业引进方案完成设计。全年整合街区近300家商铺资源，开展网络销售支付，实行电子化、便捷式付款，打造闻宅“无现金支付”一条街；以大南路精品示范街区和闻宅商业步行街为慢生活休闲带，创建花柳塘旅游社区；利用温州工艺美术大师楼3040平方米场地创建市级非遗众创空间，入驻团队30个，工艺美术种类16个。联合温州日报、苏宁易购、银泰百货及周边商铺开展首届市民休闲风尚节等活动37次；创建城市金融会客厅，筹建影视投资联合会，成立“中国企业资本联盟”温州风投公司。

【城市管理】 2016年，大南街道打造温州街区宜居样板、精细标杆，种植彩化植株10万余株、彩化品种10余种。更换景观侧石1500余米，提升大南街区景观绿化面积约4500平方米。5月，大南路成为全市首条精品示范路。7月，大南街区圆满完成市委“比学树”现场观摩活动，得到市委书记徐立毅批示肯定。此外，完成龟湖水乡大南片区拆迁工作，协议签订率100%，腾空率100%，拆除率100%。全年排查危旧房屋共出动1000余人次，巡查老旧房屋累计744处。腾空危旧房屋155处，拆除其中141处，拆除面积1.45万平方米。拆除违法建筑7411㎡，全年拆违完成率达124%。

【综合治理】 2016年，大南街道处理突发性事件12件，录入综治信息平台信息21837条，调处矛盾纠纷案件759件，调解率100%。开展发动“我为大家巡一夜，大家为我守一年”专项巡防排查活动，完善巡查队伍，专职巡逻员、平安巡逻志愿者和兼职巡逻队员扩充至405人。与市名城集团等事权单位对接20多次，成功化解信访积案6起。G20杭州峰会期间街道重点对象“零非访、零滋事”，完成维稳安保各项任务，街道工作人员分别获G20杭州峰会维稳安保工作省级先进个人，街道被评市级、区级先进集体等称号；强化网格监管排查，强化周三夜巡、网格上街入户等工作，累计出动1807人次，排查单位11846家，发现消防隐患461处，整改完成446处。排查安全生产隐患180家，及时整改30家，限期整改150家。强化房东主体责任落实，累计签订《安全生产管理责任书》3015家，签订率100%；签订《居住出租房消防安全责任书》3984家，签订率99.9%。《企业自查自报通知书》送达率100%；全年火灾报警较上一年下降29.4%，无人员伤亡。

【民生事业】 2016年，大南街道联合爱心鹿城联盟成员、新青年下乡合作学校、辖区共建单位等资源。开展“多彩课堂”、“我们的节日”、市社区运动会大南专场等各类文体活动424场，辐射群众上万人次。争取联合大厦1、2、3幢103—104室（面积约167平方米）场地建设城市书房，并于12月12日对外开放。

【基层党建】 2016年，大南街道整合荷花、虞师里、花柳塘三大网格党员综合活动场所600余平方米，打造“3+1+X”复合型阵地，在全区率先开展“党员先锋在行动”活动。设置环境卫生整治巡逻、平安夜巡等先锋岗位31个，580名党员认领先锋岗位，参与城市精细化管理和G20维稳安保工作。建立覆盖3个社区两新组织的商圈党委，涵盖银泰百货有限公司党支部、苏宁易购党支部等30多家非公企业120多名党员。发布“大南先锋”党建标志，建立党员志愿服务“红色驿站”，组建由入党积极分子、热心义工等组成的“先锋联盟”公益服务团队18支。开展“公益婚礼”等商圈公益活动5次，“红色走亲”系列小区公益服务6次。此外，组建街道商会、台联、侨联统战组织，打造侨界“百老惠”幸福工程，与158名困难侨胞侨眷结对开展帮扶活动，近1000名侨界老人参加春节联欢、庆元宵、欢乐游园行等活动；全面铺开基层协商民主示范创建，组织召开基层协商民主议事会议4次，30余位各界代表就城市精细化管理等问题建言献策，聚众智、惠民生。

（巫一帆）

五马街道

五马街道行政区划图　　区方志办 供稿

【概况】 五马街道位于温州市核心区域，是鹿城区政府驻地，定位为“中心商贸区、历史文化街区、都市品质生活区”。辖区东至灰桥浦、蒲鞋市河，西至信河街，南至小南门河、大南路、人民东路、飞霞南路、学院西路，北至瓯江，区域面积4.65平方公里，户籍户数5.8万，户籍人口17.3万。五马街道下辖八仙楼、百里坊、城西街、乘凉、路湾、府前、朔门、墨池、谢池、鼓楼、安澜、十八家、矮凳桥、黎明西路等14个大网格（社区）。街道办事处驻地：后垟巷89号。2016年，五马街道获“全国商旅文产业先进集体”“省示范基层党校”“市精神文明建设先进集体”“市创建国家历史文化名城工作先进集体”“温州市百日维稳攻坚大会战先进集体”“温州市禁毒工作先进集体”“市老年体育先进集体”“市规范化街道食安办”等称号。

【工业】 2016年，五马街道工业企业9家，完成个体工业抽样17家，规模以下工业总产值1.6亿元，固定资产投资总额20.88亿元，完成任务111.06%。

【商贸】 2016年，五马街道批零贸易、住宿餐饮业销售额456.07亿元；其他营利性服务业营业收入7.00亿元，总量全区第一；进出口总额10.49万元，招商引资12.92亿元。

【大拆大整】 2016年，五马街道累计完成1132幢危房解危，超额完成年度考核任务。完成8537户居住出租房（10人以上176户，30人以上14户）消防隐患检查整治829处，强拆隐患217户，20人以上出租房整改率为100%；完成8596家店面店铺隐患检查308家，整改192家，累计完成5800户民居旧电线改造。累计完成264家“四无”生产经营单位整治和天雷巷农贸市场、行前农贸市场、兴文里农贸市场改造提升。开展违建大排查、大拆除、大整治，重点针对低小散企业、出租房、危旧房等违建进行拆除，累计拆除违法建筑45处3047平方米。严格流动人口排查、登记、管理制度。共检查出租房9743家，排查、核查、检查流动人员18736人，核查并注销流动人口9226人。

【城乡建设】 2016年，五马街道完成飞霞北路、新株柏路市政道路建设工程，打通历史遗留多年断头路，东门片区改造步入良性轨道。成功拆除新码道历史遗留10年占道房屋，消除道路瓶颈。市级“清零”项目名城广场顺利进场施工，完成投资额2.8亿元。完成公园路65号49户腾空工作，同步完成旧房拆除，实现协议搬迁意愿率、协议签订率、旧房腾空率等8个100%。完成屯前、墨斗、八仙楼、安澜等4个交通文明示范小区建设，成功打造八仙楼大网格（社区）交通微循环为我市目前范围最广、历时最长、设施最全的文明交通示范点。新增停车位1657个。完成水仓大厦旧住宅区整治工作，累计整治450户4.8万平方米。强化背街小巷精细化管理，成功打造飞鹏大厦、金德锦园等5个生活垃圾分类示范小区。新增绿地7700平方米，完成率220%；新增浦发银行地块、时代悦江锦园等附属绿地7700平方米，完成率220%；对辖区5万平方米绿地开展日常养护，补植2000平方米。联合交警、执法中队进行道路整治，施划停车位200个，处置违停22991余起，扣留非法运营电动车的114辆。组建15支“五水共治”志愿队，全年组织开展各类宣传活动37次，分发宣传资料3200余份。完成黄洋渎河护栏修复工程，稳步推进小南门水上巴士码头改造提升工程和瓯江防洪堤景观绿化工程。坚持违法排污行为“零容忍”，开展沿河污染源及排污口普查20余次，封堵沿河排污口4个。

【综合治理】 2016年，五马街道开展平安护航G20杭州峰会“十大专项行动”，调处纠纷4519件，化解率99.85%。强化积案化解，通过工作促成信访对象息访息诉2人，化解积案13件，辖区信访形势总体平稳。创成全市首个全国社区戒毒工作示范点，并作为全省获此殊荣的唯一街道乡镇，在5月全省禁毒现场会上作典型发言。壮大群防群治队伍，成立14支专职巡逻队伍共126人，开展“红袖章”平安巡逻防范专项活动。大力推行“一线工作法”，加大平安宣传，辖区刑事立案、入室盗窃同比下降23.2%、30%。

【基层党建】 2016年，五马街道借助街坊党员路长岗与街坊党员邻里互助组平台，成功组建402个邻里互助组，新建4个党员志愿者（党代表）工作室，街坊党员路长岗做法被《温州日报》《今日鹿城》等媒体宣传报道。创设14个青年“党支部”覆盖每个社区，率全区之先成立五马驻上海市党支部。实行街坊党支部书记由街道与社区双重管理机制，出台《五马街道党的组织生活纪律规定（试行）》。以乘凉社区为试点，探索社区党建“五位一体”运行机制，在“大拆大整”专项行动开展过程中取得初步成效。打造街坊党建联盟、五马街区、欧洲城等3个覆盖全域的党建联盟，逐步实现党建资源共建共享。开展每月“五马之星”评选，共表彰2个集体与265人次。公开遴选10名街道中层副职后备干部，新遴选9名社区副职后备干部。完善“片组联系、分组监督”机制，累计开展效能与重点工作督查26次，效能谈话4个网格13人，书面效能告诫14人，通报批评4人2单位，辞退4人。

【社科文卫】 2016年，五马街道共发放各类救助金2461.49万元，惠及19715人次。做实“爱心传递”品牌，有效利用“慈善一日捐”等慈善平台募集基金43.4万元，完成无偿献血19.25万毫升。朔门社区阳光小康创成市级残疾人庇护中心，强化残专和联络员队伍建设，打造“微笑服务365品牌”，促进残疾人事业全面发展。深化“一站两堂”文化惠民功能定位，推动开展文化活动1258余场，惠及群众20万人次。推进红日亭周边整治提升为示范，推广浙江省慈善道德地标正能量。完成8家社区文化礼堂建设，实现辖区12家社区文体服务中心全覆盖，完成都市15分钟文化圈建设，成功打造人民路城市书房。提升“五马关爱幸福吧”，累计举办谈话教育类活动上百余次，辐射面突破8000人次。

【五马街获两项“国字号”】 五马街于2016年4月成功摘桂全市首条“中华民居示范街”，8月创成浙南地区首条“中国著名商业街”，并同步发布第二期五马时尚消费指数。

2016年8月11日，举行中国著名商业街授牌仪式（五马街） 五马街道 供稿

（王舒心）

松台街道

松台街道行政区划图 区方志办 供稿

【概况】 松台街道位于鹿城区中西部，北濒瓯江，南临塘河，东抵信河街，西至翠微大道，辖区面积10.11平方公里。辖区汇昌河等5条水域共计6.70公里（其分别是汇昌河1100米、西山河1000米、勤奋河1700米、九山外河1700米、水心河1200米）。主要有勤奋、雪山、鹿城、杏花路等城市主干道。街道下辖来福门、庆年坊、蛟翔巷、郭公山、锦花、半腰桥、昌明、水心、桂柑、菱藕、茶花等11个大网格（社区）和松台、水心2个行政村及九山股份经济合作社。街道办事处驻温州市雪山路75弄33号。2016年，辖区户籍人口92980人，暂住人口25200人，年内出生836人，死亡566人。年内，街道先后获得“市创建国家历史文化名城”“市创建国家园林城市”“区平安街道”等多

个市、区级先进集体称号。

【经济发展】 2016年，松台街道累计完成固定资产投资11.15亿元，其中工业性投资7.76亿元，完成率110%；实现限上社会消费品零售总额8.68亿元，同比增长12%；限上其他营业性服务业收入8218万元，同比增长34%；实现公共财政预算收入6359.9万元，完成率117.2%；城镇居民人均可支配收入41971元，同比增长8.08%；外贸进出口总额达到5亿元；工会商厦实现税收“千万元楼”目标。打好“四换三名”（浙江经济转型的一项政策。“四换”即腾笼换鸟、机器换人、空间换地、电商换市；“三名”指大力培育名企、名品、名家。）、“三转一市”（工业企业“规下转规上”“有限转股份”“企业上市”）经济转型组合拳，完成个转企31家、企转股1家。实现内资招商5710万元，完成率114%；房地产招商8710万元，完成率174%；完成联盛广场整体招商工作；助推江心西园环球影城体验馆项目顺利落地；来福门特色商业街先后引进温州老年病医院、八医产后康复中心等一批高端生命健康产业项目；帮扶大型国际文化艺术交流综合体天洲西洋音乐城堡、松台山枚嘉酒庄等一批时尚项目，为提振松台经济活力奠定基础。

【城乡建设】 2016年，松台街道开展河通桥一期保障性安居工程，其中3#楼已完成地上四层建设；完成“临转正”52户，完成率126%，超额完成年初目标任务；河通桥二期保障性安居工程，完成231份居民正式协议的签订，完成率100%；完成6家企业临时协议的签订，完成集体土地报征，实现征收工作提速提效；开展河通桥三期保障性安居工程，进行前期调查及控规修编工作；实施旧村、旧片区改造工程前期工作，开展水心村旧村改造工程，完成户数丈量100%，并完成西垟片土地权属调查工作；开展历史文化街区改造提升摸底工作，完成15处历史遗迹和14条古街区现状的摸底排查和危旧房鉴定；推进“三改一拆”“四边三化”“五水共治”等系列重点工作；开展城市精细化管理，共拆除各类违法建筑3.5万平方米，完成率141%，新增城市绿地0.9公顷，完成立体绿化0.1公顷，清理垃圾105吨；完成56个小区垃圾分类工作；利用现有道路资源，科学施划停车位597个，并以锦花社区为试点，打造全市背街小巷治堵治乱样板，得到温州市委书记徐立毅高度肯定，相继被《浙江日报》和“光明网”宣传报道。

【民生服务】 2016年，松台街道围绕社会保障、社会救助和社会帮扶三大体系，做好城镇居民最低保障工作，做到“应保尽保、足额发放”，基本实现城乡最低生活保障政策全覆盖，全年累计发放低收入家庭保障金584万元、医疗救助资金75万元。全年新增就业人数达2337人，其中失业人员实现再就业人数达424人。养老服务工作“爱心地铁”“时间银行”“银龄互助”等社区特色品牌服务，构建邻里和谐氛围；新建400平方米的松台街道托老服务中心，辐射5个社区托老互助点，实现11个社区居家养老全覆盖；有社区文化礼堂8个，其中市级精品文化礼堂1个，创成五星级幸福社区5个；设立街道民主协商议事厅，成立11个社区民主协商议事小组，发挥“1+11+X”的枢纽型智库型管理模式的作用，获得市委统战部部长批示与肯定。

【综合治理】 2016年，松台街道开展辖区危旧房整治，腾空危旧房155户，转移364人，改造加固4处；强化流动人口及出租房管理，通过停水断电、拆违倒逼、公安拘留等综合施策，连片推进隐患整治，排查注销离温流动人口暂住证2209人，整改隐患居住出租房1289户，整改率83%；“四无”生产经营单位整治，整改安全隐患98处，关停取缔12家。健全信访工作机制，实现信访积案化解8件，息访息诉9件；率全区之先，开展“10·10”双屿中央涂民房倒塌事故本辖区民房的处置工作；完成G20杭州峰会及全国两会等重大敏感期间的护航维稳任务。开展矛盾纠纷调处化解工作，全年共受理调解案件1102件，其中处置劳资纠纷案件85件，涉案人数584人，涉案金额380万元，结案率达100%。

【基层党建】 2016年，松台街道有党组织39个，其中1个机关党委、11个社区党委、2个村党组织和25个两新组织党组织，有在册党员2707名。加强党组织自身建设，全年新组建实体型党支部2个、拓展型党支部9个，实现辖区103家非公企业和社会组织党建工作全覆盖，其中老志协公益党支部被评为市级两新党建示范点。通过桂柑、菱藕、水心三大网格社区联建成立党建综合体和综合体“红色驿站”，深化“红色细胞工程”，辐射16个服务阵地，涵盖辖区50余支两新党组织和服务团队。强化党群互动，培育11支党建专业化服务团队。严把党员“出入口”关，实现

43名失联党员清零，开除党籍1人，劝退1名，留党察看1名；狠抓党风廉政“一岗双责”，实现用制度管人、管事，其中“三公”经费支出同比大幅下降51%。开展效能督查专项行动，加强对机关、村居干部的行为监督，效能问责37人，其中辞退2人、下发通报12起。

（应瑶瑶）

广化街道

广化街道行政区划图　　区方志办 供稿

【概况】 广化街道位于鹿城城区西部，东沿勤奋河，南至瓯海区景山街道、景山，西接翠微山、黄龙山、翠微大道，北抵瓯江，下辖月湖、教场、翠微、双榕、集善、特陶、双乐、集新8个社区与双桥村1个行政村及1个广化股份经济合作社，辖区面积4.1平方公里；水域5条，共计7.78公里；主要道路有广化路、鹿城路等。2016年，共有户籍11792户，户籍人口34190人，常住人口67729。辖区侨胞侨属782人，台胞台属49人；街道共有企业单位1198家，个体工商户4502家。全年完成固定资产投资14.03亿元，完成率101.65%，其中工业技改投资15648万元，完成率104.3%；实现限上社会消费品销售总额29.51亿元，同比增长5.2%，限上批零、住宿餐饮销售额2.61亿元，同比增长8.0%；实现规上其他营利性服务业营业收入4456万元，同比增长16.0%；完成招商引资3.18亿元，总完成率159%；进出口完成额3.07亿元，同比增长5.86%，完成率102.06%。2016年，街道被评为优胜单位。在全区14个街镇的年度考核中成绩突出，自2008年首次获得“一等街道”称号。

【城市建设】 2016年，广化街道集中推进重点工程、旧村改造和基础设施建设。广化南路（鹿城段）道路建设工程有序推进；完成下桥疑难户拔钉任务，实现区块清零，地块围墙合拢；创造“上桥速度”，截至12月20日签订正式协议478户，50天内完成上桥城中村签约率99.38%，提前完成年度目标159%；启动黄龙自然村改造前期工作，通过整治倒逼、政策引导，村民改造意向达97%；主抓主干道沿线、沿河违建和楼顶违章，全年完成拆违量6.8万平方米，完成率197%；完成4个自然花境、2个小游园、1个立体绿化，新增绿地2公顷，并对街道辖区4万多平方的绿化进行全面管养。老旧小区交通综合整治全面推进，全年施划停车位1480个，完成集善小区和月湖小区交通微循环；共处理各类环境卫生问题、市政设施缺损等案件约2845件，数字城管问题解决率100%，同时各网格社区自查自纠处理各类问题3200余个；2016年5—12月份城市管理“治乱”考核综合成绩名列全市第一，同时创成“省级卫生街道”。

【综合治理】 2016年，广化街道完成防汛抗台、杭州G20杭州峰会安保、“10·10”民房倒塌救援、“大拆大整”专项行动和其他各项任务，实现重大维稳期间“零非访”，化解信访积案4件，其中一件为历时13年的积案；打造街道综合治理指挥室，严格把控安全防线，全年命案发案数为0；刑事治安接警数2151，同比下降25.75%，盗窃接警数724，同比下降16.51%。发动辖区居民安装“平安浙江”APP，年内注册安装用户3758人，安装人数占辖区总人口的7.5%；集中整治辖区消防安全、安全生产重点隐患区域，全年开展大型出租房联合整治87次，整治出租房1314家次，将10人以上群租房由400多家减少到100多家；排查生产企业1200家次，关停企业200多家，基本实现民房内的生产加工企业的关停。

【民生服务】 2016年，广化街道聚焦基层基础建设，开通集“城乡困难群众住房救助、廉租住房保障申请及年审、教育救助、最低生活保障及困难家庭救助”等审批为一体的“一门受理、协调办理”社会救助绿色窗口，全年惠及低保户家庭267户、困难家庭34户、低收入家庭30户，完成公租房年审382件。发放婚育证明184人，发放率99.46%。广化社区卫计服务中心获评省级“三优”示范点。推进基层群众自治试点工作，全年在社区内共开展了21次协商会议。完善社区社会组织建设，备案的社区级社团44支。完成新桥头农贸市场改造和月湖、集善社区交通微循环建设。

【基层党建】 2016年，广化街道共有65个基层党组织，其中，党委5个、党总支3个、党支部57个，共有党员1207人。组织开展专题学习会20次、专题讲座2次，受教人员近1300人次；通过中心组成员下基层、名医名师宣讲等形式，开展街道宣讲203次、文化礼堂宣讲122次，有效促进基层宣讲提质扩面；开展个别约谈37次，切实加强了日常的提醒式帮教；落实“五议两公开”村务监督制度，先后查找岗位廉政风险点158个，梳理完善防控措施150个，做到廉情动态及时掌握、及早应对；共完成自办案件立案4件，办结5件（其中办结上年案件1件），上报党员违纪线索2条，协助案审室刑事案件办理，处置问题党员11名（限期整改8名、劝退3名），开除违纪党员5名；坚持每月定期对检查中反映出的各类问题进行通报并责令整改，开展督查24次，下发《广化督查》10期，处理人员13名，分级谈心提醒教育共46人次，有效遏制各种不良风气；树道德典型，开展各领域“最美”人物评选活动14项，获评鹿城社区好人6人；建立道德风尚基金，吸引社会团体、爱心人士等民间资金成立“月湖凡人善举奖”等民间道德奖8项；培育“党员‘益’起来”志愿服务品牌，整合辖区月湖、教场、双榕社区亮点阵地载体，开展无职党员岗位认领活动，182名无职党员认领先锋岗，构建条线统筹、覆盖广泛的党员志愿服务网络；全年累计举办大型党员服务活动8次，文艺会演3场。

【摩的专项整治行动】 2016年，广化街道联合城管、执法、运管、交警等职能部门，开展24次摩的黑车整治行动，出动300余人，共查获268辆摩托车、黑车2辆，对还在使用中的摩托车车主进行了政策宣传和劝导。

【农村基层党风廉政建设】 2016年，广化街道结合“清风行动”突出加强换届组织管理，带领双桥村、广化股份经济合作社两委干部等80余人次参观鹿城区预防职务犯罪教育基地，增强了党员干部对法纪的敬畏心理和拒腐防变的思想防线。全年共开展作风督查6次，听取村干部专题汇报6次，下发通报3期，处理3名村干部及34名村工作人员纪律问题。协调解决双桥村部分村民拖欠集体资金问题，通过在“田亩”补偿款上抵扣的方式追缴1200余万元。12月中旬，在街道纪工委组织和实施下，双桥村两委干部首次勤廉指数评价活动顺利完成。

（苏煜雯）

双屿街道

【概况】 双屿街道位于鹿城区西部东至翠微山、黄龙山、翠微大道，南至景山、瓯海区郭溪街道，西至下岭山、嵇师新街（山后路）、卧旗大河（西排河道），北至瓯江。辖区面积13.13平方公里，下辖瓯浦垟、营楼桥、牛岭、垟田、双岙、黄龙、康龙、新泽8个网格，瓯浦垟、营楼桥、牛岭、垟田、黄龙、康龙、新泽7个社区，瓯浦垟、营楼桥、箬笠岙、牛岭、垟田、双岙6个行政村。办事处驻温金路138号。辖区总户数13609户，户籍人口数3.23万人，流动人口数9.09万人，年内人口自然增长率8.08‰。2016年工业总产值66.6亿元，其中规模以上工业产值33.03亿元；全社会销售额148.29亿元，同比增长18.1%；批发零售住宿餐饮业全社会零售额70.09亿元，同比增长15.7%；温商回归内资1.97亿元，同比增长5.35%，高新技术产业产值21.69亿元，同比增长2.41%，进出口总额13.16亿元，同比增长37.12%；服务业营业额0.89亿元，同比增长80.60%。全年税收收入0.82亿元；城镇（村）居民人均可支配收入39567万元，同比增长9.04%。

【城乡建设】 2016年，双屿街道全面启动辖区所有旧村的改造工作，相继完成垟田一期、瓯浦垟村、牛岭一期、中央涂、104国道（双屿段）等5个项目的100%征收和拆除工作，完成征收协议签约2025户、协议临转正546户、拆除旧房1956户，拆除面积计48.02万平方米中央涂A—2、滨江广场二期、进城口2号地块以及箬笠岙、双岙、牛岭等地块共11个安置房项目结顶，结

双屿街道行政区划图 区方志办 供稿

顶面积63.3万平方米。完成交钥匙安置户数100户，安置面积5937.18平方米。开工建设宁波路二期拆迁安置房。全年投资2.59亿元（完成上级下达任务数的105.17%），建设8项重点项目，双屿客运站天桥、郑桥广场等配套项目建成并投入使用，规划三路、瓯斯达路、马坑路一期等3条道路项目开工，园区路一标段、鹿城工业区纬一路等4条道路完工。全年报征土地1891.6975亩，完成征用土地手续405.2085亩。完成转而未供土地清理333.573亩、供而未用土地清理194.8107亩；低效土地开发启动类完成514.55亩、完成率331.87%，完成类完成135.79亩、完成率512.22%。完成6条主干道泊车位施划，建成专用停车位2166个，建成公共停车位135个，开工专用停车位260个。拆除违建29.14万平方米。建成工业垃圾消纳站并实施市场化运作。绿化带补植3000平方米，行道树补植120棵，绿地护栏修复590处。以104国道、鹿城路、鞋都大道、江滨A线、双金路、江湾路、泰力路等道路为重点，制定实施《双屿城市道路景观改造提升3年行动计划》。全面完成辖区五大片区截污纳管工程，开展辖区7条黑臭河（垃圾河）治理工程，完成清运河道垃圾1万余吨，拆除沿岸违章近3万平方米，沿岸建绿6.5公顷，建设沿岸滨水游园5个。

【民生事业】 2016年，双屿街道慰问低保对象、双拥对象、民政代管对象、移民对象、困难群众、困难家庭、残疾精神病人、特困老人等计272户，发放慰问金26.56万元。开展移民服务，申报3个新泽社区移民后扶资金专项扶助项目和珊溪水库移民活动场所购置项目。发放移民子女教育、“爱心助学”“幸福促进”等教学补助款2.15万元，帮助困难户子女19名。开展健康教育和多种形式无偿献血宣传，全年完成志愿献血784人。建成文化礼堂4个，并以此为依托，开展各类文化活动467场。

【综合治理】 2016年，双屿街道创新基层治理方式，发动企业、民兵、志愿者、宗教场所负责人、物业负责人、保安队伍等组成群防群治巡逻队，共300余人，开展12次月初月末大巡防，筑起辖区平安“守护墙”。全年刑事治安接警数8056起、“两抢”数78起、盗窃数3181起，分别同比下降18.1%、24.4%、14.19%，刑事拘留248人，治安拘留406人，信访64批615人（次），同比下降9.8%，受理信访案件43件，办结24件，息访息诉11件，完成信访积案化解7件，被评为市级“G20杭州峰会维稳安保工作先进单位”。全年累计排查调处各类矛盾纠纷2081起，涉案金额1123.4万元；累计受理劳资纠纷案件288件，涉案人数1309人，涉案金额1676.6826万元。开展出租房、“四无”生产经营单位排查整治、粉尘涉爆企业专项整治、危化品领域的“清零”工作、重大安全隐患企业挂牌整治等工作。累计排查居住出租房8484家次、合用场所3587家次，整改隐患3417处，断电查封2114家，拘留房东及企业主12人；累计排查企业3838家，其中四无企业3014家，断电取缔1424家。

【基层党建】 2016年，双屿街道共有在册党员数1459人、党组织71个、6个村民中心、4个文化礼堂。全年吸收发展新党员32名，处置2名违纪违法党员，停止党籍1名。全年，开展各层次“两学一做”学习教育宣讲84场次，“大拆大整”大讨论27次，组织影片赏析、唱红歌、党内纪律讲座等专题活动20次。深入挖掘“最美”人物典型，评出最美“城市美容师”、最美社工、最美党员、最佳网格员、最美志愿者等计16名。深化志愿者活动，组建了2100人的志愿者队伍，开展城中村改造党员集中签约、党员联系拆迁户、党员巡防等230次志愿活动。深化两新组织“双覆盖百日攻坚”专项行动，组建了4家非公企业联合党支部和1家拓展型、2家社会组织联合党支部，分别覆盖企业63家、社会组织31家。开展“五清”行动，完成牛岭村、双岙村、垟田村等3个村的清账和箬笠岙村、营楼桥村、瓯浦垟村等3个村的重点审计工作。认真抓好村级组织换届工作，对各村原班子开展满意度测评、后备干部人选以及可能影响换届的各种因素进行调查摸底。严肃干部纪律，开展督查22次，处理人员27人次，发布通报6个。强化新闻媒体宣传，在省、市、区级媒体共刊播正面宣传报道324条。

【双屿农民自建房倒塌“10·10”事件】 2016年10月10日凌晨4时30分许，双屿街道中央涂村中央街159号有4间农民自建房倒塌。截至11日凌晨1时12分，现场搜救工作结束，共搜救出28人，其中死亡22人，受伤6人。事发当天，为确保人民群众生命财产安全，双屿街道立刻对中央涂整片房屋开展鉴定、腾空；并提前启动中央涂A—3地块拆迁，历时33天时间，中央涂区块内所有旧房全部拆除完毕。

（虞长云）

丰门街道

丰门街道行政区划图　　区方志办 供稿

【概况】 丰门街道位于鹿城区总部经济园，区域面积12.37平方公里，辖区东临瓯江，南至卧旗大河（西排河道）、嵇师新街（山后路）、下岭山，西接瓯海区郭溪街道，北邻仰义街道。下辖金竹、鞋都、丁桥3个大网格，金竹、鞋都、丁桥、新屿4个社区和嵇师、前陈、屿头、岩门、正岙、潘岙、上伊7个行政村，办事处驻地鹿城总部经济园A12幢。2016年，丰门街道辖区总户数 3357户，户籍人口数 12163人，常住人口数12127 人。人口出生率15.06‰，人口死亡率7.24‰；人口自然增长率7.82‰。

【工业】 2016年，丰门街道有工业企业1093家，工业总产值180亿元，其中规模以上企业96家，产值116亿元。规上工业企业万元产值能耗降低率7.9%。

【商贸】 2016年，丰门街道有规模以上商贸企业18家，批发零售住宿餐饮业全社会销售额（营业额）78.8亿元，其中零售额35.5亿元。

【固定资产投资】 2016年，丰门街道全社会固定资产投资23.7亿元，其中工业性投资4.4亿元，技改投资3.2亿元。

【平安建设】 2016年，丰门街道以建设“平安丰门”为主线，以整治影响稳定的突出问题为重点，创建和谐稳定的社会环境。街道多层面成立巡防队伍，招募平安志愿者，深化企业、党员、村居、专业安保、网格、街道夜巡等六支特色队伍组建，G20杭州峰会期间123支巡逻队伍7000余人投身群防群治。以“网格化”管理为基础，社区建立渠道畅通、覆盖全面、反应灵敏的信息网络。建立集综治、安监、办公OA、民生等系统为一体的综治e通平台；同时在沿街店面、小微园、酒店宾馆等处安装监控系统，做到第一时间发现问题、第一时间上报问题、第一时间解决问题。以“网格化”管理为基础建立社区信息情报网络，依托综治中心，及时了解掌握各类不稳定因素和动态，实施劳资、信访“三色”动态管理。年内，累计排查调处各类矛盾纠纷408起、受理劳资纠纷案件707件，调解成功率均为100%；处置重大不稳定因素事件26起；积极化解各类信访案件，受理15件、积案4件、化解到位4件，全年实现“零非访”。全年辖区刑事、治安案件共4950起，两抢28起，同比下降25%，入室372起，同比下降25.5%。

【民生事业】 2016年，丰门街道开展爱心丰门慈善宴活动，邀请约90名困难群众参加慈善宴活动，并为到宴群众送上保暖冬被。开展“扶贫济困，共享幸福”活动，走访慰问辖区41户困难群众。开展慈善一日捐活动，发动各企业积极认捐，逐步催促资金到位。开展关爱肿瘤病友共享健康生活活动，给嵇师村乳腺癌患者陈秀燕发放免费体检卡。组织开展白内障筛查工作，13位白内障患者符合标准得到免费手术治疗。开展无障碍设施进家庭活动，为有需要的残疾人家庭提供便利，排摸申报10户。鼓励残疾人就业创业，发放残疾人创业就业补助金19600元。1—10月，共发残疾人机动轮椅车燃油补贴57600元，并发放残疾人辅助器具。开展残疾人“两补”申报工作，困难残疾人生活补贴申报共计41人，重度残疾人护理补贴申报共计74人。

【妇联工作】 2016年，丰门街道召开街道妇联第一次代表大会，成立第一届妇联组织。开展“三八”系列活动，包括摄影、登山、公益课等内容。设立区级“反家暴”联合工作室，以“反对家庭暴力法”为基础，维护妇女同胞正常权益。启动“幸福婚姻家庭在社区”活动，丁桥社区被列入18个省（市、区）的28个城市社区试点单位之一。做好留守儿童摸底调查，开展关爱留守儿童活动。

【综合治理】 2016年，丰门街道共组织94次大型整治行动，累计出动4236人次，切实提升辖区道路环境。规范道路使用并完善基础设施建设，重点位置施划停车泊位588个、非机动车停车位90个。整改垃圾坞66座，更新提升垃圾桶158个，整改果壳箱626个。提升公厕2座。架设各交通卡口信号灯，增加减速带，完善鞋都三期内部交通设施，形成交通微循环，设立2个交通“微循环”点。以河长责任制为抓手，对黑臭河道坚持一河一策、一河一档、责任到位、标本兼治，已投入约1500万元开展“五水共治”，河道堤岸驳坎整治超过14.5公里、占总河长的93%，完成黑臭河反弹治理2条、河道疏浚4条，四大截污纳管工程通过预验收2个，同时建设滨水公园8562平方米，清水绿道长3378米、覆盖39448平方米。拆除公路、铁路、河道沿线违建82处，面积约5.5万平方米。年内新建绿地建设，督促完成330国道丰门段主体绿化、两侧绿化及行道树建设，至2016年底，辖区新建绿地2.96公顷，完成率109.6%。鹿翔路打造精品示范街，完成沿线店招提升工作。

【基层党建】 2016年，丰门街道多次组织召开涉及党风廉政建设全局性工作的会议和活动，出台《2016年度党风廉政建设和反腐败工作组织领导与责任分工》《党风廉政谈话暂行办法》《大网格纪检员职责》等，通过“三书两报告”制度督促班子成员切实履行“一岗双责”。落实阵地保障，打造丰门红港与42个体育设施服务点、33个文化设施服务点，形成红色党建阵地服务网络。落实制度保障，深入执行“五议两公开”，规范组织生活，从制度和组织上强化党员治理和教育；规范党费收缴。落实村级党员管理，每月通报各村组织生活会到会情况，分类处理连续未到会党员。引导两新党员协助社会管理、热心公益事业。严把党员出入关口，全年发展党员32名，处理党员14人，其中开除党籍2人、组织除名5人、党内警告7人、通报批评10人次、扣发年终奖金1人次。

（郑旻昊）

仰义街道

仰义街道行政区划图　　区方志办 供稿

【概况】 仰义街道位于鹿城区中部，东濒瓯江，南连丰门街道，西靠藤桥镇。辖区总面积28.09平方公里。境内有104国道、330国道、金丽温高速公路、金温铁路、温州绕城高速以仰义为枢纽，与金丽温高速相接。仰义街道辖区由12个行政村、1个居民社区联合组建成渔京、里河、澄龙、仰新、西山5大网格。其中，渔京网格下辖渔渡、后京、前京等3个行政村；里河网格下辖河岙、十里等2个行政村；澄龙网格下辖澄沙桥、龙川、陈村等3个行政村和仰新网格下辖仰新社区，西山网格下辖垟山、林里、钟山、馒头驻等4个行政村。办事处驻地：沿兴路142号。2016年，仰义街道居民户籍数5954户，户籍人口数19983人，暂住人口52916人；年内出生246人，死亡88人，人口自然增长率5.74‰。街道曾获浙江省群众体育先进单位、浙江省“全民健身与奥运同行”片区“种文化”活动暨全省职工迎奥运健身活动二等奖、省级社会治安综合治理先进集体、浙江省体育强镇（乡）、省第二次全国R&D资源清查先进集体、全省“811”环境污染整治工作先进集体、第二次全国农业普查先进集体、第三届全国食品安全知识竞赛“集体组织奖”、第六次全国人口普查先进集体、档案工作目标管理省一级认定单位等省级荣誉称号。

【农业】 2016年，农业总产值3019万元。农业以种植蔬菜、水稻、水果为主，耕种面积4635亩，建有蔬菜基地1468亩，大棚种植585亩；山区花卉基地249亩；林业用地面积1589公顷，森林覆盖率达48.9%。

【工业】 2016年，辖区有企业1028家，其中鞋类、印刷、电镀、五金加工等企业706家，其他轻工业322家。实现工业总产值50.577亿元，同比增长10.2%，其中规上工业增加值11.46亿元，同比增长9.6%；全社会固定资产投资30.48亿元，其中，工业性投资4.07亿元。

【商贸】 2016年，完成全社会消费品零售总额36.30亿元，同比增长17.4%，其中限上社会消费品零售总额13.8亿元，同比增长23.9%；全社会消费品销售总额69.79亿元，同比增长15.8%，其中限上社会消费品销售总额10.3亿元，同比增长18.5%；招商引资总到位资金22.5991亿元，完成任务的226%，其中市外房地产项目累计到位资金11.1601亿元，完成任务的159.4%，省外回归到位资金11.4390亿元。

【第三产业】 2016年，积极开展驻企服务、企业技术改造提升、“三转一市”等工作，帮扶企业解决问题115件；重点抓电子商务发展，加强人才培训，依托工贸学院电子商务人才培训基地、温州淘宝大学等机构，将线上线下销售相结合，拓宽五金电子商务市场的销售渠道，充分带动辖区规上、限上企业的转型和升级，金牛工贸的零售额增长15%以上。

【城乡建设】 2016年，辖区重点工程主要包括仰义制革旧片区、林里片区、104国道改建、瓯江与海塘、乐清湾支线、甬台温天然气、陈村范桥自然村灾后重建等六大类18项工程的拆征与建设，共完成834户的签约（协议“临转正”），腾空拆除旧房约34.5万平方米。尤其是破难攻坚、联同协作，仅用49天达成前京制革旧片区102户，旧房面积17.35万平方米的拆征，32天达成十里制革旧片区87户，旧房面积5.56万平方米的拆征，73天完成104国道改建工程274户签约任务，并在重点工程沿线各街道中率先完成瓯江西沿线的拆征“清零”，助推仰义辖区旧村（旧片区）改造迈上新台阶。同时，全力推进辖区5个在建安置房，建筑面积共39.7万平方米的建设，其中结顶31.54万平方米，竣工1.02万平方米，并顺利完成渔渡一、三路建设和截污纳管沿江南北、前京等分区的竣工预验收。此外，成功出让林里片区3个区块共238.72亩的土地。2016年，街道共拆除违章建筑20.11万平方米，新增绿化面积84.595公顷。

2016年，辖区共有低保户86户，其中五保三无6户；持证残疾人420人，其中享受残疾人困难补助59人、重度残疾人护理补贴220人。全年慈善资金认捐40.7852万元。每月坚持开展“春风化雨润民生、一心一意办民事”等系列活动，惠及群众5.5万人次。持续推进社会养老服务体系建设，新增农村居家养老服务中心3个，辖区共有居家养老服务中心10家。全年联合民政部门对辖区低保户、困难户、优抚对象、三老、支宁反温人员、残疾人特困户、重度精神残疾人及特困老人等共计215户进行走访慰问，为其送去500元至1500元不等金额慰问金，共计34余万元。以“阅读有爱”公益助学活动为载体，开展2016“阅读有爱”大型公益助学活动，为辖区的80名学习优秀但家庭困难、单亲家庭、残疾人家庭的学生及贫困新温州人子女，每人送去1张价值200元的读书卡，共计助学金1.6万元。

【综合治理】 2016年，强化矛盾纠纷调解工作，共调解矛盾纠纷1214件，调处率、成功率连续7年实现双百目标，并顺利通过10月的四星级司法所规范化建设复评。同时，完成全国及省、市、区“两会”，G20杭州峰会，十八届六中全会，乌镇互联网等重点时期均“零上访、零滋事”的工作目标。完善“一三五”应急处置规范化建设，4月修订出台《关于加强仰义街道“一三五”应急处置规范化体系建设的实施意见》；4月12日，召开全区全面推进“一三五”应急处置规范化建设现场会，并在会上分享工作经验；8月25日，市委副书记钱三雄等一行人调研仰义街道“一三五”应急处置规范化建设情况，表扬街道工作扎实，成效显著。

【基层党建】 2016年，以基层党建深化年为契机，出台村居“三年强村惠民计划”。龙川村创成市级党建示范村，前京、后京、澄沙桥等3个村创成区级党建示范村。全面拓展“两学一做”活动形式。紧抓基层组织换届前期工作，印发《仰义街道2016年度联、驻村（居）干部考核细则》，加强驻村干部责任意识，推进村居走访排摸力度，有效解决群众反映最强烈的问题。同步推进“五清”行动，专项整顿换届重点难点村，确保“清零”工作落实到位。同时，依托党务系统对街道组织关系在册的全部党员开展全面排查，核实党员身份信息，全面掌握五类党员，确保党员档案规范化。

【计划生育】 2016年，辖区内出生人数246人（包括往年补报），计划内人数232人，计划符合率94.30%，男女性别比为114，全年征收社会抚养费6例、计征收金额5.99万元。

【社科文卫】 2016年，辖区有中学1所，公办小学2所，民办小学1所，幼儿园7所。辖区教育事业稳步发展，借助时尚体育特色小镇建设契机，与意大利奇尼塞勒塞足球俱乐部（A.C. Cinisellese）签订鹿城区足球发展战略合作协议暨中意青少年足球训练基地（鹿城仰义）项目协议。开展辖区非法行医打击工作，有力打击辖区非法行医和“两非”行为，全年公共场所卫生许可现场审查44家；医疗机构许可证现场校验53家；共出动执法人员425人次，检查相关单位257家，取缔无证行医5家，立案2家，辖区医疗市场秩序明显改善。辖区共有1个社区卫生服务中心、2个卫生服务站以及13个村级卫生室。

（谷聪聪）

藤桥镇

【概况】 藤桥镇位于温州市鹿城区西部，东起仰义、南靠瓯海、西临青田、北连永嘉，距温州中心城区约15公里。主要交通线为330国道、绕城高速北线、渔藤公路和金温铁路。镇域面积97.66平方公里。藤桥镇政府驻藤桥南街183号。下辖新藤网格、藤南网格、南雅网格、上戍网格、戍浦网格、岙底网格等6个大网格和樟村村、垟岸村、后垟村、陈良村等55个行政村和1个藤桥居委会。2016年，藤桥镇辖区有户籍15036户、常住人口50830人、外来人口3.42万余，出生591人，死亡302人，人口自然增长率为5.68‰。

【农业】 藤桥镇系全国重点镇、温州市城乡统筹改革试点镇之一，也是鹿城区农业建设的重点镇。2016年，藤桥镇耕地面积2.33万亩，林地面积10.25万亩，农业产值1.01亿元，农村可支配收入34299元，增长8.54%。农作物播种面积4万亩，粮食生产播种2.5万亩；粮食总产量9816吨；肉类总产量2528.9吨。全镇粮食功能区4430亩和标准农田3900亩。

藤桥镇行政区划图　　区方志办提供

【工业】 2016年，藤桥镇实现工业总产值52.27亿元，完成有效投资12.1亿元，招商引资2.05亿元；完成规上工业增加值11.59亿元，同比增长9%，全社会消费品零售总额20.62亿元，同比增速16.5%；全社会销售额同比增速17.6%；税收收入（公共财政预算收入）6856万元，税收收入同比增速21.08%。辖区内浙江温州鹿城轻工产业园区一期规划面积6.65平方公里，经国家发改委审批确定为省级经济开发区，全年园区实现高新技术产业产值33.19亿元，完成固定资产投资5.35亿元，实现温商回归2.2亿元。

【商贸】 2016年，藤桥镇以泰新街、南街、戍浦南路等商贸街区为重点，建成商贸、金融、文化、餐饮、社区服务等功能相对齐全的服务网络。

【第三产业】 2016年，藤桥镇依托岩雅山风景区、老鼠山文化遗址、种子种苗科技园、温州浙农生态农庄、岙底田塘头爱国教育基地、小岙民宿、龙行峡等自然风光和人文资源，编制藤桥旅游总体规划，促进都市休闲旅游和生态观光旅游。

【城乡建设】 农房集聚项目建设有西都锦园、藤园景苑、青藤家园3个，总用地面积100221.21平方米，总建筑面积272259.86平方米，总套数1620套，总投资约12.25亿元，均于2016年竣工验收并交付使用；小微园建设承接市区级示范小微园建设项目3个，门前山中通物流小微园一期主体工程施工进展顺利，并于“双十一”正式投入使用，二期工程施工中。科技小微园一期完工，鹿城装备制造小微园主体完工；基础设施建设完成甬台温、金丽温天然气输气管道工程、温州末站和温州市天然气西向门站500余亩借地征地工作，并完成项目建设。完成乐清港铁路支线工程108亩土地组件报征和裸地政策处理工作以及35户1.2万平方米的民房和庙宇、村集体用房的拆迁工作，并进场施工。石鼓山水厂、220千伏藤桥变电站、三十一中、三十二中等工程建设进展顺利。完成21.9公里民生交通工程和联网公路建设，完成戍浦南路路面修复工程。城镇环境通过联合执法推进畜牧业转型升级，集中整治15家“50头以上规模养殖户”，全面拆除违章养殖场。开展“三改一拆”拆违行动78次，累计拆除违章建筑365件共15万平方米，创成无违建村6个。“两河”整治成效显著，基本消除河道黑臭情况。完成2个滨水公园和1个小游园建设。启动3个省级美丽宜居示范村创建，打造美丽精品线1条、精品村4个、5个历史文化村点。定期开展禁新巡查和私坟生态化改造，发现新建、翻新私坟99座，生态化改造210座，2个公益性生态公墓建设项目获得批复。“五水共治”基础设施镇区截污纳管、污水处理厂接管及提升泵站等污水处理工程进展顺利，全镇农村生活污水处理工程实现全覆盖。戍浦江综合治理工程政策处理及土地征收处理有序推进。完成枫林岙排灌河道整治及雅漾河整治工程建设，完成玉林溪樟村后岸段整治工程、东山里水库除险加固工程立项和招投标工作。

【计划生育】 2016年，藤桥镇创新人口与计生工作，十项基本指标基本完成，办理生育服务卡522份，办理第一胎生殖健康服务证227人、流动人口婚育证13人、独生子女父母光荣证120人，受理独生子女及两女户社会养老保险284人，奖励扶助人数为52人次。

【综合治理】 2016年，藤桥镇排查调处各类矛盾纠纷462件，涉及人数983人，调处率达100%。藤桥镇人民调委会被评为“市级先进人民调委会”；办结各类投诉欠薪案件处理案件124起，追回被拖欠工资总计346万元；化解信访积案8件，在G20杭州峰会、十八届六中全会和互联网大会期间，实现“零非访、零滋事”。推进大拆大整专项行动，建立联系领导责任制，组建七大工作组、六大网格、55个攻坚组，形成工作清单，逐一整治解决。强力推进危旧房、四无企业、“低小散”企业、出租房等整治提升，对农业生产区域范围内的违法建筑和设施，一律集中拆除。完善森林防火、动物防疫、防汛防台、农产品质量安全、农机安全五大农业公共安全防御体系；台风灾害期间，转移群众，成功防御多个连续台风。

【基层党建】 2016年，藤桥镇开展基层组织“深化年”建设和“两学一做”学习教育，严格把关镇级“两代表”的资格，选好镇级“两代表”，召开藤桥镇第十四次党代会和藤桥镇第十七届人代会。强化村级组织建设，推进基层党建“示范、达标、整转”创建工作，创成市级党建示范村1个、区级示范村12个、达标村41个，完成整转1个。开展“清风、清账、清障、清仓、清底”的五清行动，举办换届纪律宣传学习8期，加强“九严禁”换届纪律宣传，做好基层组织换届前期工作。优化网格队伍管理，出台大拆大整专项工作考核机制，进行量化考核，落实各项任务目标。按照“条线为主，条块结合”为原则，打造网格员带队、劳保员、村干部共同参与服务行政村的块上服务队和分别对接七大科室的线上工作室。深化农村党风廉政建设，加强农村基层作风巡查，严格规范村级“三资”管理，纠正“三资”监管薄弱环节，杜绝老人协会侵占村集体资产，强化小额工程监管，全力打造村级组织规范运行示范镇。

【社科文卫】 2016年，藤桥镇完成文化礼堂建设3个，文化礼堂总数达到11个。完成马鞍山体育休闲公园和南岸体育小康村建设提升，建成南岸广场百姓大舞台，推进大脚山登山步道和休闲公园建设。优化社会救助便民服务，六大网格设立“一门受理、协同办理”社会救助窗口，为群众提供“足不出格”的救助便利。对520户低保对象、共计847人实现动态管理，累计发放低保救助金459余万元，完成2016年城乡居民医疗保险目标任务。加快山区贫困老人互助托老点建设，建成32家居家养老服务照料中心，其中年内建成三星级居家养老服务照料中心8个。

（章陈泽）

山福镇

【概况】 山福镇地处鹿城区西北部，东临藤桥，北面永嘉，西靠青田，南接泽雅，区域面积60.42平方公里，镇政府驻临江东街208号。山福镇下辖江南、驿头、临江、双潮、临溪五个大网格和江南、临江、驿头、双潮4个社区及驿头山根、和平、平山、驿头岙底、下湾、西洲、横山、仁地、金岙、前盈、后支、巽岙、庄岩、江南上、大垟、沙头、朱下、东坑、东岙、茅垟、下冯山、荫溪潮埠、西坑、利八坑、黄茅坪、下冯、双溪、小旦、渡船头、沈岙、下垟、夏家山32个行政村。辖区有户籍1.11万户，户籍人口3.47万人，外来暂住人口1.01万人。年内，出生350人，死亡176人，人口自然增长率为5‰。2016年，山福镇获得温州市扶贫开发工作先进集体等称号。

【经济】 山福镇耕地面积0.84万亩，林地面积5.81万亩（其中国家

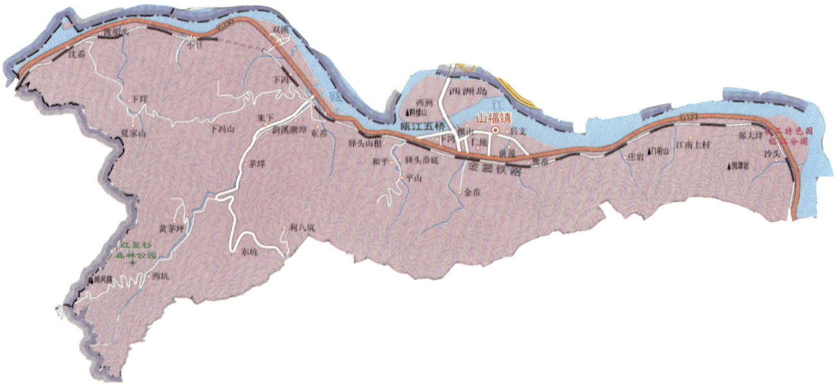

山福镇行政区划图　　区方志办提供

级公益林5万余亩）。2016年，全镇农作物播种面积1.83万亩、粮食生产播种0.99万亩、粮食总产量3384吨、农业产值1.0136亿元。肉类总产量1195吨。标准农田1100亩、新增土地流转面积600余亩。

2016年，山福镇全年实现有效投资4.75亿元，完成年任务量128.5%，其中工业性投资完成1.37亿元，规上工业累计产值11.76亿元，规上工业增加值近2.90亿元，同比增长11.4%；全社会消费品零售总额3.82亿元，同比增长15.1%，其中限上消费品零售额完成615万元，完成任务量103.3%；全社会批零销售总额11.61亿元，同比增长11.1%，其中限上批零贸易商品销售（营业）4.26亿元，同比增长5.8%；完成外资进口2.42亿元、外资出口0.71亿元。培育润新机械和博弘电器成为市级领军工业企业；实现个转企10家，盛威电子和双迪电器2家企业纳入培育库；实现高新技术产业产值5.88亿元，完成任务量108%，欧奇电子和艾仕康2家企业申报并获得市级科技型中小型企业；完成发明专利授权2个任务量。成功打造金岙村波斯菊观光基地、双潮向日葵观光两个花海项目；建立“休闲旅游基地、养生度假营地、生态体验胜地”三大主题旅游度假休闲基地；完善“山水生态游、度假养生游、文化体验游”三条特色旅游线路。

【城乡建设】 2016年，山福镇以“大拆大整”为主线，实现城镇空间再拓展、基础设施再升级、社会环境再优化。推进危旧房排查及治理、违法建筑拆除、“四无”生产经营单位集中整治、流动人口管理、安全生产隐患及涉尘涉爆企业大整治、出租房、合用场所消防安全及民宿、农家乐综合整治、城镇乱象治理等七大重点领域整治工作。累计排查建立各类危旧房一户一档共2792户，设立危房警示牌约500户，劝离腾空534户，拆除76户，加固90余户；拆除违法建筑90000多平方米；排查流动人口3692人，对其中700多人，已离开的暂住让予以注销；排查出租房及合用场所487间，整治合格率达96.9%，拘留出租房主3人；排查低小散企业316家，整治关停取缔70多家。逐步完善道路交通网络，以“交通西进”带动“城市西优”。完成站前大道修建，拓宽七水湾至东坑段道路，开工建设七水湾至西坑村拓宽工程，贯通潮埠至桐林垟上山公路，启动金山寺至林路公路路基建设，创成渡船头至夏家山鹿城区第一条美丽公路。创成市级卫生镇、2个市级卫生村、5个区级生态村。验收通过西洲、前盈、选岙、小旦、沙头5个村私坟生态化改造共计574座，新禁私坟105座。启动选岙村岙底潭骨灰楼建设，用地面积2.8亩，总投资约440万元。完成大小水利工程40余项，包括金岙小流域疏浚工程、沙头小流域清淤及堤坝维修工程、小旦河排灌河道整治工程、沈岙村饮用水管道维修、金岙村饮用水改造工程。加快传统优化提升，以都市休闲农业为主攻方向的雅西休闲园于5月正式对外营业。推进绿化工程与创森工程，完成人工造林248亩、村庄造林14亩和森林抚育2001亩；完善制订森林消防火灾处置预案，调整镇森林消防，完成32个村森林消防责任书签订工作。

【民生与社会事业】 2016年，山福镇着力补齐小康短板，累计发放民政、低保各类救助金近376万元，社会医疗救助款28.4万元，残疾人燃油补贴、护理补贴、生活补贴等182.2万元。新建居家养老服务中心3个、爱心驿站1个，多举措完成低保扩面工作，保障困难群众基本生活。对原4600元以下低收入农户实行动态管理，落实10个扶贫项目和救助救济政策。金岙村、平山村成功创成市级五美乡村。完成山福镇文联换届、临江侨联第三次归侨侨眷代表大会举办、村级侨联组织西洲岛侨联组建、镇台胞台属联谊会组建、镇商会组建、镇党外知识分子暨新的社会阶层联谊会组建、镇基层海外领事保护联络处组建等工作任务。完成山福籍29位侨领“口述实录”，并编撰成《山福华侨华人风采录》；聘任36名海外华侨为海外传播官，说好山福故事，传播山福声音。

【基层党建】 2016年6月22日，中国共产党温州市鹿城区山福镇第一次代表大会召开。《勠力同心 干字当头 奋力开创山福科学发展新局面》的报告。全面回顾总结2015年9月山福镇成立以来的主要工作，精心谋划今后五年的发展蓝图，研究部署2016年的战略目标与工作举措。

山福镇夯实党建基础，通过“两学一做”部署会，创新实施规定学、重自学、上门学、结对学、现场学的“五学模式”，相关情况被瓯江先锋频道播报栏目作典型报道。严格落实基层党建9项重点任务，新组建3家非公企业党支部及2家社会党组织，对3家工作不力的两新党组织进行换届。全镇上下参与基层党建“示范、达标、整转”三大行动，通过书记论坛和现场互学互比等形式，创成金岙、荫溪潮埠2个市级党建示范村、7个区级党建示范村，1个软弱涣散村实现整转，95%以上村居通过达标验收。全面开展农村作风巡查工作，推进村级换届“五清”行动，以“班子成员+驻村干部”模式全面掌握换届底数。强化村务监督委员会全程监督职责，完善村务监督委员会规范化建设，完成全镇31个老协的资金、资产摸底排查及清理移交工作，实现移交库存现金2.6万元、银行存款281万元，移交资产价值1292万元，避免因老协资金资产的不规范使用导致村集体经济的流失。

【综合治理】 2016年，山福镇以“浙江省平安建设信息系统”为依托，深化“两网融合”，严格落实大网格综治工作责任，加强对矛盾纠纷和治安安全隐患的排查力度，加强对涉毒人员的监管、查找力度，做到“了解掌握、排查调处、及时疏导、快速化解”。网格信息共录入2150条，其中矛盾纠纷、治安隐患等重点信息1851条，占93.44%。从“网格、科室、站所、村居”四个方面落实镇平安创建工作，罗列任务清单，明确分管领导和责任人，确定“网格负责安全隐患的排查，科室（站所）负责联合整治”的工作格局，补足工作短板；在重点时期，实行“日会商”制度，每日研判信访维稳和平安建设工作。按照“紧盯短板，查摆不足，提出措施，确定时限”的原则，督促工作的真正落实，累计检查小药店24家、小诊所24家、小食杂850家次、小餐饮店130家次、学校食堂32家次、快递寄送点22家次、加油站15家次、企业（出租房）3719家次。发现整改问题970余处，组织市监、行政执法、电业、派出所、安监、消防等部门开展联合执法行动130余次，治安拘留4人。

【防台抗台】 2016年，百年一遇的超强台风“莫兰蒂”对山福镇经济、社会造成巨大影响。此次台风中，山福镇共计13个村被困，16个村全面停电，三村受淹，受灾村民1.1万余人，农田受淹面积4800余亩，道路塌方200余处，7条公路塌方严重，交通设施损失约3000万元以上，镇内河道防洪堤及驳坎均有不同程度受损，农村生活饮用水工程破损严重，水利设施受损达1800多万元。工业、农业企业受淹停产损失约2000万元以上，总计损失约为7200万元以上。在“莫兰蒂”及后续的“鲇鱼”“艾利”“海马”4次台风中，镇政府及各村连续作战，充分调动各方力量，进村入户反复排查险情，总计投入700余人（320名机动抢险队员）对重点人员进行转移。台风期间共转移3700余人，召回渔船500余舟次。台风过后迅速下拨物资，做好房屋倒塌户、严重损房户等无家可归灾民的安置工作；集中力量抢修道路、供电、通讯、供水等生命线工程。

（黄　晟）

责任编辑　徐孝平

先进集体·个人名录

2016年度鹿城区“五水共治”建设美丽浙南水乡工作先进集体和先进个人名单

一、先进集体（10个）

区委农办、区广电新闻中心、区教育局、区综合行政执法局、区环保局、区温瑞塘河保护管委会、七都街道、滨江街道、南汇街道、藤桥镇

二、先进个人（32名）

胡碎华（区委办）
叶琪琪（区府办）
黄圣甫（区纪委）
倪金莲（区委组织部）
黄西堤（区委宣传部）
伍丽燕（区委统战部）
金　碧（区文明办）
王　毅（区发改局）
王博汉（区经信局）
陈菲力（区公安分局）
陈幼彦（区财政局）
李建鹏（区住建局）
金瓯曦（区文广新局）
白植健（区审计局）
叶海伟（区城中村改造办〈区工务局〉）
吴继钊（区治水办）
刘丹丹（团区委）
王　俊（区工商联）
陈婷（七都街道）
夏仙亦（滨江街道）
朱月华（南汇街道）
邹安宁（蒲鞋市街道）
王文君（南郊街道）
赵东冬（大南街道）
黄蓓辉（五马街道）
张　博（松台街道）
董晓来（广化街道）
王宜旺（双屿街道）
陈献平（丰门街道）
翁天祥（仰义街道）
应祖迁（藤桥镇）
诸建鹏（山福镇）

2016年度全区“三改一拆”工作先进单位和先进个人名单

一、先进单位（9个）

区经信局、区公安分局、七都街道、滨江街道、南汇街道、南郊街道、大南街道、五马街道、丰门街道

二、先进个人（40名）

许卫疆（区委办）
范晓丰（区府办）
吴加耀（区纪委）
林开雍（区委组织部）
刘起南（区委宣传部）
万　俊（区委农办〈区农林水利局〉）
徐胜宏（区信访局）
吴启翼（区文明办）
吴金林（区发改局）
林一俭（区经信局）
王文旭（区民宗局）
徐怡骅（区公安分局）
张　谷（区财政局）
张嘉健（区住建局）
林　羡（区综合行政执法局）
王令丰（区交通运输局）
周　密（区商务局）
李　妮　毛天翔（区城中村改造办〈区工务局〉）
吴向萍（区“三改一拆”办）
夏雪访（国土资源鹿城分局）
温丽俏（规划鹿城分局）
郑晓峰（房管鹿城分局）
项　勇（公安消防鹿城分局）
卢晓龙（鹿城供电分局）
徐刘凯（七都街道）
陈良福（滨江街道）
张　暐、朱月华（南汇街道）
孙晨阳（蒲鞋市街道）
周晓晨（南郊街道）
厉云弟（大南街道）
徐　芳（五马街道）
金文胜（松台街道）
葛光凡（广化街道）
金飞鹏（双屿街道）
朱晓峰（丰门街道）
翁天祥（仰义街道）

王学顺（藤桥镇）
全建阔（山福镇）

实施鹿城区“十二五”妇女儿童发展规划先进单位和先进个人名单

一、先进单位（5个）

区教育局、区民政局、区司法局、区统计局、区妇联

二、先进个人（16名）

徐静娴（区委组织部）
庞丽如（区委农办）
傅佳甄（区文明办）
石笑茹（区关工委办）
翁欣宇（区法院）
罗　青（区检察院）
林　霞（区发改局）
屠玲萍（区公安分局）
陈依依（区财政局）
柯晓君（区人力社保局）
仇明秋（区文广新局）
季伟丹（区环保局）
夏可仁（区总工会）
戴师师（团区委）
叶　琍（区残联）
张雪梅（区妇幼保健计生服务中心）

《鹿城年鉴》编纂工作先进个人的通知

李　哲（区政协）
林孝真（区人力资源和社保局）
赵陈杰（区委办）
厉希超（区府办）
叶　浩（区组织部）
卓晨柳（规划鹿城分局）
周灏渊（区纪委）
秦　臻（区侨办）
邓益萌（区公安分局）
王琼玛（区市场监督管理局）
潘艺萱（区科技局）
刘春光（区卫计局）
王颖颖（区交通局）
吴启翼（区文明办）
陈　晨（区党外知识分子联谊会）
邵　颖（市（区）打火机行业协会）
郑　雪（区总工会）
王成森（区机械联合会）
鲍海清（区农林水利局）
洪招朋（市汽车流通协会）
陈芳芳（区发展和改革局）
刘温涵（松台街道）
余琼蕙（市房管局鹿城分局）
张　俊（南郊街道）
程　翔（区金融办）
谷聪聪（仰义街道）
黄　彦（区住建局）
金颖娅（藤桥镇）
张晨方（区城管与执法局）
姜微微（区审管办）

2016年度街镇、产业园区和区直单位工作优秀领导者名单

一、2016年度街镇工作优秀领导者

林仕德（南汇街道党工委）
黄飞达（南汇街道办事处）
王　炯（滨江街道党工委）
周　鹏（滨江街道办事处）
吴旭东（南郊街道办事处）
张维凯（丰门街道党工委）
周松平（丰门街道办事处）
陈　辉（广化街道党工委）
董晓来（广化街道办事处）

二、2016年度产业园区工作优秀领导者

金生（轻工产业园区管委会）
叶学理（鞋都产业园区管委会）

三、2016年度区直单位工作优秀领导者

夏理勇（区委办）
毛显华（区委宣传部）
吴祝凡（区府办）
林建华（区委组织部）
施文明（区委统战部）
金龙伟（区纪委〈区监察局〉）
胡向阳（区财政局）
陈　峰（区城中村改造办〈区工务局〉）
谢云周（区环保局）
张海云（区综合行政执法局）
卢更生（区交通运输局）
杨明明（区商务局）
朱　克（区文明办）
柯志成（区市场监管局）
周　园（区文广新局）
徐一峰（区卫计局）
金长康（区温瑞塘河保护管委会）
张维忠（区司法局）
章　胤（区信访局）
戴　巧（区法院）
林景龙（区检察院）
陈滢冰（团区委）
张　靖（区档案局）
胡小洁（区残联）
李江涛（区审计局）

2016年度鹿城区有效投资、重点项目建设先进单位和先进个人名单

一、有效投资先进名单

（一）先进单位（5个）

七都街道、滨江街道、南汇街道、南郊街道、仰义街道

（二）先进个人（26名）

谷建勇（区委农办）
范盛帆（区发改局）
陈　辉（区财政局）
杨丽娜（区住建局）
黄喜春（区交通运输局〈区交建办〉）
李　颖（区统计局）
王珍微（区温瑞塘河保护管委会）
张崇波
董胜坤（七都街道）
苏士永　吴志平（滨江街道）
李晓鹏　邱苗苗（南汇街道）
徐　晋（蒲鞋市街道）
马晓玲　胡若容（南郊街道）
王永泽（大南街道）
金洁琼（五马街道）
林明武（松台街道）
杨一燕（广化街道）
吴万方（双屿街道）
麻　钞（丰门街道）
李一平　阮金平（仰义街道）
徐建军（藤桥镇）
金忠胜（山福镇）

二、重点项目建设先进名单

（一）先进单位（14个）

区财政局、区交通运输局（区交建办）、区农林水利局（区水建办）、区审计局、区城中村改造办（区工务局）、区审管办、区温瑞塘河保护管委会、国土资源鹿城分局、规划鹿城分局、七都街道、滨江街道、南郊街道、仰义街道、山福镇

（二）先进个人（15名）

王伟烈（区委办）
赵小松（区府办）
刘林蔚（区纪委）
张鹏飞（区发改局）
翁家金（区住建局）
周围乐（区审计局）
吴胜膑（轻工园区管委会）
陶建武（国土资源鹿城分局）
朱淑慧（规划鹿城分局）
林云龙（七都街道）
徐晓愫（滨江街道）
王希希（南郊街道）
夏海伦（五马街道）
王同快（仰义街道）
黄剑勋（温州木材集团）

2016年度鹿城区创业就业工作先进集体和先进个人名单

一、创业就业工作先进集体（15家，排名不分先后）

区政府办公室、区人力社保局、区总工会、区妇联、七都街道、南郊街道、五马街道、仰义街道、劳动保障所、山福镇劳动监察中队、鹿城区科技开发公司、康奈集团有限公司、星际控股集团有限公司、腾腾智能产业孵化基地（浙江腾腾电气有限公司）、浙江聚点科技有限公司、智创汇（温州波弟机器人科技有限公司）。

二、创业就业工作先进个人（35名，排名不分先后）

周文豪（区政府办公室）
张富谦（区委农办〈区农林水利局〉）
郑君郡（区发改局）
史　思（区经信局）
陈　瑛（区科技局）
叔琼瑶（区民政局）
徐　丹（区财政局）
陈　煦（区人力社保局）
朱芙蓉（区人力社保局）
吴　晟（区商务局）
麻芳芳（区市场监管局）
蒋年成（区招商局）
潘紫霄（区金融办）
池　溢（轻工园区管委会）
李海辉（鞋都管委会）
贾钧钬（区总工会）
郑莹莹（区团委）
林盈盈（区妇联）
林志申（区残联）
叶醒芬（七都街道）
张文捷（滨江街道）
刘筱菲（南汇街道）
叶俊杰（蒲鞋市街道）
周娇慧（南郊街道）
李嫣然（大南街道）
李明珠（五马街道）
吴进洪（松台街道）
王　华（广化街道）
邵新城（双屿街道）
黄云胜（丰门街道）
陈琳琪（仰义街道）
夏孝永（藤桥镇）
金忠胜（山福镇）
郑　亮（区就业管理服务处）
林　云（区社保中心）

2016年度鹿城区信访工作先进集体和先进个人名单

一、先进集体（22个）

1. 区直部门及街镇（11个）

区纪委、区委组织部、区委政法委、区信访局、区公安分局、区司法局、区财政局、区人力社保局、七都街道、丰门街道、仰义街道

2. 基层站所、网格、社区（村）（11个）

黎明派出所、松台街道司法所、双屿街道司法所、南汇街道金鳞大网格、蒲鞋市街道蒲鞋市大网格、大南街道马鞍池大网格、五马街道安澜大网格、广化街道翠微大网格、藤桥镇藤南大网格、山福镇临溪大网格、南郊街道西屿社区

二、先进个人（40名）
卢怡畅（区委办）
陈　东（区府办）
谢　伟（区人大常委会法制内司工委）
吴雷雨（区政协办）
吴建亚（区纪委）
娄力行（区委组织部）
蔡丽萍（区委政法委）
陈芳芳（区委政法委）
方学优（区委农办）
陈小微（区信访局）
林　玮（区文明办）
胡佳颖（区法院）
张萌萌（区检察院）
白劲松（区教育局）
郑乐斌（区民政局）
张　奇（区公安分局）
徐如芳（区公安分局）
朱震东（区住建局）
诸愿同（区综合行政执法局）
王莉莉（区审计局）
潘晓云（区法制办）
朱　若（区风景旅游管理局）
蔡耀中（区城中村改造办）
张志勇（规划鹿城分局）
李　戟（房管鹿城分局）
张建霞（区残联）
柴一峰（七都街道）
杜　晞（滨江街道）
夏爱睦（南汇街道）
王志章（蒲鞋市街道）
占鹏程（南郊街道）
陈志坚（大南街道）
金剑刚（五马街道）
陈　拓（松台街道）
方晓敏（广化街道）
张琳玮（双屿街道）
叶晓挺（丰门街道）
何　龙（仰义街道）
叶定忠（藤桥镇）
吴东洋（山福镇）

2016年度“平安鹿城”建设先进集体和先进个人名单

一、平安街道（镇）（13个）

七都街道、滨江街道、南汇街道、蒲鞋市街道、南郊街道、大南街道、五马街道、松台街道、广化街道、丰门街道、仰义街道、藤桥镇、山福镇

二、先进集体（7个）

区纪委、区信访局、区司法局、区文广新局、区环保局、区妇联、市交警支队一大队

三、先进个人（35人）
季王蒙（区委办）
潘云良（区纪委）
厉　震（区委维稳办）
童浩成（区委平安办）
叶玉峰（区信访局）
李良俊（区文明办）
陈广森（区法院）
严英莹（区公安分局）
孙　彤（区司法局）
陈　州（区住建局）
胡玉飞（区交通运输局）
李臣庚（区统计局）
王正良（区文广新局）
谢文挺（区环保局）
王　飙（区质监局）
戚静聪（区妇联）
陈　洁（区工商联）
张乘风（市交警支队一大队）
刘天昴（七都街道）
张青锋　颜子禾（滨江街道）
蔡军令（南汇街道）
黄春荣　蔡后仁（蒲鞋市街道）
覃春燕（南郊街道）
陈时春（大南街道）
王赛娜　陈　克（五马街道）
余　立（松台街道）
颜小海（广化街道）
蔡海波（丰门街道）
叶　珍（仰义街道）
王　烨　项滨滨（藤桥镇）
武连春（山福镇）

2016年度社会治安综合治理先进集体和先进个人名单

一、先进集体（10个）

南汇街道、蒲鞋市街道、南郊街道、仰义街道、区教育局、区公安分局、区人力社保局、区市场监管局、公安消防鹿城分局、区总工会

二、先进个人（34人）
诸陈东（区府办）
黄蒙福（区委组织部）
赵晓敏（区委宣传部）
谷建龙（区民宗局）
夏怀明（区委防范办）
陈　淼（区委平安办）
王浦仁（区委农办）
吴晨笛（区检察院）
林如辉（区教育局）
胡一辉（区公安分局）
任　杰（区人力社保局）
甘　毅（区卫计局）
潘奇岚（区安监局）
夏　琦（区市场监管局）
瞿伟俊（区新居民服务管理局）
梁　江（区残联）
徐　强（公安消防鹿城分局）
张乘燕（区总工会）
金　鑫（七都街道）
金赛亚（滨江街道）
项方毅（南汇街道）
夏微微（蒲鞋市街道）
钟秀芬（南郊街道）
陈榕榕　姜善义（大南街道）

邹延武（五马街道）
陈　拓　陈　策（松台街道）
黄清清（广化街道）
周增兴　麻剑玲（丰门街道）
周　舒（仰义街道）
吴天闻（藤桥镇）
姜定芳（山福镇）

2016年度全区禁毒工作先进集体和先进个人名单

一、先进集体（10个）

区关工委办、区教育局、区总工会、五马街道、仰义街道、南汇街道万源社区、蒲鞋市街道蒋家桥社区、南郊街道丽庆社区、莲池派出所、仰义派出所

二、先进个人（17名）

王　强（区公安分局）
曹小川（区交通运输局）
虞智慧（区农林水利局）
蒋爱华（区文广新局）
潘璐峰（团区委）
徐　亮（区禁毒办）
徐跃西（滨江街道）
陈琪棋（广化街道）
黄正植（丰门街道）
程添然（山福镇）
李　志（区公安分局禁毒大队）
林上钧（区公安分局五马派出所）
厉乘搏（区公安分局临江派出所）
张前进（区公安分局鞋都派出所）
蒋　清（七都街道七都社区）
支陈胜（双屿街道营楼桥社区）
黄阳衡（藤桥镇南雅社区）

2016年度消防工作先进单位和先进个人名单

一、2016年度消防工作先进单位（15家）

（一）街道办事处

松台街道、广化街道、蒲鞋市街道

（二）区有关单位

区教育局、区综合行政执法局、区市场监管局、区民政局

（三）消防安全管理工作站

丰门街道消防安全管理工作站、大南街道消防安全管理工作站、仰义街道消防安全管理工作站

（四）公安派出所

区公安分局上戍派出所、区公安分局南门派出所、区公安分局绣山派出所、区公安分局南郊派出所、区公安分局临江派出所

二、2016年度消防工作先进个人（31名）

蔡　丹（区政府办公室）
史　思（区经信局）
潘舞戈（区教育局）
周坚诚（区民政局）
汤荣成（区公安分局）
叶蓓珍（区财政局）
陈　卅（区住建局）
林　耸（区综合行政执法局）
林俊榜（区卫计局）
徐　洋（区安全监管局）
倪祖平（区市场监管局）
朱　若（区旅游局）
郑海静（房管鹿城分局）
郭治平（鹿城供电分局）
林锡烽（七都街道办事处）
张青锋（滨江街道办事处）
张以乐（滨江街道办事处）
朱晓湖（南汇街道办事处）
彭海东（蒲鞋市街道办事处）
戴和胜（南郊街道办事处）
练静勇（大南街道办事处）
黄甘宏（五马街道办事处）
雷立广（松台街道办事处）
吴恩胜（松台街道办事处）
孙秀钗（广化街道办事处）
张玲平（广化街道办事处）
周巨标（双屿街道办事处）
季贤深（丰门街道办事处）
周望泽（仰义街道办事处）
吴天闻（藤桥镇人民政府）
朱国新（山福镇人民政府）

2016年度鹿城区城市管理“治乱”工作先进集体和先进个人名单

一、先进集体（17个）

区广电新闻中心、区教育局、区民政局、区公安分局治安三大队、区住建局、区交通运输局、区文广新局、市交警支队一大队二中队、市交警支队二大队四中队、市运管稽查一大队一中队、团区委、滨江街道、大南街道、五马街道、松台街道、双屿街道、山福镇。

二、先进个人（69名）

金琼云（区委办公室）
蒋秋纬（区政府办公室）
陈　彬（区纪委）
陈小珍（区委组织部）
柯胡斌（区委宣传部）
潘晓秋（区委政法委）
施胜闯〔区委农办（区农林水利局）〕
陈　相（区信访局）
吴奕弦（区文明办）
陈伯聪（区文明办）
林小芬（区文明办）

陈春燕（区广电新闻中心）
胡棉棉（区发改局）
邵文立（区教育局）
徐淑淑（区民政局）
潘玉龙（区公安分局）
徐君远（区财政局）
吴晓贵（区人力社保局）
胡成聪（区住建局）
叶建文（区综合行政执法局）
郭华勇（区综合行政执法局）
胡忠泽（区综合行政执法局）
白文静（区交通运输局）
周　园（区文广新局）
叶善新（区卫计局）
柯志成（区市场监管局）
许海喜（区市场监管局）
钱一觉（区市场监管局）
梁　红（区质监局）
陈乐凯（区供销合作社）
李道章（区温瑞塘河管委会）
叶　彬（区城中村改造办公室〈区工务局〉）
潘志强（房管鹿城分局）
金慎锵（市交警支队一大队）
洪　武（市交警支队一大队）
林智财（市交警支队二大队）
叶　环（市交警支队二大队）
戴督坚（市运管局稽查一大队）
陈显建（团区委）
汪筱萍（区妇联）
项　勇（消防鹿城分局）
胡戈奇（七都街道）
袁良坚（七都街道）
夏仙亦（滨江街道）
富朝灿（滨江街道）
王军霞（南汇街道）
詹　强（南汇街道）
胡俊武（蒲鞋市街道）
陈建国（蒲鞋市街道）
黄旋旋（南郊街道）
李文俊（南郊街道）
黄　琼（大南街道）
周瑜丹（大南街道）
黄蓓辉（五马街道）
谷小叶（五马街道）
黄瑞秋（松台街道）
金文胜（松台街道）
姜斌斌（广化街道）
林温娜（广化街道）
盛　芳（双屿街道）
陈秀环（双屿街道）
王一川（丰门街道）
黄和平（丰门街道）
徐东波（仰义街道）
李文清（仰义街道）
王　伟（藤桥镇）
吴健男（藤桥镇）
徐眉豹（山福镇）
严信克（山福镇）

2016年度鹿城区城中村改造、房屋征收、安置提速工作先进单位和先进个人名单

一、城中村改造工作先进名单

（一）先进单位（5个）

区城中村改造办（区工务局）、滨江街道、南汇街道、南郊街道、仰义街道

（二）先进个人（21名）

黄暖节（区文明办）
肖忠格（区发改局）
张大海（区财政局）
李健（区住建局）
杨玉干（区综合行政执法局）
柴一蝉（区审计局）
陈　峰（区城中村改造办〈区工务局〉）
谢泽洲　许德文（滨江街道）
徐　凯　周金清（南汇街道）
陈旭忠（蒲鞋市街道）
陈　峰　郑小光（南郊街道）
叶庆国（大南街道）
季族宏（松台街道）
王奔（广化街道）
钱丽丹　何素丰（双屿街道）
祝晓乐（丰门街道）
周　驰（仰义街道）

二、房屋征收工作先进名单

（一）先进单位（5个）

区发改局、区财政局、区综合行政执法局、国土资源鹿城分局、规划鹿城分局

（二）先进个人（29名）

杨雪（区府办）
李真彦（区纪委〈区监察局〉）
南胜国（区委政法委）
李　元（区法院）
陈　慧（区检察院）
李国民（区发改局）
郭晓雷（区公安分局）
何　军（区财政局）
杨绍概（区综合行政执法局）
黄雪奇　汤文才（区城中村改造办〈区工务局〉）
叶定先（国土资源鹿城分局）
徐向速（规划鹿城分局）
吴长兴（房管鹿城分局）
杨　澜（七都街道）
李　丰　薛　一（滨江街道）
林泉澄　沈伟亮（南汇街道）
叶声慧（蒲鞋市街道）
李成超　鲁胜康（南郊街道）
林　旭（松台街道）
葛光凡（广化街道）
戴向前　潘　跃（双屿街道）
潘　严（丰门街道）
张　甲（仰义街道）
叶浩树（藤桥镇）

三、安置提速工作先进名单

（一）先进单位（5个）

七都街道、滨江街道、南汇街道、南郊街道、五马街道

（二）先进个人（22名）

徐夫忠（区住建局）
杨丽霞（区交通运输局）
南　骏（区农林水利局）
王蒙飞（区城中村改造办〈区工务局〉）
叶云潘（轻工园区管委会）
王一麟（鞋都园区管委会）
侯超万（区温瑞塘河保护管委会）
陈　淮（七都街道）
林国华（滨江街道）
陈德方（南汇街道）
张炳光（蒲鞋市街道）
梁连新（南郊街道）
孙　伟（大南街道）
郑浩凯（五马街道）
黄　洁（松台街道）
廖俊杰（广化街道）
陈祥武、林建永（双屿街道）
黄仙芒（丰门街道）
祝建武（仰义街道）
夏建林（藤桥镇）
林文杰（山福镇）

2016年度鹿城区功勋企业名单

康奈集团有限公司
巨一集团有限公司
东艺鞋业有限公司
温州市飞丹鞋业有限公司
温州市瑞星鞋业有限公司
星际控股集团有限公司
浙江旭达鞋业有限公司
海特克液压有限公司
温州意迈达鞋业有限公司
华五电气有限公司
珂卡芙鞋业有限公司
帝邦鞋业有限公司
温州市润新机械制造有限公司
温州市太阳神鞋业有限公司
浙江长城搅拌设备股份有限公司
温州南方游乐设备工程有限公司
浙江温州银泰百货有限公司
国药控股温州有限公司
温州开元集团有限公司
红蜻蜓营销温州有限公司
温州市英特药业有限公司
温州时代广场购物中心有限公司
温州崇高百货有限公司
温州苏宁云商销售有限公司
温州瑞信电子有限公司
温州起步信息科技有限公司
温州开太百货有限公司
温州新宇钟表有限公司
温州讯怡电子有限公司
浙江新邦建设股份有限公司
三箭建设工程集团有限公司
鲲鹏建设集团有限公司
新宇建设有限公司
万洋集团有限公司
温州矿山井巷工程有限公司
中纬建设工程有限公司
金达建设有限公司
温州绿城家景房地产开发有限公司
温州市中梁盛置业有限公司
温州新希望置业有限公司
温州市京都房地产开发有限公司
正丰房地产开发有限公司
温州融地置业有限公司
温州省直房地产开发有限公司
温州万昱置业有限公司
浙江中梁置业有限公司
温州绿城房地产开发有限公司
温州宏德建设开发有限公司
温州明大置业有限公司
温州凯瑞置业有限公司
温州中心大厦建设发展有限公司
温州市华顺房地产开发有限公司
浙江温州鹿城农村商业银行股份有限公司
温州康宁医院股份有限公司
香格里拉大酒店（温州）有限公司
浙江温州安邦护卫有限公司
温州鹿城捷信小额贷款股份有限公司
温州王朝大酒店有限公司
温州鹿城禾本小额贷款股份有限公司
浙江金牛文化产业有限公司
温州锦绣酒店投资有限公司喜来登酒店
浙江大管家物业管理服务有限公司
温州国际大酒店有限公司
温州市城市物业管理服务有限公司
温州市鹿城华泰小额贷款股份有限公司
浙江光正大律师事务所

2016年度鹿城区功勋企业家名单

郑秀康康奈集团有限公司
潘建中巨一集团有限公司
陈国荣东艺鞋业有限公司
潘定龙浙江旭达鞋业有限公司
吴长麟华五电气有限公司
郭锦巧温州市太阳神鞋业有限公司
邓朝军浙江温州银泰百货有限公司
李艾黎国药控股温州有限公司
王真云温州时代广场购物中心有限公司
孙宏建温州崇高百货有限公司
李哲温州市英特药业有限公司
李跃胜温州开元集团有限公司、温州鹿城捷信小额贷款股份有限公司
郑重温州开太百货有限公司
李忠华红蜻蜓营销温州有限公司
李碎余温州新宇钟表有限公司

管伟立温州康宁医院股份有限公司
朱志群温州王朝大酒店有限公司
叶亮浙江金牛文化产业有限公司
肖枫温州锦绣酒店投资有限公司喜来登酒店
倪铁城温州国际大酒店有限公司
杨剑浙江中梁置业有限公司
陈锵浙江新邦建设股份有限公司
毛晨阳鲲鹏建设集团有限公司
李筱明三箭建设工程集团有限公司
范小青中纬建设工程有限公司
吴胜光新宇建设有限公司
陈宏强浙江温州鹿城农村商业银行股份有限公司

2016年度鹿城区工业50强企业名单

浙江禾本科技有限公司
泰力实业有限公司
黎明液压有限公司
温州市博弘电器有限公司
申瓯通信设备有限公司
温州市东风通用机电厂
温州伟明环保能源有限公司
意万达鞋业有限公司
浙江金得利电器有限公司
温州市万润鞋业有限公司
温州华邦混凝土有限公司
浙江金瑞五金索具有限公司
浙江太极鞋业有限公司
温州万丰混凝土有限公司
温州鼎丰鞋业有限公司
温州市长发祥鞋业有限公司
巨日鞋业有限公司
温州巨纳鞋业有限公司
浙江皇家鞋业有限公司
浙江飞友康体设备有限公司
浙江戈美其鞋业有限公司
浙江迪丰服饰有限公司
温州市利步达鞋业有限公司
温州市万家利商品混凝土有限公司
浙江近正鞋材有限公司
巨康鞋业有限公司
温州市鹿城东瓯染料中间体厂
温州市黎东眼镜有限公司
浙江九龙鞋业有限公司
温州瑞基测控设备有限公司
泰马鞋业有限公司
温州市三箭混凝土有限公司
温州市卫林鞋业有限公司
温州市创源水务有限公司
温州市鹿城富仕达鞋业有限公司
温州森林狼鞋业有限公司
温州市源荣鞋业有限公司
温州市赛牛鞋业有限公司
温州市双豪鞋业有限公司
浙江欢鸟鞋业有限公司
浙江意迈达鞋业有限公司
温州市中天皮鞋制造有限公司
浙江鼎铃电器有限公司
温州市斯美高鞋业有限公司
浙江宏顺鞋业有限公司
温州市登达化工有限公司
温州市日翔鞋业有限公司
浙江双屿实业有限公司
浙江恒诚鞋业有限公司
温州市澳迈鞋材有限公司

2016年度鹿城区商贸业50强企业名单

温州迪信通电子通信技术有限公司
温州新特医药有限公司
温州市百富食品有限公司
德嘉木业有限公司
温州之星汽车有限公司
温州市亚泰进出口有限公司
温州锐力体育用品有限公司
如新（中国）日用保健品有限公司温州分公司
温州正能石油化工有限公司
浙江绿森数码科技有限公司
温州美特斯邦威服饰有限公司
温州市日清贸易有限公司
温州捷骏汽车有限公司
温州鹏润国美电器有限公司
温州市航天信息计算机有限公司
温州百润投资有限公司
温州天成控股有限公司
温州好又多百货有限公司
温州市中原皮塑有限公司
温州融金经贸有限公司
温州欣瑞电子有限公司
浙江金海贵金属有限公司
温州中胤时尚鞋服设计有限公司
温州联奥汽车销售服务有限公司
浙江鸣隆数码科技股份有限公司
温州市鑫日国际贸易有限公司
温州市强盟鞋业有限公司
温州通诚经贸有限公司
温州一正药房连锁有限公司
上海统一星巴克咖啡有限公司温州分公司
温州市中燃华颢燃气有限公司
温州市天罡贸易有限公司
温州美的制冷产品销售有限公司
温州市荣格贸易有限公司
温州尚羽贸易有限公司
温州百润金属有限公司
温州久都商贸有限公司
温州市瑞博催化剂有限公司
温州市国信医药有限公司
温州财富购物中心有限责任公司
温州百捷金属有限公司
温州亿烨贸易有限公司
温州市南亚粮油食品有限公司
浙江帝杰曼信息科技股份有限公司
温州赛鑫电子有限公司
温州市嘉乐服装有限公司

温州维沃电子有限公司
浙江瓯滨工贸有限公司
温州诚宏百货有限公司
温州华通丰田汽车服务有限公司

2016年度鹿城区服务业50强企业名单

温州维多利亚大酒店有限公司
温州万和豪生大酒店有限公司
温州星河物业管理有限公司
温州新南亚大酒店有限公司
温州奥林匹克假日大酒店有限公司
浙江震瓯律师事务所
温州艺星医学美容医院有限公司
浙江人民联合律师事务所
浙江平宇律师事务所
浙江泽商律师事务所
温州方圆检验认证有限公司
温州市鹿城区鼓楼东阿外楼大酒店
浙江越人律师事务所
温州云天楼实业有限公司
浙江聚点科技有限公司
温州海外旅游有限公司
温州市黄河清洁有限公司
浙江爱万得物业管理有限公司
温州市圣运达企业管理服务有限公司
温州东瓯会计师事务所有限责任公司
浙江海昌律师事务所
温州华威软件产业园公司
温州市益科环保科技有限公司
温州市长城建设监理有限公司
温州金鹰智能工程有限公司
金泰集团有限公司
浙江鸿翔物业管理服务有限公司
浙江求新建筑设计有限公司
温州金斓物业服务有限公司
浙江怡联网络科技有限公司
温州启源房地产顾问有限公司
温州国旅旅游有限公司
温州市鹿城区物业管理总公司
温州市温韵速递有限公司
温州市朝阳油品运输有限公司
温州市亚美信企业顾问有限公司
温州华明会计师事务所有限公司
温州市震旦汽配市场有限公司
温州东方仰义乡村俱乐部有限公司
浙江索思科技有限公司
温州市赛格金典影城有限公司
温州数码创业投资有限公司
温州市鹿城保安公司
浙江省温州新干线快速客运有限公司
浙江亦芃广告有限公司
浙江思珀整合传播有限公司
温州瓯越专利代理有限公司
温州维正知识产权代理有限公司
温州锋尚网络科技股份有限公司
温州联欣科技有限公司

2016年度鹿城区税收50强企业名单

温州市金兴名晨投资中心（有限合伙）
泰力实业有限公司
温州伟明环保能源有限公司
黎明液压有限公司
温州市东风通用机电厂
温州锐力体育用品有限公司
意万达鞋业有限公司
浙江太极鞋业有限公司
温州市万润鞋业有限公司
温州华邦混凝土有限公司
浙江金得利电器有限公司
温州市日清贸易有限公司
温州迪信通电子通信技术有限公司
温州市长发祥鞋业有限公司
浙江金瑞五金索具有限公司
温州巨纳鞋业有限公司
温州鼎丰鞋业有限公司
申瓯通信设备有限公司
温州美特斯邦威服饰有限公司
浙江禾本科技有限公司
温州市博弘电器有限公司
温州万丰混凝土有限公司
温州鹏润国美电器有限公司
温州市利步达鞋业有限公司
温州振华建设有限公司
温州市赛牛鞋业有限公司
温州天盛企业有限公司
浙江九龙鞋业有限公司
温州市黎东眼镜有限公司
温州市百富食品有限公司
温州维多利亚大酒店有限公司
浙江戈美其鞋业有限公司
温州森林狼鞋业有限公司
温州瑞基测控设备有限公司
浙江飞友康体设备有限公司
温州市万家利商品混凝土有限公司
温州万和豪生大酒店有限公司
温州市源荣鞋业有限公司
温州市鹿城富仕达鞋业有限公司
温州欣瑞电子有限公司
温州新特医药有限公司
温州市鹿城利尔达电子器材公司
巨康鞋业有限公司
温州市三箭混凝土有限公司
温州诚博建设工程有限公司
浙江迪丰服饰有限公司
奥乐科技有限公司
温州市双豪鞋业有限公司
温州浙南汽车设备回收有限公司
温州市中天皮鞋制造有限公司

2016年度鹿城区招商引资先进人物名单

陈建静置信集团有限公司

康龙光大金瓯资产管理有限公司
赵海峰温州万福置业有限公司
樊俊宏温州新希望置业有限公司
王益友温州明大置业有限公司
梅伟温州安曼达酒店管理有限公司
郁文杰温州润祥房地产开发有限公司
陈忠进温州市华鸿房地产开发有限公司
陆建成温州浙鲁建设开发股份有限公司
黄继洪温州桃花岛房地产有限公司

2016年度鹿城区首次获得品牌荣誉企业名单

一、商标荣誉

（一）获得浙江省著名商标企业

温州南方游乐设备工程有限公司
温州金点企业重组顾问有限公司
浙江绿森数码科技有限公司

（二）获得温州市知名商标企业

温州玉清池足浴管理有限公司
温州市星榜汽车零部件有限公司
浙江彦林网络科技股份有限公司
温州去茶去餐饮管理有限公司
温州华侨饭店有限公司
温州市精诚国际旅行社有限公司

二、品牌荣誉

（一）获得浙江名牌产品企业

温州南方游乐设备工程有限公司
温州国旅旅游有限公司

（二）获得温州名牌产品企业

申瓯通信设备有限公司
浙江双屿实业有限公司
奥乐科技有限公司

（三）获得2016年度鹿城区政府质量奖企业

中纬建设工程有限公司

2016年度鹿城区建筑行业突出贡献单位名单

一、2016年度国家AAA级安全文明标准化工地

浙江新邦建设股份有限公司承建的温州滨江广场项目一期工程

二、2016年度浙江省建筑安全文明施工标准化工地

浙江新邦建设股份有限公司承建的温州市鹿城区藤桥镇新家园（农房改建）、新社区（农房改造）工程
新宇建设有限公司承建的温州市汇昌河葡萄居住区9—1地块建设工程
温州诚博建设工程有限公司承建的温州市第二十七中学建设工程

三、2016年度浙江省建设工程“钱江杯”奖（优质工程）

三箭建设工程集团有限公司承建的温州市公安科技大楼建设工程

四、2016年度温州市建设工程瓯江杯奖（优质工程）

中纬建设工程有限公司承建的温州市鹿城区七都千亩征地等项目安置房与七都农房集聚区（一期）工程

温州鹿城第一建筑工程有限公司承建的温州市教育大楼工程

温州振华建设有限公司承建的温州市鹿城双屿上伊村经济合作社（铁路沿线）二产标准厂房1#厂房

五、资质晋升企业

鲲鹏建设集团有限公司审核通过为市政公用工程总承包特级

六、鹿城区建筑业龙头骨干企业

鲲鹏建设集团有限公司
浙江新邦建设股份有限公司
新宇建设有限公司
中纬建设工程有限公司
三箭建设工程集团有限公司
金达建设有限公司
浙江绿艺园林工程有限公司
浙江红欣园林艺术有限公司
浙江一洲建筑装饰工程有限公司
浙江万邦建筑装饰工程有限公司
浙江三石装饰有限公司
温州厦泰基础工程有限公司

七、鹿城区建筑业强企

正坚建设有限公司
温州鹿城第一建筑工程有限公司
温州诚博建设工程有限公司

八、鹿城区建筑业成长型企业

广拓建设有限公司
温州振华建设有限公司
浙江实强建设有限公司
温州市华昌市政工程有限公司
浙江信博城市建设有限公司
温州隆盛市政建设有限公司
恒运市政园林建设有限公司
温州市宏泰建设有限公司
温州市瑞丰装饰工程有限公司
浙江治民园林工程有限公司
浙江绣山园林建设有限公司
温州市腾方园林建设有限公司

九、鹿城区建筑业外向型企业

温州浙南建设集团有限公司
温州中城晟泰市政工程有限公司
温州市鹿城建筑安装工程有限公司

2016年度鹿城区科技工作先进单位名单

一、新增国家高新技术企业

温州市天瑞制药机械有限公司
浙江捷洋科技有限公司
温州市特康弹力科技股份有限公司

温州炬星照明有限公司
温州长城基础工程有限公司
温州金鹰智能工程有限公司
浙江豪联信息科技有限公司
浙江青兴科技有限公司
浙江思珀整合传播有限公司

二、新增市级以上研发机构

（一）新增省级高新技术企业研究开发中心

汇智智慧城市和物联网省级高新技术企业研究开发中心（汇智智能科技有限公司）

尔乐干燥设备省级高新技术企业研究开发中心（浙江尔乐干燥设备有限公司）

黎东光学眼镜材料省级高新技术企业研究开发中心（温州市黎东眼镜有限公司）

怡联云计算及大数据省级高新技术企业研究开发中心（浙江怡联网络科技有限公司）

（二）新增市级企业技术研究开发中心

中环正源水处理企业技术研究开发中心（温州中环正源水务有限公司）

奥乐智能化系统企业技术研究开发中心（奥乐科技有限公司）

飞龙聚氨酯设备工程企业技术研究开发中心（温州飞龙聚氨酯设备工程有限公司）

坚士建筑门锁企业技术研究开发中心（坚士锁业有限公司）

炬星照明企业技术研究开发中心（浙江炬星照明有限公司）

日峰智能保健按摩器材企业技术研究开发中心（浙江日峰电器有限公司）

利普自控设备企业技术研究开发中心（温州市利普自控设备有限公司）

三、新增国家知识产权管理体系认证企业

浙江飞友康体设备有限公司
星际控股集团有限公司
华五电气有限公司
温州市登达化工有限公司

四、新增市级以上专利示范企业

（一）国家知识产权优势企业

温州市润新机械制造有限公司
浙江飞友康体设备有限公司

（二）省级专利示范企业

华五电气有限公司
浙江金瑞五金索具有限公司
温州南方游乐设备工程有限公司

（三）市级专利示范企业

巨一集团有限公司
温州市鹿城大宗光学眼镜有限公司
浙江旭达鞋业有限公司
浙江华卫智能建筑技术有限公司

五、浙江省专利优秀奖

釜用磁力辅助支撑（浙江长城搅拌设备股份有限公司）

六、获市级以上科学技术奖励项目

（一）市技术发明奖三等奖

三相容性负荷同步投切控制方法的研究与应用（浙江清电科技有限公司）

（二）市科技进步三等奖

柔性全感按摩鞋<康奈弹弹鞋>（康奈集团有限公司）

七、新增市级科技企业孵化器

腾腾智能产业孵化基地（浙江腾腾电气有限公司）

时尚信息产业孵化器（温州聚点电商产业园开发有限公司）

八、获国家级备案众创空间

浙江工贸学院众创空间（浙江工贸学院）

九、获省级备案众创空间

梦创汇（温州市鹿城区科技开发公司）

十、新增市级众创空间

维度创业工场（温州维度投资管理有限公司）

鹿城西部极客村（智雅科技温州有限公司）

温州市通用航空创客园（温州市工业科学研究院）

云创空间（温州云创空间文化创意有限公司）

鞋都创客空间（温州鞋博城电子商务有限公司）

火柴亮了众创空间（温州市红太阳设计创意园有限公司）

温州市工艺美术创意园（温州市工艺美术研究院）

九山创客广场（温州创客创业园开发有限公司）

智创汇（温州波弟机器人科技有限公司）

2016年度鹿城区开放型经济工作先进单位名单

一、2016年度鹿城区生产企业出口10强

巨一集团有限公司
浙江禾本科技有限公司
温州市太阳神鞋业有限公司
浙江旭达鞋业有限公司
东艺鞋业有限公司
温州意迈达鞋业有限公司
温州市瑞星鞋业有限公司
康奈集团有限公司
帝邦鞋业有限公司
浙江金得利电器有限公司

二、2016年度鹿城区外贸流通企业出口10强

温州市天罡贸易有限公司
温州五洲进出口有限公司
温州中胤时尚鞋服设计有限公司
温州市理恒贸易有限公司
温州锦华国际贸易有限公司
温州市信尔贸易有限公司

温州市硕海进出口有限公司
浙江彦林网络科技股份有限公司
温州浙诚商贸有限公司
温州展亿国际贸易有限公司

三、2016年度鹿城区进口企业5强

德嘉木业有限公司
温州崇高百货有限公司
温州新彩贸易有限公司
温州英豪国际贸易有限公司
温州市奇盟贸易有限公司

2016年度金融机构支持鹿城区经济发展业绩考评先进单位名单

一、银行业先进单位

（一）一等奖

兴业银行鹿城支行

（二）二等奖

温州银行鹿城分行
鹿城农商银行
交通银行信河支行

（三）三等奖

招商银行鹿城支行
中国银行鹿城支行
农业银行鹿城支行
宁波银行温州分行
华夏银行鹿城支行

二、小额贷款公司先进单位

温州市鹿城华泰小额贷款股份有限公司

第四届鹿城区信用管理示范企业、先进企业

一、第四届鹿城区信用管理示范企业名单（19家）

温州中城晟泰市政工程有限公司
正坚建设有限公司
温州市安技防范配套工程有限公司
老人头尚品有限公司
浙江飞友康体设备有限公司
浙江三石装饰有限公司
温州新洲文化传媒有限公司
温州市腾方园林建设有限公司
温州金棕榈建设有限公司
浙江禾本科技有限公司
温州市精诚国际旅行社有限公司
温州老香山医药连锁有限公司
温州中诚贸易有限公司
浙江索思科技有限公司
温州振华建设有限公司
浙江旭达鞋业有限公司
浙江新邦建设股份有限公司
浙江绿艺园林工程有限公司
温州宏源水电建设有限公司

二、第四届鹿城区信用管理先进企业名单（5家）

温州一洲医药连锁有限公司
温州市康居物业管理有限公司
浙江鸿翔物业管理服务有限公司
浙江利东道路保洁有限公司
浙江温州鹿城农村商业银行股份有限公司

责任编辑　贾海丹

统计公报与分析

统计公报

2016年鹿城区国民经济和社会发展统计公报

2016年，鹿城区积极应对严峻复杂的内外部经济环境，认真贯彻落实市委、市政府和区委、区政府的重大决策部署，主动适应经济发展新常态，坚持稳中求进工作总基调，以新战略谋求新发展，积极推进供给侧结构性改革，坚定不移打好转型升级系列组合拳，经济平稳运行，社会和谐发展，实现了“十三五”良好开局。

一、综合经济

据初步核算，2016年全区生产总值（GDP）877.05亿元，按可比价计算，同比增长7.5%（“同比增长”“同比下降”以下简称“增长”“下降”），与上年持平。按户籍人口计算，人均地区生产总值为116578元（按年平均汇率折算为17551美元），增长6.5%。全员劳动生产率为12.84万元/人，按可比价计算比上年提高7.5%。

在地区生产总值中，第一产业增加值1.85亿元，增长4.3%；第二产业增加值244.10亿元，增长2.1%；第三产业增加值631.10亿元，增长9.9%。三次产业结构由上年的0.2∶30.5∶69.3调整为0.2∶27.8∶72.0。第二、第三产业对全区经济的贡献率分别为8.5%和91.4%，依次拉动经济增长0.6和6.9个百分点，第三产业对经济增长的拉动作用更趋显著。

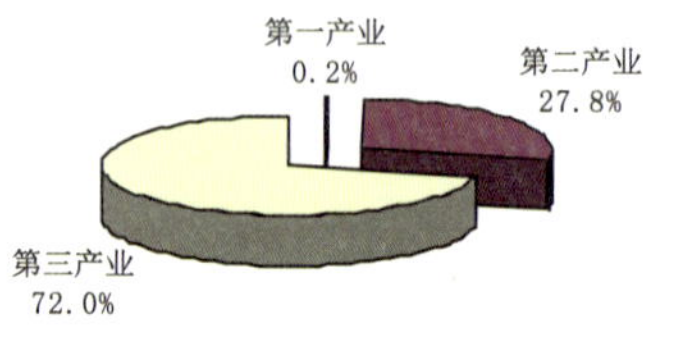

生产总值构成

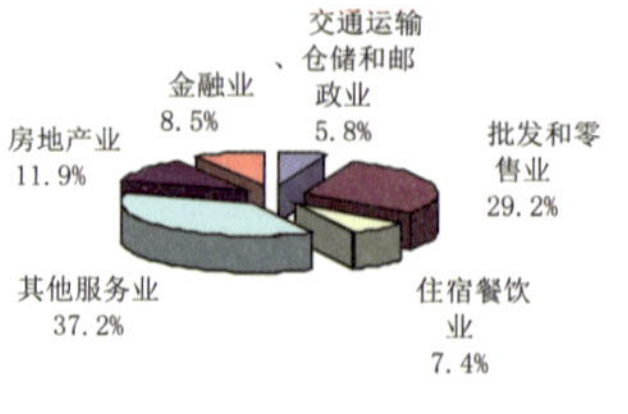

第三产业增加值构成

图1 2016年地区生产总值及第三产业增加值构成

全年居民消费价格指数（CPI）比上年上涨1.4%，涨幅较上年扩大0.7个百分点。八大类商品和服务项目价格呈现“五涨三跌”格局，其中食品烟酒类、衣着类、教育文化和娱乐类、医疗保健类、其他用品和服务类分别上涨3.8%、2.0%、4.8%、0.6%、2.7%；居住类、生活用品及服务类、交通和通信类分别下降0.7%、0.9%、1.8%。工业生产者出厂价格指数（PPI）、购进价格指数（IPI）分别下降2.0%、1.4%，降幅分别较上年缩小0.5、2.3个百分点。

二、农业经济和新农村建设

全年农林牧渔业增加值1.87亿元，增长4.3%，增速比全市平均水平高0.1个百分点，农、林、牧、渔及其服务业增加值结构为64.4∶1.2∶31.8∶1.9∶0.7。全年农林牧渔业总产值3.62亿元，按可比价计算增长2.9%，增速较上年下滑0.7个百分点。全年粮食作物播种面积47820亩，增长2.1%；粮食亩产385公斤，下降5.2%；粮食总产量18396吨，下降3.3%。在经济作物中，蔬菜（含菜用瓜）播种面积21030亩，增长0.7%；油料播种面积5130亩，增长18.0%；果用瓜播种面积1635亩，增长23.3%。全年肉类总产量8631吨，下降8.2%。其中，猪肉产量2605吨，下降35.5%；牛肉产量44.4吨，增长39.6%；禽肉产量5932吨，增长12.5%。淡水产品产量722吨，增长2.4%。其中，鱼类产量528吨，增长13.4%；虾蟹类产量123吨，下降18.5%。

鹿城区共有区级以上农业龙头企业20家，其中国家级1家、省级4家、市级11家、区级4家；其中有12家从事电子商务，全年农业电商累计销售额达5200万元。全区拥有市级以上农民专业合作社16家，其中国家级3家、省级1家、市级12家。全年农业标准化实施面积4.5万亩，农业标准化率达63.6%，其中无公害农产品、绿色食品和有机农产品产地面积1.26万亩。全区有无公害农产品40个、中国绿色食品标志认证产品2个、浙江名牌农产品3个，浙江名牌商标产品1个。全年水稻生产机械化综合作业水平达71.6%，机耕作业面积3.38万亩，机耕率99.0%；机收3.289万亩，机收率96.2%。全年完成山地造林面积390亩，人工更新面积105亩，森林抚育5085亩，村庄绿化30亩，公路铁路绿化5亩，全年新植珍贵树5.8万株。

三、工业和建筑业

全年全区工业总产值474.41亿元，增长6.9%，比上年下滑0.1个百分点；工业增加值173.01亿元，增长6.7%，比上年提高0.2个百分点。其中，全区297家规模以上工业企业总产值317.28亿元，增长7.7%，增速比上年下滑1.2个百分点；工业增加值77.00亿元，增长6.6%，与上年持平。

分行业看，全区规模以上工业22个行业大类中16个行业总产值正增长，主导行业中，制鞋业工业总产值169.04亿元，增长7.6%；装备制造业和化学原料及化学制品制造业工业总产值分别为86.34亿元和14.08亿元，分别增长10.6%和14.5%。分企业类型看，全区规模以上大型企业工业总产值72.92亿元，增长5.9%；中型企业工业总产值117.01亿元，增长9.8%；小型企业工业总产值125.62亿元，增长6.9%；微型企业工业总产值1.73亿元，下降5.4%。规模以上工业销售产值302.47亿元，增长6.8%，产销率95.3%，比上年下滑0.8个百分点；其中出口交货值94.13亿元，下降2.3%，占销售产值比重为31.1%。全年规模以上工业企业利润总额13.22亿元，增长16.6%，比上年提高13.0个百分点。

规模以上工业中，战略新兴产业、高新技术产业和装备制造业工业增加值分别为2.49、23.54和16.85亿元，分别增长13.1%、10.2%和5.4%，分别占规上工业增加值总量的3.2%、30.6%和21.9%；新产品产值92.56亿元，增长3.8%，新产品产值率为29.2%。

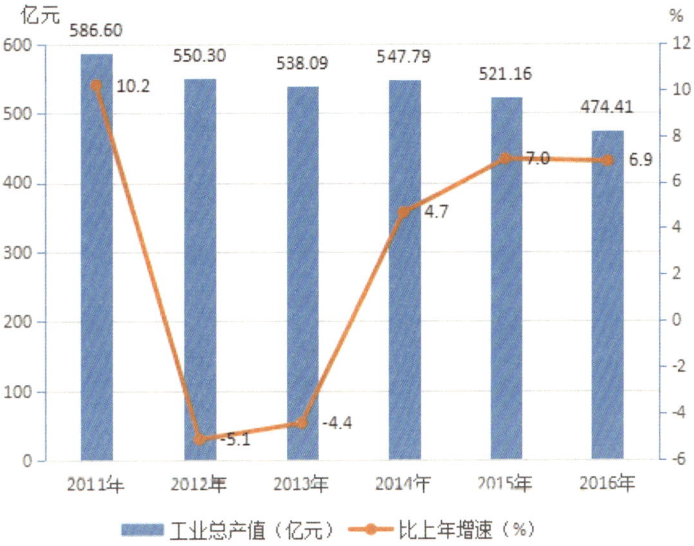

图2　2011—2016年工业总产值及其增速

2016年重点关注行业规模以上企业工业增加值

表26

行业	增加值（亿元）	比上年增长（%）	比重（%）
皮革、毛皮、羽毛及其制品和制鞋业	42.13	4.8	54.7
高新技术产业	23.54	10.2	30.6
装备制造业	16.85	5.4	21.9
战略性新兴产业	2.49	13.1	3.2
工业电子信息制造业	2.41	14.4	3.1

全年建筑业增加值71.15亿元，比上年下降7.9%。具有专业资质的建筑企业（不含劳务分包建筑业企业）153家，比上年增加4家，实现总产值325.04亿元，下降3.9%，其中在外省完成产值134.05亿元，增

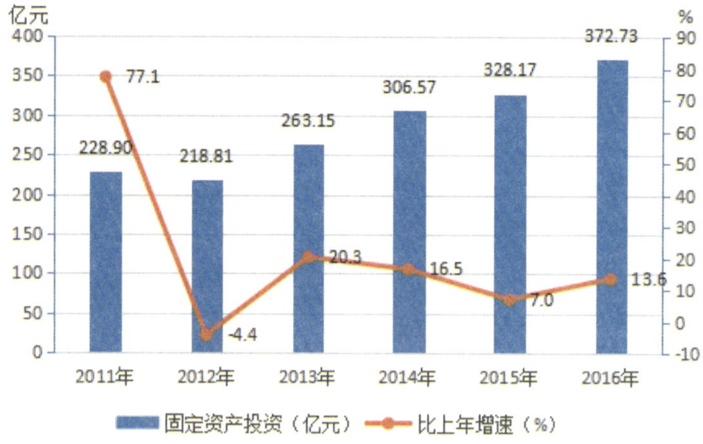

图3　2011—2016年固定资产投资及其增速

长1.7%，占总产值的41.2%。签订合同总额615.88亿元，下降0.5%，其中本年新签订合同总额321.76亿元，增长9.6%。

四、固定资产投资

全年固定资产投资372.73亿元，增长13.6%；其中，民间投资201.38亿元，增长83.3%，占比54.0%。从产业投向看，第一产业投资0.17亿元，下降92.9%；第二产业投资39.11亿元，下降34.4%，其中工业技改投资28.87亿元，下降35.1%；第三产业投资333.45亿元，增长25.3%。

全年房地产开发投资164.31亿元，增长88.7%，增速比上年提高100.5个百分点。房屋施工面积548.56万平方米，增长3.5%；竣工面积149.81万平方米，增长44.8%；商品房销售面积85.81万平方米，增长101.2%。

五、国内贸易、对外经济和旅游

全年批零住餐业销售（营业）额2394.05亿元，增长9.4%；其中限上批零住餐业销售（营业）额1063.25亿元，增长5.9%。在限上批零住餐业销售（营业）额中，批发业销售额784.60亿元，增长8.4%；零售业销售额253.17亿元，总量与上年持平；住宿业营业额15.09亿元，下降7.9；餐饮业营业额10.40亿元，下降0.3%。

全年社会消费品零售总额862.76亿元，增长9.6%，比上年下滑0.5个百分点。按经营地统计，城镇消费品零售额844.12亿元，增长9.3%；乡村消费品零售额18.64亿元，增长21.8%。按消费类型统计，商品零售额726.37亿元，增长9.0%；餐饮收入额136.38亿元，增长12.8%。全区网络零售额202.65亿元，增长36.1%。

全年限额以上社会消费品零售总额214.56亿元，增长4.8%，比上年下滑6.5个百分点。其中，网络零售火爆，限额以上批发和零售业单位全年通过公共网络实现零售额7.06亿元，同比增长37.9%；生活饮食用品类消费结构向健康型发展，其中食品类、饮料类商品零售额分别增长45.9%、14.5%，烟酒类商品零售额增长2.9%；服装、鞋帽、针纺织品类商品消费增长较慢，实现零售额33.11亿元，增长3.3%；金银珠宝类商品消费增长较快，实现零售额16.82亿元，增长11.9%；汽车类商品消费保持平稳，实现零售额38.21亿元，增长6.6%；受价格下调影响，石油及制品类商品实现零售额109.31亿元，下降5.6%；在智能手机火爆销售的带动下，通讯器材类零售额13.02亿元，增长142.8%。

全年外贸进出口总额217.37亿元，下降2.0%。其中，出口总额199.30亿元，下降1.9%；进口总额18.07亿元，下降3.7%。从商品的主要类别上看，鞋类、塑料制品、

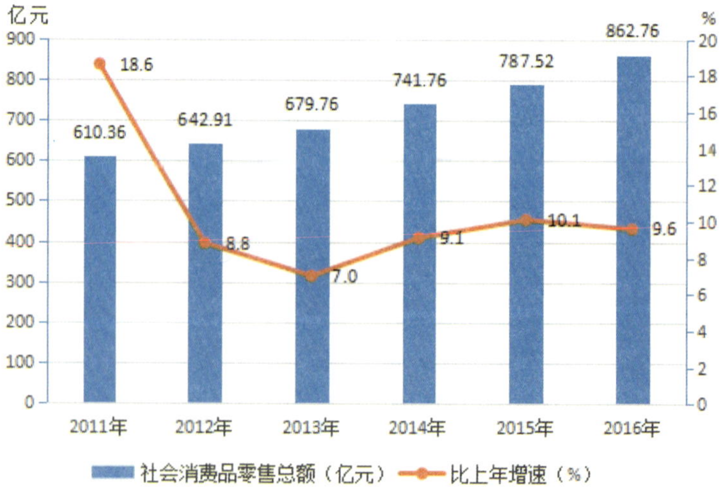

图4　2011—2016年社会消费零售总额及其增速

服装及衣着附件等行业出口降幅较大，分别下降4.5%、8.6%、5.8%；通断及保护电路装置、纺织纱线织物及制品、眼镜及其零件等行业出口有所增长，分别增长4.4%、1.9%、4.1%。从主要国家和地区上看，对美国、德国、俄罗斯、日本等国家降幅较大，分别下降1.7%、5.8%、10.2%、7.4%；对英国、意大利、波兰等国家出口增长较快，分别增长5.9%、14.9%、49.5%。

全年新批外商投资企业6家，比上年减少3家；合同外资1561万美元，下降82.0%；实际利用外资2007万美元，下降86.3%。全区累计共引进项目107个，招商引资到位资金154.37亿元，其中省外浙商回归引进项目61个，引进到位资金60.00亿元；市外房地产引进项目46个，到位资金94.37亿元。

全年接待游客达1332.75万人次，增长14.2%；实现旅游总收入173.63亿元，增长38.9%。全区现有旅行社125家，比上年增加15家；星级饭店18家，比上年减少6家；饭店客房出租率55.5%，下降2.4个百分点，其中星级饭店客房出租率56.1%，增长0.4百分点。

六、财政和金融

全年实现财政总收入44.08亿元，增长4.1%，比上年下滑0.9个百分点；其中一般公共预算收入28.53亿元，增长7.1%，比上年下滑1.1个百分点。在一般公共预算收入中，税收收入23.99亿元，增长2.2%，税收占比达到84.1%。全年一般公共预算支出38.25亿元，增长15.3%，增速比上年提高7.6个百分点。其中民生支出29.03亿元，占全部支出比重达到75.9%。在民生支出中，科学技术支出增长11.6%，公共安全支出增长20.7%，教育支出增长20.8%，社会保障和就业支出增长19.6%，医疗卫生与计划生育支出增长24.4%。

2016年末，全区金融机构本外币各项存款余额3947.34亿元，其中人民币存款余额3748.65亿元，较年初增加581.32亿元，增长14.3%，比上年末提高4.2个百分点。年末金融机构本外币各项贷款余额2675.09亿元，其中人民币贷款余额2600.85亿元，较年初增加254亿元，增长12.2%，比上年末提高6.6个百分点；其中，中长期贷款余额1045亿元，较年初增加322.19亿元。年末金融机构不良贷款余额68.95亿元，不良贷款率2.73%，实现连续三年下降。

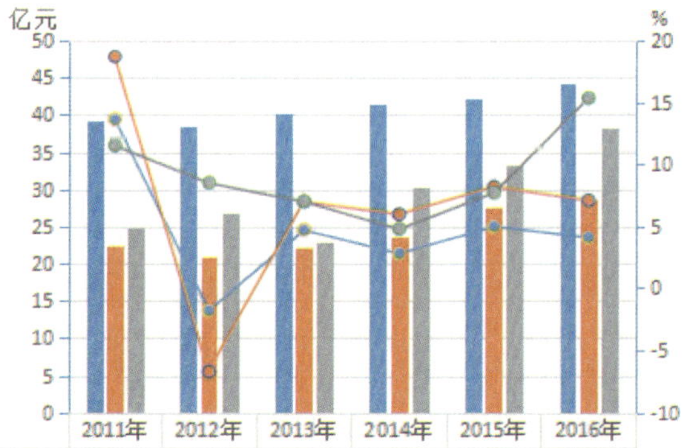

	2011年	2012年	2013年	2014年	2015年	2016年
财政总收入	39.17	38.47	40.27	41.39	42.31	44.08
一般公共预算收入	22.25	20.76	22.21	23.55	27.58	28.53
一般公共预算支出	24.83	26.95	22.82	30.21	33.19	38.25
财政总收入增速	13.6	-1.8	4.7	2.8	5.0	4.1
一般公共预算收入增速	18.7	-6.7	7.0	6.0	8.2	7.1
一般公共预算支出增速	11.5	8.5	7.0	4.8	7.7	15.3

图5　2011—2016年财政收支及其增速

温州民间借贷服务中心运行平稳，全年备案民间借贷11134笔，金额23.24亿元；开业至今累计备案21066笔，金额80.64亿元。全区共有小额贷款公司3家，合计贷款余额13.74亿元；民间资本管理公司1家，注册资本金1亿元，已累计投资达3.13亿元；农村资金互助会2家，累计发放互助金175笔，金额8656.9万元。

七、城市管理和环境保护

全年共处置违法建筑3213处、计156.15万平方米，制止并拆除新建违建468处、计2.83万平方米。累计创成7个“无违建街道”、147个“无违建社区（村）”、51条“无违建河道”。

全年新建绿地194.49公顷，美化提升示范路13条，提升小游园18个，构建自然花境94组，完成立体绿化12186平方米，建设省级绿道15公里。截至年末，鹿城区人均公园绿地面积已达12.09平方米，建成区绿地率达33.0%，人均值和绿量都已初具规模。

全年新增施划人行道临时停车泊位1395个，累计泊位规模达2316个。年末累计建成公共自行车网点291个，投放车辆1.2万辆，总借车量6430万辆次，其中，2016年借车总量1566万辆次，日均借车量达4.3万人次。

全年环境空气优良天数324天，优良率为90.0%。各项减排指标取得预期效果，据初步测算，2016年全区化学需氧量（COD）削减率1.8%、氨氮（NH3—N）削减率1.8%、二氧化硫（SO_2）削减率

1.8%、氮氧化物（NOX）削减率1.5%。加强环境监管，重权打击违法排污，重点河段水质实现常态化监测，九山河（内河）、瓯江（郭公山至杨府山段）达到可游泳标准。全年单位工业增加值能耗降低率9.9%，单位GDP能耗降低率3.4%。

八、教育和科学技术

年末全区共有区属初中8所，在校生0.42万人；小学44所（含83个校区），在校生6.64万人。义务段入学率、三残儿童入学率均达100%，初中毕业生升入高中比率为99.6%。共有幼儿园98所，在园幼儿3.39万人，幼儿入园率100%，新创成省一级幼儿园2所、省二级幼儿园4所、省三级幼儿园16所，等级幼儿园比例94%，等级幼儿园在园幼儿覆盖率97%。

全年新增高新技术企业9家、省科技型中小企业79家、市科技（创新）型企业96家、科技型小微企业45家，新增各级企业技术研发机构25家，全区规上企业设置研发机构数超过110家，企业研发机构设置率突破30%，排名进入全省前十。开展众创平台建设，启动8万平方米“鹿港众创社区”建设，入驻企业超80家，全年1家众创空间获科技部认定、3家众创空间获省科技厅认定、9家众创空间通过市级众创空间认定，市级众创空间新认定数位列全市第一。全年实现专利申请6463件，同比增长74.8%，专利总授权量达到3502件，同比增长22.5%，其中授权发明专利254件，同比增长15.4%。

九、文化、卫生和体育

努力推进文化产业招商引资，全年省外到位资金3.54亿，黎明92文化创意街区列入浙江省文化创意街区创建工作首批试点。全年新建4个城市书房、3个图书馆分馆、15个图书流通点、15个省级农村电影放映示范点，“引入社会力量参与街道（乡镇）文化中心管理项目”入选浙江省公共文化服务体系示范项目，公共文化服务体系指标综合发展指数从全省第89位提升到目前第38位。成功举办鹿城区第四届市民文化节、鹿城金秋文化节和鹿城读书节，全年开展全民阅读、文艺演出等各类文化活动865场、送戏下乡282场、送展览讲座526场。以公开招投标购买农村数字电影放映服务，2016年度共放映农村数字电影1745场次，受益观众25万余人次，文化遗产保护全面加强，全年举办非遗“五进”系列活动共计208场；承接市对区“五水共治”水乡文化提升工程建设考核任务，完成“樟里水乡”文化创意村一期工程和温瑞塘河德胜桥东段沿河水乡文化提升工程建设任务，完成投资1600万元，完成率为141.7%。新增省级非遗项目2个，市级非遗项目5个、非遗传承人5人，非遗传承基地4个，完成全国第一次可移动文物普查工作，共申报藏品21130件。

年末全区共有22所社区卫生服务中心、38所社区卫生服务站、75所村卫生室、34个医疗服务点。2016年以建设“健康鹿城”为载体，积极推进分级诊疗，深化“双下沉、两提升”工程，省市区级医院在社区卫生服务中心开设专家门诊26个，获得全国首批“群众满意的乡镇卫生院”1家，创成省级“三优”指导中心示范点2个。全力做好全科医生签约服务，全年共签约15.28人，规范签约率20.46%，其中重点人群签约8.58人。深化公立医院改革，开展临床路径管理共3个病种644例。着力推进社会资本办医，全年实际完成投资1亿元。共有1276对夫妇接受国免孕前优生检查，7683人接受免费婚前检查，发现高危371人，全部随访到位。高危孕产妇管理率100%，5岁以下儿童死亡率1.97‰。

2016年，鹿城籍运动员在里约奥运会上获银牌1枚，全国性比赛获得金牌21枚，银牌 25枚，铜牌15 枚（含青少年比赛）。全年共向省注册系统注册运动员600余人，入选国少足球集训队1人，入选省游泳等项目运动队6人，市体校转正录取46人。新增击剑、足球、篮球3个项目训练基地。新增10公里健身步道2条，改造门球草坪2片，省小康体育村提升工程5个，省中心村体育休闲公园1个，笼式足球场1个，培训社会体育指导员72名，国民体质监测1850人。

十、社会保障和社会福利

2016年末，全区参加职工基本养老保险35.83万人，比上年增加2.67万人；职工基本医疗保险17.37万人，比上年增加0.74万人；工伤保险参保人数28.2万人，比上年增加0.44万人；生育保险参保人数14.1万人，比上年增加0.74万人；失业保险参保人数14.2万人，比上年增加0.25万人；城乡居民基本医疗保障参保人数23.1万人，比上年增加0.1万人。2016年新增城镇新增就业人数2.07万人，城镇登记失业率1.4%，下岗失业人员再就业3730人。

全年优待优抚对象2116户，低保对象5211户8052人，城镇低

	2011年	2012年	2013年	2014年	2015年	2016年
城镇居民人均可支配收入	36123	39126	42569	45698	49592	53535
农村居民人均可支配收入	15895	17596	19391	23434	25632	27747
城镇居民人均收入增速	14.1	8.3	8.8	8.5	8.5	8.0
农村居民人均收入增速	16.1	11.1	10.2	10.6	9.4	8.3

图6　2011—2016年城乡居民人均收入及其增速

保对象月标准每人765元，农村低保对象月标准从每人575元提高到651元。全年共发放低保资金4490.43多万元；发放医疗救助资金1217.77万元，惠及6262人次。办理结婚登记5159对，离婚登记1626对，办理事实收养27件。区慈善总会全年共募集资金1866.05万元，增长74.0%。

十一、人口和人民生活

2016年，全区辖12个街道、2个镇，83个社区、141行政村。全区土地面积290.47平方公里，年末户籍人口75.77万人，比上年增加1.07万人。其中男性人口37.46万人，女性人口38.31万人；城镇人口66.09万人；全年出生人口0.84万人，死亡人口0.35万人。年末暂住人口66.00万人。

平稳实施全面两孩政策，推行生育登记制度，实行手机App“互联网+生育登记”服务。全区当年含往年计划生育率98.47%，当年出生人口性别比106.99（女性为100），二孩出生数3811人，已婚育龄妇女综合节育率82.51%。

全年全区居民人均可支配收入50838元，比上年增长8.1%，扣除价格因素增长6.6%。其中，城镇常住居民人均可支配收入53535元，增长8.0%，扣除价格因素增长6.5%；农村常住居民人均可支配收入27747元，增长8.3%，扣除价格因素增长6.8%。城镇居民和农村居民人均消费支出分别为39101元和21524元，分别增长8.1%和11.6%，扣除价格因素分别增长6.6%和10.1%，城乡居民恩格尔系数分别为31.0%和34.2%。年末全体居民人均居住面积32.86平方米；其中城镇居民人均居住面积31.55平方米，农村居民人均居住面积44.10平方米。年末每百户居民家庭拥有家用汽车41.1辆；其中，每百户城镇居民家庭拥有家用汽车41.3辆，每百户农村居民家庭拥有家用汽车39.8辆。

注：①本公报所列部分数据为年度初步统计数据，部分数据因四舍五入原因，存在与分项合计不等的情况。②全区生产总值和各产业增加值绝对数按现行价格计算，增长速度按可比价格计算。③财政一般公共预算收入增幅调整为同口径增幅。④外贸进出口为海关统计口径，招商引资和实际利用外资为市级统计口径。

统计分析

2016年鹿城区GDP增长情况的分析

2016年，鹿城区GDP实现877.05亿元，按可比价格计算，同比增长7.5%，增速达到全省平均水平，并与去年同期持平。

分产业看，第三产业对经济的拉动显著。2016年，第三产业增加值631.10亿元，同比增长9.9%，拉动GDP增长6.9个百分点，增速比上年同期提高3.6个百分点。其中其他营利性服务业、房地产业和其他非营利性服务业对经济的拉动作用明显，分别实现增加值97.83亿元、74.87亿元和136.76亿元，同比依次增长27.9%、19.0%和8.1%，分别拉动GDP增长2.6、1.3和1.2个百分点。第三产业中占比最大的批发和零售业实现增加值184.57亿元，同比增长4.5%，拉动GDP增长1.0个百分点。

第二产业增速急剧趋缓，实现增加值244.10亿元，同比增长2.1%，仅拉动GDP增长0.6个百分点，增速比上年同期回落7.8个百分点，其中工业增加值173.01亿元，同比增长6.7%，拉动GDP增长1.4个百分点，建筑业增加值71.15亿元，同比下降7.9%，下拉GDP增速0.8个百分点。第一产业增加值1.85亿元，同比增长4.3%，增速比上年同期回落0.2个百分点。

从全市各县（市、区）情况看，鹿城区GDP增速仍处全市末位，低于全市平均水平0.9个百分点。从第二、三产业发展情况看，鹿城区第二产业增加值增速低于全市平均水平4.2个百分点，第三产业增加值增速虽居全市末位，但已大幅提升，仅低于全市平均水平0.5个百分点，第三产业增加值占GDP比重高达72.0%，二、三产业的协调发展仍是鹿城区经济发展面临的最大问题。

2016年鹿城区经济运行分析

2016年是“十三五”规划的开局之年，鹿城区委区政府立足新的历史方位，紧紧围绕赶超发展战略目标，主动适应经济发展新常态，以新战略谋求新发展，出台一系列强有力的政策措施，在新常态下形成新的发展动力，经济转型发展逐步加快，全年经济运行呈现平稳增长的良好局面。当前国内外经济形势错综复杂，鹿城区经济保持又好又快发展基础较为薄弱，转型升级任务依然艰巨，必须全力化解经济运行中的各种风险和问题，在新常态下实现经济健康稳定发展。

一、经济运行的主要特点

2016年全区实现地区生产总值（GDP）877.05亿元，按可比价计算同比增长7.5%，经济增速自2002年以来首次追平全省平均，并基本维持上年与全市平均差距较小的局面。自2012年以来，鹿城区经济增速从低谷中稳步回升，逐渐缩小与全省全市平均增速的差距，避免了区域经济地位的弱化（见图1）。从三次产业来看，第一产业增加值1.85亿元，同比增长4.3%；第二产业增加值244.10亿元，同比增长2.1%；第三产业增加值631.10亿元，同比增长9.9%；三次产业比重分别为0.2∶27.8∶72.0，第三产业比重比上年提高2.7个百分点，对经济增长的拉动作用更趋显著。

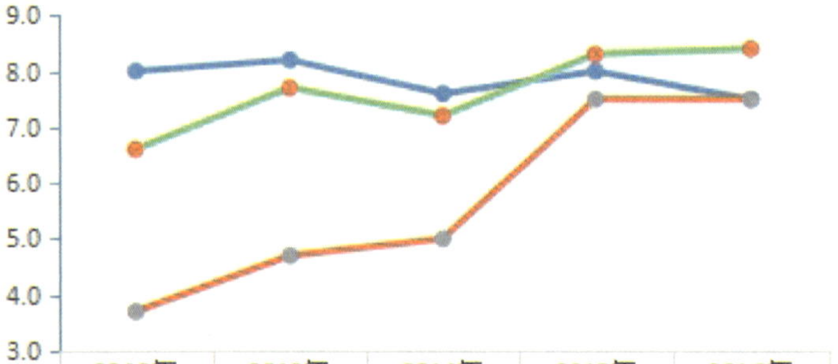

	2012年	2013年	2014年	2015年	2016年
浙江省(%)	8	8.2	7.6	8	7.5
温州市(%)	6.6	7.7	7.2	8.3	8.4
鹿城区(%)	3.7	4.7	5	7.5	7.5

浙江省(%) 温州市(%) 鹿城区(%)

图7 2011—2016年鹿城区与全省全市经济增速比较

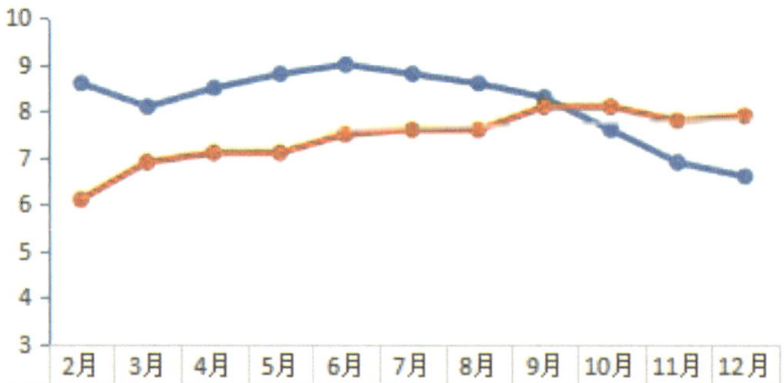

	2月	3月	4月	5月	6月	7月	8月	9月	10月	11月	12月
鹿城区（%）	8.6	8.1	8.5	8.8	9	8.8	8.6	8.3	7.6	6.9	6.6
温州市（%）	6.1	6.9	7.1	7.1	7.5	7.6	7.6	8.1	8.1	7.8	7.9

鹿城区（%） 温州市（%）

图8 2016年鹿城区规上工业增加值增速与全市比较

（一）工业增速高开低走，分化发展态势明显。2016年鹿城区实现工业增加值173.01亿元，同比增长6.7%，其中规模以上工业企业实现增加值77.00亿元，同比增长6.6%，增速与去年持平，比上半年低2.4个百分点，比全市平均低1.3个百分点。自下半年以来，鹿城区规模以上工业增加值同比增速呈现加快下行趋势，从四季度开始被全市平均反超并不断拉开差距。

规上工业增加值同比增速分化态势明显，主要表现为：一是不同行业间增速不均。28个行业中，19个行业的规上企业增加值增速为正，其中有12个行业实现两位数的较快增长，但同时还有9个行业增速为负。二是不同规模企业间增速不均。规上工业企业中，大型企业实现增加值20.25亿元，同比增长3.8%；中型企业实现增加值27.48亿元，同比增长9.0%；小型企业实现增加值28.89亿元，同比增长6.6%；微型企业实现增加值0.38亿元，同比下降7.1%，中小型企业特别是中型企业发挥着鹿城区规上工业增长的主体作用。三是总体上新兴行业增速快于传统行业。传统行业鞋革制品业、纺织服装业规上企业增加值同比增速分别为4.8%、–5.9%，分别低于规上平均1.8个、12.5个百分点；新兴产业高新技术产业、战略新兴产业同比分别增长10.2%、13.1%，分别高于规上平均3.6、6.5个百分点。

2016年鹿城区商贸业主要指标增长情况

表27

指标名称	实绩累计（亿元）	同比增速（%）	增速比上半年高低（±）百分点	比全市增速高低（±）百分点
批零住餐销售（营业）额	2394.05	9.4	−0.6	−4.7
限上批零住餐业销售（营业）额	1063.25	5.9	−2.9	−9.6
社会消费品零售总额	862.76	9.6	−2.6	−2.7
限上社会消费品零售额	214.56	4.8	−9.2	−8.8

（二）商贸业增速趋缓，新兴服务业、房地产业发展态势良好。2016年全区商贸业同比增速趋缓，与全市平均存在较大差距。全年批零住餐销售（营业）额2394.05亿元，同比增长9.4%，增速比上半年低0.6个百分点，比全市低4.7个百分点；其中限上批零住餐销售（营业）额1063.25亿元，同比增长5.9%，增速比上半年低2.9个百分点，比全市低9.6个百分点。社会消费品零售总额862.76亿元，同比增长9.6%，增速比上半年低2.6个百分点，比全市低2.7个百分点；其中限上社会消费品零售额214.56亿元，同比增长4.8%，增速比上半年低9.2个百分点，比全市低8.8个百分点。

新兴服务业、房地产业发展态势良好，主要亮点为：一是“互联网+”新业态增势强劲。全年鹿城区限额以上批发和零售业单位通过公共网络实现零售额7.06亿元，同比增长37.9%，增速比限上消费品零售总额高33.1个百分点。二是旅游市场发展态势良好。据区旅游局统计，全年鹿城区旅游接待人数1332.75万人次，同比增长14.2%；旅游总收入173.63亿元，同比增长16.4%，增速分别比上年提高0.1和1.2个百分点。三是其他营利性服务业营业收入增长快速。1—11月份全区其他营利性服务业实现营业收入33.80亿元，同比增长30.1%，增速比上年提高21.1个百分点。四是房地产交易量快速增长。鹿城区积极落实房地产新政，商品房销售面积保持较快增长，全年鹿城区商品房销售面积85.81万平方米，同比增长101.2%，增速比上年提高51.5个百分点。

（三）投资保持较快增长，招商引资工作进展顺利。2016年，鹿城区完成固定资产投资372.73亿元，同比增长13.6%，其中房地产投资是投资增长的主要动力，全年完成164.31亿元，同比增长88.7%，增速在全市各县市区排名第2。其他各项投资增速均有不同程度下降，工业投资完成39.11亿元，同比下降24.8%，其中工业技改投资28.87亿元，同比下降35.1%；基础设施投资完成87.17亿元，同比下降17.8%。招商引资工作圆满完成，全年实际利用外资2007万美元，完成年度目标任务的100.4%；浙商回归引进项目到位资金66.00亿元，完成年度目标任务的103.5%；市外房地产引进项目到位资金94.37亿元，完成年度目标任务的131.1%。

（四）进出口增速波动下滑，外贸形势严峻。2016年鹿城区进出口总额（不含一达通口径，下同）217.37亿元，同比下降2.0%，其中出口总额199.30亿元，同比下降1.9%；进口总额18.07亿元，同比下降3.7%。2016年以来，鹿城区出口和进口总额同比增速呈现阶段性特征：1—7月两者总体上从年初的较大的同比降幅中逐步回正，并在7月份同时达到年内最高值；8—12月两者波动明显，但总体上存在下降趋势。分行业看，鞋类、服装及衣着附件、塑料制品、家具及其零件、灯具照明装置及类似品、摩托车及自行车的零件等出口同比增速下滑较大的行业涉及鹿城区主要经济行业，外贸形势严峻。

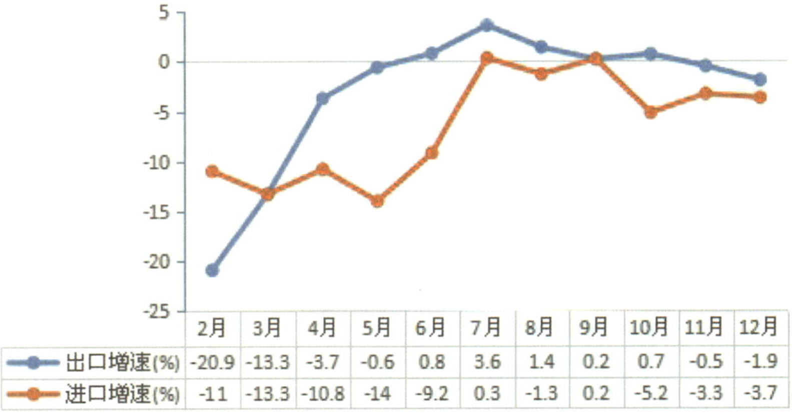

图9　2016年鹿城区出口和进口同比增速趋势

（五）财政收入总体平稳，居民收入稳定增长。2016年，鹿城区实现财政总收入44.08亿元，同比增长4.1%，其中一般公共预算收入28.53亿元，同比增长7.1%。从主要税种看，增值税、城市维护建设税、个人所得税分别增长26.2%、11.0%、25.5%，营业税、企业所得税、土地增值税分别下降4.2%、6.6%、22.5%。由此可以看出：（1）营业税和增值税额此消彼长，反映了随着营改增试点的全面推开，鹿城区营业税也将开始退出历史舞台，增值税将进一步强化流转税主流税种地位；（2）企业所得税额同比出现下降，企业经营效益难言乐观；（3）土地增值税额同比降幅较大，房地产市场交易热度下降。

2016年鹿城区城镇常住居民人均可支配收入53535元，同比增长8.0%；农村常住居民人均可支配收入27747元，同比增长8.3%，城乡居民收入增速均高于GDP增速。从城乡居民收入差距看，全年城镇常住居民与农村常住居民收入比1.93，比全市平均低0.15，城乡居民收入比更为均衡。

（六）金融业业务规模扩大，风险改善，对实体经济支持力度有所增强。2016年末，全区银行业金融机构人民币存款余额3748.65亿元，同比增长14.3%；银行业金融机构人民币贷款余额2600.85亿元，同比增长12.2%，分别比全市高2.4和5.8个百分点。其中，企业贷款余额1559.81亿元，同比增长18.3%，个人贷款余额1018.78亿元，同比增长4.3%。企业贷款余额增量占全部贷款余额增量的94.8%，在一定程度上反映了金融支持实体经济的力度在加强。全区银行业金融机构年末不良贷款余额68.95亿元，比年初下降29.77亿，不良贷款率2.73%，比年初下降1.42个百分点，银行业金融风险得到进一步改善。

（七）转型升级成效显现，经济社会运行环境有所改善。在产能过剩、市场需求不足、经济粗放型增长难以为继的大背景下，近年来鹿城区统筹推进节能降耗、“三改一拆”等重点工作，打好转型升级组合拳，加快推进经济转型升级和发展方式转变，取得积极成效。一是产业结构转型升级加快。从三次行业结构看，2016年三次产业比重分别为0.2：27.8：72.0，第三产业比重比上年提高2.8个百分点，第三产业对经济增长贡献率达到91.4%，“三二一”产业结构更加明显，第三产业对经济贡献日益增强，成为推动经济增长的强力引擎。从行业内部比较，部分新兴产业发展速度较快。2016年鹿城区规上高新技术产业、战略性新兴产业、工业电子信息制造业增加值同比分别增长10.2%、13.1%、14.4%，分别比规上工业增加值增速高3.6个、6.5个、7.8个百分点。规上高技术服务业营业收入、软件和信息服务业营业收入同比分别增长36.8%、155.8%，分别比规上其他营利性服务业营业收入增速高6.7个、125.7个百分点。二是创新发展意识和能力提升。据统计，全年鹿城区实现发明专利申请量1113项，同比增长126.2%，发明专利授权量255项，同比增长15.9%。全年规上工业科技活动经费支出总额3.35亿元，同比增长26.4%，增幅超过全市平均2.8个百分点。三是节能降耗成效显著。鹿城区积极推进产业转型升级，加快淘汰落后产能，限制高耗能行业过快增长，节能降耗保持良好态势。2016年规模以上工业万元增加值能耗0.25吨标煤，同比下降9.9%；八大高耗能行业万元增加值能耗1.22吨标煤，同比下降18.1%。四是经济主体数量增长较快。鹿城区不断深化行政审批制度及要素市场化配置改革，积极推动大众创业、万众创新，新的经济主体大量增加，2016年底全区在册私营企业达到23057户，同比增长16.5%，个体工商户74783户，同比增长7.8%。

二、经济运行中需要关注的问题

（一）部分工业企业生产经营面临困难，重点优势行业支撑作用不足。在经济新常态下，鹿城区工业企业产能过剩、刚性成本上涨和产成品价格下滑并存的根本矛盾并未得到有效缓解，部分工业企业生产经营面临困难。据统计，2016年鹿城区297家规模以上工业企业实现利润总额13.22亿元，同比增长16.6%，比全市平均高10.5个百分点，但同时亏损企业29家，同比增长38.1%，亏损额2.32亿元，同比增长7.7%。产销衔接不畅，全年规上工业产销率97.8%，同比下降0.8个百分点，主营业务收入276.78亿元，同比仅增长0.6%；应收账款42.40亿元，同比增长11.9%；产成品存货11.39亿元，同比增长37.8%。鞋革制品业、纺织服装业等鹿城区传统重点优势行业仍处于制造业低端环节，缺乏竞争力，效益难以提升，均存在产能过剩、市场竞争激烈、价格回落、企业订单增长乏力的情况。在全部规上工业增加值中占比57.1%的鞋革制品业和纺织服装业两个主要传统优势行业增加值合计43.94亿元，同比增长4.3%，低于全区规上工业平均增速2.3个百分点。

（二）商贸业发展状况不容乐

观，限上单位增速严重滞后。2016年全区商贸业增速不容乐观，全年批发零售业增加值同比增长4.9%，较大程度上拖累了鹿城区全年经济增速，与鹿城区商贸业中心地位不符。从纵向变化看，主要指标同比增速都低于上半年；从横向比较看，主要指标与全市平均均存在较大差距。从规模结构看，限上贸易业单位同比增幅比全社会水平相比落后较多：限上批零住餐销售（营业）额同比增长5.9%，增速比批零住餐销售（营业）额低3.5个百分点，而同期全市限上批零住餐销售（营业）额同比增速比批零住餐销售（营业）额高1.4个百分点；限上社会消费品零售额同比增长4.8%，增速比社会消费品零售总额低4.8个百分点，而同期全市限上社会消费品零售额同比增速比社会消费品零售总额高1.3个百分点。进一步从限上商贸业单位的内部行业结构看，在限上批零住餐业和限上社会消费品零售业中，除批发业同比增速较高外，零售业、住宿业和餐饮业同比增速都较低。

（三）投资产出低，发展后劲形成弱，经济社会效益有待提高。从投资总体水平看，2016年鹿城区限上固定资产投资372.73亿元，每百元固定资产投资产出的GDP为235.30元，同比下降4.4%。从投资结构看，房地产投资是投资增长的主要动力，全年完成164.31亿元，同比增长88.7%；其他各项投资增速均有不同程度下降，工业投资完成39.11亿元，同比下降24.8%，其中工业技改投资28.87亿元，同比下降35.1%；基础设施投资完成87.17亿元，同比下降17.8%，其中重大基础设施、重大产业项目、高新技术产业等重点领域投资同比增速分别为7.2%、-3.9%、-45.6%。在当前的经济发展形势下，这种以房地产投资为主的投资结构不但造成实体企业不能得到有效的技术改造，难以孕育后续的经济发展后劲，而且高速增长的房地产投资导致房地产市场去库存难见成效。2016年鹿城区房地产待售面积38.54万平方米，同比增长0.1%。其中住宅待售面积6.93万平方米，同比增长14.2%，待售3年以上的住宅面积3.39万平方米，同比增长14.8%。同时，重大基础设施、重大产业项目等投资增速的滞后也反映鹿城区的固定资产投资缺乏重大项目的支撑和带动，影响投资效率的进一步提高。

2016年鹿城区限上商贸业内部行业结构同比增速情况

表28

指标	行业	同比增速（%）	全市同比增速（%）
限上批零住餐业	批发业	8.4	17.1
	零售业	0.0	12.7
	住宿业	-7.9	2.3
	餐饮业	-0.3	11.6
限上社会消费品零售业	批发业	26.9	17.1
	零售业	-0.1	13.6
	住宿业	-10.7	5.0
	餐饮业	6.7	13.0

（四）税收收入增速缓慢，财政增收难度加大。财政收入增速放缓，2016年全区财政总收入44.08亿元，同比增长4.1%，其中一般公共预算收入28.53亿元，同比增长7.1%，增速分别比上年回落0.9和1.1个百分点，分别比全市平均低2.3和0.6个百分点。在一般公共预算收入中，税收收入23.99亿元，同比增长2.2%；非税收入4.54亿元，同比增长43.7%。鹿城区全年财政收入的增长在很大程度上依赖于非税收入的快速增长，从来源上来说较不稳定。在目前要充分考虑企业面临的实际困难的形势下，受结构性减税、涉房税收增长乏力、后续一次性税源减少等因素影响，财政增收的压力逐步加大。

三、对策建议

（一）大力扶持传统优势产业，加快培育新的工业经济增长点。当前工业企稳回升基础仍不稳固，需求不足、产能过剩仍是制约传统工业经济增长的主要因素，部分企业生产经营依然困难，在给予政策扶持的同时，应着力增强市场主体的发展动力和内生活力。发挥行业协会的平台作用，整合行业优势资源；加强市场分析与研判，在行业细分市场中找准重点优势产业；注重研发创新，切实实施供给侧改革，根据消费需求变化调整产品结构；拓展销售渠道，尽快适应新零售模式，在提高生产效率的同时提高销售流通效率。把握产业转型升级的规律，培育形成新的增长点。抓住高新技术产业和战略新兴产业等产业的快速发展势头，加大政策扶持力度，在土地、资金等方面给予优先保障，充分发挥重点企业的引领、示范和带动作用，进一步做大做强产业规模，加快培育新的工业经济增长点。

（二）增强商贸业实体业态比较优势，提升鹿城区商贸业中心地位。从上文分析中可以看出，鹿城区限上商贸业单位的零售、住餐等行业增速相对滞后，这些从一定程度上反映了在当前情况下加强实体商业业态发展对于促进鹿城区商贸业发展的重要性。特别是近年来随着龙湾、瓯海等县市区城市化进程的加快，大型综合商业体等现代化商业业态的不断发展，市区的零售、餐饮等商业资源分流加剧，需要我们在提升鹿城区商贸业中心地位上加强工作力度，扭转态势：梳理鹿城商业资源，加强招商引资工作，提升商业中心地位；强化部门联动，加强与商务、税务、市场监管等部门联动，做好“下转上”工作，切实做到应统尽统；对商贸企业强化业务指导，切实为企业提供所需帮助，发挥商贸功勋企业的引领作用，鼓励企业做大做强。

（三）建立符合鹿城区特色的服务业发展格局，促进服务业快速增长。现阶段，服务业拉动经济增长作用日益显著。虽然鹿城区全年其他营利性服务业营业收入增长快速，但增速与全市平均仍存在较大差距，在全市各县市区中排名末位。鹿城区服务业企业虽然总量大，但规模普遍较小，不仅无法形成规模连锁效应，而且大部分缺少现代化的管理理念，难以在日益激烈的市场竞争中胜出。应根据鹿城区经济社会实际，建立起符合鹿城区特色的生产性服务业和生活性服务业并重、现代服务业与传统服务业并举的服务业发展格局：有针对性地引导重点行业发展，对软件和信息技术服务业、科学研究和技术服务业，要以科技创新为基础，依托科技创业园、创意产业园等服务业集聚区，引进具有发展潜力的企业，做大企业规模，做强企业品牌；对居民服务、修理等生活性服务业要加大“个转企”力度和鼓励连锁经营，规范市场竞争氛围。区、街镇要全面落实“扶工兴贸”等相关惠企政策，采取积极措施，从市场准入、财税、信贷和土地等方面进一步完善促进服务业发展的政策体系，为服务业企业创造良好的外部经营环境和公共服务平台，提高企业自主创新能力和现代化管理能力，降低管理成本，全面提升企业核心竞争力。

（四）增强扩大有效投资的主动性，提高投资的经济社会效益。无效的投资不但达不到有效拉动经济增长之效，还可能会进一步加剧产能过剩之疾。今后应立足全域，提高统筹谋划意识，重点抓投资结构，科学引导投资结构优化，进一步发挥投资在提高劳动生产率、满足消费者的购买需求、降低交易费用、补足基础设施瓶颈等方面的功能作用，切实推动经济转型发展，促进经济高质量增长。要加大重大基础设施的建设推进力度，增强后劲带动相关配套项目投资；加大精准招商力度，着力抓好重大战略性新兴产业项目、税源经济项目、重大功能性项目的招商引资工作，推动产业转型升级；加大工业投资特别是工业技改投资力度，提高企业市场竞争力和发展后劲；把握好土地出让节奏，有效推进房地产市场去库存工作，维持当前房地产业对鹿城区经济金融的良好促进作用；继续加强生态保护和环境治理投资，进一步提高环境治理和生态建设水平。

2016年鹿城民营医院继续快速发展

近年来，随着全国社会资本办医综合改革试点在温州的逐步推进，社会资本举办医疗机构限制的全面放宽，给鹿城区民营医院带来了前所未有的发展机遇。2016年，从行业规模、盈利水平、从业人员等多个方面，都实现大幅增长。

一是规上家数增加，规模稳步扩大。随着医疗保障和健康意识的提高，越来越多的人开始重视健康体检，带动了专门从事健康体检民营医院的发展。截至2016年末，全区规模以上民营医院达13家，比2015年增加2家，其中三家专门从事健康体检的医院就有3家，均为2014年后新成立的；合计资产达到16.06亿元，比2015年增长25.3%。

二是收入和利润快速增长。业务的扩展和民营医院的增多，带动收入和利润进入快速增长阶段。2016年实现营业收入6.55亿元，比2015年增长30.8%，增速比2015年提高20.9个百分点；营业利润1.08亿元，比2015年增长30.0%。

三是从业人员增多，工资较快增长。民营医院营利面向好，也带来了从业人员人数和工资的较快增长，2016年末从业人员0.21万人，比2015年增长6.5%；应付职工薪酬1.70亿元，比上年提高16.4%。

2016年鹿城区农业生产形势分析

2016年，鹿城区认真贯彻落实省、市农村工作会议精神，积极克服畜牧业环境整治的不利影响，努力优化农业生产结构，着力提高农业发展的质量和效益，实现农业生产又好又快发展。2016年，全区实现农林牧渔业总产值36172万元，同比增长2.9%；实现农林牧渔业增加值18660万元，同比增长4.3%。

一、农业生产基本情况

（一）种植业快速增长，比重明显提升

种植业是鹿城区农业的重要组成部分，2016年总产值占比46.0%，比2015年提高4.5个百分点；增加值比重64.3%，比2015年提高4.6个百分点。全年种植业实现总产值16640万元，同比增长14.7%；实现增加值12011万元，同比增长13.4%。种植业的三个主导产业粮食、蔬菜和水果呈现以下特点：

1.粮食生产减缓。2016年，粮食播种面积3188公顷，实现粮食总产量18396吨，比2015年下降3.3%；实现总产值3784万元，占种植业的比重为22.7%。其中谷物类产值3244万元，豆类产值151万元，薯类产值389万元。

2.蔬菜单产同比提高。2016年，全区蔬菜种植面积1402公顷，同比增长0.7%； 由于全年天气晴好，特别是年底气温非常适宜植物生长，蔬菜生产形势喜人。全年看，蔬菜平均单产1213公斤/亩，比2015年增长2.3%；蔬菜总产量25507吨，比2015年提升3.0%。2016年蔬菜产值5101万元，占种植业比重为30.7%。

3.水果产量产值均大由上升。2016年，全年水果总产量9987吨，同比增长14.5%。其中柑橘产量大幅提高，主要是藤桥镇、山福镇批量种植的瓯柑步入正式产果期。2016年全区柑橘产量3997吨，同比增长24.0%；杨梅产量2013吨，上升4.3%；果用瓜产量3535吨，增长6.8%；除这三类水果外，鹿城区还种植少量的梨、桃、枇杷、柿子、葡萄等其他水果。2016年水果总产量上升幅度较大，推动全年水果产值（5811万元）比2015年提升28.4%。

（二）林业平稳增长

2016年，林业产值396万元，同比增长7.6%。全年完成造林面积26公顷，育苗面积1公顷，迹地更新面积7公顷，森林抚育面积339公顷；全年油茶籽产量10吨，笋干22吨，木材产量326立方米，毛竹产量2.32万根。全年实现林业增加值216万元，同比增长9.4%。

（三）畜禽生产大幅回落

2016年畜牧业环境整治力度空前加大，生猪养殖规模大幅减缩。全年全区生猪饲养量3.88万头，比2015年下降50.7%。年末生猪存栏0.65万头，比2015年下降74.4%。全年出栏3.23万头，比2015年下降39.4%。虽然在畜牧中，与生猪各占半壁江山的家禽业呈现存出栏双增长，也无法与生猪的大幅下降相抵。2016年家禽存栏121.44万只，同比增长5.3%；出栏517.4万只，同比增长10.4%。综合生猪与家禽两种情况，全区畜牧业实现增加值6932万元，同比下降11.2%。

（四）渔业生产稳中有升

2016年，渔业总产量722吨，增长2.4%。其中鱼类599吨，增长13.4%；虾蟹类123吨，下降18.5%。全年渔业总产值905万元，按可比价格计算，同比增长16.2%；实现增加值364万元，同比增长16.8%。

二、需引起关注的问题及建议

2016年农业生产总体情况良好，但粮食生产下降、畜牧养殖规模大幅萎缩限制今后发展空间、农业生产抗灾能力弱导致生产难以稳定等问题仍需引起关注。对以上问题提以下建议：

1.稳定粮食生产。继续做好耕地保护措施，保证粮食播种面积，推广新技术新品种，提高粮食单产产量，同时要认真落实国家粮食价格保护政策，加大扶持力度，进一步调动农民种粮积极性。

2.加快畜牧业生产转型。加大畜牧业扶持力度，积极推进畜牧生产方式由小规模粗放式饲养向标准化规模化生态化养殖转变，鼓励畜禽排泄物综合治理及资源化利用、动物防疫及无害化处理体系建设，提高畜牧业养殖综合生产能力，促使鹿城区畜牧生产走出低谷。

3.加大农业生产保障。一是继续强化基础设施投入，提高农业设施的抗灾能力；二是完善自然灾害的预警制度，让农户尽量避免遭受损失；三是加大农业技能培训及应急补救技术，使农业生产受损程度减到最小。

2016年鹿城区文化产业增加值情况简析

2016年鹿城区“三上”文化及相关产业单位107家，实现文化产业增加值12.16亿元，同比增长14.4%，总量居全市首位。

一、全区文化产业增加值基本情况

（一）分街道、镇看

全区绝对量最大的五马街道文化产业增加值4.2亿元，下降2.7%，下降的绝对量为1149万元，居全区第一；居第二位蒲鞋市街道文化产业增加值9789万元，同比增长30.6%；居第三位的大南门街道文化产业增加值9077万元，同比增长332.2%。

2016年分街镇规模以上（限额以上）文化产业增加值

表29

街镇名称	企业个数	2016年文化产业增加值（万元）	2015年文化产业增加值（万元）	增速（%）
滨江街道	12	5777	5252	10.0
大南街道	10	9077	2100	332.2
广化街道	1	371	255	45.3
南汇街道	15	4193	4045	3.7
南郊街道	12	2621	3084	-15.0
蒲鞋市街道	5	9789	7493	30.6
双屿街道	2	786	739	6.4
松台街道	3	1288	1321	-2.5
藤桥镇	3	8809	7879	11.8
五马街道	22	42100	43249	-2.7
仰义街道	1	7181	331	2067.0

分行业类别看

全区规上文化制造业5家，实现增加值1.03亿元，占全区比重为8.5%；限上文化批零业27家，实现增加值2.05亿元，占全区比重为16.9%；规上文化服务业（含企业和非企业）75家，实现增加值9.08亿元，占全区比重高达74.6%，其中规上文化服务业企业54家，实现增加值6.12亿元，占全区比重为50.3%。

分企业情况看

全区“三上”文化企业86家，其中文化产业增加值超亿元为2家文化服务业企业，实现增加值2.56亿元；增加值在5000万至1亿元之间的3家，实现增加值2.39亿元；增加值在1000万—5000万的7家，实现增加值2.27亿元。12家增加值超千万企业共计实现增加值7.22亿元，占全部“三上”文化企业增加值的78.5%。

提高文化产业增加值的建议

（一）以创新驱动文化企业持续发展

科技创新是文化发展的重要引擎。当前，正处于网络信息时代，几乎所有产业的发展都会受到信息技术的影响。因此，提高文化创意产业发展水平，应高度重视文化创意产业和信息产业的有机结合，着重提升文化产品的内涵和质量，用信息技术改造传统文化产业，突出文化创意和科技创新两大主攻方向。一是要推进现代科技与文化产业相交融，运用现代科技手段使传统文化资源优势变为文化产业优势，创新文化生产方式并催生新的文化业态；二是要明晰文化科技工作的目标，调整文化领域的学科布局，促进系统内外的科技资源整合，积极吸引掌握核心或关键技术的科技人才投身文化建设；三是用市场规则来培育文化产业，用经济手段来优化文化产业结构，提高文化资源利用效率，推进文化产业的现代化，提高文化生产力水平，使文化产业规模不断发展、结构不断完善、效益不断提高。

（二）推进文化产业与相关产业的融合发展

一要提升传统制造业的文化内涵，推动文化制造业开拓市场和转型升级；二要推动传统出版业转型升级和传统媒体与新媒体融合发展，提高数字传播能力；三要大力发展新型复合业态，依托特色文化优势，促进文化服务业与文化旅游深度融合，推动文化旅游业与生态农业、体育产业、科技信息等相关产业融合发展，提升文化服务业的综合实力；四要加强与科技融合发展，提升文化企业的研发能力，提升文化产业竞争力。

（三）加强统计，夯实文化产业基础工作

把文化产业作为全区经济的支柱产业来培育，必须要有真实、可靠的相关统计数据和翔实的发展情况作支撑。只有情况明、数字准，才能为政府科学决策和宏观管理提供依据。针对目前鹿城区文化产业统计相对滞后的情况，建议：一是抓住全国第三次经济普查的有利时机，参照国家统计局《文化及相关产业分类》，结合鹿城区实际，尽快明确鹿城区新的文化产业统计的范围（行业）、统计对象（所有制）和统计内容（指标）；二是列出开展文化产业统计工作的时间安排，并对以前年度数据做适当调整，尽可能保持年度数据可比、相对稳定。

2016年鹿城区城镇常住居民收支情况分析

2016年鹿城区加快城乡统筹发展步伐，一系列民生工程密集上马，创造条件吸引温商回归，努力发展实体经济，积极应对改革发展中遇到的风险和挑战，坚持一手抓机制创新，一手抓破难攻坚，全力抓好各项目标任务落实，优环境抓投入促经济平稳运行，全力改善和提高城镇常住居民生活水平。在鹿城区经济逐步企稳回升的推动下，鹿城区城镇常住居民家庭收入继续保持稳步增长的势头，居民消费水平有所提高，生活质量不断改善。据鹿城区住户一体化抽样调查294户家庭收支统计资料显示，2016年城镇常住居民家庭人均可支配收入53535元，比上年增加3943 元，同比增长8.0%；人均消费支出39101元，比上年增加2939元，同比增长8.1%。

一、城镇常住居民收支的特点

（一）城镇常住居民收入持续增长

2016年，鹿城区城镇常住居民从收入构成分析，四大类收入来源呈现“三升一降”的特点，城镇常住居民增收是工资性收入、经营净收入、转移净收入共同拉动的结果。

1.工资性收入平稳增长，是城镇常住居民增收的主力军。2016年全区城镇常住居民工资性收入为27965元，比上年同期增加706元，增长2.6 %；占城镇常住居民总收入的52.2%，仍占据居民收入中的主体地位。工资性收入保持增长的主要原因：一是鹿城区积极贯彻落实一系列稳定和促进就业的政策措施，努力促成就业面的总体平稳；二是近年来企业普遍逐步提高了工人的工资待遇，使企业在职职工的工资相应增加。

2.经营净收入平稳增长。全区城镇常住居民人均经营性收入6587元，比上年同期增加133元，增长2.1%，占城镇常住居民总收入的12.3%。

3.财产净收入小幅下降。全年城镇常住居民人均财产净收入7620元，比上年同期减少315元，同比下降4.0%，占城镇常住居民总收入的14.2%。

4.转移净收入大幅增长。全年城镇常住居民人均转移净收入11362元，比上年同期增加3419元，同比增长43.0%，占城镇常住居民总收入的21.2%。

（二）城镇常住居民消费支出平稳增长

全年城镇常住居民人均消费支出39101元，比上年同期增加2939元，增长8.1%。从消费结构看，八大类消费支出呈现“七升一降”的态势，其中，食品烟酒同比增长8.8%，衣着同比下降3.1%，居住同比增长3.9%，生活用品及服务同比增长2.4%，交通和通信同比增长28.0%，教育文化娱乐同比增长5.8%，医疗保健同比增长6.0%，其他用品和服务同比增长22.2%。

1.食品烟酒消费支出稳步增长。全年城镇常住居民家庭人均食品烟酒消费支出12112元，比上年同期增加975元，增长8.8%。食品消费支出增长的主要原因是，食品价格上涨及人们注重生活质量的提升，从而带动食品烟酒消费支出的增长。

2.衣着消费支出小幅下降。全年城镇常住居民人均衣着消费支出2545元，比上年同期减少83元，下降3.1%。

3.居住消费支出小幅上升，全年城镇常住居民人均居住支出12028元，比上年同期增加456元，同比增长3.9%。

4.生活用品及服务支出小幅上升，全年城镇常住居民人均生活用品及服务支出1728元，比上年同期增加40元，同比增长2.4%。

5.交通通信消费快速上升。全年交通通信消费支出5333元，比上年同期增加1168元，同比增长28.0%。

6.教育文化娱乐消费平稳上升。全年城镇常住居民人均教育文化娱乐消费支出3237元，比上年同期增加177元，同比增长5.8%。

7.医疗保健支出平稳上升。全年城镇常住居民医疗保健支出1435元，比上年同期增加82元，同比增长6.0%。随着人们生活质量的提高，人们越来越注重医疗及保健、也乐于为之进行更高的投入。

8.其他用品和服务支出快速增长。全年城镇常住居民人均其他用品和服务人均支出683元，比上年同期增加124元，同比增长22.2%。

二、建议

1.拓宽就业渠道，增加居民就业。一方面，一如既往地贯彻优环境抓投入促经济平稳运行，为实体经济生产发展排忧解难，克难攻坚帮助中小企业破解发展难题，稳定现有的就业岗位。另一方面，鼓励居民自谋职业，自主创业，帮助就业困难人员就业。同时，还要继续强化就业指导、劳动技能培训等工作，提高劳动者的综合素质，增强居民就业创收的能力。

2.全力以赴地扩大内需，充分挖掘居民有效消费需求。在居民可支配收入持续增长同时伴随着消费价格水平高位运行的情况下，需要引导居民合理消费，增强消费信心，提高消费预期，扩大内需，促进经济协调发展。

3.不断健全和完善社会保障体系。进一步推进和完善养老保险、医疗保险、失业保险等社会保险，不断扩大社会保障的覆盖面，适当提高保障标准，消除低收入群体居民消费顾虑。

2016年鹿城区农村常住居民收支情况分析

2016年，鹿城区以破难攻坚专项行动为举措，创造条件吸引温商回归，努力发展实体经济，优环境抓投入促经济平稳运行，以“三分三改”和农房集聚改造为抓手，加快推进城乡统筹发展，继续加快新农村建设步伐，加强农村基础设施和公共服务设施建设力度，积极应对改革发展中遇到的风险和挑战，坚持一手抓机制创新，一手抓破难攻坚，全力抓好目标任务落实，全力提高和改善农村居民生活水平，全年全区农村常住居民可支配收入增速加快，呈现出较快增长的势头，收入增长也带动了农村常住居民生活消费支出稳步增长。全年全区农村常住居民人均可支配收入27747元，比上年增加2116元，同比增长8.3 %（“同比增长”以下简称“增长”），人均生活消费支出21524元，比上年增加2232元，增长11.6%，其中食品烟酒消费支出7353元，比上年增加485元，增长7.1%。

一、收入增长的主要特点

（一）工资性收入较快增长。2016年，全区农村常住居民人均工资性收入16512元，同比增加1838元，增长12.5%，占可支配收入比重为59.5%，仍占据居民收入中的主体地位。工资性收入保持增长的主要原因：一是鹿城区积极贯彻落实一系列稳定和促进就业的政策措施，努力促成就业面的总体平稳；二是近年来企业普遍逐步提高了工人的工资待遇，使企业在职职工的工资相应增加。

（二）经营净收入小幅下降。2016年，全区农村常住居民经营净收入为5709元，同比减少358元，下降5.9%，占可支配收入比重为20.6%。经营净收入小幅下降是受整体经济下行的影响，逐步企稳回升将是趋势。

（三）财产净收入呈现大幅增长。2016年，全区农村常住居民人均财产净收入4325元， 同比增加669元，增长18.3%，占可支配收入比重为15.6%。

（四）转移净收入小幅下降。2016年，全区农村常住居民人均财产净收入1201元，同比减少33元，下降2.7%，占可支配收入比重为4.3%。

二、生活消费支出的主要特点

随着全区农村常住居民可支配收入持续增长，农村常住居民的消费水平也有较大提高。全年农村常住居民人均生活消费支出21524元，增长11.6%。受物价上涨等因素影响，八大类支出呈现五升三降的态势。

（一）食品烟酒支出比重最大，支出稳步增加。八大类消费支出中，占比重最大的是食品烟酒消费，人均食品烟酒消费支出7353元，较上年增加485元，增长7.1%，占生活消费支出比重为34.2%。食品价格的上涨以及人们追求生活质量的提高是推动购买食品支出增长的重要因素。

（二）衣着消费支出小幅下降。全年农村常住居民用于衣着的现金支出人均1072元，减少88元，下降7.6%。网购的普及以及追求实惠是衣着消费支出下降的一大原因。

（三）居住消费支出较快下降。全年农村常住居民用于居住的现金支出人均4676元，减少1512元，下降24.4%。

（四）生活用品及服务小幅下降。生活用品及服务人均支出731元，较上年减少18元，下降2.4%。

（五）交通通讯消费快速增长。交通和通讯消费支出4409元，较上年增加1906元，增长76.1%。随着居民生活水平的提高，汽车消费快速进入农民生活，带来交通通讯消费快速增长。

（六）教育文化娱乐消费快速增长。教育文化娱乐服务费支出1820元，较上年增加420元，增长30.0%。随着居民生活水平的提高，人们喜于教育投入、也乐于文化娱乐、促进身心健康。

（七）医疗保健消费支出大步增长。农村常住居民医疗保健人均支出1191元，较上年增加924元。

（八）其他商品和服务支出快速增长。全年农村常住居民用于其他商品和服务人均支出272元，较上年增加115元。

三、当前农民增收中需关注的问题

全年全区农村常住居民增收形势总体较好，但也存在着一些需要引起关注的问题：

（一）工资性收入增收存在一

定风险。工资性收入是全区农民收入的主要来源，然而原材料涨价、资金不足、用工成本上升等问题一直困扰着全区中小企业。发展企业的生产经营成本增加，利润空间将进一步被压缩，最终会影响农民工资收入的稳定增长。

（二）家庭经营增收基础不稳固。家庭经营收入是全区农村常住居民收入的另一主要来源，但全区农户非农家庭经营结构单一、层次低，并以第三产业为主，受宏观经济影响较大。而偏紧的货币政策使中小企业普遍出现了“钱荒”，贷款难直接制约了农村家庭经营非农产业的发展，因此增收基础不稳固。

（三）趋高的消费价格增加了农村常住居民的生活成本。从全年的数据看，农村常住居民的消费支出呈现出一定的增幅，虽然这一方面反映了农村常住居民生活条件的有所改善，但另一方面也反映物价上涨而推高支出增长，较高的物价增加了农村常住居民的生活成本。食品支出、日用消费品支出等构成农村常住居民生活成本，具有生活刚需的支出项目出现明显的增幅，加大了农村常住居民的生活负担，影响了农村常住居民生活质量的提高。

（蔡坚翔）

责任编辑　胡亭亭

鹿城报道

媒体选辑

【鹿城社会治理模式入选“首批全国社会治理创新优秀案例”】 《温州商报》2016年1月25日（张晨）报道：昨日，第二届城市民生建设与民生保障论坛暨全国社会治理创新经验交流会在北京召开，并公布“首批全国社会治理创新优秀案例”名单，其中鹿城区凭借“互联网+互助”网络治理绿色疏导模式入选该名单。

据悉，本次交流会由民主与法制社、中国新闻社事业发展中心、中国互联网新闻中心共同主办。主要围绕“新常态与新思维下的创新社会治理、探索城市发展质量、构建以人为本的生态文明建设”三方面展开，探讨现阶段我国城市民生建设的重点，同期发布28个“全国民生改善优秀案例、全国社会治理创新优秀案例”。

据了解，鹿城区自2013年开始探索网络治理绿色疏导，建立“隔壁邻舍”网上社区，并成立了隔壁邻舍志愿者协会，从社区这一基层细胞单元入手，打通了网络治理绿色疏导的快速通道，通过网络治理取得了较好的社会治理新成效。据不完全统计，截至目前共解决了6480多个民生问题。全区共建立586个微信互助群，入驻人群约达2.6万人，助推邻里互助的良好风尚形成。

【纱帽河、南塘街入选省第三批 特色商业示范街】 《温州商报》2016年2月23日（张晨 佳慧 锄锄）报道：日前，第三批浙江省特色商业示范街名单“出炉”，其中我市纱帽河和南塘街榜上有名。据悉，包括之前入选的五马步行街、欧洲城生活新天地、望江路咖啡美食休闲街，目前我市已有5条商业街入选省级特色商业街，为时尚城区建设频添亮色。

“在此次创建省级特色商业示范街的过程中，我们加强了临街门面美化和商业街区亮化整治，同时对纱帽河的景观小品进行适当改造提升，并且进一步调整商业业态，把好准入门槛，加强诚信管理，依法经营。”五马街道相关负责人介绍说，通过创建，可以直观看到，“女人街”的巾帼特色愈发凸显。

而南塘风貌街则因其特有的商业韵味而成功入选。南汇街道相关负责人告诉记者，目前，南塘风貌街已入驻商户约60家户，经营业态主要为餐饮、娱乐、文化等，年营业额约3亿元。

【让“学雷锋”志愿服务花开街巷】 《温州日报》2016年3月7日（杨世朋 陈慧慧）报道：昨天是一年一度的学雷锋活动日，在鹿城区举行的“万朵鲜花送雷锋”大型公益活动中，由市民评选出的数百名“活雷锋”，接过了众人奉上的鲜花与敬意。他们中，有义务带队锻炼、传播健康不计回报的古稀老人林珞丹，有疏导交通、带头献血，危难面前从不畏惧的志愿者晓建……

其实，从“万朵鲜花送雷锋”，到“最美人物表彰”“便民服务一条街”“与雷锋相约在一起”等形式多样的志愿服务活动，“学雷锋”在鹿城区不仅仅是在雷锋日，而是渗透在每一个平常的日子里。据鹿城区宣传部门统计，该区每十个常住人口中就有一名注册志愿者，城区平均每500米就有一个免费伏茶供应点，全区23万户家庭中已创成文明家庭近13万户……

得益于鹿城区近年来全面践行社会主义核心价值观，深入开展“学雷锋”志愿服务活动，让志愿服务工作在不同层级、不同领域实现了全方位、常态化的覆盖。

注册志愿者达11万人
“雷锋”身影处处在

在白鹿城里的大街小巷，几乎每一天，都有志愿者在开展着形

"2016万朵鲜花送雷锋大型公益活动温州站"启动仪式在市工人文化宫举行

苏巧将　洪佳慧　摄

式多样的志愿服务活动。遍布城乡的86个爱心鹿城联盟驿站，冬煮热粥、夏烧伏茶的善举风雨无阻；在各个社区居家养老服务中心，志愿者们无偿为老人们烧菜做饭，并开展敬老爱老行动……

目前，鹿城已连续三年举办志愿服务项目"相亲会"，19个公益社团、56支高校团队与鹿城80个社区开展了志愿服务对接"联姻"。同时，春运关爱、重阳敬老、冬日送温暖等幸福系列志愿节活动，搭建起了志愿需求与服务的对接桥梁，实现了志愿服务的精准化，吸引了越来越多的市民参与志愿服务的行列。据统计，鹿城区注册志愿者人数已达11万余人，拥有111个志愿者服务站，去年一年累计开展1200余次各类集中志愿服务，5万余志愿者参与其中。

在拓面的同时，鹿城的志愿服务也在提质，"因地制宜"地去温暖、呵护需要帮扶的人群，将"雷锋精神"体现在每一个力所能及的小事之中。在仰义街道临湖社区，幸福课堂"青少年学习雷锋好榜样故事分享会"实现了社区、学校、家庭"三位一体"，为新温州人子女营造"崇德尚善"的浓厚氛围。由教育部门组织师生开展的"大手牵小手，一同参与创卫"，引导师生参与社区洁化、美化，提高孩子们的环保意识。在广化街道组织的"寻雷锋足迹·扬志愿精神"活动中，盲人志愿者发挥自己的一技之长，为他人奉献爱心……

一批批联动型、系统化的志愿活动，让志愿服务深入市民的日常生活，让无私奉献的志愿精神更加深入人心，也在鹿城"最美城区"孕育了诸多向上向善的正能量。好心"都老板"赵章惠抵押豪车救治女童，他说："自己就是个普通人、做了件普通事儿，只是单纯想帮助别人。""道德模范"王小霞义务疏导交通11年，坚守着心底的一份善念："这么多人帮助我，我也要帮助大家……"

为不断弘扬"最美精神"，催生道德力量，鹿城区近年来还深入开展了"我推荐、我评议身边好人""十佳道德模范""十佳慈善之星"等系列评选活动，并通过层层举荐、月月上榜，评选出16期、149人次的"社区好人"。同时，该区还率全市之先设立"道德公益基金"，建立"好人有好报"价值导向机制，营造"友邻和睦、互帮互助"的氛围。

志愿服务品牌化

暖心善举成"平常事"

近日，在全国志愿服务"四个100"先进典型评选中，松台街道菱藕社区凭借"时间银行"等特色志愿服务品牌，荣膺最美志愿服务社区称号，是我市唯一获此殊荣的单位。3年前，菱藕社区正是在"银龄互助""青年幸福号"等志愿服务的基础上，引入"时间银行"，实现了"今天我帮你，明天他帮我"助老服务创新举措。65岁的郑金栋是"时间银行"会员，每周六他都会到社区老年食堂，无偿为老人下厨，他告诉记者，"时间银行"的开业，让他的老年生活多了一份乐趣和干劲。和他一样，该社区已有806名志愿者，"时间银行"累计服务时长已达2.2万小时。

引导社区居民互帮互助的"时间银行"，正是鹿城区推行志愿服务"品牌化"的一个样本。近年来，鹿城区还升级推出了慈孝志愿服务品牌——"鹿城区慈孝文化节"，围绕"时光影像站、慈孝互动吧、慈孝善话坊、岁月博物馆、慈孝生日宴、慈孝能量罐"等慈孝元素，通过"社工、社团、社区、社会"四社联动模式，形成弘扬慈孝文化的合力。仅去年一年，169场各类慈孝文化活动走进社区，让1300多位老人乐在其中。此外，"小候鸟"圆梦项目、"爱立方"公益志愿大课堂等一个个志愿品牌的相继推出，让志愿服务常态化与品牌化相辅相成。

与此同时，鹿城区还通过"学雷锋"志愿服务招兵引领行动，开展了学雷锋示范点和岗位学雷锋标兵创建，培育形成了17个省级文明单位、4个省级文明街镇、5个省级文明社区，7个省级文明村。作为温州的“慈善地标”，红日亭老人被评为全国十大“最美家乡人”，其中2人入选中国好人，7人入选浙江好人。

目前，鹿城区已组建了志愿服务积分库，实行入党积极分子积分制、志愿服务时长积分、新居民参与志愿服务积分管理。参与志愿者服务的人群，还可参照《学雷锋志愿服务评选办法》，实行志愿服务星级管理，由市民评选产生鹿城区志愿服务十大项目，培育可学可借鉴的典型。一系列举措推动着鹿城区志愿服务品牌的不断深化，也让爱心温暖传递得更广。

【领头雁效应争创文体强区】 《温州日报》2016年3月12日（佳慧 世朋 梦园）报道：在鹿城有这么一批“领头雁”：清晨傍晚的广场上，他们是文体活动的领舞者；公益讲台上，他们是文化底蕴的传播者；一纸纵横的书画世界里，他们是修身养性的示范者……在昨天召开的鹿城区文体中心户座谈会上，他们中的35人被赋予了首批“文体中心户”称号，以期发挥自身特长，引导更多市民投身群众文体活动，树立“文体强区”标杆。

近年来，鹿城基层开展的各类群众文体活动已蔚然成风。该区现拥有区群众文体团队联合会、区艺术总团及一批基层“星级群众文体团队”，在江心屿金秋文化节、南塘街印象舞台等阵地开展了许多群团展演。目前，该区各类文体团队已达970余支，成员2.79万余人，并成立了92支文化志愿者服务队，通过送戏下乡、下基层辅导等形式开展志愿服务活动。去年11月，鹿城区发出了文体中心户召集令，在全区寻找有文体专长和爱好的领头雁，旨在进一步推进群众文体事业繁荣发展。经资格审查、公开评议、无记名投票、公示、评审等环节，该区从上万名群众文体骨干中遴选出了首批35名文体中心户。

在首批文体中心户中，有年近八旬的昆曲老艺术家王世荷，退休后24年如一日，坚持在南戏博物馆定期开展公益教学以及昆曲进课堂、进社区活动，影响、带动了一批又一批戏曲爱好者；有市健身舞协会主席潘永钗，从1998年“领舞”至今，她的健身舞队伍从800余人发展到了近4000人，还多次在全省乃至全国比赛中获得佳绩。他们中，还有醉心民俗文化，在公益讲座中传递鹿城风韵的温州民俗专家金文平；倾心棋局六十年，培养了大批优秀棋手的知名国际象棋手陈力行；常年奔波于音乐舞台打造之路的热心市民滕京生；通过各种公益渠道传递正能量的公益音乐人杨骥坚……

“中心户的证书看起来是一张‘纸’，其实是一条‘鞭子’，激励我们把热心公益事业传播得更远。”“只要我的音乐能给别人带去欢乐，我就一直演奏下去”……座谈会上，许多文体中心户表示要争当群众文体事业的践行者和传播者。据鹿城区委宣传部相关负责人介绍，该区将通过经费资助、技艺指导、搭建平台、宣传影响等方式，对文体中心户给予支持。今后，该区将引导文体中心户开展“深入生活、扎根人民”为主题的“学、采、送、种”四大系列实践活动，借助文化走亲、我们的节日、精彩团队展演、文化进社区、文艺下基层等载体，推出更多接地气、受欢迎的文体活动，保持常态化、系列化、品牌化的群众性文体活动氛围。

【九三学社一提案 入选全国两会重点提案】 《温州日报》2016年4月18日（林明）报道：全国政协十二届四次会议重点提案题目日前“出炉”，继被成功提交全国政协会议之后，九三学社鹿城基层委社员陈静撰写的《关于健全儿童医疗服务体系的建议》提案此次入选为42件重点提案之一。同时，该提案被选入全国政协重要提案摘报，由全国政协提案委负责督办。昨天，记者向九三学社温州市委会证实了这一消息。

据了解，九三学社中央今年提交全国政协的提案共有37篇，陈静撰写的《关于健全儿童医疗服务体系的建议》，针对当前社会群众和基层普遍关心的儿童医疗资源短缺热点问题建言献策，并提出一系列有效解决问题的对策和建议，既立足于温州实际，又具有全国普遍性，全国“两会”期间被成功提交到全国政协会议上。

陈静来自鹿城区水心街道社区卫生服务中心，一线的儿童就医环境，让她深深体验到基层儿童医疗资源的匮乏。她说：“以我所在的社区医院为例，儿童专科医生一般由全科医生替代，而儿童专用药仅不到20种，非常缺乏。据我调研所知，这种情况不单单是在温州，在全国也是比较普遍的。”为此，她在提案中指出，基层儿童医疗体系面临资源硬件匮乏、儿科医疗人才短缺、儿童专用药短缺等难题，她建议，要加大儿童医疗资源的硬件配置，二级以上综合医院及县级以上妇幼保健院必须设置儿科，构建完善的国家、省、市、县、乡儿科医疗体系。要建立儿科医生培养机制，恢复并扩大对儿科专业医学生招生，充实儿科医生队伍。要建立儿童药品补偿等机制，对必要的儿童药品实行补贴政策，加大儿童药品储备，优先将儿童专用药纳入国家重大新药创制计划。

据悉，按照全国政协2016年工作的总体部署，重点提案选题将与全国政协议政性常委会议、专题协商会、双周协商座谈会的议题有机结合，开展跟踪督办，增强督办的针对性和实效性。

【外向型经济鹿城“拔得头筹”】《浙江日报》2016年4月21日（洪佳慧　陈送　高波）报道：不久前，盘古吉亚贸易温州有限公司获批赴意大利开展业务经营，前期注册资本46.2万美元，与意大利当地投资者进行资本合作，经营项目涉及鞋帽、服装、服饰、箱包——这是鹿城区充分利用国际市场和国际资源，探索业务发展新模式的成果之一。今年，鹿城区外向型经济喜迎“开门红”，1—3月实际利用外资1501.14万美元，完成年度外资引进计划的75%，双双居温州全市第一；境外投资中方投资额达2060.2万元，实现年初计划目标的84%，总量和完成率均居全市第二。

不负春光不负己。在短短3个月时间里，鹿城区在引进、利用外资方面，成果频出：整合全区招商资源，更新外资项目库，提前为今年的第18届浙洽会做足准备工作；利用海峡两岸（温州）民营经济创新发展示范区等平台，开展推介和招商活动；紧抓沃尔玛山姆会员店等重点项目，针对其需求筛选项目开展接洽；利用市商务局招商契机，推荐“牛山国际”综合体、轻工产业园医院项目等用于招商等。

“去年我区新批外资项目9个，实际利用外资14632.86万美元，创历史新高，完成年度计划418%，占全市实际利用外资总量近一半，并获‘2015年度温州市境外招商选资工作先进单位’殊荣。今年，面对外资大项目枯竭、资金储备不够、发展后劲不足的不利形势，我区主动出击，通过对区内外企增资、利润再投资、外企设立再投资企业进行大规模排摸工作，拓宽利用外资到位方式与渠道，采取应统尽统的策略，在一季度率先完成实际利用外资破局，并以1501.14万美元实际利用外资总量率先争得‘开门红’。”鹿城区商务局相关负责人介绍说，接下来，该局将争取本年度引进1家世界500强项目，同时强化特色媒体“走出去”加强投资环境的境外宣传，带动境外招商引资及投资回归。

引进外资全市第一，境外投资亦不落下。今年，鹿城区强化企业境外投资指导、服务职能，全程提供“手把手”保姆式服务，有效保障该区企业境外投资项目的核准进程，为企业“走出去”赢得发展先机。第一季度，境外投资中方投资额达2060.2万元，其中温州园博对外投资有限公司、温州名盛钟表有限公司2家公司通过境外增资的方式，加大了“走出去”的力度。另外，温州宏略国际投资有限公司在美国新设公司，涉足商务服务业，拓宽了境外经营领域。

此外，在对外贸易方面，鹿城区更是逆势求生，1—2月，全区完成进出口总值5.6亿美元，进出口增速在温州四区两市排名第一。

【鹿城西部极客村　打造温州物联网产业孵化基地】《温州商报》2016年5月18日（夏晓腊）报道：

迎接工业4.0时代到来，掘金物联网产业发展机遇。近日，智雅科技温州有限公司三位年轻创客正引入一批物联网相关企业，着手打造温州物联网产业孵化基地——鹿城西部极客村。

极客村位于鹿城工业区昆仑路，在鹿城区科技与文化融合示范

厂房正被改造成众创空间鹿城西部极客村　　蒋文广　摄

基地对面，将聚合物联网产业上下游创业项目，搭建孵化物联网产业的众创空间，为入驻基地的物联网企业提供创业创新服务，并为种子期、初创期的中小微企业提供配套服务支撑。

昨日记者走进这座正在装修中的物联网孵化基地，一期面积2400平方米，由原先的鞋厂改造而来，内设办公区，在办公区外，还有公共配套的会议室、洽谈区、卫生间等附属设施。每个入驻的企业可以灵活分割自己所需的办公区面积。

“入驻基地内的创业企业，不仅可以享受创业扶持政策，而且可以互相交流行业信息，整合各方资源，一起开拓物联网产业市场，携手推进创业项目更快成长。”智雅科技温州有限公司负责人王健称，他们自己也是一家从事物联网研发的企业，深深体会到创业的艰辛。企业入驻孵化基地后可以大大降低创业成本，尤其是小微型企业，创业初期没有固定场所，往往要搬来搬去，在写字楼承租租金成本高。

据了解，目前该基地正在招商中，截至昨日已有6家企业入驻，包括智能家居、显示设备、工业设计、物联网研发及物联网周边企业，还有温州小微财务服务企业等创业服务公司。另有六七家企业正在对接中。

物联网是传统互联网的延伸，即把所有物品通过信息传感设备与互联网连接起来，进行信息交换，以实现智能化识别和管理。未来几年物联网技术与实际产业的结合将成为中国经济新的增长点。

【街镇干部专职下沉 基层问题基层化解】 《浙江日报》2016年5月22日（胡丹　尤建明）报道：最近，温州市鹿城区街镇治理和服务捷报频传：广化街道困扰群众10多年的马路菜场拆了；仰义街道水库移民反映多年的房产证办理有了零突破；藤桥镇干部上门为百姓办事已成常态……700多名街镇及部门站所干部将自己的办公桌搬进大网格，超过90%的基层问题化解在一线。

省委十三届九次全会强调，要坚持普惠性、保基本、均等化、可持续方向，不断增加公共服务有效供给。鹿城在深入查找经济发展、平安建设、公共服务短板时发现，基层基础薄弱是制约各项工作推进的最大短板之一。针对以往权责不匹配、管理不精细、服务不到位等短板，鹿城创新机制、重新定义大网格，打通服务群众“最后一公里”。

服务基层，首先需要解决人的问题。借区划调整契机大刀阔斧精简机构，鹿城腾出了56%左右的街镇干部。这些街镇干部与公安、城管、环卫、市场监管等部门下派人员一起，组成每个15至20人的团队，派驻到划定的103个大网格内。每个大网格与社区（村居）边界重叠，基层管理和服务半径缩为400米、人口1.1万左右。

与传统的网格员大多为兼职不同，鹿城大网格的网格员全部是专职工作。所有驻格干部除了保留原单位的身份外，所有的工作和考核均在大网格内进行，原单位不再保留办公桌。日常坐班制度被打破，取而代之的是“上街入户”：50%以上人员上街入户，50%以上工作时间上街入户；建立发现上报、指挥派遣、处置反馈、任务核查、督促办理、结单归档的“六步工作法”以及街道、网格两级例会制度，实现“小事不出网格，大事不出街道”。

除了人员和权力下放外，原有街镇11大类125项工作职责和9个部门71项审批事项下放大网格。目前，32万册办事指南和网格员联系卡正分批送入户。群众办事只需电话预约，网格员上门全程跑腿代办。全区今年一季度“一站式”办结9.5万件，代办1.4万件，送件上门1.1万起。

从百姓上门到干部上门，干部们的“辛苦指数”换来了百姓的“幸福指数”，也换来了群众更多的理解和支持。超九成的基层问题得以在基层解决，一大波诸如城中村改造等攻坚破难的项目得以有力推进，经济报表、平安报表、党建报表、人民满意度全线飘红。一季度，鹿城地区生产总值增速达7%，高于去年同期1.2个百分点，20项经济指标中17项明显高于去年同期；完成城中村改造签约1483户、拆除旧房1189户。

【五马、南门、九山、南塘，将整合重塑温州核心商圈】 《温州日报》2016年5月30日（张睿）报道：作为温州最传统意义上的市中心和最早的商圈，五马商圈是我市5+2亮点区块之一。近日，我市提出实施环五马文化商圈建设三年行动计划，力争通过三年时间，将其打造成为历史文化与现代服务业相融合的区域性历史文化展示中心和时尚消费中心。

环五马文化商圈的范围为“一核心三区块”。“一核心”为斗城风貌核心区，近三年启动一轴三点，即以蝉街—五马街—公园路为轴，重点将五马街打造成为全市首条中华民居示范街、国家级商业街；以庆年坊、朔门街、人民广场等片区为重点，多点联动推进斗城风貌区块建设。“三区块”分别为“南门现代商业区块”“环九山河慢生活区块”“南塘时尚乐活区块”。“南门现代商业区块”目标打造浙南地区时尚消费中心；“环九山河慢生活区块”规划建成都市休闲生活“山湖文化休闲带”；“南塘时尚乐活区块”着重打造时尚餐饮新天地。我市已梳理出45个重点发展项目，作为打造该商圈的载体。

环五马文化商圈的每一部分，都有自己的主题特色和发展方向。

斗城风貌核心区

斗城风貌核心区以蝉街—五马街—公园路为轴，主题特色是文化体验和风情购物。这条中轴将以五马街传统街巷肌理和建筑特征为基础，以古瓯越文化和老温州风情为底蕴，通过街区环境提升、建筑修缮、业态调整，让五马街在温州商业历史的光环下焕发时尚新容颜。

将蝉街、五马街、公园路连为一体，以步行街、慢行的形式，打造成五马时尚商圈的主动脉。以五马街传统百年老店和传统商业底蕴为基础，以温州传统商业业态恢复和品质提升为主，引进国际新业态，辐射带动国内品牌和本地品牌逐步国际化，既有传统商业氛围，又能体现现代时尚风尚。

斗城风貌核心区以庆年坊、朔门街、人民广场等片区为重点，突出文化展示、生活体验两大主题特色。合朔门街、庆年坊、人民广场等历史文化街区，以民生改善为基础，以复兴文化、更新功能、重组产业为手段，通过建设和保护同步，管理与治理结合的方式，科学引导人口适度外迁、房屋有机更新、产业升级转型，充分展示庆年坊历史文化风情、朔门街温州原住民生活面貌，重塑街区古城文化底蕴，建设斗城特色风貌区，打造城市休闲经济新高地。

南门现代商业区块

南门现代商业区块，主题特色为时尚高地和消费中心。重点提升以小南路—锦绣路—大南路—人民路范围为主的现代商业核心区域，围绕国内国际时尚商业品牌定位，通过世贸大厦、置信广场等重点项目招商，促进楼宇经济、总部经济、网络经济等发展。优化交通、停车、景观等城市整体环境，集聚提升商业氛围，完善城市基础设施，提升现代商贸功能，打造温州地标性城市综合体和高端时尚消费高地。

环九山河慢生活区块

环九山河慢生活区块，以精致山水和休闲都市为主题特色。突出休闲文化功能定位，做好“山水松台”、文化休闲特色建设。以九山河沿河绿化带改造提升为契机，整合九山河环河游步道、自行车道和步行道等资源，打造九山路休闲步行道。挖掘松台山、妙果寺历史文化脉络，提升松台公园及周边地区文化内涵，打造城市文化休闲园。强化河通桥旧片区改造提升、联盛广场城市综合体打造，形成集文化休闲、旅游为一体的特色区块。

南塘时尚乐活区块

南塘时尚乐活区块，主题特色为塘河景观和乐活家园。以温瑞塘河景观开发为载体，按照见特色、聚人气、浓商机、露文脉的要求，建成温州城市客厅、市民乐活新天地。以南塘街景观为核心，修复塘

河沿岸文物古迹和历史风貌，延伸城市历史文化传统，扩展城市功能和景观空间，提高城市内部生活品质和档次。强化南塘街北段环境整治，突出餐饮主题特色，优化南塘风貌街餐饮业态。打造以国医国药体验区、中医药文化区、养生保健调理区、商品销售展示区、中医药线上一条街、中医药孵化器六大功能为一体的中医药特色街区，创成国家级特色街区。

【交通微循环，让“乱巷”消失了】《温州日报》2016年6月29日（杨世朋）报道：雪花巷怎么“不见”了？这几天，在鹿城区松台街道雪花巷，沿街的康鑫参茸店老板王晓东常碰到“问路”的回头客。“原来的雪花巷，车子停得横七竖八，早晚高峰总是堵得满满当当。”王晓东说，坑坑洼洼的水泥路现在变成了柏油路，一侧划出了停车位、一侧变成单行车道，从早到晚基本不再堵了。

让回头客找不到原来的雪花巷，正是得益于松台街道锦花大网格在整个辖区推行的交通微循环体系，让原本拥堵不堪的道路，发生了翻天覆地的变化。

昔日“堵局”，让生活有点乱

长久以来，对于锦花社区居民来说，一出门面临的就是“堵局”。处于雪山路、勤奋路与鹿城路夹角内的锦花社区，是鹿城具有代表性的老城区。辖区总计4595户，拥有近3000辆汽车，可地下与路面的停车泊位不足1000个。“除了几个封闭小区有地下车库外，其余住户就直接把车停在路面或人行道上。”社区主任叶正冕介绍，辖区道路多属背街小巷，路面两旁停满车，中央只剩一个行车道，两车交会只能对峙，车主乱按喇叭、发生口角的现象屡见不鲜。

“这个民生问题，是社区管理的大难题，但因为与街道、交警的沟通衔接不通畅，几年下来一直没解决。”社区67岁的老党员侯劲告诉记者，这个“堵局”不仅让辖区路面杂乱不堪，还直接影响整个社区的生活品质。

交通微循环，破解治堵难题

在去年9月锦花大网格组建之后，破解“堵局”的事情再次被提上议程。“随着城市精细化管理的展开，治堵成为大网格的头等大事。”锦花大网格网格长刘温涵表示，网格联合交警、执法、公安以及辖区物业代表、群众代表、党员代表，多次召开交通治堵动员大会，并通过走街入户，挨家挨户征求治堵意见。

在街道、交警的支持下，锦花大网格的交通微循环治堵方案浮出水面。根据网格道路实际，交警部门对辖区雪花巷、锦花路、花坦巷、鹿城后巷等道路分别制定了“双向通行，双侧停车”“双向通行，单侧停车”“单向通行，双侧停车”“单向通行，单侧停车”等模板，并将路面翻新成平坦的柏油路，完善路面交通标志，增设停车位。原本只在封闭小区内推行的交通微循环，在锦花大网格“三横一纵”道路实现全覆盖，还为路面新增了100多个停车泊位。同时，网格还计划盘活周边酒店停车场资源，错时对辖区居民开放。

以点带面，期待更多新样板

道路焕然一新，停车、行车井然有序，原本令人挠头的“堵局”因交通微循环迎刃而解。路面变整洁了，车子刮擦少了，还激发了辖区党员志愿者们主动参与精细化管理的积极性。年过七旬的热心党员叶际尧，现在每逢晚高峰就戴上红袖章，来到雪花巷和锦花路的十字路口，担任起义务交通疏导员。他说：“难得赶上政府如此大魄力、大力度对城市环境施行管理，作为老党员，我愿意参与！”与他相似，交通“治堵”带动了更多“红袖章”助力辖区精细化管理，义务担任起交通巡逻员、网格警民亭值班员、道路卫生巡查员……

松台街道党工委书记陈月玲表示，锦花大网格交通微循环的落实，不仅有力解决了老旧城区停车难、行车难的问题，也为城市精细化管理“八大”行动的全面开展提供了重要支撑。

如今，锦花大网格的交通微循环模式，已被市交警部门及鹿城区列为背街小巷交通治堵的样板。或许，今后的温州老城区里，会出现更多让人刮目相看的“雪花巷”。

【鹿城建成全市首个农贸市场智慧管理指挥中心】《温州晚报》2016年11月23日（陈培培/文 李立/摄）报道：11月21日上午，完成改造升级工作后的黄龙农贸市场正式营业，这是鹿城区今年完成改造升级工作的第6家农贸市场。

昨日，记者从鹿城区市场监管局了解到，截至今年12月31日，鹿城区还将有7个农贸市场完成改造升级工程，明年底前计划完成全区农贸市场改造升级工作。

而在此次提升改造过程中，鹿城区市场监管局耗资50余万元，建成我市首个农贸市场智慧管理指挥中心，通过远程管理平台实现对农贸市场的远程监控。

据统计，截至目前，该远程管理平台已完成“纠错”117件。

■看数据——

年底前完成13家，明年计划完成14家

据统计，鹿城辖区原有各类农贸市场总数为48家，其中21家为小菜场。随着今年6月《温州市城区农贸市场改造升级三年行动计划实施方案（2016—2018）》正式的出炉，鹿城区市场监管局辖区范围内的27家农贸市场进入改造升级名单，21家小菜场被纳入关闭或者托管计划中，另有新田园农贸市场被纳入新建计划中。

经过前期调查摸底，蒲鞋市农贸市场、天雷农贸市场、松台农贸市场、洪殿农贸市场等13家农贸市场被列入今年的改造升级工作计划中。据该局相关工作人员介绍，截至今年11月21日，其中6家农贸市场已完成改造升级工作，分别是蒲鞋市农贸市场、天雷农贸市场、松台农贸市场、洪殿农贸市场、上陡门农贸市场、黄龙农贸市场；而剩下7家农贸市场将在今年12月31日前完成改造升级。

该工作人员表示，由于此次改造升级前进行了充分动员部署工作，因此得到了各摊位经营户和周边居民的支持，进展情况比较顺利。而按照全市“大拆大整”专项行动的总体要求，原本的三年计划已被缩短为两年，因此鹿城区计划在明年年底前完成全区农贸市场的改造升级工作，也就意味明年将有14家农贸市场进行改造升级。

■看亮点——

中心实现远程监控，让管理更加精细化

今年8月，鹿城区市场监管局开始筹建能够实现对辖区农贸市场远程监控的农贸市场智慧管理指挥中心，最终在今年10月正式投入使用，总耗资50余万元。运用该远程管理平台，该局工作人员可以随时监控市场状况，全天候录制监控市场状况，随时可调用、截取相关数据，对农贸市场的全方位监控管理由粗放型向精细化转变，由传统管理手段向智慧管理转变。

昨天下午3点，记者探访了该指挥中心，一名工作人员正在通过传送到电脑上的视频画面查看晚市开始前的各农贸市场的情况，电脑边上放置有一个小话筒，而工作人员正对面的墙上是一个大屏幕，电脑的显示屏画面也同步显示在大屏幕上，可以同时显示9个不同画面。

“这个视频画面是实时的，也就是说在农贸市场里发生的情况，这里都是‘一清二楚’。”该工作人员表示，一旦发现有人随意堆放垃圾等情况，我们就会直接截图发送给相应的农贸市场管理人员，或者通过小话筒远程呼叫相应的摊位经营户，督促经营户进行整改；同时，就发现的情况还将依照《农贸市场经营行为规范》进行扣分等处罚，每个经营户共计12分，累计计满12分，就要解除商位租赁合同，并取消下一期摊位使用权竞拍资

改造后的蒲鞋市农贸市场

农贸市场智慧管理指挥中心

格，两年内不得进入该市场经营。

据介绍，目前，已有洪殿农贸市场、天雷农贸市场、松台农贸市场等13个农贸市场连接进入该远程管理平台，每个农贸市场通过市场内的32个广角摄像头的实时拍摄传输画面来实现远程监控。该局相关负责人表示，接下来，农贸市场智慧管理指挥中心还将陆续实现对全区农贸市场的远程监控。

此外，11月16日下午，前京农贸市场、后京农贸市场、屿头农贸市场、正岙市场已正式签约托管，这是鹿城区首批签约托管的农贸市场。进入托管后的这4家农贸市场已由鹿城区市场开发服务中心派出的专人进行管理，相较于之前由村老人协会进行管理的模式，这种专人专管的新模式让市场更为井然有序，且都已纳入农贸市场智慧管理指挥中心的远程监控范围。

据统计，截至目前，该远程管理平台已完成“纠错”117件。

■看变化——

不见“脏、乱、差”，市民买菜更加舒心

11月21日下午4点多，记者来到市区蒲鞋市农贸市场，这是今年已完成改造升级的其中1个农贸市场。

通过4张该农贸市场改造前拍摄的照片，记者发现该市场存有不少问题，像地面积水湿滑、杂物随意堆放等。而当记者昨天进入该农贸市场时，发现这些情况都已不再：所有摊位都十分整齐，熟食摊位设置了灭蝇设施，蔬菜摊位设置了统一货物架，猪肉摊位设置了统一的切肉板……

记者随机在该市场内采访了10多位正在购物的市民，对于改造升级后的蒲鞋市农贸市场，他们都很满意。

“现在这个农贸市场太好了！”市民林阿婆说，她家就住在附近，因此常到这里买菜，农贸市场的变化她都看在眼里，过去她到市场里总担心地滑会摔倒，现在地面换了特殊处理过的大理石，即使有些水迹，踩在地上她也感觉很稳当。

“现在的农贸市场每天都有抽检，直接公布结果，我每次都特地去看一下，感觉很安心。”市民周先生说，除此之外，改造升级后的农贸市场，虽然服务和环境都提升，但菜品价格还是一样实惠，也是吸引他来这里买菜的原因之一。

（区委宣创部　区广电新闻中心）

专题采撷

【李岳松家庭入选第二届全国“书香之家”】 2016年4月，国家新闻出版广电总局公布第二届全国“书香之家”名单，鹿城区委党史研究室副主任、副研究员李岳松家庭入选。4月12日，李岳松作为浙江获得者的唯一代表，参加了“2016书香中国暨北京阅读季”启动仪式并接受颁奖。

李岳松出生于上世纪50年代的农民家庭，虽然初二就辍学，但酷爱读书。1974年12月入伍，1980年12月退伍回乡时，他带回的“宝贝”就是两大木箱和一小柜的书。如今他家有三处书房，名为“松月斋”，取自他和妻子叶月娥的名字，31个书柜共藏书刊10000余册。其中，藤桥老家的书房，每到双休日向读者开放借阅；位于新城的书房，藏有大量其儿子李培贴的国内外文学类书籍，此外，女儿李培怡、儿媳陈暖都是教师，有很多外文和教育书，单经典名著就有近2000册。李岳松给全国各地图书馆、档案馆 、博物馆等单位和个人赠送著作等图书5000余册，在鹿城区图书馆和庆年坊文化礼堂等建有李岳松赠书专柜。

李岳松不仅抄书、买书、换书、藏书、读书、还著书、送书，他已出版了党史专著5部，其中《鹿城风雨春秋》获温州市第十五届哲学社会科学成果学术进步奖；主编出版党史文集21部，其中《泽临风云》获温州市宣传文化系统优秀通俗理论读物；主编出版鹿城党史期刊《鹿之鸣》21期，该刊被评为第三届浙江省优秀党史期刊；参与编辑出版党史等文集12部。完成了国家省市区课题、专题十多项。发表论文100余篇，选入42篇出版《求索——李岳松论文选》，其中3篇入选中央党史研究室等主办全国学术研讨会，两次在会上发言交流；11篇入选省党史研究室等省党委部门主办理论、学术研讨会，6次在会上发言交流。《温州人经济在中国改革进程中的作用和影响》等45篇文章获得国家省市等级奖。《温州特色农村文化礼堂建设路径探讨》等文章被人民新闻网、知网等转载。因其出色表现，被评为浙江省党史工作先进工作者、浙江省革命遗址宣传工作绩效考核先进个人、浙江省全民阅读示范家庭，鹿城区第七轮优秀专业技术人才、鹿城区第三届优秀文化人才。

（鹿城区委党史研究室）

【藤桥熏鸡品牌的传承】 藤桥熏鸡及其传统制作技艺可认定为自20世纪初期，至今已有100余年了。

1909年初，温州瓯江支流戍浦江中游的藤桥古镇上有一位名叫张周云的青年（第一代创始人），根据当地人做熏鸡的传统技艺，在自家尝试作坊制作熏鸡取得成功。后张氏因积劳成疾过早去世，其妻玉妹传承张家技艺与生意，并添加其家族祖传中医秘方，配制出别具一格的熏鸡，引得了众人好口碑。因合乎大众口味，价格合理，生意越做越好，名声也越来越响。

新中国成立后，张家第二代熏鸡作坊制作传人张银松被温州食品公司聘为熏鸡加工特技师傅，对熏鸡的制作工艺进一步提升，同时，将熏鸡制作工艺传授给其儿子张卢兄。

20世纪80年代初，出校门不久的张卢兄乘改革开放的春风，在藤桥上寺西村办起了张卢兄肉鸡养殖场，边养殖边加工熏鸡。90年代初期，他创办了藤桥熏鸡加工厂，后提升为藤桥禽业有限公司，实现“公司+基地+农户”的经营模式。1996年注册“藤桥”牌商标，专业从事以熏鸡为主的肉类食品加工和销售。经过二十多年的艰辛创业，品牌从温州逐渐叫响全国各地。

2016年，藤桥熏鸡产业引进温商资金，组建为藤桥食品有限公司，对企业进一步优化提升，一个高科技、现代化的品牌食品工业园变为现实。

在新的形势下，藤桥熏鸡的第四代传人张海猛更加重视“老字号”品牌建设，将古法与现代高科技紧密结合，不断开发新产品，提升产品质量和品味，使藤桥熏鸡品牌建设和企业发展进入了快车道。

藤桥熏鸡企业及其品牌的发展过程中，曾多次获年度浙江农业博览会金奖，温州市十佳农业龙头企业、温州市科技进步奖；2003—2006年蝉联浙江省农业博览会金奖、中国国家A级绿色食品、浙江省名牌产品等荣誉。

链接

藤桥熏鸡的制作要求与风味特色

首先藤桥熏鸡选取外形丰满、肉多、肥嫩、体重1—1.5公斤，生长期为一年左右的藤桥本地鸡（山地放养，以谷物作饲料）作为主要原料加工而成。公司对活鸡养殖实行统一管理，选址环境要求严格，确保水源清洁卫生，采用绿色无污染的规范化操作程序，从饲养到活禽验收宰杀都坚持高标准、严要求，确保原料安全。熏鸡生产经6道工艺38道工序加工而成，其成品色泽嫩黄鲜亮，味道醇香浓郁，令人回味无穷。

现代藤桥熏鸡的制作工艺既秉承古法，又不断创新。为了摆脱熏鸡传统工艺季节性生产的限制，“藤桥牌”熏鸡传承人张氏家族经过反复试验研究，已然熟练掌握熏鸡制作冷风干燥规律，即在老工艺的基础上，保留传统的秘方，独创了“三熏一提”的秘方熏制技法。所谓“三熏”功：

一、调秘制配方，此谓熏之本；

二、浸草木味料，是谓熏之法；

三、喷熏液粒子，这是熏之道。

所谓“一提”，是叫无烟柔性熏制提色留香。此种熏制工艺最大优点就是健康无公害。

如今每一只藤桥熏鸡，味道、品质均属上乘，成为人人称赞的馈赠佳品。随着温州人走向世界，藤桥熏鸡的足迹也遍布世界，成为“响当当”的著名老字号品牌。

（林钦法　陈　港）

责任编辑　贾海丹

附 录

鹿城区人大常委会议案选录

关于大力推进旧小区拆改的议案

议案领衔人：刘拥军　陈　晨

一、案由

当前，区委、区政府提出以“五个区”建议为总目标，“大拆大整”为主线，加快鹿城转型发展。时下，城中村改造工作正在如火如荼地开展，农村危旧房改造工作进展迅速，但同时量更大、面更广，涉及群众人数更多的城市旧小区内的危旧房改造进度相对滞后。我们认为，用3—5年时间基本把主城区范围内的城中村、旧小区、旧厂区和旧市场拆迁、改造完毕，是一项巨大的为民惠民工程。尤其是首次把涉及千家万户的旧小区拆改列入行动计划中，万众瞩目，为了实现预期目标，必须立足长远，制订出接地气、受欢迎的旧小区拆改配套政策，从而实现群众利益、土地规模效应和城市价值的最大化，从根本上解决主城区长期城乡、工业高度混合面貌，重构鹿城新形态。

二、案据

鹿城是温州市的政治、经济、文化中心，是“温州模式”最早的发祥地，是一座生态环境优美、文化底蕴深厚、充满创新活力的城市。改革开放以来，鹿城伴随温州率先进行市场化取向改革的东风，取得了令人瞩目的发展成就。然而离市委市政府要求鹿城区在建设“三个城市”发挥“排头兵”和顶梁柱作用，提高中心城区首位度的要求来说，仍有巨大的提升空间。环顾四周，杭甬标杆城区发展日新月异，周边县市区也是千帆竞发，突飞猛进。审视自身，先发优势尽失，产业转型时不我待；城市建设问题突出，“四旧”改造迫在眉睫；尤其是遍布在主城区的低矮破旧、配套缺乏、隐患严重的众多旧小区。以松台街道、五马街道为例：松台街道辖区共有639处C、D级危旧房，总建筑面积为188728.43平方米。其中C级危房建筑面积共173503.3平方米，D级危房建筑面积共15225.13平方米。花坦头住宅区、水心住宅区等房龄30年以上，清明桥工人新村等房龄50年左右，以上为多层多业主住宅区；庆年坊、蛟翔巷等处多层单业主民宅，房龄基本在30—40年；另有未修缮、腾空的C、D级危房174处。五马街道辖区目前已启动前期调查摸底的旧小区有7个，涉及户数约8022户，总建筑面积约399500平方米；现有C、D级危房1313幢，其中上述7个旧小区就涉及622幢，已解危的仅40幢。类似这些旧小区及危房的拆改各界极为关切，首次跻身温州市统计局公布的2017年度市民十大关注热点问题。对于旧小区，据初步调查，居民主要有三类诉求：一是要求原拆原建。因房屋面积小、价值低，政府回购后拿到手的补偿金不足以在市场上买新房，需自己贴很多钱，但目前还住在旧房的多为困难户，无力负担，相比而言原拆原建他们付出最少、最欢迎；二是支持政府回购。这部分人多为已经另有住房，或是经济条件尚可的，拿了补偿金自己再贴点可以改善住房条件；三是要求政府必须现房安置占少数。

鉴此，必须从立足长远、算城市发展总账的高度出发，向创新政策引导要动力，研究出台“政府可承受、百姓可接受”的拆征方案，才能改变就地安置模式，确保区块货币化安置率达到70%以上目标，进而有效推动成片旧小区拆改进程，提升核心城区品质，助力鹿城打造全面小康社会示范城区。

三、方案

（一）加强领导，落实责任。一是成立领导机构。成立以区政府为总牵头，区发改、财政、国土、规划、住建、工务局等多部门参与的旧小区拆改管理机构，负责做好政策规定、详规控制、资金筹集、人口安置等工作，集中力量抓好拆改。二是落实实施主体。明确属地街道（镇）为旧小区拆改的实施主体，负责具体工作实施；同时，进一步明确各相关部门的工作职责和分工，上下联动，形成合力，共同推进。三是加强任务考核。落实考核和督查制度，督查评定结果纳入对街道（镇）和部门工作目标考核管理体系，旧小区改造工作先进单位和个人，年终通报表彰。

（二）科学规划，分步实施。一是制订科学合理的拆改规划。本着政府可承受、百姓可接受、让利于民的原则，通盘考虑我区地方财力和旧小区现状，制订拆改三年行动计划，排出任务书、路线图、计划时间表，确保拆改顺利实施。二是先行明确试点项目。围绕试点先行、先易后难的原则，优先将连片规模适中、居住条件较差、安全隐患严重、群众要求迫切的旧小区作为试点拆改项目，通过试点项目带动其他区块拆改。三是要统筹规划拆改区块及周边配套设施建设。要坚持因地制宜的原则，在拆改规划制订中注重与城市总体规划的衔接；要坚持以人为本的原则，尽量保持成片旧小区业已形成的社会关系，确保住户的人文环境不受过多影响，以维护社会和谐稳定。四是拆改与保护有机结合。对于历史街区内年代久远的旧小区拆改，应当充分认识历史街区的发展规律，顺应城市肌理，按照审慎渐进原则将旧小区拆改与历史街区有效保护相结合。对于历史建筑拆改与保护可一房一策。

（三）完善政策，规范运作。一是出台实施意见及细则。可学习借鉴宁波、厦门等地政策，结合实际尽快健全旧小区拆改配套政策体系。诸如完善创新国有土地上房屋征收政策，以及“原拆原建”“维修加固”和“产权调换”等模式的财政补贴、税费减免等扶持政策。二是因地制宜探索拆改模式。旧小区拆改牵涉面广、当中有的还涉及历史文化名城保护、学区房权益、一楼商业店面等关系复杂，需区委区政府进行统筹考虑和统一部署，尤其在拆改模式确定上，应特别加以重视。除力推“房屋征收”货币化安置外，还应因地制宜的将“原拆原建”、“维修加固”和“产权调换”，以及给予保障性住房等相关结合实施。三是保留旧小区业主子女的择校资格。旧小区中存在大量的学区房，在制定旧小区拆改政策时，应兼顾这部分群体的利益，即保留学区房被征收后原业主子女在原学区学校入学资格。四是充分尊重房屋业主意愿。对成片旧小区进行整体拆迁或改造，应充分尊重业主的意愿。如遇全体业主无法达成一致意见，但单幢房屋所有业主已达成一致意见的情况，建议先行对该单幢房屋进行拆迁或改造，以促使其他房屋业主尽快达成一致意见。以宁波市力推，且已有成功操作实例的房屋征收方式为例，项目启动前旧小区业主的同意率需达到90%以上，征收过程中附生效条件的房屋征收协议签订率需达到80%以上，若达不到上述比例，征收决定效力终止，原则上5年内不安排该项目的征收。而深圳市南山区对于成片旧小区及零散旧住宅拆改要求住户的意愿率达到100%，除了奋战6年的鹤塘小区外，100%的签约率使该市首批8个旧住宅小区改造项目至今搁置不前。

（四）多措并举，多元运作。一是突出业主自愿原则。要大力宣传旧小区拆改的根本目的和重大意义，围绕“政府引导、业主决策”的重要原则，明确旧小区拆改的业主责任，充分调动业主的积极性。二是争取政策性资金支持。充分利用国务院《关于加快棚户区改造工作意见》精神，积极争取国家开发银行政策性资金支持。三是鼓励民间资本参与。通过享受优惠政策和资金补助的方式，鼓励和引导民间资本通过直接或间接参与旧小区拆改。四是引导和鼓励房地产开发企业让利于民。鼓励房地产开发企业针对旧小区拆改的业主出台具体的销售优惠措施。

鹿城区政协提案建议选录

关于加强垃圾收集运输体系的基础设施建设，全面提升城市管理水平的提案

农林人资环组

附议人：褚　坚

城市环境卫生的好坏直接影响广大群众的生活质量，是最大的民生问题。今年5—7月，在鹿城区多个社区出现垃圾围城现象，说明我区垃圾处置系统存在问题。针对实际情况，政协人资环委组织部分委员开展相关工作的调查研究，现提案如下：

一、基本情况

鹿城区环境卫生作业体制实行“村镇收集、区级转运、市级处置”的模式。城区现有环卫工人3000余名（不含市场化作业公司），由各街镇管理。公共保洁面积达到1100余万平方米，道路清扫

实行“一保、二扫、三冲洗”的作业模式，其中主干道路清扫达到18小时以上，背街小巷清扫达到16小时，同时部分主干道路实现向市场开放。

近年来，从机制体制入手，细化作业标准与监管考核措施，制定了《鹿城区环境卫生考核办法》、《鹿城区环境卫生微信群运行管理办法》等规章制度，为鹿城区环卫保洁工作奠定了基础。

目前，局属环境卫生管理处设有28个部门，包括8个环卫所、3支清运车队、1支机械化清扫车队，负责131座公厕和32座垃圾转运站运营与维护，日清运垃圾量达1300吨，日清运粪便达160吨。

二、存在问题

1.基础设施落后。一是清运车辆严重不足。从调查情况看，我区环境卫生从清扫、垃圾收集、运输都存在机械化清扫偏低，设施老旧，年久失修情况。运输车辆自2008年以来为投入更新，区局属环境卫生管理处有121辆垃圾转运车属黄标车，按规定不能在市区运输，黄标车大部分购于2003年以前，个别车辆购于1995年，目前仍然在使用，不仅污染问题，更有安全隐患。二是终端消纳能力不足。目前市区垃圾唯一的消纳方式是焚烧发电，鹿城、龙湾、瓯海和经济开发区日产垃圾为3600吨，而临江、永强、东庄垃圾焚烧发电厂日处理能力仅为2800吨，各垃圾焚烧厂处于严重的超负荷状态。三是收集清扫机械化程度低。目前，我区道路清扫和社区转运基本依靠人工扫把和板车或者三轮车，工作效率极低。使用大量人工劳动力，也导致工资水平低，个人工作辛苦，引发投入不足。三是收集手段落后。大多数清洁工采用板车或者三轮车等人力工具保洁，效率极端低下。

2.运营机制粗放。一是管理手段缺乏创新。针对这几年出现的垃圾围城现象，政府以及相关部门没有及时研究，提出相应对策，没有从管理上要效益，没有制定近远期的建设规划，甚至把问题单一归结是经费不足。比如，居民丢弃的废旧沙发床垫，没有及时制定回收利用消纳方案，致使有些社区一段时间内废旧家具“堆积如山”，引起居民极大不满。二是没有制定应急预案。2015年夏季，正直传染病高发季节，出现坦前、南浦三区等转运站垃圾无法运出，堆积如山，恶臭难闻，这种情况相关部门事前已经有所觉察，但没有任何预案，致使雷同事件重复发生。三是体系不完善，运转效率不高。生活垃圾清洁直运系统在我区已经开展试点，但没有很好地总结和完善，导致试点失败而不了了之。刚刚启动的垃圾分类工作，考虑过于单一，仅仅在试点社区放置分类垃圾桶，没有把家庭作为源头加于重视。如此大的投入试点，没有把垃圾收集、转运和消纳作为一个系统考虑，成功的概率可能不高。四是长效投入机制未建立。单一依靠财政拨款，没有根据“谁产生谁支出”原则收取卫生费，使财政负担过重。由于过去我市立法权的问题，卫生费收入远远不能满足环境卫生保洁经费。原定的卫生费极不合理，有些单位面积30亩，如体育中心，其卫生费与30平方米的小店卫生费一样多，极不合理。导致小店难收，大的单位收支严重不平衡。

3.管理精细化程度不够。一是数字城管作用没有很好发挥。二是垃圾坞、转运站管理不到位。两年前换上的分类垃圾桶已经破烂不堪，也没有及时落实修理和清洗措施，感观很差。转运站周边管理措施没有落实到位，清扫工人收集的废旧物品乱堆放，严重影响周边环境卫生。三是垃圾分类试点运营缺乏系统化。仅仅摆放分类垃圾桶，没有把家庭和后续处置一并考虑，群众家庭没有分类设施，收集后清运工人又合并倒入垃圾车运出，到了垃圾场也没有分类处理，这种形式主义的试点失败例子在鹿城区各社区随处可见，群众反响极差。

4.宣传工作粗略。任何好的环境卫生依靠及时清扫和大家保持，针对当前群众卫生环境意识与现实要求差距比较大的情况，没有很好地宣传，是卫生意识深入人心，提高大家的自觉性。如，针对车抛垃圾的行为，没有利用现代微信等创新平台给予曝光。

三、建议

3月9日至11日，徐立毅书记率市党政代表团赴杭州考察城市建设与管理工作，提出了“对标先进，查补短板，加快推进温州城市转型发展”的要求，为鹿城当前及今后一段时间的城市管理工作指明了方向。鹿城区委、区政府高度重视，根据自身情况，提出城市精细化管理一系列措施，找准了我区垃圾收集、运输等城市管理的症结。建议：

1.精细规划系统。一是要深入调查研究，趁“十三五”规划“东风”，把环境卫生作为一个完整的体系来规划，把垃圾处置体系建设纳入我区今后民生发展重点。让政府投入有规划、有计划、有远景，不能追求一步投入到位，但可以逐年投入建设，逐步完善体系。二是要探索创新垃圾分类体系建设。垃圾分类不但可以废物利用，节约资源，同时可以减少垃圾的排放，减轻处置负担。要研究生活垃圾简单易行的分类方式方法，怎样从家庭源头入手，兼顾后续运输处理，促进垃圾分类工作机制完善。要建立切实可行的激励机制，如，分类做得好的家庭要给予分类设施垃圾袋等奖励，年度评选全区垃圾分类优秀家庭、社区，给予物质奖励。要培训社区督导员，及时督导社区家庭做好垃圾分类。三是探索垃圾清洁直运系统建设。组织专家对我区今后十年甚至更久远的情况进行预判，研究鹿城区远期发展规划和人口发展情况，针对预判结果，远期规划建设垃圾清洁直运系统。尽量减少政府财政一次性大量投入，预算分5—10年分期逐年投入，逐步建设起完善的清洁直运系统，真正造福广大群众。

2.精心创新机制。一是以问题为导向，积极创新。针对出现的突出问题，要积极创新体制机制，勇于探索解决问题的新体制机制和方法。如，旧家具处理问题，要本着废物利用原则，充分利用市场优势，适当补助引入民营企业，处理好这一难题。二是引入市场机制，提高效率。政府建立精细考核机制，通过购买服务方式，真正让市场来投入，提丬机械化清扫程度，提高劳动效率，减少人工投入，提高企业和工人收入。三是发挥数字城管作用，精细管理。尽快理顺街镇体制改革带来的不利影响，充分发挥数字城管作用，落实精细化管理，提高工作效率。四是建立应急机制。垃圾及时清理事关群众生活环境的大问题，是最切合群众生活的民生问题。在任何一个环节出现问题，整个系统都会无法运作。比如，焚烧厂机器故障，维修需要时间，垃圾又不可能不处理，这种情况事先应该可以预判。这就要求我区不但要积极向市政府提出问题，更要有自己的应急预案和应急设施，以备应急之需。五是探索垃圾处置新方法。不仅仅要加大焚烧厂的扩容，更要探索垃圾填埋等其他消纳方式方法。六是及时研究新情况。要关注网购等新业态对环境影响，网购等是今后商业发展的大趋势，但网购不是完全绿色的业态，其包装等对环境的污染应该引起高度重视，政府和相关部门要及时研究这一新业态对将来环境的压力，及时预判和研究对策。七是加强机械运营保障。要加强消纳设施保障保养工作，尽量避免在夏季等高峰季节检修机器设备。

3.精致深入宣传。一是要创新宣传方式。比如对汽车乱抛垃圾要宣传与动员广大群众记录仪曝光相结合，让随意丢垃圾的汽车曝光，让不遵守公共道德的人曝光。二是要充分利用媒体宣传和监督。媒体不但要宣传垃圾的危害和相关分类知识，做到人人皆知。更要监督群众乱扔垃圾行为。确实改变目前许多人“知而不行，禁而不止”现象。三是要发挥中小学生作用。以“大手拉小手”推进全社会共同维护环境。四是建议每月设立一天为“环境清洁日”。规定该日全社会成年人都要清扫自己门前屋后，所有公职人员都要有3小时时间为社区清洁做服务工作（包括宣传、清扫等）。

4.精准资金投入。一是要本着“谁排放谁负责”原则。建立根据家庭和企业、事业单位、机关规模大小差别化收取垃圾处置费制度。家庭以实际居住人口或者用电（水）量比例与水电费并轨收取，企业以总用电量并轨收取，收取费用专款专用。二是建立财政精准投入长效机制。各级政府要作出近远期适度超前的规划，稳定建设投入渠道，列出财政预算，逐年投入到垃圾处置基础设施建设。三是创新融资渠道，探索彩票、国债等投入机制，也可探索果壳和垃圾箱体印刷广告等筹措资金。四是建立清洁工人慈善基金账户。通过基金引导社会捐赠，专款专用于清扫工人的健康和奖励。

优化旅游产业结构
加快推进我区旅游业转型
升级的建议

经济界：叶　胜

旅游业作为典型的第三产业，清洁无污染，投资少，见效快，带动就业效果明显，已成为鹿城区经济转型的主力军。近年来，我区以推动我市“五化战略”和经济转型升级为主线，在打造时尚商圈、推进智慧旅游、夜游项目和提升旅游品质等方面做了大量工作。2015年，全区接待游客达1166.72万人次，实现旅游总收入124.98亿元，分别同比增长14.1%和15.2%，旅游经济得到了较好发展。但由于我区旅游产业起步晚，基础条件和国内其他先进旅游城市相比尚存在较大差距，旅游资源分散、硬软件设施滞后、产业结构不优等问题，已成为我区旅游业发展的瓶颈制约。

一、目前我区旅游产业存在的主要问题

（一）旅游资源分散统筹管理机制缺乏

我区在计划经济体制下形成的涉旅要素资源条块分割局面至今

犹存，涉旅资源分属不同部门和单位管理，缺乏一体化的统筹管理机制，区域内旅游产品难以优化、集聚、串联成整体优势，比如部分组团来温州旅游的内地和国外旅游团反映，游完雁荡山楠溪江后回程留宿慕名已久的温州市区，竟然找不到一家旅行社可将江心屿、五马街、南塘、三垟湿地、瓯江、妙果寺、东瓯王庙、墨池等著名景点串珠成链的温州城区一日或一夜游项目。我区相关旅游资源分散，未得到有效整合，是导致我区旅游产品竞争力不强和发展缓慢的首要原因。

（二）涉旅硬、软件配套设施建设滞后

从目前我区各个景区的现状来看，硬软件建设滞后，难以满足需要，部分景区内部或周边尚未开发出与之配套的宾馆、度假村等住宿设施，大部分景区周围无法接待大型旅游团用餐，难以留住客人，缩短了游客游程，也影响了旅行社接待大规模旅游团队的积极性。另外，服务配套设施不足，如部分户外拓展旅游的景区未开发配套的帐篷游产品，还有如停车场地、公共厕所、垃圾处理、通讯设施、住宿和饮食卫生都不同程度存在问题，成为制约我区旅游发展的重要因素。

（三）缺乏有影响力的旅游文化产业项目

以云南为例，由著名舞蹈艺术家杨丽萍任总编导的云南民族歌舞剧——《云南映象》，已成为国内外旅游者到滇旅游必看的节目。而我区旅游资源集美食、历史、民俗、山水、歌舞、诗词等多种文化于一身，温州举世闻名，鹿城区作为温州的主城区，理应利用地利优势大力推广文化旅游资源，但我区却至今未建立涉旅文化产业运营平台，也未开发既能体现鹿城地域文化特色，又能包容多元文化要素的旅游文化产业项目，在国内外旅游市场缺乏影响力和吸引力。

（四）景区之间的公交旅游专线缺乏

目前，全国有几十个城市已开通城市直达风景区的旅游专线，经济、实惠、便捷，如杭州旅游专线公交车上配有专职导游，游客在乘车时可边欣赏沿途景观边听导游讲解，深受欢迎。而我区景点分散，游客往往游完一个景区后，如何去下一个景区又成了问题，如江心屿和南塘景区距离较远，却没有联系两个景区之间的直达公交车，外地游客很难在短时间内到达景区，因此迫切需要建立完善的旅游公交网络，为散客出游提供方便。另外，景区之间的公交旅游专线缺乏，也导致节假日期间景区私家车爆满拥堵，直接造成旅游景区美誉度下降和游客流失。

二、建议

（一）建立一体化的管理体制。

建议强化和完善我区旅游产业领导机制，由区委区政府主要领导任组长，召集宣传、发改委、经贸委、建委、外经贸局、财政、文化、交通、公安、林业、环保、工商、物价局等相关职能部门负责人，成立工作小组，采取不定期举行会议和常态化通报的工作方式，统筹协调解决我区旅游产业发展遇到的重大问题。

（二）优化整合涉旅资源

对我区现有涉旅资源要素，在线路、主题和内容上整合优化。如结合月光经济，将瓯江、南塘景区、江心屿、五马街、江滨路咖啡酒吧街等景点组合成白鹿城一夜游；结合历史景点，将千年古刹妙果寺、东瓯王庙、墨池、池上楼、浩然楼等组成鹿城人文古迹一日游，推出科技馆、博物馆、图书馆、非物质文化遗产保护中心等为线路的科技文化场馆旅游；将朔门街（拥有瓯塑、瓯绣、夹缬、黄杨木雕和细纹刻纸等一批温州历史文化“活化石”的老街）、仓桥街、城西街、墨池坊、永宁巷、庆年坊等组成鹿城十大古坊一日游；将东坑古村落、潮埠百年老街、程奕古宅院等11个已规划开发的古宅、村落组成古村落一日游；同时，积极挖掘西部山地旅游资源，大力发展休闲观光旅游产业，如把西郊森林公园、岩雅山风景区、西洲岛、西龙溪、仰义东方高尔夫球场等组成西向旅游线路，有机串联我区景点，推出适合不同人群的旅游线路，吸引更多的国内外游客。

（三）提升景区硬、软件配套设施和服务

杭州西湖景区良好的硬、软件设施和服务留住大量的留宿游客。建议我区借鉴杭州“西湖模式”，软件方面，提高全体涉旅人员特别是导游和讲解员的讲解水平、服务意识和服务水平，同时加快智慧旅游景区建设，编制各景点、风貌建筑等核心要素导览词，建设完善二维码自助导览系统，实现游客景区内自助导游；硬件方面，合理规划景区道路，电瓶车等交通工具等设施要配置齐全，以满足老幼残弱旅客需求；景区周边商业网点、住宿、餐饮等，要配套齐全布局合理；涉水景区比如南塘景区要组建高档次、高品位的旅游船船队，符合户外拓展的景区要开发配套的帐篷游产品，扶持景区村民建设文化旅游设施和标准的农家乐宾馆，提高景区接待能力和接待水平。

（四）策划打造有影响力的文化旅游产品

1.建议聘请全国乃至世界知名创意团队，依托鹿城区地域特色的文化旅游资源，运用现代技术手段，策划具有跨地域性国际性的文化旅游项目，以提高我区景区的知名度和竞争力。比如，开发演艺、影视等文化旅游产品，邀请国内知名导演打造符合我区文化的比如《东瓯王》《印象南塘》《千年孤屿》等舞美剧作为景区现场固定演出节目；2.邀请国内以江南山水为背景的影视摄制组到鹿城各大景区取景等，以扩大我区景区的知名度和美誉度。

（五）建设公交旅游专线

1.建议我区建设公交旅游专线，按照景区分布方向设立若干条线路，设置多条线路分别涵盖相关景区，同时尽快推进通往景区的道路建设，解决部分旅游道路不畅、路况差问题；2.区财政在资金上给予支持，老年卡和学生卡应适用于旅游专线，对低于成本票价的要拨付补贴资金，以减轻公交企业压力；3.积极引入民营公交资源用于旅游专线服务。

责任编辑　王剑峰

索 引

一、本索引采用主题索引、数字索引和图表索引。

二、主题索引标目首字按汉语拼音字母依次归类，然后以汉字音序排列，首字相同，按第二个汉字音序排列，依次类推。

三、数字索引按阿拉伯数字的大小顺序排列，相同数字以后的汉字，按汉字音序排列，依次类推。图表索引按表号顺序排列。

四、“特载”“专辑”“大事纪要”“机构及其负责人”与“附录”及“综述”和“概况”均不作索引。

主题索引

A

艾滋病防控 254
爱肝日公益普查活动 152
爱心鹿城·迎春慈善宴 151
安全保卫 157 167
安全监督 190
安全生产 180
安全生产大检查 219
安全生产监督执法 234
安全生产宣传与教育 219
安全生产月活动 208
安置房工程 181
安置房工程质量回访 208
安置提速 178
安置提速工作先进名单 303

B

八届区政府第三十八次常务会议 94
八届区政府第三十九次常务会议 95
八届区政府第四十次常务会议 95
八届区政府第四十一次常务会议 95
八届区政府第四十二次常务会议 95
八届区政府第四十三次常务会议 95
八届区政府第四十四次常务会议 95
八届区政府第四十五次常务会议 95
八届区政府第四十六次常务会议 95
八届区政府第四十七次常务会议 95
“白鹿银辉·百老争鸣”活动 84
白鹿洲公园 217
“百个支部结对千名党员牵手”活动 81
百日攻坚 195
办公用房管理 118
包裹业务 203
保险公众宣传日系列活动 223
标准强区建设 232
滨江商务区 276

C

C、D级危房监管 178
财经与预算监督 89
财政风险防范 100
财政监督 100
财政体制改革 99
参展参赛 211
参政议政 120 128 129 130 131 132 133 135 136 137
餐饮具集中消毒监管 258
查补短板工作 117
拆除工作 267
产业平台建设 93
产业转型 58
“晨光文具”新品展销会 211
城建环保监督 89
城市公共文明指数测评 60
城市管理 277 284
城市环境建设 94
城市建设 275 278 280 282 285 287 288 289 293 294 296

城中村改革工作先进名单 303
城中村改建和旧住宅区整治 177
城中村改造 73 177
城中村改造规划 172
出生医学证明 258
除“四害” 259
传承文化 273
“传承与创新——我们如何担当”主题论坛 145
传承中华文化 269
传染病防控 254
窗口服务 158
创建特色街区 226
创卫工作 179
创新“微信审批”办事模式 114
创新服务 141
创新工作 183
创新机制与督查落实 76
创新农村金融服务 232
创新驱动战略实施 73
创新实施“路长制” 59
创新征管 228
创业就业 265
创业就业工作先进个人 300
创业就业工作先进集体 300
春运关爱行动 201
慈善一日捐活动 201
慈善一条街活动 153
慈善义工组织建设 151
慈善助残系列活动 152
慈善总会换届大会召开 153
促进转型升级 100
村歌创作演唱大赛获奖 245

D

打击违法违规行为 209
打击违法行为 230
打造多方位服务体系 85
“大拆大整” 93 278 285
“大拆大整”消防安全整治专项行动 165
“大拆大整”宣传片获省领导好评 250
“大拆大整”专项行动 178
“大拆大整”专项整治 229
“大拆大整促转型发展”活动 145
“大拆大整大巡察” 124
“大网格”警务 158
代表活动 89
代表议案建议办理 90
担保工作 177
党风廉政 277
党建 279
党建引领审批服务提能效”活动 81
党建主要宣传 81
党史研究成果发表 82
党外人士党风廉政建设情况通报会 122
档案实体和档案信息安全建设 85
道路综合整治 205
等级幼儿园创建 237
低收入农户收入倍增计划工程”实施 181
地埋位 47
地名整顿 263
地情及方志理论研究 274
地形地貌 47
地质灾害防治 174
第二届“敬老文明号”创建 270
第四届鹿城区信用管理示范企业名单（19家） 309
第四届鹿城区信用管理先进企业名单（5家） 309
第十二届浙江（温州）轻工产品暨2016国际时尚消费博览会 215
第十四届温州国际汽车展览会 214
第十四届迎春福年货商品博览会 214
第十四届中国（温州）国际眼镜业展览会 214
第二十一届中国（温州）国际皮革、鞋材、鞋机展 214
第二十四届小学生乒乓球比赛举行 235
第二十八届中小学生艺术节 235
第二批新优质学校培育项目启动 237
第三产业 277 280 293 294
典型经验交流 267
典型树立 78
碘缺乏病监测 255
电子政务和信息公开 99
调研工作 132
调研文章获奖 130
调研文章评选获奖 126
订单粮食 231
定向培养基层农技人员入职工作 187
动物防疫宣传教育 189
动物屠宰检疫 189
动物疫病监测 189
短板工作 117
都市新闻 250
队伍建设 167 228
队伍精细化建设 159
对口联系 133
对外交流活动 137
对外宣传 77 249

E

儿童保护 273
儿童保健 258
儿童福利 262

F

法律监督 88
法治创建 74

法治工会建设 139
反腐败协调小组（扩大）会议 122
防台抗台 297
“防灾减灾日”活动 170
防灾救灾 261
房产市场监管 179
房屋征收工作先进名单 303
房屋征收与补偿业务培训 178
房屋征收与征地房屋补偿 177
放射卫生监管 258
飞科上市 196
飞友慈善捐赠仪式 152
非公经济“两个健康”获突破 78
非税收入征管 99
粉尘防爆专项整治 233
风景名胜 51
风险企业帮扶 225
扶持企业发展 100
服务地方经济 226
服务经济建设 163
服务企业 197 210
服务青年创业创新 142
服务社会 127 128 129 130 131 133 134 135 136 138 216
服务与保障 161
福彩公益事业 263
福利企业管理模式探索 262
妇联工作 291
妇联基层组织建设 143
妇女儿童权益维护 144

G

G20杭州峰会安保 157
G 20杭州峰会保障 197
G20杭州峰会维稳安保 160
改革项目创新 73
改革与创新 162
干部人事制度改革 74
港澳台与海外统战工作 79
高考期间网络和现场服务工作 201
耕地保护和永久基本农田划定 173
工程质量监督管理 209
工程质量检测机构信息化管理平台 207
工会组建 140
工伤认定 265
工行鹿城支行 222
工业 276 280 282 285 291 292 294
工资福利和退休管理 264
公车制度改革 118
公共场所卫生监管 258
公共法律服务体系建设 164
公款竞争性存放管理 100
公立医院备案制管理 80
公路安全管理 185
公路建设 184
公务员管理 264
公益活动 148
公益林管理 188
攻坚改革 228
供电服务 184
共青团鹿城区第十次代表大会 143
构建再生资源回收利用体系 232
股改上市 197
固定资产清查 118
固定资产投资 58 280 291
固体废物 176
关爱帮扶青少年 273
关爱失智老人 270
关爱慰问活动 270
关爱肿瘤病友系列活动 152
规范规划管理 172
规范化创建验收 117
规范性文件审核与制定 156
规范职务犯罪预防 160
规范职务犯罪侦查程序 160
规划法制建设 172
“规划环评+环境标准”市级改革试点 114
规划计划管控 173
规划许可批前公示整合改革 114
规划志愿服务 173
“国际民防日”活动 169
国家级数字档案馆创建 85
国土审批服务 175

H

夯实基层交流基础 145
夯实基层治理 261
合作共促 141
合作联盟签约 214
和谐劳动 141
和谐劳动关系创建 139
河长制 182
河面保洁全覆盖 182
“红色足迹——寻访老党员、助推新发展”主题活动 146
红十字博爱送万家 150
互联网+卫生监督 257
互联网大会安保 157
护航G20杭州峰会 230
护航发展 158
华侨回国定居证办理快速通道 115
欢乐端午“粽”享关爱活动 245
“还政予政”工作 80
环境卫生整治 183
换届纪律督查 124
回报社会 140
婚前医学检查 258
婚姻、收养登记 263
活水畅流工程 182
火灾隐患整治 165

获国家级备案众创空间 308
获省级备案众创空间 308
获市级以上科学技术奖励项目 308

J
机要保密工作 76
机制创新 167
积分管理效果初显 266
基层党建 276 277 281 283 284 286 287 289 290 292 293 295 296
基层服务体系建设 232
基层规范化建设试点观摩 169
基层食安办规范化建设 229
基层统战工作 79
基层治理 278
基层中共党建 76
基层走访慰问活动 146
基层组织格局创新 142
基础创建 259
基础设施大建设 202
基础设施建设 187
基建项目建设 193
集约节约用地 174
计划生育 281 283 293 295
计生家庭发展 259
计生药具管理 259
纪检队伍建设 123
纪念中国工农长征胜利80周年暨少先队建队67周年主题队会 236
技能培训 265
技巧比赛 252
技术队伍建设 240
家庭文明工程建设 144
价格认证服务 230
架空线路“上改下”工程建设 206
“坚定信仰，永跟党走”系列活动 84
监察执法 176
检测机构专项检查 208
检查整改 179
简化市场主体退出机制 229
建设项目全流程审批管理 114
建行鹿城支行 222
建言献策 126
建置沿革 48
建筑工业化推进 209
健康监测 255
健康教育 259
交通安保及应急处置 166
交通安全宣传 166
交通警情处置 166
交通微循环，让“乱巷”消失了 332
“交通微循环”推广 59
交通微循环建设 166
交通违法查处 165
交通隐患源头监管 166
交通治堵 167
交通治堵工程 206
交易平台综合监管 116
教科文卫监督 89
教师资格认定与职称评审 239
教授军事训练科目 168
教育、文体事业建设 94
教育就业及生活保障 147
秸秆综合利用率提高 187
街镇“四个平台”基层治理体系建设 80
街镇大网格审批便民服务 115
街镇党（工）委履行党风廉政建设主体责任情况集中报告会 122
街镇干部专职下沉 基层问题基层化解 330
街镇统计机构和队伍建设 117
节庆活动亮点打造 219
结对帮扶工作 201
结核病防控 254
解决企业厂房困难 195
巾帼创业创新 144
巾帼慈善关爱 144
巾帼志愿助力中心工作 143
《今日鹿城》 250
金融检察工作 159
金融业务 203
金融知识“四进”活动 221
“金税三期”上线 227
进军仓储物流与物联网市场 200
经济 295
经济发展 278 282 284 287
经济社会发展 275
经济责任审计 116
经贸合作 268
景区基础设施建设 218
九三学社一提案 入选全国两会重点提案 328
九山公园 217
酒店管理 218
“救急难”专项基金 261
救灾备灾能力建设 150
居家养老服务 262
捐助台风灾区 269
军事训练成绩突出 170

K
开发利用和开放鉴定 85
开展“两学一做”学习教育 76
开展“条令学习月”活动 168
开展老龄事业“十三五”规划编撰工作 270
康复服务 147
科技创新 93
科技创新大赛 242
科技平台服务 242
科教文卫 276 278 282

科普进校园 242
科普农村行 242
科普品牌活动 242
科普示范单位与基地 243
科普阵地建设 242
科学编制规划 172
课程与课堂教学改革 239
酷暑送清凉活动 153
矿政监测管理 174

L

“蓝色梦想帮帮团”公益活动 202
蓝天能源和帝杰曼新三板挂牌上市 200
劳动监察 264
劳动争议大排查 139
劳动仲裁 264
老年优待 262
老协规范化培训 271
离退休干部党建工作 84
离休干部医疗待遇提高 85
李岳松家庭入选第二届全国“书香之家” 34
理论宣教 77
理赔工作 223
历代名人 56
联合执法 178
联谊活动 133
联谊交流 269
粮食产业 231
“两个责任”落实 123
“两新”党建工作 77
“两学一做”学习教育 81
亮点区块建设 93
林业产业化 188
林业有害生物防治检疫 188
领导调研工作 147
领头雁效应争创文体强区 328
鹿城·台湾青年文化节 145
《鹿城党史》第三卷编写 82
鹿城服务品牌深化 267
鹿城工艺美术精品闪耀G20杭州峰会 146
鹿城建成全市首个农贸市场智慧管理指挥中心 332
《鹿城年鉴（2016）》编纂 273
鹿城农商银行 222
鹿城区P2P网络借贷企业专项联合整治 221
鹿城区第三届公益节 152
鹿城区第三十三届中小学生田径运动会 236
鹿城区第十九届青少年科技节 236
鹿城区国防教育基地揭牌仪式举行 169
鹿城区建筑业成长型企业 307
鹿城区建筑业龙头骨干企业 307
鹿城区建筑业强企 307
鹿城区首家建立非公企业红十字会组织成立 150
鹿城区新居民服务信息网优化 266
鹿城社会治理模式入选“首批全国社会治理创新优秀案例” 326
鹿城十大杰出慈善义工颁奖典礼 151
鹿城西部极客村 打造温州物联网产业孵化基地 329
“鹿城新闻”APP移动客户端 250
鹿城新闻网 250
鹿城中小学班主任基本功比赛 235
“鹿行天下”采访活动 250
《鹿之鸣》总第43、44期合刊出版 82
路政管理 185
旅行社管理 218
旅游发展规划 217
旅游市场监管 218
旅游项目打造 218
旅游资源摸底 219
绿色建筑产业发展 209
绿网工程 272
“乱停车”整治 165
“乱象”整治 59
落实“五项制度”和商标登记制度 195
落实农村结对帮扶 232
马鞍池公园 217
媒体平台宣传 219

M

“美丽街区”创建 60
“美丽乡村”工程 59
美丽乡村建设 180
免疫规划 254
民办普惠性幼儿园认定 237
民兵分队携装拉动式集中点验 168
民兵军事训练 169
民兵连长和社区武装联络员集训 168
民兵整组工作 168
民商事审判 161
民生服务 287 288
民生实事落地 94
民生事业 284 290 291
民生与社会事业 296
民事行政检察工作 161
民主监督 119 134
民宗侨外监督 89
民族工作 267
民族团结进步示范单位授牌 268
民族宗教工作 79
名医名师进社区活动 242
命案侦破 157
摩的专项整治行动 289

墨池公园 217

N

内外互动 113
“闹元宵，猜灯谜”活动 246
农产品流通服务 231
农产品质量安全监管 190
农村基层党风廉政建设 289
农村基层作风巡察 124
农村基层作风巡察动员部署会 122
农村饮用水监测 254
农机安全生产 187
农家乐休闲观光业 181
农田水利建设 192
农行鹿城支行 222
农业 292 294
农业产销平台拓宽 190
农业机械化 187
农业科技推广 187
农业综合服务中心建设 187
农资监督 89
农资经营服务网络 231
女教师合唱团展风采 239
女性社会组织联合会成立 143
女职工服务品牌 140

P

拍摄农村老党员活动 83
培训工作 179
培训基地挂牌成立 265
配合学前教育先进街道创建 237
品牌打造 197
品牌强区建设 232
品牌荣誉 307
平安创建 166 167
“平安工地”创建 208
平安护航G20杭州峰会 139
“平安护航G20杭州峰会大会战”十大专项行动任务专题巡察 124
平安护航任务 178
平安建设 158 283 291
平安街道（镇） 301
“平安鹿城”工作 155
浦发银行鹿城支行 223
普法宣传 164

Q

“七一”纪念活动 83
企业参展 194 195
企业金融风险处置 220
企业投资项目承诺制改革 114
企业外迁 196
气候特征 47
侨界慈善工作 145
“青春护航G20杭州峰会”志愿行动 141
“青年之声”平台建设 142
青少年法制教育 273
青少年马克思主义宗教观教育 142
情报专业体系建设 158
庆祝中国共产党成立95周年大型越剧演唱会举行 245
区“全民终身学习”活动周启动 238
区八届人大常委会第二十八次会议 87
区八届人大常委会第二十九次会议 88
区八届人大常委会第二十七次会议 87
区八届人大常委会第三十次会议 88
区八届人大常委会第三十二次会议 88
区八届人大常委会第三十三次会议 88
区八届人大常委会第三十一次会议 88
区八届人大五次会议 87
区半年度有效投资暨重点项目建设巡察推进会 122
区档案馆新馆完成立项 86
区纪委八届六次全体（扩大）会议 122
区留创会换届 145
区美术家协会换届 147
区农贸市场改造升级计划启动 229
区侨联常委会召开 145
区侨联七届六次全委（扩大）会议召开 144
区少工委工作 143
区委八届十次全体（扩大）会议 74
区委第九次代表大会 74
区委九届一次全会 74
区文联四届二次全委（扩大）会议召开 147
区域合作宣传 219
区招投标市场专项整治工作推进会 122
区政协八届二十二次常委会议 119
区政协八届二十三次常委会议 119
区政协八届二十四次常委会议 119
区政协八届二十五次常委会议 119
区政协八届二十一次常委会议 119
区政协八届五次会议 119
区直部门作风巡察 124
区直部门作风巡察动员部署会 122
区直单位科室、基层站所负责人党风廉政教育专题讲座 122
区志愿者协会 143
全科医师签约服务 253
全流程电子招投标 115
全区纪检监察系统“树新形象、

做好榜样”主题教育实践活动
部署会 122
全市技能师资大赛获佳绩 150
权力清单规范化 115
权责清单工作 80
群团组织建设 81

R

让“学雷锋”志愿服务花开
街巷 326
人才队伍建设 264
人防工程日常安全普查 170
人防宣教工作 169
人防演习与训练 170
人口 49
人民调解 162
人民防空救援队伍建设 169
人事任免 90
人寿财险鹿城支公司 224
日常服务保障工作 145
融资工作 177
融资建设项目管理 209
入选首届“中国工美行业艺术
大师” 211

S

赛艇比赛 252
“三公”经费管理 99
“三化”帮扶 140
三级农函大培训网络 242
三乐亭党员义工活动 202
“三送安全进企业”活动 139
“三位一体”体系建设 231
“三优”服务 259
森博会参展 188
森林消防队伍参保 188
森林消防基础设施建设 188
森林消防宣传月活动 188
纱帽河、南塘街入选省第三批
特色商业示范街 326
山洪灾害群测群防示范方案 191
商标荣誉 307
商会党支部换届 211
商贸 277 280 282 285 291 294
商圈建设 284
商事登记制度改革 114
社工队伍建设 261
社会保障 100
社会共治 230
社会管理 277
社会救助 261
社会事务 279
社会事业发展经费 100
社会治安形势好转 94
社会治理工作 155
社会资本办医改革 254
社会组织培育 261
社科成果 149
社科基地 149
社科普及 149
社科文卫 286 293 295
社区矫正 163
射击比赛 252
涉外事务管理 268
申瓯、星际平安护航G20杭州峰会 200
深化评议活动 125
审批代办服务 115
审批服务提速提效 179
生活待遇 84
生态创模 176
生态环保 74
生态文明建设 262
省档案局领导调研档案工作 86
省调研组莅临调研 148
省级“坡地村镇”建设用地试点 174
省级美丽宜居示范村建设 206
省山海协作工程 113
“十二五”文艺精品回顾展演 245
“十三五”良好开局 73
食品安全风险监测 255
食药民生工程 229
史志宣传阵地拓展 273
世纪广场 217
市场准入门槛降低 229
市慈善总会黄德康会长一行赴鹿城
调研 153
市政道路工程 181
市政公用建设 183
“示范、达标、整转”三大
行动 77
示范创建工作 240
事业单位人事管理 264
事业单位统一登记管理 80
事中事后审批督查 115
收入分析机制 99
首届“温州公益彩色跑”活动 154
首届幼儿园男教师课堂教学
评比 239
双对口支援 113
双岗建功 127 129 132 133
134 135 136
双拥优抚 262
双屿农民自建房倒塌10·10
事件 290
水污染整治 176
水政执法 192
水资源管理 192
“顺发文具”2016年夏季订
货会 211
司法服务 162
司法改革 156
司法规范化建设 161
司法所规范化建设 163
司法体制改革 161

思想建设 137
死因、慢性病监测 255
“四边三化”工作 184
“四品一械”监管 229
“四清”行动 76
“四无”专项整治 225
台州银行温州分行 223

T

太平洋产险鹿城支公司 224
塘河精品工程 182
特种设备隐患排查整治 233
藤桥熏鸡品牌的传承 334
提案工作 120
提升纳税服务质效 228
提升税收征管质效 227
体操比赛 252
通信警报设施管理 170
“童梦守望”公益活动 272
统计法制建设 117
统计工作网格化管理 117
统计普查和各项调查工作 117
统计业务培训 117
统计重点领域创新 117
统一政务咨询投诉举报平台建设 80
统战助推经济发展 78
土地供给 173
土地整理 184
土地执法监察 174
推进“营改增”扩围 227
推进创新创业工作 242
推进国防教育进文化礼堂工作 169
推进招投标专项整治 116
推进综合执法体制改革 80
托幼机构保健管理 258

W

外贸转型 226
外向型经济鹿城“拔得头筹” 329
完成纪检派驻机构设置和编制划转 80
完善基层台联会组织鹿城区行政区划 146
万国财富小镇创建 221
王朝大酒店 213
网络管理 77
网络平台构建 114
网球比赛 252
网上并联审批流程和规则 115
危房改造规划 172
危旧房排查治理 207
微网站“掌上鹿城” 250
为侨服务工作 145
维护稳定工作 155
维稳安保工作 267
维稳工作 82
卫片执法检查 174
慰问抗战老兵活动 153
温州国际大酒店 213
温州莲花《不愿出院》获金奖 245
“温州鹿城发布”微信公众平台 250
温州市金球国豪大酒店有限公司 213
温州市首家社区红十字博爱服务点 150
温州市首届“互联网+公益”慈善项目助力大赛启动仪式 153
温州喜来登酒店 213
温州香格里拉大酒店 213
温州银行鹿城分行 222
文创产业 77
文化礼堂建设 77
文化品牌塑造 78
文明出行宣传教育 60
文明创建 78
文史书画 120
文物古迹 50
文艺活动 147
文艺精品建设 78
文艺庆祝活动 271
文艺园地建设 147
无害化处理 189
“无违建”创建 182
五马、南门、九山、南塘，将整合重塑温州核心商圈 330
五马街获两项“国字号” 286
五水共治项目 206
“物联网”治安管控 158
物业服务项目申报 179
物业区域安全管理 179

X

下乡慰问演出 83
先进单位 298 299
先进个人 298 299 301 302
先进集体 298 300 301 302
现代农业发展 93
现代农业园区建设 180
香港参展 211
项目服务 113
项目建设 177
消防宣传与培训 165
小额贷款公司先进单位 309
小微企业三年成长计划 229
小微园建设 225
协办龙舟比赛 252
协管员队伍建设 266
协会活动 212 215
协会五届一次会员大会 196
“心灵馨艺术团“爱心助残·共享温暖”活动 151
新居民居住意外险推广 266
新居民素质教育提升 267

新居民微信公众号建设 267
"新青年下乡" 142
新三板挂牌工作 221
新网工程建设 231
新型社会信用信息应用平台建设 221
新增国家高新技术企业 307
新增国家知识产权管理体系认证企业 308
新增市级科技企业孵化器 308
新增市级以上研发机构 308
新增市级以上专利示范企业 308
新增市级众创空间 308
新增亚太大师 211
信访督查"百千万"专项行动 82
信息化建设 190
信息经济 225
信息平台利用 266
兴业银行鹿城支行 223
"星火计划"移动云行动 202
星际控股集团有限公司 200
刑事审判 161
刑事诉讼监督 160
行业交流 215
行政复议与应诉 156
行政审判 162
行政收费管理 230
行政体制改革 94
行政执法监督 157
"幸福社区"创建 59
畜产品安全监管 189
畜牧产业发展 188
宣传、教育活动 267
宣传演练 191
宣教维稳 262
学生救护培训 150
学习平台 149
学校卫生监管 258

Y

沿岸环境整治 182
沿河地块改建扫障 181
仰义"七色花公益学堂"兴趣班活动 202
杨府山公园 217
养老保险 265
养老服务体系建设 270
养老机构整治 262
业绩考评表彰会 221
业务办理 180
业务知识培训 85
"一球定情谊 两岸根不移"足球结对仪式 236
医疗保险 265
医疗保障 254
医疗机构监管 257
依法聚税增收 228
依法维护职工合法权益 139
移民扶持 263
疑难化解 178
以文辅政 76
义工工作会议 152
义务教育标准化学校创建 236
艺术体操比赛 251
意大利足球专业代表团访问温州市第八幼儿园南塘园区 237
银行业先进单位 309
引进博士团队 241
饮用水卫生监管 258
应急处突 157
应急管理 99
应急救护培训基地 150
应急网络体系 231
用能结构优化 59
优化服务 194 228
优化青少年权益维护环境 142
优化质监公共服务 233
优生优育 259
邮储银行鹿城支行 223
邮件运输与分拣业务量 203
邮路 203
游泳比赛 251
有效投资先进名单 299
渔业执法 189
羽毛球比赛 251
预算执行审计 116
园本特色课程建设 237
园林绿化与彩化 182
源头治理防控 123
云平台建设 133
孕产妇管理 258

Z

增加工作职能 82
增速首超全省发展水平 93
增值放流 189
招商机制创新 94
招商选资 190
招商引资 113 226 276
招商引资、招贤引智工作 145
浙江省深化义务教育课程改革第三次专题研讨会 237
浙江省专利优秀奖 308
"浙江新闻"APP鹿城端 250
赈灾事故募捐活动 154
"争先树标杆建功十三五"群众性劳动竞赛 138
征兵政治考核业务工作会议召开 168
征管体制改革 227
整治安全生产隐患 233
正风肃纪 124
政府采购现场管理 115
政府购买服务 262
政府投资审计 116

政治待遇　84
政治协商　119
支持“三农”建设　100
支持科技创新　100
支援地方工作　171
知识产权保护　241
知识产权服务　241
知识产权宣传与培训　241
执法工作　183
执法规范化　159
执法监督及队伍建设　156
执纪审查　124
执行工作　162
职称评审　212
职工文体活动　139
职务犯罪侦查　160
职业安全健康监察　234
指挥平台建设　170
志愿服务　77
志愿者服务活动　150
志愿者活动　224
制度保障　99
制革基地　194
制鞋产业知名品牌示范区创建　193
治安防控体系建设　159
治安管理　158
质量安全检查　207
质量安全拉网式检查　209
质量安全网格化管理　209
质量强区建设　232
质量月活动　208
智慧城管工作　180
“智慧城市·信息化城市”建设　201
智慧档案建设　85
智慧工地“互联网+”信息化监管平台　207
智慧旅游国家级标准化项目　218
智能制造　197
《中共鹿城区委文件选编》第五辑出版　82
中介服务市场化改革　114
中小学生“逐梦路上”主题读书活动演讲比赛　236
中心工作完成出色　170
中医药事业　254
众创社区建设　241
重大动物疫病防控　189
重大公共卫生服务妇幼项目　258
重大项目攻坚　159
重大行政决策法律保障　156
重点产品质量安全监管　233
重点领域改革　59 94
重点人员管控　82
重点水利工程建设　192
重点项目建设先进名单　300
重点项目立功竞赛活动　138
重点行业专项整治　234
重污染整治　176
主题教育活动　272
住房保障　178
助力G20杭州峰会　211
助力城市管理志愿行动　141
助力城中村改造志愿行动　141
助力翻译大赛　268
助力马拉松活动　150
助推“大拆大整”专项行动　81
助推中心工作　84
助医扶贫　134
专武干部集训　168
专项审计　116
资源林政管理　188
资政育人系列活动　273
资质晋升企业　307
自然资源　47
综合服务中心成立启动　265
综合治理　275
综合治理　277 281 283 284 285 286 287 288 290 291 293 295 297
总部人才公寓　193
组建教职工文体俱乐部　239
组织技术职称申报　195
组织建设　81 140
组织培训《中华人民共和国慈善法》　153
作风建设　81
作者档案资料库建立　83
做地、储备　184
“最美安监人”　195
“最美温州女性”评选　214

数字索引

2016年度产业园区工作优秀领导者　299
2016年度街镇工作优秀领导者　299
2016年度鹿城区进口企业5强　309
2016年度鹿城区生产企业出口10强　308
2016年度鹿城区外贸流通企业出口10强　308
2016年度区直单位工作优秀领导者　299
2016年度温州市建设工程瓯江杯奖（优质工程）　307
2016年度消防工作先进单位　302
2016年度消防工作先进个人　302
2016年度浙江省建设工程“钱江杯”奖（优质工程）　307
2016年度浙江省建筑安全文明施工标准化工地　307
2016年江心屿金秋文化节　245

2016年鹿城民营医院继续快速发展 320
2016年鹿城区GDP增长情况的分析 315
2016年鹿城区城镇常住居民收支情况分析 323
2016年鹿城区国民经济和社会发展统计公报 310
2016年鹿城区经济运行分析 316
2016年鹿城区农村常住居民收支情况分析 324
2016年鹿城区农业生产形势分析 320
2016年鹿城区小学生体育节篮球比赛 236
2016中国（温州）国际工业博览会 214

图表索引

图1 2016年地区生产总值及第三产业增加值构成 310
图2 2011—2016年工业总产值及其增速 311
图3 2011—2016年固定资产投资及其增速 312
图4 2011—2016年社会消费零售总额及其增速 312
图5 2011—2016年财政收支及其增速 313
图6 2011—2016年城乡居民人均收入及其增速 315
图7 2011—2016年鹿城区与全省全市经济增速比较 316
图8 2016年鹿城区规上工业增加值增速与全市 比较 316
图9 2016年鹿城区出口和进口同比增速趋势 317

表1 2016年鹿城区行政区划情况表 48
表2 2016年鹿城区户籍人口情况表 49
表3 鹿城文物古迹情况表 50
表4 鹿城风景名声古迹情况表 52
表5 鹿城历代名人情况表 56
表6 2016年中共温州市鹿城区委员会文件 74
表7 2016年鹿城区政府区长、副区长领办的建议目录 90
表8 2016年区人大常委会重要文件目录 90
表9 2016年鹿城区人民政府重要文件目录 96
表10 鹿城区2016年重点项目进展情况（一） 101
表11 鹿城区2016年重点项目进展情况（二） 102
表12 鹿城区2016年重点项目进展情况（三） 103
表13 鹿城区2016年重点项目进展情况（四） 104
表14 鹿城区2016年重点项目进展情况（五） 108
表15 2016年区政协重要文件目录 120
表16 2016年区政协重点提案目录 120
表17 八届区政协履职优秀委员名单 121
表18 2016年鹿城区残疾人性别、文化程度等情况 148
表19 2016年鹿城区建筑行业突出贡献单位贡献单位 204
表20 2016年出版鹿城部分作者新著 247
表21 2016年鹿城区甲、乙类传染病发病、死亡情况统计分析 255
表22 2016年鹿城区丙类传染病发病、死亡情况统计分析 257
表23 2016年鹿城区户籍人口情况 259
表24 2016年鹿城区暂住（新居民）人口情况 266
表25 2016年鹿城区百岁以上老人名单 270
表26 2016年重点关注行业规模以上企业工业增加值 311
表27 2016年鹿城区商贸业主要指标增长情况 317
表28 2016年鹿城区限上商贸业内部行业结构 同比增速情况 319
表29 2016年分街镇规模以上（限额以上）文化产业增加值 322

责任编辑　胡亭亭